따라하며 쉽게 배우는
모던 리액트
완벽 입문

따라하며 쉽게 배우는
모던 리액트 완벽 입문

지은이 **야마다 요시히로**
옮긴이 **트랜스메이트**
펴낸이 **박찬규**   엮은이 **전이주, 윤가희**   디자인 **북누리**   표지디자인 Arowa & Arowana

펴낸곳 **위키북스**   전화 031-955-3658, 3659   팩스 031-955-3660
주소 **경기도 파주시 문발로 115, 311호 (파주출판도시, 세종출판벤처타운)**

가격 **36,000**   페이지 **720**   책규격 **188 x 240mm**

초판 발행 **2024년 10월 15일**
ISBN **979-11-5839-530-8 (93000)**

등록번호 **제406-2006-000036호**   등록일자 **2006년 05월 19일**
홈페이지 **wikibook.co.kr**   전자우편 **wikibook@wikibook.co.kr**

KOREKARA HAJIMERU React JISSEN NYUMON
Copyright ⓒ 2023 Yoshihiro Yamada
All rights reserved.
Original Japanese edition published by SB Creative Corp.
Korean translation rights ⓒ 2024 by WIKIBOOKS
Korean translation rights arranged with SB Creative Corp., Tokyo
through Botong Agency, Seoul, Korea

이 책의 한국어판 저작권은 Botong Agency를 통한 저작권자와의 독점 계약으로 위키북스가 소유합니다.
신저작권법에 의해 한국 내에서 보호를 받는 저작물이므로 무단 전재와 복제를 금합니다.
이 책의 내용에 대한 추가 지원과 문의는 위키북스 출판사 홈페이지 wikibook.co.kr이나
이메일 wikibook@wikibook.co.kr을 이용해 주세요.

따라하며 쉽게 배우는
모던 리액트
완벽 입문

컴포넌트 기초부터 Next.js를 이용한 앱 개발까지

야마다 요시히로 지음 / 트랜스메이트 옮김

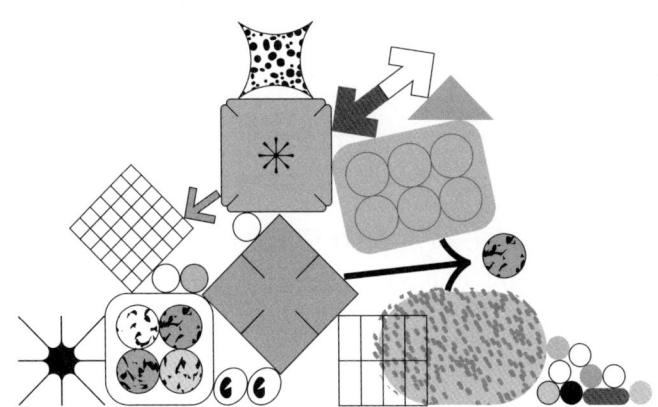

위키북스

 들어가며

이 책은 프론트엔드 개발의 대표적인 라이브러리인 리액트를 처음 배우는 사람들을 위한 책입니다. 이 책은 리액트를 배우기 위한 책이므로, 그 기반이 되는 자바스크립트에 대한 기본적인 이해를 전제로 하고 있습니다. 이 책에서도 최대한 상세히 설명하려 노력했지만, 자바스크립트를 깊이 있게 이해하고 싶다면《모던 자바스크립트 Deep Dive》(위키북스, 2020)와 같은 전문 서적을 함께 참고하기를 추천합니다. 이 책의 구성과 각 장의 목적은 다음과 같습니다.

도입편(1장~3장)

자바스크립트의 개요를 시작으로, 프론트엔드 개발의 역사와 리액트의 특징을 설명하고, 학습을 위한 환경을 준비합니다. 모던 자바스크립트의 기본도 다루고 있으므로, 이를 앞으로의 학습에 발판으로 삼기 바랍니다.

또한, 간단한 앱을 개발해 보면서 리액트 앱 개발의 기초가 되는 컴포넌트, Props, State 등의 기본 개념을 학습합니다.

기본편(4장~7장)

도입편에서 리액트 프로그래밍의 대략적인 구조를 이해했다면, 기본편에서는 앱 개발에서 자주 사용되는 개념들, 이를테면 폼 개발, 스타일 정의, 내장 컴포넌트, 훅과 같은 개념들을 깊이 있게 다룹니다. 모두 중요한 주제들이지만, 특히 훅은 현대적인 리액트를 이해하는 데 필수적인 지식입니다. 6장에서는 리액트 앱 개발에서 자주 사용되는 주변 라이브러리들도 소개합니다.

응용편(8장~11장)

본격적인 앱 개발에 필수적인 라우팅과 테스트 메커니즘을 학습합니다. 또한, 10장에서는 대표적인 altJS인 타입스크립트를 사용해 리액트 앱을 개발하는 방법을 다롭니다. 이를 통해 자바스크립트로 리액트 개발에 익숙해진 사람들이 타입스크립트의 차이점을 빠르게 습득할 수 있도록 돕는 것을 목표로 합니다.

그리고 마지막 장에서는 10장까지의 지식을 바탕으로, 리액트 기반 프레임워크인 Next.js를 사용해 응용 앱을 개발합니다. 이 과정에서 앞서 배운 단편적이었던 지식을 총정리하고, 리액트 학습의 다음 단계로 나아가기 위한 발판을 마련할 수 있습니다.

리액트에 관심을 가진 여러분에게 이 책이 첫걸음을 내딛는 데 도움이 되기를 진심으로 바랍니다. 마지막으로, **빡빡한 일정** 속에서도 필자의 무리한 일정을 맞춰주신 SB크리에이티브의 편집자 여러분, 그리고 옆에서 원고 관리와 교정 작업 등 제작을 도와준 아내 나미, 부모님, 관계자 여러분께 진심으로 감사드립니다.

– 야마다 요시히로

이 책의 지원 사이트

이 책의 홈페이지 URL은 다음과 같습니다.

- 도서 홈페이지: https://wikibook.co.kr/modern-react/

이 책을 읽는 과정에서 궁금한 점이 있다면 홈페이지 오른쪽에 있는 [도서 관련 문의]를 통해 언제든지 문의해 주시기 바랍니다. 최신 정오표는 위키북스 도서 홈페이지에서 [정오표]에서 확인할 수 있습니다. 또한, 이 책에서 사용하는 예제도 도서 홈페이지의 [예제 코드] 또는 아래 깃허브 사이트에서 내려받을 수 있습니다.

- 깃허브: https://github.com/wikibook/modern-react

개발 환경

이 책의 예제 및 프로젝트는 다음과 같은 환경에서 동작을 확인했습니다.

Windows 11 Pro
- React 18.2.0
- Next.js 13.4.19
- Google Chrome 115
- Microsoft Edge 115
- Firefox 115

macOS Monterey 12.6.3
- React 18.2.0
- Next.js 13.4.19
- Safari 15.6.1

예제 파일 내려받기

- 이 책에서 사용하는 예제 파일(배포용 샘플)은 위키북스 도서 홈페이지의 [예제 코드] 탭에서 내려받을 수 있습니다. 자신의 환경에서 샘플의 동작을 확인하거나, 지면상 생략된 코드를 확인하고 싶을 때 활용하시기 바랍니다.

  도서 홈페이지: https://wikibook.co.kr/modern-react/

다음은 몇 가지 주의할 점입니다.

- 샘플 코드를 비롯한 각종 데이터 파일의 문자 인코딩은 UTF-8입니다. 에디터 등에서 편집할 때 문자 인코딩을 변경하면 샘플이 제대로 작동하지 않거나 글자가 깨지는 등의 문제가 발생할 수 있으니 주의해 주세요.

- 샘플 코드는 Windows와 macOS 환경에서의 동작에 최적화되어 있습니다. 책에 실린 실행 결과는 macOS 버전 크롬 환경에서의 결과입니다. 결과는 환경에 따라 다를 수 있습니다.

- 배포된 샘플에서는 일부 ESLint(1-2-3항)의 경고 표시를 억제하기 위한 코드(no-unused-vars 등)를 추가했습니다.

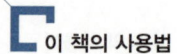
이 책의 사용법

예제 파일(라이브러리) 설치

배포된 예제는 다음과 같은 구조로 되어 있습니다.

```
/modern-react-main
    ├── /my-modern ········· 1장 샘플 코드
    ├── /my-react ·········· 2장~9장 샘플 코드
    ├── /my-styled ········· 5-2-1항의 샘플 코드(Styled JSX)
    ├── /my-react-ts ······· 10장 샘플 코드(TypeScript 버전)
    └── /my-next ··········· 11장 샘플 코드(Reading Recorder 앱)
```

/modern-react-main 폴더 아래의 /my-xxxxx 폴더들은 각각 샘플 코드를 모아 놓은 프로젝트입니다. /my-xxxxx 폴더 단위로 원하는 경로(예: 'c:\data' 폴더)에 복사한 후, 아래 명령을 실행합니다. 그러면 필요한 라이브러리가 일괄적으로 설치됩니다(각 챕터에서 사용하는 라이브러리를 별도로 설치할 필요는 없습니다).

```
> cd c:\data\my-react ⏎        ── 프로젝트 경로로 이동
> npm install ⏎                ── 라이브러리 설치
```

단, /my-modern 폴더는 실행 명령이 다르므로 이어서 나오는 "예제 프로젝트 실행 방법"을 참고하세요.

예제 프로젝트 실행 방법

프로젝트마다 예제를 실행하는 방법이 다릅니다.

- **my-react 프로젝트**

    이 책의 예제 대부분은 my-react 프로젝트에 수록돼 있습니다. 이 프로젝트에서는 샘플의 중심이 되는 .js 파일들이 장 단위로 /src/chapXX 폴더에 배치돼 있습니다(XX는 장 번호). 실행 시에는 /src/index.js를 편집하여 작동시키고 싶은 컴포넌트를 활성화해 주세요. 컴포넌트별로 코드가 주석 처리되어 있으므로, 해당 부분의 주석을 해제하기만 하면 됩니다.

이 책의 사용법

```
420   // Code 3-1-7
421   // root.render(
422   //   <StateBasic init={0} />
423   // );
424
425
426
427   // Code 3-2-3
428   root.render(
429     <ForList src={books} />
430   );
431
```

- 기존에 사용하던 컴포넌트를 주석 처리
- 실행하고자 하는 컴포넌트의 주석을 해제

📄 VS Code에서 주석 처리/해제 전환하기

이 책에서는 코드 편집기로 VS Code를 사용하는 것을 권장합니다. VS Code에서는 코드를 선택한 상태에서 Ctrl + /(macOS의 경우 command + /)로 주석을 처리하거나, 해제할 수 있습니다.

이제 아래 명령어로 개발 서버를 시작하고 브라우저에 접속하면 예제를 실행할 수 있습니다. 이미 실행 중인 경우에도 자동으로 반영되므로 서버를 재시작할 필요가 없습니다.

```
> npm start ↵        — 개발 서버 시작
```

- **my-styled, my-react-ts 프로젝트**

  my-styled, my-react-ts 프로젝트도 실행 절차는 비슷하지만, 컴포넌트 본체는 /src 폴더 바로 아래에 배치합니다.

- **my-next 프로젝트**

  my-next 프로젝트는 단일 앱으로 구성되므로 index.js를 편집할 필요가 없습니다. 또한, 실행 명령도 다르므로 주의해야 합니다.

```
> npm run dev ↵      — 개발 서버 실행
```

이 책의 구성

구문

구문은 다음과 같은 규칙으로 표기했습니다. [...]로 둘러싸인 인수는 생략할 수 있음을 나타냅니다.

register(name [,opts])
└─메서드/함수명 └─인수

구문 _ register 함수

```
register(name [, opts])

name : 필드 이름
opts : 동작 옵션 ('옵션명: 값,...' 형식. 옵션은 다음 표 참조)
```

코드 목록

예제 코드입니다. 지면상 이해를 돕기 위해 최소한의 코드를 발췌하여 게재했으므로, 전체 코드를 확인하고 싶다면 배포된 예제에서 해당 파일을 참고해 주세요. 또한, '작동하지 않는', '잘못된' 코드에는 ❶가 붙습니다. 자세한 내용은 본문을 확인하고, 실행 시 주의하기 바랍니다.

예제 코드 3-3-8 ListTemplate.js ❶

```javascript
import React from 'react';

export default function ListTemplate({ src, children }) {
  return (
    <dl>
      {src.map(elem => (
        <React.Fragment key={elem.isbn}>
          {children}
        </React.Fragment>
```

명령어 목록

터미널(명령줄)에서 입력해야 하는 명령어입니다. 줄 끝의 ↵은 명령을 확정하는 [Enter] 키를 나타냅니다.

```
> npm run build ↵
> npm start ↵
```

Note / 각주

본문의 설명과 함께 알아두어야 할 주의 사항, 참고 및 추가 정보, 초보자가 놓치기 쉬운 부분을 보충 설명합니다. 본문과 함께 참고하여 이해의 폭을 넓히시기 바랍니다.

📄 **State를 초기화하기 위한 useResetRecoilState 함수**

State 값을 초기화하기 위한 함수를 생성하는 useResetRecoilState 함수도 있다. 예를 들어 다음은 예제 코드 7-5-2에 카운터 초기화를 위한 [Reset] 버튼을 추가한 예제다.

```
import { useRecoilState, useResetRecoilState } from 'recoil';
import { counterAtom } from '../store/atom';
```

---

19 단, 3-3-5항에서도 언급했듯이 특정 조건에서 오류가 발생한다. 현재 값을 기준으로 업데이트할 경우 화살표 함수를 이용해야 한다.
20 물론 이 예시에서는 굳이 구분할 필요가 없다. 어디까지나 참조만, 업데이트만 할 때 사용하는 함수다.

CHAPTER 01 소개

1.1 리액트와 자바스크립트 — 2
- 1-1-1 자바스크립트의 역사 — 2
- 1-1-2 jQuery에서 차세대 라이브러리로 — 6
- 1-1-3 주요 자바스크립트 프레임워크 — 8
- 1-1-4 리액트의 특징 — 10

1.2 리액트 앱을 개발/실행하기 위한 기본 환경 — 14
- 1-2-1 Create React App이란? — 14
- 1-2-2 Node.js 설치하기 — 17
- 1-2-3 비주얼 스튜디오 코드(VSCode) 설치 — 19

1.3 모던 자바스크립트의 기본 — 24
- 1-3-1 변수 선언 — 27
- 1-3-2 주요 리터럴 표현 — 30
- 1-3-3 구조 분해 할당 — 35
- 1-3-4 매개변수 기본값, 가변 인자 함수 — 38
- 1-3-5 옵셔널 체이닝 연산자(?.) — 41
- 1-3-6 모듈 — 43

CHAPTER 02 React의 기본

2.1 처음 시작하는 리액트 — 52
- 2-1-1 리액트 앱 만들기 — 52
- 2-1-2 부록: Npm Scripts — 56

2.2 샘플 앱 확인하기 — 57
- 2-2-1 메인 페이지 준비 – index.html — 58
- 2-2-2 앱 실행을 위한 진입점 – index.js — 59
- 2-2-3 보충: Strict 모드 — 62
- 2-2-4 페이지를 구성하는 UI 구성 요소 – App.js — 63

2-2-5	보충: 앱 리렌더링	67
2-2-6	함수 컴포넌트와 클래스 컴포넌트	68

2.3 JSX의 기본　　　　　　　　　　　　　　　　　　　　　　　71

2-3-1	JSX의 규칙	71
2-3-2	JSX에 자바스크립트 표현식 삽입하기 – {⋯} 구문	75
2-3-3	{⋯} 구문으로 속성 값 설정하기	79
2-3-4	스타일시트 설정하기 – style 속성	82
2-3-5	JSX 식의 실체 이해하기	85

CHAPTER 03 컴포넌트 개발 (기본)

3.1 컴포넌트를 뒷받침하는 기본 개념 – Props와 State　　　88

3-1-1	Props/State란?	89
3-1-2	Props의 기본	89
3-1-3	이벤트 처리의 기본	93
3-1-4	State의 기본	95
3-1-5	React Developer Tools 소개	98

3.2 조건 분기 및 반복 처리　　　　　　　　　　　　　　　　103

3-2-1	배열 나열하기 – 반복 처리	103
3-2-2	식의 진위 여부에 따라 표시 전환 – 조건부 분기	113
3-2-3	보충: 스타일 선택적으로 적용하기	118

3.3 Props/State에 대한 이해도 높이기　　　　　　　　　　123

3-3-1	컴포넌트의 하위 콘텐츠를 템플릿에 반영하기	123
3-3-2	여러 children 넘겨주기	125
3-3-3	children에 대한 매개변수 전달하기	128
3-3-4	프로퍼티 타입 검증(PropTypes)	131
3-3-5	State 값 업데이트를 위한 두 가지 구문	139
3-3-6	자식 컴포넌트에서 부모 컴포넌트로의 정보 전달	141

3.4 고급 이벤트 처리 — 143
- 3-4-1 리액트에서 사용할 수 있는 이벤트 — 144
- 3-4-2 이벤트 객체 — 150
- 3-4-3 이벤트 전파 방지 — 160
- 3-4-4 이벤트 핸들러 옵션 설정하기 — 165

CHAPTER 04
컴포넌트 개발 (폼)

4.1 폼 조작의 기본 — 172
- 4-1-1 폼 관리의 기본 — 172
- 4-1-2 주의: change 이벤트 발생 타이밍 — 176
- 4-1-3 비제어 컴포넌트를 통한 폼 관리 — 176
- 4-1-4 입력 요소에 따른 폼 구현 예시 — 179

4.2 State의 구조화된 데이터 업데이트 — 192
- 4-2-1 스프레드 구문의 의미 — 193
- 4-2-2 Immer 라이브러리를 통한 개선 — 198
- 4-2-3 배열 업데이트 — 201

4.3 검증 기능 구현 – React Hook Form — 210
- 4-3-1 React Hook Form의 기본 — 210
- 4-3-2 자체 검증 규칙 구현하기 — 218
- 4-3-3 폼의 상태에 따라 표시 제어하기 — 220
- 4-3-4 검증 라이브러리와 연동하기 — 222
- 4-3-5 Yup에서 자체 검증 규칙 구현하기 — 227
- 4-3-6 Yup으로 입력값 변환하기 — 231
- 4-3-7 Yup의 오류 메시지를 한국어로 번역하기 — 232

CHAPTER 05 컴포넌트 개발 (응용)

5.1 임베디드 컴포넌트 236
- 5-1-1 컴포넌트 렌더링 대기 감지 – Suspense 컴포넌트 (1) 236
- 5-1-2 비동기 처리 종료 기다리기 – Suspense 컴포넌트 (2) 240
- 5-1-3 컴포넌트 렌더링 시간 측정하기 – Profiler 컴포넌트 246

5.2 컴포넌트 개발에서의 스타일 정의 249
- 5-2-1 JSX 식에 스타일시트 삽입하기 – Styled JSX 250
- 5-2-2 표준 태그를 확장하여 스타일 태그 정의하기 – Styled Components 260
- 5-2-3 다양한 표기법을 지원하는 CSS-in-JS 라이브러리 – Emotion 267

5.3 컴포넌트에 대한 기타 주제 272
- 5-3-1 컴포넌트 하위의 콘텐츠를 임의의 영역에 렌더링하기 – 포털 272
- 5-3-2 컴포넌트에서 발생한 오류 처리하기 – Error Boundary 275

CHAPTER 06 리액트 라이브러리 활용하기

6.1 전형적인 UI 구현하기 – MUI 288
- 6-1-1 MUI의 주요 컴포넌트 288
- 6-1-2 MUI의 기본 292
- 6-1-3 드로워 메뉴 구현하기 295
- 6-1-4 페이지 내 배치를 조정하는 레이아웃 기능 활용하기 – 그리드 300
- 6-1-5 MUI 스타일 사용자 정의하기 – 테마 305
- 6-1-6 라이트/다크 모드에 따라 테마 전환하기 311
- 6-1-7 React Hook Form + MUI 연동하기 314

6.2 컴포넌트의 외형/동작을 카탈로그로 표시하기 – Storybook … 318
- 6-2-1 Storybook 설치 … 319
- 6-2-2 스토리 확인 … 321
- 6-2-3 [Controls] 탭의 제어 … 330
- 6-2-4 [Actions] 탭의 제어 … 336
- 6-2-5 [Interactions] 탭의 제어 … 340
- 6-2-6 스토리 표시 사용자 지정하기 … 344
- 6-2-7 Storybook에 문서 추가하기 … 351

6.3 외부 서비스에서 데이터 가져오기 – React Query … 355
- 6-3-1 React Query를 사용하지 않는 예시 … 355
- 6-3-2 React Query를 이용한 예제 … 362
- 6-3-3 Suspense/Error Boundary와의 연동 … 366

CHAPTER 07 훅 활용

7.1 컴포넌트 렌더링/파기 시 처리 수행하기 – 부작용 훅 … 371
- 7-1-1 useEffect 함수의 기초 … 371
- 7-1-2 인수 deps의 의미 … 373
- 7-1-3 예시: 부작용 훅을 이용한 타이머 준비 … 375
- 7-1-4 렌더링 시 동기적으로 처리 수행하기 … 377

7.2 다양한 값에 대한 참조 준비하기 – useRef 함수 … 380
- 7-2-1 함수 컴포넌트에서 '인스턴스 변수' 정의하기 … 381
- 7-2-2 Ref를 컴포넌트 하위 요소로 전달(포워드)하기 … 384
- 7-2-3 함수 컴포넌트 하위 메서드 참조하기 … 386
- 7-2-4 콜백 함수를 ref 속성에 전달하기 – 콜백 Ref … 389

7.3 상태와 처리를 한꺼번에 관리하기 – useReducer 함수   392

    7-3-1 useState 훅의 문제점   392

    7-3-2 useReducer 관련 키워드   393

    7-3-3 useReducer 훅의 기초   394

    7-3-4 Reducer를 여러 Action 타입에 대응하기   396

    7-3-5 State 초깃값 생성 시 주의 사항   398

7.4 여러 계층의 컴포넌트에서 값 전달하기 – useContext 함수   400

    7-4-1 컨텍스트의 기본   401

    7-4-2 예: 컨텍스트를 이용한 테마 전환 구현하기   404

7.5 상태 관리 라이브러리 – Recoil   408

    7-5-1 Recoil이란?   409

    7-5-2 Recoil의 기본   410

    7-5-3 Todo 목록을 Recoil 앱에 대응하기   414

    7-5-4 Todo 목록 개선하기   418

7.6 함수 또는 그 결과를 메모하기
– memo/useMemo/useCallback 함수   425

    7-6-1 메모화를 위한 샘플   425

    7-6-2 함수 결과 메모하기 – useMemo 함수   428

    7-6-3 컴포넌트 리렌더링 억제하기 – memo 함수   429

    7-6-4 함수 정의 자체를 캐싱하기 – useCallback 함수   431

7.7 우선순위가 낮은 State 업데이트 구분하기
– useTransition 함수   433

    7-7-1 여러 State에 따라 페이지를 제어하는 예시   433

    7-7-2 useTransition 함수를 이용한 렌더링의 우선순위 지정   436

    7-7-3 트랜지션 상태에 따라 처리 할당하기   438

    7-7-4 특정 값의 '지연 버전' 생성하기 – useDeferredValue 함수   440

7.8 훅 자체 제작   443

    7-8-1 커스텀 훅 정의   443

    7-8-2 커스텀 훅 사용   445

CHAPTER 08 라우팅

8.1 리액트 라우터의 기본   451
- 8-1-1 라우팅 테이블 정의   452
- 8-1-2 보충: 라우터 동작 옵션   454
- 8-1-3 루트 정의를 태그 형식으로 표현하기   455

8.2 라우터 지원 링크 설치   456
- 8-2-1 링크 설치의 기본   456
- 8-2-2 내비게이션 메뉴에 특화된 〈NavLink〉 요소   460
- 8-2-3 〈Link〉 요소에서 사용할 수 있는 주요 속성   465
- 8-2-4 보충: 프로그램 내 페이지 이동   467

8.3 라우터를 통해 정보를 전달하는 방식   469
- 8-3-1 경로의 일부를 매개변수로 전달하기 – 루트 매개변수   469
- 8-3-2 루트 매개변수의 다양한 표현   472
- 8-3-3 쿼리 정보 가져오기   479
- 8-3-4 개별 링크에서 임의의 정보 전달하기 – state 속성   482
- 8-3-5 상위 루트에서 하위 루트로 값 전달하기 – Outlet Context   484
- 8-3-6 루트별 정보 가져오기 – handle 속성   486

8.4 Route 컴포넌트 속성   492
- 8-4-1 루트 랜더링 시 예외 포착하기 – errorElement 속성   492
- 8-4-2 컴포넌트에서 사용할 데이터 준비하기 – loader 속성   496
- 8-4-3 루트에서 발생한 액션 처리하기 – action 속성   506
- 8-4-4 컴포넌트 지연 로드하기 – lazy 속성   512

8.5 라우팅과 관련된 기타 기법   518
- 8-5-1 현재 페이지의 링크 해제하기   518
- 8-5-2 스크롤 위치 복원하기 – 〈ScrollRestoration〉 요소   522

CHAPTER 09 테스트

9.1 단위 테스트   530
- 9-1-1 Jest의 기본   531
- 9-1-2 컴포넌트 테스트   538
- 9-1-3 이벤트가 포함된 테스트   545
- 9-1-4 자식 컴포넌트 모의화   550
- 9-1-5 타이머를 이용한 테스트   553
- 9-1-6 비동기 통신을 수반하는 테스트   555
- 9-1-7 비동기 통신을 모의해보기 – msw   556
- 9-1-8 컨텍스트를 동반한 테스트   562

9.2 E2E 테스트   563
- 9-2-1 E2E 테스트 준비   563
- 9-2-2 E2E 테스트 작성   569

CHAPTER 10 타입스크립트 활용

10.1 타입스크립트의 기본   581
- 10-1-1 타입 어노테이션의 기본   582
- 10-1-2 타입스크립트의 데이터 유형   583
- 10-1-3 타입스크립트 고유의 특수한 타입   587
- 10-1-4 여러 개의 타입을 결합한 '복합 타입'   589

10.2 리액트 앱에 타입스크립트 도입하기   593
- 10-2-1 타입스크립트 템플릿 활성화   593
- 10-2-2 Props의 유형 정의   600
- 10-2-3 State/Context/Reducer의 타입 정보   606
- 10-2-4 fetch 데이터에 대한 타입 정의   615
- 10-2-5 보충: 함수 컴포넌트의 타입 정의   619

CHAPTER 11
Next.js 활용하기

11.1 Next.js의 기본 — 624
- 11-1-1 Next.js란? — 624
- 11-1-2 Next.js 앱 만들기 — 625

11.2 App Router의 기본 이해하기 — 628
- 11-2-1 두 종류의 라우터 — 628
- 11-2-2 App Router란? — 629
- 11-2-3 프로젝트 기본 샘플 확인 — 631
- 11-2-4 App Router의 루트 매개변수 — 632

11.3 애플리케이션 'Reading Recorder' 만들기 — 633
- 11-3-1 앱의 구조 개관하기 — 634
- 11-3-2 이용하는 서비스/라이브러리 — 635
- 11-3-3 Prisma 준비 — 641

11.4 앱의 구현 읽어보기 — 649
- 11-4-1 루트 레이아웃(공통 메뉴) — 650
- 11-4-2 도서 정보 표시 — 656
- 11-4-3 리뷰 정보 목록 표시 — 661
- 11-4-4 Google 도서를 통한 도서 검색 — 665
- 11-4-5 리뷰 등록 양식 — 672

11.5 Vercel에 배포 — 678
- 11-5-1 GitHub 저장소 준비 — 678
- 11-5-2 Vercel 측의 준비 — 683
- 11-5-3 PostgreSQL 데이터베이스 준비하기 — 688
- 11-5-4 실제 환경에서 동작 확인하기 — 693

따라하며 쉽게 배우는
모던 리액트
완벽 입문

도입편

chapter

1

소개

1.1 리액트와 자바스크립트
1.2 리액트 앱을 개발/실행하기 위한 기본 환경
1.3 모던 자바스크립트의 기본

이 장의 서문 이 책의 주제인 리액트(React)는 메타(Meta, 구 페이스북)와 협력 커뮤니티에서 개발 중인 프런트엔드 개발을 위한 자바스크립트 라이브러리다. 초기 버전이 2013년 3월에 출시되어 빠르게 변화하는 프런트엔드 세계에서는 이미 고참이라고 할 수 있는 제품이다. 2015년에는 안드로이드/iOS 앱 개발에 대응하는 리액트 네이티브(React Native)가 출시되었고, 2016년에는 리액트 기반 프레임워크인 Next.js가 출시되면서 적용 범위가 넓어지고 있으며, 초기 출시 이후 10년이 지난 지금 더욱 활발하게 개발이 진행되고 있다.

이 장에서는 리액트의 개요와 프로그래밍 방법을 알아보고, ES2015 이후 자바스크립트(모던 자바스크립트)의 기본에 대해 설명한다.

1.1 리액트와 자바스크립트

이 책을 읽고 있는 독자라면 알겠지만, 리액트는 프런트엔드 개발의 대표적인 라이브러리다. 하지만 '왜 리액트가 인기가 많을까?'라고 생각하는 사람도 적지 않다. 그래서 먼저 리액트가 요구되기 시작한 프런트엔드 개발의 토양부터 이야기를 시작해 보겠다.

1-1-1 자바스크립트의 역사

자바스크립트는 이제 웹 앱 개발에 없어서는 안 될 존재가 되었고, 각 브라우저와 언어 자체의 진화 주기도 빨라졌지만, 이는 비교적 최근 이야기다. 모든 언어에는 유행과 쇠퇴가 있기 마련인데, 자바스크립트 역시 오랜 불운의 시기를 겪은 언어다.

먼저 자바스크립트가 걸어온 과거 이야기를 조금만 더듬어 보겠다.

초창기 호황에서 '불운의 시대'로

시대는 1990년대로 거슬러 올라간다. 인터넷이라는 단어가 널리 퍼지기 시작한 시기, 자바스크립트가 초창기 활기를 띠던 시절이다. 웹 페이지 곳곳에 애니메이션 이미지를 배치하거나 브라우저 상태 표시줄에 메시지를 띄우거나 텍스트를 반짝반짝 빛나게 하는 등 주로 시각적 효과에 대한 제작자들의 관심이 집중됐다.

물론 시각적 효과의 모든 것을 부정하는 것은 아니지만(실제로 지금도 일부 활용되고 있다), 그 시대는 그 정도가 지나쳤다. 그 결과 무겁고 촌스러운 페이지가 양산되기 시작했다.

또한 같은 시기에 브라우저 간 비호환성 문제[1]와 잇따른 보안 취약점 보고로 인해 자바스크립트에 대한 관심은 급속도로 줄어들었고, 자바스크립트는 저속한 언어라는 평을 받으며 브라우저에서 자바스크립트를 꺼놓는 것이 '상식'이 되어버렸다. 자바스크립트 불운의 시대가 도래한 것이다.

Ajax를 통한 자바스크립트의 부활

2005년 Ajax(Asynchronous JavaScript + XML)의 등장으로 이러한 상황에 한줄기 빛이 비추기 시작했다. Ajax는 '브라우저에서 데스크톱 앱과 같은 페이지를 만드는 기술'의 총칭으로[2] HTML, CSS, 자바스크립트 등 브라우저 표준 기술만으로 리치 콘텐츠를 제작할 수 있어 단기간에 빠르게 확산되었다.

Ajax 기술을 밀어주는 외부적 요인도 있었다. 이 시기에는 국제 표준화 단체인 Ecma 인터내셔널의 주도로 자바스크립트 표준화가 진행되었고[3], 또한 브라우저 벤더들의 기능 확장 전쟁이 진정되면서 이른바 크로스 브라우저 문제가 완화되었다. 인터넷 자체의 보급으로 보안에 대한 관심이 높아지면서 보안 허점이 줄어든 것도 이 시기다. 자바스크립트를 사용할 수 없는(사용하고 싶지 않은) 이유가 해소된 것이다.

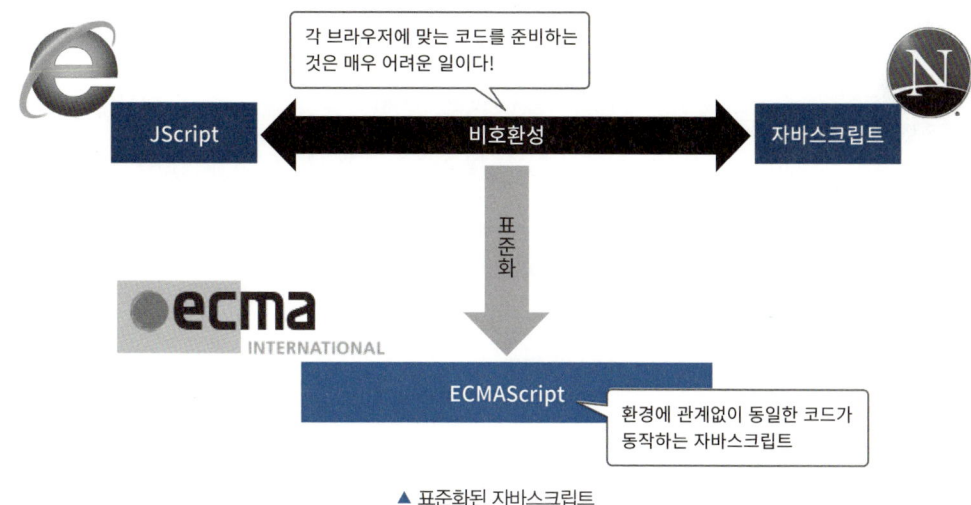

▲ 표준화된 자바스크립트

---

1 크로스 브라우저 문제라고도 한다. 예전에 인터넷 익스플로러와 넷스케이프 내비게이터 환경에서 각각에 대응하는 웹 페이지를 이중으로 만들어본 경험이 있는 독자들도 있을 것이다.

2 원래는 자바스크립트를 이용한 비동기 통신 방식을 가리키는 용어지만, 확산되는 과정에서 유행어가 되는 경우가 많다. 구글맵이 대표적인 Ajax 서비스다.

3 표준화된 자바스크립트를 ECMAScript라고 하는데, 1-3절을 참고하라.

또한, Ajax 기술의 보급은 자바스크립트의 언어로서의 가치를 재조명하는 계기가 되었다. 이전까지 자바스크립트는 HTML/CSS의 표현력을 보완하는 조연에 가까운 존재였다. 하지만 Ajax의 세계는 자바스크립트 없이는 시작되지 않는다.

자바스크립트가 본격적인 앱 개발을 위한 도구로 인식되면서 코딩 방식에도 변화가 생겼다. 기존처럼 쉬운 것이 좋은 것이 아니라 대규모 개발에도 견딜 수 있는 표기법, 즉 객체지향 코딩이 요구되기 시작한 것이다. 이 과정에서 보다 숙련된 개발자들이 자바스크립트 세계에도 모이기 시작했고, 개발 노하우가 축적되어 더 숙련된 개발자들이 모이는 선순환이 일어난다.

HTML5의 시대로

이러한 상황에 더욱 힘을 실어준 것이 바로 HTML5다. HTML5의 의미는 단순한 마크업 기능의 진화가 아니다. 브라우저 네이티브 기능만으로 앱을 개발할 수 있는 기반, 즉 자바스크립트 API가 마련되었다는 데 있다.

▼ HTML5에서 추가된 주요 자바스크립트 API

기능	개요
Geolocation API	브라우저의 지리적 좌표를 가져온다
Web Storage	브라우저에 데이터를 저장하는 스토리지
File API	로컬 파일 시스템 읽기 및 쓰기
Canvas	자바스크립트로 이미지 그리기
Web Workers	백그라운드에서 자바스크립트 코드 실행
WebSocket	서버, 클라이언트 간 양방향 통신

이러한 API를 통해 자바스크립트만으로 할 수 있는 일이 훨씬 더 많아졌다. 또한 스마트폰과 태블릿의 보급으로 인한 RIA(Rich Internet Application)[4] 쇠퇴, SPA(Single Page Application)의 유행 등도 자바스크립트의 존재감을 높이며 그 인기에 박차를 가했다.

---

[4] Adobe Flash, Microsoft Silverlight 등이 대표적인 기술이다.

📄 SPA

SPA(Single Page Application)라는 이름에서 알 수 있듯이 하나의 페이지로 구성된 웹앱을 말한다. 최초 접속 시 전체 페이지를 가져온 후, 이후 콘텐츠 업데이트는 자바스크립트로 처리하고 페이지 전환은 발생하지 않으며, 자바스크립트에서 처리할 수 없는 기능(예: 데이터 가져오기, 업데이트 등)만 비동기 통신을 통해 서버의 코드에 맡긴다.

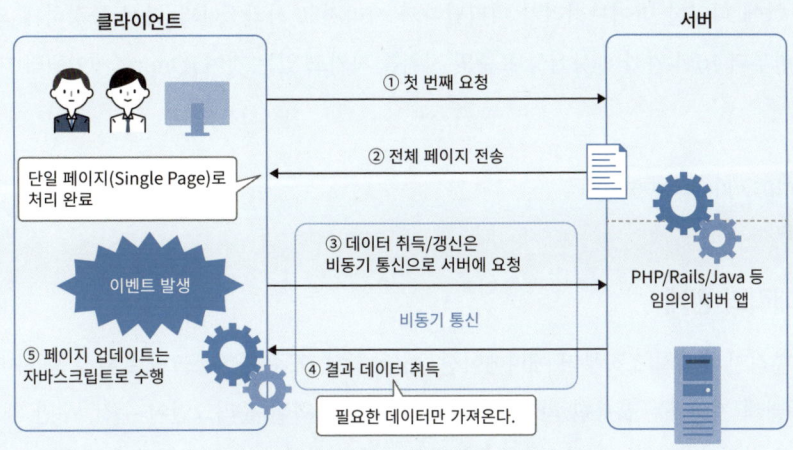

▲ SPA(Single Page Application)의 작동 원리

SPA는 데스크톱 앱과 유사한 조작성을 구현하기 위한 접근 방식으로 최근 프런트엔드 개발의 트렌드로 주목받고 있는 키워드다. 리액트에서도 SPA 개발을 위해 라우팅(8장) 등의 기능을 제공하고 있다.

📄 HTML5와 HTML Living Standard

참고로 현재 HTML5라는 규격은 존재하지 않는데, 2021년 1월 W3C는 HTML 관련 규격을 완전히 폐지하고 이후 WHATWG(Web Hypertext Application Technology Working Group)[5]가 HTML LS(HTML Living Standard)로 표준화 작업을 이어받았기 때문이다. HTML LS는 버전 번호 등의 개념이 없고, 매일매일 개정 작업을 진행하고 있다.

다만, 현재로서는 HTML5와 HTML LS에 큰 차이가 없으므로 이 책에서는 친숙하다고 생각되는 HTML5라는 명칭을 계속 사용하기로 한다.

---

5 HTML 관련 기술 개발을 위한 커뮤니티로 2004년 애플, 모질라, 오페라가 설립했다.

1-1-2 jQuery에서 차세대 라이브러리로

자바스크립트를 중심으로 한 프런트엔드 개발이 활발해지면 관련 라이브러리, 툴 개발도 활성화된다. 가능한 한 쉽게, 그러나 고도의 기능을 개발하고자 하는 것이다.

이러한 목적 하에 다양한 라이브러리가 나타났다가 사라지고 사라졌다가 다시 등장하게 되는데, 그중 2000년대 후반부터 10년 가까이 사실상 표준의 지위를 지키고 있는 것이 jQuery(제이쿼리)다.

- jQuery
    URL https://jquery.com/

jQuery의 매력과 한계

jQuery는 기본적인 페이지 조작부터 애니메이션, Ajax 통신, 표준 자바스크립트 확장 등 자바스크립트의 UI 개발을 폭넓게 지원하는 훌륭한 라이브러리다. 목적에 특화된 플러그인이 수천, 수만 개가 준비되어 있다는 점도 큰 장점이라고 할 수 있다. 간단한 앱을 아주 간단한 코드로 구현할 수 있는 간편함은 등장한 지 15년이 넘은 지금도 여전히 매력적이다.

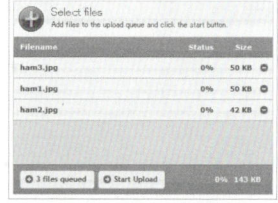
드래그 앤드 드롭으로 파일 업로드

평가율 표시/ 업데이트

고급 이미지 슬라이더
(포토 갤러리, 캐러셀 등)

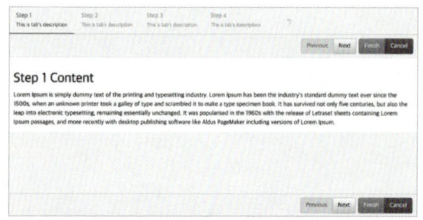
폼의 내용을 마법사로 자동 변환

X(구 트위터) / 페이스북 등과
연동되는 소셜 버튼 생성

▲ jQuery 플러그인 예시

하지만 이런 jQuery의 매력도 프런트엔드 개발이 고도화되면서 최근에는 부족한 면이 눈에 띄게 많아졌다. 예를 들어, 어떤 입력을 트리거로 데이터를 가져와 그 결과를 페이지에 반영하는 등의 처리도 jQuery에서는 다음과 같은 과정을 거친다.

- 문서 트리에서 입력값을 가져오고
- Ajax 통신에 전달하고
- 검색한 결과를 (예를 들어) <ul><li> 요소로 가공하여 페이지에 삽입한다.

자바스크립트 측에서는 입출력을 할 때 항상 페이지의 구조를 의식해야 한다.

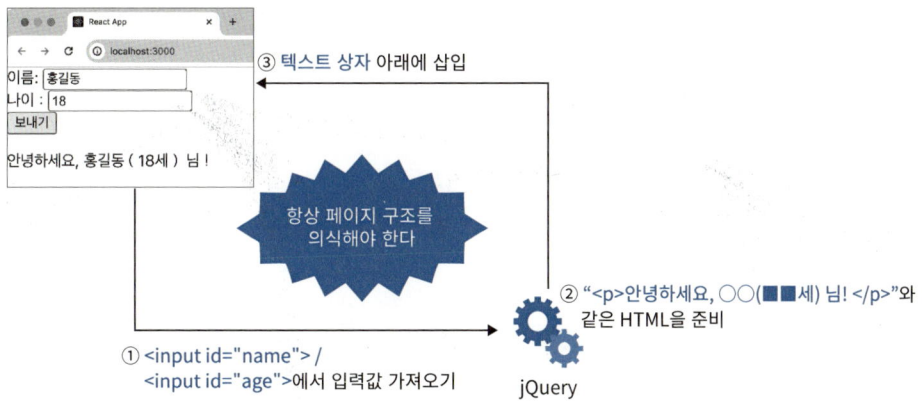

▲ jQuery로 인한 페이지 업데이트의 문제점

이러한 데이터 전달은 대부분 번거롭고, 레이아웃과 코드가 뒤섞여 앱 전체의 시야를 흐리게 만든다. 일상적으로 페이지 조작을 반복하는 SPA의 경우, jQuery로 구현하는 것은 현실적이지 않을 것이다.

그래서 필요하게 된 것이 페이지와 객체(자바스크립트)를 연결하는 자바스크립트 라이브러리(프레임워크)다. 앱 전체를 조망하고, 페이지에 변화가 생기면 객체에 반영하고, 반대로 객체에 변화가 생기면 페이지에 반영하는 – 이를 위한 메커니즘을 제공하는 존재다. 이를 통해 앱 개발자는 템플릿(HTML), 로직(자바스크립트) 각각의 개발에 집중할 수 있어 코드의 가시성이 향상되고, 앱 개발 생산성 및 유지보수성이 향상된다.

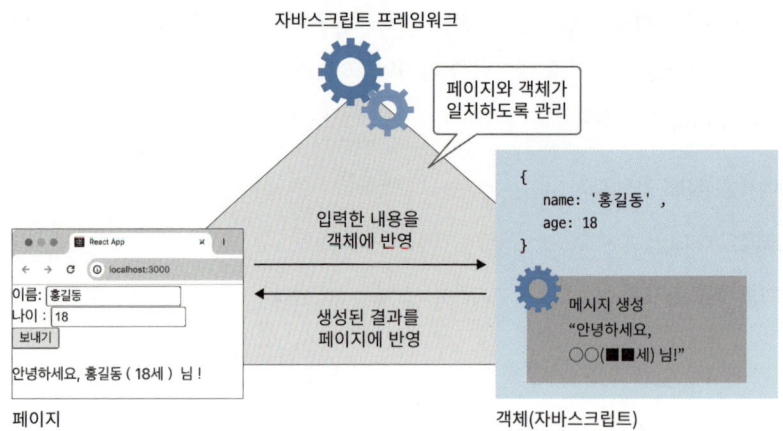

▲ 자바스크립트 프레임워크를 통한 해결

1-1-3 주요 자바스크립트 프레임워크

jQuery의 후발주자로 등장하여 현재 특히 많이 활용되는 것은 다음 표와 같은 프레임워크(라이브러리)다.

▼ 주요 자바스크립트 프레임워크

명칭	개요	URL
리액트	메타가 개발한 프레임워크로 뷰에 상응하는 기능 제공(이 책의 주제)	https://ko.react.dev/
앵귤러	구글을 중심으로 개발되고 있는 풀스택 프레임워크	https://angular.io/
Vue.js	뷰에 특화된 심플한 프레임워크	https://ko.vuejs.org/

이 책에서는 개별 프레임워크를 자세히 비교하지는 않겠지만, 대략 정리하자면 풀스택(전체 스택)의 앵귤러(Angular)에 비해 뷰에 특화된 리액트, 그리고 Vue.js로 분류할 수 있다[6].

앵귤러는 뷰부터 서비스까지 폭넓게 지원하는 고기능 프레임워크지만, 도입 장벽이 높다는 단점이 있다. 초기 단계에서 학습해야 할 사항도 많고, 지금까지 jQuery 등으로 가볍게 자바스크립트를 접해본 사람에게는 어렵게 느껴질 수 있다. 또한, 이미 존재하는 앱에 후발적으로 앵귤러를 도입하는 것은 까다롭다. 처음부터 앵귤러를 채택하는 것을 전제로, 제대로 설계된 환경에서만 강점을 발휘하는 프레임워크라고 할 수 있다.

---

[6] Angular 및 Vue.js에 대해서는 필자의 저서 『Angular アプリケーションプログラミング(Angular 애플리케이션 프로그래밍)』(기술평론사), 『これからはじめるVue.js 3 実践入門(지금 시작하는 Vue.js 3 실습 입문)』(SB크리에이티브) 등의 전문 서적을 참고하기 바란다.

반면, 리액트는 뷰(보기) 부분에 특화된 프레임워크이기 때문에 도입하기가 쉽다. 배워야 할 것도 매우 제한적이다. 같은 뷰에 특화된 Vue.js에 비해 미리 익혀야 하는 구문이 제한적이기 때문에 먼저 익혀야 할 것이 적다는 장점이 있다.

그렇다고 기능이 부족한 것은 아니며, 주변 라이브러리도 충실하기 때문에 나중에 프런트엔드 개발 범위가 넓어지면 점차 적용 범위를 넓혀갈 수도 있다. 이러한 특성 중 어느 것이 더 우수하다는 말은 아니다. 모두 상황에 따라 강점이 있고 약점이 있을 뿐이다. 이 책에서는 보다 가볍게 사용할 수 있는 리액트를 설명하지만, 이것이 절대적인 프레임워크는 아니다. 개발 중인(개발 예정인) 앱의 특성을 고려하여 적재적소의 도구를 선택하기 바란다.

보충: 라이브러리 및 프레임워크

지금까지는 '프레임워크(라이브러리)'라고 하여 프레임워크와 라이브러리를 동일시하는 것처럼 설명해왔지만, 본질적으로 이 둘은 다른 개념이다. 실제로 위에서 언급한 프레임워크 중 리액트는 'UI 개발을 위한 자바스크립트 라이브러리'로 불린다.

우선, 라이브러리는 사용자 코드에서 호출되는 것을 전제로 한다(라이브러리가 자발적으로 무언가를 하는 것은 아니다). 머신러닝을 위한 라이브러리, 이메일 전송을 위한 라이브러리, 문자열 조작을 위한 라이브러리…… 그게 무엇이든 사용자 코드의 지시를 받아 처리를 수행하는 것이 라이브러리다.

반면, 프레임워크에서 사용자 코드는 프레임워크에 의해 호출된다. 프레임워크가 앱의 라이프사이클(초기화부터 종료까지의 흐름)을 관리하고, 그 프레임워크 안에서 '무엇을 해야 하는지'를 사용자 코드에 문의하는 것이다. 여기서 사용자 코드는 더 이상 앱의 관리자가 아니라 프레임워크의 요청에 따라 움직일 뿐인 개별 톱니바퀴에 불과하다.

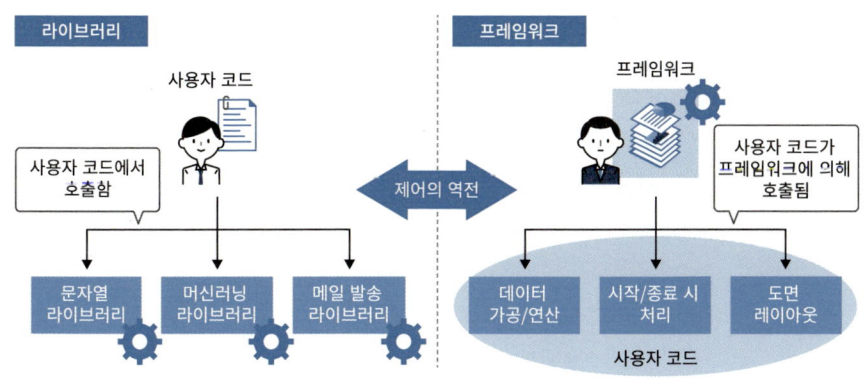

▲ 라이브러리와 프레임워크

이처럼 프로그램 실행 주체가 역전되는 것을 제어의 역전(IoC : Inversion of Control)이라고 한다. 본래 프레임워크와 라이브러리는 IoC의 성격에 따라 구분해서 사용해야 하는 키워드다.

물론 실제 개발 현장 등에서는 구분하지 않고 사용하는 경우가 있는 것도 사실이다. 이 책을 읽는 사람들은 양자의 차이를 이해하면서 '그럴 수도 있지'라는 정도의 여유를 가지고 다양한 문서를 접하는 것을 추천한다. 이 책에서도 특별히 구분할 필요가 있는 경우를 제외하고는 라이브러리라는 용어를 우선적으로 사용하겠다.

1-1-4 리액트의 특징

이제부터 리액트의 특징에 대해 알아보겠다.

낮은 도입 장벽, 낮은 학습 비용

앞에서도 언급했듯이 리액트의 특징은 뭐니뭐니해도 이것인데, Vue.js도 뷰에 특화된 비교적 간단한 라이브러리이지만, 그럼에도 불구하고 학습해야 할 도구도 다양하고, 외워야 할 구문도 적지 않다.

반면 리액트에서 알아야 할 것은 자바스크립트뿐이다. 예를 들어 조건부 분기, 반복 등도 표준 조건 연산자, Array#map 메서드만 사용하면 되므로 라이브러리 특유의 기법을 새로 익힐 필요가 없다. 새로운 지식으로 JSX(2-3절)가 등장하지만, 대략 '자바스크립트에 삽입할 수 있는 HTML'로 보면 된다. 약간의 차이점만 파악하면 크게 걱정할 정도는 아니다.

물론 복잡한 개발에 들어가면 그에 상응하는 어려움은 있지만, '처음부터 배워야 할 것이 적다'는 것은 큰 장점이다.

컴포넌트 지향적

리액트 앱을 구성하는 다양한 요소 중 핵심이 되는 것은 컴포넌트다. 컴포넌트는 페이지를 구성하는 UI 구성 요소를 말한다. 뷰(템플릿), 로직(객체), 스타일 등으로 구성된다. 다음 그림은 위키북스 홈페이지를 리액트로 개발했다고 가정했을 때의 예이다.

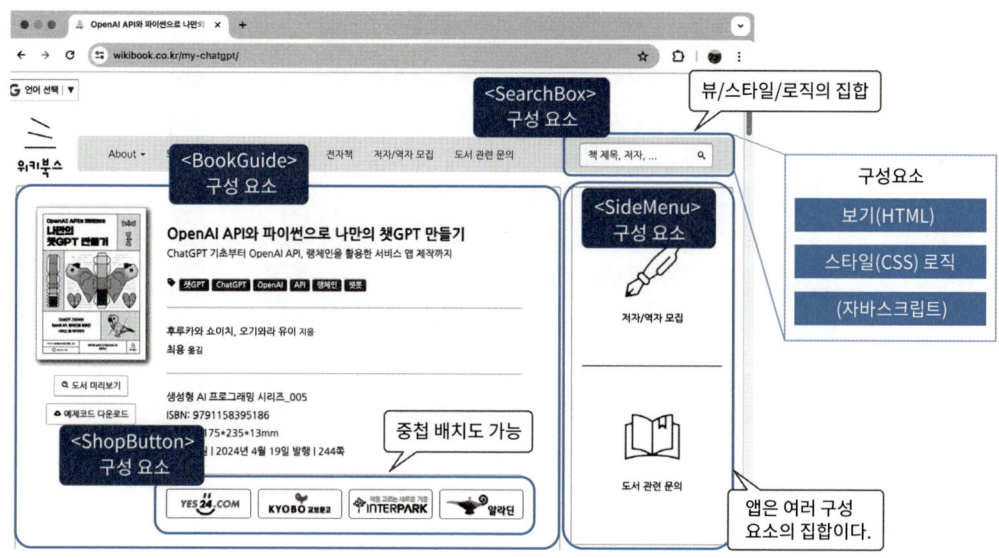

▲ 컴포넌트는 무엇인가?

일반적인 리액트 앱은 이러한 부품화된 컴포넌트들을 조합하여 페이지를 구성하는 것이 기본이다. 이를 컴포넌트 지향이라고 한다.

컴포넌트는 한 화면에 여러 개를 배치할 수도 있고 중첩하여 배치할 수도 있다. 복잡한 화면은 기능별로 여러 컴포넌트로 분리하거나 중첩하여 쌓아 올리면 개별 컴포넌트에 대한 가시성을 유지할 수 있다.

리액트 앱은 하나 이상의 컴포넌트 집합이며, 그런 의미에서 리액트를 배운다는 것은 곧 컴포넌트를 배운다는 의미이기도 하다.

앱의 단계적 성장에 대응할 수 있다

앞서 리액트가 쉽다고 말했지만, 쉽다고 해서 기능이 제한되는 것은 아니다. 작게 시작한 앱이 비즈니스의 변화에 따라 성장하는 경우가 종종 있다. 이럴 때도 앱의 성장에 맞춰 기능을 추가하거나, 애초에 추가할 수 있는 기능이 풍부하게 준비되어 있는 것이 리액트의 장점이다.

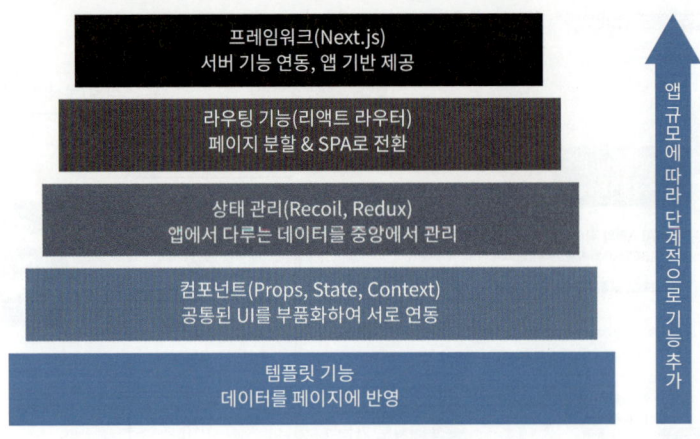
▲ 단계적으로 기능 추가 가능

처음에는 앱에서 생성한 데이터를 동적으로 페이지에 반영하는 정도의 용도로도 상관없다. 이 경우 거의 jQuery로 템플릿 플러그인을 도입하는 것과 비슷한 방식으로 리액트를 도입할 수 있을 것이다.

하지만 앱이 커지면서 비슷한 모양새가 흩어지기 시작하면 본격적으로 컴포넌트를 분할하여 서로 연동하는 것을 고려해야 한다. 이는 리액트 발전 중기의 핵심 주제이며, 이 책에서도 3~5장, 7장에서 자세히 설명한다.

리액트가 출시된 지 10년이 지나면서 목적에 특화된 주변 라이브러리가 풍부해진 것도 리액트의 큰 매력이다. 리액트 단독으로 할 수 없는 것, 코드가 중복되기 쉬운 부분은 관련 라이브러리에 점점 더 의존하면 된다. 6장에서는 그런 관련 라이브러리에 대해 알아본다(관련 항목에서도 크고 작은 라이브러리를 소개하고 있으니, 리액트를 배우면서 실제 활용할 수 있는 라이브러리를 늘려가자).

기능이 더 많아지면 페이지(URL)를 좀 더 명확하게 분할하고 정리하고 싶을 수도 있다. 이 경우 리액트 라우터(React Router)라는 라이브러리를 추가하여 이미 준비된 컴포넌트(그룹)를 기반으로 SPA를 구성할 수 있다. 8장에서 설명한다.

그리고 보다 본격적인 앱 개발을 위해 리액트를 기반으로 한 프레임워크인 Next.js 같은 것도 준비되어 있다. 마지막 11장에서는 그 기본적인 용도를 튜토리얼 형식으로 정리해 놓았으니 다음 단계로 넘어가는 발판으로 삼기 바란다.

다양한 문서와 라이브러리 제공

앞에서도 언급했듯이 다양한 자바스크립트 라이브러리 중에서도 리액트는 대표적인 라이브러리 중 하나다. 따라서 다른 프레임워크에 비해 커뮤니티 활동이 활발하고 관련 정보와 라이브러리도 풍부하다.

우선 문서로는 리액트 홈페이지의 [학습하기], [레퍼런스] 등에 기본적인 정보가 정리되어 있다. 글을 쓰는 시점에는 문서가 리뉴얼된 지 얼마 되지 않아 번역이 불완전한 부분도 있지만, 고생해서라도 읽어볼 가치는 충분하다. 이 책을 읽으면서 관심 있는 주제부터 차근차근 읽어나가는 것을 추천한다.

- **리액트 공식 홈페이지**
  URL https://ko.react.dev/

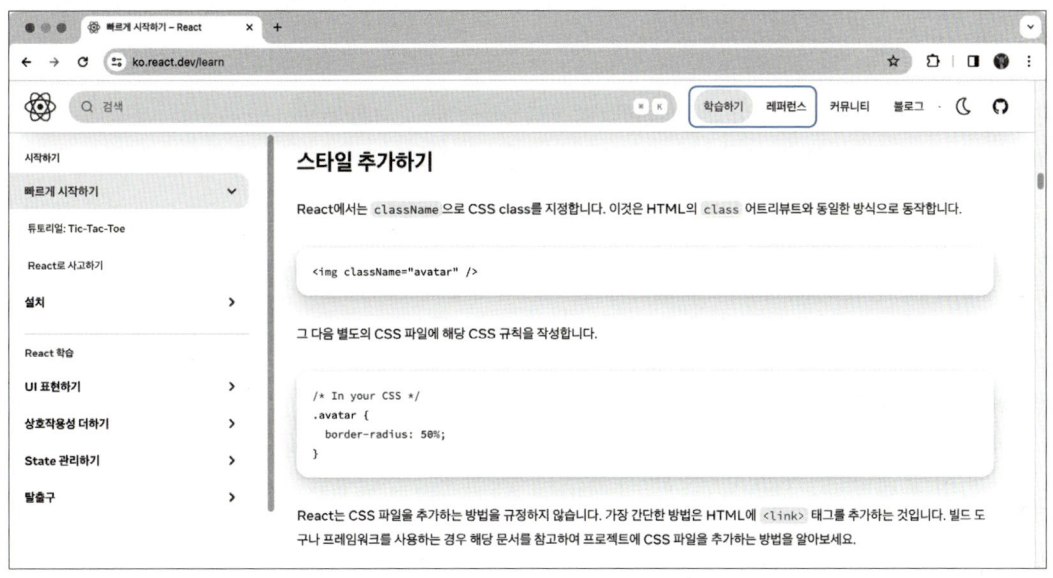

▲ 리액트 공식 홈페이지의 문서

참고로 개정 전의 문서는 다음 링크에서 확인할 수 있다. 다소 오래된 내용도 있지만, 리뉴얼 후와 비교하면 평이하게 정리되어 있으므로, 현재로서는 학습의 시작점으로 병행해서 읽어도 좋을 것 같다.

- **리액트 공식 홈페이지(개정 전)**
  URL https://ko.legacy.reactjs.org/

1.2 리액트 앱을 개발/실행하기 위한 기본 환경

이제 리액트에 대한 개요를 파악했으니, 리액트로 개발/학습을 진행하기 위한 준비에 들어가 보자. 리액트 개발에는 여러 가지 선택지가 있지만, 처음부터 앱을 개발한다면 클래식한 명령줄 도구인 Create React App을 추천한다. 이 절에서는 Create React App의 기능을 개괄적으로 살펴보고, 실행에 필요한 소프트웨어를 준비한다. 또한, 개발에 도움이 되는 코드 에디터(개발 환경)도 함께 준비해 두자.

1-2-1 Create React App이란?

Create React App은 이름 그대로 리액트 앱을 개발하기 위한 명령줄 도구다. 명령어 하나로 앱의 뼈대를 생성할 수 있으며, 생성한 앱을 실행하기 위한 트랜스파일러, 번들러, 개발 서버 등의 기능을 갖추고 있다.

자, 어쩌면 생소할 수 있는 키워드들이 줄줄 등장했는데, Create React App을 이용하기만 한다면 이러한 키워드를 크게 의식하지 않아도 학습을 진행할 수 있다. 하지만 애매모호하게 알고 있으면 어딘가에서 한계에 부딪히게 된다. 초기에 기본적인 개념을 대충 훑어보는 것은 결코 헛되지 않다. 부담 없이 각각의 키워드를 파악해 두기 바란다.

> **📄 툴체인**
>
> Create React App과 같이 개발에서 사용하는 도구 일체를 툴체인이라고도 하는데, 리액트에 대응하는 툴체인으로는 Next.js, Vite, Gatsby, Parcel 등이 있으며, Create React App은 페이스북 본사에서 제공하는 대표적인 도구다. 정보도 풍부하고, 개발에 필요한 기능을 빠짐없이 갖추고 있어 리액트를 처음 시작하는 사람이라면 Create React App을 먼저 도입하는 것을 추천한다.
>
> 좀 더 고급 환경으로 Next.js도 있는데, 이 부분은 마지막 장에서 다루도록 하겠다.

트랜스파일러

프론트엔드 개발이 복잡해지면서 순수 자바스크립트만으로는 부족할 때가 많아졌다. 리액트 세계에서는 JSX(JavaScript XML)라는 확장 구문을 이용해 컴포넌트를 개발하는 것이 일반적이다.

```
export default function MyHello(props)
{
    return (
        <div> 안녕하세요, {props.myName}님! </div>
    );
}
```

JSX — 자바스크립트 코드에 삽입할 수 있는 HTML과 같은 것들

▲ JSX란?

하지만 브라우저는 확장 구문을 그대로 실행할 수 없기 때문에 순수 자바스크립트로 미리 변환해 놓아야 한다. 이러한 작업을 담당하는 것이 트랜스파일러다. 넓은 의미의 컴파일러라고 생각해도 무방하지만, 좀 더 한정적으로 '한 언어로 작성된 코드를 다른 언어로 변환'하는 도구라고 할 수 있다.

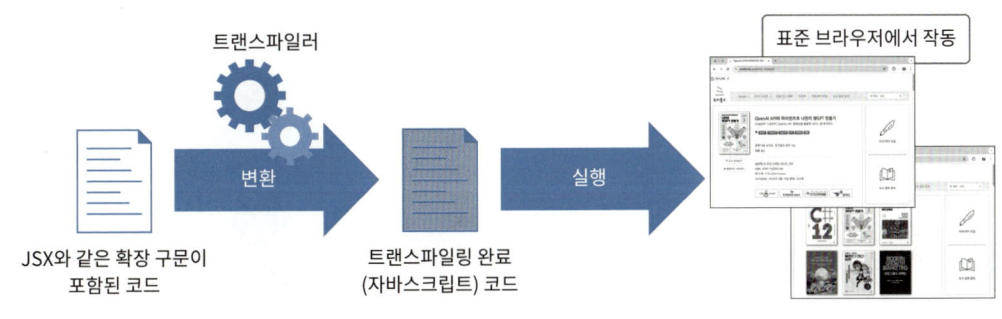

▲ 트랜스파일러란?

이외에도 리액트 앱 개발에서는 자바스크립트에 정적 타입 개념을 추가하는 타입스크립트(10장)라는 언어가 사용되기도 한다. 이를 자바스크립트로 변환하는 것도 트랜스파일러의 역할이다.

트랜스파일러에는 여러 종류가 있는데, 대표적인 것이 바벨(Babel)로, Create React App에서도 채택하고 있다.

- 바벨(Babel)
    URL https://babeljs.io/

번들러

요즘은 자바스크립트에서도 앱이 비대해지면서 코드를 모듈 단위로 관리하는 것이 일반적이다[7]. 이에 따라 브라우저에서도 네이티브로 모듈을 실행할 수 있는 환경이 마련되고 있지만, 여전히 프로덕션 환경에서 모듈을 그대로 실행하는 것은 그리 일반적이지 않다.

왜냐하면 리액트와 같은 라이브러리는 대량의 모듈로 구성되어 있어 이를 개별적으로 가져오는 것은 비효율적이기 때문이다[8]. 그래서 미리 모듈을 하나로 묶어 전송 효율을 높이는 것이다.

---

[7] 모듈은 앱(코드)을 기능 단위로 나누기 위한 구조다. 자세한 내용은 1-3-6항에서 설명한다.
[8] HTTP/2 환경에서는 이전보다 여러 리소스의 로딩이 효율적으로 이루어지고 있다. 하지만 여전히 해당 파일이 많아지면 비효율적이라는 점에는 변함이 없다.

이러한 처리를 번들(bundle)이라고 하며, 번들을 담당하는 도구를 번들러(bundler)라고 하는데, Create React App에서는 웹팩(webpack)이라는 번들러를 사용한다.

- 웹팩(webpack)
    URL https://webpack.js.org/

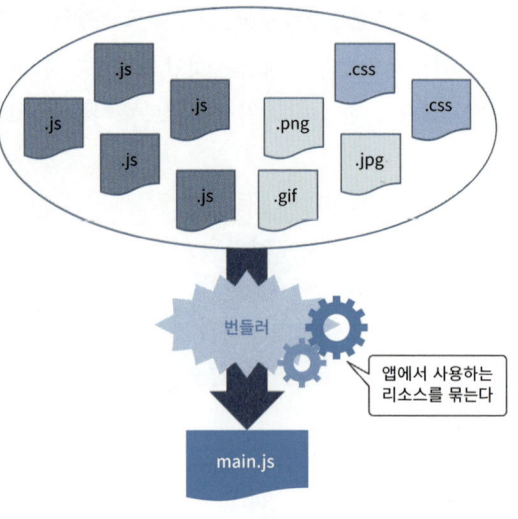

▲ 번들러란?

📄 노번들 툴

번들러는 파일이 업데이트될 때마다 앱 전체를 다시 번들로 묶어야 하기 때문에 일반적으로 재실행 속도가 느려지는 경향이 있다. 그래서 최근에는 개발 시 번들링을 하지 않고, 모듈 하나하나의 임포트를 브라우저에 맡기는 툴이 등장하고 있다. 이렇게 하면 번들링의 번거로움을 줄일 수 있을 뿐만 아니라, 수정한 코드만 다시 불러오면 되므로 수정 & 재실행의 사이클을 빠르게 돌릴 수 있다.

이러한 도구를 노번들 툴이라고 한다. 물론 완전히 번들링하지 않는 것은 비효율적이기 때문에 모듈이 많이 포함된 라이브러리를 부분적으로 번들링하여 임포트와 번들링, 양쪽의 균형을 맞춘다. 또한, 최종 프로덕션 릴리즈에서는 완전히 번들링하는 것이 일반적이다(노번들링이라고 해도 꼭 필요하지 않은 번들만 빼는 것이다).

대표적인 것이 Vite로, 이미 리액트 개발에도 대응하고 있다. 앞으로 이러한 노번들 툴이 늘어날 것으로 예상되므로 키워드만이라도 알아두면 좋을 것 같다.

미니피케이션 & 다이제스트 부여

번들러에 따라 코드를 묶을 때 다음과 같은 처리를 수반하는 경우도 있다. 웹팩에서도 지원하므로 여기에 보충 설명을 덧붙여둔다.

(1) 미니피케이션(minification)

주석이나 공백을 제거하거나 로컬 변수의 이름을 짧게 하는 등 코드 자체의 크기를 최소화하는 것을 말한다. 번들이 전송 효율을 향상시키는 반면, 미니피케이션은 파일 크기 자체를 줄여 통신량을 절약한다.

(2) 다이제스트(digest) 부여

최종적으로 생성되는 파일명 끝에 main.**d0f9839a**.js와 같이 해시값(다이제스트)을 부여한다. 굵은 글씨가 해시다.

해시값은 파일의 내용에 따라 일정한 규칙으로 계산된 문자열이다. 해시값에 따라 코드가 변경되면 파일 이름도 변경되기 때문에 브라우저의 의도하지 않은 캐싱을 방지할 수 있다(즉, '코드를 변경했는데 반영되지 않는 경우'를 방지할 수 있다!).

개발 서버

리액트를 비롯해 HTML/자바스크립트 등으로 만든 웹 앱은 일반적으로 서버에 올려놓고 클라이언트(브라우저)의 요청에 따라 전달한다. 서버는 네트워크상에 상시 대기하며 콘텐츠/서비스를 제공하기 위한 컴퓨터를 말한다. 그중에서도 HTTP를 통해 콘텐츠를 제공하는 서버를 HTTP 서버라고 한다.

하지만 개발 용도로 네트워크상에 서버를 준비하는 것은 너무 거창한 일이다. 그래서 개발 시에는 보통 내 컴퓨터에 간이 서버를 설치하는 것이 일반적인데, Create React App에서도 webpack-dev-server라는 간이 서버가 제공된다.

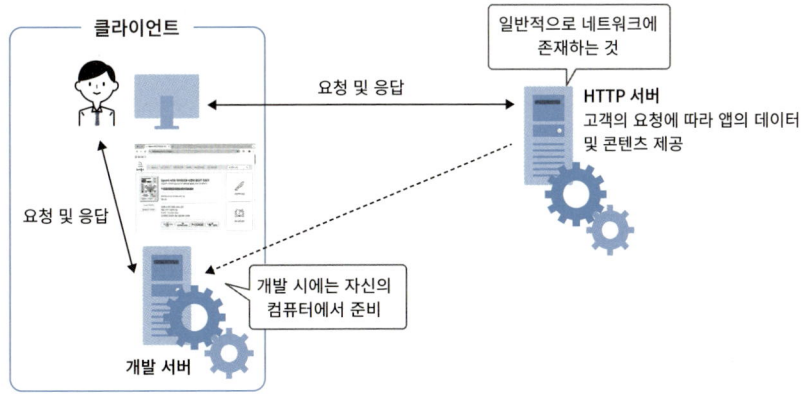

▲ HTTP 서버(개발 서버)

1-2-2 Node.js 설치하기

Create React App은 그 자체가 자바스크립트로 작성된 도구다. 실행을 위해서는 자바스크립트 실행 환경인 Node.js를 설치해야 하는데, 자바스크립트 실행 환경으로는 우선 브라우저가 대표적이며, Node.js

는 브라우저에서 자바스크립트 실행 엔진만 따로 떼어낸 것이라고 생각하면 된다. 브라우저 고유의 제약이 사라지기 때문에 자바스크립트의 활용 범위가 훨씬 넓어진다.

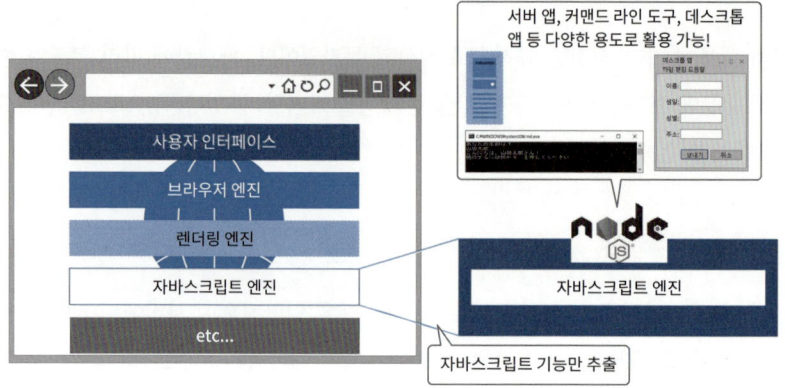

▲ Node.js란?

Create React App을 실행하려면 Node.js 14.0.0 이상이 필요하다. 이 책에서는 집필 시점의 LTS(권장 버전)인 20.11.1을 전제로 동작을 검증했다. Node.js 공식 홈페이지에서 node-v20.11.1-x64.msi(윈도우)/node-v20.11.1.pkg(macOS)를 다운로드하기 바란다.

- Node.js 공식 홈페이지
  URL https://nodejs.org/

설치 자체는 다운로드 파일을 두 번 클릭하고 설치 프로그램의 지시를 따르기만 하면 되므로 특별히 언급할 사항은 없다.

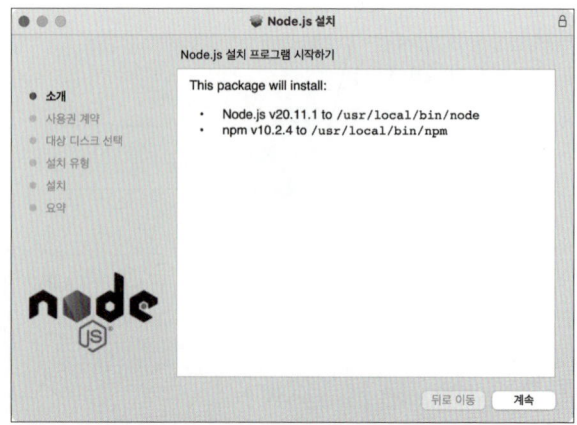

▲ Node.js 설치

제대로 설치되었는지 명령 프롬프트(윈도우) 등의 명령줄에서 다음 명령어를 실행하여 확인한다.

```
> node -v ↵
v20.11.1
```

1-2-3 비주얼 스튜디오 코드(VSCode) 설치

리액트 앱 개발에 필수적인 것은 아니지만, 코드 편집의 효율성을 고려한다면 프로그래밍에 적합한 코드 편집기를 하나쯤은 사용하는 것이 좋다.

코드 에디터는 서브라임 텍스트, IntelliJ 등 여러 가지가 있지만, 필자가 추천하는 것은 비주얼 스튜디오 코드(Visual Studio Code, 이하 VSCode)다. 윈도우, macOS, 리눅스 등 여러 OS를 지원하며, 확장 기능을 추가하여 다양한 언어의 개발이 가능하다. 다음 그림은 VSCode의 주요 기능을 정리한 것이다.

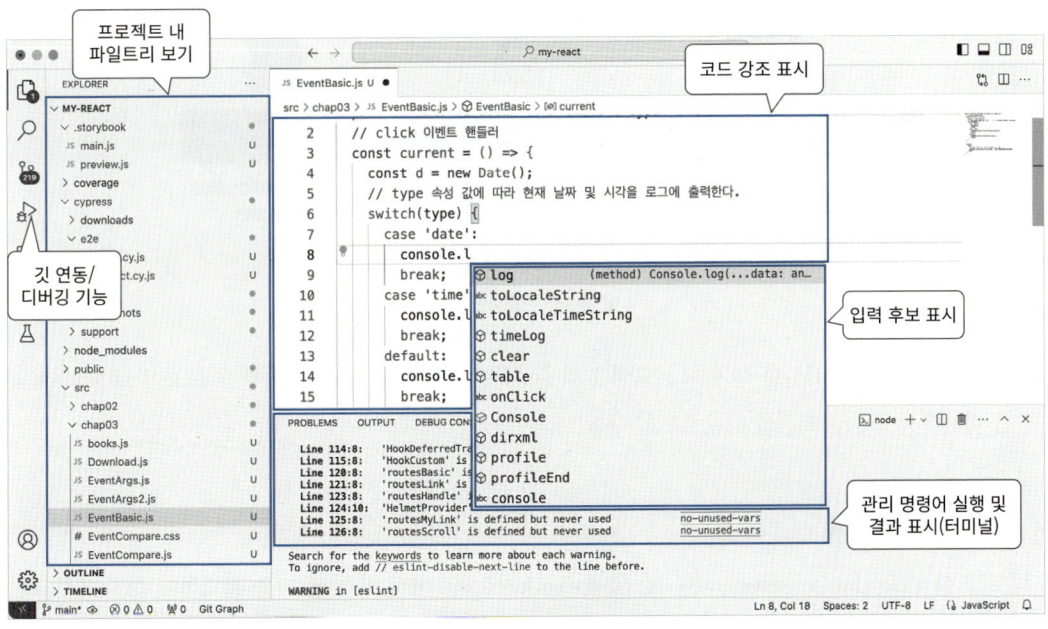

▲ VSCode의 주요 기능

물론 다른 편집기를 사용해도 문제 없다. 우선은 익숙한(=자신의 생각을 방해하지 않는) 편집기를 하나 만들어 두는 것이 좋다. 단, 이 책의 절차는 VSCode를 전제로 한 것이므로 다른 편집기를 사용하는 경우에는 적절히 바꿔서 읽어야 할 수도 있다.

이제부터는 윈도우 환경을 전제로 구체적인 도입 절차를 살펴보겠다. macOS 환경에서도 거의 동일한 방법으로 작업할 수 있으므로, 다른 점만 보완하겠다.

1. 설치 프로그램 다운로드

VSCode의 설치 프로그램은 다음의 VSCode 홈페이지에서 다운로드 받을 수 있다.

- VSCode 다운로드 페이지

  URL https://code.visualstudio.com/Download

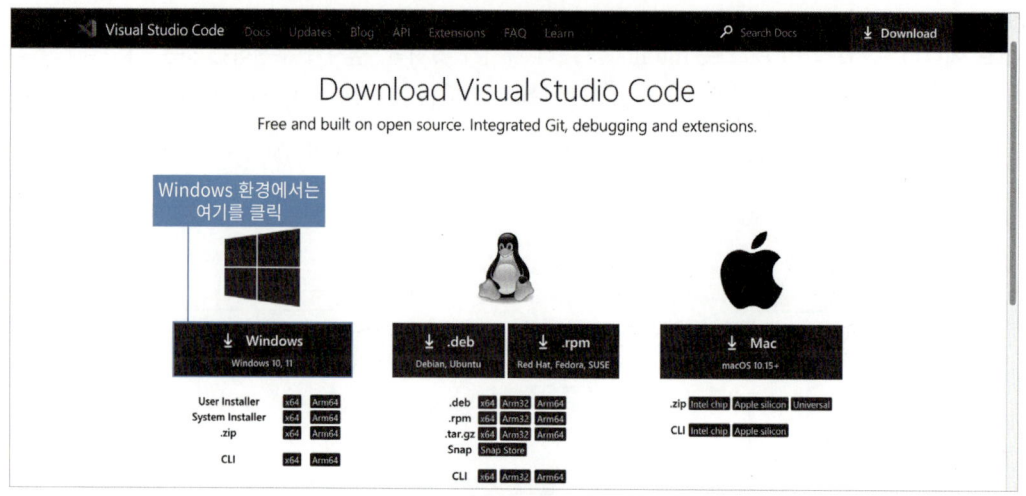

▲ VSCode 다운로드 페이지

사용 중인 OS에 따라 적절한 설치 프로그램을 다운로드한다. 일반적으로 각 플랫폼 로고 바로 아래에 있는 큰 버튼에서 표준 패키지를 다운로드할 수 있다.

2. 설치 프로그램 실행

다운로드한 VSCodeUserSetup-x64-x.xx.x.exe(x.xx.x는 버전 번호)를 더블 클릭하여 설치 프로그램을 실행한다. 설치는 거의 마법사의 지시를 따르기만 하면 되므로 어렵지 않다.

한 가지, [추가 작업 선택] 대화 상자에서 ["Code(으)로 열기" 작업을 Windows 탐색기 디렉터리의 상황에 맞는 메뉴에 추가]에 체크한다. 이렇게 하면 탐색기에서 선택한 폴더를 VSCode로 직접 열 수 있어 편리하다.

▲ VSCode 설치

> 📄 **macOS 환경에서는**
>
> macOS 환경에서는 전용 설치 프로그램이 존재하지 않는다. 다운로드한 VSCode-darwin-universal.zip의 압축을 풀고, 압축이 풀린 Visual Studio Code.app을 응용 프로그램(Applications) 폴더로 옮긴다. Visual Studio Code.app 파일을 더블 클릭하면 VSCode가 실행된다.

3. VSCode 실행하기

설치 프로그램의 마지막에 [Visual Studio Code 설치 마법사 완료] 화면이 표시된다. [Visual Studio Code 실행]에 체크하고 [종료] 버튼을 클릭한다. 이제 설치 프로그램을 종료하고 VSCode를 실행할 수 있다.

▲ [Visual Studio Code 설치 마법사 완료] 화면

[Visual Studio Code 실행]에 체크하지 않고 설치 프로그램을 종료한 경우, 시작 메뉴에서도 VSCode를 실행할 수 있으며, Windows 11의 경우 [모든 앱]-[Visual Studio Code]를 선택하면 된다.

4. VSCode 한글화하기

설치 직후의 상태에서는 VSCode가 영어로 표시된다. 한글로 표기하는 것이 사용하기 편하기 때문에 확장 프로그램인 'Korean Language Pack for Visual Studio Code'를 설치한다.

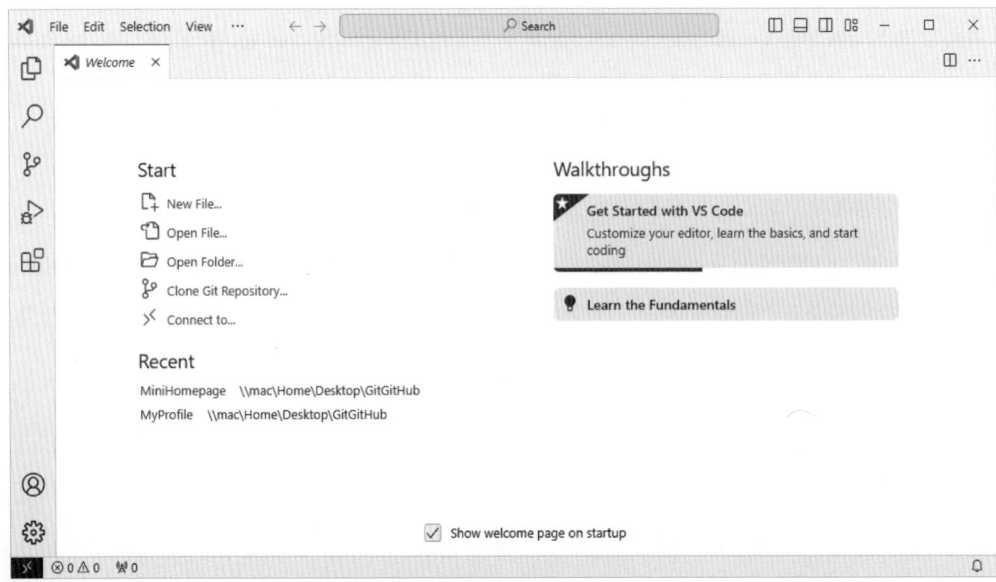

▲ 최초 실행 후

확장 프로그램은 VSCode 왼쪽의 활동 표시줄에서 (Extensions)를 클릭하여 열면 설치할 수 있다.

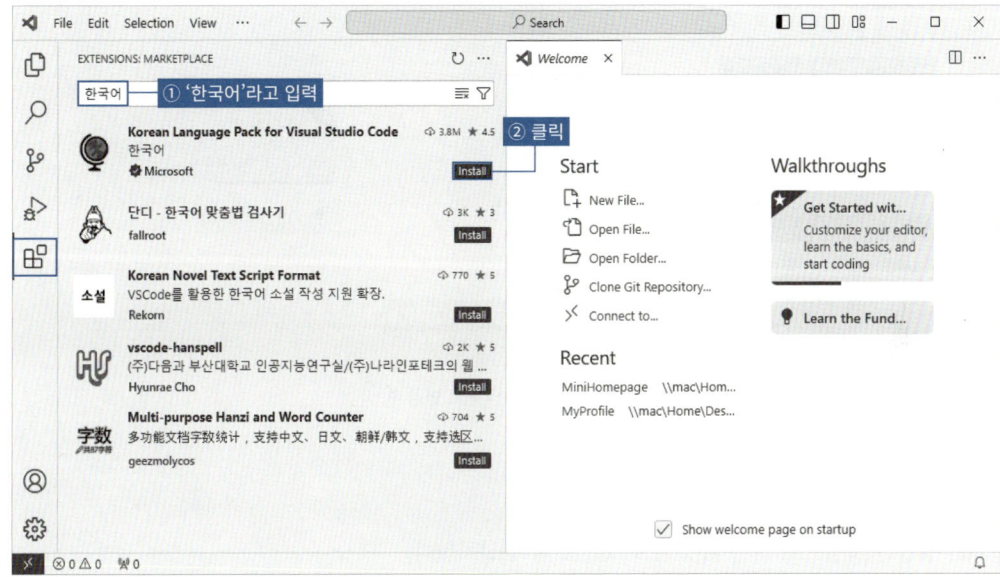

▲ 확장 프로그램 설치(Visual Studio Code용 한국어 언어 팩)

확장 프로그램 목록이 표시되고 상단의 검색창에 '한국어'를 입력하면 한국어가 포함된 확장 프로그램 목록만 나타난다. 여기서 [Korean Language Pack for Visual Studio Code] 란의 [Install] 버튼을 클릭한다.

확장 프로그램 설치에 성공하면 Visual Studio Code용 한국어 언어 팩 페이지가 표시되고, 화면 오른쪽 하단에 재시작을 알리는 대화 상자가 나타난다. [Change Language and Restart] 버튼을 클릭한다.

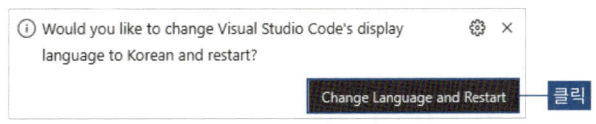

▲ 재시작을 유도하는 대화

VSCode가 재부팅된다. 재부팅 후 다음 그림과 같이 메뉴 이름 등이 한글화되어 있는지 확인한다.

▲ 표시 언어를 한국어로 변경 후

5. 확장 프로그램 설치하기

4단계와 동일한 방법으로 다음 확장 프로그램도 함께 설치한다.

- ESLint: 자바스크립트 정적 코드 분석 도구
- Live Server: 로컬 웹 서버

Create React App에서는 기본적으로 ESLint가 활성화되어 있으며, 서버를 실행하면 콘솔 등에 경고가 표시된다. 하지만 ESLint 확장 프로그램을 설치하면 에디터상에 문제가 실시간으로 표시되므로 보다 신속하게 문제를 파악할 수 있다.

Live Server는 1-3절에서 자바스크립트를 실습하는 데 사용한다.

1.3 모던 자바스크립트의 기본

ECMAScript(ES)는 표준화 단체인 Ecma International에서 표준화한 자바스크립트 언어 사양이다. 최신 브라우저에서 동작하는 자바스크립트는 기본적으로 이 ECMAScript를 기반으로 구현되어 있다. 표준 자바스크립트=ECMAScript라고 할 수 있다.

ECMAScript는 다음 표와 같이 버전업을 거듭하고 있다.

▼ ECMAScript 버전

버전	출시	주요 신규 기능
1	1997년 6월	초기 버전
2	1998년 6월	ISO/IEC 16262 대응(사양은 그대로)
3	1999년 12월	정규식, try...catch 구문 등
4	-	사양이 복잡해짐에 따라 폐기
5	2009년 12월	엄격 모드(strict mode), get/set, JSON
5.1	2011년 6월	-
6(2015)	2015년 6월	class 구문, 모듈, let/const, for...of, 프로미스(Promise), 컬렉션(Map/Set)
2016	2016년 6월	제곱 연산자, Array#includes
2017	2017년 6월	async/await, Object.values/entries
2018	2018년 6월	정규 표현식 기능 개선, 객체 스프레드 연산자(spread operator, …)
2019	2019년 6월	Array#flat, Object.fromEntries
2020	2020년 6월	옵셔널 체이닝(optional chaining, ?.) null 병합 연산자(??)
2021	2021년 6월	replaceAll, Promise.any, 약한 참조(WeakRef)
2022	2022년 6월	Array#at, 최상위 await(Top-level await), 비공개 멤버, static 필드

1997년 초기 버전부터 꾸준히 진화를 거듭해 온 것을 알 수 있는데, 특히 버전 6에 해당하는 ES2015의 변화가 눈에 띈다. 다양한 문법적 설탕[9]이 추가되어 이전 자바스크립트에서는 다소 불편했던 문장을 보다 직관적으로 표현할 수 있게 되었다. 그래서 ES2015 이후의 자바스크립트를 모던 자바스크립트라고 부르기도 한다.

실제로 리액트 세계에서도 모던 자바스크립트 구문은 자주 사용되며, 이에 대한 이해는 필수적인 요소로 자리 잡았다(리액트를 이해하지 못하면 모던 자바스크립트를 이해하지 못한 것일 뿐이라는 이야기는 흔한 이야기다).

따라서 이 책에서도 리액트 자체에 대한 설명에 들어가기 전에 모던 자바스크립트의 주요 구문에 대해 설명한다. 단, 이 절에서 설명하는 것은 어디까지나 모던 자바스크립트의 범위에 대한 소개일 뿐이며, 자바스크립트의 기초를 다지고 싶거나 더 깊이 이해하고 싶은 사람은 필자의 저서 『改訂3版 JavaScript 本格入門(개정 3판 자바스크립트 본격 입문)』(기술평론사)과 같은 전문 서적을 병행해서 읽어보기 바란다.

---

[9] (옮긴이) 문법적 설탕(syntactic sugar)은 프로그래밍 언어에서 코드를 보다 간결하고 이해하기 쉽게 만드는 문법적인 변화나 확장을 가리키는 용어다. 코드의 표현 방식을 단순화하거나 간결하게 만들어 프로그래머가 코드를 더 쉽게 작성할 수 있도록 돕는 것을 말한다.

📑 이 절의 샘플 실행 방법

이 절의 샘플 코드는 배포된 샘플의 /my-modern 폴더에 수록되어 있다. 다른 프로젝트(폴더)와 달리 원시 자바스크립트 코드이므로 실행 방법도 다르다.

(1) 브라우저를 사용하는 경우

지면상으로는 .js 파일의 샘플 코드를 중심으로 게재하고 있지만, 샘플을 실행하려면 동명의 .html 파일에서 실행해야 한다. 예를 들어, template.js를 확인하려면 /my-modern 폴더 아래에 있는 template.html을 실행하면 된다.

VSCode의 🗂(탐색기)를 클릭하여 탐색기 창에서 /my-modern 폴더를 연다. 파일 목록에서 template.html을 마우스 오른쪽 버튼으로 클릭한 후, 나타나는 컨텍스트 메뉴에서 [Open with Live Server]를 클릭한다. 브라우저가 실행되면[10] ⋮ (구글 크롬 설정) 버튼 – [도구 더보기] – [개발자 도구]를 클릭하여 개발자 도구[11]를 연다. [Console(콘솔)] 탭을 선택하면 샘플 실행 결과(로그)를 확인할 수 있다.

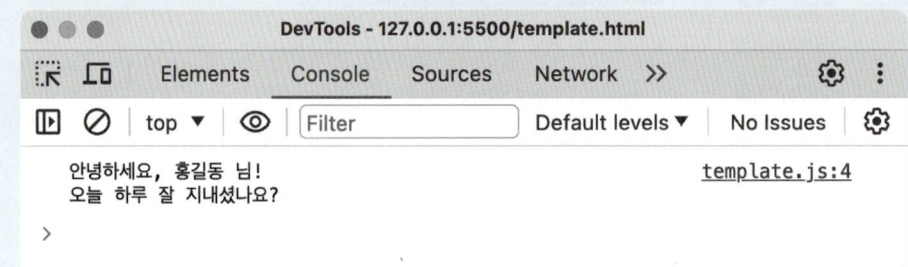

▲ 브라우저에서 실행 결과 확인

(2) 명령줄을 사용하는 경우

명령줄 조작에 익숙하다면 다음 명령어로 .js 파일을 직접 실행할 수 있다. 예를 들어 다음은 template.js를 실행하는 예다.

```
> cd C:\DATA\MY-MODERN ↵  [12] ───── 현재 폴더를 이동
> node template.js ↵       ───── template.js를 실행
안녕하세요, 홍길동 님!
오늘 하루 잘 지내셨나요?
```

---

10 [Windows 보안 중요 경고] 대화 상자가 나타나면 [액세스 허용] 버튼을 클릭한다.
11 F12 키를 눌러 개발자 도구를 열어도 된다.
12 'c:\data' 폴더에 /my-modern 폴더를 배치한 경우다. 폴더를 배치한 위치에 따라 경로를 적절히 변경한다.

1-3-1 변수 선언

자바스크립트에서는 변수를 선언하기 위해 다음 표와 같은 명령어를 제공한다.

▼ 변수 선언과 관련된 명령어

명령어	개요	예시
let	변수 선언	let name = '홍길동';
const	변경할 수 없는 변수(상수) 선언	const name = '홍길동';
var	변수 선언	var name = '홍길동';

모두 비슷한 형태로 변수를 선언할 수 있음을 알 수 있다. 이제 이 명령어들을 어떻게 사용해야 하는지를 차례로 살펴보겠다.

let과 var의 차이점

먼저 위 표의 개요에서는 구분하지 못했던 let과 var의 구분부터 살펴보자.

결론적으로, let은 ES2015에서 도입된 비교적 새로운 명령어이며, 이전 버전과의 호환성을 위해 남겨진 var는 이제 더 이상 사용해서는 안 된다. 왜냐하면 let 명령어에는 다음과 같은 특징이 있기 때문이다.

(1) 블록 스코프 대응

블록 스코프는 변수의 유효 범위를 {…} 하위로 한정하는 스코프를 말한다. 예를 들어, 다음 예제를 살펴보자.

예제 코드 1-3-1 let.js

```javascript
if (true) {
  let x = 13;
}
// 블록 아래에서 선언한 변수를 참조하면 ...
console.log(x);
```

let 명령어는 블록 스코프를 가지므로 이 코드는 'ReferenceError: x is not defined'와 같은 오류가 발생한다. {…}를 벗어나는 순간 변수 x는 소멸되기 때문이다.

그런데 푸른색으로 표시된 let을 var로 바꾸면 어떨까? 코드의 실행 결과는 13이다. {⋯}을 벗어나도 변수 x가 계속 존재한다. 즉, var 명령어는 블록 스코프를 가지지 <u>않는</u> 것이다.

일반적으로 변수의 유효 범위는 좁게 설정해야 하므로[13] 보다 한정된 범위를 관리할 수 있는 let을 이용해야 한다.

(2) 동일한 변수 중복 선언 불가능

let 명령어에서는 다음과 같은 코드는 사용할 수 없다.

```
let msg = 'Hello!'
let msg = 'Good Bye!'
console.log(msg);
```

이 코드는 'Identifier 'msg' has already been declared'와 같은 오류가 발생하며, 동일한 변수 선언이 체크되어 있음을 확인할 수 있다.

이제 푸른색 글씨로 된 let을 두 개 모두 var로 바꿔보면 어떨까? 이번에는 'Good Bye!'라는 결과를 얻을 수 있으며, 재선언된 변수가 인식되는 것을 확인할 수 있다.

변수의 중복 선언은 유용한 경우가 거의 없고, 의도하지 않은 변경으로 버그를 유발하는 경우가 대부분이다. 제대로 변수 충돌을 감시해주는 let을 우선적으로 사용해야 한다.

const의 특성

var가 제외되었으니 이제 'let이냐 const냐'를 선택해야 하는데, 그 전에 const 자체의 성질에 대해 가볍게 짚고 넘어가겠다.

대략 말하자면 const는 상수를 선언하기 위한 명령어라고 할 수 있다. 구체적인 예시를 살펴보자.

예제 코드 1-3-2 const.js

```
const author = '홍길동';
author = 'WINGS 프로젝트';  ──────❶
console.log(author);
```

---

[13] 변수명 충돌 위험이 높아지기 때문이다.

const 명령어로 선언된 author는 상수이므로 ❶은 'Assignment to constant variable'(상수에 대입할 수 없음)과 같은 오류가 발생한다. 직관적인 동작이다.

하지만 const를 '변경할 수 없는 값'으로만 이해하면 예상치 못한 동작으로 골머리를 앓게 된다. 예를 들어 다음 예제를 살펴보자.

```
const list = ['React', 'Vue', 'Angular'];
list[0] = 'Riot';               ❷
```

상수가 변경할 수 없는 값이라면 ❷는 ❶과 마찬가지로 오류가 발생해야 한다. 하지만 이 코드는 정상적으로 동작한다.

왜냐하면 const의 정확한 의미는 '재입력할 수 없다'이지 '변경할 수 없다'가 아니기 때문이다. ❷의 예시라면 배열 자체는 그대로 두고 내용 요소만 바꾸고 있으므로 const의 규약에 어긋나지 않는다(객체에서 프로퍼티 값을 변경하는 경우도 마찬가지다).

그렇다면 ❷를 다음과 같이 바꾸면 어떨까?

```
list = ['Java', 'C#', 'Python'];
```

이것은 list에 대한 재대입을 시도하는 것이므로 const의 제약 조건을 위반하는 것이다.

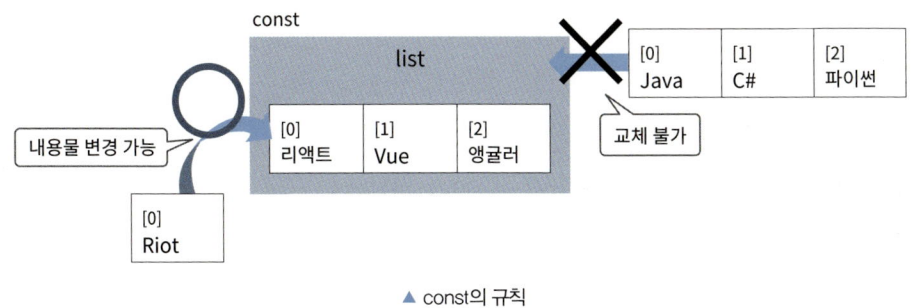

▲ const의 규칙

let과 const의 차이점

const의 성질을 이해했으니 본론인 'let이냐 const냐'의 문제로 넘어가자. 결론부터 말하자면 일반적으로 const를 우선시한다.

실제 앱을 작성할 때 원래의 값을 덮어써야 하는 상황은 많지 않다. 어떤 연산을 한 결과는 원래 변수에 다시 쓰는 것보다 새로운 변수에 대입하는 것이 의도가 더 명확하기 때문이다[14].

재입력(덮어쓰기)될 가능성이 없는 변수를 let으로 선언하는 것은 불가능하다.

변경되지 않음에도 불구하고 어딘가에서 값이 변경될 수 있는 가능성을 고려해야 하는 만큼 다루기 어렵다. 반면 const를 사용하면 변경할 의도가 없다는 것이 명확해진다. 일단 const로 선언해 놓고 나중에 값을 변경하고 싶으면 그때 가서 let으로 바꿔도 늦지 않다.

특히 리액트의 세계에서는 다루는 대상의 대부분이 객체형(구조형) 값이다[15]. 앞서 언급했듯이, const라 하더라도 객체의 내용(프로퍼티)을 변경하는 것은 자유롭다. 따라서 리액트에서는 무엇보다도 먼저 const를 이용한다는 것을 기억해두면 좋을 것이다.

1-3-2 주요 리터럴 표현

리터럴은 변수에 저장할 수 있는 값 그 자체 또는 코드에서 값을 표현하기 위한 표기법을 의미한다. ES20XX에서 문자열 리터럴, 숫자 리터럴, 함수 리터럴, 객체 리터럴에 새로운 표현 방법이 추가되었다.

템플릿 문자열

템플릿 문자열은 문자열 리터럴을 `…`(백쿼트)로 묶는 표기법이다. 템플릿 문자열을 사용하면 다음과 같은 문자열 표현이 가능하다.

| 예제 코드 1-3-3 template.js

```
const fullname = '홍길동';
const msg = `안녕하세요, ${fullname} 님! ↵
오늘 하루 잘 지내셨나요?`;
console.log(msg);
```

— 줄바꿈 가능
— 변수를 삽입할 수 있다.

```
안녕하세요, 홍길동 님!
오늘 하루 잘 지내셨나요?
```

---

14 예를 들어 이메일 주소 address에서 도메인 부분만 발췌한 것은 address에 그대로 대입하는 것보다 domain에 대입하는 것이 좋다.
15 예를 들어 앱의 상태라면 State(3-1-4항)라는 구조로 관리하게 된다.

기존의 '...'(작은따옴표)나 "..."(큰따옴표)로 묶는 표기법에서는 줄바꿈을 '\n'(이스케이프 시퀀스)으로, 문자열 결합은 '+'로 표현해야 하는 것을 생각하면 코드가 훨씬 더 간단해진다.

또한, 템플릿 문자열에는 태그가 붙은 템플릿 문자열(tag`...`)이라는 구조도 있다. 다음은 이 책의 중반부에 등장하는 코드다.

```
export default css`
.panel {
  width: 300px;
  padding: 10px;
  border: 1px solid #000;
  border-radius: 5px;
  background-color: royalblue;
  color: white;
}`;
```

문자열로 주어진 스타일 정보를 리액트 앱에서 사용할 수 있는 스타일시트로 변환하라는 의미다. 푸른색으로 강조 표시된 부분이 태그, 즉 템플릿 문자열을 미리 정해진 규칙으로 가공하기 위한 지시사항이다.

태그에 해당하는 부분은 일반적으로 라이브러리 등에서 제공하는 경우가 많은데, 리액트에서도 자주 볼 수 있는 구문이므로 꼭 기억해두자.

숫자 구분자

숫자 구분자란 소위 숫자 구분 기호로, 밑줄(_)로 표시한다. 일반적으로 흔히 사용하는 쉼표(,)가 아닌 이유는 자바스크립트 세계에서는 이미 쉼표가 다른 의미를 가지고 있기 때문이다.

| 예제 코드 1-3-4 number.js
```
const value = 123_456_789;
```

숫자 구분 기호는 사람이 가독성을 높이기 위한 구조이기 때문에 실행 결과에 영향을 주지 않으며, 추가하는 방법도 비교적 자유롭다. 예를 들어, 다른 자릿수로 구분된 다음과 같은 리터럴도 가능하다.

```
const value = 12_3_4_567;
```

단, 자릿수 구분이라는 목적에 벗어난 다음과 같은 서술은 할 수 없다.

```
const value = 0._9876;        ──── 소수점 앞뒤로
const value = 9876_;          ──── 리터럴 앞뒤로
const value = 987__65;        ──── 연속적인 구분자
```

화살표 함수

화살표 함수는 함수 리터럴을 보다 쉽게 표현하기 위한 기법으로, 리액트 앱에서도 Array#map(3-2-1항)과 같은 상위 함수(메서드)[16]를 사용할 때 자주 사용하며, 모던 자바스크립트 코드의 상징적인 존재로 점점 더 많이 접할 수 있게 되었으니 꼭 기억해 두자.

| 구문 _ 화살표 함수

```
(arg, ...) => { statements }

arg          : 인수
statements   : 함수 본문
```

인수와 함수 본문을 '=>'(화살표)로 연결하기 때문에 화살표 함수라고 부른다. 예를 들어, 다음 두 코드는 의미적으로 거의 동일한 코드다[17].

```
function circle(radius) {
  return (radius ** 2) * Math.PI;
}
```

```
const circle = (radius) => {
  return (radius ** 2) * Math.PI;
}
```

대입문이 있어 크게 다르지 않은 느낌일 수 있지만, 화살표 함수는 특정 조건하에서 더욱 단순화할 수 있다.

---

[16] 함수를 인수로 받거나 함수를 반환하는 함수를 말한다.
[17] 엄밀히 말하면 화살표 함수는 'this를 갖지 않는' 등 미세한 차이가 있다. 하지만 여기서는 표기법에 초점을 맞춰서 설명한다.

(1) 함수 본문이 한 문장인 경우

함수 본문이 하나의 문장이라면 블록을 나타내는 { ... }는 생략할 수 있다. 또한, 본문(식)의 값이 그대로 함수의 반환값이 되므로 return도 생략할 수 있다. 따라서 위의 코드는 다음과 같이 다시 작성할 수 있다.

```
const circle = (radius) => (radius ** 2) * Math.PI;
```

(2) 매개변수가 한 개인 경우

또한, 매개변수가 한 개인 경우 매개변수를 묶는 괄호도 생략할 수 있다.

```
const circle = radius => (radius ** 2) * Math.PI;
```

단, 매개변수가 없는 경우에는 괄호를 생략할 수 없다.

```
const show = () => console.log('Hello, World!!');
```

화살표 함수를 이용할 때는 (가능하다면) 가장 단순화된 형태로 표현하는 것이 일반적이다. 익숙하지 않은 사람이 보면 기호 덩어리로 보일 수 있지만, 단순화 과정을 이해하고 이 형태에 익숙해지도록 하자.

객체 리터럴의 간단한 구문

객체 리터럴에도 여러 가지 간결한 기법이 추가되었다.

(1) 변수와 같은 이름의 프로퍼티

프로퍼티와 그 값을 저장하는 변수의 이름이 같으면 값의 지정을 생략할 수 있다. 예를 들어, 다음 두 코드의 푸른색으로 표시된 부분은 의미적으로 동일하다.

| 예제 코드 1-3-5 obj_prop.js

```
const title = '리액트 입문';
const price = 500;

const book = { title, price };
```

```
const book = { title: title, price: price };
```

(2) 메서드의 간단한 구문

ES2015 이전에는 메서드도 '프로퍼티 명 : 함수 리터럴'과 같이 표현했지만, ES2015 이후부터는 'method() {…}'와 같이 더 간단하게 표현할 수 있게 되었다. 예를 들어, 다음 두 코드는 의미적으로 동일하다.

예제 코드 1-3-6 obj_method.js

```js
const member = {
  name: '사토 리오',
  greet: function() {
    console.log(`안녕하세요, ${this.name} 님！`);
  }
}
```

```js
const member = {
  name: '사토 리오',
  greet() {
    console.log(`안녕하세요, ${this.name} 님！`);
  }
}
```

단순히 코드만 간단해진 것이 아니라, 다음과 같은 장점도 있다.

- 프로퍼티 및 메서드를 명확하게 구분할 수 있다.
- class 구문의 기법과 일관성이 있다.

따라서 적극적으로 활용해야 할 구문이다.

(3) 프로퍼티 이름 동적으로 생성하기

프로퍼티 이름을 괄호로 묶어 표현식 값에서 프로퍼티 이름을 생성할 수 있다. 이를 계산된 프로퍼티 이름(Computed property names)이라고 한다.

예제 코드 1-3-7 obj_computed.js

```js
let i = 0;
const member = {
  [`attr${++i}`]: '사토 리오',
```

```
    [`attr${++i}`]: '여성',
    [`attr${++i}`]: '18세',
};
console.log(member);
            // 결과: { attr1: '사토 리오', attr2: '여성', attr3: '18세' }
```

이 예시의 경우, 증가된 i의 값에 따라 attr1, 2, 3...과 같은 프로퍼티 이름이 생성된다.

1-3-3 구조 분해 할당

배열/객체에서 특정 요소를 추출하여 개별 변수에 할당하는 구문이다. 이 책에서도 가장 많이 볼 수 있는 구문 중 하나다.

배열의 경우

먼저 배열을 이용한 구조 분해 할당부터 시작하겠다.

| 예제 코드 1-3-8 destruct_list.js

```
const list = [10, 20, 30];
const [x, y, z] = list;
console.log(x, y, z);   // 결과: 10 20 30

const [a, b] = list;            ─────❶
console.log(a, b);      // 결과: 10 20

const [l, m, n, o] = list;      ─────❷
console.log(l, m, n, o);    // 결과: 10 20 30 undefined

const [p, , r] = list;          ─────❸
console.log(p, r);      // 결과: 10 30
```

왼쪽에 요소 개수만큼 변수를 열거하고 전체를 괄호([…])로 묶는다. 실제 배열 크기보다 대입할 개수가 적으면 나머지 요소는 무시되고(❶), 많으면 넘쳐나는 변수는 undefined가 된다(❷). 일부 요소를 건너뛰고 ❸과 같이 작성하는 것도 가능하다.

만약 분해하지 못한 '나머지' 요소들을 모아 부분 배열로 잘라내려면 '...' 연산자를 사용한다. 예를 들어 아래 코드와 같다.

| 예제 코드 1-3-9 destruct_list_rest.js

```
const list = [10, 20, 30];
const [one, ...rest] = list;
console.log(one, rest);    // 결과: 10 [20, 30]
```

이 예시에서는 '...' 연산자를 붙인 변수 rest에 미처 대입하지 못한 20, 30이 저장된다.

객체의 경우

다음은 객체의 구조 분해 할당이다. 왼쪽에는 가져오고자 하는 프로퍼티 이름을 열거하고 전체를 {…}로 묶는다.

| 예제 코드 1-3-10 destruct_obj.js

```
const member = {
  fullname: '사토 리오',
  sex: '여성',
  age: 18
};
const { fullname, sex, memo = '---' } = member;
console.log(sex, fullname, memo);    // 결과: 여성 사토 리오 ---
```

배열과 달리 객체의 경우 이름으로 할당할 대상을 결정하기 때문에 순서가 프로퍼티 정의 순서와 달라도 상관없고, 할당하지 않는 프로퍼티가 있어도 상관없다(이 예시의 경우 age 프로퍼티는 무시된다).

또한, 원하는 프로퍼티가 존재하지 않을 경우를 대비하여 '변수명 = 기본값' 형식으로 기본값을 설정하는 것도 가능하다. 위의 예시에서는 memo 프로퍼티가 존재하지 않기 때문에 기본값으로 '---'이 할당되어 있다.

좀 더 복잡한 객체의 예시

또한, 객체에서는 다음과 같은 분해도 가능하다.

(1) 다른 이름의 변수에 대입하기

원래의 이름과 대입 대상의 이름이 다른 경우, 다음과 같이 '프로퍼티 명: 별칭'으로 지정한다.

```
const { sex: gender } = member;
console.log(gender);  // 결과: 여성
```

(2) 나머지 프로퍼티 취득하기

배열과 마찬가지로 명시적으로 지정하지 않은 프로퍼티를 가져오려면 '...' 연산자를 사용한다.

```
const { fullname, ...rest } = member;
console.log(fullname);  // 결과: 사토 리오
console.log(rest);      // 결과: { sex: '여성', age: 18 }
```

(3) 중첩된 객체 분해하기

중첩된 객체를 전개할 경우, 대입할 변수도 {…}를 중첩한다.

예제 코드 1-3-11 destruct_nest.js

```
const member = {
  fullname: '사토 리오',
  address: {
    prefecture: '스즈오카현',
    city: '후지에다시'
  }
};
const { address, address: { city } } = member;
console.log(address);  // 결과: { prefecture: '스즈오카현', city: '후지에다시' }
console.log(city);     // 결과: 후지에다시
```

'address: { city }'가 아니라 단순히 address로 설정한 경우에는 address 프로퍼티 값 자체(객체)를 그대로 가져온다.

> **📄 배열도 마찬가지**
>
> 같은 방법으로 중첩 배열을 분해하는 것도 가능하다. 객체에 비해 활용할 기회는 적겠지만, 머릿속 한구석에 넣어두면 좋을 것 같다.
>
> | 예제 코드 1-3-12 destruct_nest_array.js
>
> ```
> const list = [200, [300, 301, 302]];
> const [x, [y1, y2, y3]] = list;
> console.log(y1, y2, y3);    // 결과: 300 301 302
> ```

(4) 선언문과 대입문 분리하기

선언문과 대입문을 분리하는 경우 주의해야 한다. 예를 들어 다음은 예제 코드 1-3-10의 대입 코드를 다시 작성한 예시다.

```
let fullname, sex, memo;
({ fullname, sex, memo = '---' } = member);
```

대입문 앞뒤를 (...)로 묶은 점에 주목해야 한다. 그렇지 않으면 왼쪽의 {…}가 블록으로 간주되어 그 자체로 문장으로 간주되지 않는다.

> **📄 화살표 함수에서도 마찬가지**
>
> 같은 이유로 다음과 같은 화살표 함수는 작성할 수 없다.
>
> ✗ `const func = () => { title: '리액트 기초' };`
>
> 객체 리터럴을 반환하도록 의도한 코드지만, 반환값은 undefined다. 블록 아래에 라벨 + 문자열 표현식만 있는 함수로 간주되는 것이다.
>
> 이런 경우에는 리터럴을 둥근 괄호로 묶어주면 된다. 그러면 객체 리터럴로 올바르게 인식될 것이다.
>
> ○ `const func = () => ({ title: '리액트 기초' });`

1-3-4 매개변수 기본값, 가변 인자 함수

함수 구문도 ES2015에서 크게 변화하여 보다 간결하게 작성할 수 있게 되었다. 화살표 함수에 대해서는 1-3-2항에서 다루었으므로, 이를 제외한 함수 주제에 대해서만 다루도록 하겠다.

매개변수 기본값

'매개변수 이름 = 기본값' 형식으로 매개변수에 기본값을 설정할 수 있다. 예를 들어 다음은 사다리꼴의 면적을 구하는 getTrapezoidArea 함수의 예시로, upper(윗변), lower(아랫변), height(높이)의 기본값이 각각 1로 설정되어 있다.

예제 코드 1-3-13 func_def.js

```js
function getTrapezoidArea(upper = 1, lower = 1, height = 1) {
  return (upper + lower) * height / 2;
}

console.log(getTrapezoidArea(10, 5, 3));  // 결과: 22.5 (=(10 + 5) × 3 ÷ 2)
console.log(getTrapezoidArea(10, 5));     // 결과: 7.5  (=(10 + 5) × 1 ÷ 2)
console.log(getTrapezoidArea(10));        // 결과: 5    (=(10 + 1) × 1 ÷ 2)
```

기본값에 수식을 전달할 수도 있다. 예를 들어 lower/height 인수의 기본값을 upper라는 값으로 설정한다면 다음과 같이 표현할 수 있다.

```js
function getTrapezoidArea(upper = 1, lower = upper, height = upper) { ... }
```

가변 인자 함수

매개변수 앞에 '...'(마침표 3개)를 붙이면 가변 길이의 인자가 된다[18]. 이제 전달된 임의의 개수의 인수를 배열로 묶어 가져올 수 있다.

예를 들어, 다음은 전달된 숫자(그룹)의 합계를 구하는 sum 함수의 예다.

예제 코드 1-3-14 func_rest.js

```js
function sum(...nums) {
  let result = 0;
  for (const num of nums) {
    result += num;
  }
  return result;
```

---

[18] Rest Parameter, 나머지 매개변수라고도 한다.

```
}
console.log(sum(10, 25, 2));            // 결과: 37
console.log(sum(7, 13, 25, 6, 100));    // 결과: 151
```

가변 길이의 인자는 일반 인자와 함께 사용할 수 있지만, 이 경우 매개변수 목록의 맨 뒤에 배치해야 한다 (그렇지 않으면 이후의 모든 인자가 가변 길이 인자에 흡수될 수 있기 때문이다).

```
× function hoge(...args, title) { ... }
○ function hoge(title, ...args) { ... }
```

참고로 예전 자바스크립트를 아는 사람이라면 특수 변수인 arguments를 사용하여 가변 길이 인자를 구현하고 싶을 수도 있다. 하지만 지금은 arguments가 필요 없고, 사용할 필요도 없다.

스프레드 문법에 의한 인수 전개

함수 정의(매개변수)뿐만 아니라 실제 인수(호출 시)에도 '...'(마침표 3개)를 부여할 수 있다. 단, 같은 '...'이기는 하지만 의미는 반대이며, 매개변수의 '...'가 여러 값을 묶는 역할을 하는 반면, 후자는 배열을 개별 요소로 전개하는 역할을 한다. 실제 인수에서 '...'를 사용하는 것을 스프레드 문법이라고 한다.

예를 들어 예제 코드 1-3-14의 sum 함수를 다음과 같이 호출하면 의도한 결과를 얻을 수 없다.

```
console.log(sum([10, 25, 2]));
```

가변 길이 인수는 단지 배열을 하나의 인수로만 받아들이기 때문이다(개별 수치로 간주되지 않는다). 이러한 경우 다음과 같이 표현할 수 있다.

```
console.log(sum(...[10, 25, 2]));
```

위 코드의 푸른색으로 표시된 부분이 스프레드 문법이다. 이제 배열이 개별 요소별로 전개되어 의도한 결과를 얻을 수 있다.

구조 분해 할당을 통한 객체 리터럴 분해

구조 분해 할당(1-3-3항)을 이용하여 객체 리터럴에서 특정 프로퍼티만 추출할 수도 있다.

예제 코드 1-3-15 destruct_obj_param.js
```js
function greet({ name, age }) {
  console.log(`안녕하세요, 저는 ${name}, ${age}세 입니다.`);
}

const my = { name: '사토리오', sex: '여성', age: 18 };
greet(my);   // 결과: 안녕하세요, 저는 사토리오, 18세 입니다.
```

코드의 푸른색으로 표시된 부분은 구조 분해 할당 기법으로, 전달 받은 객체에서 name, age 프로퍼티만 가져온다(sex 프로퍼티는 무시).

구조 분해 할당을 사용하지 않고 다음과 같이 표현해도 상관없지만, 코드가 조금 더 간결해지고 함수에서 사용하는 정보가 더 명확해진다는 장점이 있다.

```js
function greet(obj) {
  console.log(`안녕하세요, 저는 ${obj.name}, ${obj.age}세 입니다.`);
}
```

리액트 앱에서도 Props를 받는 것을 중심으로 자주 볼 수 있으니 꼭 기억해두자.

1-3-5 옵셔널 체이닝 연산자(?.)

객체에 속한 메서드에 접근하기 위해서는 점 연산자를 이용하는 것이 기본이다. 이러한 멤버 호출의 문맥에서 '.' 앞에 위치한 객체를 수신자라고 부르기도 한다. 객체지향의 세계에서 '메서드를 호출한다'는 것은 객체에 어떤 지시, 메시지를 보내는 것을 의미한다. 그 메시지의 수신자, 즉 리시버(Receiver)라는 것이다.

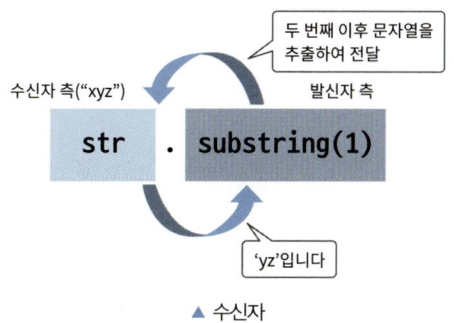

▲ 수신자

그런데 그 메서드 호출 상황에서 의도치 않게 수신자가 준비되지 않은[19], 즉 null 또는 undefined인 경우가 종종 발생한다.

예제 코드 1-3-16 optional.js

```
const str = null;
console.log(str.substring(1));          ───── 수신자의 str이 null!
```

위의 코드는 'Cannot read properties of null (reading 'substring')'(str은 null이므로 substring 메서드에 접근할 수 없음)과 같은 오류가 발생한다[20]. 이러한 오류를 피하기 위해서는 다음과 같이 수신자가 null 또는 undefined가 아닌지 먼저 판단한 후 메서드에 접근하는 방법을 생각해 볼 수 있다.

```
if (str !== null && str !== undefined) {
  console.log(str.substring(1));
}
```

이러한 빈 값(null 또는 undefined) 판정은 단순하지만, 중복되고 무엇보다 숫자가 많아지면 누락의 원인이 될 수 있다. 그래서 ES2020에서 추가된 것이 '?.'(옵셔널 체이닝 연산자)다. '?.' 연산자를 이용하면 위의 코드는 다음과 같이 재작성할 수 있다.

```
const str = null;                ───── ❶
console.log(str?.substring(1));     // 결과 : undefined
```

'?.' 연산자가 수신자의 빈 값(undefined 또는 null)을 판단하고, 빈 값이면 무조건 undefined를 반환해 주는 것이다. ❶을 'const str = '위키북스';'와 같이 다시 작성하면 원래의 결과인 '키북스'를 얻을 수 있는 것도 확인해 보자.

옵셔널 체이닝 연산자를 사용하기 전과 비교했을 때 코드가 훨씬 간결해진 것을 확인할 수 있다. '?.' 연산자는 다음 코드와 같이 여러 계층에 걸친 접근에 더욱 효과적이기 때문에 적극적으로 활용하고 싶은 기능이다.

```
                    ┌─── title 프로퍼티가 비어 있지 않은지
obj?.title?.length
     └─── obj가 비어 있지 않은지
```

---

[19] 객체 가져오기 실패, 외부 서버로부터의 반환값이나 입력 등이 애초에 비어 있었던 경우 등 이유는 다양하다.
[20] 여기서는 메서드 호출을 예로 들었지만, 프로퍼티의 경우도 마찬가지다.

null 병합 연산자

null과 관련된 기능으로 null 병합 연산자(??)에 대해서도 보충 설명한다. '??' 연산자는 다음과 같이 사용한다.

식 ?? 값

'식'이 null 또는 undefined인 경우 '값'을, 그렇지 않은 경우 '식'을 평가한 값을 반환한다. 기본값을 수반하는 '식'을 표현하고 싶을 때 자주 사용하는 연산자다.

```
let value = null;
console.log(value ?? '기본값');    // 결과: 기본값
```

위 코드에서 푸른색으로 표시된 부분을 null 또는 undefined가 아닌 다른 값으로 바꿨을 때 해당 값이 그대로 표시되는지 확인한다.

참고로 null 병합 연산자의 복합 대입 연산자 버전인 '??='도 있다. 위의 코드는 '??='를 이용하여 다음과 같이 다시 작성할 수도 있다.

```
let value = null;
value ??= '기본값';          ─────❶
console.log(value);    // 결과 : 기본값
```

❶은 'value = value ?? '기본값';'의 생략 구문으로, 일단 기본값을 value에 반영하고 나서 표시하게 하는 것이다.

1-3-6 모듈

모듈은 앱을 기능 단위로 나누기 위한 구조를 말한다. 앱의 규모가 커졌을 때 모든 코드를 하나의 파일로 묶는 것은 바람직하지 않다. 원하는 코드를 찾기가 어려워지고, 무엇보다 변수, 메서드의 충돌 위험이 커지기 때문이다.

모듈을 이용하면 코드를 파일 단위로 분리할 수 있다.

또한, 분리된 코드는 각각 독립적인 스코프를 가지므로 다른 모듈에 미치는 영향을 신경 쓸 필요가 없다. 모듈 외부에서는 명시적으로 접근을 허용한 요소만 접근이 가능하다.

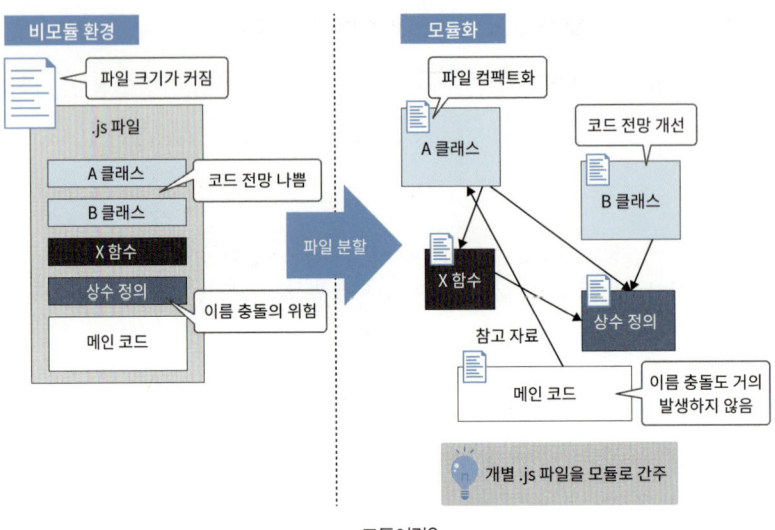
▲ 모듈이란?

리액트에서도 컴포넌트를 비롯한 모든 코드는 모듈로 관리된다. 이 절의 마지막 주제이자, 리액트를 접하는 데 있어 가장 먼저 알아야 할 중요한 주제다.

모듈 정의

자바스크립트의 모듈은 하나의 파일로 묶는 것이 기본이다. 예를 들어 다음은 APP_TITLE 상수, getTriangle 함수, Article 클래스를 App 모듈로 묶은 파일이다. 파일 이름이 그대로 모듈 이름으로 간주된다.

| 예제 코드 1-3-17 App.js

```
const APP_TITLE = 'React 앱';

export function getTriangle(base, height) {
  return base * height / 2;
}

export class Article {
  getAppTitle() {
    return APP_TITLE;
  }
}
```

모듈이라고 해도 모듈이 아닌 코드와 크게 다르지 않다. 다만, 한 가지

'모듈 하위 멤버는 기본적으로 모듈 외부에 비공개로 설정되어 있다'

는 점에 유의해야 한다. 모듈 외부에서 접근하려면 export 키워드를 부여하여 명시적으로 접근을 허용해야 한다. 위의 예시에서는 getTriangle 함수, Article 클래스가 공개 대상이고, 상수 APP_TITLE은 App 모듈 내에서만 사용할 수 있다[21].

모듈 사용

정의한 App 모듈은 다음과 같이 접근할 수 있다.

| 예제 코드 1-3-18 module_basic.html
```
<script type="module" src="module_basic.js"></script>        ──❶
```

| 예제 코드 1-3-19 module_basic.js
```
import { Article, getTriangle } from './App.js';        ──❷

console.log(getTriangle(10, 5));    // 결과: 25

const a = new Article();
console.log(a.getAppTitle());       // 결과: React 앱
```

❶ 스크립트의 타입 선언하기

모듈을 이용하는 경우에는 〈script〉 요소의 설명도 달라진다. type="module" 속성으로 모듈형 코드임을 선언해야 하는데, type 속성을 명시하지 않으면 import 명령어를 호출한 부분에서 'Cannot use import statement outside a module'(모듈 외에는 import 명령어를 사용할 수 없다)과 같은 오류가 발생한다.

❷ 모듈 가져오기

모듈을 가져오는 것은 import 명령어의 역할이다.

---

21 단, Article#getAppTitle 메서드는 공개 대상이므로 이를 통해 APP_TITLE을 참조하는 것은 문제가 없다.

구문 _ import 명령어

```
import { member, ... } from module

member : 임포트할 멤버
module : 모듈
```

모듈은 현재 .js 파일로부터 상대적인 경로로 나타낸다. 따라서 App 모듈이 /lib 하위 폴더에 저장되어 있는 경우, 예제 코드 1-3-19의 ❷도 다음과 같이 표현한다.

```
import { Article, getTriangle } from './lib/App.js';
```

모듈 측에서 export를 하더라도 import 측에서 명시적으로 가져오지 않은 것에는 접근할 수 없다는 점에 유의해야 한다. 예를 들어, 다음 선언에서 접근할 수 있는 것은 Article 클래스뿐이다(getTriangle 함수에는 접근할 수 없다!).

```
import { Article } from './App.js';
```

> **node 명령어로 실행하는 경우**
>
> 모듈을 이용한 파일을 node 명령어에서 실행하려면, 프로젝트에 다음과 같이 package.json이라는 이름의 파일을 준비하고 ECMAScript의 모듈 기능을 명시적으로 활성화해야 한다(예제 파일에서는 미리 준비해 놓았다).
>
> ```
> {
>   "type": "module"
> }
> ```

import/export 명령어의 다양한 표기법

import/export 명령어에는 앞 절에서 언급한 것 외에도 목적에 따라 다양한 작성법이 있다. 다음에 주요한 것들을 정리해 보겠다.

(1) 모듈 멤버에 별칭 부여하기

as 구문으로 가져온 멤버에 별칭을 부여할 수도 있다. 예를 들어 다음 예시에서는 getTriangle 함수를 tri라는 이름으로 가져왔다.

예제 코드 1-3-20 module_alias.js
```
import { getTriangle as tri } from './App.js';

console.log(tri(10, 2));   // 결과: 10
```

(2) 전체 모듈을 한꺼번에 가져오기

모듈 하위의 모든 멤버를 한꺼번에 가져오려면 별표(*) 표현을 사용한다. 별표 표현을 사용할 때는 as 구문으로 모듈의 별칭도 함께 지정한다.

예제 코드 1-3-21 module_all.js
```
import * as app from './App.js';

console.log(app.getTriangle(10, 2));     // 결과: 10
```

이제 App 모듈의 모든 멤버를 app.~ 형식으로 참조할 수 있다.

(3) 기본 내보내기를 가져오기

모듈 하나당 하나의 기본 내보내기를 설정할 수 있다. 이를 위해 export default 키워드를 사용한다.

예제 코드 1-3-22 Util.js
```
export default class Util {
  static getCircleArea(radius) {
    return (radius ** 2) * Math.PI;
  }
}
```

이를 가져오는 코드는 다음과 같다. 이제 Util 모듈의 기본 내보내기를 Util이라는 이름으로[22] 접근할 수 있다.

---

22 모듈 이름과 가져오기 이름이 일치하지 않아도 상관없지만, 일반적으로 대응 관계가 명확할수록 코드를 더 쉽게 읽을 수 있다.

예제 코드 1-3-23 module_use_util.js

```
import Util from './Util.js';

console.log(Util.getCircleArea(10));    // 결과: 314.1592653589793
```

기본 멤버를 다른 멤버(있는 경우)와 함께 일괄로 가져올 수도 있다.

```
import Util, { getTriangle } from './Util.js';
```

{…} 없이 쓴 것이 기본 내보내기, {…} 안에 있는 것이 그 외의 멤버들이다.

(4) 선언과 익스포트 분리하기

지금까지의 예에서는 함수/클래스 등을 선언할 때 일괄적으로 export를 지정했지만, export 선언만 따로 떼어낼 수도 있다.

```
function getTriangle(base, height) { ... }
class Article { ... }

export { getTriangle, Article };
```

두 표기법 모두 의미상의 차이는 없지만, export된 멤버가 모듈의 마지막에 정리되어 있어 모듈이 제공하는 기능을 한눈에 파악하기 쉽다는 장점이 있다.

(5) 동적 임포트

지금까지 다룬 임포트는 정적 임포트라고 하며, 초기 로딩 시점에 모든 모듈을 한꺼번에 불러오는 방식이다. 임포트라고 하면 우선 이 정적 임포트를 떠올리게 되는데, 이 정적 임포트는 특성상 앱의 초기 표시가 지연되는 경향이 있다.

초기 실행에 필요하지 않거나 조건에 따라 반드시 사용하지 않는 모듈을 가져오는 경우, 동적 임포트 사용을 고려해 볼 수 있다. 동적 임포트를 사용하면 실행 시 조건 등에 따라 모듈을 임포트할 수 있다.

구문 _ 동적 임포트

```
import(path).then(module => {
  statements
})
```

path   : 모듈 경로
module   : 임포트된 모듈
statements : 임포트 성공 시 실행하는 코드

지정된 모듈(path)을 비동기적으로 임포트하고, 임포트가 완료되면 then 메서드 하위의 콜백 함수를 실행한다. 콜백 함수 아래에서는 'module.~' 형식으로 모듈에서 제공하는 멤버에 접근할 수 있다.

예를 들어 다음은 예제 코드 1-3-19의 module_basic.js를 동적 임포트로 다시 작성한 예다.

예제 코드 1-3-24 module_dynamic.js

```js
import('./App.js').then(app => {
  console.log(app.getTriangle(10, 5));  // 결과: 25

  const a = new app.Article();
  console.log(a.getAppTitle()); // 결과: React 앱
});
```

따라하며 쉽게 배우는
모던 리액트
완벽 입문

도입편

chapter

2

React의 기본

2.1 처음 시작하는 리액트
2.2 샘플 앱 확인하기
2.3 JSX의 기본

이 장의 서문 │ 이번 장에서는 드디어 실제로 리액트를 이용한 프로그램을 만들어 보겠다. 실제로 직접 손을 움직여 보는 것은 이해도를 높이는 데 매우 중요하다. 단순히 설명만 읽는 것이 아니라 직접 코드를 입력하고 브라우저에서 실행해 보라. 책을 읽는 것만으로는 얻을 수 없는 다양한 발견이 있을 것이다.

2.1 처음 시작하는 리액트

그럼 지금부터 Create React App을 이용하여 첫 리액트 앱을 만들어 보자. 이 절에서는 생성부터 실행까지의 과정을 살펴보고, 자동 생성된 코드를 읽어보면서 리액트 앱의 외형을 이해해 보겠다.

2-1-1 리액트 앱 만들기

먼저 Create React App으로 앱 생성~실행 단계부터 살펴보자.

[1] 프로젝트 만들기

리액트 앱을 개발하려면 먼저 개발의 토대(장)가 되는 프로젝트를 생성해야 한다. 이를 위해 명령줄에서 다음 명령어를 실행한다. 프로젝트를 생성하는 위치는 자유롭게 선택해도 되지만, 이 책에서는 'c:\data' 아래에 생성하는 것으로 한다.

```
> CD C:\DATA ↵          ──── 현재 폴더 이동
> npx create-react-app my-react ↵     ──── 앱 만들기
Need to install the following packages:
  create-react-app@5.0.1
Ok to proceed? (y)      ──── y를 입력하여 부족한 패키지를 설치한다.
Creating a new React app in C:\data\my-react.
Installing packages. This might take a couple of minutes.
Installing react, react-dom, and react-scripts with cra-template...
... 생략 ...
We suggest that you begin by typing:
  cd my-react
  npm start
Happy hacking!
```

npx는 Node.js에서 제공하는 명령어 중 하나로, 로컬에 설치된 도구를 실행하기 위한 패키지 러너다. 이 예제의 경우 create-react-app을 실행하여 my-react라는 이름으로 앱(프로젝트)을 생성하라는 의미다.

다만, 처음 실행할 때는 create-react-app 패키지가 설치되어 있지 않기 때문에 부족한 패키지를 설치해도 되는지 물어보는 것이다. 'y'를 입력하여 계속 진행하자[1].

위와 같은 결과가 나왔다면 프로젝트를 제대로 만든 것이다.

[2] 프로젝트 내용 확인

'c:\data\my-react'라는 폴더가 생성됐으므로 VSCode로 열어보자. 탐색기에서 /my-react 폴더를 마우스 오른쪽 버튼으로 클릭한 후, 나타나는 컨텍스트 메뉴에서 [Code(으)로 열기][2]를 선택하면 된다.

VSCode에서 my-react 프로젝트가 열리면[3] 생성 직후의 프로젝트 구조를 확인해 보자. [탐색기] 창에서 다음과 같이 폴더와 파일이 생성된 것을 확인한다.

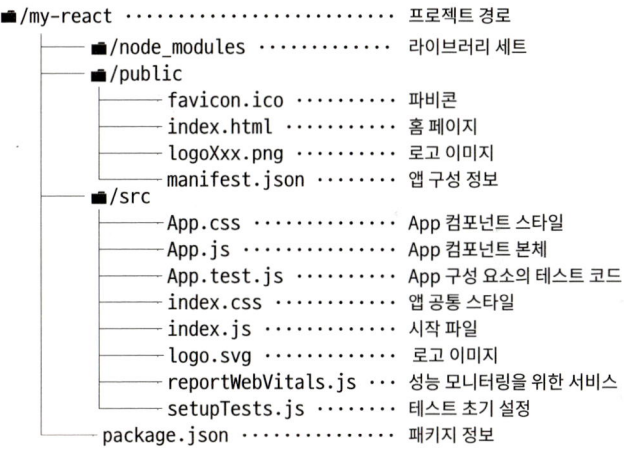

▲ 프로젝트 구조

많은 폴더/파일이 생성되지만, 실제로 자주 편집하는 것은 리액트 앱의 본체가 되는 /src 폴더다. 그 외의 폴더/파일은 대부분 빌드/실행을 위한 라이브러리나 설정 파일로, 적어도 처음에는 직접 편집하지 않는 것이 좋다. 학습을 진행하면서 차근차근 이해해 나가도록 하자.

---

1 당연히 다음 실행부터는 표시되지 않을 것이다.
2 [코드로 열기] 메뉴는 VSCode 설치 시 ["Code(으)로 열기" 작업을 Windows 탐색기 디렉터리의 상황에 맞는 메뉴에 추가]에 체크한 경우에만 표시된다. 의도한 메뉴가 표시되지 않는 경우, 다시 한 번 1-2-3항의 절차를 확인하기 바란다.
3 [이 폴더에 있는 파일의 작성자를 신뢰하시겠습니까?]라는 대화 상자가 나타나면 그대로 [예, 작성자를 신뢰합니다]를 클릭한다.

> **manifest.json**
>
> /public 폴더 아래에 있는 manifest.json은 웹 페이지를 네이티브 앱으로 사용할 때 스마트폰 홈 화면 등에 표시할 아이콘과 제목, 시작 시 모양 등을 지정하기 위한 설정 파일이다. 초기 단계에서는 크게 의식하지 않아도 되지만, 관심이 있는 사람은 다음 페이지도 함께 참고하면 좋을 것이다.
>
> - 웹앱 매니페스토
>
>   URL https://developer.mozilla.org/ko/docs/Web/Manifest

[3] 앱 실행하기

VSCode에서는 터미널을 이용하여 명령을 실행한다. 터미널이 표시되지 않는 경우, Ctrl+@로 터미널을 실행한다.

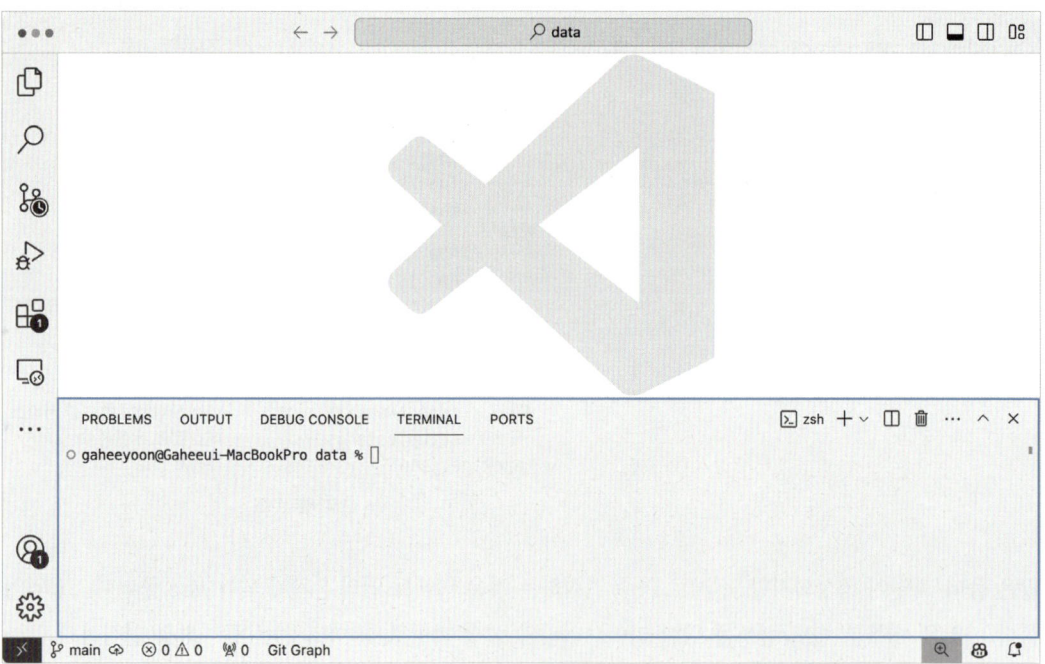

▲ VSCode 터미널

터미널에서 다음과 같이 npm start 명령을 실행한다.

```
> npm start ⏎
Compiled successfully!
```

```
You can now view my-react in the browser.

Local: http://localhost:3000
On Your Network: http://192.168.11.12:3000

Note that the development build is not optimized.
To create a production build, use npm run build.

webpack compiled successfully
```

> 📄 **명령 실행 위치**
>
> 터미널에서 npm을 비롯한 명령어를 실행할 때 현재 폴더가 프로젝트 루트(이 예제에서는 /my-react)에 있는지 확인해야 한다. my-react 폴더를 마우스 오른쪽 버튼으로 클릭하고 VSCode를 실행한 다음 VSCode의 터미널을 사용하는 경우 초기 상태에서 이동할 필요가 없을 것이다.

Create React App(npm start 명령어)에서는 1-2-1항에서 언급한 것과 같은 도구를 이용하여 코드를 트랜스파일링 & 번들링하고, 개발 서버를 구동한다. 브라우저가 실행되고 다음 그림과 같은 화면이 나온다면 리액트가 제대로 동작하고 있는 것이다.

개발 서버 자체를 종료하는 전용 명령어가 없으므로, 종료할 때는 Ctrl+c로 종료해야 한다.

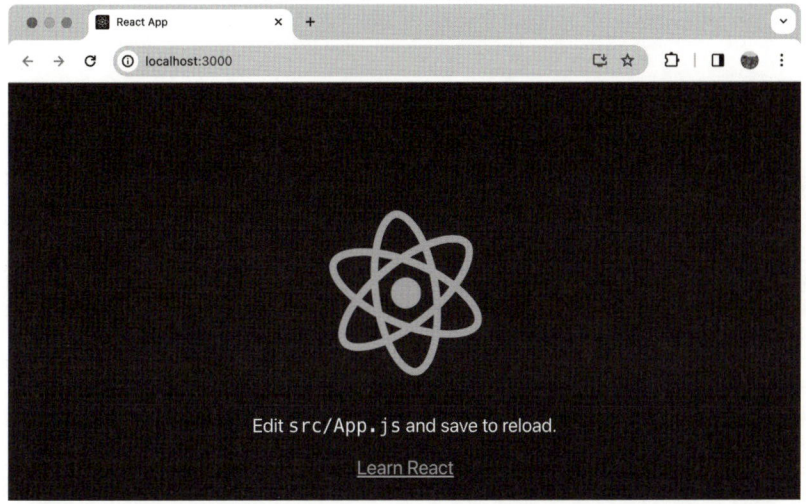

▲ 이 화면이 표시되면 리액트가 제대로 작동하고 있는 것이다

브라우저 주소창의 'http://localhost:3000/'에서 'localhost'는 현재 앱이 실행되고 있는 컴퓨터 자체를 의미하는 특수한 호스트 이름이며, 3000은 webpack-dev-server의 표준 포트 번호[4]다.

2-1-2 부록: Npm Scripts

npm start 명령의 실체는 package.json에 정의된 바로가기 명령으로, Npm Scripts라고도 한다.

| 예제 코드 2-1-1 package.json

```
{
  "name": "my-react",
  ... 생략 ...
  "scripts": {
    "start": "react-scripts start",
    ... 생략 ...
  },
  ... 생략 ...
}
```

npm start는 내부적으로 react-scripts start 명령을 실행하는 것을 의미한다. Npm Scripts를 이용하면 다음과 같은 장점이 있다.

- 옵션을 추가해도 명령에 영향을 주지 않는다.
- 사용하는 라이브러리/프레임워크에 상관없이 명령어를 통일하여 기억하기 쉽다.[5]

참고로 Create React App에서는 다음과 같은 명령어를 사용할 수 있다[6].

▼ Create React App의 표준 명령어

명령어	개요
npm run build	프로젝트 구축
npm run test	테스트 실행 (9장)
npm run eject	설정 정보 출력

---

4 컴퓨터가 통신(요청)을 어떤 프로그램으로 처리할 것인지를 식별하기 위한 번호다.
5 예를 들어, 앱을 실행할 때 npm start를 사용하는 것이 일반적이다.
6 Npm Scripts는 'npm run 명령어 이름'으로 호출하는 것이 기본이며, start 명령어만 자주 사용한다는 이유로 'npm start'라고 쓴다. 물론 'npm run start'라고 해도 같은 의미다.

npm run build 명령어

프로젝트의 내용을 그 자리에서 실행하는 npm start 명령어에 대해 앱을 빌드[7]하고 프로덕션 환경에 배포 (deploy)하기 위한 파일 세트를 생성하는 것이 npm run build 명령어의 역할이다.

명령을 실행하면 /build 폴더에 빌드된 파일이 생성되므로, 해당 하위 파일을 전체 공개 폴더(아파치 HTTP 서버의 경우 /htdocs 폴더)에 배치하면 앱을 실행할 수 있다.

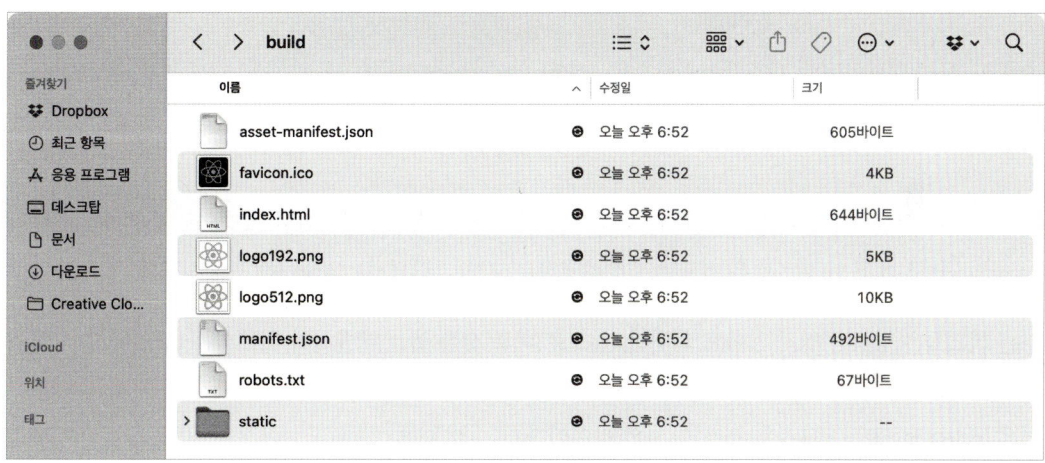

▲ 빌드 결과 생성된 파일 세트

npm run eject 명령어

npm run eject 명령어는 Create React App을 구성하는 webpack/Babel의 설정을 커스터마이징하기 위한 명령어다. /config, /scripts 폴더에 표준 설정 파일을 출력하므로 이를 편집한다. 일반적으로는 표준 설정으로 충분하기 때문에 자주 사용할 기회가 없는 고급 사용자를 위한 명령어다. 활용 예제는 5-2-1항에서 다시 한 번 언급하겠다.

2.2 샘플 앱 확인하기

첫 리액트 앱을 실행할 수 있게 되었다면, 이제 앱을 구성하는 핵심 파일을 읽어보자. 이 과정에서 리액트의 기본적인 구문을 익힐 것이다.

---

[7] 앱을 실행 가능한 상태로 만드는 것. 이 경우, 소스 코드를 트랜스파일 & 번들링하는 것을 말한다.

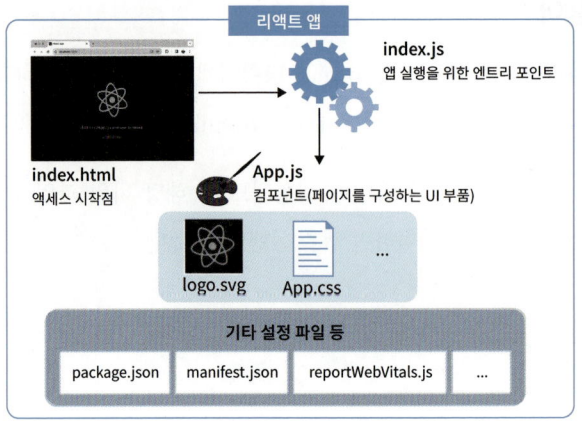

▲ 샘플 앱의 구조

여러 파일이 복잡하게 얽혀 있어 어려워 보이지만, 대부분의 파일은 정형화된 설명으로 충분하기 때문에 이 책의 전반부에서 다루는 것은 컴포넌트에 해당하는 코드(그림에서는 App.js) + α 정도다.

다른 파일들은 당장은 열지 않아도 되지만, 앞으로 더 복잡한 앱을 개발하기 위해서는 (당연히) 이해해야 한다. 파일 간의 관계와 이들이 어떻게 연동되어 리액트 앱이 동작하는지 확인해 보자. 여기서 주목할 부분은 index.html → index.js → App.js의 라인이다.

2-2-1 메인 페이지 준비 – index.html

index.html은 브라우저에서 접속할 때 기준점이 되는 파일로[8] /public 폴더에 위치한다.

| 예제 코드 2-2-1 index.html

```
<!DOCTYPE html>
<html lang="en">
  <head>
    <meta charset="utf-8" />
    <link rel="icon" href="%PUBLIC_URL%/favicon.ico" />
    ... 생략 ...
  </head>
  <body>
    <noscript>You need to enable JavaScript to run this app.</noscript>
```

---

8 기본적으로 많은 양의 코드가 포함되어 있지만, 지면상 생략했다(이후에도 마찬가지다).

```html
    <div id="root"></div> ──────────❶
  </body>
</html>
```

코드의 대부분을 차지하는 것은 메타 정보(〈meta〉/〈link〉 요소)다. 일단은 정형화된 서술이라고 생각하면 되므로 여기서는 ❶만 주목하면 된다.

❶은 나중에 리액트 앱(컴포넌트)의 실행 결과를 반영하기 위한 영역이다. id="root"로 되어 있다는 점만 기억하자. 일반적으로 리액트 앱은 이 요소를 기점으로 시작되기 때문에 루트 요소라고 부르기도 한다.

그 외에는 특히 라이브러리 임포트를 위한 〈script〉 요소가 존재하지 않는다는 점에 주목할 필요가 있다. 〈script〉 요소는 번들에 의해 생성된 .js 파일의 이름을 기반으로 웹팩(1-2-1항)이 나중에 .html 파일에 반영해 주기 때문이다.

2-2-2 앱 실행을 위한 진입점 – index.js

index.js는 리액트 앱을 실행할 때 가장 먼저 호출되는 파일(진입점)이다. /src 폴더 바로 아래에 위치한다.

예제 코드 2-2-2 index.js

```js
// 리액트 관련 라이브러리 가져오기
import React from 'react'; ─────────────┐
import ReactDOM from 'react-dom/client'; ─┘ ❶
// 앱별 코드 가져오기
import './index.css'; ──────┐
import App from './App';    ─┘ ❷
// 성능 모니터링을 위한 서비스 가져오기
import reportWebVitals from './reportWebVitals'; ─── ❸

// 리액트 앱(App 컴포넌트) 렌더링
const root = ReactDOM.createRoot(document.getElementById('root')); ┐
root.render(                                                       │
  <React.StrictMode>                                               │ ❹
    <App />                                                        │
  </React.StrictMode>                                              │
);                                                                 ┘
```

```
// 성능 모니터링 도구 활성화
reportWebVitals();              ─────❺
```

❶~❸은 앱을 구동하기 위한 라이브러리를 가져온다.

❶은 리액트 자체를 의미하는 라이브러리, ❷는 앱 전용 코드다. import 명령어에서는 .js 파일뿐만 아니라 .css 파일까지 가져올 수 있다는 점에 주목해야 한다[9].

❸, ❺는 성능 모니터링을 활성화하기 위한 코드다. 기본값은 아무것도 하지 않지만, ❺를 다음과 같이 다시 작성하면 개발자 도구 콘솔에 성능 모니터링 정보를 로깅할 수 있다.

```
reportWebVitals(console.log);
```

그리고 ❹는 앱의 본문이다. createRoot 메서드를 통해 리액트 앱을 임베드할 루트 요소를 식별한다.

구문 _ createRoot 메서드

```
createRoot(container [,options])

container    : 리액트 앱의 임베드 대상 (요소 객체)
options      : 작동 옵션
```

리액트 루트를 얻었으면, render 메서드로 컴포넌트를 실행하고 페이지에 반영한다. 이 예시의 경우,

 〈React.StrictMode〉(정확히는 그 하위의 〈App〉) 컴포넌트를 실행하고, 그 결과를 id="root"인 요소에 그려 넣는다

는 의미가 된다. 즉, 리액트의 세계에서는 컴포넌트도 태그 형태로 호출한다.

---

9 내부적으로는 웹팩의 css-loader/style-loader라는 확장 기능을 이용하여 번들로 처리된다(자바스크립트 표준 기능이 아니다).

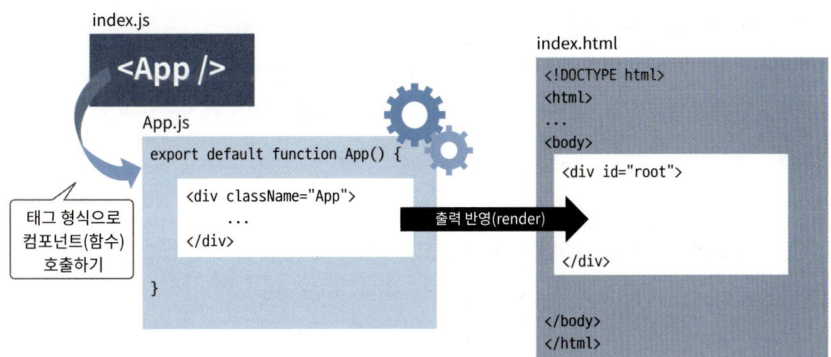

▲ 컴포넌트를 태그로 호출한다

이때 태그 문자열이 따옴표로 묶여 있지 않은 점도 주목해야 한다. 즉, 인수로 전달되는 것은 문자열이 아니라는 뜻이다. 이것이 바로 리액트 앱의 특징적인 구문인 JSX다.

JSX는 Meta(구 페이스북)에서 개발한 자바스크립트 확장 구문으로, 자바스크립트 코드에 태그 구조를 삽입하기 위한 구조다. 자세한 내용은 2-3절에서 다룰 것이므로, 우선은

리액트에서는 템플릿을 표현하기 위해 JSX를 사용한다

라는 것만 기억해두자.

참고로 겉보기에는 태그 문자열이지만, 실체는 react.element 타입의 객체, 즉 리액트 요소다(조금 특이한 리터럴 표현이라고 봐도 무방하다). 따라서 예제 코드 2-2-2와 같이 JSX 식을 인수로 전달할 수도 있고, 다음 코드와 같이 변수에 대입할 수도 있다.

```
const template = <p>Hello, World!</p>;
```

📄 앱 실행에 실패하면

createRoot/render 메서드 조합은 앞으로도 자주 등장하는 관용구이므로, 자주 발생하는 오류와 그 대처법을 정리해 보겠다.

(1) Target container is not a DOM element(타깃이 DOM 요소가 아님)

createRoot(getElementById) 메서드에서 요소를 제대로 가져오지 못했을 가능성이 있다. 지정한 id 값에 오류가 없는지 확인해 보자.

(2) Functions are not valid as a React child (함수는 리액트 요소로서 타당하지 않음)

render 메서드에 'render(App)'(함수)를 전달하지 않았는가? render 메서드에 전달되는 것은 리액트 요소(JSX 표현식)이므로 태그 형식으로 표현되어 있는지 확인한다. 마찬가지로 render('〈App /〉')(문자열)로 표현한 경우에도 문자열로 출력될 뿐 리액트 요소로 인식되지 않는다.

(3) 애초에 아무것도 표시되지 않음

애초에 render 메서드가 호출되지 않았을 가능성이 있다. createRoot 메서드는 루트 요소를 가져오는 것일 뿐이며, createRoot/render는 집합으로 호출한다는 점을 기억해 두자.

보충: 리액트 버전 18 이전의 작성 방법

리액트 18 이전 버전에서는 앱 실행을 위해 다음과 같은 코드를 사용했다.

```
import ReactDOM from 'react-dom';
ReactDOM.render(<App />, document.getElementById('root'));
```

이러한 코드는 리액트 18 버전 이후에도 가능하지만, 레거시(과거의 유물)다. 레거시 버전에서는 리액트 18에서 추가된 기능도 작동하지 않는다. 이전 리액트에 익숙하거나 오래된 문서로 학습하는 사람은 주의해야 한다.

2-2-3 보충: Strict 모드

예제 코드 2-2-2 ❹의 render 메서드는 다음과 같이 표현해도 거의 같은 의미다.

```
root.render(<App />);
```

〈React.StrictMode〉 요소로 〈App〉 요소를 묶은 것은 리액트 앱을 Strict 모드(엄격 모드)로 실행하라는 의미다. Strict 모드에서는 하위 앱이 '잘못된' 코드를 사용하는 경우 경고를 발생시킨다.

구체적으로 다음과 같은 문제를 파악하는 데 도움이 된다.

- 안전하지 않은 라이프사이클 이용
- 레거시 ref API, context API 사용
- 비추천 findDOMNode 메서드 사용 등

지금 당장은 의미를 몰라도 상관없다(대부분 레거시이기 때문에 이 책에서도 다루지 않는다). 다만 '이런 것이 있구나'라고 인식하는 것으로 충분하다. '틀린 것'을 찾아내는 것은 Strict 모드에 맡겨두면 된다.

참고로 Strict 모드는 개발 모드[10]에서만 동작한다. 프로덕션 빌드에는 영향을 미치지 않으므로, 우선 리액트 앱 최상위에서 무조건 활성화하는 것을 권장한다[11].

> **외관이 없는 컴포넌트**
>
> 1-1-4항에서 컴포넌트를 UI 컴포넌트라고 설명했지만, 컴포넌트가 반드시 외형을 갖춰야 하는 것은 아니다. ⟨React.StrictMode⟩와 같이 하위 요소에 대한 기능만 제공하는 컴포넌트도 존재한다.
>
> 이후에도 이와 유사한 ⟨React.Fragment⟩, ⟨RecoilRoot⟩, ⟨RouterProvider⟩ 등이 등장하니, 한 번쯤은 기억해 두면 좋을 것이다.

> **render 메서드를 통한 직접 출력**
>
> 예제 코드 2-2-2에서는 render 메서드에서 ⟨App⟩ 요소(컴포넌트)를 호출했다. 뷰의 재사용성을 높이기 위해 리액트에서는 기본적으로 컴포넌트를 통한 렌더링이 기본이지만, 여기에 다음과 같이 표준 HTML 태그를 작성해도 무방하다.
>
> ```
> root.render(
>   <p>Hello, World!</p>
> );
> ```
>
> 원래의 앱에서는 '하지 말 것'이지만, 이 책의 샘플에서는 간소화를 위해 이런 예시도 몇 번 등장한다. '이런 식으로 쓸 수도 있겠구나' 정도로만 생각하면 된다.

2-2-4 페이지를 구성하는 UI 구성 요소 – App.js

1-1-4항에서도 언급했듯이, 리액트 앱은 하나 이상의 컴포넌트가 모인 집합체다. 여기서는 하나의 페이지에 하나의 컴포넌트가 포함된 간단한 앱을 다루지만, 실제로는 여러 컴포넌트를 조합하여 페이지를 구성하는 것이 일반적이다.

---

10 npm start 명령어로 실행하면 Create React App은 앱을 개발 모드로 실행한다. 반면 npm run build 명령어로 빌드한 앱은 프로덕션 모드로 동작한다.
11 단, 이 책 샘플에서는 코드 간소화를 위해 이후부터는 Strict 모드를 생략했다.

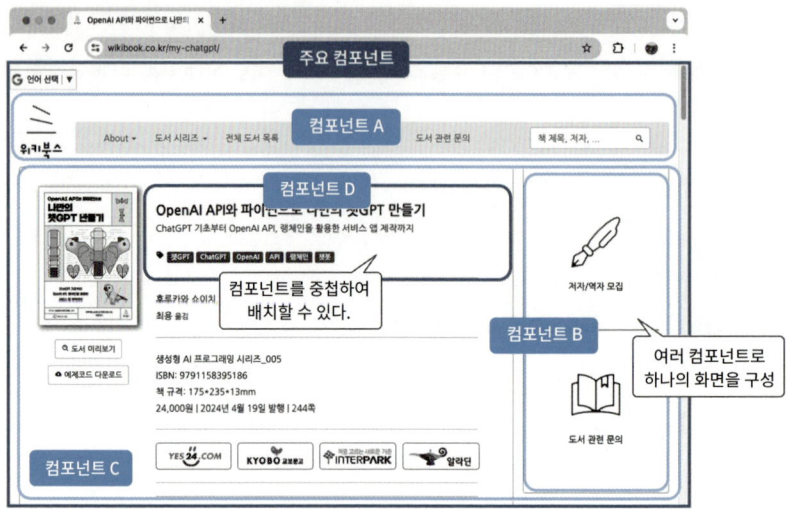

▲ 리액트 앱은 컴포넌트의 집합체

초기 상태로 제공되는 샘플은 App 컴포넌트 하나로만 구성된 앱이다.

예제 코드 2-2-3 App.js

```jsx
// 로고/스타일시트 가져오기
import logo from './logo.svg';
import './App.css';

// 앱 컴포넌트 정의
function App() {
  // 렌더링할 내용 생성
  return (
    <div className="App">
      <header className="App-header">
        <img src={logo} className="App-logo" alt="logo" />
        <p>
          Edit <code>src/App.js</code> and save to reload.
        </p>
        <a
          className="App-link"
          href="https://reactjs.org"
          target="_blank"
          rel="noopener noreferrer"
```

```
        >
          Learn React
        </a>
      </header>
    </div>
  );                                        ❷
}

// 앱 컴포넌트 내보내기
export default App;        ❺
```

컴포넌트를 정의한다고 해서 특별한 것은 없으며, 표준 자바스크립트 함수를 준비하면 된다. 단, 다음과 같은 조건을 준수해야 한다.

❶ 함수명은 파스칼 표기법(PascalCase=단어의 첫 글자를 대문자)으로 표기할 것

함수 이름은 App으로 되어 있지만, 예를 들어 app과 같은 카멜 표기법(camelCase = 대소문자 구분, 단어 구분만 대문자)으로 된 이름은 HTML 표준 태그와 구별되지 않아 제대로 해석되지 않는다.

❷~❹ 반환값은 리액트 요소일 것

함수의 반환값은 컴포넌트에 의한 출력(리액트 요소)이다(❷). 컴포넌트에서 사용할 스타일시트/이미지는 미리 임포트해 둔다(❸). 예를 들어 정적으로 가져온 이미지라면 {logo}와 같이 그대로 임베드할 수 있다 (❹).

❺ 함수를 익스포트할 것

당연히 정의한 컴포넌트 함수는 index.js 등 다른 모듈(파일)에서 호출할 수 있어야 하므로, 마지막에 export 명령어로 내보내기를 선언해 둔다.

여기서는 함수 정의와 별도로 내보내기 선언을 하고 있지만, 다음과 같이 정의할 때 일괄적으로 내보내기 선언을 해도 무방하다.

```
export default function App() { ... }
```

📄 여러 줄의 JSX 식은 괄호로 묶기

여러 줄에 걸쳐 있는 JSX 표현식은 가급적 전체를 괄호로 묶는 것을 권장한다. 문법상 괄호는 선택 사항이지만, 괄호를 생략하면 문장의 구분이 모호해질 수 있다. 예를 들어, App.js의 예시라면 다음과 같이 표현할 수 없다.

```
return ─────────── 괄호로 묶지 않으면 여기서 문장이 끝난다.
  <div className="App">
    ... 생략 ...
  </div>;
```

'return'은 일단 문장을 구분하는 것으로 간주하기 때문에 이후의 표현식은 평가되지 않는다(독립적인 표현식으로는 옳기 때문에 오류도 발생하지 않는다). return으로 줄바꿈하지 않고 다음과 같이 해도 상관없지만, 줄바꿈 유무에 따라 동작이 달라지는 것 역시 버그의 소산일 뿐이므로 우선은 괄호를 붙이는 것이 무난하다.

```
return <div className="App">
  ... 생략 ...
</div>;
```

컴포넌트 함수의 기본을 이해했다면, 이제 예제 코드 2-2-3의 푸른색 글씨 부분을 편집해 보자.

```
return (
  <div className="App">
    ... 생략 ...
      <a ...>
        Hello, React!!
      </a>
    </header>
  </div>
);
```

앱이 실행 중인 경우, 코드를 저장한 시점에 webpack-dev-server가 업데이트를 인식하여 브라우저가 자동으로 리로드되어 변경 내용이 반영된다(저장 이상의 작업은 필요 없다). 이러한 구조를 핫리로드(hot-reload)라고 한다[12]. 개발 시 오류가 있거나 코드를 수정했을 때 유용하게 사용할 수 있으니 적극적으로 활용해 보자.

---

[12] 단, 이후 코드 수정 내용에 따라 핫리로드만으로는 제대로 반영되지 않을 수 있다. 이 경우 페이지 자체를 다시 불러와야 한다.

2-2-5 보충: 앱 리렌더링

앱의 렌더링은 (당연히) 시작 시 한 번 렌더링하고 끝나는 것이 아니다. 사용자의 입력을 비롯해 어떤 상태 변화에 따라 몇 번이고 다시 렌더링을 반복하는 것이 일반적이다.

컴포넌트의 리렌더링에 대해서는 3-1-4항에서 다시 다루기로 하고, 여기서는 setInterval 함수에서 root.render 메서드를 반복적으로 호출해 보자.

초기 상태로 제공되는 예제의 index.js를 다음과 같이 수정한다.

| 예제 코드 2-2-4 index.js

```
setInterval(() => {
  root.render(
    <p>현재 시각: {(new Date()).toLocaleString()}</p>
  );
}, 1000);
```

개발자 도구의 요소 탭을 열고 앱의 동작을 확인해 보면(변경된 부분만 강조 표시됨), render 메서드가 전체 하위 요소가 아닌 정말 업데이트가 필요한 부분만 교체하는 것을 확인할 수 있다. 이를 통해 리액트는 뷰 렌더링 오버헤드를 최소화한다.

▲ 1000밀리초 단위로 출력 업데이트

📄 가상 DOM

리액트에서는 앱의 상태가 어떤 식으로든 변경되었을 때, 실제 DOM이 아닌 가상 DOM을 먼저 조작한다. 가상 DOM(Virtual DOM)은 말 그대로 메모리상에 놓인 DOM의 복사본이다. 그리고 정말 변경된 최종 결과(차이점)만을 적절한 타이밍에 실제 DOM에 다시 기록하는 것이다.

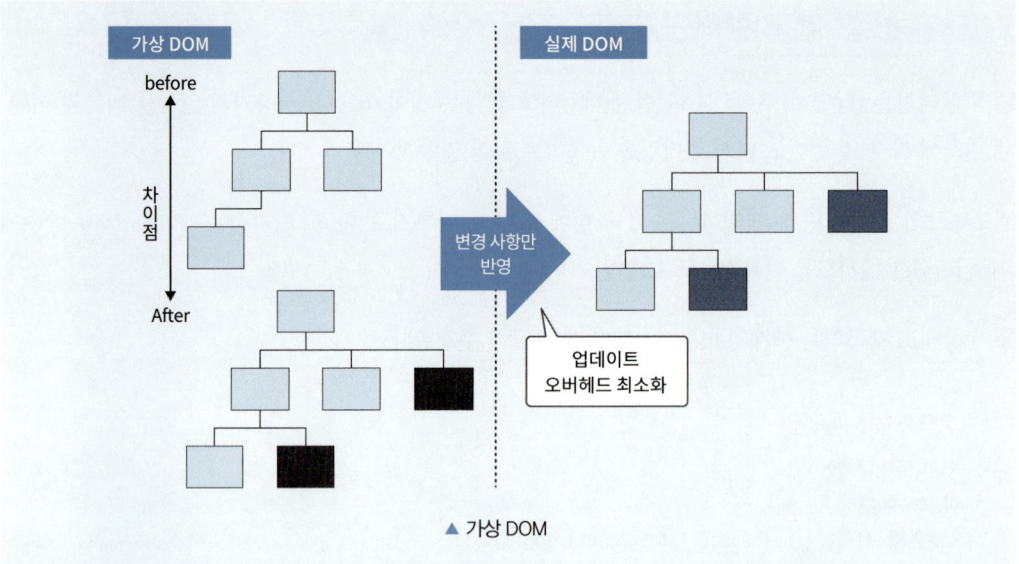

▲ 가상 DOM

DOM 조작은 일반적으로 오버헤드가 큰 작업이지만, 이를 통해 업데이트의 범위와 빈도를 최소화하여 성능을 향상시킬 수 있다.[13] 가상 DOM은 리액트뿐만 아니라 대표적인 자바스크립트 프레임워크에서 도입하고 있는 개념이므로 키워드만이라도 꼭 기억해두면 좋을 것 같다.

2-2-6 함수 컴포넌트와 클래스 컴포넌트

리액트에서 컴포넌트를 정의할 때 크게 두 가지 접근 방식이 있다.

- 함수 컴포넌트(Functional component): 함수로 정의
- 클래스 컴포넌트(Class component): class 구문으로 정의

예를 들어 프로젝트 기본값으로 제공되는 App은 함수 컴포넌트다. 이미 소개한 코드지만, 클래스 컴포넌트와의 비교를 위해 다시 한번 게시한다.

| 예제 코드 2-2-5 App.js

```
import logo from './logo.svg';
import './App.css';
```

---

13 빈도도, 즉 업데이트가 즉시 반영되지 않는(=비동기적으로 일괄적으로 처리되는) 것을 의미한다.

```
// 앱 컴포넌트 정의
function App() {
  // 반환값은 출력 내용
  return (
    <div className="App">
      ... 생략 ...
    </div>
  );
}

// 앱 컴포넌트 내보내기
export default App;
```

이를 클래스 컴포넌트로 재작성하면 다음과 같다[14].

예제 코드 2-2-6 AppClass.js

```
import React from 'react';
import logo from './logo.svg';
import './App.css';

// AppClass 컴포넌트 정의
class AppClass extends React.Component {            ──────❶
  // 렌더링할 내용 정의
  render() {            ──────❷
    return (
      <div className="App">
        ... 생략 ...
      </div>
    );
  }
}

// AppClass 컴포넌트 내보내기
export default AppClass;
```

클래스 컴포넌트를 정의하기 위한 조건은 다음과 같다.

---

14 배포된 샘플에서는 편의상 파일명을 AppClass.js로, 클래스명을 AppClass로 설정했다.

❶ React.Component 클래스를 상속한다.

❷ render 메서드에서 출력(리액트 요소)을 반환한다.

대략 함수 컴포넌트 자체를 그대로 render 메서드로 옮긴 것이 클래스 컴포넌트라고 보면 된다(실제 개발에서는 관련 기능을 생성자/메서드로 추가하게 될 것이다).

함수 구문인가, 클래스 구문인가

그렇다면 어떤 구문을 사용할 것인가인데, 현재로서는 좀 더 간단하게 작성할 수 있는 함수 구문을 사용해야 한다.

이전 리액트에서는 함수형 컴포넌트로 다음과 같은 기능을 사용할 수 없었다.

- State(3-1-4항)의 관리
- 라이프사이클 메서드[15]의 정의

하지만 리액트 16.8에서 훅(Hooks)이라는 메커니즘이 추가되면서 대부분의 제약이 해소되었다. 공식 문서에서도

'Class는 사람과 기계를 혼란스럽게 합니다'

(https://ko.legacy.reactjs.org/docs/hooks-intro.html#classes-confuse-both-people-and-machines)

와 같이 클래스 구문의 단점을 열거하고 있으며, 리액트 측에서도 리소스의 주축을 함수형 구문으로 기울이고 있다. 주변 문서를 둘러봐도 이미 함수형 구문이 주류를 이루고 있고, 함수형 구문을 이용하는 것이 정보를 얻기도 더 쉽다.

클래스 구문이 바로 사용 중지되는 것은 아니지만[16], 새로 리액트를 배우는 사람은 우선 함수 구문을 전제로 리액트의 세계에 익숙해지는 것을 강력히 추천한다. 이 책에서도 이후부터는 함수형 컴포넌트를 전제로 설명을 진행한다.

---

[15] 컴포넌트가 생성/폐기될 때, 다시 렌더링될 때 등 정해진 타이밍에 실행되는 예약 메서드를 말한다.

[16] 같은 앱 내에서 함수 컴포넌트와 클래스 컴포넌트를 함께 사용하는 것도 문제 없다. 따라서 기존 클래스 컴포넌트를 함수 구문으로 대체할 필요가 *없다*.

2.3 JSX의 기본

앞절에서도 언급했듯이, 리액트 앱의 출력은 JSX 식으로 표현하는 것이 기본이다. 컴포넌트 개발을 배우는 것이 리액트 앱을 배우는 것이라면, 컴포넌트 개발의 첫걸음은 JSX를 배우는 것이라고 할 수 있다. 이 책에서도 다음 장에서 컴포넌트 개발의 세부적인 내용을 다루기 전에 여기서 JSX의 구문에 대해 알아본다.

2-3-1 JSX의 규칙

2-2-2항에서도 언급했듯이 JSX란,

> 자바스크립트 코드 내에 HTML과 같은 태그를 삽입하기

위한 구조다. 다만, '~과 같은'이라는 말에서 알 수 있듯이 JSX로 작성된 태그는 엄밀히 말하면 HTML의 태그와 같지 않다. 여기서는 JSX 문법 중 HTML과 다른 점을 정리해 본다.

유일한 루트 요소를 가진다

여러 요소를 열거할 수 없다. 따라서 다음과 같은 코드는 불가능하다.

| 예제 코드 2-3-1 index.js

```
root.render(
  <p>Hello World!</p>
  <p>Hello React!!</p>
);
```

이런 경우에는 템플릿 전체를 〈div〉 등의 요소로 묶어준다.

```
root.render(
  <div>
    <p>Hello, World!</p>
    <p>Hello, React!!</p>
  </div>
);
```

앱 측의 사정으로 태그 계층을 늘리는 것이 망설여진다면, 〈React.Fragment〉 요소를 더미 요소로 사용해도 무방하다. 〈React.Fragment〉 요소는 여러 요소를 묶어주는 형식적인 요소이므로 최종 출력에는 포함되지 않는다[17].

```
root.render(
  <React.Fragment>
    <p>Hello, World!</p>
    <p>Hello, React!!</p>
  </React.Fragment>
);
```

〈React.Fragment〉 요소의 줄임말로 〈〉~〈/〉를 사용해도 무방하다. 흔히 볼 수 있는 표현이므로, 이 책에서도 이후부터는 약어를 우선적으로 사용할 것이다. 익숙해지도록 하자.

```
root.render(
  <>
    <p>Hello, World!</p>
    <p>Hello, React!!</p>
  </>
);
```

빈 요소는 '~/>'로 끝맺는다

XML/XHTML에 익숙한 사람이라면 익숙한 표기법이다. 자손이 없는 빈 요소는 끝을 '~/>'로 나타낸다.

```
× const tag = <img src={image}>;
○ const tag = <img src={image}/>;
```

'×' 예시에서는 'Unterminated JSX contents'(종결 문자가 없다)와 같은 오류가 표시된다. '~/>'는 표준 HTML에서도 허용되는 표기법이기 때문에 JSX 식이 아닌 다른 문맥에서도 평소에 익숙해지면 실수를 줄일 수 있을 것이다.

---

17 〈React.StrictMode〉 요소와 마찬가지로 외형이 없는 컴포넌트다.

이름이 다른 속성이 있다

여러 번 반복하지만 JSX는 자바스크립트의 확장 구문일 뿐이다. 따라서 자바스크립트의 예약어인 for/class 등은 사용할 수 없다. 대신 htmlFor/className을 사용한다. 또한 HTML에서 tabindex 등 여러 단어로 구성된 속성은 JSX에서는 tabIndex와 같이 카멜 표기법(camelCase)으로 표현한다[18].

```
const input = (
  <div className="field">
    <label htmlFor="title">이름</label>
    <input id="title" tabIndex="2" />
  </div>
);
```

리액트에서 사용할 수 있는 속성은 다음과 같다. 표준 속성 그룹은 거의 완벽하게 지원되는 것을 확인할 수 있다[19].

accept	acceptCharset	accessKey	action	allowFullScreen	alt
async	autoComplete	autoFocus	autoPlay	capture	cellPadding
cellSpacing	challenge	charSet	checked	cite	classID
className	colSpan	cols	content	contentEditable	contextMenu
controls	controlsList	coords	crossOrigin	data	dateTime
default	defer	dir	disabled	download	draggable
encType	form	formAction	formEncType	formMethod	formNoValidate
formTarget	frameBorder	headers	height	hidden	high
href	hrefLang	htmlFor	httpEquiv	icon	id
inputMode	integrity	is	keyParams	keyType	kind
label	lang	list	loop	low	manifest
marginHeight	marginWidth	max	maxLength	media	mediaGroup
method	min	minLength	multiple	muted	name
noValidate	nonce	open	optimum	pattern	placeholder

---

[18] 단, 예외가 있는데, aria-xxxxx, data-xxxxx와 같은 속성은 역사적 배경에 따라 그대로 하이픈으로 표기한다(ariaXxxxx, dataXxxxx로 표기하지 않는다).
[19] 그 외 SVG(Scalable Vector Graphics) 관련 속성도 사용할 수 있다.

poster	preload	profile	radioGroup	readOnly	rel
required	reversed	role	rowSpan	rows	sandbox
scope	scoped	scrolling	seamless	selected	shape
size	size	span	spellCheck	src	srcDoc
srcLang	srcSet	start	step	style	summary
tabIndex	target	title	type	useMap	value
width	wmode	wrap			

그 외 value, checked/selected, style 등 JSX 고유의 규칙이 있는 것도 있다. 이들에 대해서는 각각 해당 항목에서 설명한다.

JSX의 주석 구문은 3가지

JSX 표현식에서 사용할 수 있는 주석은 '//', '/*~*/', '{/*~*/}'의 세 가지이며, HTML 표준 주석(<!--~-->)은 사용할 수 없고, 대신 {/*~*/}를 사용한다. '//', '/*~*/'는 자바스크립트 표준 주석 구문으로 태그 내에서만 사용할 수 있다.

```
const tag = (
  // 주석이다 (JSX 식이 아니므로 OK)  ─────────❷
  <ul>
    {/* 주석이다. */}
    <li // 태그 내에서는 OK
      >React</li>
    <li /*
      이것도 괜찮다
    */>Vue.js</li>
    // 자식 요소에서 '//' '//' '/*~*/'은 안 됨  ─────────❶
    <li>Angular</li>
  </ul>
);
```

유효한 주석 구문은 ❶을 제외한 푸른색으로 표시된 부분이며, JSX 표현식에 포함된 '//', '/*~*/'는 불가하므로(❶), {/*~*/}로 대체해야 한다. 참고로 ❷는 JSX 식 밖이므로 올바른 주석이다.

컨버터 활용

JSX의 문법은 어렵지 않지만, 기존 마크업을 JSX화하는 것은 번거롭고 무엇보다도 실수가 잦은 작업이다. 대상 마크업이 많을 때는 다음과 같은 컨버터를 이용하는 것도 하나의 방법이다. 왼쪽 창에 HTML을 입력하면 실시간으로 변환된 JSX가 표시된다.

- **Transform**

    URL https://transform.tools/html-to-jsx

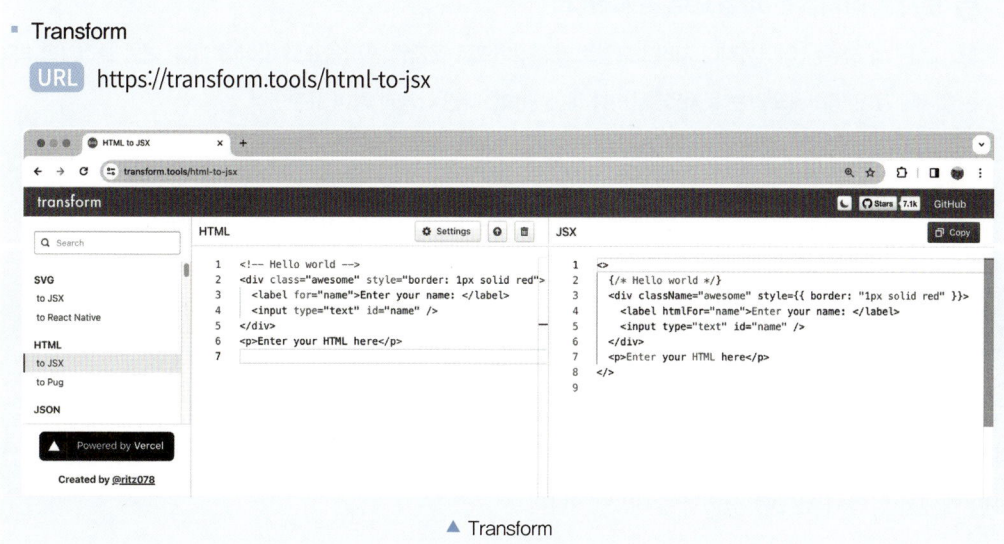

▲ Transform

2-3-2 JSX에 자바스크립트 표현식 삽입하기 – {⋯} 구문

JSX 식에는 {⋯} 형식으로 임의의 자바스크립트 표현식을 삽입할 수도 있다.[20]

예제 코드 2-3-2 index.js

```
const name = '홍길동';
root.render(
  <p>안녕하세요, {name}입니다!</p>
);
```

안녕하세요, 홍길동입니다!

---

[20] ES20XX의 템플릿 문자열과 별개이므로 혼동하지 않도록 주의해야 한다(템플릿 문자열의 변수 전개는 ${⋯}다).

'임의'라는 의미는 예를 들어 연산자, 함수/메서드 호출을 포함하는 식도 가능하다는 뜻이다. 단, 복잡한 식을 {…}로 감싸는 것은 템플릿의 외관이 나빠지므로 가급적 피해야 한다(사용자 정의 함수 또는 별도의 컴포넌트로 잘라내어 사용하라).

> **📄 문자열 리터럴은 따옴표로 표시한다**
>
> 참고로 {…}의 하위는 어디까지나 자바스크립트 표현식이므로 문자열은 따옴표로 묶어야 한다. 예를 들어, (별 의미는 없지만[21]) '안녕하세요'라는 문자열을 {…}를 통해 출력한다면 다음과 같이 표현한다.
>
> { '안녕하세요' }
>
> { 안녕하세요 }는 '안녕하세요'라는 변수를 참조하라는 의미가 되어 버린다. 제대로 구분해야 한다.

{…} 구문에서 표현식은 이스케이프 처리된다

템플릿에 문자열을 삽입하는 것은 초보적인 (그리고 전형적인) 취약점의 원인이 될 수 있다. 예를 들어, 사용자가 입력한 문자열을 그대로 표시하는 앱이 있다고 가정해 보자. 이 앱에 사용자가 스크립트를 삽입하면 앱에서 임의의 코드를 실행할 수 있게 된다.

▲ 입력한 값을 그대로 페이지에 반영하는 경우

이는 크로스 사이트 스크립팅(XSS)이라는 취약점의 아주 간단한 예시다. 하지만 리액트(JSX)에서는 수식을 통한 텍스트 임베딩에도 보안을 고려하고 있다. 예를 들어 다음 예시를 살펴보자.

예제 코드 2-3-3 index.js

```
// JSX 표현식이 아닌 단순한 문자열 리터럴
const content = ` <h3>WINGS 프로젝트</h3>
  <img src="https://wings.msn.to/image/wings.jpg" />`;
```

---

21 고정된 값이라면 JSX 식에 직접 삽입하면 충분하다.

```
root.render(
  <p>{content}</p>
);
```

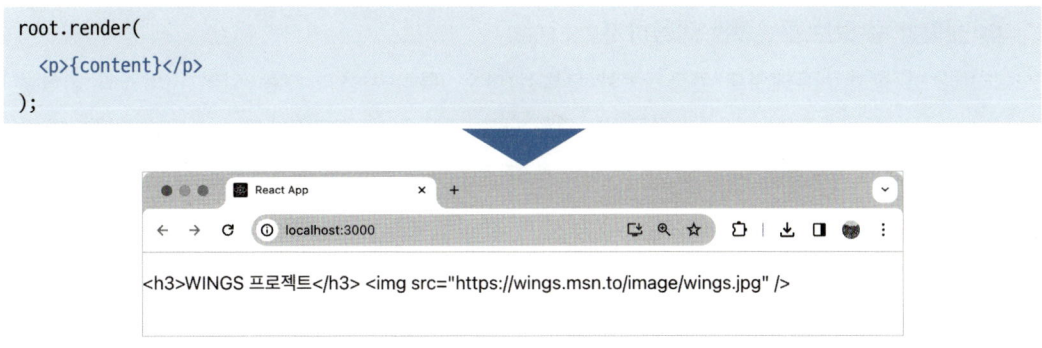

▲ 태그 문자열은 그대로 표시된다

문자열을 삽입할 때 내부적으로 이스케이프 처리[22]되어 (태그가 아닌) 단순한 문자열로 페이지에 반영되는 것이다. 이를 통해 의도하지 않은 코드의 침입을 방지할 수 있다.

물론 경우에 따라서는 동적으로 HTML 문자열을 생성하여 페이지에 반영하고 싶은 경우도 있을 수 있다. 이럴 때는 예제 코드 2-3-3의 푸른색으로 표시된 부분을 다음과 같이 다시 작성하면 된다.

```
<p dangerouslySetInnerHTML={{__html: content}}></p>
```

▲ HTML 문자열을 해석한 결과를 페이지에 반영

복잡해 보이지만, 일단 정석으로 외우면 된다(푸른색 글씨 부분의 변수 이름만 문맥에 맞게 바꿔 쓰면 된다).

실제로 dangerouslySetInnerHTML 속성(의 __html 키)으로 지정한 텍스트는 이스케이프 처리되지 않고 그대로 요소 아래에 삽입되는 것을 확인할 수 있다. 자바스크립트를 잘 아는 사람이라면 {...} 구문이 textContent 프로퍼티를 설정하는 반면, dangerouslySetInnerHTML 속성은 innerHTML 프로퍼티를 설정한다고 생각하면 된다.

---

22 '⟨', '⟩'와 같은 HTML 예약 문자를 '<', '>'로 대체하는 것을 말한다.

> **📑 신뢰할 수 있는 콘텐츠만 이용하기**
> 그러나 이 항의 서두에서도 언급했듯이 불특정 다수, 특히 사용자 또는 외부 서비스의 입력을 dangerouslySetInnerHTML 속성으로 삽입하는 것은 피하는 것이 좋다. 어디까지나 'dangerously'한(위험한) 작업이다. 신뢰할 수 있는(=사전에 적절한 이스케이프 처리가 되어 있는 것으로 알려진) 콘텐츠에 대해서만 사용해야 한다.

실체 참조 삽입에 주의

앞 절에서 언급한 것과 같은 이유로 문자열 리터럴에 포함된 실체 참조(&...)도 JSX 식에서는 의도한 대로 해석되지 않는다.

예제 코드 2-3-4 index.js
```
root.render(
  <div>{'Tom &amp; Jerry'}</div>
);
```

```
Tom &amp; Jerry
```

{...}를 사용한 표현식은 이스케이프 처리되므로 '&'는 암묵적으로 '& amp;'가 되고, 브라우저에서는 '&'가 된다. 다음과 같이 {...}를 사용한 표현식을 사용하지 않으면 의도한 대로 '&'가 표시된다.

```
<div>Tom &amp; Jerry</div>
```

꼭 {...}로 실체 참조에 해당하는 문자를 표현하고 싶다면 다음과 같은 방법이 있다.

```
<div>{'Tom \u0026 Jerry'}</div>         ── 이스케이프 시퀀스
<div>{`Tom ${String.fromCodePoint(38)} Jerry`}</div>  ── 유니코드 코드 포인트에서 가져온다 [23]
<div dangerouslySetInnerHTML={{__html: 'Tom &amp; Jerry'}} />  ── 이스케이프 억제
```

둘 다 의미상으로는 동등하지만, 설명의 단순성 측면에서 이스케이프 시퀀스를 추천한다.

---

[23] 문자열 리터럴에 수식을 추가로 삽입하는 것은 템플릿 문자열 표기법이다.

주의: 부울 값, undefined/null은 무시된다

{…} 구문에서 true/false, undefined/null 값은 모두 무시(=출력되지 않음)된다는 점에 유의해야 한다. 예를 들어 다음 예시에서는 ❶을 제외하고는 아무것도 표시되지 않는다(0 값은 falsy[24]이지만, {…} 구문은 falsy 값을 무시하는 것은 아니다).

| 예제 코드 2-3-5 index.js

```
root.render(
  <ul>
    <li>{true}</li>
    <li>{false}</li>
    <li>{undefined}</li>
    <li>{null}</li>
    <li>{0}</li>          ──────❶
  </ul>
);
```

숨겨진 타입을 표시하려면 다음과 같이 String 함수를 사용하여 문자열로 변환한다.

```
<li>{String(true)}</li>
```

2-3-3 {…} 구문으로 속성 값 설정하기

{…} 구문은 속성 값에 대해서도 지정할 수 있다. 예를 들면 다음과 같다.

| 예제 코드 2-3-6 index.js

```
const dest = 'https://ko.react.dev';
root.render(
  <a href={dest}>리액트 공식 홈페이지</a>
);
```

```
<a href="https://ko.react.dev/">리액트 공식 홈페이지</a>
```

---

24 논리값을 요구하는 문맥에서 암묵적으로 false로 간주되는 값을 말한다. 구체적으로는 빈 문자열, 0, null, undefined, NaN 등의 값을 의미한다.

표기법 자체는 매우 간단하지만 주의해야 할 점이 있다.

(1) 속성 값을 따옴표로 묶지 않기

예제 코드 2-3-6의 푸른색으로 표시된 부분은 다음과 같이 표현할 수 없다. 브라우저상에서 보기에는 링크가 연결된 것처럼 보이지만, 의도한 속성 값이 설정되지 않는다.

```
<a href="{dest}">리액트 공식 홈페이지</a>
```

```
<a href="{dest}">리액트 공식 홈페이지</a>
```

{…} 식의 앞뒤에 따옴표를 넣었을 뿐인데(푸른색으로 표시한 부분), 이 경우 {…} 자체가 문자열로 간주되어 버린다. 같은 이유로 다음과 같은 코드도 불가하다.

```
<a href="{dest}/docs">리액트 공식 홈페이지</a>
```

위의 예에서 '{dest}/docs'는 문자열 리터럴로 간주될 뿐이며, 앞뒤의 따옴표를 제거하면 컴파일 오류가 발생한다.

변수 dest에 '/docs' 문자열을 부여하는 것이 목적이라면 다음과 같이 표현하면 된다[25].

```
root.render(
  <a href={dest + '/docs'}>리액트 공식 홈페이지</a>
);
```

(2) 여러 속성을 한꺼번에 설정하기

'속성명: 값, …' 형식의 객체가 미리 준비되어 있는 경우, 이를 개별 속성에 일일이 할당하는 것은 번거롭고, 무엇보다 코드의 가시성이 떨어진다.

예제 코드 2-3-7 index.js

```
// 좋지 않은 예
const attrs = {
```

---

[25] 다른 해결책으로, 템플릿 문자열로 '<a href={`${dest}/docs`}>'로 써도 같은 의미다.

```
  href: 'https://wings.msn.to/',
  download: false,
  target: '_blank',
  rel: 'help'
};

root.render(
  <a href={attrs.href} download={attrs.download}
    target={attrs.target} rel={attrs.rel}>지원 페이지로 이동하기</a>
);
```

```
<a href="https://wings.msn.to/" target="_blank" rel="help">지원 페이지로 이동하기</a>
```

이러한 상황에서는 스프레드 구문을 사용하여 개체를 개별 속성으로 확장할 수 있다. 다음은 예제 코드 2-3-7의 푸른색으로 표시된 부분과 완전히 동일하다. 비교할 필요도 없이 스프레드 구문을 사용하는 것이 코드가 훨씬 깔끔해 보인다.

```
root.render(
  <a {...attrs}>지원 페이지로 이동하기</a>
);
```

(3) 속성 값의 기본값은 true

속성의 값 부분이 생략된 경우, 그 값은 true로 간주된다. 따라서 다음 코드는 모두 동일하다.

```
<a href="index.html" download>맨 위로</a>
<a href="index.html" download={true}>맨 위로</a>
```

단, 자바스크립트 세계에서 { foo }는 { foo: true }가 아니라 { foo: foo }를 의미한다(1-3-2항의 '객체 리터럴의 간결한 구문' 참고). 생략 시 혼란을 피하기 위해 속성 값을 명시해야 한다는 입장도 있다. 생략 가능 여부는 해당 개발 프로젝트의 규칙에 따라 달라질 수 있다.

2-3-4 스타일시트 설정하기 – style 속성

{…} 구문에서 식의 값은 문자열로 전달하는 것이 일반적이지만, style 속성만 예외다. 예를 들어, 다음과 같이 문자열로 지정할 수 없다.

예제 코드 2-3-8 index.js ❶

```
const props = 'color: White; background-color: Blue; padding: 3px';

root.render(
  <p style={props}>WINGS 프로젝트</p>
);
```

대신 '프로퍼티 명 : 값, …'의 객체 형식으로 지정한다(다음은 예제 코드 2-3-8의 푸른색 글씨로 된 부분을 다시 쓴 것이다).

```
const props = {
  color: 'White',
  backgroundColor: 'Blue',      ❶
  padding: 3                    ❷
};
```

객체 리터럴을 사용할 때 유의해야 할 점은 다음과 같다.

❶ 이름은 카멜 표기법(camelCase)

객체 리터럴에서 하이픈 형식의 이름은 카멜 표기법(camelCase)을 사용한다(여기서는 background-color를 backgroundColor로 표기한다[26]). 또는 하이픈 형식을 그대로 유지하고 싶다면 다음과 같이 이름을 따옴표로 묶어도 된다.

```
const props = {
  color: 'White',
  'background-color': 'Blue',
  padding: 3
};
```

---

26 자바스크립트에서는 식별자에 '-'(연산자)가 포함되는 것을 허용하지 않기 때문이다.

❷ 수치 단위는 px이 기본

리액트에서는 수치를 받는 프로퍼티에 암묵적으로 'px'이라는 단위를 부여한다. 이번 예시에서 ❷는 다음과 같은 의미다.

```
padding: '3px'
```

참고로 'px'로 보완할 수 있는 대상은 한정되어 있다. 구체적으로는 다음과 같은 수치 프로퍼티는 보완 대상이 아니다.

▼ 단위 보완의 대상이 아닌 스타일 프로퍼티

animationIterationCount	borderImageOutset	borderImageSlice	borderImageWidth
borderImageSlice	boxFlex	boxFlexGroup	boxOrdinalGroup
columnCount	columns	flex	flexGrow
flexPositive	flexShrink	flexNegative	flexOrder
gridRow	gridRowEnd	gridRowSpan	gridRowStart
gridColumn	gridColumnEnd	gridColumnSpan	gridColumnStart
fontWeight	lineClamp	lineHeight	opacity
order	orphans	tabSize	widows
zIndex	zoom		

주의: 스타일 지정은 className 속성이 기본

하지만 스타일을 지정하기 위해 style 속성을 사용하는 것은 바람직하지 않다. 왜냐하면 자바스크립트 코드(템플릿) 안에 스타일 정보가 혼재되어 있기 때문이다. 스타일을 수정하기 위해 스타일과 코드를 모두 봐야 하는 것은 바람직한 상태가 아니다.

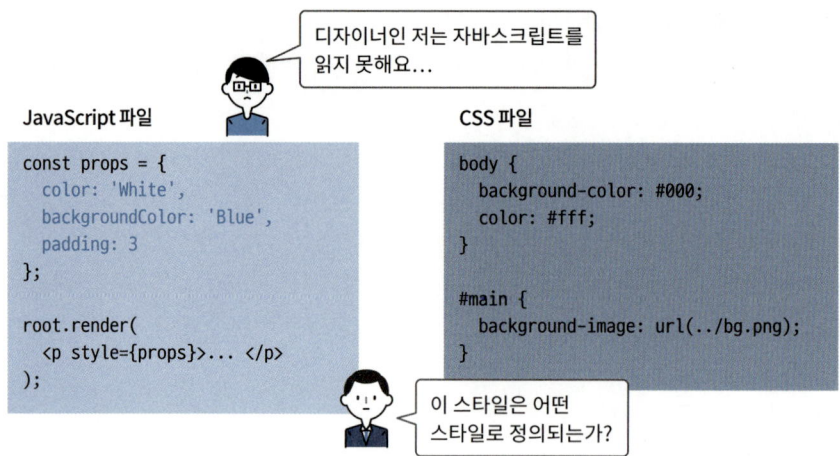

▲ style 속성의 문제점

style 속성은 어디까지나 손쉬운 스타일 조작 수단으로 구분하고, 일반적으로 다음 코드와 같이 className 속성을 이용한다[27].

예제 코드 2-3-9 index.js

```
import './chap02/class.css';           ①
... 생략 ...
root.render(
  <p className="foo">WINGS 프로젝트</p>  ②
);
```

예제 코드 2-3-10 class.css

```
.foo {
  color: White;
  background-color: Blue;
  padding: 3px;
}
```

미리 .css 파일을 임포트해 두면(①) 이제 className 속성(②)으로 스타일 클래스를 참조할 수 있게 된다. 이렇게 스타일 정보를 .css 파일로 잘라내면 코드 자체를 단순화할 수 있을 뿐만 아니라, 스타일 탈부착도 보다 쉽게 표현할 수 있게 된다.

---

[27] 2-3-1항에서도 언급했듯이 JSX의 세계에서는 HTML 표준의 class 속성을 사용할 수 없다!

조건에 따른 스타일 적용, 보다 본격적인 스타일 관리에 대해서는 각각 3-2-3항과 5-2절에서 설명한다.

2-3-5 JSX 식의 실체 이해하기

지금까지 반복해서 언급했듯이 JSX는 자바스크립트의 확장 구문이다(자바스크립트 자체가 아니다). 실행 시에는 자바스크립트 본연의 코드인 React.createElement 메서드로 변환된다.

구문 _ createElement 메서드

```
createElement(tag [, props [, ...children]])
```

tag	: 태그 이름
props	: 속성 ('이름: 값, ...' 형식)
children	: 자식 요소 (가변 길이 배열)

예를 들어, 다음 두 코드는 의미가 같은 코드다.

예제 코드 2-3-11 index.js

```jsx
const title = '모던 리액트 Deep Dive';

root.render(
  <div className="main">
    <p>«{title}»  (김용찬 지음) </p>
    <img src="https://wikibook.co.kr/images/cover/s/9791158394646.jpg"
      alt={title} />
    절찬 판매 중!
  </div>
);

root.render(
  // 상위 <div> 요소 생성
  React.createElement(
    'div',
    { className: 'main' },
    // 자식 요소 <p>, <img>, 텍스트 열거
    React.createElement(
      'p',
      null, // 속성은 생략
```

```
      `«${title}» (김용찬 지음) `
    ),
    React.createElement(
      'img',
      {
        src: 'https://wikibook.co.kr/images/cover/s/9791158394646.jpg',
        alt: title
      }
    ),
    '절찬 판매 중!'
  )
);
```

인수 children에 React.createElement 메서드를 전달하여 중첩된 태그를 나타낼 수도 있고, 가변 길이 인수이기 때문에 여러 개의 요소를 열거할 수도 있다.

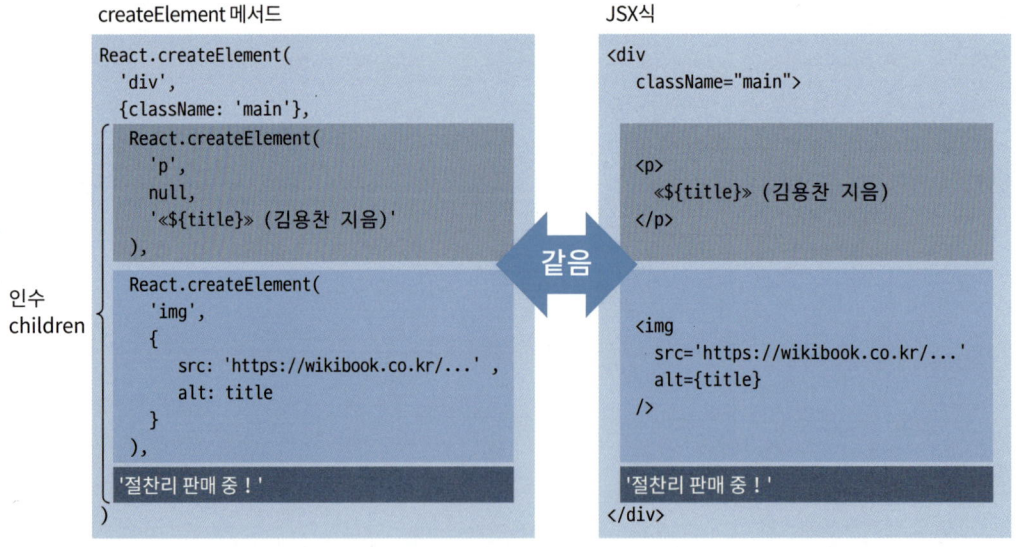

▲ createElement 메서드

Create React App을 사용하는 한 JSX → createElement 변환을 의식할 필요는 거의 없다. 하지만 리액트를 본격적으로 배우고자 하는 사람이라면 내부적인 구조를 알아두는 것이 도움이 될 수 있다. 기억해두면 좋을 것이다.

도입편

chapter

3

컴포넌트 개발 (기본)

3.1 컴포넌트를 뒷받침하는 기본 개념 – Props와 State
3.2 조건 분기 및 반복 처리
3.3 Props/State에 대한 이해도 높이기
3.4 고급 이벤트 처리

| 이 장의 서문 | 컴포넌트는 페이지를 구성하는 UI 구성요소를 말한다. 템플릿(외형)과 그에 따른 로직으로 구성된다.

2-3절에서는 단순화를 위해 컴포넌트를 거치지 않은 예제를 살펴봤다. 하지만 복잡한 앱에서 index.js에 모든 기능을 다 넣으면 코드의 가시성도 떨어지고, 무엇보다 개별 기능(UI)을 재사용하기 어려워진다. 그래서 각각의 기능을 컴포넌트로 잘라내고 조합하여 앱(페이지)을 구성하는 것이 리액트의 기본이다.

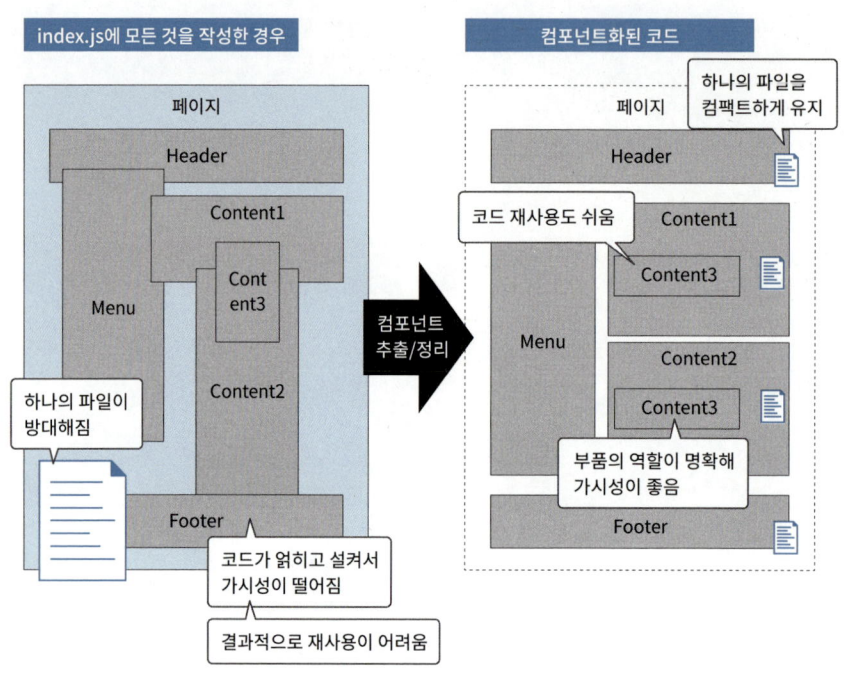

▲ 컴포넌트란?

컴포넌트는 한 화면에 여러 개를 배치할 수도 있고, 계층 구조로 구성할 수도 있다. 페이지를 컴포넌트화하면 코드의 단순성을 유지하기 쉬워진다.

리액트의 기본을 이해했다면 이번 장에서는 이러한 컴포넌트 개발의 기본에 대해 설명하겠다.

3.1 컴포넌트를 뒷받침하는 기본 개념 - Props와 State

1-1-4항에서 리액트를 배우는 것은 컴포넌트를 배우는 것이라고 했는데, 그 컴포넌트를 뒷받침하는 기본 개념이 바로 Props와 State다. Props와 State를 배우면 리액트로 할 수 있는 일이 훨씬 더 많아진다.

3-1-1 Props/State란?

먼저 Props와 State가 무엇인지 대략적으로 정리해 보자.

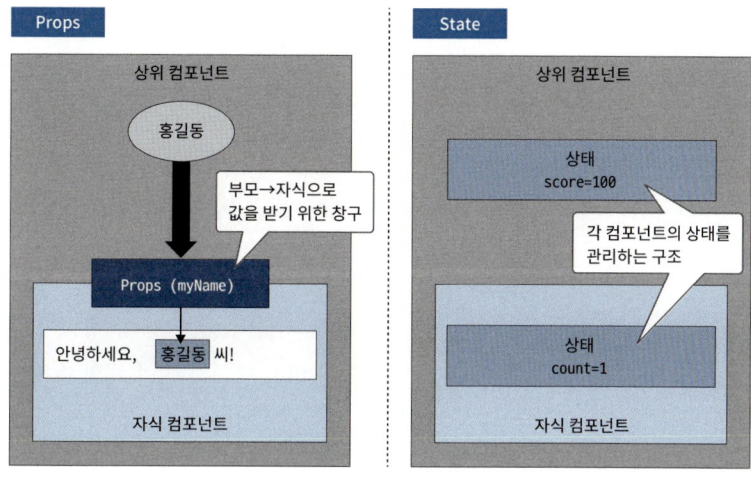

▲ Props와 State

Props와 State는 모두 컴포넌트에서 값을 다루는 방식이지만, 목적이 다르다. Props가 컴포넌트에 매개 변수를 전달하기 위한 인수라면, State는 컴포넌트 내의 상태를 나타내는 변수다.

컴포넌트에서는 Props에서 외부로부터 값을 받고, 이후 시시각각 변하는 상태를 State에서 관리하는 것이 기본이다. 함수의 키워드로 표현하자면 Props는 임시 인수, State는 로컬 변수로 표현할 수 있다.

3-1-2 Props의 기본

그럼 Props부터 살펴보자. 다음은 myName(이름)을 Props로 받아 '안녕하세요, ○○씨!'와 같은 메시지를 출력하는 MyHello 컴포넌트 예제다.

| 예제 코드 3-1-1 MyHello.js

```
export default function MyHello(props) {         ──────❶
  return (
    <div>안녕하세요, {props.myName}님!</div>       ──────❷
  );
}
```

| 예제 코드 3-1-2 index.js

```
import MyHello from './chap03/MyHello';

... 중략 ...
root.render(
  <MyHello myName="홍길동" />           ③
);
```

컴포넌트가 Props를 수신할 수 있도록 하려면 함수에 수신 인수를 제공하기만 하면 된다(①). 이름은 자유롭게 정할 수 있지만, props로 지정하는 것이 자연스럽다. 받은 Props 값은 'props.이름' 형식으로 접근할 수 있다(②).

③은 MyHello 컴포넌트를 호출하는 코드다. 태그에 대해 '이름 = 값'의 속성 형식이므로 매우 직관적이다. MyHello에서는 myName 속성 하나만 지정하고 있지만, 당연히 여러 개의 속성을 나열해도 상관없다[1].

Props의 이름은 자바스크립트의 변수 명명 규칙에 따라 myName과 같은 카멜 표기법(camelCase)으로 표현하는 것이 일반적이다.

> 📄 **import 문장에서의 확장자**
>
> index.js의 import 문장을 보고 의문을 가진 사람도 있을 것이다.
>
> ```
> import MyHello from './chap03/MyHello';
> ```
>
> './chap03/MyHello'는 './chap03/MyHello.js'가 돼야 하지 않을까? 실제로 원시 자바스크립트에서는 './chap03/MyHello'는 작동하지 않는다. 그럼에도 불구하고 확장자 없는 표기가 인식되는 것은 Create React App(정확히는 내부적으로 사용하는 webpack)이 확장자를 보완해 주기 때문이다. 구체적으로는 '.js' 외에도 '.mjs', '.jsx', '.ts', '.tsx' 등의 확장자를 생략해도 적절히 보완해 준다. 확장자를 명시해도 틀린 것은 아니지만, 생략할 수 있는 것은 생략하는 것이 자연스럽기 때문에 이 책에서도 생략형을 우선적으로 사용하도록 하겠다.

---

1 2-3-3항에서 언급했듯이 Props 값을 묶은 객체가 이미 존재하는 경우 <MyHello {...myProps} />와 같이 표현할 수도 있다.

📑 **VSCode에서 import 문장을 쉽게 추가하는 방법**

이미 생성된 컴포넌트를 가져오는 경우, render 메서드 아래에서 컴포넌트 이름을 예를 들어 '(MyH'와 같이 중간까지 입력해 보자. 그러면 입력 후보 목록이 표시되는데, 'MyHello'를 선택하고 [Enter]를 누른다. 그러면 함께 의존하는 모듈(import 문)도 추가된다.

```
JS index.js 1, M ●
src > JS index.js > ...
368   // #region ■■chap03■■
369
370   root.render(
371     <MyH
372   );          [⊙] MyHello    (alias) function MyHello(props: ...
373              ⊘ feMorphology
374
```

▲ 입력 후보에서 컴포넌트 선택

이는 리액트의 명령어도 마찬가지다. 이후 useXxxxx와 같은 함수가 자주 등장하는데, 이 역시 가급적 입력 후보 목록에서 선택하자. 이렇게 하면 import 문도 세트 단위로 자동 완성되기 때문에 타이핑의 수고를 크게 줄일 수 있다.

Props 데이터 유형

myName="홍길동"과 같이 따옴표로 묶인 속성 값은 모두 문자열로 간주된다. 이 예시에서는 명확하지만, 예를 들어 myName="1"과 같은 숫자도 리액트(자바스크립트)에서는 문자열로 취급하므로 주의해야 한다.

만약 값을 숫자로 전달하고 싶다면 {…} 구문을 이용하여 다음과 같이 표현한다.

```
<MyHello myName={13} />
```

마찬가지로 {…} 구문을 통해 배열, 함수, 객체와 같은 타입을 전달할 수도 있다(자바스크립트 표현식으로 표현할 수 있는 것은 무엇이든 상관없다). 각각 다음과 같이 표현할 수 있다.

```
<MyHello myName={['김철수', '이영희', '홍길동']} />        ─── 배열
<MyHello myName={() => { console.log('foo'); }} />      ─── 함수
<MyHello myName={{ name: '홍길동', age: 48 }} />         ─── 객체
```

{…}가 겹치면 의미를 파악하기 어려울 수 있지만, 위 예시의 푸른색 글씨 부분의 경우 바깥쪽 {…}는 JSX 식의 임베딩 구문, 안쪽의 {…}는 객체 리터럴을 나타낸다.

이후에도 구문 조합에 따라 기호(특히 괄호)의 의미를 알기 어려운 상황이 있을 수 있다. 이럴 때는 먼저 바깥쪽 괄호부터 차례대로 의미를 추적해 보라. 개별 구문의 의미를 쉽게 파악할 수 있을 것이다.

Props 분할 대입

지금까지 Props의 기본을 살펴봤다. 좀 더 편리하게 사용하기 위해 한 가지 기법을 더 소개하겠다. 바로 Props를 받을 때의 인수 표현이다.

예제 코드 3-1-1에서는 단순히 props로 받았고, 함수 아래에서는 'props.name'으로 개별 Props에 접근했다. 하지만 Props의 개수가 많아지면 일일이 'props.'을 써야 하는 번거로움이 있다.

그래서 1-3-3항에서도 언급했던 분할 대입을 이용해 보자. 다음은 예제 코드 3-1-1을 다시 작성한 것이다(변경된 부분은 푸른색 글씨로 표시).

예제 코드 3-1-3 MyHello.js

```
export default function MyHello({ myName }) {        ──②
  return (
    <div>안녕하세요, {myName}님!</div>        ──①
  );
}
```

❷의 푸른색으로 표시된 부분이 분할 대입이다. 컴포넌트는 Props를 '이름: 값, …' 형식의 객체로 받기 때문에 {…}로 개별 변수로 분해하고 있는 것이다.

분할 대입을 사용하면 다음과 같은 장점이 있다.

- 호출 코드가 (약간) 단순화될 수 있다. (❶)
- 요청하는 Props가 무엇인지 시그니처를 보면 알 수 있다. (❷)
- Props의 기본값도 선언할 수 있다.

예를 들어 myName의 기본값을 '김철수'로 설정하려면 ❷를 다음과 같이 수정하면 된다(분할 대입의 기본값 구문).

```
export default function MyHello({ myName = '김철수' }) {…}
```

3-1-3 이벤트 처리의 기본

Props에 이어 State에 대한 예제를 설명하고자 하는데, 여기서 리액트의 이벤트 처리에 대한 설명이 필요해서 잠시 멈춰야 할 것 같다. 왜냐하면 State는 컴포넌트의 상태를 표현하기 위한 구조이기 때문이다. 그리고 상태를 변화시키는 트리거가 되는 것은 대부분 이벤트다.

예를 들어 다음과 같은 이벤트가 있다.

- 버튼 클릭, 입력 값 변경, 마우스 이동 등의 사용자 조작
- 페이지/이미지 로드, 데이터 불러오기 완료 등 브라우저의 처리에 따른 특정 시점

리액트는 이러한 이벤트의 타이밍에 맞춰 처리를 실행하고 State를 변경한다(전부는 아니지만, 적어도 학습 초기 단계에서는 주요 타이밍이 될 것이다). 나중에 다시 확인하겠지만, 변경된 State는 그대로 페이지에 반영된다.

참고로 이벤트에 의해 호출되는 코드(함수)를 이벤트 핸들러라고 한다.

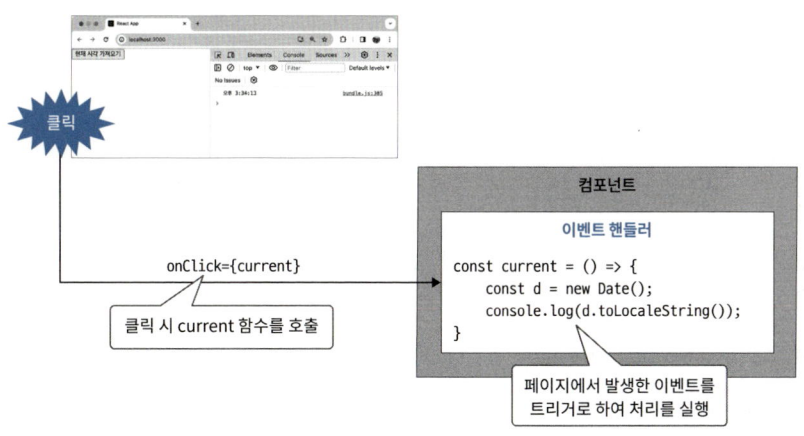

▲ 이벤트 핸들러

구체적인 예시도 살펴보자. 예를 들어 다음은 버튼 클릭 시 현재 날짜와 시각을 로그 출력하는 예제다. 표시할 날짜 형식은 type 속성에서 'date', 'time' 중에서 선택할 수 있다(기본값은 날짜, 시각 모두 표시).

예제 코드 3-1-4 EventBasic.js

```
export default function EventBasic({ type }) {
  // click 이벤트 핸들러
```

```
const current = () => {
  const d = new Date();
  // type 속성 값에 따라 현재 날짜 및 시각을 로그에 출력
  switch(type) {
    case 'date':
      console.log(d.toLocaleDateString());
      break;
    case 'time':
      console.log(d.toLocaleTimeString());
      break;
    default:
      console.log(d.toLocaleString());
      break;
  }
};

return (
  <div>
    {/* 버튼 클릭 시 current 함수 호출 */}
    <button onClick={current}>현재 시각 가져오기</button>   ————❶
  </div>
);
}
```

예제 코드 3-1-5 index.js

```
import EventBasic from './chap03/EventBasic';
... 생략 ...
root.render(
  <EventBasic type="time" />
);
```

JSX 식으로 이벤트 핸들러를 설정하는 방법은 HTML과 매우 유사하다.

　onEvent ={…}

단, HTML에서는 onclick(모두 소문자)이었지만, JSX에서는 onClick과 같이 카멜 표기법으로 표현한다. 또한, onEvent 속성에 전달하는 것은 함수 자체라는 점에도 주의해야 한다('onClick={current()}'가 아니다!).

이 예제의 경우,

click 이벤트의 타이밍에 current 함수를 호출한다

는 의미가 된다. 예제를 실행하고 버튼을 클릭하면 다음 그림과 같은 결과가 나오는지도 확인해 보자.

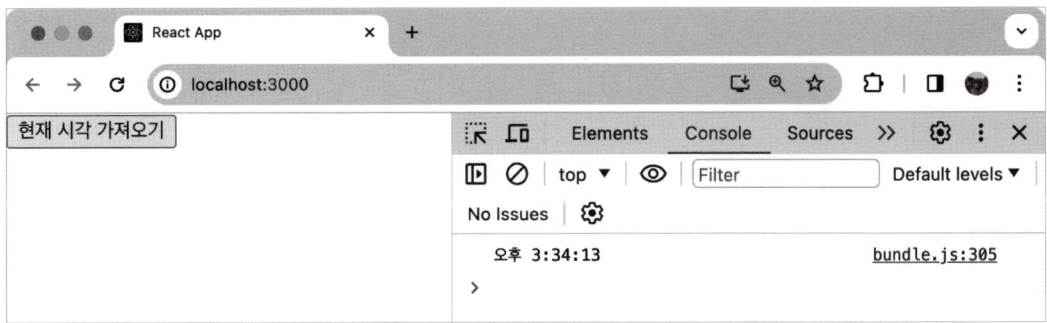

▲ 버튼 클릭으로 현재 시각 가져오기

또한 예제 코드 3-1-5에서 type 속성을 생략하면 현재 날짜와 시각이 표시되는 것을 확인해 보자.

3-1-4 State의 기본

이벤트 처리를 이해했다면 이제 State를 살펴볼 차례다. State의 기본 예제로 간단한 카운터 앱을 준비했다. 버튼 클릭으로 카운터 값을 증가시킨다.

| 예제 코드 3-1-6 StateBasic.js

```
import { useState } from 'react';

export default function StateBasic({ init }) {
  // Props(init)로 State(count) 초기화하기
  const [count, setCount] = useState(init);  ─────❶
  // [카운트] 버튼 클릭 시 카운트 값을 증가시킨다
  const handleClick = () => setCount(count + 1);  ─────❷

  return (
    <>
      <button onClick={handleClick}>카운트</button>
      <p>{count}번 클릭했습니다.</p>  ─────❸
```

```
      </>
    );
}
```

예제 코드 3-1-7 index.js

```
import StateBasic from './chap03/StateBasic';
... 생략 ...
root.render(
  <StateBasic init={0} />
);
```

▼

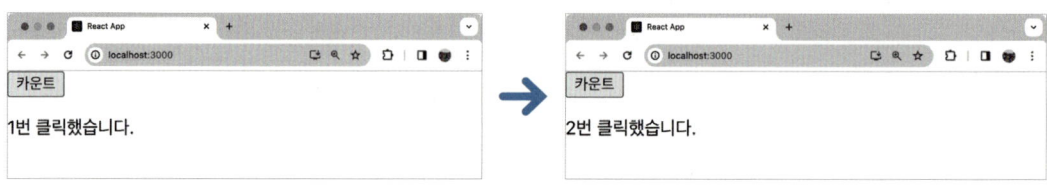

▲ 버튼 클릭으로 값 증가

State 값을 초기화하는 것은 useState 함수의 역할이다[2].

구문 _ useState 함수

```
const [state, setState] = useState(initialState)

state           : State 값을 저장하는 변수
setState        : State 값을 업데이트하는 함수
initialState    : State의 초깃값
```

State 값을 저장하는 변수 xxxxx에 대해 그 값을 갱신하는 함수는 setXxxxx로 명명하는 것이 기본이다.

❶의 경우 count라는 이름의 State를 초깃값 0(=init 속성 값)으로 선언한 것이다. 선언한 State를 취득/갱신하는 것이 ❷, ❸의 코드다.

---

[2] useState 함수는 훅(Hook)이라는 기능의 일종으로 리액트 16.8 이상에서 사용할 수 있다. 그 이전 버전에서 State를 사용하려면 (함수가 아닌) 클래스 형태의 컴포넌트를 사용해야 했다. 이 문서에서는 클래스 컴포넌트에서 State를 사용하는 것에 대해서는 생략한다.

State 값을 갱신하려면 useState 함수로 만든 setCount 함수를 이용해야 하는데, count++와 같은 직접적인 조작은 리액트의 관리 밖에서 갱신하는 것이기 때문에 페이지에도 제대로 반영되지 않는다[3].

이 예제에서는 State로 count를 하나만 선언했지만, 여러 개의 State 값이 필요한 경우에도 useState 함수를 반복적으로 호출하면 된다.

> **📄 Props는 변경할 수 없다**
>
> 예제 코드 3-1-6에서 (State가 아닌) 받은 Props 값(init 변수)을 직접 조작할 수 있지 않을까 생각한 사람도 있을 것이다. 하지만 그것은 불가능하다.
>
> 왜냐하면 Props는 호출자가 임의의 시점에 변경될 수 있기 때문이다. 따라서 컴포넌트 내부에서 Props 값을 변경해서는 안 되며, Props는 호출자로부터 값을 받는 창구라고 생각하면 된다.
>
> 실제로 컴포넌트 아래에서 Props를 변경하면 'Cannot assign to read only property 'init' of object'(init 프로퍼티는 읽기 전용)와 같은 에러가 발생한다. 만약 Props 값을 조작하고 싶다면 예제 코드 3-1-6과 같이 일단 State로 물러나게 한다.

보충: 컴포넌트 업데이트 시기

Props/State가 모두 완성되었으니 컴포넌트 리렌더링 타이밍을 확인해 보자. 예제 코드 3-1-6에서는 State(여기서는 count)가 업데이트되는 시점에 즉시 화면에 반영되었다. 페이지가 다시 로드된 것이 아니라 컴포넌트가 자동으로 다시 렌더링된 것이다.

이를 다음과 같은 코드를 통해 확인해 보자(추가된 부분은 푸른색 글자로 표시).

예제 코드 3-1-8 StateBasic.js

```
export default function StateBasic({ init }) {
  const [count, setCount] = useState(init);
  console.log(`count is ${count}.`);
  ... 생략 ...
}
```

---

[3] 이 예제에서는 count를 const로 선언했기 때문에 애초에 '++' 연산자로 조작하는 것은 상수 규약을 위반한 것이다. 하지만 let 선언으로 바꾼다고 해서 문제가 해결되지는 않는다.

샘플을 실행하고 [카운트] 버튼을 클릭해 보자. 확실히 클릭할 때마다 콘솔에 로그가 추가되는 것을 확인할 수 있다. 즉, 함수 컴포넌트가 다시 실행되는 것을 확인할 수 있다[4].

이처럼 리액트는 어떤 변화가 감지되면 컴포넌트를 재실행하고 그 결과를 다시 렌더링하는(반영하는) 작업을 수행한다. 구체적으로 다음과 같은 타이밍에 리렌더링이 발생한다.

- State가 업데이트된 경우
- 전달받은 Props가 변경된 경우
- 부모 컴포넌트가 다시 렌더링된 경우

내부적인 동작이라 어렵게 느껴질 수 있지만, 이후 다양한 주제에 얽혀있는 전제 지식이므로 여기서 제대로 짚고 넘어가도록 하자.

3-1-5 React Developer Tools 소개

Props/State를 사용하면 앱 내부에서 값이 어떻게 전달되는지, 각각의 값이 어떻게 변화하는지 실시간으로 파악하고 싶어진다.

물론 console.log에서 임의의 타이밍에 값을 출력해도 상관없지만, 환경이 허락한다면 전용 디버깅 도구인 React Developer Tools를 사용하는 것을 추천한다.

React Developer Tools는 브라우저 표준 개발자 도구의 확장 기능이다. 컴포넌트 계층 트리를 시각화하고, Props/State의 값을 실시간으로 표시하며, 리액트 공식 도구이기도 하므로 앞으로 리액트를 본격적으로 다룰 예정이라면 꼭 도입하는 것을 추천한다.

---

[4] 단, State가 초기화(useState 함수)되는 것은 초기화 타이밍뿐이다. 다시 렌더링할 때마다 State가 초기화되는 것은 (물론) 아니다.

▲ React Developer Tools[5]

React Developer Tools는 크롬(Chrome), 엣지(Edge), 파이어폭스(FireFox)를 지원한다. 각각 다음 페이지에서 접속해 보자.

- 크롬

  URL https://bit.ly/rdt-chrome

- 엣지

  URL https://bit.ly/rdt-edge

- 파이어폭스

  URL https://bit.ly/rdt-firefox

크롬 환경이라면 위 페이지에 접속하여 [Chrome에 추가] 버튼을 클릭하기만 하면 된다[6].

---

5 본문을 따라 예제를 작성하는 경우 위 그림과 같이 ⚠이 표시된다. 이는 Strict 모드(2-2-3항 참조)가 아니기 때문이다. 〈React.StrictMode〉 요소로 컴포넌트를 묶으면 경고가 표시되지 않는다.
6 다른 브라우저에서도 절차는 거의 동일하므로 설명은 생략한다. 해당 브라우저에서 해당 페이지에 접속하라.

▲ 확장 프로그램 설치 페이지 (Chrome의 경우)

이제 리액트로 만든 앱(페이지)에 접속한 상태에서 개발자 도구를 실행한다. 탭 끝에 추가된 [Components], [Profiler]가 React Developer Tools의 확장 기능이다(아이콘이 있어 표준 기능과 쉽게 구분할 수 있을 것이다).

(1) [Components] 탭

컴포넌트 구성을 표시하기 위한 탭이다. 학습 초기 단계부터 자주 사용하게 될 것이다. 앞 페이지의 그림과 같이 왼쪽 창에는 컴포넌트 트리가 표시되고, 개별 컴포넌트를 선택하면 오른쪽 창에 Props/State 등의 정보가 목록으로 표시된다.

(2) [Profiler] 탭

페이지(컴포넌트)의 렌더링 속도를 측정하고 그 결과를 그림으로 표시하기 위한 탭이다. 초기 상태에서는 아무것도 표시되지 않으므로 파란색 ●(Start profiling) 버튼으로 측정을 시작한다. (예를 들어) 페이지의 버튼을 클릭하는 등 임의의 조작을 하여 그때 발생하는 리렌더링 속도를 측정한다. 빨간색 ●(Stop profiling) 버튼을 누르면 측정이 종료되고 측정 결과가 표시된다.

성능 정보는 [Flamegragh], [Ranked] 등의 탭에서 확인할 수 있다. 예를 들어 다음 그림은 [Flamegraph] 패널의 내용으로, 특정 시점의 앱 상태, 즉 각 컴포넌트 계층의 렌더링 시간을 가로 막대로 표시한 것이다(맨 위에 표시된 것이 루트 컴포넌트이고, 그 하위 컴포넌트들이 순서대로 나열되어 있다).

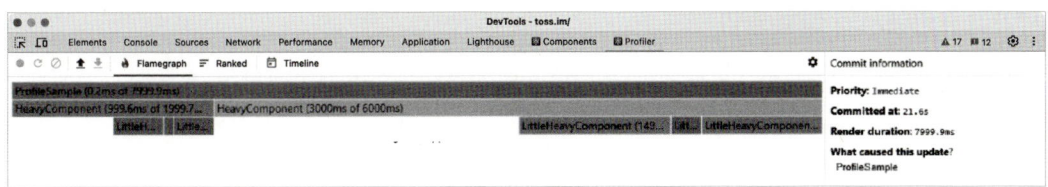

▲ [Profiler] 탭의 [Flamegragh] 패널

위 예시의 경우 전체적으로 7999.9밀리초가 걸렸지만, 그중 루트 컴포넌트(ProfileSample)에서 소요된 시간은 0.2밀리초라는 의미다. 나머지는 자식 컴포넌트 처리에 소요된 시간으로 각각 1999.7, 6000밀리초가 소요되었다는 것을 의미한다. 그러나 실제로 해당 컴포넌트 자체의 처리에 소요되는 시간은 각각 999.6, 3000밀리초이며, 나머지 시간은 그 하위에서 더 많은 시간을 소비하고 있다. 특히 부하가 높은 부분은 노란색/주황색으로 강조되어 있으므로 실제 앱을 튜닝할 때 그 부근을 중심으로 확인하게 될 것이다.

참고로 [Profiler] 탭의 측정은 커밋, 즉 변경 사항이 실제로 페이지에 적용되는 단위로 표시된다는 점도 주목할 만하다. 커밋은 탭 오른쪽 위에 막대 그래프로 표시되며(위 그림의 사각형 표시 부분), 막대 그래프를 클릭하면 커밋 간 결과를 이동할 수 있다.

📄 리액트가 사용된 페이지의 구분 방법

React Developer Tools를 설치하면 브라우저 오른쪽 상단에 다음 그림과 같은 아이콘이 추가된다[7]. 리액트가 사용된 페이지를 발견하면 이 아이콘이 켜지므로 정상적으로 사이트를 둘러보더라도 '이 페이지에도 리액트가 사용되고 있구나!'라고 알게 될 것이다.

▲ React Developer Tools 아이콘

참고로 아이콘이 켜지는 방식은 두 가지가 있다. 일반 사이트에서는 ● 처럼 파란색으로 바뀌지만, 개발 모드에서는 ● 처럼 빨간색으로 바뀐다. 따라서 개발 서버에서 작업하는 독자 여러분의 환경에서는 후자의 아이콘이 켜져 있을 것이며, 2-1-2항의 절차로 빌드 & 배포한 경우 아이콘이 파란색으로 바뀌는 것도 확인해야 한다.

---

7 아이콘이 표시되지 않는 경우, 크롬에서는 ● (확장 프로그램) 버튼을 클릭한 후, 확장 프로그램 목록에서 [React Developer Tools]를 선택한다.

사파리 환경에서의 설치 방법

사파리(Safari) 환경에서는 React Developer Tools를 설치하기 위해 한 단계가 더 필요하다. 구체적인 절차는 다음과 같다.

1. react-devtools 패키지 설치하기

터미널에서 다음 명령어로 react-devtools 패키지를 설치한다.

```
% npm install -g react-devtools
```

2. 개발자 도구 실행하기

터미널에서 다음 명령어로 React Developer Tools를 실행한다.

```
% react-devtools
```

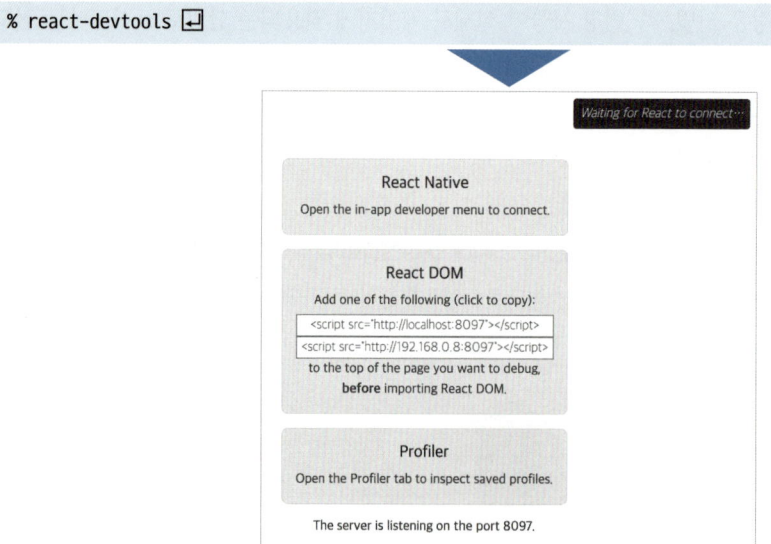

▲ React Developer Tools 실행

참고로 'command not found: react-devtools'와 같이 표시되는 경우, 다음 명령어로 미리 PATH를 설정해 두기 바란다. 〈사용자 이름〉은 자신의 환경에 맞게 변경하라.

```
export PATH=$PATH:/Users/<사용자 이름>/.npm-global/bin
```

3. 페이지에 〈script〉 요소 추가하기

리액트 앱의 index.html에 다음의 푸른색으로 표시된 코드를 추가한다.

예제 코드 3-1-9 /public/index.html

```html
<!DOCTYPE html>
<html lang="en">
  <head>
    ... 중략 ...
    <script src="http://localhost:8097"></script>
    <title>React App</title>
  </head>
  ... 중략 ...
</html>
```

이 상태에서 페이지를 다시 로드했을 때 개발자 도구에 앱 상태가 반영되는지 확인한다.

3.2 조건 분기 및 반복 처리

컴포넌트에서는 조건에 따라 다른 내용을 출력하거나 배열/객체의 내용을 나열하는 등의 조작이 자주 발생한다. 이 절에서는 이러한 기본적인 조건부 분기, 루프 처리, 제어 구문의 기법에 대해 알아본다.

다만 리액트는 이러한 제어 구문에 대한 전용 메커니즘을 제공하지 않고, 자바스크립트 표준 연산자/메서드를 이용할 뿐이다. 이미 자바스크립트를 잘 아는 사람은 가볍게 건너뛰고, 리액트 고유의 부분만 훑어봐도 된다.

3-2-1 배열 나열하기 – 반복 처리

먼저 반복 처리부터 시작하겠다. 다음은 미리 준비된 객체 배열(books[8])을 테이블로 정형화하는 예제다.

---

[8] 여기서는 간소화를 위해 배열 books를 하드코딩하고 있지만, 일반적으로는 외부 서비스 등에서 가져오는 것이 일반적일 것이다. 외부 데이터에 접근하는 방법에 대해서는 6-3절에서 다시 설명하겠다.

예제 코드 3-2-1 ForList.js

```jsx
import React from 'react';

// 도서 정보는 Props(src)를 통해 수신
export default function ForList({ src }) {
  return (
    // 도서 정보(src 속성)를 <dt>/<dd> 목록으로 정형화
    <dl>
      {src.map(elem => (
        <>
          <dt>
            <a href={`https://wikibook.co.kr/images/cover/s/${elem.isbn}.jpg`}>
              {elem.title} ({elem.price}원)
            </a>
          </dt>
          <dd>{elem.summary}</dd>
        </>
      ))}
    </dl>
  );
}
```

❷ ❶

예제 코드 3-2-2 books.js

```js
const books = [
  {
    isbn: '9791158395124',
    title: '게임 개발을 위한 미드저니, 스테이블 디퓨전 완벽 활용법', ,
    slug: 'genai-game',
    price: 28000,
    summary: '생성형 AI를 활용한 게임 캐릭터, 배경, 아이템 제작부터 유니티 실전 프로젝트까지',
    download: true,
  },
  ... 중략 ...
];
export default books;
```

예제 코드 3-2-3 index.js

```
import books from './chap03/books';
import ForList from './chap03/ForList';
... 중략 ...
root.render(
  <ForList src={books} />
);
```

```
게임 개발을 위한 미드저니, 스테이블 디퓨전 완벽 활용법 ( 28000원 )
    생성형 AI를 활용한 게임 캐릭터, 배경, 아이템 제작부터 유니티 실전 프로젝트까지
디자인을 위한 미드저니 완벽 활용법 ( 24000원 )
    광고부터 캐릭터, 로고, 일러스트레이션, 표지, 포스터, 타이포까지 독창적인 디자인 만들기
만들면서 배우는 블렌더 3D 입문 ( 28000원 )
    블렌더 기초, 모델링, 머티리얼, 애니메이션, 렌더링까지
모던 그로스 마케팅 ( 24000원 )
    비용은 최소화하고 매출은 극대화하는 생존 마케팅 전략
도메인 스토리텔링 ( 28000원 )
    도메인 주도 소프트웨어 구축을 위한 스토리텔링과 스토리 시각화 기법
```

▲ 도서 정보를 목록으로 정리

배열을 목록으로 정형화하려면 자바스크립트 표준 Array#map 메서드를 사용하는 것이 정석이다(❶).

구문 _ map 메서드

```
list.map((value, index, array) => {
   ...statements...
})
```

```
list        : 원본 배열
value       : 요소 값
index       : 인덱스 값
array       : 원본 배열
statements  : 요소에 대한 처리(반환값은 가공 후 값)
```

map 메서드는 배열의 요소들을 콜백 함수[9]를 통해 처리하고, 최종적으로 새로운 배열을 반환한다. '개별 요소를 순서대로 함수에 전달하여 처리한다'는 흐름은 Array 객체를 대표적으로 자주 사용하는 패턴이므로 익숙하지 않다면 익숙해져 보자.

---

[9] map 메서드의 인수와 같이 원래의 메서드에서 호출될 것을 가정한 함수를 말한다. 나중에 호출될(=콜백될) 처리라는 의미다.

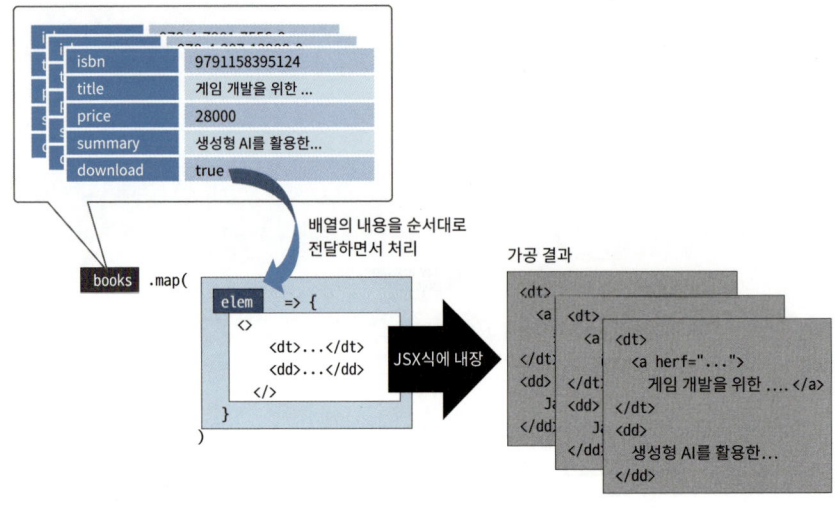

▲ map 메서드

리액트(JSX)에서 {…} 아래의 배열은,

　그대로 순서대로 정렬하여 표시

해 준다. 따라서 여기에서도 배열의 요소를 출력 가능한 리액트 요소(그룹)로 변환해 주면 된다.

참고로 map 메서드(콜백 함수)의 반환 값은 〈dt〉/〈dd〉 요소와 여러 요소로 구성된다(❷). 이처럼 JSX 식에서 여러 요소를 표현하기 위해서는 루트 요소로 〈React.Fragment〉 요소로 묶어야 한다(이 예시에서는 그 축약형인 〈 〉~〈 / 〉를 사용했다).

> 📄 **콜백 함수의 인수**
>
> 초보자들이 자주 하는 질문 중 하나는 콜백 함수의 인수 이름(예제 코드 3-2-1에서는 elem)이 어디서 왔는지 하는 것이다. 답은 임시 인수의 이름이기 때문에 무엇이든 상관없다는 것이다. 따라서 예제 코드 3-2-1은 다음과 같이 작성해도 같은 의미다.
>
> ```
> {src.map(b => (
>   <>
>     <dt>
>       <a href={`https://wikibook.co.kr/images/cover/s/${b.isbn}.jpg`}>
>         {b.title} ({b.price}원)
>       </a>
>     </dt>
> ```

```
    <dd>{b.summary}</dd>
  </>
))}
```

당연한 이야기지만, 콜백 함수로 메서드에 내장되어 있으면 혼란스러워하는 사람이 있는 것 같다. 혹시 의아해하는 사람을 위해 여기서 제대로 짚고 넘어가도록 하겠다.

목록 항목을 식별하는 key 속성

예제 코드 3-2-1에서도 최소한의 코드는 작동하지만, 개발자 도구(콘솔)를 확인해 보면 'Each child in a list should have a unique "key" prop'(목록 내 요소는 고유한 key 속성을 가져야 한다)와 같은 경고가 표시된다.

이는 주로 목록 하위의 항목을 변경하는 경우에 대비하기 위함이다. 우선, key 속성이 없는 현재 상태에서는 리액트가 배열의 변경을 감지할 수 없다.

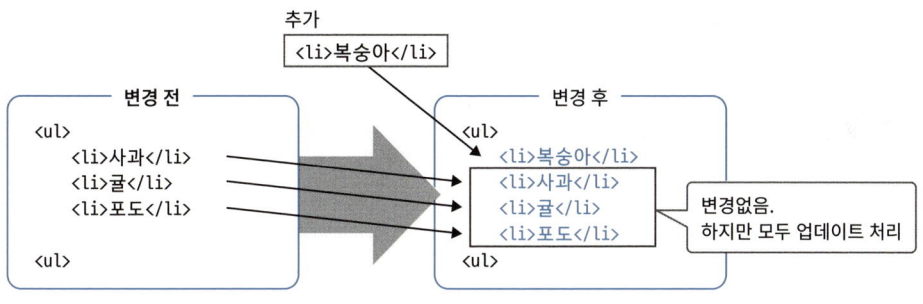

▲ 목록 항목 추적 (key 속성을 지정하지 않은 경우)

결과적으로 특정 항목이 추가/제거되는 경우에도 전체 목록을 다시 생성해야 한다. 이는 당연히 바람직하지 않은 상태이며, 목록 항목이 늘어날 경우 무시할 수 없는 오버헤드가 발생한다. 따라서 예제 코드 3-2-1의 ❶을 다음과 같이 수정해 보자.

| 예제 코드 3-2-4 ForList.js

```
{src.map(elem => (
  <React.Fragment key={elem.isbn}>
    <dt>...</dt>
    <dd>{elem.summary}</dd>
```

```
    </React.Fragment>
))}
```

개별 〈dt〉/〈dd〉 요소, 정확히는 이들을 묶은 〈React.Fragment〉 요소에 key 속성을 부여하고 있다[10]. 고유한 키는 컨텍스트에 따라 다르지만, 이 예시에서는 isbn 프로퍼티(ISBN 코드)다. 이제 리액트가 개별 항목을 식별할 수 있게 되었다(경고도 사라진다).

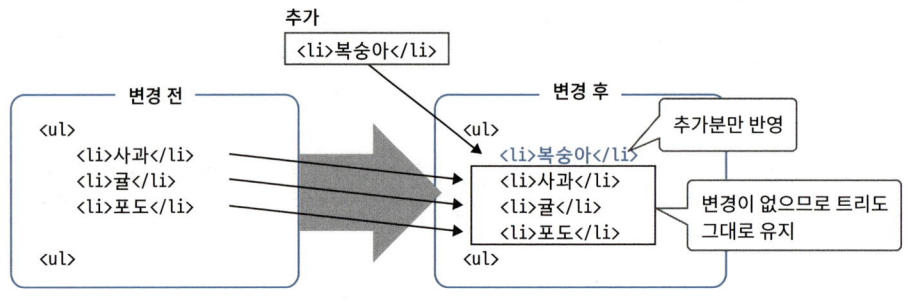

▲ 목록 항목 추적 (key 속성을 지정한 경우)

배열 요소에 의미 있는 주 키가 없는 경우, map 메서드의 인덱스 값을 사용하는 것도 (구문상) 가능하다.

```
{src.map((elem, index) => (
  <React.Fragment key={index}>
    <dt>...</dt>
    <dd>{elem.summary}</dd>
  </React.Fragment>
))}
```

하지만 이런 코드는 바람직하지 않다. 인수 index는 언뜻 보기에는 고유하지만 요소의 추가/제거, 정렬에 따라 변경될 수 있기 때문이다. 경고를 억제하기 위해 편의상 전달되는 키라면 괜찮지만, 그래도 향후 수정으로 인해 문제가 발생할 위험을 감수하기보다는 키 값을 명시적으로 제공하는 것이 좋다[11].

---

10 축약형인 〈〉~〈/〉에 key 속성을 부여할 수 없다. 전체 이름인 〈React.Fragment〉로 수정해야 한다.
11 고유한 키만 생성하는 경우, 예를 들어 Crypto.randomUUID와 같은 방법을 사용할 수 있다. https://developer.mozilla.org/en-US/docs/Web/API/Crypto/randomUUID

> 📄 **key 속성은 루프 내에서만 고유해야 한다**
>
> map 메서드 아래의 key 속성은 해당 루프(즉, 생성된 형제 요소) 내에서만 고유하면 충분하다. 예를 들어, 동일한 배열을 동일한 페이지에서 여러 번 반복해서 사용한다고 가정했을 때 서로 다른 루프 간에 키 값이 중복되어도 상관없다.

보충: 목록 항목을 다른 구성 요소로 잘라내기

지금까지는 하나의 페이지에서 단일 컴포넌트를 다루었지만, 보다 본격적인 앱에서는 컴포넌트를 중첩하여 배치할 수도 있다. 일반적으로 하나의 컴포넌트로 모든 것을 커버하는 것이 아니라 목적에 따라 컴포넌트를 잘라내면 뷰의 재사용성을 높일 수 있고, 코드의 가시성을 높일 수 있다.

예를 들어 다음은 예제 코드 3-2-1을 전체 목록을 관리하는 ForNest.js와 개별 목록 항목을 나타내는 ForItem.js로 분리한 예시다.

예제 코드 3-2-5 ForNest.js

```jsx
import ForItem from './ForItem';

export default function ForNest({ src }) {
  return (
    <dl>
      {src.map(elem =>
        <ForItem book={elem} key={elem.isbn} />     ──────❶
      )}
    </dl>
  );
}
```

예제 코드 3-2-6 ForItem.js

```jsx
export default function ForItem({ book }) {
  return (
    <>
      <dt>
        <a href={`https://wikibook.co.kr/images/cover/s/${book.isbn}.jpg`}>
          {book.title} ({book.price}원)
        </a>
      </dt>
```

```
      <dd>{book.summary}</dd>
    </>
  );
}
```

예제 코드 3-2-7 index.js
```
import books from './chap03/books';
... 중략 ...
import ForNest from './chap03/ForNest';
... 중략 ...
root.render(
  <ForNest src={books} />
);
```

map 메서드 아래 코드가 ForItem 컴포넌트로 이동했을 뿐이므로 크게 주목할 점은 없다. 단,

key 속성이 의미를 갖는 것은 배열을 반복적으로 처리하는 바로 아래 컨텍스트에서만 그렇다

라는 점만 주의하자(❶). 이 예제에서 key 속성을 작성하는 것은 ForItem 컴포넌트 아래 〈React.Fragment〉 요소[12]가 아니라 〈ForItem〉 요소 자체에 대한 것이다. key 속성이 필요한 것은 map 호출에 등장하는 요소에 대해 key 속성이 필요하다는 뜻으로 해석할 수 있다.

> 📄 **key 속성은 Props의 일부가 아니다**
> 〈ForItem〉 요소에 전달된 key 속성은 언뜻 보기에 Props처럼 보이지만, 리액트에 대한 힌트로 활용될 뿐이다. 컴포넌트 측에서 (예를 들어) props.key처럼 Props로 읽을 수 없다.
> 컴포넌트 측에서 키 정보를 이용하고 싶다면, 다시 한번 다른 속성으로 전달한다.

목록 필터링하기/정렬하기

목록을 다루다 보면 원 데이터를 필터링하거나 정렬하는 상황도 자주 발생하게 된다. 여기서 함께 짚고 넘어가야 할 것이 있다.

---

12 다시 한번 이야기하지만, 코드상으로는 생략형인 〈〉~〈/〉를 사용한다.

(1) 목록을 필터링하는 filter 메서드

Array#filter 메서드를 이용하면 임의의 조건식에 따라 기존 배열을 필터링할 수 있다. 예를 들어 다음은 107쪽의 예제 코드 3-2-4 ForList.js를 수정하여 25,000원 미만의 책만 표시하는 예제다.

예제 코드 3-2-8 ForFilter.js

```
import React from 'react';

export default function ForFilter({ src }) {
  const lowPrice = src.filter(book => book.price < 25000);
  return (
  <dl>
    {lowPrice.map(elem => (
      ...중략 (예제 코드 3-2-4 ForList.js 참조)...
    ))}
  </dl>
  );
}
```

예제 코드 3-2-9 index.js

```
import books from './chap03/books';
... 중략 ...
import ForFilter from './chap03/ForFilter';
... 중략 ...
root.render(
  <ForFilter src={books} />
);
```

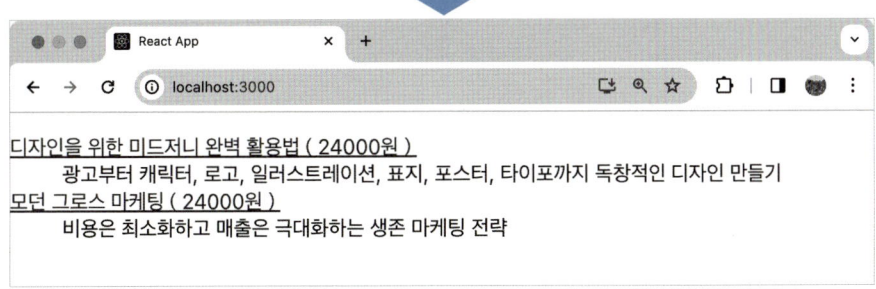

▲ 25,000원 미만 도서만 필터링

배열의 내용을 콜백 함수(조건식)로 판단하여 true를 반환한 요소만 남기고(=false를 반환한 요소는 제거), false를 반환한 요소는 삭제하는 것이다. 이 예시의 경우 'book.price < 25000'에서 'price 프로퍼티가 25000 미만인지'를 확인하는 것이다.

(2) 목록을 정렬하는 sort 메서드

배열을 정렬하는 것은 Array#sort 메서드의 역할이다[13].

▍**구문 _ sort 메서드**

```
list.sort((m, n) => statements)

list         : 원본 배열
m, n         : 비교하는 요소
statements   : 비교 규칙
```

콜백 함수의 규칙은 다음과 같다.

- 인수는 비교할 배열 요소(2개)다.
- 반환값은 크고 작음을 나타내는 숫자를 반환한다(m>n은 양수, m=n은 0, m<n은 음수).

예를 들어 다음은 107쪽의 예제 코드 3-2-4 ForList.js를 수정하여 price 프로퍼티가 작은(=가격이 낮은) 순서대로 나열하는 예시다.

▍**예제 코드 3-2-10 ForSort.js**

```
import React from 'react';

export default function ForSort({ src }) {
  src.sort((m, n) => m.price - n.price);
  ...중략 (예제 코드 3-2-4 ForList.js 참조)...
}
```

▍**예제 코드 3-2-11 index.js**

```
import books from './chap03/books';
... 중략 ...
```

---

13 단, State 값으로 관리되는 배열을 정렬할 때는 주의해야 한다. 구체적인 대책은 4-2-3항을 함께 참고하기 바란다.

```
import ForSort from './chap03/ForSort';
... 중략 ...
root.render(
  <ForSort src={books} />
);
```

비교 규칙은 비교하는 값의 차이로 표현하는 것이 일반적이다(크고 작음에 따라 양과 음의 값을 반환한다). 이 예시에서는 가격 오름차순으로 정렬했지만, 코드의 푸른색 글씨 부분을 'n.price − m.price'로 하여 내림차순(m, n이 역순)으로 정렬할 수도 있다.

3-2-2 식의 진위 여부에 따라 표시 전환 – 조건부 분기

JSX 식에서 조건부 분기를 표현하는 방법은 다음과 같다.

- if 문
- 즉시 함수
- ?:, &&, || 연산자

예를 들어 다음에서는 예제 코드 3-2-5, 3-2-6의 예제를 수정하여 download 프로퍼티가 true인 경우 🌐 아이콘을 표시해 보겠다. 🌐 아이콘 표시를 위해 다음과 같은 Download 컴포넌트를 준비한다. 🌐 아이콘을 의미하는 dl.png는 /src/image 폴더에 미리 배치해 둔다.

예제 코드 3-2-12 Download.js

```
import dl_icon from '../image/dl.png';

export default function Download({ slug }) {
  return (
    <a href={`https://github.com/wikibook/${slug}/`}>
      <img src={dl_icon} alt="Sample Download" />
    </a>
  );
}
```

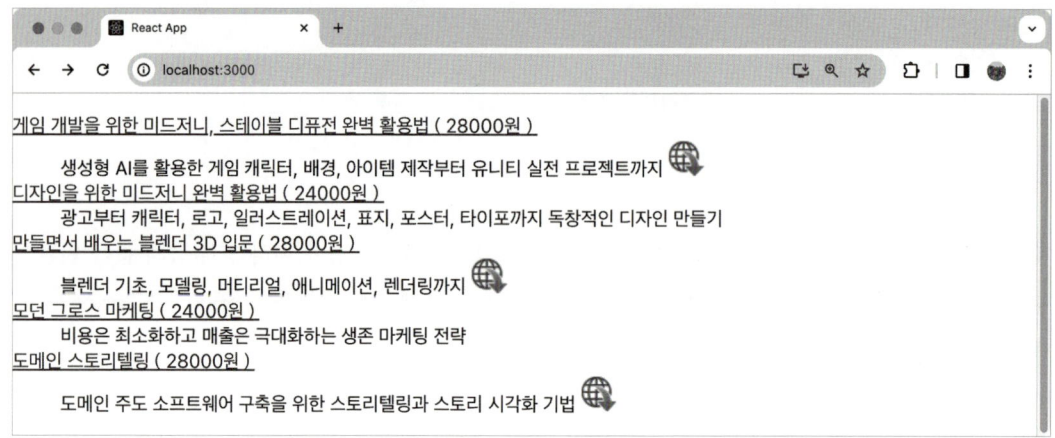

▲ 샘플이 있는 책에는 🌐 아이콘이 부여된다.

이제 이것을 예제 코드 3-2-6의 ForItem 컴포넌트에 여러 가지 방법으로 통합해 보겠다.

if 문

자바스크립트의 표준 if 문을 사용한다. 말할 필요도 없이 가장 기본적인 분기 구문이다[14].

예제 코드 3-2-13 ForItem.js

```
export default function ForItem({ book }) {
  let dd;
  // download 프로퍼티의 유무에 따라 태그를 분기
  if (book.download) {
    dd = <dd>{book.summary}<Download slug={book.slug} /></dd>;
  } else {
    dd = <dd>{book.summary}</dd>;
  }
  return (
    <>
    <dt>
    <a href={`https://wikibook.co.kr/images/cover/s/${book.isbn}.jpg`}>
      {book.title} ({book.price}원)
    </a>
    </dt>
```

---

14 여기서는 if 문을 소개했지만, switch 문을 사용해도 무방하다.

```
    {/* 생성해둔 태그 삽입 */}
    {dd}
  </>
  );
}
```

if 문은 구문이지 식이 아니기 때문에 JSX 식에 직접 삽입할 수 없다는 점에 유의해야 한다.

즉시 함수

if 문을 직접 JSX 식에 삽입할 수는 없지만, 즉시 함수라는 기법을 이용하여 if 문을 의사적으로 JSX 식에 삽입할 수 있다.

| 예제 코드3-2-14 ForItem.js

```
export default function ForItem({ book }) {
  return (
    <>
      <dt>
        <a href={`https://wikibook.co.kr/images/cover/s/${book.isbn}.jpg`}>
          {book.title} ({book.price}원)
        </a>
      </dt>
      {(() => {
        if (book.download) {
          return <dd>{book.summary}<Download slug={book.slug} /></dd>
        } else {
          return <dd>{book.summary}</dd>
        }
      })()}
    </>
  );
}
```

정의한 함수를 그 자리에서 즉시 실행하기 때문에 즉시 함수라고 한다(의사적으로 임베딩한다고 한 것도 임베딩하는 것은 어디까지나 'JSX 식을 반환하는 함수'였기 때문이다).

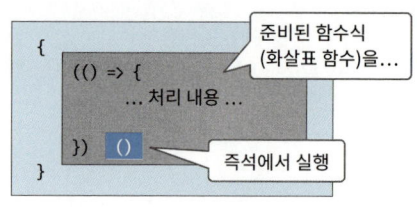

▲ 즉시 함수란?

if 문 앞뒤의 코드(푸른색으로 표시한 부분)가 중복되지만, 일종의 구분 기호로 기억해두면 좋을 것이다. 다만, 굳이 즐겨 사용하는 구문이 아니라 일반적으로 다음에서 소개할 ?:, && 등의 연산자를 사용하는 것이 더 정직하다. 또한, 더 복잡한 분기를 표현하고 싶다면 애초에 컴포넌트로 잘라내야 한다.

'?:', '&&' 연산자

if 문은 자유도가 높은 구문이긴 하지만, 중복되는 경향이 있다. 간단한 분기라면 조건부 연산자(?:)를 사용하는 코드가 더 간단할 것이다.

예제 코드 3-2-15 ForItem.js

```
export default function ForItem({ book }) {
  return (
    <>
      <dt>
        <a href={`https://wikibook.co.kr/images/cover/s/${book.isbn}.jpg`}>
          {book.title} ({book.price}원)
        </a>
      </dt>
      <dd>
        {book.summary}
        {book.download ? <Download isbn={book.isbn} /> : null}
      </dd>
    </>
  );
}
```

{…}에 직접 수식을 전달할 수 있어 훨씬 간단해졌다. 이처럼 식의 진위 여부에 따라 간단한 리액트 요소나 문자열을 삽입하고 싶을 때 유용한 구문이다.

참고로 null은 '출력이 없다'는 의미다. 식이 true인 경우에만 출력하고 싶다면 '&&' 연산자를 사용해도 된다. 다음은 예제 코드 3-2-15의 푸른색으로 표시된 부분을 다시 작성한 코드다.

```
{book.download && <Download isbn={book.isbn} />}
```

마찬가지로 식이 false인 경우에만 출력하고 싶다면 '||' 연산자를 사용한다. 예를 들어 다음 예시에서는 download 프로퍼티가 false인 경우에만 '×'를 출력한다.

```
{book.download || 'x' }
```

보충: 단축 평가

위와 같은 코드가 동작하는 것은 '&&', '||'가 단축 평가의 성격을 가지고 있기 때문이다. 예를 들어 '&&' 연산자라면 왼쪽 식이 false이면 오른쪽 식이 true/false 중 어느 쪽이든 식 전체가 false가 된다. 따라서 왼쪽 식이 false인 시점에서는 오른쪽 식이 평가되지 않는다.

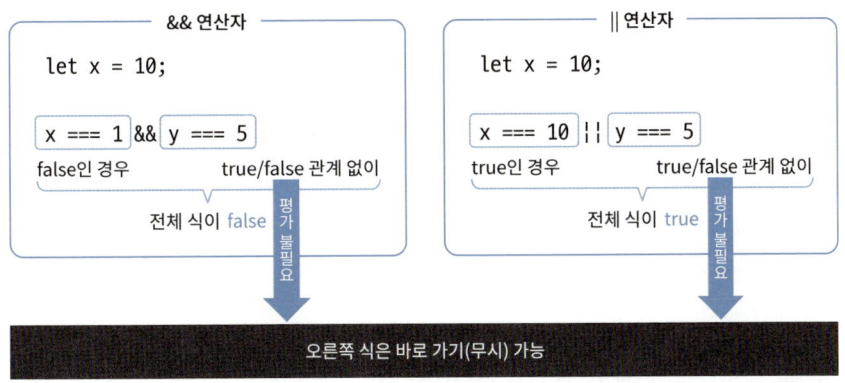

▲ 단축 평가

이것이 바로 단축 평가의 의미다('||' 연산자도 마찬가지이며, 왼쪽 식이 true인 경우 오른쪽 식은 평가되지 않는다).

위의 성질과 연산 결과를 정리하면 다음과 같다. 논리 연산자의 반환값은 마지막으로 평가된 식(왼쪽 식 또는 오른쪽 식의 값)이 된다.

true && expression	⇒ expression
false && expression	⇒ false
true || expression	⇒ true
false || expression	⇒ expression

2-3-2항에서도 언급했듯이 {…} 식에서는 부울 값이 표시되지 않으므로 결과적으로 오른쪽 식이 평가된 경우에만 출력된다.

그 특성상 예를 들어 다음과 같은 분기는 의도한 대로 동작하지 않는다는 점에 유의해야 한다.

```
<p>{books.length && `${books.length} 건에 대한 데이터가 있다. `}</p>
```

배열 books에 요소가 하나라도 있는 경우에만 데이터 개수를 표시하는 코드다. 배열이 비어있을 때 books.length의 값(0)은 falsy이므로 언뜻 보기에는 제대로 동작하는 것처럼 보이지만, 이는 불가능하다. 데이터 개수가 0인 경우 '0'(length 프로퍼티의 반환값)이 표시되어 버린다.

이 경우에도 단축 평가는 제대로 작동하지만, 왼쪽 식이 (부울이 아닌) 숫자이기 때문에 {…} 식으로 그대로 표시되어 버리는 것이다. 이를 의도한 대로 동작하게 하려면 다음과 같이 수정한다.

```
<p>{books.length > 0 && `${books.length}건의 데이터가 있다. `}</p>
```

이제 왼쪽 식의 반환값은 부울 값이므로 조건이 거짓인 경우에도 {…}가 false 값을 표시하지 않는다 (=books.length가 0인 경우 아무것도 표시되지 않음). {…} 식에서 단축 평가를 이용하는 경우, 조건식은 부울 값을 올바르게 반환하도록 해야 한다는 것을 기억하자.

3-2-3 보충: 스타일 선택적으로 적용하기

2-3-4항에서도 언급했듯이 요소에 스타일을 적용하는 것은 className 속성이 기본이다. 스타일 정보를 .css 파일로 잘라내면 스타일 적용이 더 쉬워지고, 특정 스타일을 전환하는 것도 ?:/&& 연산자로 쉽게 구현할 수 있다.

구체적인 예시를 살펴보자. 다음은 mode 속성의 값(light/dark)에 따라 박스의 표시 스타일을 변경하는 SelectStyle 컴포넌트의 예시다.

예제 코드 3-2-16 SelectStyle.js

```js
import './SelectStyle.css';

export default function SelectStyle({ mode }) {
  return (
    // mode 속성에 따라 스타일 클래스 전환
    <div className={`box ${mode === 'light' ? 'light' : 'dark'}`}>
      Hello World!
    </div>
  );
}
```

예제 코드 3-2-17 SelectStyle.css

```css
.box {
  display: block;
  height: 200px;
  width: 200px;
  overflow: auto;
  margin: 50px;
  padding: 10px;
}

.light {
  color: black;
  background-color: skyblue;
  border: 5px solid blue;
}

.dark {
  color: white;
  background-color: black;
  border: 5px solid gray;
}
```

예제 코드 3-2-18 index.js

```js
import SelectStyle from './chap03/SelectStyle';
... 중략 ...
root.render(
```

```
    <SelectStyle mode="light" />
);
```

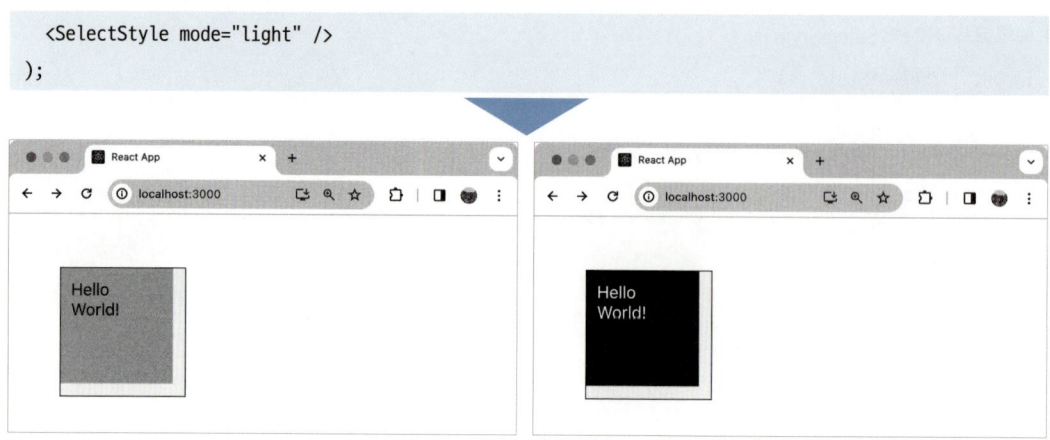

▲ mode 속성 값에 따라 스타일이 변경됨 (왼쪽: light, 오른쪽: dark인 경우)

?: 연산자에서 mode 속성이 light이면 light 스타일 클래스를, 그렇지 않으면 dark 스타일 클래스를 선택하는 것이다.

이 예제에서는 고정 스타일로 box를 지정했기 때문에 {…} 식 안에 템플릿 문자열이 있고, 식 안에 ${…}가 있어 복잡해 보이지만, 이해하기 어렵다면 최종적으로 'box light …'와 같이 공백으로 구분된 문자열을 포맷하고 있다는 결과를 통해 이해하려고 해 보자.[15]

```
JSX 내장형
  템플릿 문자열
                템플릿 문자열 임베디드 방식
                   조건 연산자
{ `box ${   mode === 'light' ? 'light' : 'dark'   } ` }
```

▲ className 속성 조립

물론 선택 공식만 있어도 충분하다면 다음과 같이 하면 된다.

```
<div className={mode === 'light' ? 'light' : 'dark'}>
```

특정 조건에 따라 스타일을 적용하기만 하면 다음과 같이 표현할 수도 있다. 다음은 mode 속성이 light가 아니면 dark 스타일을 적용한다는 의미다.

---

15 어렵게 느껴진다면 바깥쪽 괄호부터 순서대로 읽어보자.

```jsx
<div className={(mode !== 'light') && 'dark'}>
```

classnames 라이브러리 활용

className 속성에 대한 스타일 지정은 매우 간단하지만, '고정 스타일과 선택 스타일이 혼재된 경우', '선택해야 할 스타일이 여러 개에 걸쳐 있는 경우'에는 {…} 표현식이 복잡해지기 쉽다는 문제가 있다.

이러한 번거로움을 피하기 위해 classnames라는 라이브러리를 도입하는 것이 좋으며, classnames 라이브러리는 터미널에서 다음 명령어로 설치할 수 있다.

```
> npm install classnames ↵
```

- classnames
  URL https://github.com/JedWatson/classnames

이제 classnames 라이브러리를 사용하여 예제 코드 3-2-16을 다시 작성해 보자.

예제 코드 3-2-19 SelectStyle.js
```jsx
import './SelectStyle.css';
import cn from 'classnames';

export default function SelectStyle({ mode }) {
  return (
    <div className={cn('box', mode === 'light' ? 'light' : 'dark')}>
      Hello World!
    </div>
  );
}
```

classnames 라이브러리에서 가져온 cn 함수[16]에 적용할 스타일 클래스 이름을 나열하기만 하면 된다. 공백으로 구분된 문자열을 정형화하는 것에 비해 공백이 빠지는 등의 문제가 발생하지 않아 코드를 작성하기가 훨씬 수월해졌다.

또한, 문자열과 객체를 혼합한 다음과 같은 서술도 가능하다.

---

16 기본 이름은 classnames지만, 호출의 편의성을 우선시하여 줄여서 부르는 이름이다.

```
<div className={cn(
  'box',
  {
    light: mode === 'light',
    dark: mode === 'dark'
  }
)}>
```

객체는 '스타일명: boolean 값' 형식으로 표현하여, 값이 true인 스타일만 적용한다는 의미다. 여러 스타일을 각각 분기별로 켜고 끌 때 유용한 구문이다.[17]

또는 다음과 같이 문자열/배열/객체의 혼합도 가능하다.

```
<div className={cn(
  'box',
  [
    'panel',
    {
      light: mode === 'light',
      dark: mode === 'dark'
    }
  ]
)}>
```

이 예시에서는 중첩된 배열이 평탄화되어 'box panel light'와 같은 속성 값이 생성된다.

이처럼 classnames 라이브러리를 이용하면 className 값 생성의 표현력이 향상되므로 className 속성의 분기로 인해 코드가 복잡해졌다고 생각되면 도입을 고려해볼 수 있다.

---

[17] 객체라는 것은 산출 프로퍼티명(1-3-2항)의 구문을 사용하여 프로퍼티명, 즉 스타일명을 동적으로 생성할 수도 있다.

3.3 Props/State에 대한 이해도 높이기

컴포넌트에 대한 기본 지식이 어느 정도 정리됐다면, 이제부터는 Props/State, 이벤트 처리와 관련된 좀 더 자세한 내용을 다뤄 보겠다. 먼저 Props/State부터 시작하자.

3-3-1 컴포넌트의 하위 콘텐츠를 템플릿에 반영하기

3-1-2항에서는 props.attr에서 호출자 요소의 속성 값을 참조하는 방법을 배웠다. 하지만 props. children 프로퍼티를 사용하여 호출자 요소의 하위 콘텐츠를 가져오는 것도 가능하다.

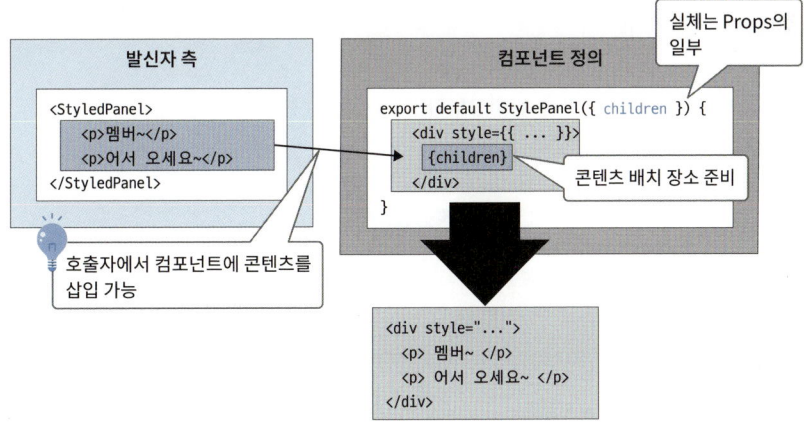

▲ 자식 요소의 반영 (children)

속성의 특성상 여러 줄에 걸친 텍스트를 지정하기에는 적합하지 않다. 그런 정보를 묶어서 지정하려면 요소 본체(=하위 콘텐츠)로 넘겨주는 것이 좋다.

예를 들어, 다음은 하위 콘텐츠를 정해진 스타일로 표시하는 StyledPanel 컴포넌트의 예시다.

| 예제 코드 3-3-1 StyledPanel.js

```
export default function StyledPanel({ children }) {
  return (
    <div style={{
      margin: 50,
      padding: 20,
      border: '1px solid #000',
```

```
      width: 'fit-content',
      boxShadow: '10px 5px 5px #999',
      backgroundColor: '#fff'
    }}>
      {children}
    </div>
  );
}
```

예제 코드 3-3-2 index.js

```
import StyledPanel from './chap03/StyledPanel';
... 중략 ...
root.render(
  <StyledPanel>
    <p>회원 모집 중!</p>
    <p>위키북스 프로젝트에 오신 것을 환영합니다！！</p>
  </StyledPanel>
);
```

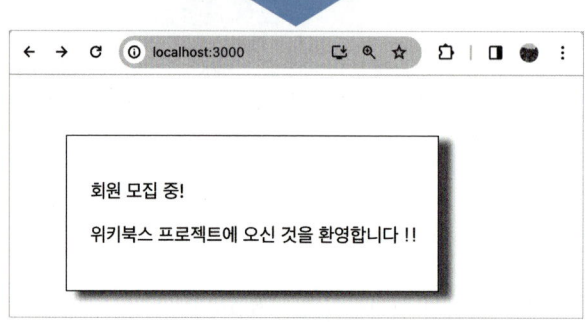

▲ 자식 요소에 스타일 적용

다음과 같은 HTML이 생성된다.

```
<div style="margin: 50px; padding: 20px; border: 1px solid rgb(0, 0, 0); width: fitcontent; box-shadow: rgb(153, 153, 153) 10px 5px 5px; background-color: rgb(255, 255, 255);">
  <p> 회원 모집 중!</p>
  <p>위키북스 프로젝트에 오신 것을 환영합니다！！</p>
</div>
```

children 프로퍼티의 실체는 하위 콘텐츠를 나타내는 JSX 요소의 배열이다. 하지만 그냥 그대로 출력만 하면 배열이라는 것을 의식하지 않아도 된다(3-2-1항에서도 언급했다). 코드의 푸른색으로 표시된 부분처럼 { children }으로 하면 충분하다.

참고로 예제 코드 3-3-2의 예시에서는 표준 HTML 문자열을 전달했지만, 리액트 컴포넌트를 지정해도 (물론) 무방하다.

```
root.render(
  <StyledPanel>
    <MyHello myName="홍길동" />
  </StyledPanel>
);
```

3-3-2 여러 children 넘겨주기

좀 더 복잡한 컴포넌트에서는 여러 개의 자식을 받고 싶을 수도 있다. 예를 들어, 다음은 앞서 설명한 StyledPanel 컴포넌트를 제목/본문으로 나눈 TitledPanel의 예시다.

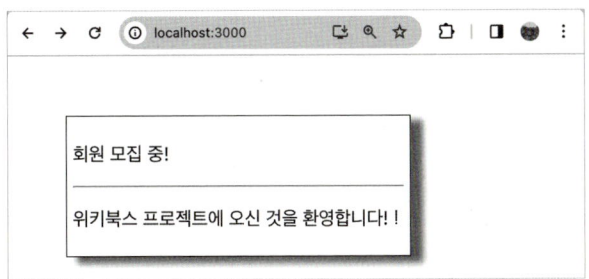

▲ 제목/본문 각각에 콘텐츠를 반영할 수 있는 패널

결론부터 말하자면, 리액트는 여러 children을 구분하는 구조를 표준으로 가지고 있지 않다. 단지 하위 콘텐츠 전체를 '리액트 요소의 배열'로 취급할 뿐이다. 따라서 여러 개의 콘텐츠를 갖고자 하는 경우, 앱 측에서 약간의 공부를 해야 한다. 다음에서는 그 구체적인 방법을 몇 가지 소개한다.

Props 활용하기

먼저 간단한 방법은 애초에 Props를 이용하는 방법이다. 이번 예시의 경우 〈TitledPanel〉 요소에 title/body 속성을 전달하게 한다.

예제 코드 3-3-3 TitledPanel.js

```js
export default function TitledPanel({ title, body }) {
  return (
    <div style={{
      margin: 50,
      padding: 5,
      border: '1px solid #000',
      width: 'fit-content',
      boxShadow: '10px 5px 5px #999',
      backgroundColor: '#fff'
    }}>
      {title}
      <hr />
      {body}
    </div>
  );
}
```

예제 코드 3-3-4 index.js

```js
import TitledPanel from './chap03/TitledPanel';
... 중략 ...
root.render(<TitledPanel
  title={
    <p>회원 모집 중!</p>
  }
  body={
    <p>위키북스 프로젝트에 오신 것을 환영합니다!!</p>
  }>
</TitledPanel>
);
```

{…} 식에서는 줄바꿈이 자유롭기 때문에 JSX 식을 삽입하는 것이다(코드의 푸른색으로 표시된 부분). 속성 값이 여러 줄에 걸쳐 있는 것이 보기에 좋지 않을 수도 있지만, 예제 코드 3-3-4와 같이 {…} 앞뒤에 줄바꿈을 추가하면 보기에 크게 나쁘지 않을 것이다.

좀 더 복잡한 콘텐츠를 전달하고 싶다면 애초에 속성 값을 변수로 잘라내어 전달해도 상관없다.

예제 코드 3-3-5 index.js

```
const title = <p>회원 모집 중!</p>;
const body = <p>위키북스 프로젝트에 오신 것을 환영합니다!!</p>;
root.render(
  <TitledPanel title={title} body={body}></TitledPanel>
);
```

children에서 원하는 요소를 추출

children(배열)에서 key 속성을 키로 하여 원하는 요소를 꺼낼 수도 있다.

예제 코드 3-3-6 TitledPanel.js

```
// key 속성이 title/body인 요소를 가져온다.
export default function TitledPanel({ children }) {
  const title = children.find(elem => elem.key === 'title');   ❶
  const body = children.find(elem => elem.key === 'body')

  return (
    <div style={{
      margin: 50,
      padding: 5,
      border: '1px solid #000',
      width: 'fit-content',
      boxShadow: '10px 5px 5px #999',
      backgroundColor: '#fff'
    }}>
      {title}        ❷
      <hr />
      {body}         ❸
    </div>
  );
}
```

예제 코드 3-3-7 index.js

```
root.render(
  <TitledPanel>
    <p key="title">회원 모집 중!</p>
    <p key="body">위키북스 프로젝트에 오신 것을 환영합니다!!</p>
```

```
      </TitledPanel>
    );
```

핵심은 ❶ 부분이다. children은 JSX 배열이므로 Array#find 메서드를 사용할 수 있는데, find는 배열을 스캔하여 지정된 콜백 함수가 true를 반환하는 요소를 검색하는 메서드다. 이 예시에서는 개별 요소(element)의 key 속성이 각각 title, body인 요소를 검색 & 가져온다.

원하는 요소를 얻었으면 이제부터는 지금까지와 마찬가지로 템플릿에 삽입하기만 하면 된다(❷, ❸).

검색 코드가 중복되는 것처럼 느껴지기도 하지만 정형화되어 있고 children이 그렇게 많이 커지지 않을 것이기 때문에 개인적으로는 권장하는 표기법이다(호출자에게 특별한 표기법을 강요하지 않는 것도 좋은 점이다).

3-3-3 children에 대한 매개변수 전달하기

props.children 프로퍼티가 나타내는 콘텐츠는 호출자 범위일 뿐, 컴포넌트 하위의 정보에는 접근할 수 없다.

예를 들어 다음의 ListTemplate 컴포넌트는 3-2-1항의 ForList 컴포넌트를 수정한 것으로, 배열 books를 출력할 때 템플릿을 호출자에서 지정할 수 있게 하기 위한 것이다. 하지만 제대로 동작하지 않는다.

| 예제 코드 3-3-8 ListTemplate.js ❶

```
import React from 'react';

export default function ListTemplate({ src, children }) {
  return (
    <dl>
      {src.map(elem => (
        <React.Fragment key={elem.isbn}>
          {children}
        </React.Fragment>
      ))}
    </dl>
  );
}
```

예제 코드 3-3-9 index.js ❶

```js
import books from './chap03/books';
... 중략 ...
import ListTemplate from './chap03/ListTemplate';
... 중략 ...
root.render(
  <ListTemplate src={books}>
  { elem => (
    <>
      <dt>
        <a href={`https://wikibook.co.kr/images/cover/s/${elem.isbn}.jpg`}>
          {elem.title} ({elem.price}원)
        </a>
      </dt>
      <dd>{elem.summary}</dd>
    </>
  )}
  </ListTemplate>
);
```

코드의 푸른색으로 표시된 부분에서 참조되는 element가 호출자 스코프에서 정의되지 않은(=컴포넌트 측의 map 메서드에서 정의된) 변수이기 때문이다. 이런 경우에는 예제 코드 3-3-8, 3-3-9를 다음과 같이 수정한다(수정 부분은 푸른색으로 표시한 부분).

예제 코드 3-3-10 ListTemplate.js

```js
export default function ListTemplate({ src, children }) {
  return (
    <dl>
      {src.map(elem => (
        <React.Fragment key={elem.isbn}>
          {children(elem)}             ❷
        </React.Fragment>
      ))}
    </dl>
  );
}
```

예제 코드 3-3-11 index.js

```
root.render(
  <ListTemplate src={books}>
    {elem => (
      <>
        <dt>
          <a href={`https://wikibook.co.kr/images/cover/s/${elem.isbn}.jpg`}>
            {elem.title} ({elem.price}원)
          </a>
        </dt>
        <dd>{elem.summary}</dd>
      </>
    )}
  </ListTemplate>
);
```

❶

호출자 하위의 템플릿을 '템플릿을 반환하는 함수'로 만들어 버리는 것이다(❶). 함수이므로 인수를 전달하는 것도 자유롭다. 이 예시에서는 map 메서드에서 가져온 배열 요소를 전달하여(❷) 템플릿에서 개별 요소(도서 정보)를 참조할 수 있게 하고 있다.

샘플을 실행하여 3-2-1항과 동일한 결과를 얻을 수 있는지 확인한다.

보충: 렌더 프롭(Render Props)

예제 코드 3-3-10, 3-3-11의 예시에서는 요소 본체로 렌더링(render)을 위한 함수를 전달하고 있지만, 물론 속성으로 전달해도 무방하다.

예제 코드 3-3-12 ListTemplate.js

```
export default function ListTemplate({ src, render }) {
  return (
    <dl>
      {src.map(elem => (
        <React.Fragment key={elem.isbn}>
          {render(elem)}
        </React.Fragment>
      ))}
    </dl>
  );
}
```

| 예제 코드 3-3-13 index.js

```
root.render(
  // render 속성으로 렌더 함수를 전달한다.
  <ListTemplate src={books} render={ elem => (
    <>
      <dt>
        <a href={`https://wikibook.co.kr/images/cover/s/${elem.isbn}.jpg`}>
          {elem.title} ({elem.price}원)
        </a>
      </dt>
      <dd>{elem.summary}</dd>
    </>
  )}/>
);
```

내용이 바뀌었을 뿐, 특별히 언급할 만한 사항은 없다.

또한, child/프로퍼티에 관계 없이 렌더링을 위한 기능을 나타내는 Props를 총칭하여 렌더 프롭(Render Props)이라고 한다. 렌더 프롭을 이용하면 데이터 수집, 연산과 같은 공통적인 기능만 컴포넌트 측에서 정의해두고, 렌더링 방법은 사용자가 자유롭게 결정할 수 있다. 컴포넌트 간 코드 공유를 위한 정석으로 자주 등장하니 기억해 두자.

3-3-4 프로퍼티 타입 검증(PropTypes)

여러분도 알다시피 자바스크립트는 변수/인수에 타입이 없는 언어다. 따라서 문자열을 대입한 변수에 숫자를 다시 대입할 수도 있고, 배열을 인수로 받는 함수에 문자열을 전달해도 그 자체로는 에러가 발생하지 않는다.

하지만 일반적으로 의도하지 않은 타입의 값으로 앱이 정상적으로 동작하는 경우는 드물고, 대부분 어떤 형태로든 오류를 발생시킨다. 명확하게 오류를 알려주는 경우는 그나마 나은 편이지만, 때로는 묵묵부답으로 잘못된 결과를 반환하는 경우도 있다.

물론 이러한 문제를 피하기 위해 앱에서 개별적으로 다입을 체크하는 것도 좋지만, 본래의 코드가 묻히는 원인이 되기도 하고, 복잡한 앱에서는 체크 누락이 발생하기 쉽다.

타입 체크를 위한 구조

따라서 본격적인 앱 개발에서는 어떤 식으로든 타입 체크 구조를 도입하는 것이 무난하다. 리액트 세계에서 자주 사용되는 라이브러리/언어는 다음 표와 같다.

▼ 타입 체크를 위한 라이브러리/언어

라이브러리/언어	개요
TypeScript	altJS의 일종. 타입 선언을 가능하게 한 자바스크립트 같은 것
Flow	범용 타입 검사기. 변수, 함수, 리액트 컴포넌트 등에 타입 정보를 추가할 수 있는 수단을 제공한다. 타입 불일치는 빌드 시 알림
PropTypes	리액트 컴포넌트의 프로퍼티에 타입 정보를 추가하기 위한 라이브러리다. 타입 불일치는 실행 시 알림

언어 자체를 선택할 수 있는 환경이라면 타입스크립트(TypeScript)가 가장 범용적인 솔루션이다. 프로퍼티 값에 관계 없이 앱에서 다루는 광범위한 타입을 정적으로 검사할 수 있다. 타입스크립트에 대해서는 10장에서 다시 한번 설명한다.

Flow는 보다 단순한 타입 검사기다. 나중에 통합하기 쉽다는 장점도 있지만, 필자는 개인적으로 Flow를 새롭게 고려하는 것보다는 타입스크립트로 개발하는 것을 고려하는 것이 좋으며, 타입스크립트가 타입 표현의 자유도가 높고 기능적으로도 더 뛰어나다는 입장이다.

그리고 PropTypes는 프로퍼티의 타입 검사에 특화된 라이브러리다. 범위가 한정적인 만큼 학습 부담도 적고, 우선 컴포넌트에서 프로퍼티(Props)의 스펙을 명확히 할 목적이라면 쉽게 도입할 수 있다. 다시 한번 강조하지만, 현재는 타입 검사를 위해서는 타입스크립트를 우선적으로 사용해야 한다. 하지만 여기서는 기존에 많이 사용되어 왔던 간단한 라이브러리라는 의미에서 우선 PropTypes를 이용한 타입 검사 방법에 대해 소개하고자 한다.

PropTypes 설치 방법

PropTypes는 원래 리액트 본체에 내장되어 있었으나, 리액트 15.5에서 외부 라이브러리로 분리되었다. 따라서 사용하려면 터미널에서 다음 명령어를 실행하여 명시적으로 내장해야 한다.

```
> npm install prop-types
```

PropTypes의 기본

이제 바로 PropTypes를 사용하여 3-1-2항의 MyHello 컴포넌트를 수정해 보겠다. myName 속성은 문자열 타입이며, 필수로 설정해야 한다.

예제 코드 3-3-14 MyHello.js

```
// PropTypes 가져오기
import PropTypes from 'prop-types';        ①

function MyHello(props) {
  return (
    <div>안녕하세요, {props.myName}님!</div>
  );
}

// 타입 정보 선언
MyHello.propTypes = {
  myName: PropTypes.string.isRequired       ②
};

export default MyHello;                     ③
```

PropTypes를 사용할 때 지켜야 할 최소한의 규칙은 다음과 같다.

① prop-types 모듈을 미리 가져와야 한다.
② '컴포넌트명.propTypes'에 대해 '프로퍼티명: 타입 정보' 형식으로 타입 정의를 전달해야 한다.
③ 유형 정의는 export 선언보다 먼저 이루어져야 한다.

③의 규칙을 통해 함수 본체와 export 선언을 분리하고 있는 점에 주목해야 한다.

타입 정보는 우선 'PropTypes.타입명'이 기본이다. 사용할 수 있는 타입은 다음 표를 참고한다. 여기에 '.isRequired'를 부여하여 해당 프로퍼티가 필수임을 나타낸다.

▼ 주요 타입 정보

타입	개요
PropTypes.string	문자열형
PropTypes.symbol	기호형
PropTypes.number	수치형
PropTypes.bool	진위형

타입	개요
PropTypes.array	배열(요소의 종류는 임의)
PropTypes.object	객체형(요소 유형은 임의)
PropTypes.func	함수형
PropTypes.element	React 요소
PropTypes.node	element, number, string, array 중 하나
PropTypes.any	임의의 유형

표의 element, node는 (자바스크립트 네이티브 타입이 아닌) PropTypes 고유의 타입이다. 컴포넌트 하위의 자식 요소(children)를 이용하는 경우에는 node를 지정하는 것이 편리하다.

위의 내용을 이해했다면 실제로 컴포넌트를 호출해 보자.

예제 코드 3-3-15 index.js

```
root.render(
  <MyHello />
);
```

필수로 취급되는 myName 속성이 지정되지 않았기 때문에 'Warning: Failed prop type: The prop `myName` is marked as required in `MyHello`, but its value is `undefined`'와 같은 경고가 발생한다.

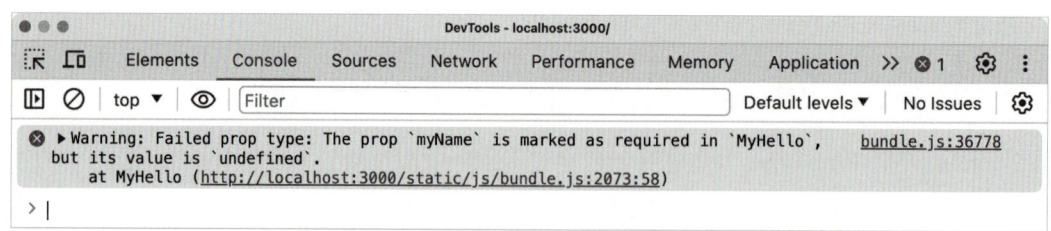

▲ PropTypes에 의한 타입 오류

PropTypes의 특수 데이터 유형

앞 절에서 설명한 것 외에도 PropTypes에서는 다음과 같은 타입을 사용할 수 있다. 각각의 타입 위반을 확인하려면 배포된 샘플의 index.js에서 잘못된 값을 전달한 코드를 활성화하고 실행해 보라(배포된 샘플에서는 에러가 되는 코드를 주석 처리해 놓았다).

(1) PropTypes.instanceOf

값이 지정된 타입의 인스턴스임을 의미한다.

예제 코드 3-3-16 TypeProp.js

```js
import PropTypes from 'prop-types';

export function Member() {}
function TypeProp(props) {
  console.log(props);
  return <p>결과는 콘솔에서 확인하기 바란다.</p>;
}

TypeProp.propTypes = {
  // Member형 프로퍼티
  prop1: PropTypes.instanceOf(Member),
};

export default TypeProp;
```

예제 코드 3-3-17 index.js

```js
import TypeProp, { Member } from './chap03/TypeProp';
... 중략 ...
root.render(
  // 올바른 예
  // <TypeProp prop1={new Member()} />
  // 잘못된 예
  <TypeProp prop1="foo" />
);
// 결과: Warning: Failed prop type: Invalid prop `prop1` of type `String` supplied to `TypeProp`,
expected instance of `Member`.
```

(2) PropTypes.oneOf

값이 지정된 열거된 값 중 하나임을 의미한다.

예제 코드 3-3-18 TypeProp.js

```js
TypeProp.propTypes = {
  ... 중략 ...
```

```
  // 남성, 여성, 기타 중 하나
  prop2: PropTypes.oneOf(['남성', '여성', '기타']),
    ... 중략 ...
};
```

| 예제 코드 3-3-19 index.js

```
root.render(
  // 올바른 예
  // <TypeProp prop2="남성" />
  // 잘못된 예
  <TypeProp prop2="foo" />
);
// 결과: Warning: Failed prop type: Invalid prop `prop2` of value `foo` supplied to `TypeProp`,
expected one of ["남성","여성","기타"].
```

(3) PropTypes.oneOfType

값이 지정된 타입 중 하나라는 것을 의미한다. 지정할 수 있는 것은 PropTypes.number와 같은 기본 타입이다.

| 예제 코드 3-3-20 TypeProp.js

```
TypeProp.propTypes = {
  ... 중략 ...
  // 문자열, 숫자, 부울 값 중 선택 가능
  prop3: PropTypes.oneOfType([
    PropTypes.string,
    PropTypes.number,
    PropTypes.bool,
  ]),
  ... 중략 ...
};
```

| 예제 코드 3-3-21 index.js

```
root.render(
  // 올바른 예
  // <TypeProp prop3="홍길동" />
  // 잘못된 예
```

```
    <TypeProp prop3={new Member()} />
);
// 결과: Warning: Failed prop type: Invalid prop `prop3` supplied to `TypeProp`, expected one of
type [string, number, boolean].
```

(4) PropTypes.arrayOf

array 타입과 비슷하지만, 배열 내 요소 타입을 지정할 수 있는 타입이다.

예제 코드 3-3-22 TypeProp.js

```
TypeProp.propTypes = {
    ... 중략 ...
    // 숫자형 배열
    prop4: PropTypes.arrayOf(PropTypes.number),
    ... 중략 ...
};
```

예제 코드 3-3-23 index.js

```
root.render(
    // 올바른 예
    // <TypeProp prop4={[15, 30]} />
    // 잘못된 예
    <TypeProp prop4={[333, '홍길동']} />
);
// 결과: Warning: Failed prop type: Invalid prop `prop4[1]` of type `string` supplied to
`TypeProp`, expected `number`.
```

(5) ProtoTypes.objectOf

object 타입과 비슷하지만, 하위 속성 타입을 일률적으로 지정할 수 있는 타입이다. 주로 객체를 연관 배열로 이용할 때 사용한다.

예제 코드 3-3-24 TypeProp.js

```
TypeProp.propTypes = {
    ... 중략 ...
    // 숫자형 객체
```

```
    prop5: PropTypes.objectOf(PropTypes.number),
    ... 중략 ...
};
```

예제 코드 3-3-25 index.js

```
root.render(
    // 올바른 예
    // <TypeProp prop5={{ '홍길동': 15, '이순신': 30 }} />
    // 잘못된 예
    <TypeProp prop5={{ '홍길동': 15, '이순신': '삼십' }} />
);
// 결과: Warning: Failed prop type: Invalid prop `prop5.이순신` of type `string` supplied to
`TypeProp`, expected `number`.
```

(6) PropTypes.shape

(5)의 objectOf 메서드는 하위 프로퍼티가 동일한 타입인 경우에만 사용할 수 있다. 프로퍼티 개별적으로 타입을 설정하려면 shape 메서드를 사용해야 한다.

예제 코드 3-3-26 TypeProp.js

```
TypeProp.propTypes = {
    ... 중략 ...
    // name, age, sex 프로퍼티를 가진 객체
    prop6: PropTypes.shape({
        name: PropTypes.string.isRequired,
        age: PropTypes.number,
        sex: PropTypes.oneOf(['남성', '여성', '기타']),
    }),
    ... 중략 ...
};
```

예제 코드 3-3-27 index.js

```
root.render(
    // 올바른 예
    // <TypeProp prop6={{ name: '홍길동', age: 35, sex: '남성', blood: 'A' }} />
    // 잘못된 예
    <TypeProp prop6={{ age: 35, sex: '남성' }} />
```

```
);
// 결과: Warning: Failed prop type: The prop `prop6.name` is marked as required in `TypeProp`,
but its value is `undefined`.
```

(7) PropTypes.exact

(6)의 shape 메서드는 최소한의 지정된 속성을 가지고 있는지 판단할 뿐, 그 외에는 임의의 속성을 가지는 것을 금지하지 않는다. 엄격하게 지정한 속성(타입)과 일치하는지 확인하고 싶다면 exact 메서드를 이용한다.

용법은 shape 메서드와 동일하므로 예제 코드 3-3-26의 푸른색으로 표시된 부분을 exact 메서드로 바꾸고 '올바른 예시'에서 결과를 확인해 보자. shape 메서드에서 올바른 예시도 exact 메서드에서는 정의되지 않은 blood 속성을 포함하고 있으므로 'Warning: Failed prop type: Invalid prop `prop7` key `blood` supplied to `TypeProp`'과 같은 경고가 발생한다.

3-3-5 State 값 업데이트를 위한 두 가지 구문

다음은 3-1-4항에서 소개한 카운터 앱을 다시 정리한 것이다. 단, 푸른색 글씨 부분을 추가했다.

| 예제 코드 3-3-28 StateBasic.js

```
import { useState } from 'react';

export default function StateBasic({ init }) {
  const [count, setCount] = useState(init);
  // [카운트] 버튼 클릭 시 카운트 값을 증가시킨다.
  const handleClick = () => {
    setCount(count + 1);         ————❶
    setCount(count + 1);         ————❷
  };

  return (
    <>
      <button onClick={handleClick}>카운트</button>
      <p>{count}번 클릭했습니다.</p>
    </>
  );
}
```

이벤트 핸들러에서 setCount 함수를 두 번 호출하고 있기 때문에 [카운트] 버튼을 클릭할 때마다 카운터가 2씩 늘어날 것 같지만 실제로는 그렇지 않다.

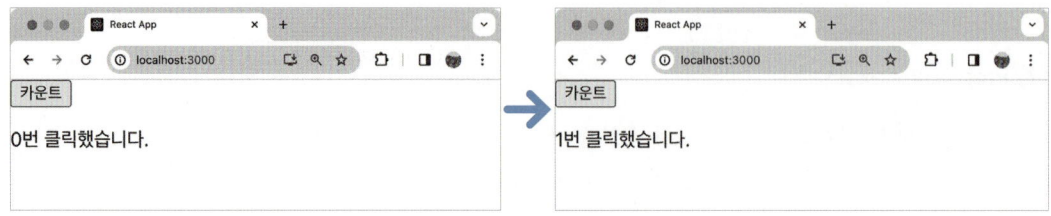

▲ setCount 함수를 두 번 호출해도 1씩 카운트업된다

setCount 함수의 호출 횟수와 상관없이 카운터는 1씩만 변한다. 이상하게 보일 수 있지만, 그 이유는 리액트에서 State를 갱신하는 방식에 있다. 리액트에서는

  State를 비동기적으로 업데이트

한다. 구체적으로 State에 새로운 값이 반영되는 것은 이벤트 핸들러가 끝난 후다(State 값이 다시 그려지기 전까지는 State 값이 변경되지 않는다). 따라서 ❶ → ❷ 사이에는 count 값이 변하지 않는다. 같은 값에 1을 더하기 때문에 몇 번을 더해도 한 번 더한 것과 같은 결과가 나온다.

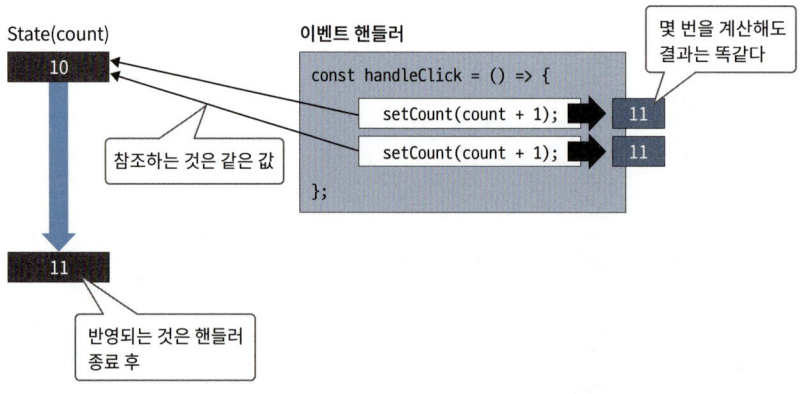

▲ State 업데이트 시기

그렇다면 항상 새로운 값으로 연산하려면 어떻게 해야 할까? 그러기 위해서는 setXxxxx 함수에 함수형 인수를 전달하면 된다.

구문 _ setXxxxx 함수 (함수 타입)

```
setXxxxx(state => statements)
```

state   : 현재 State 값
statements : 업데이트를 위한 수식

인수 state에 전달되는 State 값은 그때그때의 최신 값으로 보장된다. 따라서 앞에서와 같은 문제를 해결할 수 있다.

예제 코드 3-3-28의 ❶, ❷를 수정하여 실제 동작을 시험해 보자.

```
const handleClick = () => {
  setCount(c => c + 1);
  setCount(c => c + 1);
};
```

▲ 클릭 한 번으로 카운트 값이 2 증가

문제가 발생하는 상황은 제한적이지만, 업데이트 타이밍을 의식하며 코드를 작성하는 것은 무익한 일이다. 현재 값을 기반으로 업데이트하는 문맥에서는 우선 함수형 구문을 사용하는 것이 바람직하다. 이 책에서도 이후의 코드에서는 그렇게 작성할 것이다.

3-3-6 자식 컴포넌트에서 부모 컴포넌트로의 정보 전달

부모 컴포넌트에서 자식 컴포넌트에게 정보를 전달하기 위해 Props를 사용했다. 반면, 자식 컴포넌트에서 부모 컴포넌트로 정보를 전달할 때는 State를 사용한다. 자식 컴포넌트에서 부모 컴포넌트의 State를 업데이트하여 정보를 전달한다.

예를 들어 다음은 간단한 카운터 앱으로, [1] [5] [-1] 버튼을 클릭하면 버튼의 값에 따라 페이지 상단의 카운터가 변경된다.

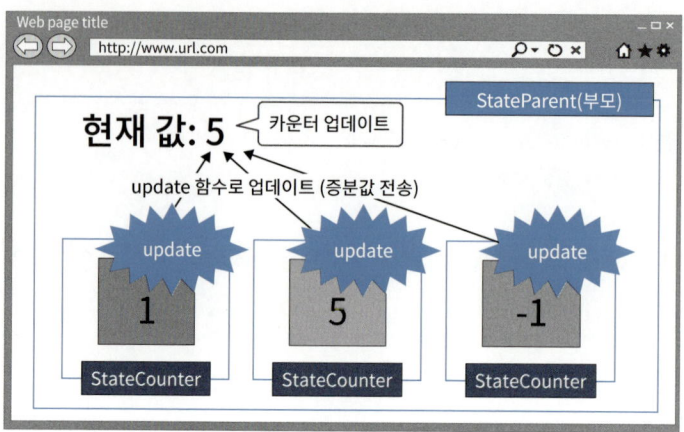

▲ 카운터 앱

StateParent 컴포넌트 아래에 3개의 StateCounter 컴포넌트가 배치된 구조로, StateCounter 컴포넌트는 카운트 업을 위한 버튼만 제공하고, 카운트 값 자체는 상위 컴포넌트(StateParent)가 중앙에서 관리한다.

예제 코드 3-3-29 StateParent.js

```js
import { useState } from 'react';
import StateCounter from './StateCounter';

export default function StateParent() {
  // 카운트 합계를 나타내는 count를 초기화
  const [count, setCount] = useState(0);
  // State 값(count)을 갱신하기 위한 update 함수를 준비
  const update = step => setCount(c => c + step);     ────❶
  return (
    <>
      {/* StateCounter 컴포넌트에 update 함수를 전달 */}
      <p>총 개수: {count}</p>
      <StateCounter step={1} onUpdate={update} />
      <StateCounter step={5} onUpdate={update} />     ❷
      <StateCounter step={-1} onUpdate={update} />
    </>
  );
}
```

예제 코드 3-3-30 StateCounter.js

```js
import './StateCounter.css';

export default function StateCounter({ step, onUpdate }) {
  // 버튼 클릭으로 상위 State(count)에 step 값만큼 추가
  const handleClick = () => onUpdate(step);         ──③
  return (
    <button className="cnt" onClick={handleClick}>
      <span>{step}</span>
    </button>
  );
}
```

예제 코드 3-3-31 index.js

```js
import StateParent from './chap03/StateParent';
... 중략 ...
root.render(
  <StateParent />
);
```

핵심은 부모 컴포넌트에서 자신의 State를 업데이트하기 위한 update 함수(①)를 자식 컴포넌트에 전달하고 있다는 점이다(②). 이제 자식 컴포넌트에서는 임의의 타이밍에 update 함수를 호출하여 부모 컴포넌트의 State를 업데이트할 수 있게 된다.

이 예시에서는 자식 컴포넌트 아래 버튼을 클릭한 타이밍에 update 함수(=함수를 저장하고 있는 onUpdate 속성)를 호출하여 부모 컴포넌트의 State(count)를 업데이트한다(③).

3.4 고급 이벤트 처리

리액트에서 이벤트 처리에 대해서는 3-1-3항에서도 다루었다. 이 절에서는 앞서 설명한 내용을 이해하고 있다는 전제하에 이벤트(이벤트 핸들러)에 대해 좀 더 자세히 알아본다.

3-4-1 리액트에서 사용할 수 있는 이벤트

리액트에서 사용할 수 있는 이벤트는 거의 표준 자바스크립트의 이벤트와 비슷하다. 다음 표에 주요 내용을 정리해 놓았다.

▼ 리액트에서 이용할 수 있는 주요 이벤트

분류	이벤트 속성	발생 시기
애니메이션	onAnimationStart	CSS 애니메이션 시작 시
	onAnimationIteration	CSS 애니메이션이 한 바퀴가 끝나고 다음 바퀴가 시작될 때
	onAnimationEnd	CSS 애니메이션 종료 시
클립보드	onCopy	복사 작업 시
	onCut	자르기 작업 시
	onPaste	붙여넣기 작업 시
구성	onCompositionStart	IME가 새로운 변환 세션을 시작할 때
	onCompositionUpdate	IME의 현재 세션에 새로운 문자가 입력될 때
	onCompositionEnd	IME가 현재 세션을 종료/취소할 때
드래그 앤드 드롭	onDragStart	드래그 시작 시
	onDragEnd	드래그 종료 시
	onDragEnter	드래그 요소가 유효한 드롭 영역에 들어갈 때
	onDragLeave	드래그 요소가 유효한 드롭 영역에서 벗어날 때
	onDragOver	드래그 요소가 유효한 드롭 영역으로 드래그될 때(수백 밀리초마다 발생)
	onDrop	드래그 요소가 유효한 드롭 영역에 드래그될 때
포커스	onFocus	요소가 포커스를 얻었을 때
	onBlur	요소가 포커스를 잃었을 때
키보드	onKeyDown	키를 눌렀을 때
	onKeyUp	키를 놓았을 때

분류	이벤트 속성	발생 시기
마우스	onClick	마우스 클릭 시
	onMouseEnter	요소에 마우스 포인터가 들어갔을 때
	onMouseOver	요소에 마우스 포인터가 들어갔을 때
	onMouseDown	마우스 버튼을 눌렀을 때
	onMouseUp	마우스 버튼에서 손을 뗄 때
	onMouseLeave	마우스 포인터가 요소에서 벗어났을 때
	onMouseOut	마우스 포인터가 요소에서 벗어났을 때
기타	onScroll	페이지나 요소를 스크롤할 때
	onWheel	마우스 휠을 회전시킬 때
	onContextMenu	컨텍스트 메뉴를 표시할 때

이 항목에서 모든 이벤트에 대한 예시를 나열할 수는 없지만, 이후 이 책에서 자주 사용하는 것들을 순서대로 소개할 것이다.

마우스의 출입에 따라 이미지 교체

다음은 mouseenter/mouseleave 이벤트를 이용하여 마우스 포인터가 이미지에 들어오고 나가는 타이밍에 이미지를 교체하는 예제다.

| 예제 코드 3-4-1 EventMouse.js

```
import { useState } from 'react';

export default function EventMouse({ beforeSrc, afterSrc, alt }) {
  // 현재 표시 중인 이미지
  const [current, setCurrent] = useState(beforeSrc);
  // mouseover/mouseleave 이벤트 핸들러를 준비
  const handleEnter = () => setCurrent(afterSrc);
  const handleLeave = () => setCurrent(beforeSrc);
  return (
    <img src={current} alt={alt}
      onMouseEnter={handleEnter} onMouseLeave={handleLeave} />
  );
}
```

예제 코드 3-4-2 index.js

```
import EventMouse from './chap03/EventMouse';
... 중략 ...
root.render(
  <EventMouse
    alt="로고 이미지"
    beforeSrc="https://www.web-deli.com/image/linkbanner_l.gif"
    afterSrc="https://www.web-deli.com/image/home_chara.gif" />
);
```

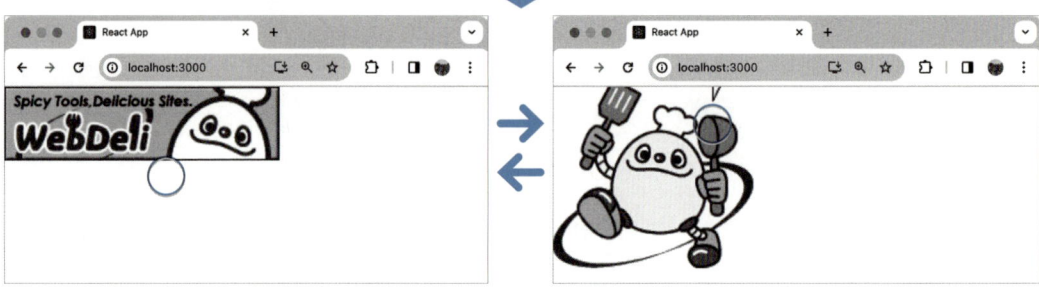

▲ 마우스 입출력으로 표시 이미지 전환

보충: mouseenter/mouseleave와 mouseover/mouseout의 차이점

mouseenter/mouseleave와 mouseover/mouseout은 모두 요소에 마우스 포인터가 들어오고 나가는 시점에 발생하는 이벤트이지만, 그 동작은 미묘하게 다르다.

구체적인 차이점은 다음과 같이 요소가 중첩된 상황에서 발생한다. 이벤트 핸들러는 바깥쪽 요소(id="outer")에 대해 설정된 것으로 가정한다.

예제 코드 3-4-3 EventCompare.js

```
import { useState } from 'react';
import './EventCompare.css';

export default function EventCompare() {
  const [result, setResult] = useState('');
  // mouseenter/mouseleave 이벤트의 정보를 result에 반영
  const handleIn = e => setResult(r => `${r}Enter : ${e.target.id}<br />`);
  const handleOut= e => setResult(r => `${r}Leave : ${e.target.id}<br />`);
  return (
```

```
    <>
      <div id="outer"
        onMouseEnter={handleIn} onMouseLeave={handleOut}>
        외부 (outer)
        <p id="inner">
        내부 (inner)
        </p>
      </div>
      <div dangerouslySetInnerHTML={{__html: result}}></div>
    </>
  );
}
```

| 예제 코드 3-4-4 EventCompare.css

```
#outer {
  height: 200px;
  width: 200px;
  margin-left: 100px;
  padding: 10px;
  border: 1px solid blue;
}

#inner {
  height: 100px;
  width: 100px;
  margin-left: 40px;
  padding: 10px;
  border: 1px solid red
}
```

| 예제 코드 3-4-5 index.js

```
import EventCompare from './chap03/EventCompare';
... 중략 ...
root.render(
  <EventCompare />
);
```

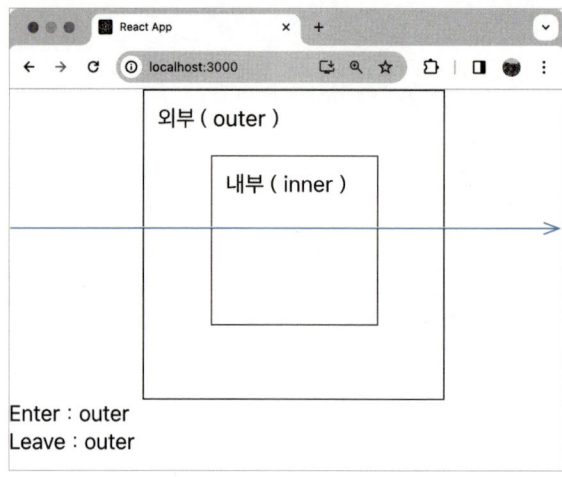

▲ 마우스 포인터를 요소 사이를 가로지르듯이 움직인 경우 (mouseenter/mouseleave)

이어서 예제 코드 3-4-3의 푸른색으로 표시된 부분을 mouseover/mouseout 이벤트로 바꾸면 다음과 같은 결과를 얻을 수 있다.

```
<div id="outer"
  onMouseOver={handleIn} onMouseOut={handleOut}>
```

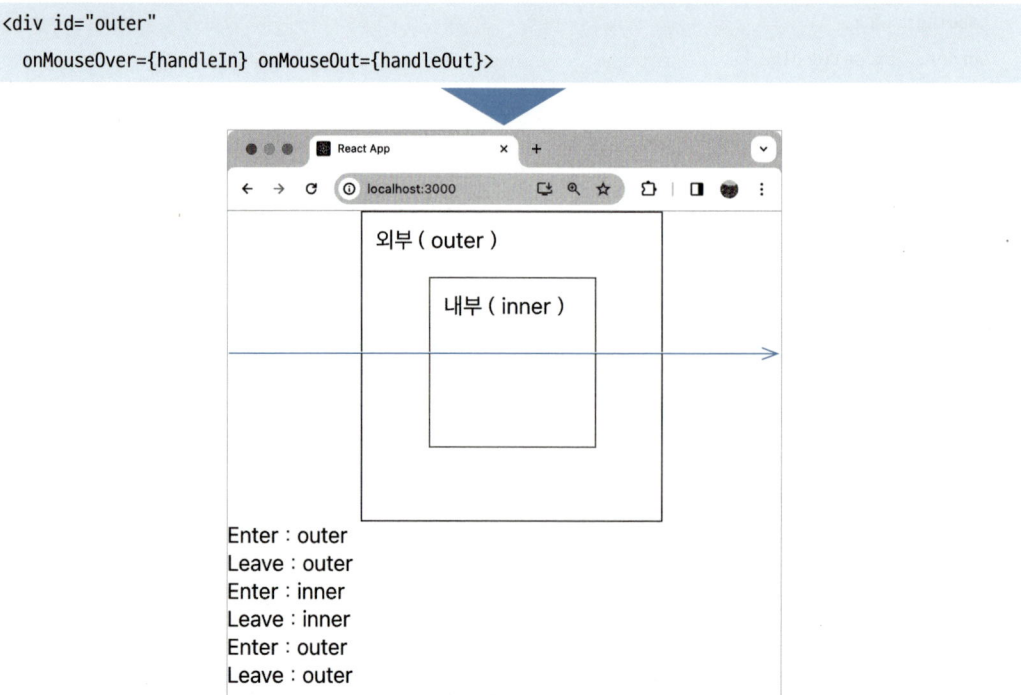

▲ 마우스 포인터를 요소 사이를 가로지르듯이 움직인 경우 (mouseover/mouseout)

두 그림의 결과 표시를 비교해 보면 알 수 있듯이 mouseenter/mouseleave 이벤트는 대상 요소의 출입 시에만 발생하지만, mouseover/mouseout 이벤트는 내부 요소에 출입할 때도 발생한다.

예상치 못한 행동에 당황하지 않기 위해 두 가지의 차이점을 알아두면 좋다.

이미지를 불러올 수 없는 경우 더미 이미지 표시하기

다음에서는 error 이벤트를 이용하여 〈img〉 요소에서 지정한 이미지를 제대로 불러오지 못했을 때 대체 이미지를 표시한다. 표시할 이미지는 /public/image 폴더에 위치해야 한다.

| 예제 코드 3-4-6 EventError.js

```js
import { useState } from 'react';

export default function EventError({ src, alt }) {
  const [path, setPath] = useState(src);
  // 이미지를 불러올 수 없는 경우 오류 이미지 표시
  const handleError = () => setPath('./image/noimage.jpg');
  return (
    <img src={path} alt={alt} onError={handleError} />
  );
}
```

| 예제 코드 3-4-7 index.js

```js
import EventError from './chap03/EventError';
... 중략 ...
root.render(
  <EventError src="./image/wings.jpg"
    alt="샘플 이미지" />
);
```

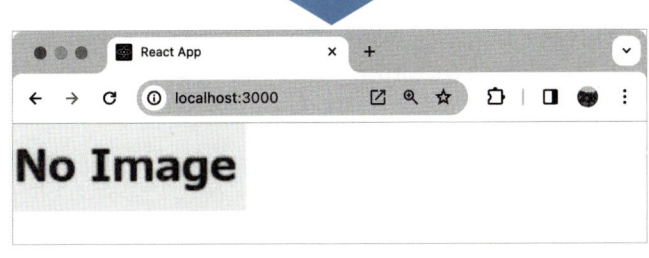

▲ wings.jpg가 존재하지 않을 경우 noimage.jpg 표시

wings.jpg를 올바르게 배치한 경우 원래의 이미지가 표시되는지도 함께 확인하자[18].

3-4-2 이벤트 객체

이벤트 객체는 이름 그대로 이벤트와 관련된 정보를 관리하기 위한 객체로, 자바스크립트에 의해 자동 생성된다. 이벤트 객체를 이용하면 이벤트에 대한 정보(발생한 이벤트의 종류, 발생원 등)에 접근하거나 이벤트 핸들러의 동작을 조작(취소 등)할 수 있다.

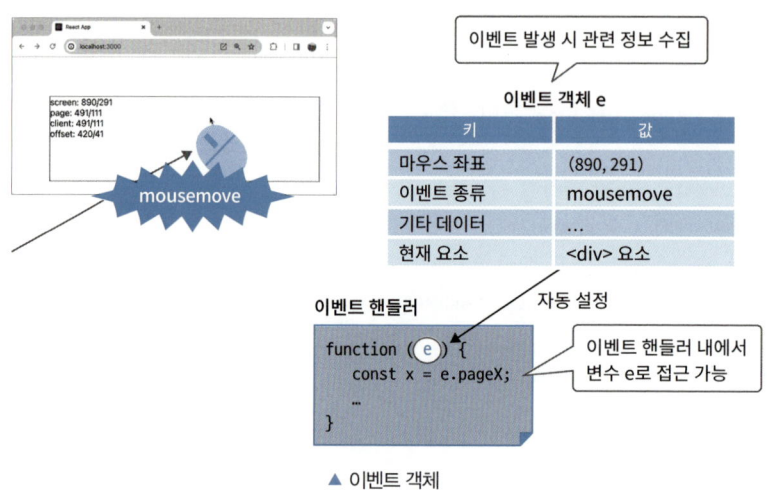

▲ 이벤트 객체

이벤트 핸들러에서 이벤트 객체를 참조하려면 이벤트 핸들러의 첫 번째 인수에 'e' 또는 'ev'[19]를 설정하면 된다. 예를 들어 다음은 버튼 클릭 시 이벤트 객체를 로그에 출력하는 예시다.

예제 코드 3-4-8 EventObj.js

```
export default function EventObj() {
  // 클릭 시 이벤트 객체를 로그에 출력
  const handleClick = e => console.log(e);
  return (
    <button onClick={handleClick}>클릭</button>
  );
}
```

---

[18] 배포된 샘플은 '_wings.jpg'라는 이름으로 제공된다. 실행 시에는 원래의 wings.jpg로 이름을 변경하여 실행하기 바란다.
[19] 이름은 정해져 있지 않지만, 이벤트의 머리글자를 따서 'e'나 'ev'를 붙이는 것이 일반적이다.

예제 코드 3-4-9 index.js

```
import EventObj from './chap03/EventObj';
... 중략 ...
root.render(
  <EventObj />
);
```

▲ 로그에서 이벤트 객체 확인 (개발자 도구의 [콘솔] 탭)

하지만 리액트의 이벤트 객체는 자바스크립트의 이벤트 객체가 아니다. 브라우저 간 사양 차이를 흡수한 SyntheticEvent(합성 이벤트)가 생성된다. 구체적으로 다음 표의 멤버를 공통적으로 사용할 수 있다.

▼ 이벤트 객체의 주요 공통 멤버

분류	멤버	반환값	
기본	target	이벤트 발생원 (요소)	
	currentTarget	이벤트 핸들러가 등록된 요소	
	eventPhase	이벤트 단계	
		값	개요
		0	NONE (미처리)
		1	CAPTURING_PHASE (캡처 단계)
		2	AT_TARGET (타깃 단계)
		3	BUBBLING_PHASE (버블링 단계)
	timeStamp	이벤트 생성 날짜 및 시각	
	nativeEvent	원시 이벤트 객체	
	bubbles	이벤트가 버블링하는지	

분류	멤버	반환값
판정	cancelable	이벤트가 취소 가능한지
	defaultPrevented	preventDefault가 호출되었는지
	isTrusted	사용자의 조작에 의해 이벤트가 발생했는지
조작	preventDefault()	기본 동작 취소
	stopPropagation()	이벤트 전파 중지

위의 공통 멤버 외에 이벤트에 따라 다음 표와 같은 멤버를 각각 사용할 수 있다.

▼ 이벤트 유형별로 이용 가능한 주요 멤버[20]

이벤트 종류	멤버	개요		
애니메이션	animationName	애니메이션 이름		
	elapsedTime	애니메이션 실행 시간(초)		
클립보드	clipboardData	클립보드 정보(DataTransfer 객체)		
구성	data	입력 중(또는 확정된) 문자열		
드래그 앤드 드롭	dataTransfer	데이터 드래그(DataTransfer 객체)		
포커스	relatedTarget	이벤트에 의해 초점을 얻은(잃은) 요소들		
키보드	key	누른 키의 값		
	altKey	Alt 키를 누르고 있는지 여부		
	ctrlKey	Ctrl 키를 누르고 있는지 여부		
	metaKey	메타키가 눌렸는지 여부 (Windows의 경우 ⊞, macOS의 경우 ⌘ 키)		
	shiftKey	Shift 키를 누르고 있는지 여부		
마우스	button	누른 마우스 버튼		
		값	개요	
		0	왼쪽 버튼	
		1	중앙 버튼	
		2	오른쪽 버튼	
	buttons	마우스의 어느 버튼을 눌렀는지 (여러 버튼을 눌렀을 경우 합산 값)		

---

20 드래그 앤드 드롭/휠 계열의 이벤트 객체에서는 마우스 계열의 이벤트 객체에서 사용할 수 있는 프로퍼티에 접근할 수 있다.

이벤트 종류	멤버	개요
마우스	altKey	Alt 키를 누르고 있는지 여부
	ctrlKey	Ctrl 키를 누르고 있는지 여부
	metaKey	메타키가 눌렸는지 여부 (Windows에서는 ⊞, macOS에서는 ⌘ 키)
	shiftKey	Shift 키를 누르고 있는지 여부
	clientX/Y	이벤트 발생 좌표 (브라우저의 X/Y 좌표)
	movementX/Y	이벤트 발생 좌표의 차이 (직전 이벤트와 X/Y 좌표의 차이)
	pageX/Y	이벤트 발생 좌표 (페이지상의 X/Y 좌표)
	screenX/Y	이벤트 발생 좌표 (화면상의 X/Y 좌표)
휠	deltaMode	델타 값의 단위
	deltaX/Y/Z	스크롤량 (X, Y, Z축)

예: 이벤트 발생 시 마우스 정보를 얻고 싶다

위의 표 '이벤트 유형별로 이용 가능한 주요 멤버'를 보면 알 수 있듯이 이벤트 객체에서는 이벤트 발생 시 좌표를 얻기 위해 여러 개의 xxxxxX, xxxxxY 프로퍼티를 가지고 있다. 이 프로퍼티들은 기준점이 되는 좌표를 반환하는 위치가 다르다.

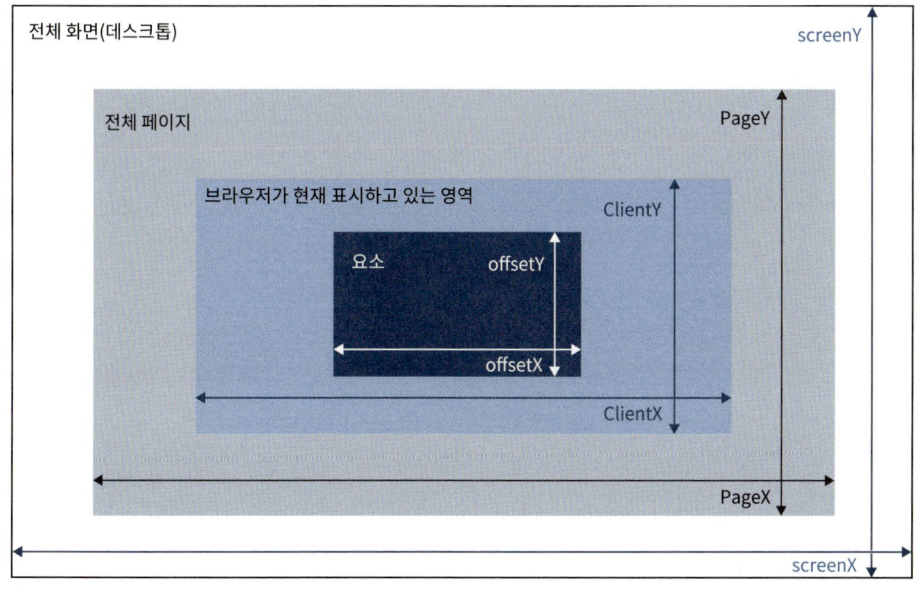

▲ 마우스 좌표 관련 프로퍼티

구체적인 예시를 통해 좌표의 차이를 확인해 보자.

예제 코드 3-4-10 EventPoint.js

```jsx
import { useState } from 'react';
import './EventPoint.css';

export default function EventPoint() {
  const [screen, setScreen] = useState({ x: 0, y: 0 });
  const [page, setPage]     = useState({ x: 0, y: 0 });
  const [client, setClient] = useState({ x: 0, y: 0 });
  const [offset, setOffset] = useState({ x: 0, y: 0 });

  // 포인터 위치를 각각의 기준에 따라 표시
  const handleMousemove = e => {
    setScreen({ x: e.screenX, y: e.screenY });
    setPage({ x: e.pageX, y: e.pageY });
    setClient({ x: e.clientX, y: e.clientY });
    setOffset({ x: e.nativeEvent.offsetX, y: e.nativeEvent.offsetY });
  };

  return (
    <div id="main" onMouseMove={handleMousemove}>
      screen: {screen.x}/{screen.y}<br />
      page: {page.x}/{page.y}<br />
      client: {client.x}/{client.y}<br />
      offset: {offset.x}/{offset.y}
    </div>
  );
}
```

예제 코드 3-4-11 EventPoint.css

```css
#main {
  position:absolute;
  margin:50px;
  top:20px;
  left:20px;
  height: 150px;
  width: 500px;
  border: solid 1px #000;
}
```

예제 코드 3-4-12 index.js

```
import EventPoint from './chap03/EventPoint';
... 중략 ...
root.render(
  <EventPoint />
);
```

▲ id="main"인 요소 아래 마우스 포인터 위치를 가져온다

SyntheticEvent(합성 이벤트)는 요소 내 위치를 나타내는 offsetX/Y 프로퍼티를 지원하지 않는다는 점에 유의해야 한다. 따라서 여기서는 nativeEvent 프로퍼티로 원시 이벤트 객체를 가져온 후 offsetX/Y 프로퍼티에 접근하고 있다(코드의 푸른색 글씨 부분).

예: 키 이벤트에서 키 식별하기

keyup, keydown, keypress와 같은 키 이벤트에서는 누른 키의 종류에 따라 처리를 분리하거나 특정 키만 허용하는 경우가 종종 있다. 이런 경우에는 key 속성을 통해 트리거가 된 키를 식별할 수 있다.

예를 들어, 다음은 텍스트 상자에서 Ctrl+q 키를 눌렀을 때 도움말 메시지를 표시하는 예시다.

예제 코드 3-4-13 EventKey.js

```
export default function EventKey() {
  // Ctrl + q로 도움말 메시지 표시
  const handleKey = e => {
    if (e.ctrlKey && e.key === 'q') {  ──────❶
      alert('이름은 20자 이내로 입력해 주세요.');
    }
```

```
  };

  return (
    <form>
      <label>
        이름:
        <input type="text" size="20" onKeyDown={handleKey} />
      </label>
    </form>
  );
}
```

예제 코드 3-4-14 index.js

```
import EventKey from './chap03/EventKey';
... 중략 ...
root.render(
  <EventKey />
);
```

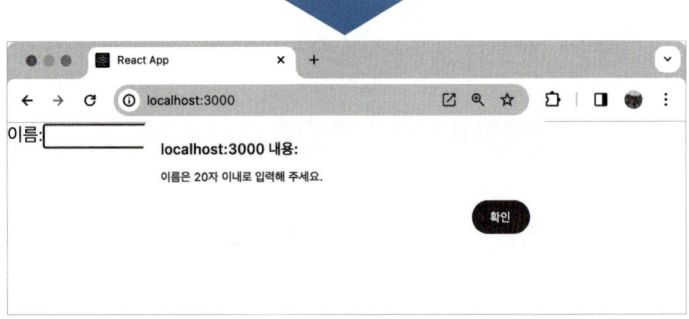

▲ 텍스트 박스에서 Ctrl+q를 누르면 도움말 메시지 표시

key 프로퍼티는 어디까지나 이벤트 발생의 원인이 된 키 값을 반환한다는 점에 유의해야 한다(❶). 즉, Ctrl 키(길게 누름) → q 키 순으로 눌러도 얻을 수 있는 것은 Control(첫 번째 keydown) → q(두 번째 keydown)라는 값만 얻을 수 있다.

Ctrl 키가 눌린 상태를 확인하려면 ctrlKey 프로퍼티를 이용한다. 이 예시에서도 'ctrlKey 프로퍼티가 true이고, key 프로퍼티가 'q'인 경우'에 따라 Ctrl+q의 누름을 판단하고 있다.

이벤트 핸들러에 임의의 인수를 전달

여기까지는 표준 자바스크립트와 동일하기 때문에 자바스크립트에 익숙한 사람이라면 크게 헤맬 부분은 없을 것이다. 그렇다면 이벤트 핸들러에 어떤 값을 넘겨주는 경우는 어떨까?

예를 들어, 다음은 버튼 클릭 시 현재 날짜 및 시각을 표시하는 예시로 3-1-3항에서 소개한 EventBasic을 수정한 코드다. 앞의 코드에서 출력 형식(datetime, date, time)을 Props로 전달하던 것을 이벤트 핸들러의 인수로 전달하도록 변경했다.

예제 코드 3-4-15 EventArgs.js

```
export default function EventArgs() {
  // 자체 인수를 추가한 이벤트 핸들러
  const current = (e, type) => {              ―❶
    const d = new Date();
    switch(type) {
      case 'date':
        console.log(`${e.target.id}: ${d.toLocaleDateString()}`);
        break;
      case 'time':
        console.log(`${e.target.id}: ${d.toLocaleTimeString()}`);
        break;
      default:
        console.log(`${e.target.id}: ${d.toLocaleString()}`);
        break;
    }
  };
  return (
    <div>
      {/* 화살표 함수를 통해 핸들러를 호출 */}
      <button id="dt" onClick={e => current(e, 'datetime')}>현재 날짜 및 시각</button>
      <button id="date" onClick={e => current(e, 'date')}>현재 날짜</button>      ―❷
      <button id="time" onClick={e => current(e, 'time')}>현재 시각</button>
    </div>
  );
}
```

예제 코드 3-4-16 index.js

```
import EventArgs from './chap03/EventArgs';
... 중략 ...
root.render(
  <EventArgs />
);
```

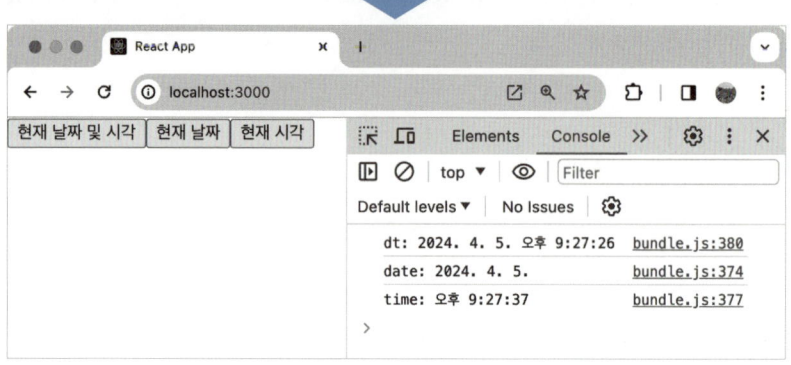

▲ 누른 버튼에 따라 날짜/시각 표시

먼저 이벤트 핸들러가 자체 인수 type을 받도록 수정한다(❶). 이 자체는 특별히 문제될 것이 없다. 물론 필요하다면 여러 개의 인수를 나열해도 상관없다.

단, 이러한 핸들러를 묶기 위해 다음과 같은 코드를 작성하는 것은 불가하다.

```
<button id="dt" onClick={current(e, 'datetime')}>
```

3-1-3항에서도 언급했듯이 onEvent 속성에 전달하는 것은 (함수 호출이 아닌) 함수 자체여야 하기 때문이다[21].

그래서 자체 인수를 전달하기 위해 한 단계 더 화살표 함수를 거치게 된다(❷). 화살표 함수(직접 이벤트 핸들러)는 앞에서와 마찬가지로 이벤트 객체 e를 전달받으므로, 필요에 따라 자체 인수와 함께 원래의 이벤트 핸들러 current에 대해서도 전달한다.

화살표 함수 본체에는 어떤 코드도 자유롭게 작성할 수 있으므로 자신만의 인수를 수반하는 함수 호출을 작성할 수 있다.

---

21 애초에 이 예제에서 변수 e는 정의되지 않았기 때문에 오류가 발생한다.

보충: 자체 데이터 속성 활용하기

또 다른 방법으로 고유 데이터 속성을 활용하는 방법도 있다. 다음은 예제 코드 3-4-15를 고유 데이터 속성을 사용하여 다시 작성한 것이다.

예제 코드 3-4-17 EventArgs2.js

```
export default function EventArgs2() {
  const current = e => {
    const type = e.target.dataset.type;          ──❷
    const d = new Date();
    switch(type) {
      case 'date':
        console.log(`${e.target.id}: ${d.toLocaleDateString()}`);
        break;
      case 'time':
        console.log(`${e.target.id}: ${d.toLocaleTimeString()}`);
        break;
      default:
        console.log(`${e.target.id}: ${d.toLocaleString()}`);
        break;
    }
  };
  return (
    <div>
      {/* 출력할 날짜 및 시각 유형을 고유 데이터 속성으로 지정 */}
      <button id="dt" data-type="datetime" onClick={current}>현재 날짜 및 시각</button>  ─┐
      <button id="date" data-type="date" onClick={current}>현재 날짜</button>              ├─❶
      <button id="time" data-type="time" onClick={current}>현재 시각</button>              ─┘
    </div>
  );
}
```

예제 코드 3-4-18 index.js

```
import EventArgs2 from './chap03/EventArgs2';
... 중략 ...
root.render(
  <EventArgs2 />
);
```

고유 데이터 속성이란 임의의 태그에 data-xxxxx 형식으로 지정할 수 있는 속성을 말한다.[22] xxxxx에는 다음 문자로 구성된 이름을 자유롭게 지정할 수 있다.

- 소문자 영숫자
- 하이픈(-)
- 점(.)
- 콜론(:)

이 예시에서는 data-type 속성을 통해 날짜 및 시각 출력 형식을 전달하고 있다(❶). 고유 데이터 속성에 접근하려면 요소 객체(e.target)에서 dataset 프로퍼티에 접근하면 된다(❷).

```
e.target.dataset.이름
```

'이름' 부분에는 data-xxxxx의 xxxxx 부분(여기서는 type)만 지정해야 한다는 점에 유의한다.

> 📄 **방법의 구분**
>
> 이벤트 핸들러에 임의의 인수를 전달할 때 예제 코드 3-4-15, 3-4-17 중 어느 것을 사용해야 하는지는 일반적으로 다음과 같이 구분하여 사용한다.
> - 예제 코드 3-4-15: 실행 시 인수의 값이 변하는 경우
> - 예제 코드 3-4-17: 인수의 값이 미리 정해져 있는 경우

3-4-3 이벤트 전파 방지

'전파 방지'에 대해 설명하기 전에 이벤트 전파 자체에 대해 간단히 설명하겠다. 지금까지는 '이벤트가 발생하면 해당 처리가 호출된다'고만 설명했지만, 실제로 이벤트가 원하는 요소(타깃)에 도달하기까지는 다음 그림과 같은 과정을 거친다.

---

[22] 2-3-1항에서도 언급했듯이, 고유 데이터 속성은 JSX식일지라도 카멜 표기법(camelCase)이 아닌 원래의 하이픈 형식으로 표현한다.

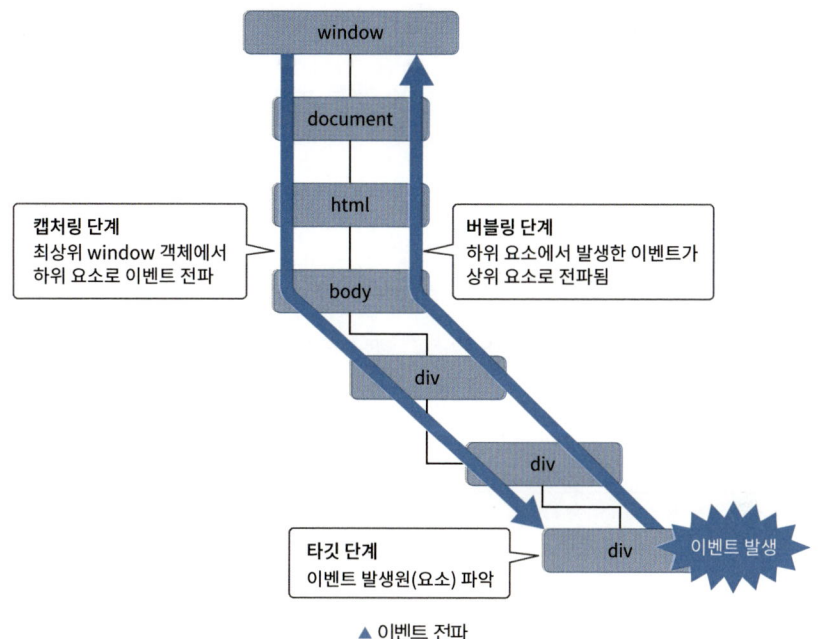

▲ 이벤트 전파

먼저 캡처링 단계에서는 최상위 window 객체에서 문서 트리를 따라 하위 요소로 이벤트가 전파된다. 그리고 타깃 단계에서 이벤트의 발생원(요소)을 식별한다.

버블링 단계[23]는 이벤트가 발생원에서 상위 요소로 전파되는 단계다. 최종적으로 최상위 window 객체에 도달하면 이벤트 전파가 종료된다.

복잡하게 느껴질 수도 있겠지만, 우선은

　　이벤트 처리는 이벤트 발생원에서만 실행되는 것이 아니다

라는 사실을 이해하면 충분하다. 전파 과정에서 해당 핸들러가 존재할 경우, 해당 핸들러도 순서대로 실행된다. 다음은 그 구체적인 예시다.

예제 코드 3-4-19 EventPropagation.js

```
import './EventPropagation.css';

export default function EventPropagation() {
```

---

23 이벤트가 점점 위로 올라가는 모습을 거품(bubble)에 비유하여 이렇게 부른다.

```
  const handleParent = () => alert('#parent run...');
  const handleMy = () => alert('#my run...');
  const handleChild = () => alert('#child run...');  ────────────❷

  return (
  <div id="parent" onClick={handleParent}>
    부모 요소
    <div id="my" onClick={handleMy}>
      현재 요소
      <a id="child" href="https://wikibook.co.kr/" onClick={handleChild}>  ❶
        자식 요소
      </a>
    </div>
  </div>
  );
}
```

| 예제 코드 3-4-20 EventPropagation.css

```
#parent {
  height: 300px;
  width: 300px;
  margin-left: 50px;
  padding: 10px;
  border: 1px solid black;
}

#my {
  height: 200px;
  width: 200px;
  margin-left: 40px;
  margin-top: 20px;
  padding: 10px;
  border: 1px solid red;
}

#child {
  display: block;
  height: 100px;
  width: 100px;
  margin-left: 40px;
```

```
    margin-top: 20px;
    padding: 10px;
    border: 1px solid black
}
```

예제 코드 3-4-21 index.js

```
import EventPropagation from './chap03/EventPropagation';
... 중략 ...
root.render(
  <EventPropagation />
);
```

중첩 관계에 있는 〈div〉/〈a〉 요소에 대해 각각 click 이벤트 핸들러가 설정되어 있다. 이 상태에서 〈a id="child"〉 요소(링크)를 클릭하면 다음과 같은 결과를 얻을 수 있다.

1. alert 창 표시 (#child run...)
2. alert 창 표시 (#my run...)
3. alert 창 표시 (#parent run...)
4. 링크된 페이지로 이동

이벤트 발생원을 기점으로 상위 요소를 향해 순차적으로 이벤트 핸들러가 실행되고 있다. 즉, 기본적으로 버블링 단계에서 이벤트가 처리되고 있는 것이다.

여기까지가 전파를 의식한 이벤트 처리에 대한 이해다. 위의 이해를 전제로 다음에서는 전파 제어에 대해 설명하겠다.

처리 순서 변경하기

(버블링 단계가 아닌) 캡처 단계에서 이벤트를 처리할 수도 있다. 이를 위해 예제 코드 3-4-19의 ❶을 다음과 같이 다시 작성한다.

```
<div id="parent" onClickCapture={handleParent}>
  부모 요소
  <div id="my" onClickCapture={handleMy}>
    현재 요소
    <a id="child" href="https://wikibook.co.kr/" onClickCapture={handleChild}>
```

```
      자식 요소
    </a>
  </div>
</div>
```

이벤트 핸들러를 (onXxxxx 속성이 아닌) onXxxxxCapture 속성으로 설정하는 것이다. 그러면 〈a id="child"〉 요소(링크)를 클릭했을 때의 결과는 다음과 같이 변경된다.

1. alert 창 표시 (#parent run...)
2. alert 창 표시 (#my run...)
3. alert 창 표시 (#child run...)
4. 링크된 페이지로 이동

전파 방지

애초에 이벤트의 전파 자체를 방지하려면 예제 코드 3-4-19의 ❷를 다음과 같이 다시 작성한다[24].

```
const handleChild = e => {
  e.stopPropagation();
  alert('#child run...');
};
```

이 상태에서 〈a id="child"〉 요소(링크)를 클릭해 보자. 이제 다음과 같은 결과를 얻을 수 있으며, 〈a id="child"〉 요소에서 이벤트 버블링이 멈춘 것을 확인할 수 있다.

1. alert 창 표시 (#child run...)
2. 링크된 페이지로 이동

이벤트 기본 동작 취소하기

이벤트 기본 동작은 이벤트에 따라 브라우저에서 발생하는 동작을 말한다. 예를 들어 링크를 클릭하면(click) 다른 페이지로 이동, 제출 버튼을 누르면(submit) 양식 내용을 제출, 텍스트 상자에 키를 입력하면(keypress) 해당 문자가 반영되는 등의 동작이 이에 해당한다.

---

24 앞서 다시 작성한 ❶은 onClickCapture에서 onClick으로 되돌린다.

이미 살펴본 바와 같이 이벤트 핸들러를 처리한 후 이벤트 기본 동작이 발생하는데, 이를 취소하는 것이 preventDefault 메서드의 역할이다.

지금까지와 마찬가지로 예제 코드 3-4-19의 ❷를 다음과 같이 다시 작성하여 실행해 보자.

```
const handleChild = e => {
  e.preventDefault();
  alert('#child run...');
};
```

다음은 실행 결과다.

1. alert 창 표시 (#child run...)
2. alert 창 표시 (#my run...)
3. alert 창 표시 (#parent run...)

확실히 모든 전파를 마친 후 페이지가 이동하지 않는 것을 확인할 수 있다.

> **취소할 수 없는 이벤트도 있다**
> 이벤트에 따라 preventDefault 메서드로 취소할 수 없는 이벤트도 있다. 이벤트의 취소 가능 여부는 이벤트 객체의 cancelable 프로퍼티를 통해 확인할 수 있다.

3-4-4 이벤트 핸들러 옵션 설정하기

자바스크립트 표준의 addEventListener 메서드를 알고 있는 사람이라면 이벤트 핸들러(리스너)와 관련된 다음 표의 옵션을 본 적이 있을 것이다.

▼ addEventListener 메서드의 동작 옵션

설정값	개요
capture	캡처 단계에서 핸들러 실행
once	첫 번째 이벤트에서만 핸들러 실행
passive	Passive 모드에서 실행

이 중 capture 옵션에 대해서는 3-4-3항에서도 언급했듯이 onXxxxxCapture 속성을 통해 설정할 수 있었다. 하지만 나머지 두 가지 옵션에 대해서는 리액트 표준에서 지원하지 않기 때문에 약간은 독자적인 코드를 추가해야 한다.

이벤트 핸들러를 최초 1회만 실행하기

다음은 오늘의 운세를 보여주는 예제다. 결과는 첫 번째 클릭 시 한 번만 표시되며, 두 번째 이상 클릭 시에는 변동이 없다.

예제 코드 3-4-22 EventOnce.js

```
import { useState } from 'react';

export default function EventOnce() {
  // 클릭 여부를 관리하기 위한 플래그
  const [clicked, setClicked] = useState(false);      ――❶
  // 오늘의 운세(점수)
  const [result, setResult] = useState('-');
  const handleClick = e => {
    // 클릭하지 않은 경우에만 운세를 계산
    if (!clicked) {
      setResult(Math.floor(Math.random() * 100 + 1));
      // 플래그 반전                                      ❸
      setClicked(true);           ――❷
    }
  };

  return (
    <>
      <button onClick={handleClick}>결과 보기</button>
      <p>오늘의 운세는 {result}점입니다.</p>
    </>
  );
}
```

예제 코드 3-4-23 index.js

```
import EventOnce from './chap03/EventOnce';
... 중략 ...
root.render(
```

```
      <EventOnce />
);
```

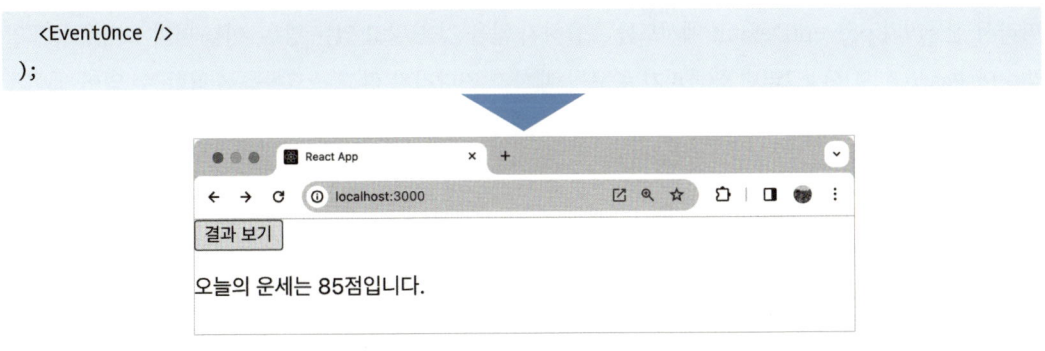

▲ 오늘의 운세 표시(두 번째 클릭 이후부터는 변동이 없음)

이벤트 핸들러가 실행되었는지 여부를 나타내는 부울 타입의 State(여기서는 clicked)를 준비하는 것이 포인트다(❶). 변수 clicked는 초깃값을 false로 설정하고, 이벤트 핸들러를 설정한 타이밍에 true로 설정한다(❷). 그리고 이벤트 핸들러 자체를 clicked가 false일 때만 실행하도록 함으로써(❸) 최초 실행 시에만 실행되는 핸들러라는 의미가 된다.

샘플을 실행하고 버튼을 두 번 이상 클릭해도 결과가 변하지 않는지 확인한다.

비 패시브(Non-Passive) 모드에서 이벤트 핸들러 설치하기

예를 들어 wheel 이벤트를 핸들러로 처리하는 상황을 생각해 보자. wheel 이벤트의 기본 동작은 페이지/요소의 스크롤이다. 하지만 핸들러가 묶여 있는 경우, 핸들러가 preventDefault 메서드를 호출할 수 있기 때문에 즉시 스크롤을 실행할 수 없다. 핸들러의 처리를 기다렸다가 preventDefault가 발생하지 않는지 확인한 후 스크롤을 시작해야 한다. 이는 핸들러의 처리량이 많은 경우에는 그대로 동작 지연으로 이어진다.

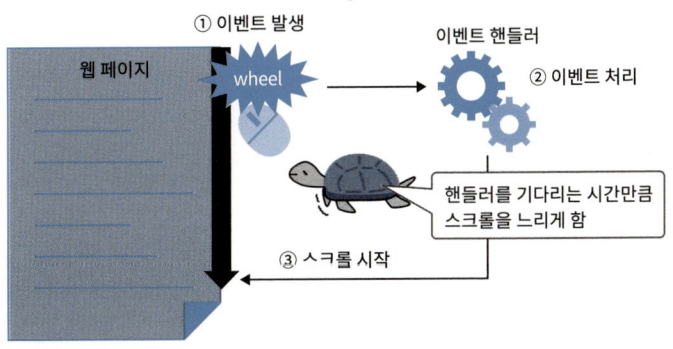

▲ wheel 이벤트의 문제점

따라서 핸들러가 preventDefault 메서드를 호출하지 않을 것을 알고 있는 경우, 이를 미리 브라우저에 알려준다(Passive 모드). 그러면 핸들러가 종료될 때까지 기다리지 않고 스크롤을 시작할 수 있어 페이지 체감 속도가 향상된다.

참고로 리액트의 일부 이벤트는 Passive 모드가 기본값으로 설정되어 있다. 이는 핸들러 하에서 preventDefault 메서드를 호출하는 경우를 적절히 제한할 수 있다는 점에서 타당하지만, 예상치 못한 결함의 원인이 되기도 한다.

예를 들어, 다음 코드는 wheel 이벤트에서 preventDefault 메서드를 호출한 간단한 코드지만 오류가 발생한다.[25]

예제 코드 3-4-24 EventPassive.js

```js
import './EventPassive.css';

export default function EventPassive() {
  const handleWheel = e => e.preventDefault();

  return (
    <div className="box"
      onWheel={handleWheel}>예를 들어 Wheel 이벤트를 핸들러에서...
    </div>
  );
}
```

예제 코드 3-4-25 EventPassive.css

```css
.box {
  height: 100px;
  width: 100px;
  border: 1px solid #000;
  overflow: scroll;
}
```

예제 코드 3-4-26 index.js

```js
import EventPassive from './chap03/EventPassive';
... 중략 ...
```

---

[25] Safari 환경에서는 오류가 발생하지 않는다. 다만, 휠 조작에 의해 요소가 스크롤되고 Passive 모드가 활성화된 상태(=기본 동작이 취소되지 않는 상태)임을 확인할 수 있다.

```
root.render(
  <EventPassive />
);
```

오류 메시지는 'Unable to preventDefault inside passive event listener invocation'(Passive 모드의 이벤트 핸들러에서는 preventDefault 메서드를 사용할 수 없음)이라고 나온다.

이러한 문제를 해결하려면 예제 코드 3-4-24를 다음과 같이 수정하면 된다[26]. 이제 preventDefault 메서드를 사용할 수 있게 되어 wheel 이벤트의 기본 동작(스크롤)이 작동하지 않게 된다.

예제 코드 3-4-27 EventPassive.js

```
import { useRef, useEffect } from 'react';
import './EventPassive.css';

export default function EventPassive() {
  const handleWheel = e => e.preventDefault();
  // <div> 요소에 대한 참조 가져오기
  const divRef = useRef(null);               ─────❶
  useEffect(() => {
    // 컴포넌트 시작 시 리스너 설정
    const div = divRef.current;
    div.addEventListener('wheel', handleWheel, { passive: false });  ─────❷
    return (() => {
      // 컴포넌트 폐기 시 리스너도 함께 폐기
      div.removeEventListener('wheel', handleWheel);   ─────❸
    });
  });

  return (                         ┌──── 삭제
    <div ref={divRef} className="box"
      onWheel={handleWheel}
    >
      예를 들어 Wheel 이벤트를 핸들러에서...
    </div>
  );
}
```

---

26 예제 코드 3-4-27의 내용은 useEffect(7-1절), useRef(4-1-3항)에 대한 이해를 전제로 한다. 이 절에서는 코드의 의도만 설명하므로 자세한 내용은 해당 절을 학습한 후 다시 돌아오는 것을 추천한다.

useRef 함수를 통해 대상 요소(여기서는 ⟨div⟩)를 가져와서(❶) Element#addEventListener 메서드를 직접 호출하는 것이다(❷). 순수한 자바스크립트 기능이기 때문에 Passive 모드의 켜기/끄기도 자유롭다[27].

수동으로 설정한 이벤트 핸들러는 컴포넌트를 폐기할 때 명시적으로 제거해야 한다(❸).

> **칼럼** 식별자의 표기법
>
> 식별자 또는 파일명에는 다음 표와 같은 표기법을 많이 사용한다. 이 책에서도 자주 등장하는 이름이니 기억해두면 좋을 것 같다.
>
> ▼ 다양한 식별자 표기법
>
> | 표기법 | 별칭 | 개요 | 표기 예시 |
> | --- | --- | --- | --- |
> | 카멜 표기법 | 소문자 카멜 표기법 | 첫 글자는 소문자, 이후 단어 구분은 대문자로 표기 | mySimpleApp |
> | 파스칼 대소문자 표기법 | 대문자 카멜 표기법 | 첫 글자를 포함한 모든 단어의 첫 글자를 대문자로 표기 | MySimpleApp |
> | 체인 표기법 | 케밥 표기법 | 모든 문자는 소문자로 표기하고, 단어 사이는 하이픈(-)으로 구분 | my-simple-app |
> | 언더스코어 표기법 | 스네이크 표기법 | 모든 문자를 대문자/소문자로 표기하고, 단어와 단어 사이는 밑줄(_)로 구분 | MY_SIMPLE_APP, my_simple_app |
>
> 자바스크립트의 경우 클래스는 파스칼 대소문자 표기법으로, 변수/함수(메서드)는 카멜 대소문자 표기법으로 표현하는 것이 일반적이다. 리액트에서는 함수라도 컴포넌트는 파스칼 대소문자 표기법으로 표현하는 것이 규칙이다.
>
> 체인 표기법은 하이픈(-)을 식별자로 사용할 수 없기 때문에 자바스크립트에서는 사용되지 않으며, HTML의 커스텀 요소, 스타일 클래스, 파일 이름 등에서 사용된다.
>
> 표기법은 대체로 절대적인 것은 아니지만[28], 이름을 한눈에 보고 대상의 종류를 식별할 수 있다는 것은 큰 장점이다. 관례적인 규칙을 따르는 것은 중요하다.

---

[27] 예제 코드 3-4-22의 '한 번만 실행할 수 있는' 이벤트 핸들러도 비슷한 방식으로 설정하면 된다.
[28] 하지만 리액트의 세계에서는 컴포넌트를 파스칼 대소문자 표기법 이외의 방식으로 표현하면 제대로 인식하지 못한다.

기본편

chapter

4

컴포넌트 개발(폼)

4.1 폼 조작의 기본
4.2 State의 구조화된 데이터 업데이트
4.3 검증 기능 구현 – React Hook Form

이 장의 서문

프런트엔드 개발에서 폼은 최종 사용자의 입력을 받는 대표적인 수단이며, 리액트 앱에서는 사용자의 입력(그뿐만 아니라)을 받아 처리를 시작하고 그 결과를 템플릿에 반영하는 역할을 한다. 그런 의미에서 폼은 리액트 앱 실행의 기점이자 핵심이라고 할 수 있다.

이 장에서는 이러한 폼 개발에 초점을 맞추어 컴포넌트 개발에 대한 이해를 돕는다. 또한, 후반부에서는 좀 더 고도화된 폼 개발, 즉 검증 기능을 구현하기 위한 대표적인 라이브러리(React Hook Form)에 대해서도 소개한다.

4.1 폼 조작의 기본

리액트에서는 컴포넌트에서 폼의 입력값을 처리할 때도 State를 사용하는 것이 기본이며, State와 입력값을 동기화하기 위한 코드는 리액트 프로그래밍의 대표적인 관용구이기 때문에 구체적인 예제를 통해 기본을 먼저 알아두자.

4-1-1 폼 관리의 기본

예를 들어, 다음은 텍스트 상자에 입력된 정보에 따라 "안녕하세요, ○○ (ㅁㅁ세) 씨!"라는 인사말 메시지를 생성하는 예제다.

예제 코드 4-1-1 StateForm.js

```js
import { useState } from 'react';

export default function StateForm() {
  // 폼으로 취급하는 값을 State로 선언
  const [form, setForm] = useState({         ─┐
    name: '홍길동',                            │ ❶
    age: 18                                   │
  });                                         ─┘

  // 폼 요소의 변경 사항을 State에 반영
  const handleForm = e => {                   ─┐
    setForm({                                 │
      ...form,                                │
      [e.target.name]: e.target.value         │ ❹
    });                                       │
  };                                          ─┘
```

```
// [보내기] 버튼으로 로그에 메시지 출력하기
const show = () => {
  console.log(`안녕하세요, ${form.name} (${form.age}세) 님!`);    ❺
};

return (
  <form>
    {/* 개별 폼 요소에 State 값 할당 */}
    <div>
      <label htmlFor="name">이름: </label>
      <input id="name" name="name" type="text"
        onChange={handleForm} value={form.name} />    ❷
    </div>
    <div>
      <label htmlFor="age">나이:</label>
      <input id="age" name="age" type="number"
        onChange={handleForm} value={form.age} />    ❸
    </div>
    <div>
      <button type="button" onClick={show}>
        보내기</button>
    </div>
    <p>안녕하세요, {form.name} ({form.age}세) 님!</p>    ❻
  </form>
);
}
```

예제 코드 4-1-2 index.js

```
import StateForm from './chap04/StateForm';
... 중략 ...
root.render(
  <StateForm />
);
```

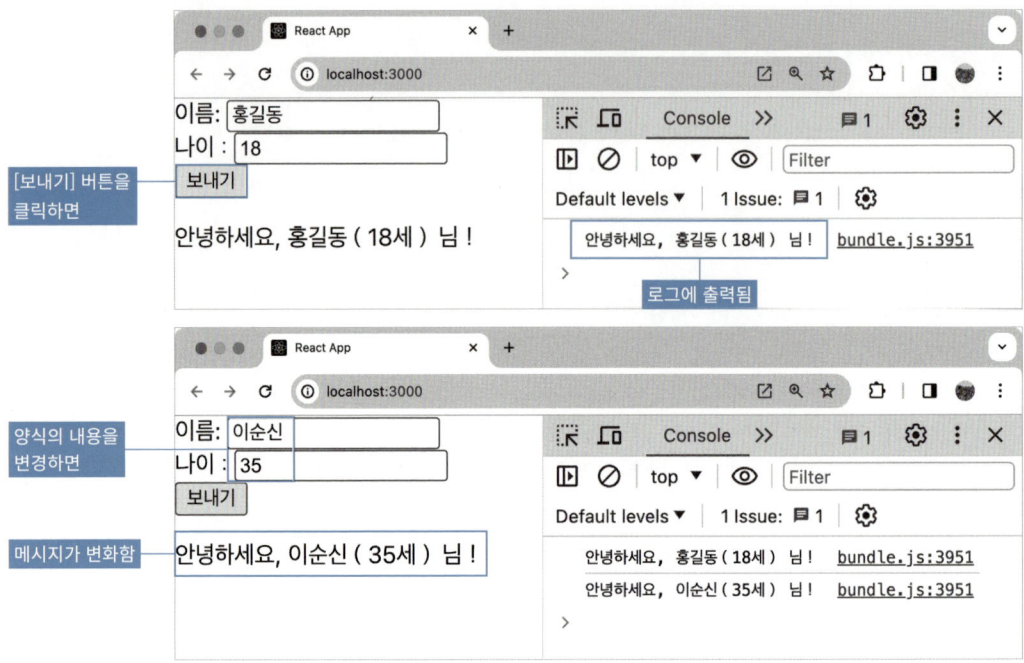

▲ 입력값에 따라 메시지도 변화

먼저 폼 요소를 관리하기 위한 그릇을 State로 준비한다(❶). 이때 다음 규칙을 준수하는 것이 포인트다.

- 폼과 관련된 값은 하나의 객체로 묶는다.
- 폼 요소의 이름(name 속성)과 State의 프로퍼티 이름이 일치하게 한다.

각 State 값은 다음과 같이 value 속성에 연결해 두자(❷, ❸). form은 State의 이름, name은 폼 요소의 이름이다.

```
value={form.name}
```

입력된 값을 State에 반영하는 것은 handleForm 메서드의 역할이다(❹). 각 입력 요소의 onChange 속성으로 등록해 놓는다(❷, ❸의 푸른색 글자 부분). setForm 함수에서

```
[e.target.name]: e.target.value
```

는 계산된 프로퍼티 이름(1-3-2항)이라는 구문으로 되어 있는데,

요소의 이름(e.target.name)을 그대로 프로퍼티명으로 전달하고, 입력값(e.target.value)을 전달한다

는 의미다. ❶에서 요소 이름과 프로퍼티 이름에 대응 관계를 부여한 것은 여기서 계산된 프로프티 이름을 활용하기 위해서였다.

이제 새로운 프로퍼티 값을 원래의 폼 값(...form)과 병합한 것을 State(form)에 다시 작성하고 있다. ...form은 객체 form을 개별 요소로 분해하라는 의미로, 굳이 중복해서 표현하자면 다음 코드와 동일하다.

```
setForm({
  name: form.name,
  age: form.age,
  [e.target.name]: e.target.value
});
```

이상으로 폼 요소와 State와의 동기화가 완료되었다. 입력값은 즉시 State에 반영되며, 당연히 State를 변경하면 폼 요소에 반영된다. 이처럼 리액트(State)에서 입력을 관리하는 방식의 컴포넌트를 제어 컴포넌트(Controlled Component)라고 한다.

모든 입력이 State에서 중앙 관리되기 때문에 입력값을 꺼내려는 경우에도 State를 참조하면 된다는 점에 주목해야 한다(Element 객체에 접근할 필요가 없다❺[1]).

📄 개별 핸들러 설치하기

물론 개별 입력 요소마다 핸들러를 준비해도 무방하다(단, 당연히 요소 수만큼의 핸들러가 필요하다). 예를 들어 다음은 '이름'(name) 란에 해당하는 핸들러를 설치하는 예시다.

```
const [name, setName] = useState('홍길동');


const handleChangeName = e => setName(e.target.value);
```

---

1 이 예시에서는 로그에 메시지를 출력하는 것뿐이지만, 일반적인 앱에서는 이 타이밍에 서버 등으로 데이터를 전송하게 될 것이다.

4-1-2 주의: change 이벤트 발생 타이밍

예제 코드를 실행한 사람들은 '어?'라고 생각했을 것이다. 그렇다, 예제 코드 4-1-1의 ❻이 입력에 즉각 반응하고 있는데, 자바스크립트 표준의 change 이벤트를 알고 있는 사람이라면 '저건 input 이벤트의 동작이 아닌가'라고 생각했을 것이다.

▼ 자바스크립트 표준 이벤트 동작

이벤트	발생 시기
change	폼 요소의 내용을 변경하고 포커스를 해제했을 때 (=변경이 확정되었을 때)
input	폼 요소에 어떤 변화가 생겼을 때

맞다, 리액트의 onChange 속성은 input 이벤트에 연결되어 있다. 일반적인 작업에서는 크게 문제가 되지 않겠지만,

자바스크립트의 change 이벤트와 리액트의 onChange 속성은 서로 다른 것

이라는 점을 한 번쯤은 기억해두면 좋을 것 같다.

참고로 리액트에서 자바스크립트 본래의 change 이벤트를 구현하는 방법은 표준으로 존재하지 않는다. 3-4-4항에서 언급했듯이 addEventListener 메서드를 직접 호출하거나 onBlur 속성으로 대체하는 등의 대안을 고려해 보자.

4-1-3 비제어 컴포넌트를 통한 폼 관리

State로 입력값을 관리하는 제어 컴포넌트(Controlled Component)에 대해 State로 입력값을 보유하지 않는 컴포넌트를 비제어 컴포넌트(Uncontrolled Component)라고 한다. State를 사용하지 않기 때문에 입력값을 원하는 경우 〈input〉/〈select〉 등의 요소에 직접 접근해야 한다.

우선 즉시 값에 접근할 수 있는 제어 컴포넌트를 추천하지만, 입력이 있을 때마다 리렌더링되거나 코드가 중복되기 쉽다는 단점이 있다. 반면 비제어 컴포넌트에서는 State를 사용하지 않기 때문에 리렌더링 발생하지 않고, 표준 구조이기 때문에 비리액트 구조에서도 쉽게 접근할 수 있다는 장점이 있다. 물론 단점도 있지만, 값의 변화를 즉각적으로 감지할 수 없기 때문에 실시간 입력값 검증이나 폼 조작에 취약하다는 단점이 있다. 결국 상황에 따라 두 가지를 적절히 활용해야 할 것이다.[2]

---

[2] 애초에 비제어 컴포넌트로만 대응할 수 있는 상황도 있다. 구체적으로 p.190도 참고하기 바란다.

이제 구체적인 예제를 살펴보겠다. 예를 들어, 다음은 예제 코드 4-1-1을 비제어 컴포넌트로 다시 작성한 예시다[3].

예제 코드 4-1-3 StateFormUC.js

```jsx
import { useRef } from 'react';

export default function StateFormUC() {
  // 리액트 요소에 대한 참조 준비
  const name = useRef(null);
  const age = useRef(null);                        ❶

  // 요소(참조)를 통해 입력값 준비
  const show = () => {
    console.log(`안녕하세요, ${name.current.value} (${age.current.value}세) 님!`);   ❹
  };

  // 폼 렌더링
  return (
    <form>
      {/* 준비된 레퍼런스를 각 요소에 연결 */}
      <div>
        <label htmlFor="name">이름: </label>
        <input id="name" name="name" type="text"
          ref={name} defaultValue="홍길동" />       ❷
      </div>
      <div>
        <label htmlFor="age">나이: </label>
        <input id="age" name="age" type="number"
          ref={age} defaultValue="18" />            ❸
      </div>
      <div>
        <button type="button" onClick={show}>
          보내기</button>
      </div>
    </form>
  );
}
```

---

3 단, 예제 코드 4-1-1-❻은 비제어 컴포넌트에서는 코드가 중복될 뿐만 아니라 본론에서 벗어나는 부분이 있어 생략했다.

| 예제 코드 4-1-4 index.js

```
import StateFormUC from './chap04/StateFormUC';
... 중략 ...
root.render(
  <StateFormUC />
);
```

비제어 컴포넌트에서는 요소 객체에서 직접 값을 가져오는 방식이었다. 따라서 먼저 대상 요소에 대한 참조를 준비하는 것이 기본이다. 구체적으로는 먼저 useRef 함수로 요소에 연결할 참조(Ref 객체)를 준비한다(❶).

| 구문 _ useRef 함수

```
useRef(initial)
```

initial : 초깃값

useRef 함수는 다양한 용도로 사용할 수 있지만, 요소에 연결할 때는 initial 인수를 null로 설정한다. 실제로 Ref 객체에 요소를 연결하는 것은 ref 속성의 역할이다(❷, ❸).

이제 요소에 접근하기 위한 참조(Ref 객체)를 준비했다. 이제 참조(name, age)에서 current 속성에 접근하여 요소 객체를 가져올 수 있으므로 ❹의 경우 해당 value 속성으로 입력값을 가져온다.

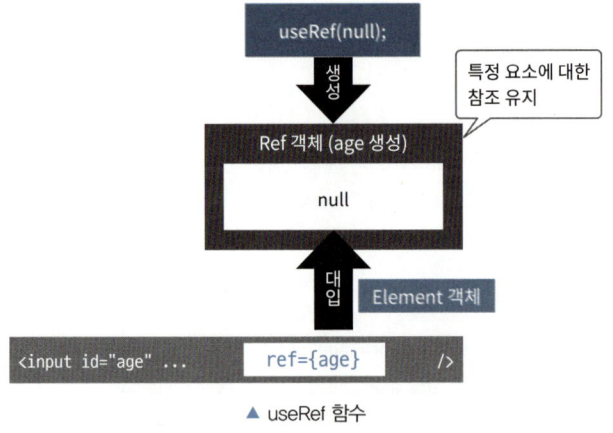

▲ useRef 함수

주의: 기본값은 defaultValue 속성으로 지정한다

제어/비제어 컴포넌트에서 폼 요소에 대한 기본값 설정 방법도 다르다. 제어 컴포넌트에서는 State로 입력값을 관리했기 때문에 기본값은 그대로 State의 초깃값으로 value 속성에 묶어두면 된다.

한편, 비제어 컴포넌트에는 State가 없으므로 기본값도 요소의 defaultValue 속성으로 할당해야 한다(텍스트 영역, 선택 상자도 마찬가지다).

value 속성이 아닌 defaultValue 속성이다. 예제 코드 4-1-3-❷를 다음과 같이 value 속성으로 다시 작성하면 값이 잠겨서 변경할 수 없으므로 주의해야 한다.

```
<input … value="홍길동" />
```

마찬가지로 라디오버튼/체크박스에서도 기본값을 나타내기 위해 checked 속성을 사용해서는 안 된다(체크 상태를 변경할 수 없게 된다). 대신 defaultChecked 속성을 사용해야 한다.

```
× <input type="checkbox" … checked />
○ <input type="checkbox" … defaultChecked />
```

4-1-4 입력 요소에 따른 폼 구현 예시

State를 통한 폼 관리에 대해 이해했다면 이번 절에서는 다양한 폼 요소를 제어 컴포넌트로 구현하는 방법에 대해 알아보겠다. 참고로 〈input〉 요소에서는 type 속성을 변경하여 숫자 스피너, 날짜 입력 박스 등 다양한 입력 박스를 표현할 수 있다. 하지만 이 요소들은 모두 표준 텍스트 박스와 동일하게 처리할 수 있으므로 이 절에서는 설명을 생략한다.

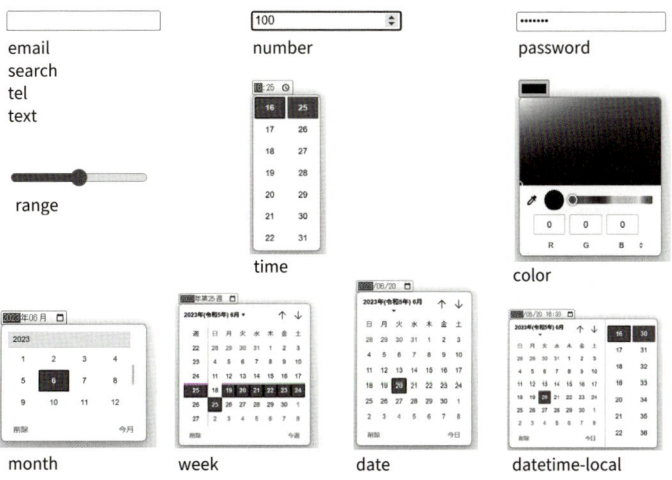

▲ 폼 요소(type 속성에 따른 외형적 차이)

텍스트 영역

텍스트 영역의 값은 텍스트박스와 마찬가지로 value 속성으로 표현된다(표준 HTML과 달리 요소 본체가 아니다!).

예제 코드 4-1-5 FormTextarea.js

```
import { useState } from 'react';

export default function FormTextarea() {
  // State 초기화
  const [form, setForm] = useState({
    comment: `다양한 폼 요소를... `
  });

  // 텍스트 영역 변경 시 입력 값을 State에 반영
  const handleForm = e => {
    setForm({
      ...form,
      [e.target.name]: e.target.value
    });
  };

  // [보내기] 버튼 클릭 시 입력값 로그 출력
  const show = () => {
    console.log(`댓글: ${form.comment}`);
  };

  return (
    <form>
      <label htmlFor="comment">댓글: </label><br />
      <textarea id="comment" name="comment"
        cols="30" rows="7"
        value={form.comment}
        onChange={handleForm}></textarea><br />
      <button type="button" onClick={show}>
        보내기</button>
    </form>
  );
}
```

예제 코드 4-1-6 index.js

```js
import FormTextarea from './chap04/FormTextarea';
... 중략 ...
root.render(
  <FormTextarea />
);
```

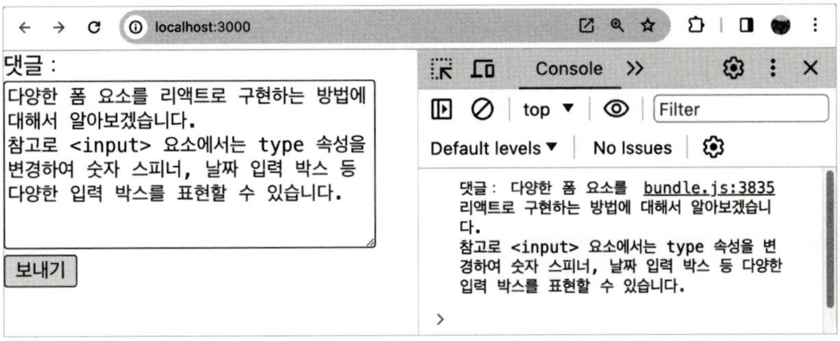

▲ 텍스트 영역에 입력한 값을 로그에 표시

선택 상자

선택 상자의 값도 〈select〉 요소의 value 속성으로 표현한다. 표준 HTML에서는 〈option〉 요소의 selected 속성으로 표현했다.

예제 코드 4-1-7 FormSelect.js

```js
import { useState } from 'react';

export default function FormSelect() {
  // State 초기화
  const [form, setForm] = useState({
    animal: 'dog'
  });

  // 선택 상자 변경 시 입력값을 State에 반영
  const handleForm = e => {
    setForm({
      ...form,
      [e.target.name]: e.target.value
    });
```

```
  };

  // [보내기] 버튼 클릭 시 입력값 로그 출력
  const show = () => {
    console.log(`좋아하는 동물:${form.animal}`);
  };

  return (
    <form>
      <label htmlFor="animal">좋아하는 동물:</label>
      <select id="animal" name="animal"
        value={form.animal}
        onChange={handleForm}>
        <option value="dog">개</option>
        <option value="cat">고양이</option>
        <option value="hamster">햄스터</option>
        <option value="rabbit">토끼</option>
      </select>
      <button type="button" onClick={show}>보내기</button>
    </form>
  );
}
```

예제 코드 4-1-8 index.js

```
import FormSelect from './chap04/FormSelect';
... 중략 ...
root.render(
  <FormSelect />
);
```

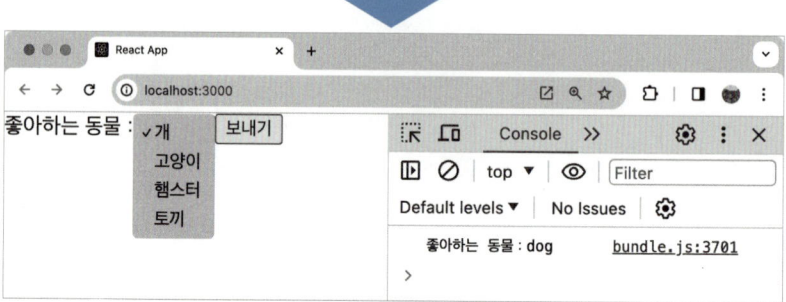

▲ 선택한 값을 로그에 표시

셀렉트박스

다중 선택이 가능한 셀렉트박스도 〈select〉 요소로 생성할 수 있다. 단, State 반영을 위한 코드가 약간 복잡해진다.

예제 코드 4-1-9 FormList.js

```js
import { useState } from 'react';

export default function FormList() {
  // State 초기화
  const [form, setForm] = useState({
    animal: ['dog', 'hamster']
  });

  // 셀렉트 박스 변경 시 입력값을 State에 반영
  const handleFormList = e => {
    // 선택값을 저장하기 위한 배열
    const data = [];
    // <option> 요소를 순차적으로 스캔하여 선택 상태의 값을 배열에 추가한다.
    const opts = e.target.options;
    for (const opt of opts) {
      if (opt.selected) {
        data.push(opt.value);
      }
    }
    // 최종 결과를 State에 반영
    setForm({
      ...form,
      [e.target.name]: data
    });
  };

  // [보내기] 버튼 클릭 시 입력값 로그 출력
  const show = () => {
    console.log(`좋아하는 동물:${form.animal}`);
  };

  return (
```

❸

```
    <form>
      <label htmlFor="animal">좋아하는 동물:</label><br />
      <select id="animal" name="animal"
        value={form.animal}              ―――――❷
        size="4" multiple={true}         ―――――❶
        onChange={handleFormList}>
        <option value="dog">개</option>
        <option value="cat">고양이</option>
        <option value="hamster">햄스터</option>
        <option value="rabbit">토끼</option>
      </select>
      <button type="button" onClick={show}>보내기</button>
    </form>
  );
}
```

| 예제 코드 4-1-10 index.js

```
import FormList from './chap04/FormList';
... 중략 ...
root.render(
  <FormList />
);
```

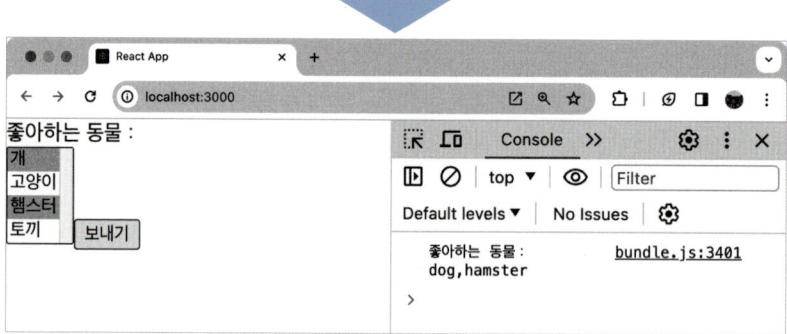

▲ 선택된 값을 열거하여 로그에 표시

다중 선택에 대응하는 셀렉트박스를 생성하려면 〈select〉 요소에 대해

❶ multiple 속성을 전달하는 것과 함께

❷ value 속성에도 배열을 전달한다.

multiple 속성과 같은 부울 속성을 지정할 때는 값으로 true를 전달했다.

셀렉트박스에서 선택한 값을 State에 반영하는 것은 ❸의 코드다. 셀렉트박스의 값은 e.target.value로 접근할 수 없다는 점에 유의해야 한다(첫 번째 선택 값만 가져올 수 있다!).

대신 e.target.options 프로퍼티에서 하위 〈option〉 요소군을 가져와서 for~of 루프를 통해 스캔한다. 그리고 해당 selected 프로퍼티가 true인(=선택 상태인) 옵션만 배열 data에 추가한다. 이제 모든 선택 값을 얻을 수 있게 되었다.

라디오 버튼

라디오 버튼의 경우 현재 값을 반영하는 코드에 약간의 공부가 필요하다.

예제 코드 4-1-11 FormRadio.js

```javascript
import { useState } from 'react';

export default function FormRadio() {
  // State 초기화
  const [form, setForm] = useState({
    os: 'windows'
  });

  // 라디오 버튼 변경 시 입력 값을 State에 반영
  const handleForm = e => {
    setForm({
      ...form,
      [e.target.name]: e.target.value
    });
  };

  // [보내기] 버튼 클릭 시 입력값 로그 출력
  const show = () => {
    console.log(`사용OS:${form.os}`);
  };

  // State의 현재 값에 따라 checked 속성 값을 결정
  return (
    <form>
```

```jsx
      <fieldset>
        <legend>사용OS:</legend>
        <label htmlFor="os_win">Windows</label>
        <input id="os_win" name="os"
          type="radio" value="windows"
          checked={form.os === 'windows'}
          onChange={handleForm} /><br />
        <label htmlFor="os_mac">macOS</label>
        <input id="os_mac" name="os"
          type="radio" value="mac"
          checked={form.os === 'mac'}
          onChange={handleForm} /><br />
        <label htmlFor="os_lin">Linux</label>
        <input id="os_lin" name="os"
          type="radio" value="linux"
          checked={form.os === 'linux'}
          onChange={handleForm} />
      </fieldset>
      <button type="button" onClick={show}>보내기</button>
    </form>
  );
}
```

| 예제 코드 4-1-12 index.js

```jsx
import FormRadio from './chap04/FormRadio';
... 중략 ...
root.render(
  <FormRadio />
);
```

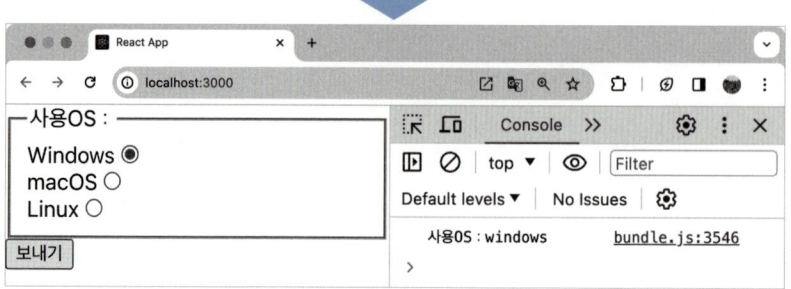

▲ 라디오 버튼의 선택 값을 로그에 표시

핵심은 푸른색 글씨 부분의 코드다. 라디오 버튼의 선택 상태는 checked 속성의 진위 여부로 나타낸다. 일반적으로 State의 현재 값(=form.os)과 라디오 버튼의 값(각각 windows, mac, linux)을 비교하여 같은 값을 체크 상태로 설정한다.

체크박스(단일 선택)

체크박스는 단일로 온/오프를 나타내는 경우와 리스트로 다중 선택 옵션을 나타내는 경우가 있다. 각각의 패턴에 따라 코드 작성 방식도 달라지므로 먼저 켜기/끄기를 나타내는 경우부터 살펴보겠다.

예제 코드 4-1-13 FormCheck.js

```js
import { useState } from 'react';

export default function FormCheck() {
  // State 초기화
  const [form, setForm] = useState({
    agreement: true         ─────❷
  });

  // 체크박스 변경 시 입력값 State에 반영
  const handleFormCheck = e => {
    setForm({
      ...form,
      [e.target.name]: e.target.checked    ─────❸
    });
  };

  // [보내기] 버튼 클릭 시 입력값 로그 출력
  const show = () => {
    console.log(`동의 확인: ${form.agreement ? '동의': '동의하지 않음'}`);
  };

  return (
    <form>
      <label htmlFor="agreement">동의합니다:</label>
      <input id="agreement" name="agreement" type="checkbox"
        checked={form.agreement}     ─────❶
        onChange={handleFormCheck} /><br />
```

```
      <button type="button" onClick={show}>보내기</button>
    </form>
  );
}
```

예제 코드 4-1-14 index.js

```
import FormCheck from './chap04/FormCheck';
... 중략 ...
root.render(
  <FormCheck />
);
```

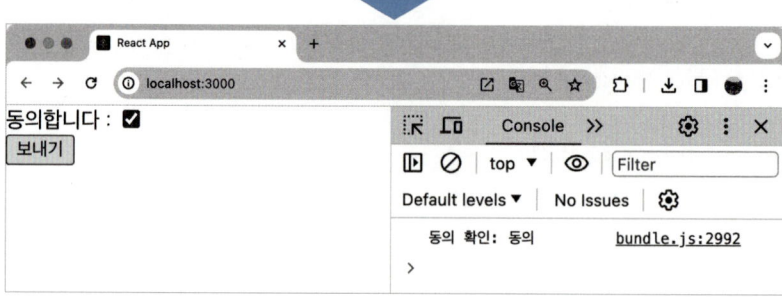

▲ 체크박스의 켜짐/꺼짐 상태를 로그에 표시

체크박스의 선택 상태는 라디오 버튼과 마찬가지로 checked 속성을 true로 설정하여 표현한다(❶). 이 예시에서는 State 값(form.agreement)으로 체크 상태를 관리하고 있다(❷). 업데이트 시에도 (value 속성이 아닌) checked 속성의 값을 State에 저장하고 있는 것을 확인할 수 있다(❸).

체크박스(복수 선택)

여러 개의 체크박스를 읽고 쓰기 위해서는 단일 체크박스보다 조금 더 복잡한 코드가 필요하다.

예제 코드 4-1-15 FormCheckMulti.js

```
import { useState } from 'react';

export default function FormCheckMulti() {
  // State 초기화
  const [form, setForm] = useState({
    animal: ['dog', 'hamster']   ❶
  });
```

```
// 체크박스 변경 시 입력값 State에 반영
const handleFormMulti = e => {
  const fa = form.animal;
  // 체크 시 배열에 값 추가, 체크 해제 시 삭제
  if (e.target.checked) {
    fa.push(e.target.value);
  } else {
    fa.splice(fa.indexOf(e.target.value), 1);
  }
  // 편집된 배열을 State에 반영
  setForm({
    ...form,
    [e.target.name]: fa
  });
};                                                                ❷

// [보내기] 버튼 클릭 시 입력값 로그 출력
const show = () => {
  console.log(`좋아하는 동물:${form.animal}`);
};

// 개별 체크박스에 체크 여부 반영
return (
  <form>
    <fieldset>
      <legend>좋아하는 동물:</legend>
      <label htmlFor="animal_dog">개</label>
      <input id="animal_dog" name="animal"
        type="checkbox" value="dog"
        checked={form.animal.includes('dog')}         ❸
        onChange={handleFormMulti} /><br />
      ... 중략 ...
    </fieldset>
    <button type="button" onClick={show}>보내기</button>
  </form>
);
}
```

| 예제 코드 4-1-16 index.js

```
import FormCheckMulti from './chap04/FormCheckMulti';
... 중략 ...
root.render(
  <FormCheckMulti />
);
```

▲ 선택된 체크박스(여러 개)를 로그에 표시

여러 개의 체크박스를 관리하려면 해당 State 값(여기서는 form.animal)도 배열로 관리한다(❶).

체크박스에서 선택한 값을 State에 반영하는 것은 ❷이다. 기존 배열 form.animal을 다음과 같은 조건으로 업데이트한다.

- 대상 요소가 체크 상태인 경우 해당 값을 추가한다.
- 대상 요소에서 체크가 해제된 경우 해당 값을 배열에서 제거한다.

이제 업데이트한 배열을 State로 다시 설정하기만 하면 된다.

State에서 관리되는 값은 단일 체크박스와 마찬가지로 checked 속성에 반영된다(❸). 단, State 값(form.animal)은 배열이므로 includes 메서드에서 해당 값이 배열에 포함되는지 판단하여 그 결과를 반영한다.

파일 입력 박스

다른 폼 요소와 달리 파일 입력 박스는 앱에서 값을 설정하지 않는다(사용자가 지정한 값을 앱이 받을 뿐, 앱이 특정 파일을 지정할 수 없다). 따라서 파일 입력 상자만 항상 비제어 컴포넌트로 구현한다.

다음은 선택한 파일 정보를 로그에 출력하는 예시다.

예제 코드 4-1-17 FormFile.js

```js
import { useRef } from 'react';

export default function FormFile() {
  // 파일 입력창에 대한 참조
  const file = useRef(null);

  // [보내기] 버튼 클릭 후 파일 정보 로그 출력
  function show() {
    const fs = file.current.files;        ──①
    // 획득한 파일군을 순서대로 스캔
    for(const f of fs){
      console.log(`파일명:${f.name}`);
      console.log(`종류:${f.type}`);
      console.log(`크기:${Math.trunc(f.size / 1024)}KB`);
    }
  }

  return (
    <form>
      <input type="file" ref={file} multiple />
      <button type="button" onClick={show}>
        보내기</button>
    </form>
  );
}
```

예제 코드 4-1-18 index.js

```js
import FormFile from './chap04/FormFile';
... 중략 ...
root.render(
  <FormFile />
);
```

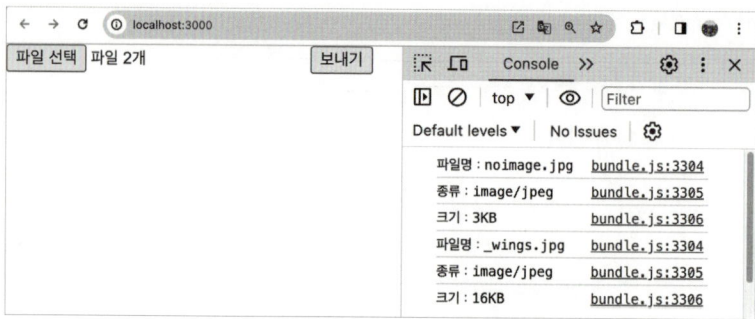

▲ 파일 정보를 로그에 표시

비제어 컴포넌트에서는 대상 요소에 대한 참조를 설정했다(4-1-3항). 생성된 Ref 객체에서 current 프로퍼티로 원하는 요소를 얻을 수 있으므로 여기서는 해당 files 프로퍼티로 지정된 파일군(FileList 객체)을 가져온다(❶[4]).

이제 파일군을 for~of 루프로 스캔하여 개별 파일(File 객체)을 검색할 수 있다. 다음 표와 같은 프로퍼티로 정보를 가져온다.

▼ File 객체의 주요 멤버

프로퍼티	개요
name	파일명
type	콘텐츠 유형
size	파일 크기 (단위는 바이트)
lastModified	최종 업데이트 일시(1970/01/01 00:00:00:00부터 경과 밀리초)

4.2 State의 구조화된 데이터 업데이트

4-1-1항의 예제 코드 4-1-1-❹를 비롯해 State로 관리되는 객체를 업데이트하기 위해 다음과 같은 코드를 여러 번 소개한 바 있다.

```
const handleForm = e => {
  setForm({
```

---

4 파일 입력 상자에 multiple 속성이 없는 경우도 마찬가지다. 이 경우 하나의 요소만 있는 FileList 객체를 반환한다.

```
    ...form,
    [e.target.name]: e.target.value
  });
};
```

아무렇지 않게 규칙처럼 써 온 코드인데, 특정 프로퍼티를 다시 작성하기만 하면 되니 다음과 같은 코드도 괜찮지 않을까 라는 생각이 들지 않는가?

```
const handleForm = e => {
  form[e.target.name] = e.target.value;
}
```

결론부터 말하자면, 이런 코드는 불가능하다. 3-1-4항에서 언급했듯이 State는 항상 세터(setXxxxx 함수)를 통해 업데이트해야 한다. 그렇지 않으면 State 값의 변경을 리액트가 인식하지 못하기 때문이다.

State에 저장된 객체를 갱신할 때는 새로운 객체를 생성한 후, 이를 setXxxxx 함수에 전달하는 것이 리액트의 방식이다.

4-2-1 스프레드 구문의 의미

이번에는 스프레드 구문 '...'의 의미를 복습해 보자.

```
setForm({
  ...form,
  [e.target.name]: e.target.value
});
```

1-3-4항에서 '...' 연산자는 객체를 분해한다고 했는데, 정확히 말하면 객체의 복제본을 생성하고 이를 분해하는 것이다. 즉, 위 코드의 경우 '기존 입력을 복제하고 업데이트된 부분(e.target.name)만 덮어쓴다'는 의미다. 참고로 단순히 객체를 복제하고 싶다면 다음과 같이 표현하면 된다.[5]

```
let obj = { x: 10, y: 20 };
let copied = {...obj};
```

---

[5] 'copied = obj'는 불가능하다. 이 경우 원래의 객체 obj에 대해 별칭 copied를 설정한 것에 불과하기 때문이다(실체는 동일하다). 이를 어렵게 표현하자면 'obj의 참조 값을 copied에 대입하는 것'이라고 할 수 있다.

단, 스프레드 구문을 통한 복제는 '얕은' 복제라는 점에 유의해야 한다. 즉, 중첩된 객체(State)를 다룰 때는 주의해야 한다.

예: 중첩된 State

이제 중첩된 State를 다루는 다음과 같은 예시를 생각해 보자.

예제 코드 4-2-1 StateNest.js

```js
import { useState } from 'react';

export default function StateNest() {
  // 인자 배열을 State로 선언
  const [form, setForm] = useState({
    name: '홍길동',
    address: {
      do: '충청남도',
      city: '태안'
    }
  });  // ❶

  // 1단계 요소를 업데이트하는 핸들러
  const handleForm = e => {
    setForm({
      ...form,
      [e.target.name]: e.target.value
    });
  };  // ❹

  // 2단계 요소를 업데이트하는 핸들러
  const handleFormNest = e => {
    setForm({
      ...form,           // ❻
      address: {
        ...form.address, // ❼
        [e.target.name]: e.target.value
      }
    });
  };  // ❺
```

```jsx
// [보내기] 버튼 클릭으로 폼 정보 로그 출력
const show = () => {
  console.log(`${form.name} (${form.address.do} ${form.address.city}) `);
};

return (
  <form>
    <div>
      <label htmlFor="name">이름:</label>
      <input id="name" name="name" type="text"
        onChange={handleForm} value={form.name} />
    </div>
    <div>
      <label htmlFor="do">주소(도):</label>
      <input id="do" name="do" type="text"
        onChange={handleFormNest} value={form.address.do} />  ❷
    </div>
    <div>
      <label htmlFor="city">주소(시/군/구):</label>
      <input id="city" name="city" type="text"
        onChange={handleFormNest} value={form.address.city} />  ❸
    </div>
    <div>
      <button type="button" onClick={show}>
        보내기</button>
    </div>
  </form>
);
}
```

| 예제 코드 4-2-2 index.js

```jsx
import StateNest from './chap04/StateNest';
... 중략 ...
root.render(
  <StateNest />
);
```

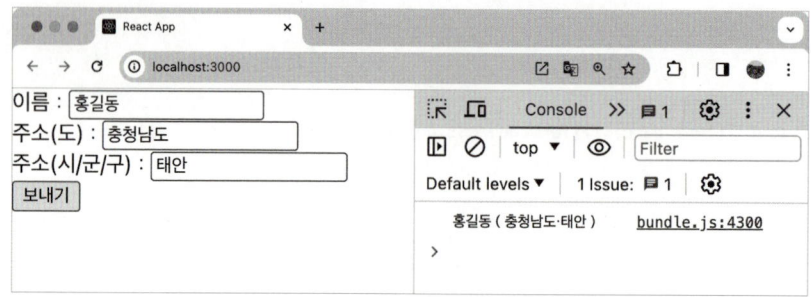

▲ 중첩 구조의 State를 다루는 폼

이 예시에서는 address 프로퍼티가 중첩된 부분이다(❶). 중첩되어도 참조하는 쪽은 'form.address.city' 처럼 점 연산자를 써서 이어 붙이기만 하면 된다. 일반적인 객체 참조 표기법이기 때문에 특별히 주목할 점은 없다(❷, ❸).

다른 점은 업데이트 코드다. 이 예제에서는 계층에 따라 핸들러를 다르게 작성하고 있다. 먼저 첫 번째 계층에 속하는 name 프로퍼티의 갱신(❹)은 지금까지와 동일하므로 문제없을 것이고, 두 번째 계층인 address 프로퍼티 아래 city/do 프로퍼티의 갱신(❺)에 주목해 보자.

다시 말하지만, 스프레드 구문으로 객체를 복제하는 것은 '얕은' 복제다. 먼저 ❻에서 form 객체 자체를 복제한다. 이 시점에서는 address 프로퍼티(하위 객체)는 원본 그대로이므로 address 프로퍼티를 추가로 복제하는 것이 ❼이다. 이제 복제된 address 프로퍼티에 대해 입력값으로 덮어쓰기만 하면 된다.

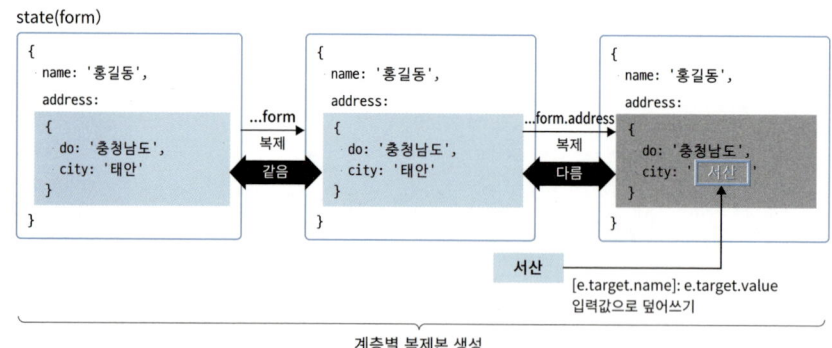

▲ 계층적 State 복제

이제 중첩된 객체를 업데이트할 수 있게 되었다. 중첩이 더 깊어진 경우에도 마찬가지다. 이렇게 처리 자체는 간단하지만, 중첩의 개수가 많아지거나 계층이 많아지면 코드가 중복될 수 있다. 일반적으로 State는 가급적 평평하게 만드는 것이 좋다.

📄 State의 정규화

예를 들어, 도서 정보를 표현하기 위해 다음 그림과 같이 계층적인 State를 갖는 것은 바람직하지 않다.

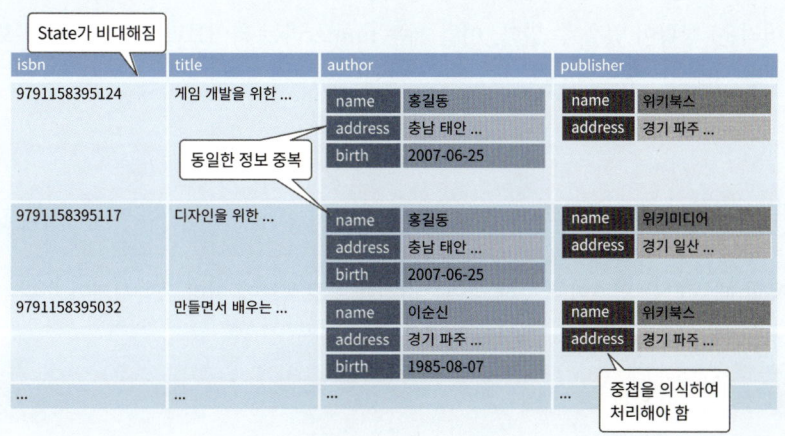

▲ 계층화된 State는 다루기 힘들다

여러 개의 중첩이 발생하여 State가 다루기 힘들어질 뿐만 아니라, 동일한 정보가 중복되어 불필요하게 State가 비대해져 버린 것이다. 이러한 State가 발생하면 다음 그림과 같이 책, 저자, 출판사 등의 State로 분할하는 것을 고려해 보자. 그리고 책에서 저자 id, 출판사 id만 참조하는 것이다.

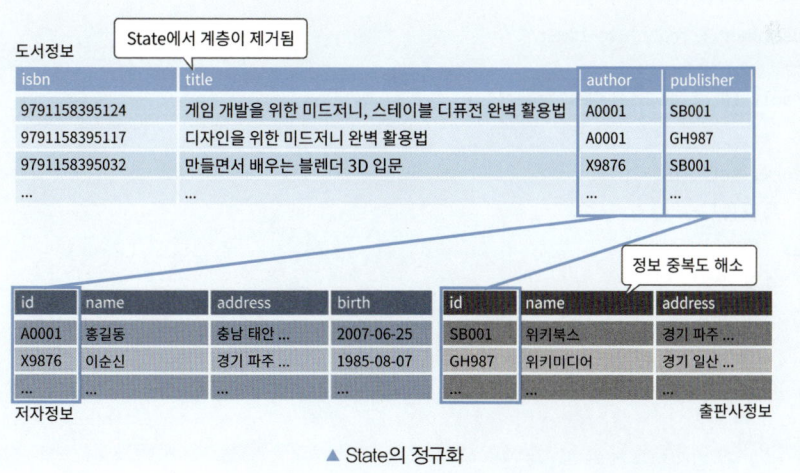

▲ State의 정규화

이를 통해 복잡한 중첩을 최대한 피할 수 있고, 무엇보다 정보 중복을 피할 수 있어 정보 변경 시에도 업데이트 누락이 발생할 가능성이 적다.

이러한 정보를 정리하는 것을 데이터베이스 세계에서는 정규화라고 한다. 어떻게 정리해야 할지 고민이라면 '테이블 정규화'라는 키워드로 검색해 보는 것을 추천한다.

4-2-2 Immer 라이브러리를 통한 개선

하지만 State 이외의 다른 데이터 구조와 일치시켜야 하는 등 어떤 이유로 State에서 계층을 제외할 수 없는(제외하기 어려운) 상황이 있을 수 있다. 이럴 때는 Immer라는 라이브러리를 이용하면 보다 직관적으로 중첩된 객체를 업데이트할 수 있다.

- Immer

  URL https://github.com/immerjs/use-immer

Immer를 사용할 때는 다음 명령어를 통해 라이브러리를 프로젝트에 미리 포함시켜야 한다.

```
> npm install use-immer
```

정확히는 use-immer는 Immer를 React에서 사용하기 위한 라이브러리이며, use-immer를 설치하면 Immer도 함께 설치된다.

라이브러리 설치가 완료되면 예제 코드 4-2-1을 Immer를 사용하여 다시 작성해 보자.

예제 코드 4-2-3 StateNestImmer.js

```js
import { useImmer } from 'use-immer';

export default function StateNestImmer() {
  // 폼으로 취급하는 값을 State로 선언
  const [form, setForm] = useImmer({          // ❶
    name: '홍길동',
    address: {
      do: '충청남도',
      city: '태안'
    }
  });

  // 1단계 요소를 업데이트하는 핸들러
  const handleForm = e => {
    setForm(form => {                          // ❷
      form[e.target.name] = e.target.value;
    });
  };
```

```
// 2단계 요소를 업데이트하는 핸들러
const handleFormNest = e => {
  setForm(form => {
    form.address[e.target.name] = e.target.value;      ❸
  });
};
... 중략 ...
}
```

예제 코드 4-2-4 index.js

```
import StateNestImmer from './chap04/StateNestImmer';
... 중략 ...
root.render(
  <StateNestImmer />
);
```

useImmer 함수의 사용법은 useState 함수와 유사하므로 특별히 언급할 사항은 없다(❶). 인수로 State의 초깃값을 전달하고, 반환값으로 [State 값, State의 세터]를 받는다.

다른 점은 세터의 사용법이다(❷). useImmer 함수로 생성된 세터에서는 세터의 용도가 다음과 같은 성격을 가지고 있다.

- State를 인수로 받는다
- 함수 내부에서 State를 업데이트할 수 있다

세터 아래에서 변경된 내용은 내부적으로 복제된 State에 반영되는데, 지금까지 스프레드 구문으로 표현하던 부분을 대신해 주는 것이다. 중첩된 ❸에서도 거의 비슷하게 작성할 수 있어 코드가 훨씬 간단해졌다.

핸들러 공통화하기

본문의 예시에서는 계층 단위로 핸들러를 설치했지만, 이를 통일하는 것도 가능하다.

예제 코드 4-2-5 StateNestImmer2.js

```js
export default function StateNestImmer2() {
  ... 중략 ...
  const handleNest = e => {
    // 요소명을 '.'으로 분해(요소 이름이 'xxxxx.xxxxx'라는 가정 하에)
    const ns = e.target.name.split('.');
    setForm(form => {
      // 계층에 따라 대위임처를 변경한다.
      if (ns.length === 1) {
        form[ns[0]] = e.target.value;
      } else {
        form[ns[0]][ns[1]] = e.target.value;
      }
    });
  };
  ... 중략 ...
  return (
    <form>
      <div>
        <label htmlFor="name">이름:</label>
        <input id="name" name="name" type="text"
          onChange={handleNest} value={form.name} />
      </div>>
      <div>
        <label htmlFor="do">주소(도):</label>
        <input id="do" name="address.do" type="text"       ──❶
          onChange={handleNest} value={form.address.do} />
      </div>
      <div>
        <label htmlFor="city">주소(시/군/구):</label>
        <input id="city" name="address.city" type="text"   ──❷
          onChange={handleNest} value={form.address.city} />
      </div>
      <div>
        <button type="button" onClick={show}>
          보내기</button>
      </div>
    </form>
  );
}
```

❸ (if/else 블록)

| 예제 코드 4-2-6 index.js

```
import StateNestImmer2 from './chap04/StateNestImmer2';
... 중략 ...
root.render(
  <StateNestImmer2 />
);
```

❶, ❷와 같이 name 속성에 계층에 따른 이름을 붙이는 것이 포인트다. 그리고 핸들러 측에서 계층에 따라 대입할 대상을 할당하고 있다(❸). 이 예시에서는 2계층으로 한정했지만, 계층이 늘어나도 분기가 늘어날 뿐이다[6].

4-2-3 배열 업데이트

배열형 State에 대해서도 객체형과 같은 이유로 직접 업데이트할 수 없다. 구체적으로는 배열을 조작할 때 오른쪽 표의 규칙에 따라 메서드를 선택해야 한다.

'피해야 할 것'에 속하는 메서드는 소위 파괴적인 메서드[8]다. 이들은 State의 갱신 규칙에 위배되므로 '이용해야 할 것'에 있는 비파괴적인 메서드(=변경 결과를 반환하는 메서드)를 이용하게 된다.

▼ 배열 조작에서 활용해야 할 메서드[7]

조작	○ 이용해야 할 것	× 피해야 할 것
추가	concat, [...list]	push, unshift
업데이트	map	splice, list[i] =~
삭제	filter, slice	pop, shift, splice
정렬	미리 배열을 복제	sort, reverse

이어서 이러한 방법들에 대해 간단한 Todo 앱을 만들면서 그 사용법을 소개하겠다.

▲ 이번 절에서 만드는 Todo 앱(완성판)

---

[6] 앞서 언급했듯이 State에 너무 깊은 계층을 두어서는 안 된다. 임의의 n 계층에 대응하는 코드까지 준비하는 것은 너무 거창한 일이다.
[7] 참고로 4-2-2항에서 언급한 Immer를 이용하는 것도 가능하다. 이 경우 표의 오른쪽 열의 메서드도 이용할 수 있다.
[8] 메서드의 처리 결과를 반환값으로 반환하는 것이 아니라, 호출한 객체를 직접 변경하는 메서드를 말한다.

배열에 추가 – Todo 신규 등록

먼저 할 일을 새로 등록하고 목록으로 표시하는 것부터 살펴보겠다.

예제 코드 4-2-7 StateTodo.js

```js
import { useState } from 'react';

// Todo 항목 id의 최댓값(등록할 때마다 증가)
let maxId = 0;
export default function StateTodo() {
  // 입력값(title), 할 일 목록(todo)을 State로 관리
  const [title, setTitle] = useState('');
  const [todo, setTodo] = useState([]);

  // 텍스트 상자에 입력한 내용을 State에 반영
  const handleChangeTitle = e => {
    setTitle(e.target.value);
  };

  const handleClick = () => {
    // 새 할 일 추가하기
    setTodo([
      ...todo,           // ❷
      {
        id: ++maxId, // id 값
        title, // Todo 본체
        created: new Date(), // 생성 날짜 및 시각   ❸   ❶
        isDone: false // 실행 완료?
      }
    ]);
  };

  return (
    <div>
      <label>
        해야 할 일:
        <input type="text" name="title"
          value={title} onChange={handleChangeTitle} />
      </label>
      <button type="button"
```

```
        onClick={handleClick}>추가하기</button>
      <hr />
      {/* 할 일을 목록으로 정리하기 */}
      <ul>
        {todo.map(item => (
          <li key={item.id}>{item.title}</li>
        ))}
      </ul>
    </div>
  );
}
```

| 예제 코드 4-2-8 index.js

```
import StateTodo from './chap04/StateTodo';
... 중략 ...
root.render(
  <StateTodo />
);
```

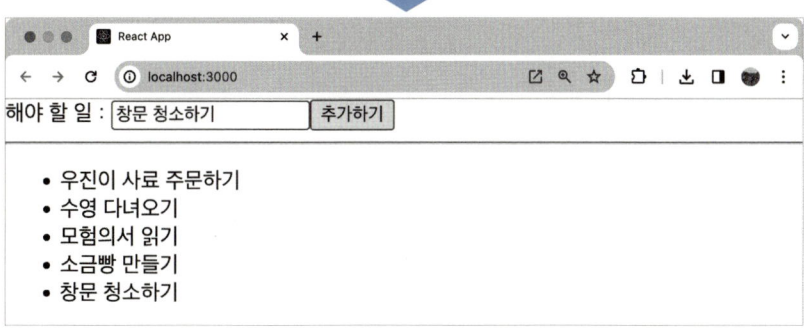

▲ 추가한 Todo를 목록으로 표시

State의 정의, 핸들러 등록 등은 이미 나온 내용이기 때문에 주목할 부분은 ❶의 코드뿐이다.

이 절의 서두에서도 언급했듯이, 배열에 새로운 요소를 추가할 때 push/unshift와 같은 파괴적인 메서드는 사용할 수 없다. 대신 '...' 연산자로 원래 배열을 복제하고(❷), 새로운 요소를 추가한다(❸). 객체 예제에서 봤던 것과 동일하다.

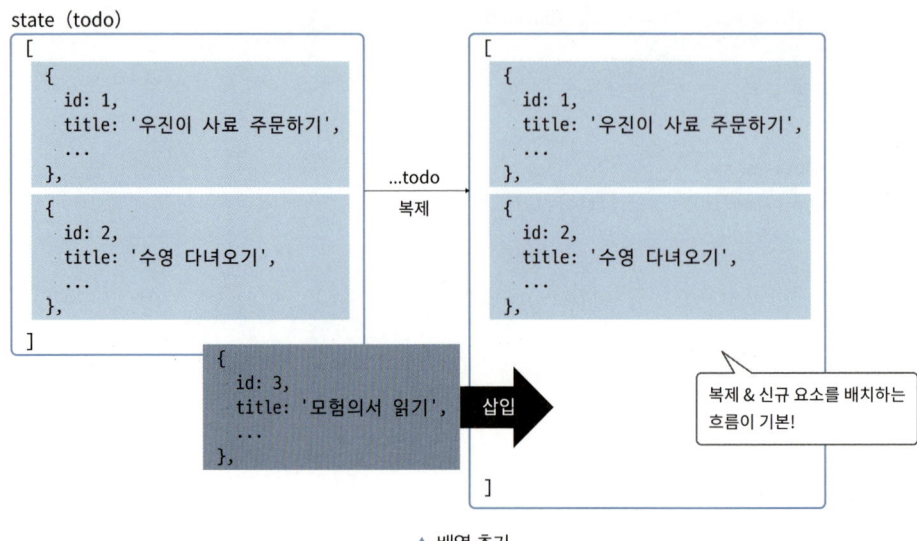

▲ 배열 추가

배열 업데이트 – Todo 완료 체크

다음으로 기존 배열을 업데이트해 보겠다. Todo 리스트의 오른쪽에 [완료] 버튼을 추가하고, 이를 누르면 해당 Todo 항목에 취소선을 넣는다.

예제 코드 4-2-9 StateTodo.js

```
import { useState } from 'react';
import './StateTodo.css';

let maxId = 0;
export default function StateTodo() {
  ... 중략 ...
  // [완료] 버튼으로 Todo 항목을 완료 상태로 변경
  const handleDone = e => {
    // todo 배열을 스캔하여 id 값이 같은 것을 검색
    setTodo(todo.map(item => {
      if (item.id === Number(e.target.dataset.id)) {
        return {
          ...item,
          isDone: true
        };
```

```
    } else {                                              ────────────┐
      return item;                              ─────────④            │
    }                                                                 │❷
  }));                                                                │
};                        ─────────────────────────────────────────────

return (
  <div>
  ... 중략 ...
    <ul>
      {todo.map(item => (
        <li key={item.id}
          className={item.isDone ? 'done' : ''}>     ─────────❺
          {item.title}
          <button type="button"                ─────────┐
            onClick={handleDone} data-id={item.id}>완료   │❶
          </button>                            ─────────┘
        </li>
      ))}
    </ul>
  </div>
);
}
```

| 예제 코드 4-2-10 StateTodo.css

```
.done {
  text-decoration: line-through;
}
```

▲ [완료] 버튼으로 Todo 항목에 취소선 표시

우선 트리거가 될 [완료] 버튼부터 준비한다(❶). [완료] 버튼을 추가하는 것만으로는 Todo 항목을 특정할 수 없으므로, data-id 속성(3-4-2항의 고유 데이터 속성)에 각 항목의 id 속성을 할당해 둔다. 목록에서 특정 항목을 조작할 때 꼭 필요한 기능이므로 꼭 기억해 두자.

[완료] 버튼에서 호출되는 것이 handleDone 함수다(❷). 거듭 말하지만, State 값에 대해 다음과 같은 업데이트는 불가능하다.

```
todo[e.target.dataset.id].isDone = true;
```

map 메서드로 모든 요소를 스캔하여 현재 id 값(item.id)과 data-id 속성(e.target.dataset.id)이 일치하는 요소에 대해 기존 요소를 복제(...item)한 후, 해당 isDone 속성을 true로 설정한다(❸).

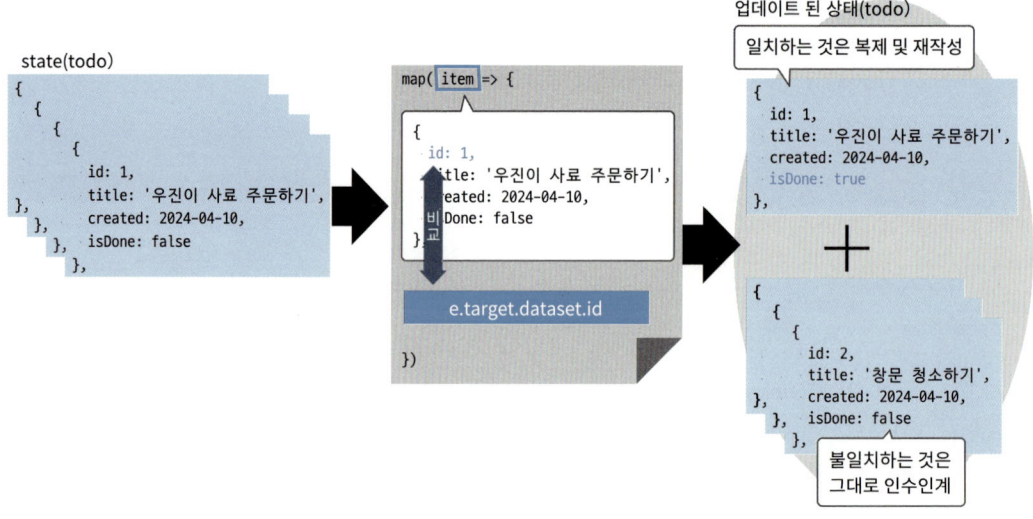

▲ Todo를 '완료'로 만드는 흐름

그 외의 요소는 업데이트 대상이 아니므로 원래의 요소를 그대로 반환하도록 한다(❹). 이제 map 메서드 전체적으로는 원하는 요소만 업데이트된 새로운 Todo 목록이 생성되고, 이를 Setter에 전달하면 State가 업데이트된다. 마지막으로 isDone 속성이 true인 항목에 대해 done 스타일 클래스를 부여하면 완성이다(❺).

배열 삭제 – Todo 항목 삭제

Todo 항목을 실행 완료로 설정하는 대신 완전히 삭제해 보자.

| 예제 코드 4-2-11 StateTodo.js

```jsx
export default function StateTodo() {
  ...중략...
  // [삭제] 버튼으로 해당 Todo 항목을 삭제
  const handleRemove = e => {
    setTodo(todo.filter(item =>
      item.id !== Number(e.target.dataset.id)
    ));
  };

  ...중략...
  return (
    <div>
      ...중략...
      <ul>
        {todo.map(item => (
          <li key={item.id}
            className={item.isDone ? 'done' : ''}>
            {item.title}
            <button type="button"
              onClick={handleDone} data-id={item.id}>완료
            </button>
            <button type="button"
              onClick={handleRemove} data-id={item.id}>삭제
            </button>
          </li>
        ))}
      </ul>
    </div>
  );
}
```

❷ (handleRemove 함수)
❶ (삭제 버튼)

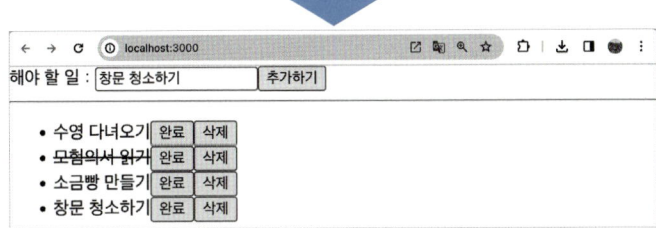

▲ [삭제] 버튼으로 Todo 항목 삭제하기

[삭제] 버튼에 data-id 속성을 추가하여 Todo 항목을 식별할 수 있도록 하는 점은 업데이트와 동일하다 (❶).

그리고 배열 요소의 삭제는 filter 메서드를 이용한다(❷). filter는 원래 조건에 맞는 요소만 추출하기 위한 메서드이지만, 이 예시에서는 현재 id 값(item.id)과 data-id 속성(e.target.dataset.id)이 일치하지 않는 요소만 남김으로써 [삭제] 버튼이 눌린 항목만 제거한 것이다.

배열 정렬 – Todo 항목의 오름차순/내림차순 정렬

Todo를 생성한 날짜와 시간에 대해 오름차순/내림차순으로 정렬해 보자.

| 예제 코드 4-2-12 StateTodo.js

```
export default function StateTodo() {
  // 다음 정렬 방향 (내림차순인 경우 true)
  const [desc, setDesc] = useState(true);
  ...중략...
  const handleSort = e => {
    // 기존 Todo 목록을 복제하여 정렬하기
    const sorted = [...todo];              ───── ❶
    sorted.sort((m, n) => {
      // desc 값에 따라 오름차순/내림차순 결정
      if (desc) {
        return n.created.getTime() - m.created.getTime();
      } else {
        return m.created.getTime() - n.created.getTime();               ❸
      }
    });
    // desc 값 반전
    setDesc(d => !d);
    // 정렬된 목록 재설정
    setTodo(sorted);              ───── ❷
  };

  return (
    <div>
      <label>
        해야 할 일:
```

```
      <input type="text" name="title"
        value={title} onChange={handleChangeTitle} />
    </label>
    <button type="button"
      onClick={handleClick}>추가하기</button>
    {/* desc 값에 따라 캡션 변경 */}
    <button type="button"
      onClick={handleSort}>
      정렬({desc ? '↑' : '↓'})</button>                    ❹
    ... 중략 ...
  </div>
);
}
```

▲ [정렬] 버튼으로 목록을 새로 추가한 순서로 정렬하기

정렬에 대해서는 3-2-1항에서도 언급했지만, State 값을 정렬할 때 직접 업데이트할 수 없으므로 미리 복제해 두는 것이 좋다(그렇지 않으면 반영되지 않는다!❶). 그리고 정렬 결과를 다시 State로 설정하는 것이다(❷).

또한, created 프로퍼티처럼 직접 감산할 수 없는 타입(date 타입)이더라도 수치 표현(여기서는 타임스탬프 값)으로 변환하면 정렬할 수 있다는 점도 주목할 만하다(❸).

[정렬] 버튼은 다음 정렬 방향을 알 수 있도록 desc 값에 따라 '↓', '↑'를 뒤집어 놓는다(❹).

4.3 검증 기능 구현 – React Hook Form

입력 폼에서 입력값 검증 기능은 빼놓을 수 없는 기능이다. 앱으로 받아들여서는 안 되는 값을 걸러내는 것은 보안 대책의 일환이기도 하다. 물론 검증 과정 자체는 기본적으로 동일하지만, 매번 비슷한 코드를 작성해야 하는 것은 번거롭다. 신뢰성 측면에서도 독창성을 요구하지 않는 부분은 기성 라이브러리에 의존하는 것이 좋다.

리액트에서 사용할 수 있는 검증 라이브러리는 여러 가지가 있지만, 이 책에서는 Hook(7장)과 친밀도가 높고 Yup, MUI 등 외부 라이브러리와도 자유롭게 연동할 수 있는 React Hook Form에 대해 설명한다.

- React Hook Form

  URL https://react-hook-form.com/

React Hook Form을 사용할 때 다음 명령어를 통해 라이브러리를 프로젝트에 미리 추가해 둔다.

```
> npm install react-hook-form
```

4-3-1 React Hook Form의 기본

그럼 지금부터 구체적인 예제를 살펴보겠다. 이번 절에서 작성할 폼은 다음과 같은 검증 기능이 있는 폼이다.

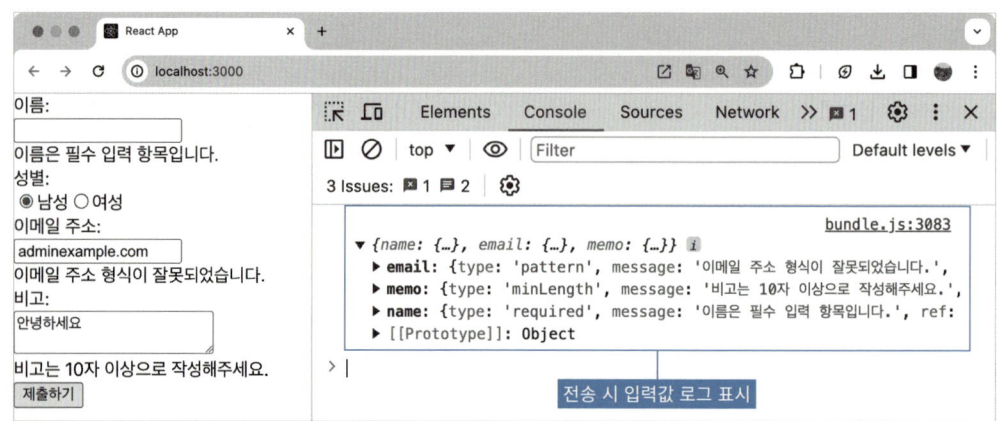

▲ React Hook Form을 사용하여 구현한 폼

구체적인 구현 코드는 다음과 같다.

예제 코드 4-3-1 FormBasic.js

```js
import { useForm } from 'react-hook-form';

export default function FormBasic() {
  // 기본값 준비
  const defaultValues = {
    name: '홍길동',
    email: 'admin@example.com',
    gender: 'male',
    memo: ''
  };

  // 폼 초기화
  const { register, handleSubmit,
    formState: { errors } } = useForm({
    defaultValues
  });                                              ❶

  // 제출 시 처리
  const onsubmit = data => console.log(data);
  const onerror = err => console.log(err);         ❺

  return (
    <form onSubmit={handleSubmit(onsubmit, onerror)} noValidate>    ❹
      {/* 검증 규칙 등을 폼에 연결 */}
      <div>
        <label htmlFor="name">이름:</label><br/>
        <input id="name" type="text"
          {...register('name', {
            required: '이름은 필수 입력 항목입니다.',
            maxLength: {
              value: 20,
              message: '이름은 20자 이내로 작성해주세요.'
            }
          })}
        />                                         ❷
        <div>{errors.name?.message}</div>          ❸
      </div>
```

```
<div>
  <label htmlFor="gender">성별:</label><br/>
  <label>
  <input type="radio" value="male"
    {...register('gender', {
      required: '성별은 필수입니다.',
    })} />남성
  </label>
  <label>
  <input type="radio" value="female"
    {...register('gender', {
      required: '성별은 필수입니다.',
    })} />여성
  </label>
  <div>{errors.gender?.message}</div>
</div>
<div>
  <label htmlFor="email">이메일 주소:</label><br/>
  <input id="email" type="email"
    {...register('email', {
      required: '이메일 주소는 필수 입력사항입니다.',
      pattern: {
        value: /([a-z\d+\-.]+)@([a-z\d-]+(?:\.[a-z]+)*)/i,
        message: '이메일 주소 형식이 잘못되었습니다.'
      }
    })} />
  <div>{errors.email?.message}</div>
</div>
<div>
  <label htmlFor="memo">메모:</label><br/>
  <textarea id="memo"
    {...register('memo', {
      required: '비고는 필수 입력 항목입니다.',
      minLength: {
        value: 10,
        message: '메모는 10자 이상으로 작성해주세요.'
      }
    })} />
  <div>{errors.memo?.message}</div>
```

```
      </div>
      <div>
        <button type="submit">제출하기</button>
      </div>
    </form>
  );
}
```

예제 코드 4-3-2 index.js

```
import FormBasic from './chap04/FormBasic';
... 중략 ...
root.render(
  <FormBasic />
);
```

❶ React Hook Form을 초기화하는 것은 useForm 함수

React Hook Form은 이름에서 알 수 있듯이 훅을 기반으로 한다. 7장에서도 설명하겠지만, 훅에서는 useXxxxx 함수를 호출하는 것이 기본이다(State를 초기화하기 위해 useState 함수를 사용했던 것을 기억하자). React Hook Form이라면 useForm 함수로 폼을 초기화해 두면 된다.

구문 _ useForm 함수

useForm(opts)

opts : 동작 옵션 ('옵션명: 값, ...' 형식. 옵션은 다음 표 참조)

▼ useForm 함수의 주요 동작 옵션(인수 opts)

옵션		개요
defaultValues		각 필드의 기본값
mode	검증을 실행하는 타이밍	
	설정값	개요
	onChange	입력 요소가 변경될 때마다 (성능 저하 가능성 있음)
	onBlur	입력 요소에서 초점이 벗어났을 때
	onSubmit	제출 시 (이후 onChange, 기본값)
	onTouched	첫 번째 onBlur 타이밍 검증 (이후 onChange)
	all	onBlur/onChange 시

옵션	개요
reValidateMode	폼 제출 시 오류를 재검증하는 타이밍(onChange, onBlur, onSubmit. 기본값은 onChange)
criteriaMode	오류를 유지하는 방법

	설정값	개요
	firstError	필드 단위로 첫 번째 오류만 유지 (기본값)
	all	모든 오류 유지

옵션	개요
shouldUseNativeValidation	브라우저 기본 유효성 검사 기능 활성화 여부(기본값은 false)
shouldFocusError	데이터 전송 시 오류가 발생했을 때 오류 발생 지점으로 포커스 이동 여부 (기본값은 true)
delayError	오류를 표시하기까지의 지연 시간
resolver	외부 검증 라이브러리 적용을 위한 함수 (4-3-4항)

이번 예제에서는 최소한 각 필드의 초깃값(defaultValues)만 설정했다.

useForm 함수의 반환 값은 폼 생성에 필요한 변수/함수를 포함하는 객체다. 구체적으로 다음 표와 같은 멤버를 제공한다.

▼ useForm 함수의 반환값 (객체의 주요 멤버[9])

멤버	개요
register(...)	폼 요소에 연결해야 하는 이벤트 핸들러 등을 포함한 객체(구문은 아래 설명)
formState	폼의 상태를 나타내는 객체(4-3-3항)
*watch(name)	지정된 요소 name의 값 가져오기(변경사항 모니터링)
*getValues(name)	지정된 요소 name의 값을 가져옴
handleSubmit(onSuc, onErr)	제출 시 실행되는 핸들러를 설정
*reset(values)	폼 값을 지정된 값 '요소명: 값....'으로 재설정
resetField(name)	지정된 요소 name을 재설정
setError(name, error)	지정된 요소 name에 오류를 연결
*clearErrors(name)	지정된 요소 name의 오류를 지움
setValue(name, value)	지정된 요소 name에 값 value를 설정

9 표에서 '*'가 붙은 메서드는 인수 name/values를 생략할 수 있다. 이 경우, 모든 요소가 조작(취득 등)의 대상이 된다.

멤버	개요		
setFocus(name)	지정된 요소 name에 포커스		
getFieldState(name)	지정된 요소 name의 상태를 가져옴 (반환 값 객체의 멤버는 다음과 같다)		
	멤버	개요	
	isDirty	필드가 변경되었는지 여부	
	isTouched	필드가 조작되고 있는지(focus/blur 이벤트 발생 여부)	
	invalid	오류 감지 여부	
	error	오류 정보	
*trigger(name)	지정된 요소 name으로 유효성 검사 실행		

일반적으로 ❶의 예제와 같이 분할 대입({…})을 통해 나중에 참조할 변수/함수만 추출한다. 이 예시에서는 register, handleSubmit, formState-errors 프로퍼티를 각각 같은 이름의 변수로 추출하고 있다[10].

❷ 입력 요소에 핸들러 등을 등록하는 register 함수

register는 지정된 필드에 해당하는 이벤트 핸들러, 참조 등을 등록하기 위한 함수다.

▍구문 _ register 함수

```
register(name [, opts])

name : 필드 이름
opts : 동작 옵션 ('옵션명: 값,…' 형식. 옵션은 다음 표 참조)
```

▼ register 함수의 주요 동작 옵션 (인수 opts)

분류	옵션	개요
기본	value	입력값
	disabled	입력 요소 비활성화 여부(기본값은 false)
	onChange	change 이벤트 핸들러
	onBlur	blur 이벤트 핸들러

---

10 {…}가 중첩되어 있는 것은 formState 속성의 하위 속성(errors)에 접근하라는 의미다.

분류	옵션	개요
검증	required	필수 검증 활성화 여부(true/false)
	maxLength	최대 문자열 길이
	minLength	최소 문자열 길이
	max	최댓값
	min	최솟값
	pattern	입력값이 지정된 정규 표현식에 일치하는지 여부
	validate	검증에 이용하는 함수(4-3-2항)
변환	valueAsNumber	입력값을 Number로 반환할지
	valueAsDate	입력값을 날짜 유형으로 반환할지
	setValueAs	입력값 변환을 위한 함수

인수 opts의 대부분은 유효성 검사 규칙이다. 이번 예시에서도 각 필드에 대해 다음 표와 같은 검증 규칙을 설정했다.

▼ 이번 예제에 설정된 검증 규칙

필드명	검증 규칙
name	필수, 최대 문자열 길이(20자)
name	필수
name	필수, 정규식(이메일 주소)
memo	필수, 최소 문자열 길이(10자)

검증 규칙을 지정하는 방법은 추가 매개변수의 유무에 따라 달라진다.

- 매개변수가 없는 것(required 등): '검증명: 오류 메시지'
- 매개변수가 있는 것(maxLength/pattern 등): '검증명: { 매개변수명: 값, ... }'

예를 들어 maxLength의 경우 value(최대 길이), message(오류 메시지)를 객체로 묶어서 전달하고 있다.

register 함수의 반환 값은 다음 표와 같은 프로퍼티로 구성된 객체다.

▼ register 함수의 반환값

프로퍼티	개요
onChange	change 이벤트 핸들러
onBlur	blur 이벤트 핸들러
ref	참조
name	필드명

즉, ❷는 의미적으로 다음과 동일하다.

```
const { onChange, onBlur, ref, name } = register('name', { … });
... 중략 ...
<input id="name" type="text"
  onChange={onChange} onBlur={onBlur} ref={ref} name={name} />
```

{...register('name')}처럼 스프레드 구문으로 표현하는 것이 더 간단하기 때문에 ❷의 작성법을 관용구로 익혀두자. 언뜻 보면 이해하기 어려운 구문일 수 있지만, 일단 해독하고 나면 어렵지 않다.

❸ 검증 결과를 참조하는 errors 객체

검증의 성공 여부(true/false)는 ❶의 useForm 함수에서 가져온 errors 객체를 참조하여 확인할 수 있으며, errors는 다음과 같은 구조의 객체다.

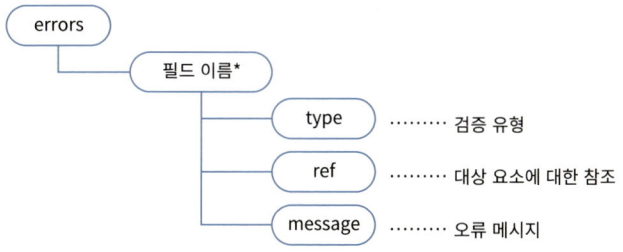

▲ errors 객체의 구조 ('*'는 대상 요소만 여러 개 있음)

따라서 오류 유무만 확인한다면 'errors.필드명'으로도 충분하다. 이 예시에서는 오류가 존재할 경우 오류 메시지를 표시하고 싶기 때문에 'errors.필드명?.message'로 지정한다. '?.'는 optional chaining 연산자(1-3-5항)로, 'errors.필드명'이 존재하지 않는 경우 null을 반환한다(message 프로퍼티에 대한 접근은 발생하지 않는다).

④⑤ 제출 시 호출하는 처리는 handleSubmit 함수

제출 시 처리를 담당하는 것은 useForm 함수에서 가져온 handleSubmit 함수의 역할이다(④).

구문 _ handleSubmit 함수

```
handleSubmit(onsubmit [, onerror])
```

onsubmit : 제출 시 처리 (검증 성공 시)
onerror : 제출 시 처리 (검증 실패 시)

onsubmit/onerror 인수는 각각 다음 표의 정보를 받는다.

▼ onsubmit/onerror가 받는 인수

함수	인수	개요
onsubmit	data	입력값 ('필드명: 값,....' 형식)
	e	이벤트 객체
onerror	error	오류 정보 (내용은 앞 페이지 그림 참조)
	e	이벤트 객체

이 예시에서는 검증 성공 시에는 입력값을, 실패 시에는 오류 정보를 각각 로그에 출력하고 있다(⑤). 물론 일반적으로는 전달받은 data(입력값) 등을 서버로 전송하게 될 것이다.

4-3-2 자체 검증 규칙 구현하기

register 함수로 지정할 수 있는 것은 내장된 유효성 검사 규칙뿐만 아니라 validate 옵션을 이용하여 자체적으로 유효성 검사 규칙을 적용할 수도 있다. 예를 들어, 다음은 '비고' 란에 '폭력, 죽음, 그로테스크'와 같은 부적절한 단어가 포함된 경우 오류로 처리하는 예제다.

예제 코드 4-3-3 FormBasic.js

```
<label htmlFor="memo">비고:</label><br/>
<textarea id="memo"
  {...register('memo', {
    required: '비고는 필수 입력 항목입니다.',
    minLength: {
      value: 10,
```

```
      message: '비고는 10자 이상으로 작성해주세요.'
    },
    validate: {
      ng: (value, formValues) => {
        // 부적절한 단어 준비
        const ngs = ['폭력', '죽음', '그로테스크'];
        // 입력 문자열에 부적절한 단어가 포함되어 있는지 판단
        for (const ng of ngs) {
          if (value.includes(ng)) {
            return '비고에 적절하지 않은 단어가 포함되어 있습니다.';
          }
        }
        return true;
      }
    },
  })} />
```

validate 옵션은 '검증명: 검증 규칙, ...' 형식으로 표현한다. 검증 규칙은 다음과 같은 형식의 함수로 표현한다.

- 인수는 대상 필드의 입력값(value), 폼 전체의 입력값(formValues[11])
- 반환값은 검증 성공 여부(성공 시 true, 실패 시 false 또는 오류 메시지)

이 예시에서는 현재 입력값 value에 부적절한 단어(ngs)가 하나라도 포함되어 있으면 검증 실패(오류)로 간주한다. 하나도 없으면 검증은 성공이다. 검증 메시지가 필요하지 않은 경우, 검증 실패를 감지할 수만 있다면 단순히 false를 반환해도 무방하다.

또한, 설정해야 할 검증 규칙이 하나만 있다면 validate 옵션에 직접 함수를 전달해도 무방하다. 따라서 이 예제의 경우, 푸른색으로 표시된 부분은 다음과 같이 표현해도 동일한 의미를 갖는다.

```
validate: (value, formValues) => {
  ... 중략 ...
  return true;
},
```

---

[11] 이 예시에서는 두 번째 인수(formValues)를 사용하지 않았다. 예를 들어, [이메일 주소] 필드와 [이메일 주소(확인)] 필드가 동일한지 확인하는 것과 같이 여러 항목에 걸친 유효성 검사에 사용한다. 각 값은 'formValues.fieldName'으로 접근할 수 있다.

4-3-3 폼의 상태에 따라 표시 제어하기

useForm 함수의 반환값인 formState 객체를 참조하여 다양한 폼의 상태를 감지할 수 있다.

▼ formState 객체의 주요 멤버

프로퍼티	개요
isDirty	사용자가 어떤 요소를 변경했는지
dirtyFields	사용자가 변경한 필드 정보 ('필드명: 값' 형식)
touchedFields	사용자가 조작한 필드 정보 ('필드명: true/false' 형식)
defaultValues	useForm 함수에서 설정된 기본값
isSubmitted	폼이 제출되었는지 확인
isSubmitSuccessful	폼이 성공적으로 제출되었는지
isSubmitting	폼이 제출 중인지
isLoading	폼이 로딩 중인지(비동기 기본값을 로드하고 있는지)
submitCount	폼 제출 횟수
isValid	폼에 입력한 값이 올바른지
isValidating	폼이 검증 중인지
errors	검증 시 발생한 오류 정보

이러한 정보를 활용하면 예를 들어 '어떤 형태로든 입력이 이루어지고 검증에 성공한 경우에만 클릭할 수 있는 버튼'을 구현할 수 있다. 이어서 예제 코드 4-3-1과의 차이점을 소개하겠다.

예제 코드 4-3-4 FormBasic.js

```
const { register, handleSubmit,
  formState: { errors, isDirty, isValid } } = useForm({ ... });
  ... 중략 ...
return (
  ... 중략 ...
  <button type="submit"
    disabled={!isDirty || !isValid}>제출하기</button>
  ... 중략 ...
);
```

▲ 입력되지 않은 상태에서는 버튼을 클릭할 수 없다

isDirty가 false(=폼이 변경되지 않음[12]) 또는 isValid가 false(=검증에 실패한 경우)인 경우 disabled 속성이 활성화되어 있는 것, 즉 버튼이 비활성화 상태가 되는 것이다.

또한, isSubmitting을 이용하면 폼을 처리하는 동안에는 해당 내용을 메시지로 표시하고 제출 버튼을 비활성화하는 코드도 쉽게 구현할 수 있다.

예제 코드 4-3-5 FormBasic.js

```
const { register, handleSubmit,
  formState: { errors, isDirty, isValid, isSubmitting } } = useForm({ ... });
// 제출 시 4000밀리초로 처리(더미 지연 처리)
const onsubmit = data => {
  return new Promise(resolve => {
    setTimeout(() => {
      resolve();
      console.log(data);
    }, 4000);
  });
};
... 중략 ...
return (
  ... 중략 ...
  <button type="submit"
    disabled={!isDirty || !isValid || isSubmitting}>제출하기</button>
  {isSubmitting && <div>...제출 중...</div>}
```

---

12 개별 필드가 편집되었는지 확인하려면 dirtyFields를 참조하면 된다. 예를 들어 'dirtyFields.name'에서 name 필드가 편집되었는지 확인할 수 있다.

```
    ... 중략 ...
);
```

▲ 전송 중 메시지 표시 및 버튼 비활성화

4-3-4 검증 라이브러리와 연동하기

지금까지 살펴본 것처럼 React Hook Form 단독으로도 입력값을 검증할 수 있다. 하지만 개별 요소에 유효성 검사 규칙을 내장하고 있기 때문에 코드의 가시성이 좋지 않다. 따라서 다른 검증 라이브러리를 함께 사용하여 검증 규칙을 별도의 객체로 묶어 선언해 보자.

React Hook Form과 연동할 수 있는 검증 라이브러리는 다음과 같다.

- Yup

    URL https://github.com/jquense/yup

- Zod

    URL https://github.com/colinhacks/zod

- Joi

    URL https://github.com/hapijs/joi

- Vest

    URL https://github.com/ealush/vest

- Ajv

    URL https://github.com/ajv-validator/ajv

이 절에서는 연동하는 예시로 Yup을 살펴보겠다. Yup 연동을 위해서는 React Hook Form 본체 외에 다음과 같은 라이브러리를 추가로 설치해야 한다.

```
> npm install @hookform/resolvers yup ⏎
```

이제 예제 코드 4-3-1의 코드를 Yup 연동으로 다시 작성해 보자.

예제 코드 4-3-6 FormYup.js

```
import { useForm } from 'react-hook-form';
import { yupResolver } from '@hookform/resolvers/yup';
import * as yup from 'yup';

// 검증 규칙 준비
const schema = yup.object({
  name: yup
    .string()
    .label('이름')
    .required('${label}은 필수 입력입니다.')
    .max(20, '${label}은 ${max}자 이내로 입력하세요.'),
  gender: yup
    .string()
    .label('성별')
    .required('${label}은 필수 입력입니다.'),
  email: yup
    .string()
    .label('이메일 주소')
    .required('${label}은 필수 입력입니다.')
    .email('${label}의 형식이 잘못되었습니다.'),
  memo: yup
    .string()
    .label('비고')
    .required('${label}은 필수 입력입니다.')
    .min(10, '${label}은 ${min}자 이상으로 입력하세요.')
});                                                   ❶

export default function FormYup() {
  const { register, handleSubmit, formState: { errors } } = useForm({
    defaultValues: {
```

```
      name: '홍길동',
      email: 'admin@example.com',
      gender: 'male',
      memo: ''
   },
   // Yup에게 검증을 맡기다
   resolver: yupResolver(schema),              ─────❷
});

// 제출 시 처리 준비
const onsubmit = data => console.log(data);
const onerror = err => console.log(err);

return (
<form onSubmit={handleSubmit(onsubmit, onerror)} noValidate>
   <div>
      <label htmlFor="name">이름:</label><br/>
      <input id="name" type="text"
         {...register('name')} />             ─────❸
      <div>{errors.name?.message}</div>
   </div>
   <div>
      <label htmlFor="gender">성별:</label><br/>
      <label>
      <input type="radio" value="male"
         {...register('gender')} />남성
      </label>
      <label>
      <input type="radio" value="female"
         {...register('gender')} />여성
      </label>
      <div>{errors.gender?.message}</div>
   </div>
   <div>
      <label htmlFor="email">이메일 주소:</label><br/>
      <input id="email" type="email"
         {...register('email')} />
      <div>{errors.email?.message}</div>
   </div>
```

```
    <div>
        <label htmlFor="memo">비고:</label><br/>
        <textarea id="memo"
          {...register('memo')} />
        <div>{errors.memo?.message}</div>
    </div>
    <div>
        <button type="submit">제출하기</button>
    </div>
  </form>
  );
}
```

| 예제 코드 4-3-7 index.js

```
import FormYup from './chap04/FormYup';
... 중략 ...
root.render(
  <FormYup />
);
```

Yup을 이용하기 위해서는 yup.object 메서드에서 먼저 스키마를 설정해야 한다(❶). 스키마란 폼의 구조, 즉 데이터(필드) 항목과 그 유효성 검사 규칙을 의미한다. 일반적으로는,

　필드명: yup

　.데이터 타입()

　.label(필드의 한국어 이름)

　.검증 규칙(...).~

의 형식으로 표현한다. 검증 규칙은 필요에 따라 여러 개를 연결해도 상관없다[13].

다음은 일반적인 검증 규칙의 구문이다.

---

13 yup의 대부분의 메서드는 반환값으로 스키마(Schema 객체)를 반환한다. 따라서 Schema 객체에 속한 데이터 타입, 유효성 검사 규칙에 관련된 메서드를 '.' 연산자로 연결하여 호출할 수 있다.

구문 _ 검증 규칙

```
func(params, ... [, message])
```

func	:	검증 규칙
params	:	검증 매개변수
message	:	오류 메시지

사용 가능한 검증 규칙(func)은 선행 데이터 유형에 따라 달라진다. 다음 표는 주요 내용을 정리한 것이다. 인수 message에는 ${…} 형식으로 항목명, 매개변수를 포함할 수 있다(항목명은 ${label}로 고정된다. 임베드 가능한 항목은 다음 표의 [검증 내용] 열의 괄호 안에 표시되어 있다).

▼ 사용 가능한 데이터 유형 및 주요 검증 규칙

| 데이터 유형 | 개요 ||
	검증 규칙	검증 내용
	모든 데이터 유형 허용 (모든 데이터 유형에 대해 하위 규칙을 사용할 수 있음)	
mixed	required()	값이 입력되어 있는지
	oneOf(array)	값 목록 중 하나인지 (${values})
	문자열형	
string	length(num)	지정한 문자열 길이와 일치하는지 (${length})
	max(num)	지정된 문자열 길이 이하인지 (${max})
	min(num)	지정된 문자열 길이 이상인지 (${min})
	email()	이메일 주소가 올바른 형식인지
	url()	올바른 URL 형식인지
	matches(pattern)	지정된 정규식 패턴과 일치하는지
	수치형	
number	max(num)	지정된 값 이하인지 (${max})
	lessThan(num)	지정된 값보다 작은지 (${less})
	min(num)	지정된 값 이상인지 (${min})
	moreThan(num)	지정된 값보다 큰지 (${more})
	integer()	정수값인지
	positive()	양수인지
	negative()	음수인지

데이터 유형	개요	
	검증 규칙	검증 내용
boolean	참/거짓형(true/false이므로 고유한 검증 규칙 없음)	
	–	
date	날짜 값인지	
	min(dat)	지정된 날짜 이후인지
	max(dat)	지정된 날짜 이전인지
array	배열형('yup.array(yup.string())'로 문자열 형식의 배열을 나타낼 수도 있음)	
	length(num)	지정한 길이가 맞는지 (${length})
	max(num)	지정된 길이 이하인지 (${max})
	min(num)	지정된 길이 이상인지 (${min})

❶에서 선언한 유효성 검사 규칙은 p.216의 표에 나와 있는 것과 동일하므로 해당 표를 참고하자. 예제 코드 4-3-1과 비교하면 register 함수로 분산되어 있던 검증 규칙이 한곳에 모였기 때문에 코드가 보기 좋게 정리되어 있다.

이미 정의된 유효성 검사 규칙을 React Hook Form에 연결하는 것은 resolver 옵션의 역할이다. resolver 옵션에는 ❷와 같이 yupResolver로 스키마를 래핑한 것을 전달한다.

이제 폼에 유효성 검사 규칙이 적용되었으므로 개별 필드(register 함수)에서 유효성 검사 규칙 선언이 제거된 것을 확인한다(❸).

4-3-5 Yup에서 자체 검증 규칙 구현하기

Yup에서도 test 메서드를 이용하여 자체 규칙을 구현할 수 있다. 예제 코드 4-3-3과 마찬가지로 [비고]란에 부적절한 단어 금지 규칙을 추가해 보자.

예제 코드 4-3-8 FormYup.js

```
const schema = yup.object({
  ... 중략 ...
  memo: yup
    .string()
    .label('비고')
```

```
... 중략 ...
.test('ng',
  ({ label }) => `${label}에 적절하지 않은 단어가 포함되어 있습니다.`,  ―――――❶
  value => {
    // 부적절한 단어 준비
    const ngs = ['폭력', '죽음', '그로테스크'];
    // 입력 문자열에 부적절한 단어가 포함되었는지 판단
    for (const ng of ngs) {
      if (value.includes(ng)) {
        return false;
      }
    }
    return true;
  })
});
```

test 메서드의 구문은 다음과 같다.

구문 _ test 메서드

test(name, message, func)
name : 검증명 message : 확인 메시지 func : 검증 규칙(인수는 입력값, 반환값은 검증 성공/실패)

검증 규칙(func)의 구문은 4-3-2항에서 설명한 것과 거의 비슷하므로 그 부분을 참고하기로 하고, 여기서는 인수 message에 대해서만 보충 설명한다. 인수 message에는 오류 메시지를 직접 문자열로 전달해도 되지만, 함수식을 전달하여 동적으로 조립할 수도 있다. 일반적으로 라벨(필드명), 입력값에서 오류 메시지를 조합하는 용도로 사용한다.

메시지 함수의 규칙은 다음과 같다(❶).

- 인수는 검증 컨텍스트
- 반환값은 검증 오류 메시지

검증 컨텍스트는 검증과 관련된 정보를 담고 있는 객체로, 다음 표와 같은 멤버가 준비되어 있다.

▼ 검증 컨텍스트의 주요 멤버

프로퍼티	개요
label	필드명
originalValue	변환 전 값
value	변환 후 값
spec	검증 관련 설정 정보

이 예시에서는 유효성 검사 컨텍스트에서 label 속성만 추출하여[14] 오류 메시지를 구성하고 있다.

보충: 범용 검증 규칙 추가하기

특정 필드에 특화된 검증 규칙을 구현한다면 test 메서드로 충분하지만, 여러 필드에 적용하려면 독립적인 규칙으로 잘라내어 사용하는 것이 편리하다. 이를 위해 yup.addMethod 메서드를 사용한다. 우선 예제 코드 4-3-8을 다시 작성해 보자.

예제 코드 4-3-9 FormYup.js

```
// ng 규칙 추가
yup.addMethod(yup.string, 'ng', function() {
  return this.test('ng',
    ({ label }) => `${label}에 적절하지 않은 단어가 포함되어 있습니다.`,
    value => {
      const ngs = ['폭력', '죽음', '그로테스크'];
      for (const ng of ngs) {
        if (value.includes(ng)) {
          return false;
        }
      }
      return true;
    }
  );
});
... 중략 ...
const schema = yup.object({
  ... 중략 ...
```
❶

---

[14] 익숙한 분할 대입이다. 물론 다른 프로퍼티를 이용하는 경우에도 마찬가지로 열거하라.

```
  // memo 필드에 ng 규칙 적용
  memo: yup
    .string()
    .label('비고')
    .required('${label}은 필수 입력입니다.')
    .min(10, '${label}은 ${min}자 이상으로 입력하세요.')
    .test('ng', ...)        ─────── 삭제
    .ng()       ───────❷
});
```

addMethod 메서드의 구문은 다음과 같다(❶).

┃구문 _ addMethod 메서드

addMethod(*type*, *name*, *method*)
type : 데이터 유형 *name* : 검증명 *method* : 검증 규칙

검증 규칙(인수 method)은 다음과 같은 규칙으로 표현한다.

1. function() {…}로 정의할 것 (화살표 함수는 불가)
2. 반환값은 Schema 객체일 것

2.의 규칙에서 Schema 객체를 반환하기 위한 자체 규칙을 구현하기 위해 test 메서드를 사용하는 것이 일반적이다. test 메서드의 내용은 예제 코드 4-3-8 등에서 살펴본 바와 같으므로 특별히 언급할 사항은 없지만, test 메서드를 호출하기 위해 인수 method는 (화살표 함수가 아닌) function() {…}으로 정의해야 한다는 점에 주의한다. 화살표 함수에는 this가 없기 때문에 하위에서 this.test~와 같은 접근이 불가능하다.

검증 규칙을 추가했다면 내장된 검증 규칙과 마찬가지로 '규칙명()' 형식으로 개별 필드에 검증 규칙을 할당할 수 있다(❷).

4-3-6 Yup으로 입력값 변환하기

스키마 정의 시 설정할 수 있는 것은 레이블과 유효성 검사 규칙만이 아니다. 변환 규칙을 추가하여 입력값을 목적에 따라 변환하는 것도 가능하다[15]. 구체적으로 다음 표와 같은 변환 규칙이 준비되어 있다.

▼ 각 데이터 유형에서 사용할 수 있는 주요 변환 규칙

데이터 타입	함수	개요
공통	label(name)	입력 항목의 표시명
	default(value)	기본값
	nullable()	null 허용
string	trim()	앞뒤 공백 제거
	lowercase()	소문자로 변환
	uppercase()	대문자로 변환
number	truncate()	소수점 이하 자르기
	round(type)	수치를 반올림 (type은 floor, ceil, trunc, round 중 하나)

예를 들어, [이름] 항목에서 앞뒤 공백을 제거하고 소문자로 변환하려면 다음과 같이 코드를 수정한다.

| 예제 코드 4-3-10 FormYup.js

```
const schema = yup.object({
  name: yup
    .string()
    .label('이름')
    .trim().lowercase()
  ... 중략 ...
});
```

▲ 입력값을 변환한 것을 받는다

---

15 p.229의 표에서도 originalValue와 value가 있었는데, 각각 변환 전과 후의 값을 나타내는 것이었다.

대문자, 공백을 포함한 이름을 입력하고 [제출하기] 버튼을 클릭해 보자. 콘솔에 가공된 이름이 반영되어 있는지 확인한다.

4-3-7 Yup의 오류 메시지를 한국어로 번역하기

예제 코드 4-3-6에서는 검증 실패 시 오류 메시지를 개별 필드로 설정했지만, 일반적으로 오류 메시지의 종류는 앱 내에서 통일하고 싶을 것이다. 그런 경우에는 다음과 같은 한국어화 파일을 준비해 보자.

예제 코드 4-3-11 yup.kr.js

```js
import * as yup from 'yup';

// 오류 메시지 정보 선언
const krLocale = {
  mixed: {
    required: param => `${param.label}은/는 필수입니다.`,
    oneOf: param => `${param.label}은/는 ${param.values} 중 하나여야 합니다.`,
  },
  string: {
    length: param => `${param.label}은/는 ${param.length}글자여야 합니다.`,
    min: param => `${param.label}은/는 ${param.min}글자 이상이어야 합니다.`,
    max: param => `${param.label}은/는 ${param.max}글자 이하여야 합니다.`,
    matches: param => `${param.label}은/는 ${param.regex} 형식과 일치해야 합니다.`,
    email: param => `${param.label}은/는 이메일 주소 형식이어야 합니다.`,
    url: param => `${param.label}은/는 URL 형식이어야 합니다.`,
  },
  number: {
    min: param => `${param.label}은/는 ${param.min} 이상이어야 합니다.`,
    max: param => `${param.label}은/는 ${param.max} 이하여야 합니다.`,
    lessThan: param => `${param.label}은/는 ${param.less}보다 작아야 합니다.`,
    moreThan: param => `${param.label}은/는 ${param.more}보다 커야 합니다.`,
    positive: param => `${param.label}은/는 양수여야 합니다.`,
    negative: param => `${param.label}은/는 음수여야 합니다.`,
    integer: param => `${param.label}은/는 정수여야 합니다.`,
  },
  date: {
    min: param => `${param.label}은/는 ${param.min}보다 미래여야 합니다.`,
    max: param => `${param.label}은/는 ${param.max}보다 이전이어야 합니다.`,
  },
};
```

❶

```
// 메시지 정보 설정
yup.setLocale(krLocale);  ──────── ❷
// 설정된 Yup 내보내기
export default yup;  ──────── ❸
```

오류 메시지 정보는,

> 데이터 유형: { 검증 이름: 메시지, ... }, ...

라는 형식으로 선언한다. 메시지는 직접 문자열로 전달해도 상관없지만, 일반적으로 메시지에 라벨/매개변수 값을 포함시키고 싶을 것이다. 그런 경우에는 샘플과 같이 메시지 함수를 지정할 수도 있다. 메시지 함수의 규칙은 test 메서드(4-3-5항)와 동일하다.

메시지 정보가 준비되면 yup#setLocale 메서드를 통해 Yup에 등록해 둔다(❷). 이제 메시지 설정이 완료된 Yup을 다시 내보내면(❸), 한국어화된 Yup을 사용할 수 있게 된다. 다음은 예제 코드 4-3-6을 yup.kr.js 대응으로 다시 작성한 것이다.

| 예제 코드 4-3-12 FormKorean.js

```
import { useForm } from 'react-hook-form';
import { yupResolver } from '@hookform/resolvers/yup';
import yup from './yup.kr.js';  ──────── ❶

const schema = yup.object({
  name: yup
    .string()
    .label('이름')
    .required()
    .max(20),
  gender: yup
    .string()
    .label('성별')
    .required(),
  email: yup
    .string()
    .label('이메일 주소')
    .required()
```

```
    .email(),
  memo: yup
    .string()
    .label('비고')         ❷
    .required()
    .min(10)
});
... 중략 ...
```

| 예제 코드 4-3-13 index.js

```
import FromKorean from './chap04/FromKorean';
... 중략 ...
root.render(
  <FromKorean />
);
```

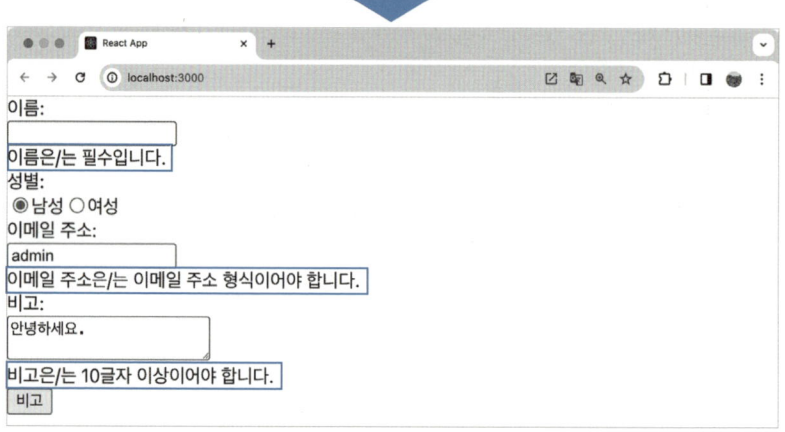

▲ yup.kr.js에서 지정한 오류 메시지를 표시

원본 Yup 대신 yup.kr.js에서 메시지 설정이 완료된 Yup을 가져온 것을 확인할 수 있다(❶). 이제 이전과 동일한 방법으로 스키마를 설정할 수 있고, 스키마 설정에서 오류 메시지 설정이 없어진 것을 확인한다(❷).

예제를 다시 실행하여 yup.kr.js에서 지정한 오류 메시지가 반영되는지 확인한다.

기초편

chapter

5

컴포넌트 개발 (응용)

5.1 임베디드 컴포넌트
5.2 컴포넌트 개발에서의 스타일 정의
5.3 컴포넌트에 대한 기타 주제

> **이 장의 서문** 3장에서는 컴포넌트를 구성하는 기본 요소인 Props/State, 그리고 이벤트 핸들러를 배웠고, 이를 바탕으로 4장에서는 폼을 수반하는 컴포넌트에 대해 배웠다. 이번 장에서는 이러한 기본을 바탕으로 지금까지의 설명에서 다루지 못한 다음과 같은 주제를 다룰 것이다.

- 임베디드 컴포넌트(Suspense, Profiler)
- 스타일시트 내장
- 포털
- 오류 처리

이를 이해하면서 컴포넌트 개발에 대한 이해도를 높여보자.

5.1 임베디드 컴포넌트

리액트는 특별한 준비 없이도 사용할 수 있는 임베디드 컴포넌트를 제공한다[1].

▼ 리액트 표준 임베디드 컴포넌트

컴포넌트	개요
Fragment	여러 요소를 그룹화(2-3-1항)
Profiler	컴포넌트 트리의 드로잉 성능 측정
Suspense	자식 컴포넌트 로딩 중 폴백을 표시
StrictMode	잘못된 코드 감지 (2-2-3항)

이 중 Fragment, StrinctMode에 대해서는 이미 설명한 바 있으므로 이번 절에서는 나머지 Suspense와 Profiler에 대해 설명한다.

5-1-1 컴포넌트 렌더링 대기 감지 – Suspense 컴포넌트 (1)

컴포넌트에 따라서는 콘텐츠 준비에 앞서 외부 서비스에 대한 접근이 수반되는 경우가 있다. 또한, 컴포넌트 자체를 실행 시점에(=지연하여) 가져오는 경우도 있을 것이다. 이런 상황에서는 대부분 실제 표시를 얻기까지 약간의 시간 지연, 즉 드로잉이 완료되지 않은 상태(대기)가 발생하게 된다.

---

1 표에서 언급한 것 외에도 〈input〉, 〈select〉 등의 표준 태그도 사실 리액트가 확장한 임베디드 컴포넌트다(defaultValue, defaultChecked 등의 고유 속성을 사용할 수 있었던 것을 기억해 보라).

이러한 대기 상태를 감지하고 일시적으로 폴백(대체 콘텐츠)을 표시하는 것이 〈Suspense〉 요소(컴포넌트)의 역할이다. 대체 콘텐츠는 일반적으로 로딩 메시지, 스피너, 또는 스켈레톤 스크린[2]과 같은 것이 될 것이다.

〈Suspense〉 요소는 일반적으로 다음과 같은 상황에서 사용한다.

1. 컴포넌트 지연 로드하기
2. 네트워크를 통해 데이터 가져오기

여기서는 먼저 1.의 예시부터 설명하겠다.

컴포넌트 지연 로드하기

Create React App의 설정에서는 모든 코드가 main.xxxxxx.js[3]에 번들로 묶여 실행된다(1-2-1항에서도 언급했다). 하지만 앱의 규모가 커지면 .js 파일도 커지고, 그에 비례하여 실행 시간도 늘어난다. 따라서 거대한 모듈이나 애초에 접근 빈도가 낮은 모듈은 동적 임포트(1-3-6항)를 통해 main.xxxxxx.js에서 분할하여 필요할 때만 로드할 수 있게 한다.

이때 사용하는 것이 lazy 함수다. lazy 함수를 이용하면 지연 컴포넌트(=동적으로 가져온 컴포넌트)를 일반 컴포넌트와 동일하게 처리할 수 있다.

구체적인 예시도 살펴보자. 참고로 LazyButton은 버튼을 표시하는 컴포넌트일 뿐, 내용에는 별다른 의미가 없으므로 코드는 생략한다. 배포된 예제를 참고하기 바란다.

예제 코드 5-1-1 LazyBasic.js

```
import { Suspense, lazy } from 'react';

// ms 밀리초의 지연을 발생시키는 sleep 함수
const sleep = ms => new Promise(resolve => setTimeout(resolve, ms));
// LazyButton 지연 로드
const LazyButton = lazy(() => sleep(2000).then(() => import('./LazyButton')));   ──①

export default function LazyBasic() {
```

---

[2] 표시할 콘텐츠가 로드될 때까지 표시되는 콘텐츠의 틀(그림자 같은 것)을 말한다.
[3] xxxxx는 해시값이다. 실행할 때마다 값이 변경된다.

```
// LazyButton이 로딩될 때까지 메시지를 표시한다.
return (
  <Suspense fallback={<p>Now Loading...</p>}>
    <LazyButton />
  </Suspense>
);
}
```
❷

예제 코드 5-1-2 index.js

```
import LazyBasic from './chap05/LazyBasic';
... 중략 ...
root.render(
  <LazyBasic />
);
```

▲ 컴포넌트가 준비되면 표시

lazy 함수의 일반적인 구문은 다음과 같다(❶).

구문 _ lazy 함수

lazy(() => *statements*)

statements : 컴포넌트 불러오기 코드

이번 예제에서는 〈Suspense〉 요소의 동작을 확인하기 위해 지연(sleep)을 추가했지만, 일반적으로는 다음과 같이 표현하면 충분하다.

```
const LazyButton = lazy(() => import('./LazyButton'));
```

lazy 함수로 지연 로드한 경우, '표시할 수 없음' 상태를 받아들이기 위한 〈Suspense〉 요소는 필수다(❷). 〈Suspense〉 요소는 다음과 같이 지연이 발생하는 콘텐츠를 묶고 fallback 속성(=대기 상태로 표시할 콘텐츠)을 지정하면 된다.

이 예제에서는 단순화를 위해 fallback 속성에 리액트 요소를 하드 코딩했지만, 물론 별도의 컴포넌트로 잘라내도 무방하다.

```
// 대기 상태에서는 MyLoading 컴포넌트를 표시한다.
<Suspense fallback= {<MyLoading />}>
  <LazyButton />
</Suspense>
```

참고로 〈Suspense〉 요소가 여러 개의 지연 컴포넌트를 감싸고 있는 경우, 모든 컴포넌트가 로드되는 시점에 다음 내용을 표시한다[4]. 구체적인 예는 다음과 같다.

예제 코드 5-1-3 LazyMulti.js

```
import { Suspense, lazy } from 'react';

const sleep = ms => new Promise(resolve => setTimeout(resolve, ms));

// 여러 컴포넌트 지연 로드
const LazyButton = lazy(() => sleep(2000).then(() => import('./LazyButton')));
const LazyButton2 = lazy(() => sleep(1000).then(() => import('./LazyButton2')));

export default function LazyMulti() {
  return (
    <Suspense fallback={<p>Now Loading...</p>}>
      <LazyButton />
      <LazyButton2 />
    </Suspense>
  );
}
```

예제 코드 5-1-4 index.js

```
import LazyMulti from './chap05/LazyMulti';
... 중략 ...
root.render(
  <LazyMulti />
);
```

---

[4] LazyButton2는 앞서 소개한 LazyButton과 마찬가지로 버튼만 표시할 뿐 내용은 중요하지 않으므로 코드는 생략한다.

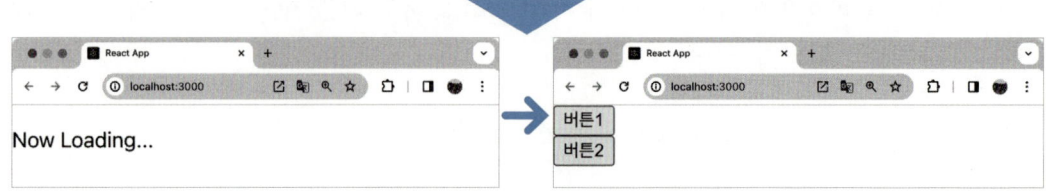

▲ 하위 요소가 모두 갖추어졌을 때 표시된다

5-1-2 비동기 처리 종료 기다리기 – Suspense 컴포넌트 (2)

〈Suspense〉 요소 자체는 이전부터 사용 가능했지만, 리액트 18 이후부터는 그 활용 범위가 더욱 넓어졌다. 구체적으로는 컴포넌트 이외의 리소스 획득(=Promise에 의한 비동기 처리)을 〈Suspense〉 요소로 대기할 수 있게 되었다.

다만, 컴포넌트 대기열에 비해 표기법이 독특하기 때문에 여기서는 간단한 예제부터 차근차근 코드를 쌓아 나가도록 하겠다.

Promise를 통한 비동기 처리 받기

먼저, 대기해야 할 비동기 처리(Promise)를 수신하고 대기 메시지를 표시하는 간단한 예제부터 살펴보겠다.

| 예제 코드 5-1-5 SuspenseSimple.js

```js
import { Suspense } from 'react';
import ThrowPromise from './ThrowPromise';

export default function SuspenseSimple() {
  return (
    <Suspense fallback={<p>Now Loading...</p>}>
      <ThrowPromise />
    </Suspense>
  );
}
```

| 예제 코드 5-1-6 ThrowPromise.js

```js
export default function ThrowPromise() {
  throw new Promise((resolve, reject) => { });     ────❶
}
```

| 예제 코드 5-1-7 index.js

```
import SuspenseSimple from './chap05/SuspenseSimple';
... 중략 ...
root.render(
  <SuspenseSimple />
);
```

여기서 주목해야 할 것은 Promise를 throw하고 있는 ❶이다. 언뜻 보면 이상한 코드처럼 보이지만, 이것이 바로 〈Suspense〉 요소의 규칙이다. 〈Suspense〉 요소란,

> 자식 요소에서 던져진 Promise를 포착하면 폴백(대체 콘텐츠)을 표시하는 컴포넌트

라고 표현할 수 있다.

실제로 예제를 실행하면 'Now Loading...'이라는 메시지가 표시된다.

▲ 〈Suspense〉 요소는 대기 상태를 표시

📄 Promise와 상태 관리

Promise는 비동기 처리의 상태를 관리하기 위한 객체다. 구체적으로 다음과 같은 상태를 가진다.

▲ Promise와 상태 관리

> Promise 객체가 생성된 직후에는 Pending(보류 중) 상태이며, 이후 비동기 처리가 완료되면 Fulfilled(성공), Rejected(실패) 상태로 변경된다. Pending에서 Fulfilled/Rejected로의 변화는 단방향 작업이며, 한 번 Fulfilled가 된 것은 다시 Pending으로 돌아가지 않는다.
>
> 실제 코딩에서는 Promise 자체가 겉으로 드러나는 경우는 많지 않지만, 그래도 Promise의 존재를 의식하면 비동기 처리에 대한 이해도 깊어질 수 있다. 여기서는 개념 설명에 그치겠지만, 보다 자세한 설명은 필자의 저서 『改訂3版 JavaScript 本格入門(개정 3판 자바스크립트 본격 입문)』(기술평론사)과 같은 전문 서적을 함께 읽어보기 바란다.

Promise 상태 변화 감지

물론, 단순히 대기 상태를 표시하는 것만으로는 의미가 없다. 대기열에서 올바른 표시로 전환하기 위해 예제 코드 5-1-6을 다음과 같이 다시 작성해 보자.

예제 코드 5-1-8 ThrowPromise.js

```js
// Promise가 종료되었는지 여부를 나타내는 플래그 변수
let flag = false;  ─────────❶

export default function ThrowPromise() {
  // Promise가 완료되면 원래의 결과를 표시한다.
  if (flag) {
    return <p>올바르게 표시되었다.</p>;   ❸
  }
  // 로딩 중이라면 Promise를 throw
  throw new Promise((resolve, reject) => {
    // 3000밀리초 후에 해결(resolve)하는 처리
    setTimeout(() => {
      flag = true;
      resolve('Susccess!!');   ─────❹   ❷
    }, 3000);
  });
}
```

▲ 대기 상태에서 실행 결과로 전환

초기 상태에서는 변수 flag가 false이므로(❶), 앞에서와 마찬가지로 Promise가 발생하여 〈Suspense〉 요소에 의해 대기 메시지가 표시된다. 여기까지는 예제 코드 5-1-6의 경우와 동일하다.

여기서 주목할 부분은 ❷다. 여기서는 3000밀리초 후에 실행되어 Promise를 해결(resolve)하는 타이머를 준비하고 있다. Promise가 해결되면 〈Suspense〉 요소는 다시 〈ThrowPromise〉 요소를 그리려고 시도한다. 이 시점에서 변수 flag가 true로 설정되어 있기 때문에 ❸이 실행되어 원래의 결과가 나타나게 된다.

Promise 결과 보기

이제 Promise의 상태를 감지할 수 있게 되었지만, 아직 부족하다. 일반적으로 Promise에서 얻은 결과를 바탕으로 결과를 생성하고 싶을 것이다. 하지만 〈Suspense〉 요소는 Promise의 변화에 따라 렌더링을 재시도할 뿐, 비동기 처리의 내용을 보고 있는 것은 아니다. 예를 들어 예제 코드 5-1-8의 ❹를

```
reject(new Error('Error is occurred!!')) ;)         ──────── Promise 실패
```

와 같이 다시 써도 결과는 달라지지 않는다. 성패조차도 보지 못하는 것이다.

비동기 처리 결과를 얻으려면 다음과 같은 Promise 래퍼를 준비해야 한다.

예제 코드 5-1-9 wrapPromise.js

```
export default function wrapPromise(promise) {
  // Promise 상태 관리(pending, fullfilled, rejected)
  let status = 'pending';
  // Promise에서 받은 데이터
  let data;
  // 원래의 Promise에 후처리 부여
  let wrapper = promise.then(
    // 성공 시 status를 fulfilled(성공), data에 취득한 데이터를 설정
    result => {
      status = 'fulfilled';
      data = result;
    },
    // 실패 시 status를 rejected(실패), data에 에러 객체를 설정
    e => {
      status = 'rejected';
      data = e;
    }
  );
```

❶ (status, data 영역)
❷ (wrapper 영역)

```
    // 반환값은 Promise의 상태에 따라 값을 반환하는 get 메서드를 가진 객체
    return {
      get() {
        switch(status) {
          case 'fulfilled':
            return data;      // 성공 시 실제 데이터를 반환
          case 'rejected':
            throw data;       // 실패 시 에러 발생
          case 'pending':
            throw wrapper;    // 완료하기 전에 Promise를 throw
          default:
            break;
        }
      }
    };
}
```

핵심은 다음과 같다.

❶ 주어진 Promise의 status(상태), data(취득한 데이터)를 별도의 변수로 관리

❷ 비동기 처리 성공/실패 시에도 status/data를 갱신

❸ 반환값으로 Promise 자체가 아닌 status에 따라 처리를 분기하는 get 메서드(정확히는 get이 포함된 객체[5])를 반환

복잡하게 느껴질 수 있지만, 이런 래퍼를 만들어 놓으면 사용 측의 코드를 아주 쉽게 표현할 수 있다.

| 예제 코드 5-1-10 SuspenseResult.js

```
import { Suspense } from 'react';
import ThrowResult from './ThrowResult';

export default function SuspenseResult() {
  return (
    <Suspense fallback={<p>Now Loading...</p>}>
      <ThrowResult />
    </Suspense>
  );
}
```

---

5 편의상 이후부터는 리소스 객체라고 표기한다.

예제 코드 5-1-11 ThrowResult.js

```js
import wrapPromise from "./wrapPromise";

// Promise의 상태를 관리하는 객체를 가져옴
const info = getInfo();
// Promise의 상태에 따라 결과를 표시하는 컴포넌트
export default function ThrowResult() {
  const result = info.get();          ──❷
  return <p>{result}</p>;
}

// 비동기적으로 데이터를 취득하기 위한 함수
function getInfo() {
  return wrapPromise(new Promise((resolve, reject) => {
    // 2000밀리초 후 50% 확률로 성공/실패 메시지를 생성
    setTimeout(() => {
      if (Math.random() > 0.5) {
        resolve('Succeeded!!');
      } else {
        reject('Error!!');
      }
    }, 2000);
  }));
}
```
❶

예제 코드 5-1-12 index.js

```js
import SuspenseResult from './chap05/SuspenseResult';
... 중략 ...
root.render(
  <SuspenseResult />
);
```

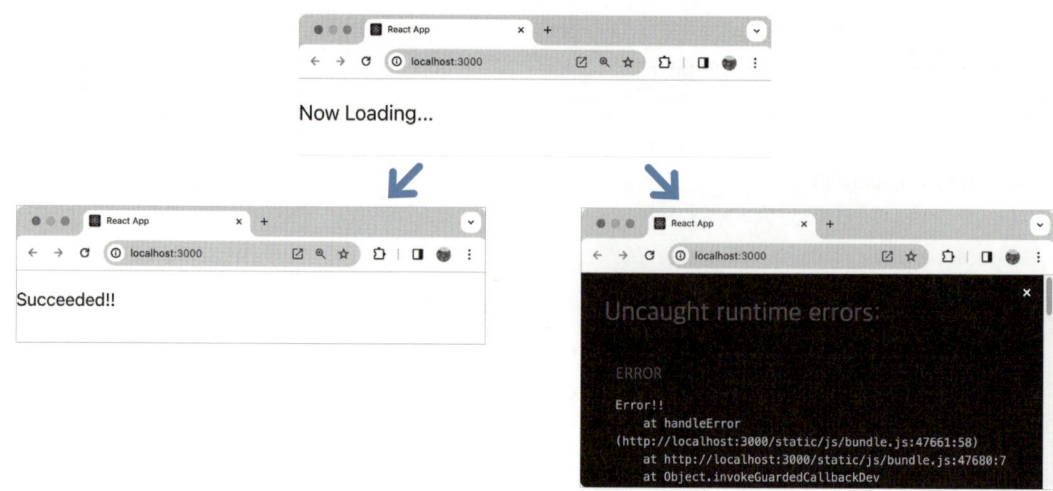

▲ 비동기 처리의 성패에 따라 결과 표시

getInfo 함수(❶)는 비동기적으로 데이터를 가져오기 위한 함수다. 비동기 처리(코드의 푸른색 표시 부분)는 앞서 작성한 래퍼로 감싼다.

getInfo 함수의 반환값은 리소스 객체이므로, 이제 비동기 데이터를 이용하는 본래의 컴포넌트(❷)에서 해당 get 메서드를 호출하기만 하면 된다. 다시 말하지만, get 메서드는 Promise의 상태에 따라 Promise를 던지기도 하고, 가져온 데이터를 반환하기도 한다. 따라서 이제부터는 〈Suspense〉 요소에 맡겨두면 (❸) 폴백을 표시하거나 원래의 데이터를 다시 렌더링해주는 것이다.

이 예시에서는 50%의 확률로 데이터를 가져오는 Promise를 준비하고 있지만, 물론 푸른색으로 표시된 부분에는 임의의 Promise를 반환하는 함수를 지정할 수 있다.

지금까지 Promise를 받는 〈Suspense〉 요소의 작동 원리를 살펴봤다. Promise를 던진다(throw)는 개념이 다소 생소하고 특징적이기 때문에 여기서도 자세히 살펴봤지만, 실제로 앱 개발자가 직접 Promise를 던지는 코드를 작성할 기회는 거의 없을 것이다. 이 책에서도 이후부터는 React Query(6-3-3항), Next.js(11-4-4항)와 같은 라이브러리/프레임워크를 통해 Suspense를 활용하게 된다.

5-1-3 컴포넌트 렌더링 시간 측정하기 – Profiler 컴포넌트

프로파일러(Profiler)는 프로그램 실행 시 각종 정보를 수집/분석하는 도구를 말한다. 〈Profiler〉 요소에서도 앱 전체 또는 일부를 묶어 하위 요소가 렌더링하는 데 걸린 시간을 측정할 수 있다.

구문 _ <Profiler> 요소

```
<Profiler id="id" onRender={handleRender}>
  contents
</Profiler>
```

id	: Profiler를 식별하는 id 값
handleRender	: 하위 컴포넌트가 렌더링될 때 실행하는 콜백 함수
contents	: 성능 측정 대상

사용법 자체는 명확하므로 구체적인 예제를 바로 확인해 보자.

예제 코드 5-1-13 ProfilerBasic.js

```js
import { Profiler } from 'react';
import HeavyUI from './HeavyUI';

export default function ProfilerBasic() {
  // 성능 측정을 위한 함수(onRender 함수)
  const handleMeasure = (id, phase, actualDuration,
    baseDuration, startTime, endTime) => {
    console.log('id: ', id);
    console.log('phase: ', phase);
    console.log('actualDuration: ', actualDuration);
    console.log('baseDuration: ', baseDuration);
    console.log('startTime: ', startTime);
    console.log('endTime', endTime);
  };

  return (
  <Profiler id="heavy" onRender={handleMeasure}>
    <HeavyUI delay={1500} />
    <HeavyUI delay={500} />
    <HeavyUI delay={2000} />
  </Profiler>
  );
}
```

❶

예제 코드 5-1-14 HeavyUI.js

```js
function sleep(delay) {
  let start = Date.now();
  while (Date.now() - start < delay);
}

// delay 밀리초 지연 발생
export default function HeavyUI({ delay }) {
  sleep(delay);
  return <p>지연 시간은 {delay}밀리초</p>;
}
```

예제 코드 5-1-15 index.js

```js
import ProfilerBasic from './chap05/ProfilerBasic';
... 중략 ...
root.render(
  <ProfilerBasic />
);
```

onRender 함수(❶)는 다음 표와 같이 렌더링 내용과 실행 시간에 관련된 인수를 받는다. 이 절의 샘플에서는 이러한 인수를 콘솔에 그대로 표시하고 있지만, 일반적으로는 백엔드 등에 계측 정보를 전송 및 기록하게 될 것이다.

▼ onRender 함수의 인수

인수	개요
id	id 속성 값
phase	렌더링 발생 이유(mount, update, nested-update)
actualDuration	Profiler 아래서 렌더링에 소요되는 시간(밀리초)
baseDuration	메모화(7-6절) 등을 실시하지 않고 Profiler 아래서 렌더링됐을 때 소요될 것으로 예상되는 시간(밀리초)
startTime	렌더링 시작 시각(타임스탬프 값)
endTime	렌더링 종료 시각(타임스탬프 값)

실행하면 브라우저의 개발자 도구(콘솔)에 다음과 같은 로그가 표시되는 것을 확인할 수 있다.

```
id: heavy
phase: mount
actualDuration: 4001.5
baseDuration: 3999.699999988079
startTime: 239.7999999821186
endTime 4242.0999999940395
```

참고로 프로파일링은 약간의 오버헤드가 발생하기 때문에 〈Profiler〉 요소는 프로덕션 환경에서는 기본적으로 비활성화되어 있다. 프로덕션 환경에 프로파일링 기능을 부여하려면 빌드 시 --profile 옵션을 부여해야 한다.

```
> npm run build -- --profile
```

5.2 컴포넌트 개발에서의 스타일 정의

컴포넌트 개발의 기초적인 스타일 정의에 대해서는 2-3-4항에서 언급한 바 있는데, style/className 속성이 바로 그것이다.

하지만 두 가지 방법 모두 문제가 있다. 먼저 style 속성(인라인 스타일)에 대해서는 앞서 언급했듯이 자바스크립트 코드에 스타일 정의가 혼재되어 있는 것은 유지보수성 측면에서도 바람직하지 않다.

한편, className 속성에 의해 스타일 정의를 분리하는 것은 가능하다. 그러나 정의된 스타일은 모두 글로벌이다. 즉, 컴포넌트 X에 정의된 스타일이 컴포넌트 Y에 영향을 미칠 수 있다.

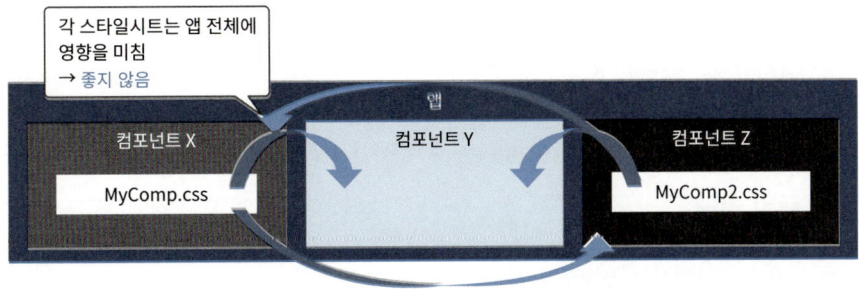

▲ 스타일시트는 전역적으로 영향을 미친다

일반적으로 이런 상태는 바람직하지 않으며, 컴포넌트에서 닫힌(=로컬) 스타일을 정의하고 싶을 것이다. 리액트에서는 소위 로컬 스타일을 정의하기 위한 다양한 접근 방식을 제공하므로 이 절에서도 대표적인 것들을 소개하고자 한다.

▼ 컴포넌트 로컬 스타일을 정의하는 방법

구조	개요
Styled JSX	JSX 식에 〈style〉 요소를 삽입하는 방식
Styled Components	태그를 확장하여 스타일을 적용하는 방식
Emotion	Styled JSX/Styled Components 두 가지 표기법 모두에 대응하는 구조

어느 한 쪽이 더 우월하다는 것은 아니므로 각각의 장단점을 의식하면서 읽어나가자.

5-2-1 JSX 식에 스타일시트 삽입하기 – Styled JSX

Styled JSX는 이름에서 알 수 있듯이 JSX 식에 스타일 정의를 삽입하는 형식의 라이브러리이며, CSS-in-JS라고도 한다.

- 컴포넌트 파일로 로직/스타일을 일괄적으로 관리할 수 있다.
- (Vue.js에 익숙하다면) .vue 파일과 매우 유사한 구조다.

위와 같은 특징이 있다.

- Styled JSX
  URL https://github.com/vercel/styled-jsx

반면, 뒤에서 언급하겠지만 Create React App에서 사용하기 위해서는 일단 설정 파일을 Eject(2-1-2항) 해야 하기 때문에 약간의 번거로움이 따른다는 단점이 있다.

Styled JSX 설치 방법

Styled JSX를 설치하기 위해서는 프로젝트 하위에서 다음 명령어를 실행한다.

```
> npm install styled-jsx          ──────── 라이브러리 설치
> npm run eject                   ──────── 설정 파일을 꺼낸다
```

개별 설정 파일이 펼쳐지므로 package.json을 열고 해당 babel 키를 편집해 둔다.

| 예제 코드 5-2-1 package.json

```
{
  ... 중략 ...
  "babel": {
    "presets": [
      "react-app"
    ],
    "plugins": [
      "styled-jsx/babel"
    ]
  }
}
```

이제 빌드 시 Styled-JSX가 올바르게 처리되도록 Babel(1-2-1항)이 설정됐다.

참고로 프로젝트를 Eject한 관계로 이 절의 예제 코드는 my-styled 프로젝트로 잘라내어 작성했다(기존에 사용하던 my-react 프로젝트가 아니다!). 전체 코드는 my-styled에서 확인할 수 있다.

보충: Eject하지 않고 Styled-JSX 이용하기

설정 파일의 Eject는 단방향(되돌릴 수 없는) 작업이라서 기존 프로젝트에 미치는 영향도 크기 때문에 적극적으로 권장하지 않는다.

따라서 다음과 같은 절차를 통해 Eject하지 않고 Styled JSX를 활성화하는 방법도 소개한다. Styled JSX를 설치한 후 다음과 같은 절차를 수행한다.

1. act-app-rewired 및 customize-cra 설치하기

act-app-rewired/customize-cra는 Create React App의 번들 구성을 덮어쓰기 위한 라이브러리다. 다음 명령어로 설치할 수 있다.

```
> npm install react-app-rewired customize-cra --save-dev
```

2. package.json 편집하기

react-app-rewired를 통해 앱을 빌드하기 위해 start 명령어를 다시 작성해 둔다.

예제 코드 5-2-2 package.json

```
"scripts": {
  "start": "react-app-rewired start",
  ... 중략 ...
},
```

여기서는 start 명령어 대체만 설치했지만, 실제로는 build/test 명령어의 react-app-rewired 버전도 준비해 두면 좋다. 모두 react-scripts를 react-app-rewired로 대체하기만 하면 된다.

3. 프로젝트 경로에 설정 파일 생성하기

설정 정보를 덮어쓰기 위해 다음과 같은 config-overrides.js를 프로젝트 루트(배포 샘플의 경우 /my-react 폴더)에 생성한다. 예제 코드 5-2-1은 package.json에 설정한 내용이다.

예제 코드 5-2-3 config-overrides.js

```
const { addBabelPlugins, override } = require("customize-cra");
module.exports = override(
  ...addBabelPlugins(
    "styled-jsx/babel"
  )
);
```

이제 준비가 완료됐다. 지금까지와 마찬가지로 npm start 명령으로 앱을 실행하여 제대로 실행되는지 확인해 보자.

Styled JSX의 기본

Styled JSX를 활성화했으면 이제 구체적인 코드를 통해 동작을 확인해 보자.

예제 코드 5-2-4 StyledBasic.js

```
export default function StyledBasic() {
  return (
    <>
      {/* Styled JSX로 스타일 정의 */}
```

```
      <style jsx>{`
      .panel {
        width: 300px;
        padding: 10px;
        border: 1px solid #000;
        border-radius: 5px;
        background-color: royalblue;
        color: white;
      }
      `}</style>
      <div className="panel"><b>Styled JSX</b>는 JSX 표현식에 스타일 정의를...
      </div>
    </>
  );
}
```

예제 코드 5-2-5 index.js

```
import StyledBasic from './StyledBasic';
... 중략 ...
root.render(
  <>
    <h3>Styled JSX의 기본</h3>[6]
    <StyledBasic />
  </>
);
```

Styled JSX에서는 스타일 정의를 다음과 같이 표현하는 것이 기본이다.

구문 _ Styled JSX를 통한 스타일 정의

```
<style jsx>{`
   ...스타일 정의...
`}</style>
```

⟨style⟩ 요소에 jsx 속성을 부여하고, 스타일 전체를 {`...`}로 묶는 것 외에는 표준적인 스타일시트의 기술이기 때문에 특별히 언급할 사항은 없다.

---

[6] 컴포넌트 외부에도 태그를 제공하는 것은 뒤에서 설명할 내용 때문에 넣었다. 지금은 신경 쓰지 않아도 된다.

개발자 도구의 [Element(요소)] 탭에서 실행 결과를 확인해 보자.

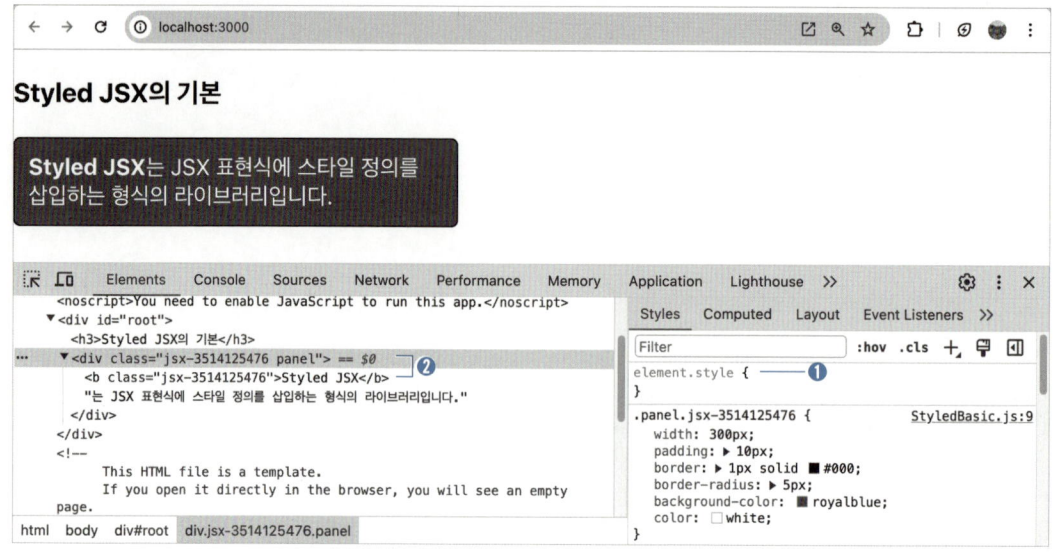

▲ Styled JSX를 통한 출력

Styled JSX에서 지정한 스타일(❶)에는 'jsx-3514125476'과 같은 클래스 선언이 선택식에 추가된 것을 확인할 수 있다. 동시에 컴포넌트에서 정의한 템플릿의 각 요소(❷)에도 해당 class 속성이 부여되어 있다. 이를 통해 현재 컴포넌트에만 적용되는 스타일을 구현하고 있는 것이다.

Styled JSX의 다양한 표기법

이상이 Styled JSX의 기본이다. 우선 이것만으로도 최소한의 스타일 정의는 가능하지만, 실제 스타일을 정의할 때는 다음과 같은 표기법도 알아두면 좋다.

(1) 글로벌 스타일

Styled JSX에서는 컴포넌트 로컬 스타일을 정의하는 것이 기본이지만, 간혹 글로벌(=앱 전체에 적용되는) 스타일을 정의하고 싶은 상황이 생길 수 있다. 이런 경우에는 〈style〉 요소에 global 속성을 부여하면 된다.

```
return (
  <>
    <style jsx global>{`
    h3 {
```

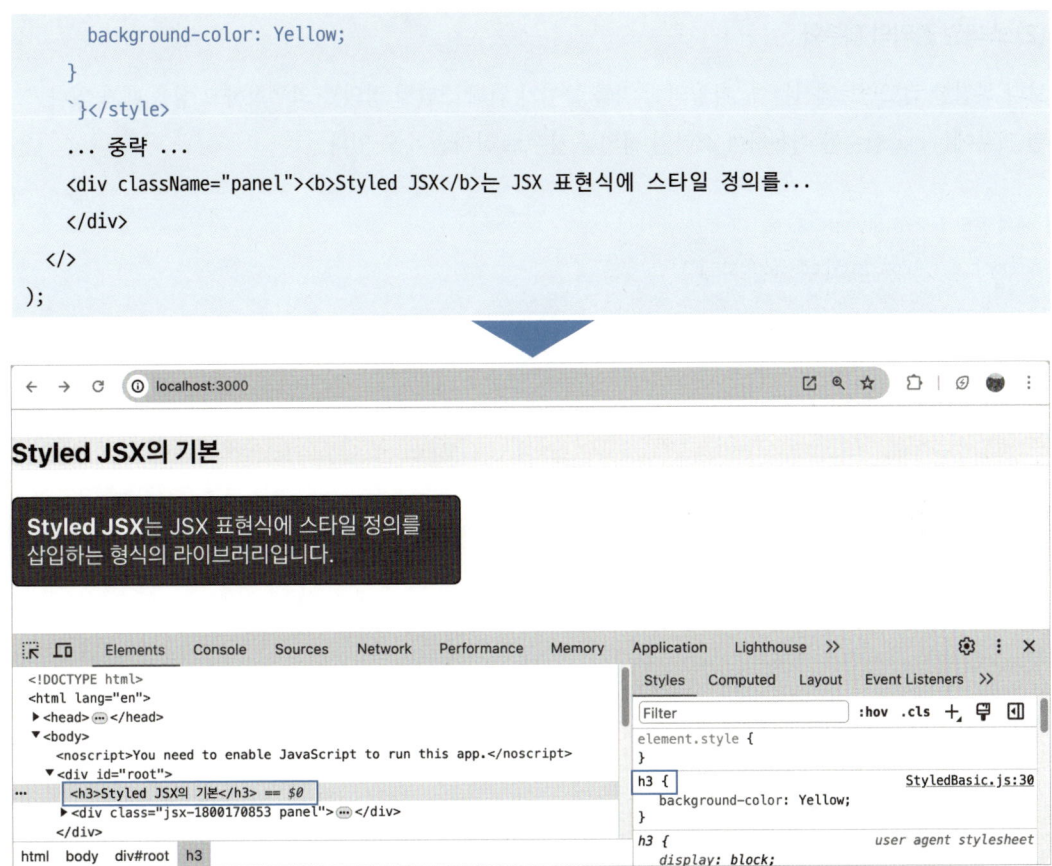

```
      background-color: Yellow;
    }
  `}</style>
  ... 중략 ...
  <div className="panel"><b>Styled JSX</b>는 JSX 표현식에 스타일 정의를...
  </div>
  </>
);
```

▲ 컴포넌트 외부에 위치한 〈h3〉 요소에 스타일이 적용됐다

글로벌로 적용되는 스타일이므로 (로컬 스타일과 달리) 'jsx-3514125476'과 같은 클래스 선언이 부여되지 않는다는 점도 주목해야 한다.

참고로 로컬 스타일의 일부만 글로벌로 적용하고 싶다면 :global 가상 선택자를 이용하면 된다. 예를 들어 다음 예시에서는 h3 스타일만 글로벌로 적용된다.

```
<style jsx>{`
:global(h3) {
  color: Red;
}

.panel { ... }
`}</style>
```

(2) 스타일 정의의 외부화

보다 복잡한 컴포넌트에서는 .js 파일의 부피를 줄이기 위해 스타일 정의를 외부화하고 싶을 때가 있다. 그런 경우에는 css 함수를 이용하여 스타일 정의를 상수로 잘라낼 수도 있다[7].

예제 코드 5-2-6 StyledCss.css.js

```js
import css from 'styled-jsx/css';

export default css`         ————❶
.panel {
  width: 300px;
  padding: 10px;
  border: 1px solid #000;
  border-radius: 5px;
  background-color: royalblue;
  color: white;
}`;
```

예제 코드 5-2-7 StyledCss.js

```js
import css from './StyledCss.css';

export default function StyledCss() {
  return (
    <>
      {/* 외부 스타일 가져오기 */}
      <style jsx>{css}</style>         ————❷
      <div className="panel"><b>Styled JSX</b>는 JSX 표현식에 스타일 정의를...
      </div>
    </>
  );
}
```

예제 코드 5-2-8 index.js

```js
import StyledCss from './StyledCss';
... 중략 ...
root.render(
```

---

[7] 이렇게 함수가 부여된 템플릿 문자열 `...`을 태그가 붙은 템플릿 문자열이라고 하는데, 1-3-2항도 함께 참고하기 바란다.

```
    <>
      <h3>Styled JSX의 외부화</h3>
      <StyledCss />
    </>
);
```

템플릿 문자열 `...` 앞에 css를 붙이기만 하면 된다(❶). 이제 기본 내보내기된 스타일 정의를 가져오면 〈style jsx〉 요소에 그대로 임베드할 수 있다(❷).

글로벌 스타일을 정의하고 싶다면 푸른색으로 표시된 부분을 css.global로 바꾸면 되고, className 속성에 포함시키려면 css.resolve를 이용하는 것도 가능하다. 다음은 그 구체적인 예시다.

| 예제 코드 5-2-9 StyledCss.css.js

```
import css from 'styled-jsx/css';

export default css`...`;

// 글로벌 스타일
export const globalCss = css.global`
h3 {
  background-color: Yellow;
}
`;                                        ❶

// 매립형 스타일
export const resolveCss = css.resolve`
.panel {
  margin: 50px;
}`;                                       ❸
```

| 예제 코드 5-2-10 StyledCss.js

```
import css, { globalCss, resolveCss } from './StyledCss.css';

export default function StyledCss() {
  return (
    <>
    <style jsx>{css}</style>
    <style jsx>{globalCss}</style>         ❷
```

```
      {resolveCss.styles}  ────────────❹
      <div className={`panel ${resolveCss.className}`}><b>Styled JSX</b>는... ────────❺
    </div>
    </>
  );
}
```

글로벌 스타일(css.global 함수)은 정의(❶), 적용(❷) 모두 css 함수와 동일하므로 특별히 언급할 사항은 없다.

임베디드 스타일(css.resolve 함수)은 다음 표와 같은 프로퍼티를 가진 객체를 생성한다(❸).

▼ css.resolve 함수의 반환값

프로퍼티	개요
className	자동 생성된 스타일 클래스(예: jsx-1825642693)
styles	스타일 정의 본체

이제 컴포넌트의 해당 부분에 스타일 정의(styles❹)와 클래스명(className❺)을 삽입하여 특정 요소에 대해서만 스타일을 반영할 수 있다.

(3) 동적 스타일

지금까지의 예시를 보면 알 수 있듯이, Styled JSX를 통한 스타일 정의의 실체는 템플릿 문자열이다. 따라서 자바스크립트에서 값을 전달하여 스타일을 동적으로 조작할 수 있다.

예를 들어, 다음은 theme 속성을 통해 전달된 정보를 기반으로 스타일 정의를 구성하는 예시다. theme 속성은 객체 형식이며, radius(둥근 모서리), background-color(배경색) 등의 속성을 가진다고 가정하자.

| 예제 코드 5-2-11 StyledDynamic.js

```
export default function StyledDynamic({ theme }) {
  return (
    <>
    <style jsx>{`
    .panel {
```

```
      width: 300px;
      padding: 10px;
      border: 1px solid #000;
      color: white;
    }
    `}
    </style>
    <style jsx>{`
      // Props에서 동적으로 설정값 생성
      .panel {
        border-radius: ${theme.radius ? '10px' : '0px'};        ❶  ❷
        background-color: ${theme.color};
      }
    `}</style>
      <div className="panel"><b>Styled JSX</b>는 JSX 표현식에 스타일 정의를 삽입하는 형식의 라이브러리입니다.
      </div>
    </>
  );
}
```

예제 코드 5-2-12 index.js

```
import StyledDynamic from './StyledDynamic';
… 중략 …
root.render(
  <StyledDynamic theme={{
    radius: true,
    color: 'royalblue'
  }} />
);
```

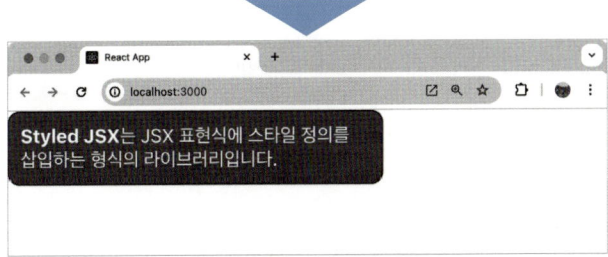

▲ 동적 스타일이 적용됨

동적 스타일이라고 해도 템플릿 문자열에 수식/변수를 삽입하는 것이므로 특별히 주의할 점은 많지 않다. 다음 사항만 주의하면 된다.

❶ 임베디드 수식은 {…}이 아닌 ${…}를 사용한다
❷ 정적 스타일 정의와 동적 스타일 정의를 분리한다

❷는 필수 항목은 아니지만, 값 변경 시 〈style〉 요소 단위로 스타일이 재계산된다. 해당 부분을 최소화하는 것이 바람직하다.

5-2-2 표준 태그를 확장하여 스타일 태그 정의하기 – Styled Components

Styled Components는 CSS-in-JS로 분류되는 라이브러리의 일종이다. 하지만 사용법은 Styled JSX와 다르다. '특정 요소에 스타일을 적용하는' 것이 아니라,

기존 요소에 스타일을 입힌 컴포넌트를 만든다

는 구조로 되어 있어 이용에 있어서는 약간의 익숙함이 필요할 수도 있다.

- Styled Components
  URL https://styled-components.com/

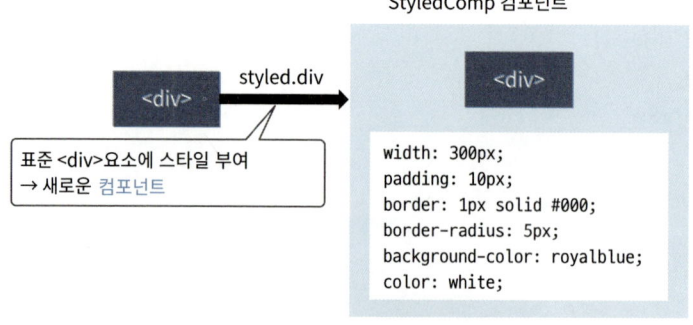

▲ Styled Components의 작동 원리

Styled Components의 기본

Styled Components를 설치하려면 프로젝트 아래에서 다음 명령어를 실행한다.

```
> npm install styled-components ⏎
```

Styled JSX와 달리 별도의 설정이 필요하지 않으므로 구체적인 코드를 살펴보자. 다음은 예제 코드 5-2-6을 Styled Components로 다시 작성한 것이다[8].

예제 코드 5-2-13 StyledComp.js

```
import styled from 'styled-components';

// 표준 <div> 요소를 확장한 MyPanel 컴포넌트를 정의한다.
const MyPanel = styled.div`
  width: 300px;
  padding: 10px;
  border: 1px solid #000;
  border-radius: 5px;
  background-color: royalblue;
  color: white;
`;                                                              ❶

export default function StyledComp() {
  return (
    <MyPanel><b>Styled JSX</b>는 JSX 표현식에 스타일 정의를...</MyPanel>   ❷
  );
}
```

예제 코드 5-2-14 index.js

```
import StyledComp from './chap05/StyledComp';
... 중략 ...
root.render(
  <StyledComp />
);
```

Styled Components에서는 styled 객체를 이용하여 스타일을 정의하는 것이 기본이다(❶).

---

[8] 여기서부터 다시 예제 코드는 my-react 프로젝트의 코드를 사용한다. 이전 절에서 my-styled 프로젝트를 사용했다면, 다시 my-react 프로젝트로 변경하는 것을 잊지 말자.

구문 _ styled 객체

```
styled.tag`
  ...style...
`
```

tag   : 확장할 태그 이름
style   : 적용하는 스타일

❶의 예시라면 〈div〉 요소를 확장하여 지정된 스타일을 적용한 MyPanel 컴포넌트를 정의하라는 의미가 된다. 컴포넌트로 취급하기 때문에 반환값을 받는 변수 이름은 파스칼케이스(PascalCase)로 지정해야 한다는 점에도 주목해야 한다.

스타일이 지정된 〈div〉 요소, 즉 MyPanel은 컴포넌트이므로, 물론 기존과 마찬가지로 〈MyPanel〉 태그 형식으로 호출할 수 있다(❷).

예제를 실행하고 개발자 도구의 [요소] 탭에서 실행 결과를 확인해 보자.

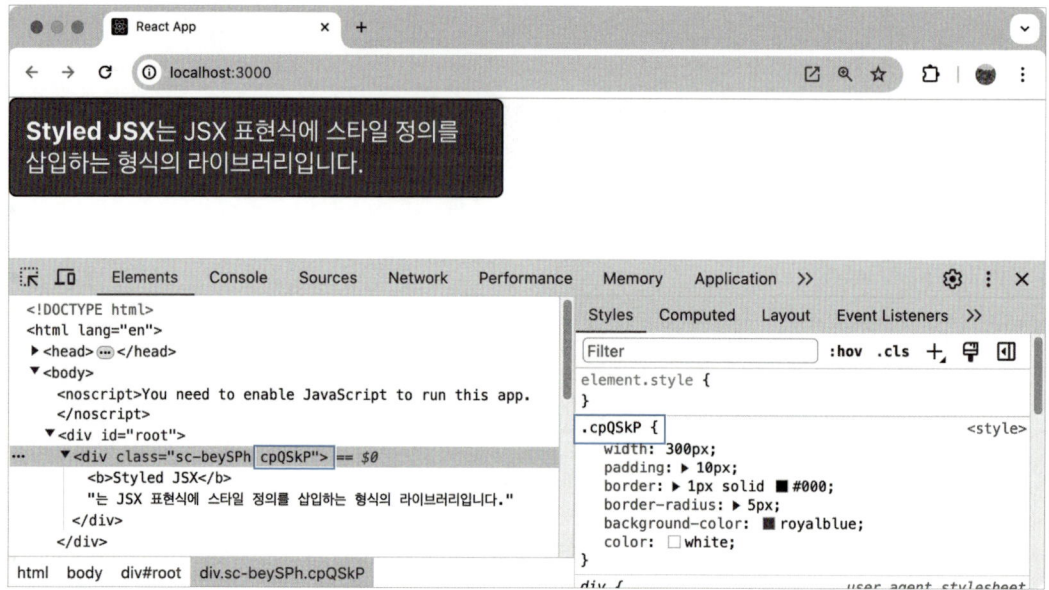

▲ Styled Components에 의한 출력

Styled JSX와 마찬가지로 〈div〉 요소의 class 속성에 임의의 값을 부여하여 원하는 영역(〈div〉 요소)에만 적용되는 로컬 스타일을 구현한 것을 확인할 수 있다.

기존 컴포넌트에 스타일 지정하기

Styled Components에서는 표준 HTML 태그뿐만 아니라 기존 컴포넌트에 대한 스타일 지정도 가능하다.

예를 들어 다음은 표준 버튼을 래핑한 MyButton 컴포넌트의 예시다. 이것을 Styled Components로 스타일을 지정해 보자.

예제 코드 5-2-15 StyledComp2.js

```
import styled from 'styled-components';

// <button> 요소를 생성하는 MyButton 컴포넌트
export function MyButton({ className, children }) {      ──①
  return (
    <button type="button" className={className}>         ──②
      {children}
    </button>
  );
}

// MyButton에 스타일을 부여한 MyStyledButton을 정의한다.
export const MyStyledButton = styled(MyButton)`          ──③
  display: block;
  background-color: royalblue;
  color: white;
  font-weight: bold;
  width: 80px;
  height: 50px;
`;
```

예제 코드 5-2-16 index.js

```
import { MyButton, MyStyledButton } from './chap05/StyledComp2';
... 중략 ...
root.render(
  <>
    <MyButton>버튼</MyButton>
    <MyStyledButton>버튼</MyStyledButton>
  </>
);
```

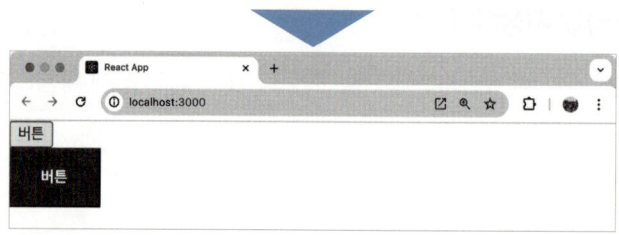

▲ 기존 MyButton(위)과 스타일이 적용된 MyStyledButton(아래)

컴포넌트가 Styled Components에 대응하기 위해서는 className을 Props로 받고(❶), 이를 하위 요소에 적용하면 된다(❷).

이제 ❸과 같은 방법으로 컴포넌트에 스타일을 추가할 수 있는데, styled.tag`...`가 아닌 styled(tag)`...`로 변경된 점이 눈에 띈다.

스타일 정의 외부화하기

여러 컴포넌트에서 스타일 정의를 재사용하고 싶다면 css 함수로 정의(군)를 잘라낼 수도 있다.

| 예제 코드 5-2-17 StyledCommon.css.js

```
import { css } from 'styled-components';

export default css`
  margin: 20px;
`;                              ❶
```

| 예제 코드 5-2-18 StyledCommon.js

```
import styled from 'styled-components';
import PanelBase from './StyledCommon.css';

const MyPanel = styled.div`
  ${PanelBase}             ❷
  width: 300px;            ❸
  ... 중략 ...
`;

export default function StyledCommon() { ... }
```

예제 코드 5-2-19 index.js

```
import StyledCommon from './chap05/StyledCommon';
... 중략 ...
root.render(
  <StyledCommon />
);
```

소위 태그가 붙은 템플릿 문자열 구문으로, CSS 함수로 스타일 정의를 한정하기만 하면 된다(❶). 여기서는 margin 속성을 하나만 정의하고 있지만, 물론 여러 개의 스타일 정의를 열거할 수도 있다.

css 함수로 정의된 스타일은 개별 컴포넌트 파일로 가져와서 ${…}로 인용할 수 있다(❷[9]). 인용되는 것은 '프로퍼티명 : 값;'의 집합이므로, 물론 ❸과 같이 개별 스타일을 추가하는 것도 자유롭다.

글로벌 스타일 정의하기

예제 코드 5-2-13의 결과에서도 알 수 있듯이, Styled Components에서는 로컬 스타일을 정의하는 것이 기본이다. 하지만 예외적으로 글로벌 스타일을 정의할 수도 있다.

예제 코드 5-2-20 StyledGlobal.js

```
import { createGlobalStyle } from 'styled-components';

export default createGlobalStyle`       ────❶
body {
  margin: 0;
  padding: 0;
  background-color: Yellow;
}
`;
```

예제 코드 5-2-21 index.js

```
import StyledComp from './chap05/StyledComp';
... 중략 ...
import GlobalStyle from './chap05/StyledGlobal';
... 중략 ...
root.render(
```

---

[9] 템플릿 문자열 내부이므로 {…}가 아닌 ${…}이다.

```
  <>
    <GlobalStyle />————————❷
    <StyledComp />
  </>
);
```

▲ 배경색(⟨body⟩ 요소)이 노란색으로 바뀌었다

글로벌 스타일을 정의하려면 css 함수 대신 createGlobalStyle 함수를 사용한다(❶). 스타일 정의도 스타일 속성의 열거가 아니라 규칙 집합(selector {…})의 열거라는 점에 주목하자. 이 예시에서는 ⟨body⟩ 요소에 적용될 스타일을 정의하고 있지만, 마찬가지로 여러 규칙 집합을 열거해도 무방하다.

준비한 글로벌 스타일을 적용하는 것은 ❷다. 리액트 앱의 루트에 컴포넌트 호출과 같은 방식으로 글로벌 스타일(여기서는 ⟨GlobalStyle⟩)을 추가한다.

Props를 통해 동적 스타일 설정하기

styled.~의 실체는 컴포넌트다. 따라서 지금까지 살펴본 컴포넌트와 마찬가지로 Props를 넘겨받아 내용을 동적으로 다시 작성할 수 있다.

예를 들어, 다음은 예제 코드 5-2-11을 Styled Components 대응으로 다시 작성한 예다.

예제 코드 5-2-22 StyledProps.js

```
import styled from 'styled-components';

const MyPanel = styled.div`
  width: 300px;
  padding: 10px;
  border: 1px solid #000;
  color: white;
  border-radius: ${ props => (props.theme.radius ? '10px' : '0px') };————❶
  background-color: ${ props => props.theme.color };
```

```
`;

export default function StyledProps({ theme }) {
  return (
    <MyPanel theme={{
      radius: true,
      color: 'royalblue'
    }}><b>Styled JSX</b>는 JSX 표현식에 스타일 정의를...</MyPanel>
  );
}
```
❷

예제 코드 5-2-23 index.js

```
import StyledProps from './chap05/StyledProps';
... 중략 ...
root.render(
  <StyledProps />
);
```

Props에 접근하기 위해서는 화살표 함수를 경유하는 점이 포인트다(❶). 다소 중복되는 것 같지만, 다음 코드는 관용구라고 생각하면 된다.

```
${ props => Props 액세스 코드 }
```

화살표 함수의 반환 값은 스타일 속성에 대한 설정값으로, Props에서 가져온 값을 그대로(또는 가공하여) 반환하도록 한다.

컴포넌트에 Props를 전달하는 방법은 지금까지 살펴본 바와 같으므로 특별히 언급할 사항은 없다(❷).

5-2-3 다양한 표기법을 지원하는 CSS-in-JS 라이브러리 – Emotion

Emotion도 지금까지 소개한 라이브러리와 마찬가지로 CSS-in-JS로 분류되는 라이브러리인데, 무엇보다도 그 특징은 표현력의 자유로움에 있다. 지금까지 살펴본 Styled JSX, Styled Components와 비슷한 방식으로 작성할 수 있다.

개발 프로젝트의 스타일 정의를 어떻게 관리할 것인지 확정되지 않은 상태에서, 방법을 모색해가며 진행하고자 하는 상황에 특히 유용한 선택이 될 수 있을 것이다.[10]

- Emotion
  URL https://emotion.sh/

Emotion 설치 방법

Emotion을 설치하려면 프로젝트 아래에서 다음 명령어를 실행한다.

```
> npm install @emotion/react @emotion/styled
```

@emotion/react는 Styled JSX와 같은 기법을, @emotion/styled는 Styled Components와 같은 기법을 사용할 때 도입해야 하는 라이브러리다. 이 책에서는 두 라이브러리를 함께 설치하지만, 일반적으로는 사용하는 기법에 따라 필요한 라이브러리만 설치하면 충분하다.

Styled JSX와 유사한 표기법

먼저 Styled JSX와 유사한 표기법부터 살펴보자. 다음은 예제 코드 5-2-4를 Emotion으로 다시 작성한 예시다.

예제 코드 5-2-24 EmotionJsx.js

```
/** @jsxImportSource @emotion/react */   ———❶
import { css } from '@emotion/react';

export default function EmotionJsx() {
  const styles = css`
    width: 300px;
    padding: 10px;
    border: 1px solid #000;
    border-radius: 5px;                    ❷
    background-color: royalblue;
    color: white;
  `;
```

---

10 물론 본격적인 개발을 진행하기 전에 통일된 규칙을 정해야 한다.

```
  return (
    <div css={styles}><b>Styled JSX</b>는 JSX 표현식에 스타일 정의를...</div>  ③
  );
}
```

예제 코드 5-2-25 index.js
```
import EmotionJsx from './chap05/EmotionJsx';
... 중략 ...
root.render(
  <EmotionJsx />
);
```

Emotion을 사용하기 위해서는 먼저 ❶의 형식으로 Emotion을 사용할 것을 선언해야 하는데, JSX Pragma라는 기법으로 Emotion을 어떻게 처리할지 결정하는 컴파일러에 대한 선언과 같다고 생각하면 된다. 다소 복잡한 문장이지만, Emotion을 동작시키기 위해서는 반드시 필요한 선언이므로 Emotion을 사용하는 모든 컴포넌트에서 먼저 선언해야 한다는 점을 기억해두자.

Emotion을 활성화하면 css`...`로 스타일을 정의할 수 있다(❷). 태그가 붙은 템플릿 문자열이므로 스타일 정의 자체는 표준 CSS 문법을 따르기만 하면 된다.

css를 함수처럼 활용하면 style 속성(2-3-4항)처럼 객체 형태로 스타일을 표현할 수도 있다(다음은 ❷를 다시 작성한 예시다).

```
const styles = css({
  width: 300,
  padding: 10,
  border: '1px solid #000',
  borderRadius: 5,
  backgroundColor: 'royalblue',
  color: 'white',
});
```

스타일을 정의했다면, 이제 CSS 속성으로 스타일을 적용하기만 하면 된다(❸). 여러 개의 스타일(css`...`)을 한꺼번에 적용하려면 다음과 같이 배열로 지정한다.

```
<div css={[styles, others]}><b>Styled JSX</b>는 JSX 표현식에 스타일 정의를 삽입하는 형식의 라이브러리입니다.</div>
```

> **📄 스타일의 계승**
>
> 스타일 정의 자체가 템플릿 문자열이기 때문에 기존 스타일 정의를 임베딩하여 이른바 스타일 상속도 가능하다.
>
> ```
> const plus = css`
>   ${styles}         ──────── 기존 스타일 삽입하기
>   margin: 20px;
> `;
> ```

Styled Components와 같은 표기법

마찬가지로 Styled Components와 유사한 표기법에 대해서도 살펴보자. 다음은 예제 코드 5-2-13을 Emotion으로 다시 작성한 예시다.

예제 코드 5-2-26 EmotionComp.js

```
/** @jsxImportSource @emotion/react */
import styled from '@emotion/styled';

// 스타일링된 컴포넌트 준비
const MyPanel = styled.div`
  width: 300px;
  padding: 10px;
  border: 1px solid #000;
  border-radius: 5px;
  background-color: royalblue;
  color: white;
`;

export default function EmotionComp() {
  return (
    // 준비된 구성 요소 배치
    <MyPanel><b>Styled JSX</b>는 JSX 표현식에 스타일 정의를 삽입하는 형식의 라이브러리입니다.</MyPanel>
  );
}
```

예제 코드 5-2-27 index.js

```
import EmotionComp from './chap05/EmotionComp';
... 중략 ...
```

```
root.render(
  <EmotionComp />
);
```

이 부분은 예제 코드 5-2-13과 거의 동일한 내용이라 특별히 언급할 사항은 없다. 앞서와 마찬가지로 첫 머리에 있는 JSX Pragma를 잊지 말자.

글로벌 스타일 정의하기

글로벌 스타일도 Styled JSX와 Styled Components의 중간과 같은 기법으로 표현할 수 있다.

예제 코드 5-2-28 index.js

```
/** @jsxImportSource @emotion/react */
import { css, Global } from '@emotion/react';
... 중략 ...
const global = css`
  body {
    background-color: Yellow;
  }
`;                                            ❶

root.render(
  <>
    <Global styles={global} />                ❷
    <EmotionJsx />
  </>
);
```

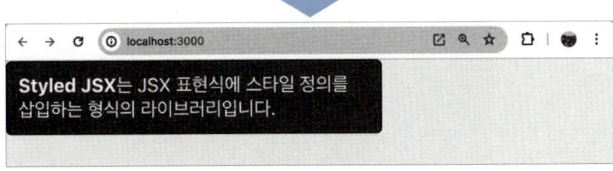

▲ 글로벌 스타일이 적용됐다

글로벌 스타일이라고 해도 css`...`로 정의하는 점은 예제 코드 5-2-24와 동일하다(❶). 이제 Emotion 표준에서 제공하는 〈Global〉 요소의 styles 속성에 이미 정의된 스타일을 전달하면 된다(❷). 〈Global〉 요소는 일반적으로 앱 루트와 병렬로 배치한다.

5.3 컴포넌트에 대한 기타 주제

이 장의 마지막에는 지금까지 다루지 못한 다른 컴포넌트에 대한 내용을 정리해 보겠다.

5-3-1 컴포넌트 하위의 콘텐츠를 임의의 영역에 렌더링하기 – 포털

포털이라는 기능을 이용하면 컴포넌트 아래에 있는 콘텐츠를 페이지 내 임의의 영역(=컴포넌트가 아닌 다른 곳)에 그릴 수 있다.

예를 들어, 대화 상자 기능을 가진 컴포넌트는 대화 상자 실행을 위한 버튼과 대화 상자 본체로 구성될 수 있다. 이런 컴포넌트에서 버튼과 대화상자는 분리하고 싶지 않지만 문서 트리에서는 분리하고 싶을 수도 있다. 버튼은 컴포넌트를 배치한 위치에 반영해야 하지만 대화상자는 보다 상위(body 태그 바로 위 등)에서 관리하는 것이 스타일 정의 측면에서도 합리적이다[11].

```
<html>
<head>...</head>
<body>
  <div id="dialog">

  </div>
  <div id="root">
    <form>
      <button type="button" ...>...</button>
      createPortal 메서드

      <div className="dialog">
        <p>Portal에서 생성된 대화상자 </p>
        ...
      </div>

    </form>
  </div>
</body>
</html>
```

구성 요소의 일부를 페이지의 다른 위치에 배치

▲ 포털

---

[11] 그 외 React 앱이 페이지의 극히 일부에 불과한 경우, 즉 React의 관리 밖에서 다른 위젯 등이 동작하는 경우 등 React 외부의 영역에 일부 콘텐츠를 삽입하는 데 사용할 수 있다.

이럴 때 포털을 이용하면 템플릿 내의 특정 요소(여기서는 대화 상자를 의미하는 〈div〉 요소)를 자유롭게 재배치할 수 있다. '자유롭게'라는 말은 컴포넌트(템플릿) 밖은 물론 리액트 앱의 범위 밖, 즉 render 메서드에서 지정한 범위 밖에서도 상관없다는 뜻이다.

다이얼로그 구현

이제 이러한 다이얼로그 컴포넌트인 PortalBasic을 실제로 구현해 보자.

예제 코드 5-3-1 PortalBasic.js

```
import { useState } from 'react';
import { createPortal } from 'react-dom';
import './PortalBasic.css';

export default function PortalBasic() {
  // 다이얼로그 창의 개폐 상태를 나타내는 State(false로 닫힌 상태)
  const [show, setShow] = useState(false);
  // 버튼 클릭 시 핸들러(State 켜기/끄기)
  const handleDialog = () => setShow(s => !s);

  return (
    <form>
      <button type="button" onClick={handleDialog}
        disabled={show}>
        다이얼로그 표시
      </button>
      {show && createPortal(
        <div className="dialog">
          <p>Portal에서 생성된 대화상자</p>
          <button type="button" onClick={handleDialog}>
            닫기
          </button>
        </div>,
        document.getElementById('dialog')
      )}
    </form>
  );
}
```

❶

예제 코드 5-3-2 PortalBasic.css

```css
.dialog {
  position: fixed;
  top: 100px;
  left: 100px;
  height: 100px;
  width: 250px;
  z-index: 99999;
  display: block;
  border: 1px solid black;
  padding: 5px;
  background-color: white;
  box-shadow: 5px;
}
```

예제 코드 5-3-3 index.js

```js
import PortalBasic from './chap05/PortalBasic';
... 중략 ...
root.render(
  <>
    <div id="dialog"></div>            ──❷
    <PortalBasic />
  </>
);
```

▲ 버튼 클릭으로 다이얼로그 표시/숨기기

이 절의 핵심인 포털을 이용하는 것은 ❶이다. {show && xxxxx}는 3-2-2항에서도 언급했듯이 show 값이 true이면 xxxxx를 실행하라는 분기 표현이다.

다시 한번 show 값이 true일 때만 실행되는 코드(푸른색으로 표시된 부분)에 주목해 보자. createPortal 함수는 포털의 핵심이라고 할 수 있는 함수로, 지정된 리액트 요소(children)를 지정된 영역(domNode)에 넘겨주는 역할을 한다.

| 구문 _ createPortal 함수

```
createPortal(children, domNode [, key])
```

children	: 인수 domNode 아래에 삽입하는 리액트 요소
domNode	: 임베드 대상 요소
key	: 포털을 고유하게 식별할 수 있는 키

이 예제의 경우 'id="dialog"'인 요소'에 〈div className="dialog"〉~〈/div〉를 삽입하라는 의미다.

포털이라고 하니 어렵게 들릴 수 있지만, 이 정도면 충분하다. 포털을 삽입할 위치는 컴포넌트 외부(❷)에 확보해 둔다. 여기서는 render 메서드의 하위로 설정했지만, 앞서 언급했듯이 리액트 앱의 외부에서도 상관없다.

5-3-2 컴포넌트에서 발생한 오류 처리하기 – Error Boundary

컴포넌트 계층 중 하나에서 어떤 오류가 발생했을 때 리액트의 기본 동작은 다음과 같은 화면을 표시한다.

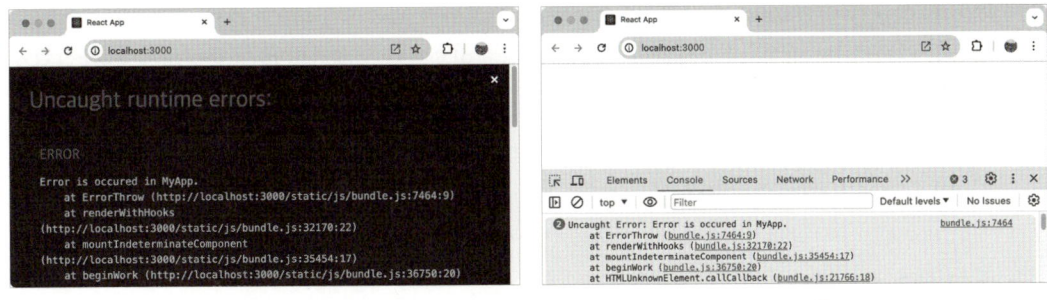

▲ 리액트 앱에서 문제가 발생한 경우 (왼쪽: 개발 모드, 오른쪽: 프로덕션 모드[12])

단편적인 문제라도 앱 전체가 멈춰버릴 수 있다. 하지만 앱 전체의 동작을 좌우하는 치명적인 문제가 아니라면, 앱 선체가 멈춰버리는 것은 바람직하지 않은 상황이다. 제한된 콘텐츠/기능이라면 해당 영역만 비활성화(또는 오류 메시지 표시)하는 것이 바람직하다.

---

[12] 개발 모드에서도 화면 오른쪽 상단의 [×] 버튼을 누르면 오류 추적이 닫히고, 프로덕션 모드와 동일한 화면으로 전환된다.

그래서 하위 컴포넌트에서 발생한 오류를 포착하고 기록하여 대체 UI(=폴백 UI)를 표시하는 것이 Error Boundary의 역할이다. Error Boundary라고 부르지만, 그 자체로 리액트 컴포넌트의 일종이다.

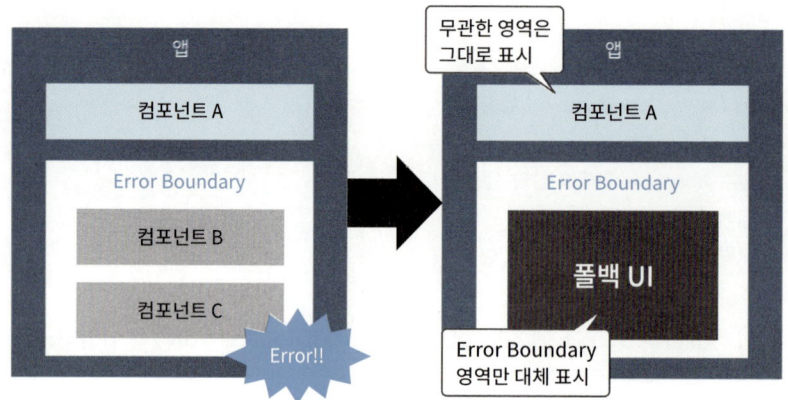

▲ Error Boundary란?

react-error-boundary 설치하기

리액트 표준의 기능만으로 Error Boundary를 구현하려면 클래스 컴포넌트(2-2-6항)를 이용해야 한다(함수형 컴포넌트에서는 미지원). 하지만 Error Boundary를 위해서만 클래스 컴포넌트를 사용할 필요는 없다.

왜냐하면 react-error-boundary라는 라이브러리를 이용하면 범용적인 Error Boundary의 구조를 쉽게 도입할 수 있기 때문이다. react-error-boundary를 이용하기 위해서는 다음 명령어를 통해 프로젝트에 설치한다.

```
> npm install react-error-boundary
```

- react-error-boundary
  URL https://github.com/bvaughn/react-error-boundary

Error Boundary의 기본

먼저 간단한 샘플을 통해 Error Boundary의 동작을 확인해 보자. 다음은 ErrorRoot→ErrorThrow가 계층 구조로 된 예제로, ErrorThrow는 무조건 에러를 발생시키는[13], ErrorRoot는 ErrotThrow를 포함한 콘텐츠를 렌더링하기 위한 컴포넌트다.

예제 코드 5-3-4 ErrorRoot.js

```
import { ErrorBoundary } from 'react-error-boundary';
import ErrorThrow from './ErrorThrow';

export default function ErrorRoot() {
  return (
    <>
      <h3>Error Boundary의 기본</h3>
      <ErrorBoundary fallback={<div>오류가 발생했다.</div>}>
        <ErrorThrow />
      </ErrorBoundary>
    </>
  );
}
```
❶

예제 코드 5-3-5 ErrorThrow.js

```
export default function ErrorThrow() {
  // 무조건 예외 발생
  throw new Error('Error is occured in MyApp.');
  return (
    <p>잘 실행되었다.</p>
  );
}
```
❷

예제 코드 5-3-6 index.js

```
import ErrorRoot from './chap05/ErrorRoot';
... 중략 ...
root.render(
  <ErrorRoot />
);
```

---

[13] 물론 일반적인 앱에서는 어떤 처리 과정에서 오류가 발생하기 마련이다.

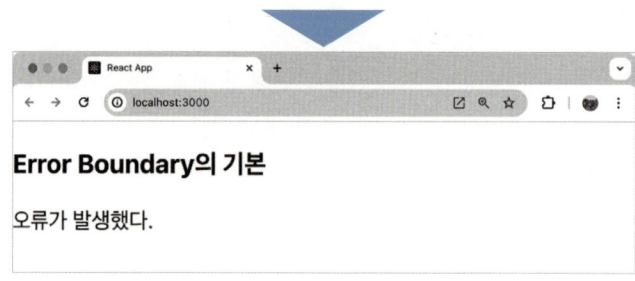

▲ ErrorThrow 부분만 오류 메시지로 대체됨[14]

react-error-boundary의 핵심은 ErrorBoundary 컴포넌트다. 〈ErrorBoundary〉 요소의 용도는 여러 가지가 있지만, 가장 간단한 방법은 오류가 발생할 수 있는 영역을 묶고 fallback 속성에 오류 발생 시 콘텐츠(리액트 요소)를 지정하는 것이다(❶).

이제 하위 컴포넌트에서 오류가 발생했을 때도 대체 콘텐츠를 표시할 수 있게 된다. ❷를 주석 처리한 경우에는 원래의 콘텐츠가 표시되는지 확인해야 한다.

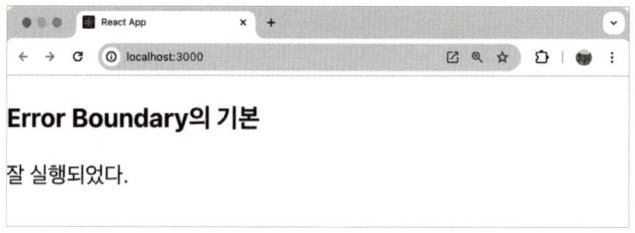

▲ ❷를 주석 처리한 경우의 결과

> 📄 **Error Boundary의 배치 대상**
>
> Error Boundary는 중첩할 수도 있고, 페이지 내에 여러 개를 배치할 수도 있다. 하지만 모든 컴포넌트를 Error Boundary로 묶을 필요도 없다.
>
> 예를 들어 메시지 앱에서 전체 스레드(목록) 또는 개별 게시글 표시를 위해 Error Boundary를 설정하는 것은 합리적이다. 그러나 사용자 아바타에 대해 Error Boundary를 설정하는 것이 의미가 있는지는 논란의 여지가 있을 수 있다.

---

14 개발 모드에서는 처음에 p.275의 왼쪽 그림과 같은 오류 추적이 표시될 수 있다. 이 경우 오른쪽 상단의 [×]로 닫고 결과를 확인한다(이후에도 마찬가지다).

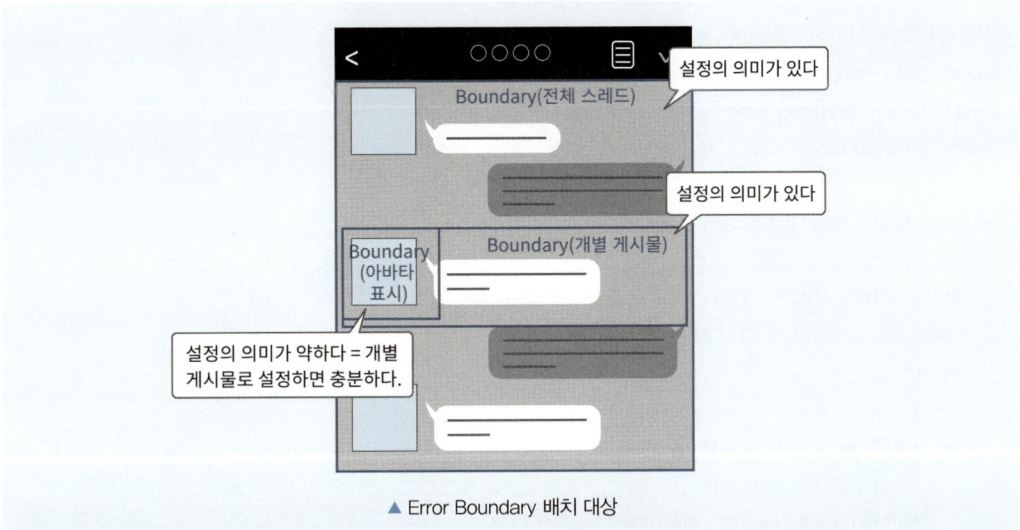

▲ Error Boundary 배치 대상

Error Boundary 설치 여부는 오류 바운더리(Error Boundary)에 폴백 UI(오류 메시지)를 표시하는 것이 타당한지 여부를 하나의 기준으로 삼아야 한다.

📄 오류 발생 시 처리 구현하기

Error Boundary는 오류 발생 시 표시를 제어하는 것뿐만 아니라, 오류 발생 시 어떤 처리를 구현할 수도 있다. 이를 위해서는 onError 속성을 지정하면 된다. 예를 들어, 다음은 오류 발생 시 오류 메시지를 경고로 표시하는 예시다.

```
<ErrorBoundary onError={err => alert(err.message)} ...>
```

보다 자세한 오류 메시지 생성하기

간단한 오류 메시지만 표시하는 경우에는 fallback 속성이 유용하지만, 보다 복잡한 오류 메시지를 생성하고 싶거나 오류 발생 시 어떤 처리를 하고 싶을 때(오류로부터 복구할 수 있는 수단을 마련하고 싶을 때) 대체 콘텐츠를 별도의 함수로 잘라내고 싶을 때가 있다.

이럴 때는 fallbackRender 속성을 활용해 보자.

다음은 오류 발생 시 보다 자세한 오류 메시지를 표시하고, 하위 컴포넌트(ErrorRetryThrow)를 재실행하기 위한 코드다.

예제 코드 5-3-7 ErrorRetryRoot.js

```
import { ErrorBoundary } from 'react-error-boundary';
import ErrorRetryThrow from './ErrorRetryThrow';
import ErrorFallback from './ErrorFallback';

export default function ErrorRetryRoot() {
  // 오류 발생 시 실행되는 처리
  const handleFallback = ({ error, resetErrorBoundary }) => {
    const handleClick = () => resetErrorBoundary();
    return (
      <div>
        <h4>다음 오류가 발생했다.</h4>
        <p>{error.message}</p>                       ❸
        <button type="button" onClick={handleClick}>
          Retry                                       ❹
        </button>
      </div>
    );
  };
  // 리셋 시 실행되는 처리
  const handleReset = () => console.log('Retry!!');  ❻

  return (
    <>
      <h3>Error Boundary의 기본</h3>
      <ErrorBoundary
        onReset={handleReset}                    ❺
        fallbackRender={handleFallback}          ❶
      >
        <ErrorRetryThrow />
      </ErrorBoundary>
    </>
  );
}
```

| 예제 코드 5-3-8 ErrorRetryThrow.js

```
export default function ErrorRetryThrow() {
  // 60%의 확률로 오류 발생
  if (Math.random() < 0.6) {
    throw new Error('Error is occured in MyApp.');       ❼
  }
  return (
    <p>잘 실행되었다.</p>
  );
}
```

| 예제 코드 5-3-9 index.js

```
import ErrorRetryRoot from './chap05/ErrorRetryRoot';
... 중략 ...
root.render(
  <ErrorRetryRoot />
);
```

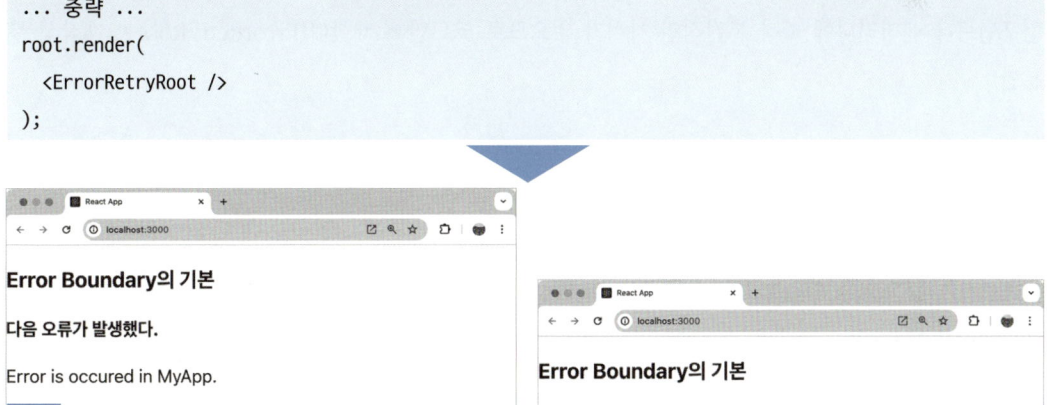

▲ 예외 발생 시 표시 (재시도 후 복귀도 가능)

❶의 fallbackRender 속성은 소위 렌더 프롭(3-3-3항)으로, 오류 발생 시 표시할 콘텐츠를 생성하기 위한 함수(렌더러)를 지정한다. 이 예시에서는 ❷가 렌더러다. 렌더러는 다음 표와 같은 프로퍼티를 포함하는 객체를 받는다[15].

▼ 렌더러가 받는 인수 객체의 멤버

프로퍼티	개요
error	Error Boundary 하에서 발생한 오류 정보
resetErrorBoundary	Error Boundary를 재설정하는 함수

15 {...}로 받는 것은 익숙한 분할 대입 구문이다.

이 예제에서는 발생한 오류 메시지를 표시하고(❸), Error Boundary를 재설정(=하위 콘텐츠 렌더링 재시도)하기 위한 [Retry] 버튼을 설치했다(❹). 재시도 자체는 인수로 받은 resetErrorBoundary 함수를 호출하는 것만으로 가능하다. 또한, 재시도(리셋) 시 어떤 처리를 수행한다면 onReset 속성(❺)에 reset 핸들러(❻)를 설치한다. 일반적으로는 오류의 원인이 된 리소스를 초기화하기 위해 사용하지만, 여기서는 로그를 표시하는 데만 사용한다.

다음 콘텐츠 ErrorRetryThrow에서는 60%의 확률로 오류가 발생하도록 되어 있으므로(❼), [Retry] 버튼을 여러 번 클릭하면 올바른 콘텐츠가 표시될 것이다[16].

대체 콘텐츠를 컴포넌트로 잘라내기

대체 콘텐츠를 렌더러로 잘라내는 대신 컴포넌트로 잘라내려면 FallbackComponent 속성을 이용한다. 컴포넌트냐 렌더러냐에 따라 본질적인 차이가 없으므로 코드만 소개한다(ErrorRetryRoot는 재작성 부분만).

예제 코드 5-3-10 ErrorRetryRoot.js

```js
import ErrorFallback from './ErrorFallback';
... 중략 ...
export default function ErrorRetryRoot() {
  ... 중략 ...
  return (
    <>
      <h3>Error Boundary의 기본</h3>
      {/* 오류 발생 시 렌더링 콘텐츠를 컴포넌트로 지정 */}
      <ErrorBoundary
        onReset={handleReset}
        fallbackRender={handleFallback}
        FallbackComponent={ErrorFallback}
      >
        <ErrorRetryThrow />
      </ErrorBoundary>
    </>
  );
}
```

---

16 물론 처음부터 오류가 발생하지 않고 올바른 콘텐츠가 표시되는 경우도 있을 것이다.

예제 코드 5-3-11 ErrorFallback.js

```
export default function ErrorFallback({ error, resetErrorBoundary }) {
  const handleClick = () => resetErrorBoundary();
  return (
    <div>
      <h4>다음 오류가 발생했습니다.</h4>
      <p>{error.message}</p>
      <button type="button" onClick={handleClick}>
        Retry
      </button>
    </div>
  );
}
```

이벤트 핸들러에서 발생하는 예외를 Error Boundary로 처리하기

Error Boundary는 렌더링 과정에서의 오류를 포착하는 것으로, 이벤트 핸들러, 비동기 코드 등의 오류는 포착 대상에서 제외된다[17]. 먼저 다음 코드를 통해 이를 확인해 보자.

예제 코드 5-3-12 ErrorEvent.js

```
export default function ErrorEvent() {
  const handleClick = () => {
    throw new Error('Error is occured in MyApp.');    ──❶
  };
  return (
    <button type="button" onClick={handleClick}>
      오류 발사
    </button>
  );
}
```

예제 코드 5-3-13 ErrorEventRoot.js

```
import { ErrorBoundary } from 'react-error-boundary';
import ErrorEvent from './ErrorEvent';
```

---

17 Error Boundary 자체에서 발생하는 예외도 처리 대상에서 제외된다. 이러한 예외는 (있는 경우) 상위 Error Boundary에서 처리된다.

```
export default function ErrorEventRoot() {
  const handleFallback = ({ error, resetErrorBoundary }) => {
    ... 예제 코드 5-3-7 참조 ...
  };
  ... 중략 ...
  return (
    <>
      <h3>Error Boundary의 기본</h3>
      <ErrorBoundary
        onReset={handleReset}
        fallbackRender={handleFallback}>
        <ErrorEvent />
      </ErrorBoundary>
    </>
  );
}
```

예제 코드 5-3-14 index.js

```
import ErrorEventRoot from './chap05/ErrorEventRoot';
... 중략 ...
root.render(
  <ErrorEventRoot />
);
```

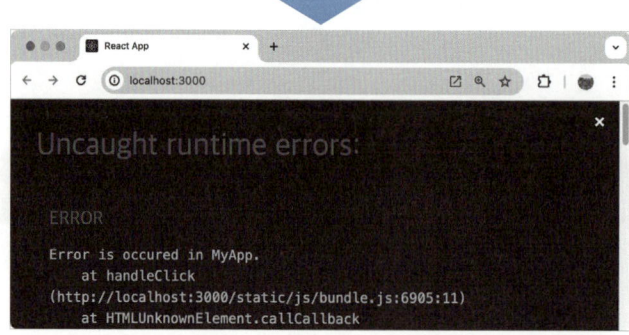

▲ 버튼 클릭으로 발생한 예외는 Error Boundary에서 처리되지 않는다

❶에서는 핸들러에서 예외를 발생시키고 있지만, 실제로 버튼을 클릭해도 오류 로그만 출력될 뿐 Error Boundary는 작동하지 않는다.

따라서 ErrorEvent.js를 다음과 같이 다시 작성해 보자.

```
import { useErrorBoundary } from 'react-error-boundary';

export default function ErrorEvent() {
  const { showBoundary } = useErrorBoundary();         ──❶
  const handleClick = () => {
    try {
      throw new Error('Error is occured in MyApp.');
    } catch(e) {
      // 핸들러 내에서 발생한 예외를 Error Boundary로 넘긴다.
      showBoundary(e);        ──❷
    }
  };
  ... 중략 ...
}
```

코드에서 Error Boundary를 이용하기 위해서는 먼저 useErrorBoundary 함수로 Error Boundary 연산을 위한 함수를 가져와야 한다(❶). useErrorBoundary 함수의 반환 값은 다음 표와 같은 메서드를 가진 객체다.

▼ useErrorBoundary 함수의 반환값

메서드	개요
showBoundary(error)	Error Boundary에 대한 예외 정보를 전달한다
resetBoundary()	Error Boundary를 재설정하고 하위 컴포넌트를 다시 렌더링한다[18]

{…}로 showBoundary만 가져오는 것은 익숙한 분할 대입이다. 원하는 함수를 가져왔다면, 이제 예외가 발생할(가능성이 있는) 코드를 try~catch로 묶고 catch 블록에서 showBoundary 함수를 호출하면 된다(❷).

예제를 다시 실행하고 버튼을 클릭해 보자. 이번에는 다음 그림과 같은 화면이 표시되며, Error Boundary가 작동하고 있음을 확인할 수 있다.

---

[18] 사용법은 예제 코드 5-3-7의 resetErrorBoundary 메서드와 동일하므로 함께 참고하기 바란다.

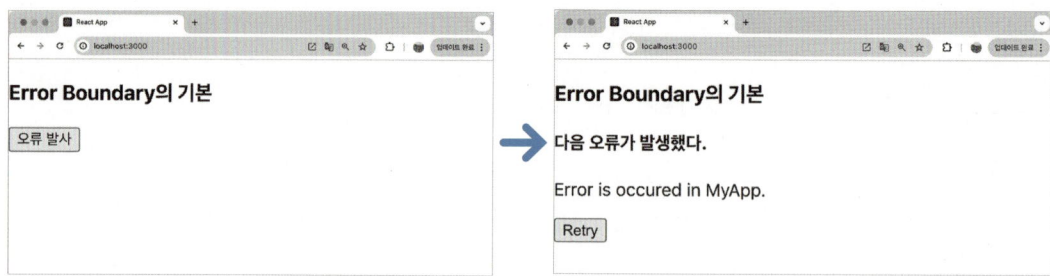

▲ 버튼 클릭으로 발생한 예외를 Error Boundary로 처리

> **칼럼** 리액트를 좀 더 깊이 있게 배우기 위한 참고 서적

이 책은 라이브러리/프레임워크 입문서라는 특성상 자바스크립트의 기본을 이미 이해하고 있는 것을 전제로 하고 있다. 만약 이 책을 읽으면서 주변 지식에 대한 이해가 부족하거나 더 알고 싶다고 생각되면 다음과 같은 책도 함께 참고하는 것을 추천한다.

《모던 자바스크립트 Deep Dive》(위키북스)

자바스크립트의 기본 개념과 동작 원리를 깊이 있게 학습하고자 하는 분들에게 추천한다.

《모던 리액트 Deep Dive》(위키북스)

0.x 버전의 리액트부터 최신 버전인 18 버전에 이르기까지, 리액트를 둘러싼 다양한 내용을 다루고 있다. 리액트에 관심 있는 개발자라면 리액트 앱 개발의 시작부터 끝까지 경험해 보면서 웹 서비스 개발의 즐거움을 만끽해 보길 바란다.

《러닝스쿨! 자바스크립트 첫걸음》(위키북스)

실무에 꼭 필요한 자바스크립트 필수 지식과 핵심 기술을 가장 쉽게 설명한 입문서다. 기본기를 확실히 익히고자 하는 분들에게 추천한다.

《생활코딩! HTML+CSS+자바스크립트》(위키북스)

단순히 HTML/CSS/자바스크립트 기술을 알려주는 데서 그치는 것이 아니라 무엇을 모르는지 모르는 상태에서조차 무언가를 배울 수 있는 학습 방법까지도 습득할 수 있다. 초심자를 배려하는 상세한 설명과 통계를 기반으로 하는 실용적인 학습 내용 구성까지, 이 책을 통해 HTML/CSS/자바스크립트를 배운다면 기본은 물론 응용력까지도 금세 키울 수 있을 것이다.

기초편

chapter

6

리액트 라이브러리 활용하기

6.1 전형적인 UI 구현하기 – MUI
6.2 컴포넌트의 외형/동작 카탈로그로 표시하기 – Storybook
6.3 외부 서비스에서 데이터 가져오기 – React Query

> **이 장의 서문** 지금까지 classnames, React Hook Form, Immer, react-error-boundary 등 리액트에서 사용할 수 있는 크고 작은 라이브러리들을 소개했다. 리액트는 간단한 라이브러리이지만, 이는 역으로 말하면 복잡한 구조를 구현할 때는 코드가 중복되기 쉽다는 의미이기도 하다. 본격적인 개발을 위해서는 다양한 관련 라이브러리와의 조합이 필수적이다.
>
> 이번 장에서는 여러 라이브러리 중 이전 장에서 다루지 않았지만, 컴포넌트 개발에 꼭 필요한 라이브러리 3개를 소개한다.

6.1 전형적인 UI 구현하기 - MUI

Material UI(MUI)는 리액트 앱에서 사용할 수 있는 컴포넌트를 모은 라이브러리로, Material이라는 이름에서 알 수 있듯이 원래는 구글의 머티리얼 디자인[1]을 기반으로 디자인됐다. 이후 '머티리얼 디자인에 얽매이지 않고 좀 더 야심차게 전개하겠다'는 취지로 브랜드 이름도 MUI로 변경했지만, 지금도 머티리얼 디자인의 영향이 여전히 살아 숨 쉬고 있다는 점에는 변함이 없다.

6-1-1 MUI의 주요 컴포넌트

좀 더 엄밀히 말하면, MUI는 다음과 같은 제품을 추가로 보유한 대형 프로젝트다.

- **MUI Core**: 기본 컴포넌트군(무료)
- **MUI X**: 보다 복잡한 사용 사례에 대응하는 컴포넌트군(일부 유료 라이선스 제공)
- **Templates**: MUI 기반으로 구축된 템플릿군

이 절에서 다루는 것은 무료로 이용할 수 있는 MUI Core 부분이다(이후에도 단순히 MUI라고 할 때는 MUI Core를 지칭하는 것으로 한다). 무료라고는 하지만 그 아래에 속하는 컴포넌트는 방대한 양으로, MUI를 활용하면 세상 모든 앱에서 흔히 볼 수 있는 UI를 간단한 코드로 구현할 수 있다. 다음 그림은 MUI에서 사용할 수 있는 주요 컴포넌트 부품이다.

---

[1] 2014년 구글이 발표한 디자인 가이드라인으로, 스마트폰/태블릿 등 다양한 디바이스에 통일된 디자인을 적용함으로써 직관적인 조작감을 지향한다. 자세한 내용은 다음 페이지를 참고하라. https://m3.material.io

▲ MUI에서 사용할 수 있는 주요 컴포넌트 (출처: https://mui.com/)

▼ MUI의 주요 컴포넌트

분류	명칭	개요
입력	Autocomplete	자동 완성
	Button	버튼
	Button Group	관련 버튼 그룹화
	Checkbox	체크 박스
	Floating Action Button	플로팅 액션 버튼
	Radio Group	라디오 버튼 그룹화
	Rating	평점(평가)
	Select	셀렉트 상자
	Slider	슬라이더
	Switch	스위치
	Text Field	텍스트 필드
	Toggle Button	토글 버튼

분류	명칭	개요
데이터	Avatar	아바타
	Badge	배지
	Chip	칩
	Divider	구분선
	Icons	아이콘
	List	목록
	Table	표
	Tooltip	툴팁
피드백	Alert	얼럿(알림창)
	Dialog	다이얼로그
	Progress	프로그레스(진행)
	Skeleton	스켈레톤(로딩 시 플레이스 홀더)
	Snackbar	스낵바
내비게이션	App Bar	앱바
	Bottom Navigation	하단의 내비게이션 바
	Breadcrumbs	브레드크럼
	Drawer	드로워
	Link	링크
	Menu	메뉴
	Pagination	페이지네이션
	Tabs	탭
레이아웃	Box	박스
	Container	컨테이너
	Grid	그리드
	Stack	스택
	Image List	이미지 목록

분류	명칭	개요
기타	Accordion	아코디언
	CSS Baseline	스타일 정규화
	Modal	모달
	useMediaQuery	CSS 미디어 쿼리 훅
	Tree View	트리뷰(계층 목록)

이처럼 MUI에는 정말 다양한 구성요소가 포함되어 있다. 지면 관계상 모든 기능을 다 소개할 수는 없으므로 이 절에서는 다음과 같은 내용을 중심으로 설명하고자 한다.

- Button 컴포넌트로 기본 배우기
- Drawer 컴포넌트에서 더 복잡한 컴포넌트 경험하기
- Grid 컴포넌트로 레이아웃 이해하기
- 테마 커스터마이징으로 나만의 스타일 만들기
- React Hook Form과의 연동 알아보기

MUI를 이용하기 위해서는 프로젝트 하위에서 다음 명령어를 실행해야 한다.

```
> npm install @mui/material @mui/icons-material @emotion/react @emotion/styled
```

MUI에서는 내부적으로 Emotion(5-2-3항)을 사용한다. 따라서 @emotion/react, @emotion/styled를 함께 설치하지만, 5-2-3항에서 이미 도입했다면 @mui/material과 @mui/icons-material만 설치하면 충분하다.

mui/icons-material은 MUI에서 머티리얼 아이콘[2]을 사용하기 위한 라이브러리로 6-1-3항에서 사용한다.

---

2 머티리얼 디자인에 따라 준비된 아이콘 모음이다.

6-1-2 MUI의 기본

그럼 먼저 기본적인 Button 컴포넌트부터 활용해 보자.

| 예제 코드 6-1-1 MaterialBasic.js

```js
import { Button } from '@mui/material';

export default function MaterialBasic() {
  return (
    <>
      <Button variant="text">Text</Button>
      <Button variant="contained">Contained</Button>
      <Button variant="outlined">Outlined</Button>
    </>
  );
}
```
❶

| 예제 코드 6-1-2 index.js

```js
import MaterialBasic from './chap06/MaterialBasic';
... 중략 ...
root.render(
  <MaterialBasic />
);
```

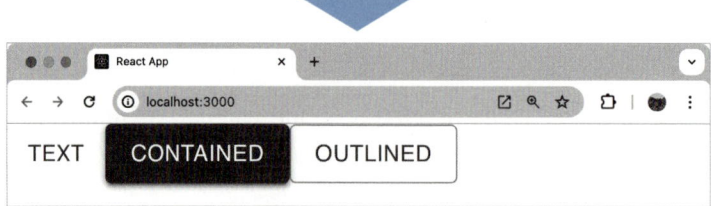

▲ 다양한 스타일의 버튼 생성

버튼을 나타내는 것은 〈Button〉 요소의 역할이다. 캡션을 하위 텍스트로 전달한다(❶). variant 속성은 버튼의 종류를 나타내는 정보다. 오른쪽 표와 같은 값을 설정할 수 있다.

▼ 버튼의 종류 (variant 속성의 값)

설정값	개요
text	텍스트 전용 버튼
contained	색상이 채워진 버튼
outlined	외곽선만 있는 버튼

일반적으로 자주 사용하는 버튼이 기본으로 제공되는 것이 편리하다. ⟨Button⟩ 요소에서 사용할 수 있는 다른 속성으로는 다음 표와 같은 것들이 있다.

▼ ⟨Button⟩ 요소의 주요 속성

속성	개요	기본값
color	버튼 색상(primary | secondary | success | error | info | warning 등)	primary
disabled	버튼을 비활성화할지	false
disableElevation	입체 효과를 무효화할지	false
fullWidth	너비를 부모 요소의 가로 너비만큼 펼칠지	false
href	버튼을 클릭했을 때 이동하는 곳	—
size	버튼 크기(small, medium, large 등)	medium
startIcon	버튼 맨 앞에 표시할 아이콘	—

대부분 직관적으로 이해할 수 있는 속성들이기 때문에 여기서는 color 속성에 대해서만 보충 설명하겠다. 머티리얼 디자인에서는 제한된 배색으로 스타일링하는 것이 기본이다. 좀 더 구체적으로는 primary(메인 컬러)로 통일감을 주면서 secondary(서브 컬러)로 포인트를 주는 식으로 구분하는 것이 대략적인 방법이다[3].

color 속성의 기본값은 primary이므로 예제 코드 6-1-1의 코드에서 secondary로 지정하여 결과의 변화를 확인해 보자.

```
<Button variant="text" color="secondary">Text</Button>
<Button variant="contained" color="secondary">Contained</Button>
<Button variant="outlined" color="secondary">Outlined</Button>
```

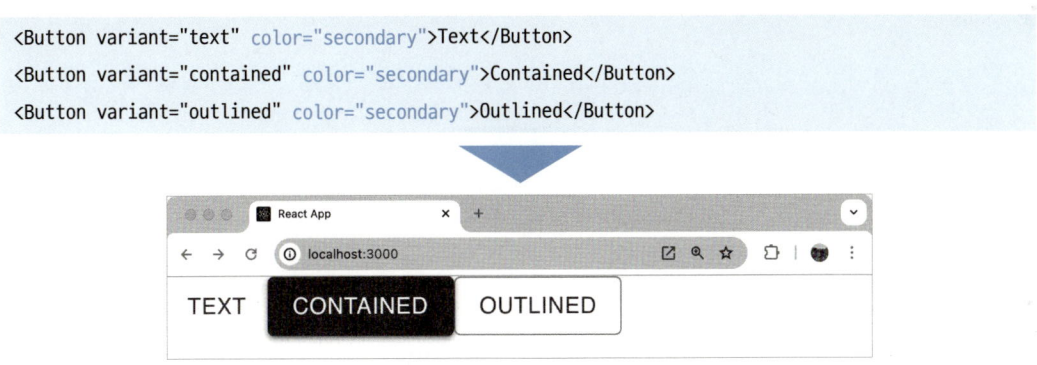

▲ color 속성을 지정한 결과 (색상 변경)

---

[3] 물론 primary, secondary 색상을 변경하는 것도 가능하다. 자세한 내용은 6-1-5항에서 수정한다.

이제 예제를 실제로 실행하고 버튼을 클릭해 보자. 버튼에 물방울을 떨어뜨린 듯한 물결 모양의 애니메이션이 발생한다. 이는 종이에 잉크가 떨어지는 모습을 나타낸다고 하는데, '모든 요소는 종이와 잉크의 은유'라는 머티리얼 디자인의 사상이 이런 부분에도 반영되어 있다.

간단한 버튼 하나에도 다양한 노하우가 담긴 부품을 손쉽게 도입할 수 있다는 점이 편리하다.

보충: 대문자/소문자 수정하기

예제 결과를 보면 원래 코드의 설명과 달리 알파벳이 모두 대문자로 되어 있는 것을 볼 수 있다. 이는 MUI의 기본 동작이므로, 만약 원본 코드 그대로 출력하고 싶다면 다음과 같은 코드를 추가하면 된다.

예제 코드 6-1-3 MaterialBasic.js

```jsx
/** @jsxImportSource @emotion/react */
import { css } from '@emotion/react';
... 중략 ...
export default function MaterialBasic() {
  // 텍스트 대/소문자 변환을 비활성화
  const font = css`
    text-transform: none;
  `;
  return (
    <>
    <Button variant="text" css={font}>Text</Button>
    ... 중략 ...
    </>
  );
}
```

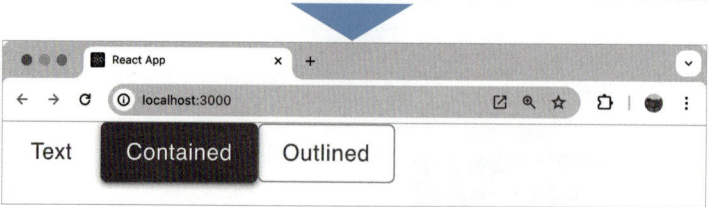

▲ 대문자로의 자동 변환이 해제됐다

css`...`는 Emotion의 기능이다. 앞에서도 언급했듯이 MUI에서는 스타일링 기능을 Emotion에 의존하고 있다. 따라서 다른 상황에서도 세세한 스타일 조정은 Emotion을 이용하기 바란다.

6-1-3 드로워 메뉴 구현하기

MUI의 기본적인 용법을 이해했다면, 이번에는 조금 더 복잡한 컴포넌트의 예시로 서랍 메뉴를 구현해 보겠다. 드로워(drawer)는 '서랍'이라는 뜻으로, 페이지의 상하좌우에서 꺼내어 볼 수 있도록 표시하기 때문에 그렇게 부른다.

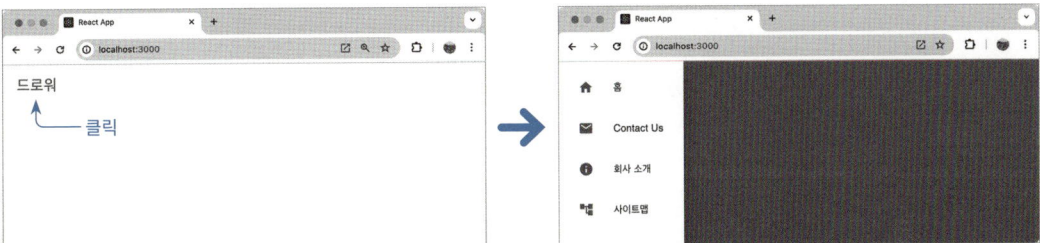

▲ 버튼 클릭으로 드로워 메뉴 표시

이제 구체적인 예제를 살펴보겠다.

예제 코드 6-1-4 MaterialDrawer.js

```jsx
import { useState } from 'react';
import { Home, Mail, Info, AccountTree } from '@mui/icons-material';  // ❺
import { Box, Button, Drawer, List, ListItem, ListItemButton,
  ListItemText, ListItemIcon } from '@mui/material';

// 표시용 메뉴 정보 준비
const menu = [
  { title: '홈', href: 'home.html', icon: Home },
  { title: 'Contact Us', href: 'contact.html', icon: Mail },     // ❹
  { title: '회사 소개', href: 'company.html', icon: Info },
  { title: '사이트맵', href: 'sitemap.html', icon: AccountTree },
];

export default function MaterialDrawer() {
  // 드로워 개폐를 위한 플래그
  const [show, setShow] = useState(false);
  // 버튼 클릭 시 호출되는 핸들러 (show를 반전)          // ❷
  const handleDraw = () => setShow(!show);

  return (
    <>
```

```
        <Button onClick={handleDraw}>드로워</Button>
        <Drawer anchor="left" open={show}>
          <Box sx={{ height: '100vh' }} onClick={handleDraw}>  ❽
          <List>
            {/* 미리 준비된 배열을 메뉴로 확장 */}
            {menu.map(obj => {
              const Icon = obj.icon;  ❻
              return (
                <ListItem key={obj.title}>
                  <ListItemButton href={obj.href}>
                    <ListItemIcon><Icon /></ListItemIcon>  ❼
                    <ListItemText primary={obj.title} />
                  </ListItemButton>
                </ListItem>
              );
            })}
          </List>
          </Box>
        </Drawer>                                          ❸  ❶
      </>
    );
  }
```

❷

| 예제 코드 6-1-5 index.js

```
import MaterialDrawer from './chap06/MaterialDrawer';
... 중략 ...
root.render(
  <MaterialDrawer />
);
```

핵심 코드를 순서대로 살펴보겠다.

❶~❷ 드로워를 정의하는 것은 〈Drawer〉 요소

드로워 메뉴를 구현하는 것은 〈Drawer〉 요소의 역할이다(❶[4]). 드로워에 표시할 내용을 요소 본체에서 정의하기만 하면 되므로 그리 어렵지 않다. 〈Drawer〉 요소에서 지정할 수 있는 속성은 다음 표와 같다.

---

4 여기서는 메뉴를 만들기 위해 〈Drawer〉를 이용하고 있지만, 드로워 자체는 메뉴에 특화된 구조는 아니다. 예를 들어 보충 정보 표시 등에도 사용할 수 있다.

▼ 〈Drawer〉 요소의 주요 속성

속성	개요	기본값
anchor	드로워가 나타나는 방향(bottom | left | right | top)	왼쪽
elevation	입체도(1~24)	16
hideBackdrop	true이면 드로워를 표시할 때 메인 화면을 회색으로 표시	false
open	드로워를 표시할 것인가	false
onClose	드로워를 닫을 때 수행해야 할 처리	ㅡ

드로워의 개폐를 제어하는 것은 open 속성의 역할이다(true로 드로워를 표시한다). 이번 예제에서는 속성 값으로 전달한 State 값(show)을 버튼 클릭으로 뒤집어 드로워를 개폐하고 있다(❷).

여기까지가 드로워의 기본적인 구현이다.

❸ 목록을 생성하는 것은 〈List〉 요소

드로워에 메뉴를 표시하려면 〈List〉 요소로 목록으로 구성하는 것이 일반적이다. 〈List〉 요소는 다음 그림과 같은 구조로 표현하는 것이 기본이다.

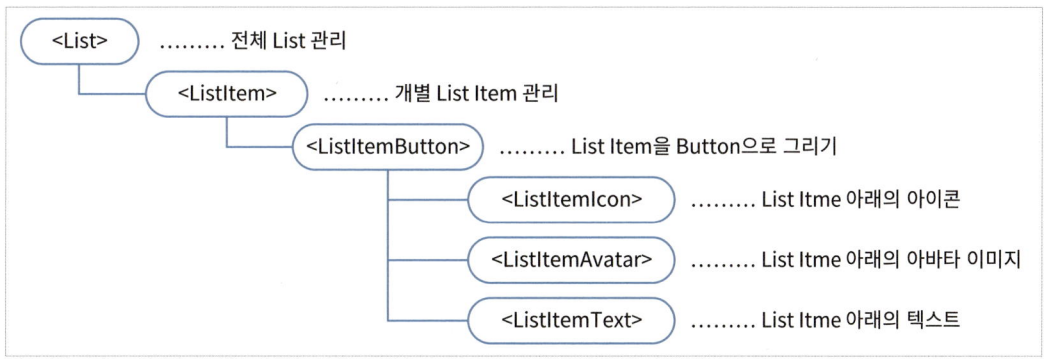

▲ 드로워의 기본 구조

〈List〉-〈ListItem〉 요소의 하위는 용도에 따라 달라질 수 있다. 예를 들어 버튼으로서의 기능이 필요하지 않다면 〈ListItemButton〉 요소를 생략하고 〈ListItem〉 요소 아래에 직접 〈ListItemXxxxx〉 요소를 작성할 수도 있다(굳이 그렇게 할 기회는 그리 많지 않을 수 있다). 또한 〈ListItemXxxxx〉 요소도 용도에 따라 생략할 수 있다. 예를 들어, 이번 예제에서는 아이콘+텍스트 목록이므로 〈ListItemIcon〉+〈ListItemText〉로 작성했지만, 텍스트만 나열하는 목록이라면 〈ListItemText〉만 작성해도 된다.

각 요소에서 사용할 수 있는 주요 속성은 다음 표에 정리되어 있다[5].

▼ 목록에서 사용할 수 있는 주요 속성

요소	속성	개요
⟨List⟩	disablePadding	수직 패딩 제거 여부(기본값은 false)
⟨ListItem⟩	disableGutters	좌우 패딩 제거 여부(기본값은 false)
	disablePadding	모든 패딩의 제거 어부(기본값은 false)
	divider	기준선에 구분선을 부여할지 여부
⟨ListItemButton⟩	autoFocus	초기 상태에서 포커스 부여 여부(기본값은 false)
	disabled	항목 비활성화 여부(기본값은 false)
	selected	항목 선택 상태 여부(기본값은 false)
⟨ListItemText⟩	inset	콘텐츠 들여쓰기 여부(기본값은 false)
	primary	주요 콘텐츠
	secondary	하위 콘텐츠

❹~❼ mui/icons-material 패키지에서 아이콘을 제공

Material UI에서는 다양한 방식으로 아이콘을 지원하고 있지만, @mui/icons-material 패키지를 이용하면 컴포넌트 형태로 직접 아이콘을 사용할 수 있다. 사용할 수 있는 아이콘은 무려 2,100여 가지가 넘는데, 자세한 내용은 다음 웹페이지를 참고하라.

- Material Icons
  URL https://mui.com/material-ui/material-icons/

---

[5] ⟨ListItemIcon⟩, ⟨ListItemAvatar⟩는 고유한 속성을 가지고 있지 않으므로 생략한다.

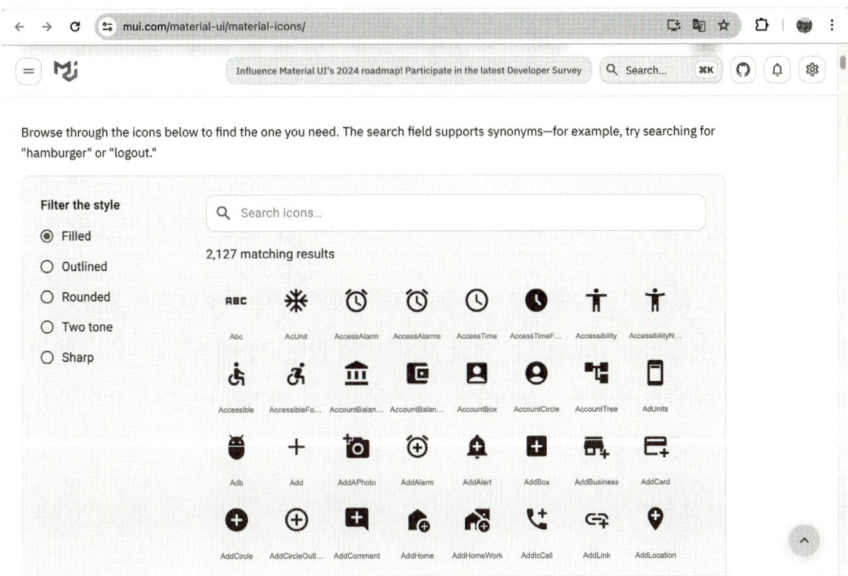

▲ 지원되는 아이콘이 2,100여 가지 이상

각 메뉴에서 사용할 아이콘은 미리 ❹의 icon 프로퍼티로 정의해 둔다. 물론 아이콘은 @mui/icons-material 패키지에서 미리 가져와야 한다(❺).

map 메서드로 배열에서 가져온 아이콘은 일단 Icon 변수에 대입한 후(❻), 태그 형식인 〈Icon /〉으로 호출할 수 있다(❼). 〈obj.icon /〉과 같은 호출은 불가능하므로 주의해야 한다.

❽컴포넌트를 담는 그릇이 되는 〈Box〉 요소

〈Box〉는 하위 컴포넌트를 하나로 묶는 컨테이너다. 묶은 컴포넌트 그룹에 대한 스타일을 지정하기 위해 사용한다.

기본적으로 하위 콘텐츠를 〈div〉 요소로 묶지만, component 속성으로 요소를 대체할 수도 있다.

```
<Box component="form">~</Box>
```

〈Box〉에 대한 스타일을 지정하는 것은 sx 속성의 역할이다[6]. sx 속성은 고급 스타일 정의에도 대응하지만, 대략 style 속성(2-3-4항)과 동일한 방식으로 스타일 정의가 가능하다는 것을 기억해 두자.

---

6 sx 속성 자체는 〈Box〉 요소뿐만 아니라 대부분의 다른 요소에서도 사용할 수 있다.

이번 예제에서는 height 프로퍼티를 지정하여 영역의 세로 폭을 브라우저 높이만큼 넓게 확장했다[7]. 이는 onClick 속성이 전체 드로워에 대해 인식되도록 하기 위함이며, onClick 속성은 앞서 소개한 handleDraw 함수에 연결되어 열린 드로워를 닫는 데 활용된다(State 값 show를 반전시킨다).

6-1-4 페이지 내 배치를 조정하는 레이아웃 기능 활용하기 – 그리드

레이아웃은 이름 그대로 컴포넌트의 배치(레이아웃)를 결정하기 위한 컴포넌트다. p.290의 표에서도 언급했듯이 레이아웃으로 분류되는 컴포넌트는 여러 가지가 있지만, 그중에서도 그리드 레이아웃(Grid)이 가장 많이 사용된다. Grid를 이용하면 컴포넌트를 격자 모양으로 배치할 수 있다. 레이아웃 중에서도 특히 많이 사용되는 컴포넌트의 일종이다.

먼저 구체적인 예제를 살펴보자.

예제 코드 6-1-6 MaterialGrid.js

```jsx
import { Button } from '@mui/material';
import Grid from '@mui/material/Unstable_Grid2';

export default function MaterialGrid() {
  return (
  <Grid container spacing={2}>
    <Grid xs={6}>
        <Button variant="contained" fullWidth>1</Button>
    </Grid>
    <Grid xs={2}>
        <Button variant="contained" fullWidth>2</Button>
    </Grid>
    <Grid xs={3}>
        <Button variant="contained" fullWidth>3</Button>
    </Grid>
    <Grid xs={12}>
        <Button variant="contained" fullWidth>4</Button>
    </Grid>
  </Grid>
  );
}
```

❶

---

[7] 단위의 'vh'는 뷰포트(표시 영역)에 대해 100%를 의미한다.

예제 코드 6-1-7 index.js

```
import MaterialGrid from './chap06/MaterialGrid';
... 중략 ...
root.render(
  <MaterialGrid />
);
```

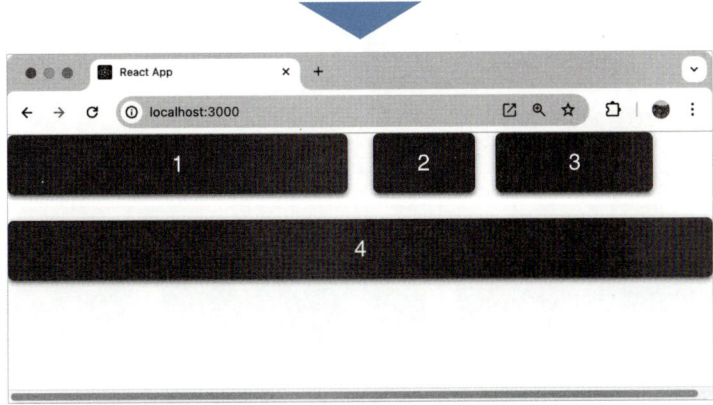

▲ 버튼을 지정된 비율로 격자 모양으로 배치

그리드 레이아웃에서는 〈Grid container〉 요소로 그리드 전체를, 〈Grid〉 요소로 개별 항목을 각각 표현하는 것이 기본이다(❶). 사용할 수 있는 주요 속성에 대해서는 다음 표에 정리해 두었다.

▼ 〈Grid〉 요소의 주요 속성[8]

속성	개요	기본값
columns	열 수	12
spacing	칼럼 사이의 여백	—
columnSpacing	칼럼의 수평 여백	—
rowSpacing	칼럼의 수직 여백	—
direction	칼럼 배치 방법(column ǀ row ǀ column-reverse ǀ row-reverse 등)	row
wrap	칼럼이 넘쳤을 때 나열하는 방법(nowrap, wrap, wrap-reverse 등)	wrap
xs, sm, md, lg, xl	칼럼이 차지하는 열 수(자세한 내용은 다음 참조)	false(무시)

[8] direction 속성은 flex-direction 스타일 프로퍼티, wrap 속성은 flex-wrap 스타일 프로퍼티에 각각 대응하는 속성으로, Flex 스타일에 대한 자세한 내용은 다음 페이지를 참고하라: https://developer.mozilla.org/ko/docs/Web/CSS/CSS_flexible_box_layout/Basic_concepts_of_flexbox

여러 가지 속성이 있지만, 레이아웃 측면에서 주목해야 할 것은 xs 속성이다.

〈Grid〉 요소에서는 1행을 12열(분할)로 표현하는 것이 기본이다[9]. 구체적으로는 xs 속성으로 가로 12열 중 몇 개의 열을 사용할 것인지를 나타낸다. ❶의 경우 각각 6, 2, 3, 12이므로 1행은 6:2:3으로 분할된다. 여기까지 총 11열인데, 그다음 12는 넘쳐나서 그다음 행으로 넘어가게 된다.

xs 속성의 값을 변경하여 분할 비율이 달라지는 것을 확인해 보자.

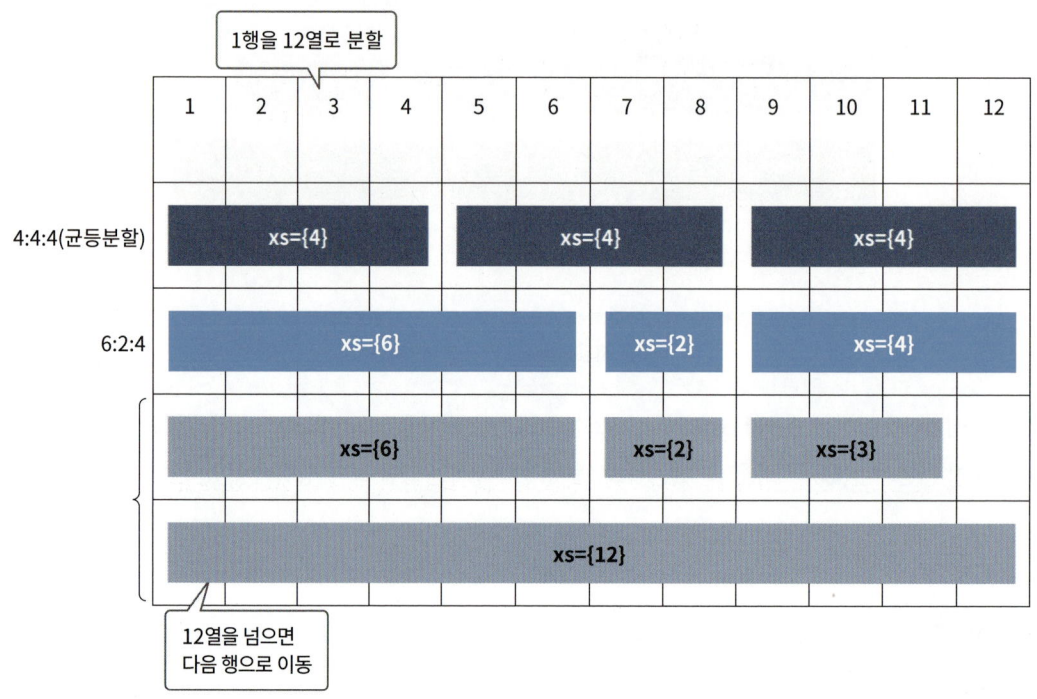

▲ 그리드 레이아웃의 구조

Grid는 반응형 레이아웃도 지원

반응형 디자인이란 디스플레이 영역의 크기에 따라 레이아웃이 변화하는 디자인을 말한다. 반응형 디자인을 이용하면 데스크톱 환경뿐만 아니라 태블릿/스마트폰 등 여러 환경에 하나의 페이지로 대응할 수 있다.

---

9 부트스트랩(Bootstrap)의 그리드 시스템을 사용해 본 적이 있는 사람이라면 비슷한 구조로 이해하면 되고, columns 속성으로 변경하는 것도 가능하다.

예를 들어 리액트의 홈페이지(https://react.dev/)를 예로 들어보자.

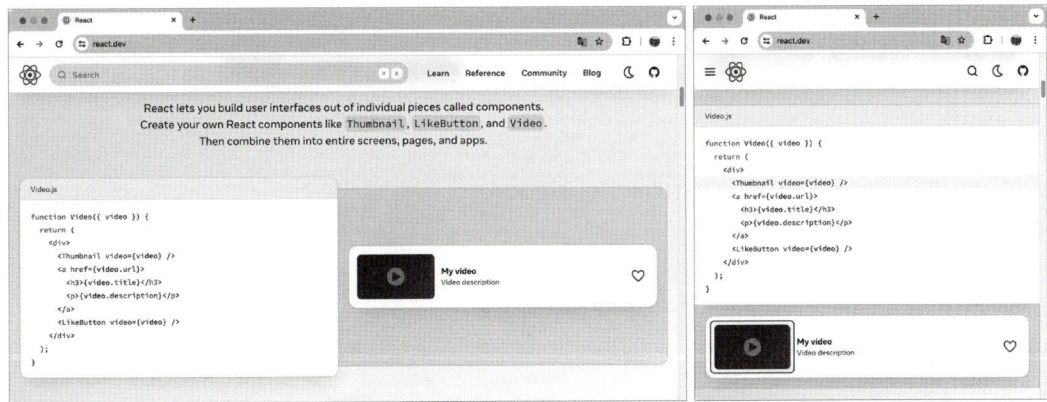

▲ 홈페이지의 모습 (왼쪽: 가로 폭이 충분히 넓은 경우, 오른쪽: 가로 폭을 좁힌 경우)

가로 폭이 충분히 확보된 상태에서는 예제 코드와 결과 캡처가 나란히 배치되어 있다(그림 왼쪽). 이때 브라우저 너비를 줄이면 어떻게 될까? 두 개가 세로로 배치되면서 폭이 좁은 환경에서도 보기 좋게 정렬된 것을 확인할 수 있다(그림 오른쪽). 이것이 바로 반응형 디자인의 의미다.

그리고 〈Grid〉는 반응형 디자인에 대응하는 컴포넌트다. 구체적으로는 앞서 설명한 xs 속성 외에 화면 크기에 따른 속성(다음 표)으로 너비를 설정한다.

▼ 화면 크기와 속성과의 대응

속성	화면 크기
xs	0px~ (극소)
sm	600px~ (소)
md	900px~ (중)
lg	1200px~ (대)
xl	1536px~ (특대)

다양한 디스플레이 너비에 대응하는 속성을 조합하여 디바이스 너비에 따라 최적의 레이아웃을 지정할 수 있다. 예를 들어, 예제 코드 6-1-6을 다음과 같이 다시 작성해 보자.

| 예제 코드 6-1-8 MaterialGrid.js

```
<Grid container spacing={2}>
  <Grid xs={12} sm={9} md={6}>
    <Button variant="contained" fullWidth>1</Button>
  </Grid>
```

```
  <Grid xs={12} sm={3} md={2}>
    <Button variant="contained" fullWidth>2</Button>
  </Grid>
  <Grid xs={12} sm={4} md={3}>
    <Button variant="contained" fullWidth>3</Button>
  </Grid>
  <Grid xs={12}>
    <Button variant="contained" fullWidth>4</Button>
  </Grid>
</Grid>
```

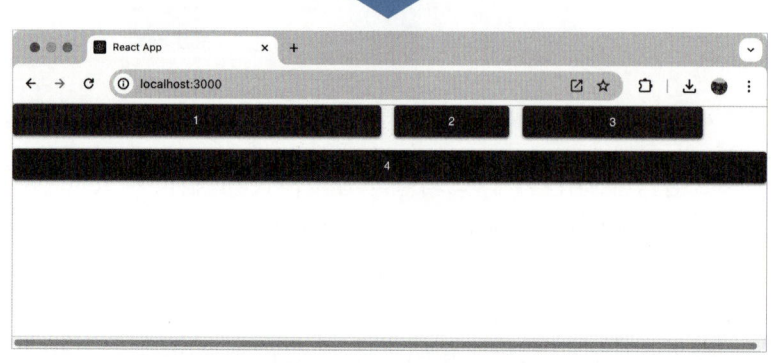

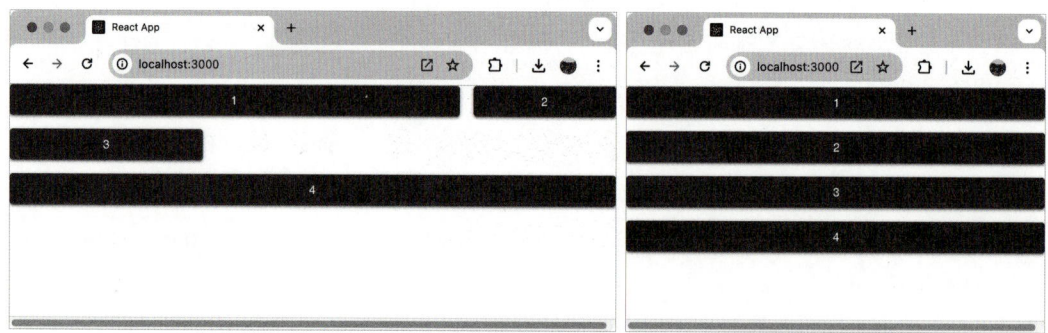

▲ 디바이스 크기에 따라 레이아웃이 달라짐

이제 다음과 같이 설정이 완료됐다.

- 화면 너비가 900px 이상일 경우 6:2:3(1행), 12(2행)로 표시
- 화면 너비가 600~900px인 경우 9:3(1행), 4(2행), 12(3행)로 표시
- 화면 너비가 600 미만인 경우 모든 요소를 세로로 정렬하여 표시

물론 더 상세하게 lg, xl 속성을 추가할 수도 있다.

6-1-5 MUI 스타일 사용자 정의하기 – 테마

지금까지 살펴본 바와 같이 MUI는 표준으로도 스타일이 잘 정돈되어 있어 아무 생각 없이 배치해도 나름대로 멋진 페이지를 만들 수 있다. 하지만 실제 앱을 개발할 때는 (물론) 브랜드 이미지에 맞게 디자인을 커스터마이징해야 한다.

이럴 때 이용하는 것이 테마다. 테마는 앱에서 사용하는 스타일 정의의 집합을 말한다. 컬러링을 비롯해 음영 수준, 폰트, 요소 간 간격 등의 정보를 묶어놓은 것이다. 테마를 이용하면 앱 전체의 스타일을 일관성 있게 만들 수 있고, 변경 사항이 발생했을 때 쉽게 교체할 수 있다.

그럼 지금부터 바로 테마를 정의하고 앱에 적용해 보겠다.

[1] 테마 정의하기

테마를 정의하는 것은 createTheme 함수의 역할이다.

| 예제 코드 6-1-9 theme.js

```js
import { createTheme } from "@mui/material";
import { green, orange } from "@mui/material/colors";

const theme = createTheme({
  // 앱에서 사용하는 컬러링 설정
  palette: {
    primary: {
      main: orange[500],
    },
    secondary: {
      main: green[500],
    },
  },
  spacing: 10,
});

export default theme;
```

createTheme 함수에서는 '섹션명: 정의, ...' 형식으로 테마를 정의하는 것이 기본이다. 테마는 다양한 섹션으로 구성되어 있는데, 다음 표에 주요 섹션을 정리해 놓았다.

▼ 테마를 구성하는 주요 섹션

섹션	개요
palette	앱에서 사용하는 컬러링
typography	글자 폰트, 크기
spacing	요소 간 간격
breakpoints	브레이크 포인트
zIndex	중첩 순서(드로워, 모달 다이얼로그, 툴팁 등)
transitions	트랜지션 효과(시간, 이징 등)
components	컴포넌트 정보(속성 기본값)

테마 뷰어

앞서 나열한 섹션 외의 섹션과 기본값에 대해서는 MUI 사이트의 테마 뷰어를 참고하기 바란다. 테마를 커스터마이징할 때도 실제 지정 방법 등이 참고가 될 것이다.

- 기본 테마 뷰어

  URL https://mui.com/material-ui/customization/default-theme/

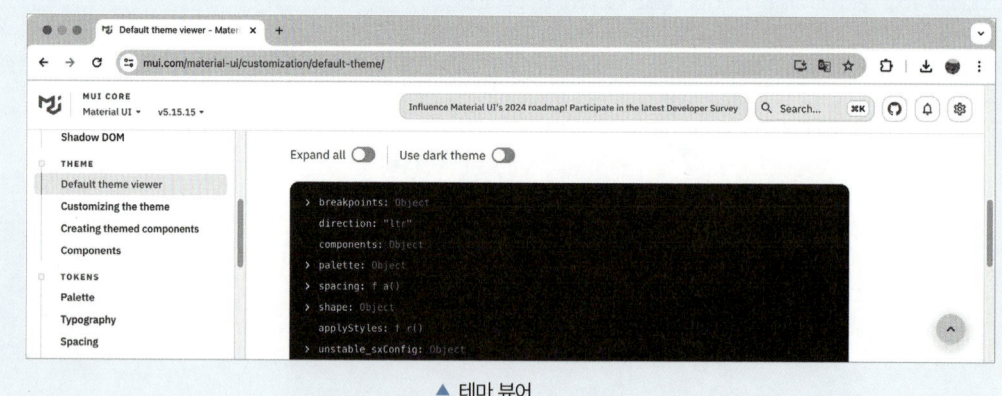

▲ 테마 뷰어

그중에서도 가장 많이 사용하는 것은 컬러링을 결정하는 palette 섹션이다. 팔레트 섹션은 다음 표와 같이 하위 섹션으로 구성되어 있는데, 좀 더 자세히 살펴보면 다음과 같다.

▼ palette 섹션의 주요 하위 섹션

하위 섹션	개요
primary	메인 컬러
secondary	서브 컬러(액센트 컬러)
error	오류 표시 시 색상
warning	경고 표시 시 색상
info	중립적인 정보 표시 시 색상
success	사용자 조작 성공 시 표시 색상

각 하위 섹션은 다음 표의 프로퍼티로 구성되어 있다.

▼ 색상 관련 프로퍼티

프로퍼티	개요
main	메인 컬러
light	라이트 모드에서의 표시 색상
dark	다크 모드에서의 표시 색상
contractText	텍스트 색상

light/dark/contractText 프로퍼티는 모두 선택 사항이다. 생략할 경우, main 프로퍼티에서 지정한 색상에서 자동으로 적합한 색상이 산출된다.

> 📄 **tonalOffset/contrastThreshold 프로퍼티**
>
> light/dark/contractText 프로퍼티가 생략된 경우, 이 값들은 palette-tonalOffset/contrastThreshold 프로퍼티의 값으로 계산된다. 예를 들어, tonalOffset은 0.0~1.0 범위에서 지정할 수 있고, 값이 클수록 light는 밝고 dark는 어두워진다. contrastThreshold는 3 이상의 값으로 지정할 수 있고, 값이 클수록 배경색이 밝은 것으로 간주된다(텍스트 색상이 어두워짐).

색상 자체의 설정이 고민이라면, 2014년 머티리얼 디자인에서 준비한 컬러 팔레트에서 결정해도 좋다.

- 컬러 팔레트

  URL https://mui.com/material-ui/customization/color/#color-palette

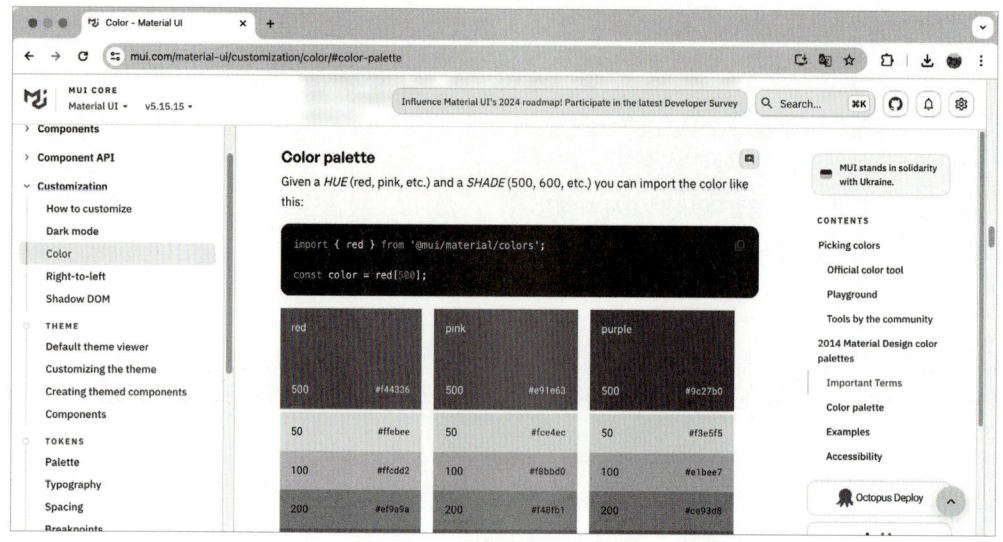

▲ 머티리얼 디자인의 컬러 팔레트

머티리얼 디자인에서는 19가지의 베이스 컬러가 준비되어 있으며, 각각의 밝기를 수치(50~900, A100~700)로 표현하고 있다.

일반적으로 primary color는 500번대를 사용하는 것이 좋으며, secondary color는 액센트이므로 primary color에서 멀리 떨어진 색으로 역시 500번대부터 선택하는 것이 좋다.

참고로, 코드 내에서 표시된 blue, orange 등도 머티리얼 디자인의 컬러 팔레트에 준하는 이름이다(blue[500]은 'Blue 열의 500번'을 의미한다). #RRGGBB 형식으로도 표기할 수 있지만, 팔레트에 준한다면 컬러 이름을 사용하는 것이 코드의 가독성이 더 좋다.

📄 MUI Theme Creator

처음부터 테마를 만들 때는 MUI Theme Creator와 같은 앱을 사용하는 것이 좋다.

- MUI Theme Creator

    `URL` https://zenoo.github.io/mui-theme-creator/

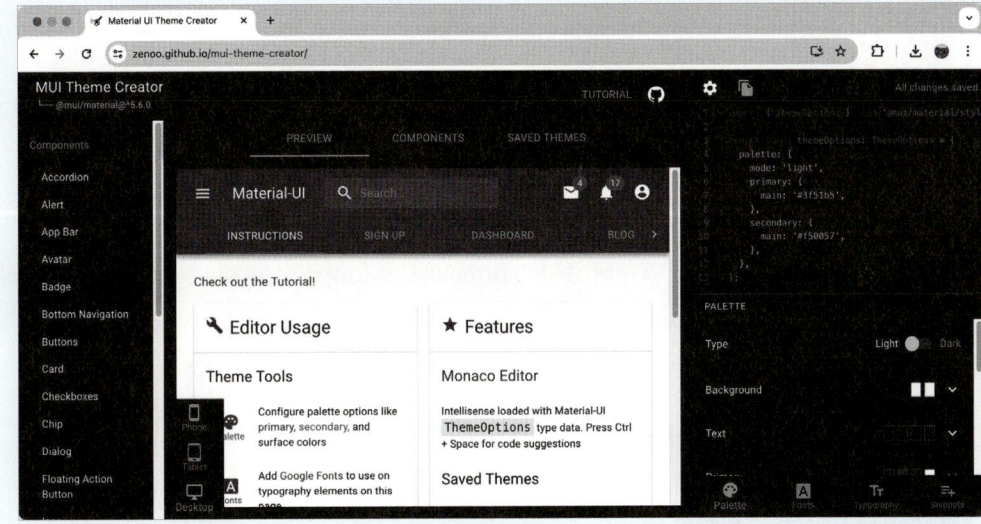

▲ MUI Theme Creator

MUI Theme Creator에서는 오른쪽 하단의 설정 창에서 스타일을 변경하면 그 결과를 메인 창에서 즉시 미리 볼 수 있다. 생성된 테마는 오른쪽 상단의 코드 창에 표시되므로, 생성된 스타일을 그대로 복사하여 붙여넣기만 하면 된다.

[2] 앱에 테마 적용하기

생성한 테마를 적용하려면 〈ThemeProvider〉 요소를 이용하면 된다.

| 예제 코드 6-1-10 index.js

```
import MaterialBasic from './chap06/MaterialBasic';
import { CssBaseline, ThemeProvider } from '@mui/material';

root.render(
  <ThemeProvider theme={theme}>
    <CssBaseline />
    <MaterialBasic />
  </ThemeProvider>
);
```

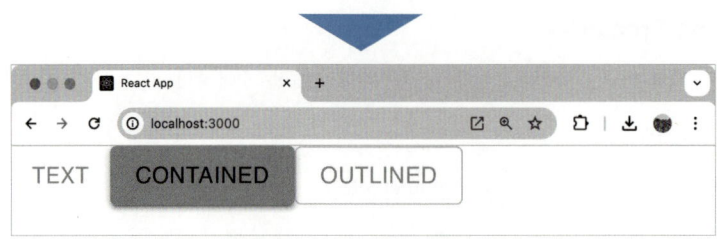

▲ 지정한 테마에 따라 컬러링이 바뀌었다

테마를 적용하려면 〈ThemeProvider〉 요소에 테마를 적용할 영역(일반적으로 앱 전체)을 지정하고, theme 속성에는 [1]에서 생성한 테마를 전달하면 된다.

〈CssBaseline〉 요소는 테마라는 주제에서 보면 부수적인 요소다. 브라우저의 기본 스타일시트를 정규화하여 환경에 따른 시각적 차이를 흡수해 준다. normalize.css(https://necolas.github.io/normalize.css/)를 사용해 본 적이 있다면 그 MUI 버전이라고 봐도 무방하다. 본론에서 벗어나므로 여기까지는 생략했지만, 일반적인 앱에서는 〈ThemeProvider〉 요소 바로 아래에 무조선 작성하는 것을 추천한다.

예제를 실행하여 버튼의 스타일이 테마에서 지정한 스타일로 변경된 것을 확인해 보자.

📄 컴포넌트 기본값 설정하기

테마에서는 components-defaultProps 섹션을 이용하여 속성(프로퍼티)의 기본값을 설정하는 것도 가능하다. 기본값을 설정하면 컴포넌트 레벨의 외형도 앱 내부에서 통일하기 쉬워진다.

예를 들어 다음은 〈Button〉 요소의 variant 속성의 기본값을 contained로 설정하는 예시다.

```
const theme = createTheme({
  ... 중략 ...
  components: {
    MuiButton: {
      defaultProps: {
        variant: 'contained',
      },
    },
  },
});
```

defaultProps에서 사용하는 컴포넌트 이름은 일반적으로 원래 이름에 Mui 접두사를 붙인 이름이다.

6-1-6 라이트/다크 모드에 따라 테마 전환하기

MUI에서는 palette-mode 프로퍼티를 이용하여 앱의 표시 모드(light, dark)를 전환할 수 있다. 이번 절에서는 라이트/다크 모드 모두에 대응하는 테마를 준비하고, 버튼 클릭으로 두 모드를 전환하는 구조를 구현해 보겠다.

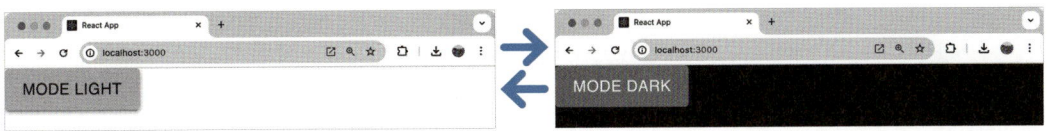

▲ 버튼 클릭으로 테마 전환

다음은 그 구체적인 코드다.

예제 코드 6-1-11 MaterialMode.js

```
import { useState } from 'react';
import { createTheme, ThemeProvider } from '@mui/material/styles';
import { amber, grey } from '@mui/material/colors';
import { CssBaseline, Button } from '@mui/material';

export default function MaterialMode() {
  // 현재 모드를 관리하는 State
  const [mode, setMode] = useState('light');
  // State 값 mode를 light⇔dark으로 반전
  const toggleMode = () => setMode(prev =>
    prev === 'light' ? 'dark' : 'light'    ❷
  );
  // 테마 정의
  const theme = createTheme({
    palette: {
      mode,
      // mode 값에 따라 테마 전환
      ...(mode === 'light'
      // 라이트 모드에서 사용하는 팔레트
      ? {
          primary: amber,
        }                                   ❶
      // 다크 모드에서 사용하는 팔레트
```

```
      : {
        primary: {
          main: grey[500],
          contrastText: '#fff'
        },
        background: {
          default: grey[900],
          paper: grey[900],
        },
      }),
    },
  });

  return (
    <ThemeProvider theme={theme}>
      <CssBaseline />
      <Button variant="contained" onClick={toggleMode}>
        Mode {mode}
      </Button>
    </ThemeProvider>
  );
}
```

❶ (brace spanning the palette block)
❸ (arrow to Button onClick)

예제 코드 6-1-12 index.js

```
import MaterialMode from './chap06/MaterialMode';
... 중략 ...
root.render(
  <MaterialMode />
);
```

라이트/다크 모드에 대응하기 위해서는 palette 섹션 아래의 스타일 정의를 State 값(mode)에 따라 분기시키면 된다(❶). '...'는 익숙한 스프레드 구문으로, 정의된 스타일을 palette 섹션 아래에 전개하는 구문이다.

이제 이 State 값(mode)을 light⇔dark로 반전시키기 위한 이벤트 핸들러 toggleMode 함수를 준비하고 (❷), 버튼에 연결하기만 하면 된다(❸).

예제를 실행하고 버튼을 클릭하면 앞 페이지의 그림과 같이 디자인이 바뀌는 것을 확인할 수 있다.

보충: 시스템 설정에 따라 모드 변경

디바이스의 시스템 설정에 따라 모드를 변경하는 것도 가능하다. 다음은 예제 코드 6-1-11에서 변경된 사항만 표시되어 있다(푸른색 글씨는 추가 부분, 회색 글씨는 삭제된 부분).

예제 코드 6-1-13 MaterialMode.js

```js
import { CssBaseline, Button, useMediaQuery } from '@mui/material';

export default function MaterialMode() {
  const mode = useMediaQuery('(prefers-color-scheme: dark)') ?
    'dark' : 'light';
  const [mode, setMode] = useState('light');
  const toggleMode = () => setMode(prev =>
    prev === 'light' ? 'dark' : 'light'
  );
  ... 중략 ...
  return (
    <ThemeProvider theme={theme}>
      <CssBaseline />
      <Button variant="contained" onClick={toggleMode}>
        Mode {mode}
      </Button>
    </ThemeProvider>
  );
}
```

❶

포인트는 ❶ useMediaQuery 함수인데, useMediaQuery는 전달받은 미디어 쿼리[10]와의 일치 여부를 판단하고 그 결과를 true/false로 반환한다. 이 예시에서는 환경이 dark 모드인지 확인하고 있기 때문에 반환값이 true이면 dark, false이면 light라는 문자열을 반환하도록 하고 있다.

변수 mode가 생성되었다면, 이제 예제 코드 6-1-11의 코드 그대로 테마를 할당할 수 있다.

---

10 사용자의 화면 설정을 확인하기 위한 조건식이다. 미디어 쿼리를 이용하면 예를 들어 화면 너비에 따른 스타일시트를 정의할 수 있다.

> **📄 OS의 라이트/다크 모드 전환은 어떻게 하나?**
>
> 디바이스의 시스템 설정에 따라 테마를 전환하는 경우, 예를 들어 Windows 11 환경에서 라이트/다크 모드를 전환하려면 [설정] 창에서 [개인 설정] – [색] – [색 선택]에서 '라이트', '다크'를 선택한다.
>
>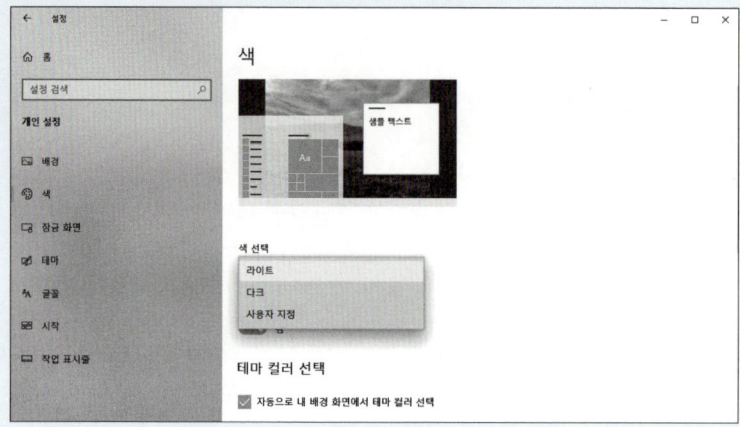
>
> ▲ 라이트/다크 모드 전환
>
> macOS 환경이라면 [애플 메뉴] – [시스템 설정] – [화면 모드]에서 '라이트 모드'와 '다크 모드'를 선택할 수 있다.

6-1-7 React Hook Form + MUI 연동하기

4-3절에서 소개한 React Hook Form을 MUI와 연동할 수도 있다. 예를 들어 다음은 예제 코드 4-3-1을 MUI를 사용하여 다시 작성한 예다.

| 예제 코드 6-1-14 FormMui.js

```
import { Button, FormControl, FormControlLabel, FormHelperText,
  FormLabel, Radio, RadioGroup, TextField } from '@mui/material';
import { useForm } from 'react-hook-form';

export default function FormMui() {
  const defaultValues = {
    name: '홍길동',
    email: 'admin@example.com',
    gender: 'male',
    memo: ''
  };
```

```
const { register, handleSubmit, formState: { errors } } = useForm({
  defaultValues
});
const onsubmit = data => console.log(data);
const onerror = err => console.log(err);

return (
  <form onSubmit={handleSubmit(onsubmit, onerror)} noValidate>
    <div>
      <TextField label="이름" margin="normal"
        {...register('name', {
          required: '이름은 필수 입력 항목입니다.',
          maxLength: {
            value: 20,
            message: '이름은 20자 이내로 작성해 주세요'
          }
        })}
        error={'name' in errors}                              ──────────┐
        helperText={errors.name?.message} />                 ──────────┘ ❶
    </div>
    <div>
      <FormControl>
        <FormLabel component="legend">성별:</FormLabel>
        <RadioGroup name="gender">
          <FormControlLabel value="male" control={<Radio />} label="남성"
            {...register('gender', {
              required: '성별은 필수입니다.',
            })}
          />
          <FormControlLabel value="female" control={<Radio />} label="여성"
            {...register('gender', {
              required: '성별은 필수입니다.',
            })}
          />
        </RadioGroup>
        <FormHelperText error={'gender' in errors}>          ──────────┐
          {errors.gender?.message}                                      ❷
        </FormHelperText>                                    ──────────┘
      </FormControl>
```

```
      </div>
      <div>
        <TextField type="email" label="이메일 주소" margin="normal"
          {...register('email', {
            required: '이메일 주소는 필수 입력 항목입니다.',
            pattern: {
              value: /([a-z\d+\-.]+)@([a-z\d-]+(?:\.[a-z]+)*)/i,
              message: '이메일 주소 형식이 잘못됐습니다.'
            }
          })}
          error={'email' in errors}
          helperText={errors.email?.message} />
      </div>
      <div>
        <TextField label="비고" margin="normal" multiline
          {...register('memo', {
            required: '비고는 필수 입력 항목입니다.',
            minLength: {
              value: 10,
              message: '비고는 10자 이상으로 작성해 주세요.'
            },
          })}
          error={'memo' in errors}
          helperText={errors.memo?.message} />
      </div>
      <div>
        <Button variant="contained" type="submit">제출하기</Button>
      </div>
    </form>
  );
}
```

예제 코드 6-1-15 index.js

```
import FormMui from './chap06/FormMui';
... 중략 ...
root.render(
  <FormMui />
);
```

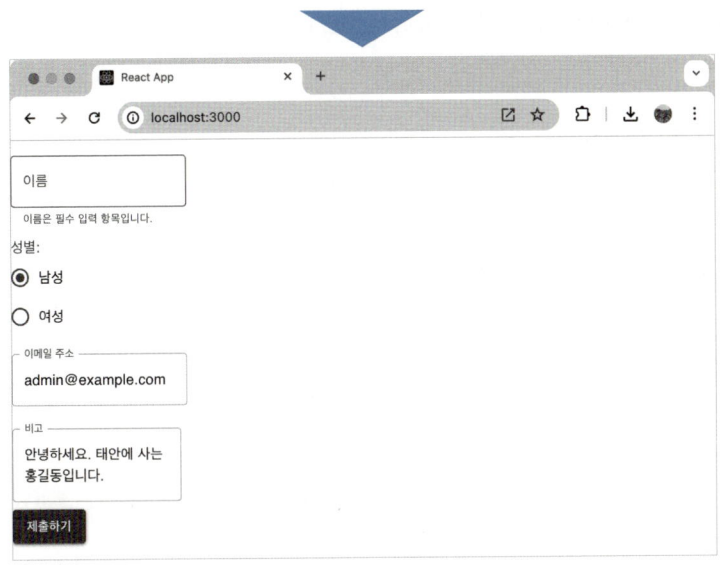

▲ MUI와 연동된 폼

⟨TextField⟩(텍스트 상자), ⟨RadioGroup⟩(라디오 버튼 그룹), ⟨FormControlLabel⟩(라벨) 등이 각각 MUI에서 제공되는 컴포넌트다. 이들 컴포넌트에 대해서는 거의 직관적으로 파악할 수 있으므로 자세한 설명은 생략한다. 속성의 의미 등은 관련 홈페이지의 문서를 참고하기 바란다.

- **MUI(관련 문서)**

  URL https://mui.com/material-ui/getting-started/

여기서는 React Hook Form과의 연동에 초점을 맞추겠다. 물론, 크게 주목할 만한 부분은 많지 않으며 ⟨TextField⟩, ⟨FormControlLabel⟩ 등의 컴포넌트에 대해 예제 코드 6-1-14의 푸른색으로 표시된 부분의 코드를 추가하면 된다.

register 함수에 대해서는 4-3-1항에서 설명한 바와 같다. 또한, 다음과 같은 속성을 통해 오류 표시를 제어할 수 있다.

- **error 속성**: 오류 상태 라벨 표시 여부
- **helperText 속성**: 라벨에 표시할 내용

따라서 ❶의 예제는 React Hook Form의 errors 객체를 참조하여 name 속성이 존재하는지 확인하고, 존재하는 경우 해당 message 속성을 보조 텍스트로 표시하라는 의미다.

참고로 ⟨RadioGroup⟩/⟨Radio⟩ 요소에는 error/helperText 등의 속성이 없다. 이러한 요소에 대해서는 ⟨FormHelperText⟩ 요소로 오류 메시지 표시를 대신해야 한다(❷). error 속성으로 표시 여부를 판단하고, 아래 텍스트에 표시해야 할 텍스트를 표현한다.

6.2 컴포넌트의 외형/동작을 카탈로그로 표시하기 – Storybook

앞서 반복해서 언급했듯이, 리액트 앱은 컴포넌트들의 집합체다. 본격적인 앱의 경우, 수백 개의 컴포넌트로 구성되는 경우도 있다. 이러한 프로젝트에서 각 컴포넌트의 용도/용법을 즉각적으로 판단할 수 있는 상태를 유지하는 것은 매우 중요하다(또한, 각각의 컴포넌트를 앱에서 분리하여 독립적으로 동작하는 코드를 작성하는 것은 번거롭고, 컴포넌트가 어떤 컨텍스트에 종속되어 있는 경우에는 더욱 번거롭다!).

그래서 등장한 것이 Storybook이다. Storybook은 앱 내 컴포넌트를 카탈로그화하여 브라우저에서 열람할 수 있는 라이브러리다. Storybook을 이용하면 앱 내에서 사용하는 컴포넌트의 사양, 즉 어떤 Props를 사용할 수 있는지, 어떻게 생겼는지 등을 브라우저에서 움직이면서 파악할 수 있게 된다.

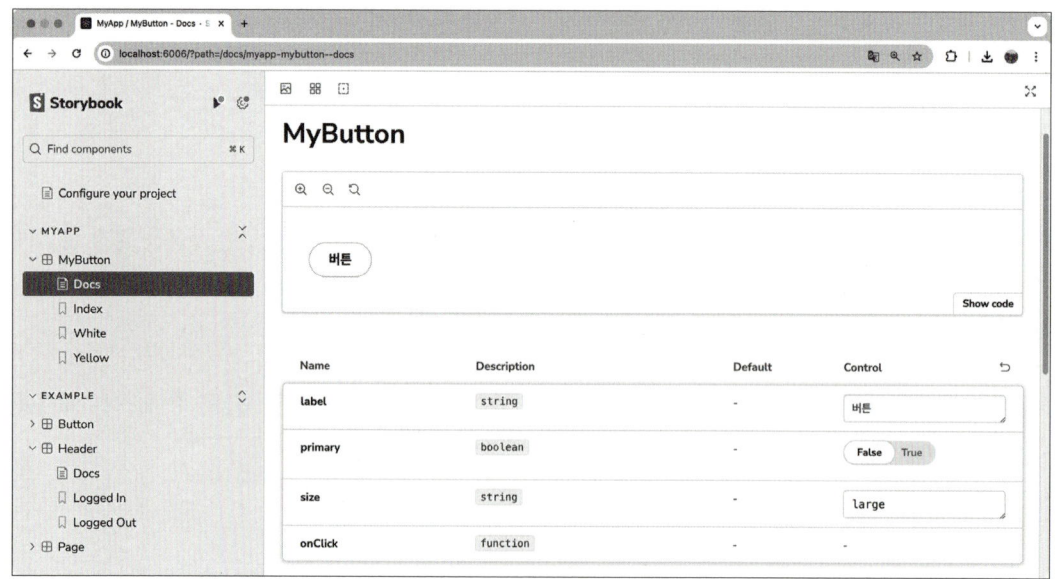

▲ Storybook으로 컴포넌트를 카탈로그 표시

6-2-1 Storybook 설치

Storybook을 이용하기 위해서는 프로젝트 하위에서 다음 명령어를 실행해야 한다.

```
> npx storybook@latest init ↵
Need to install the following packages:
  storybook@8.0.8
Ok to proceed? (y) y
… 중략 …
You can learn more, including how to opt-out if you'd not like to participate in this anonymous
program, by visiting the following URL:
https://storybook.js.org/telemetry

Running Storybook

> my-react@0.1.0 storybook
> storybook dev -p 6006 --initial-path=/onboarding --quiet
```

패키지를 설치해도 되는지 물어보므로 'y'를 입력하고 설치를 진행한다. 위와 같은 결과가 나오면 Storybook이 설치된 것이다.

프로젝트 아래에 다음 그림과 같은 폴더가 추가되어 있는지 확인한다.

/src/stories 폴더의 하위를 확인하면 컴포넌트를 정의한 익숙한 .js, .css 파일 외에 .stories.js라는 확장자를 가진 파일이 있는 것을 확인할 수 있다. 이것이 바로 Storybook에 대한 스토리라는 파일로,

▲ Storybook 설치 시 추가되는 폴더

- 목록에 표시해야 할 컴포넌트
- 개별 컴포넌트 표시 방법

등을 알려주는 지침서라고 생각하면 된다. Storybook을 이용하는 데 있어 가장 중요하게 추가/편집해야 하는 파일이다. 자세한 내용은 바로 뒤에서 확인하도록 하겠다.

여기까지 확인했다면, 이제 실제로 스토리북을 실행해 보자. 이를 위해 다음 명령을 실행한다.

```
>npm run storybook
```

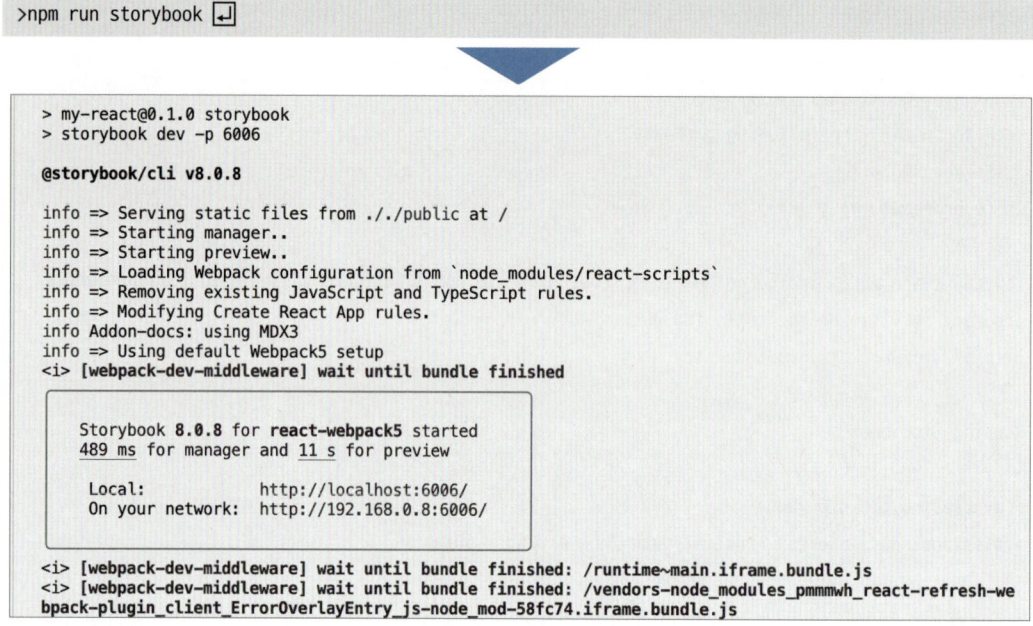

▲ Storybook 내부 서버 가동

위와 같은 결과가 표시되고 다음 그림과 같이 브라우저가 실행된다. 직접 URL을 통해 접속할 경우, 앱 본체와 달리 포트 번호가 6006이라는 점에 유의해야 한다.

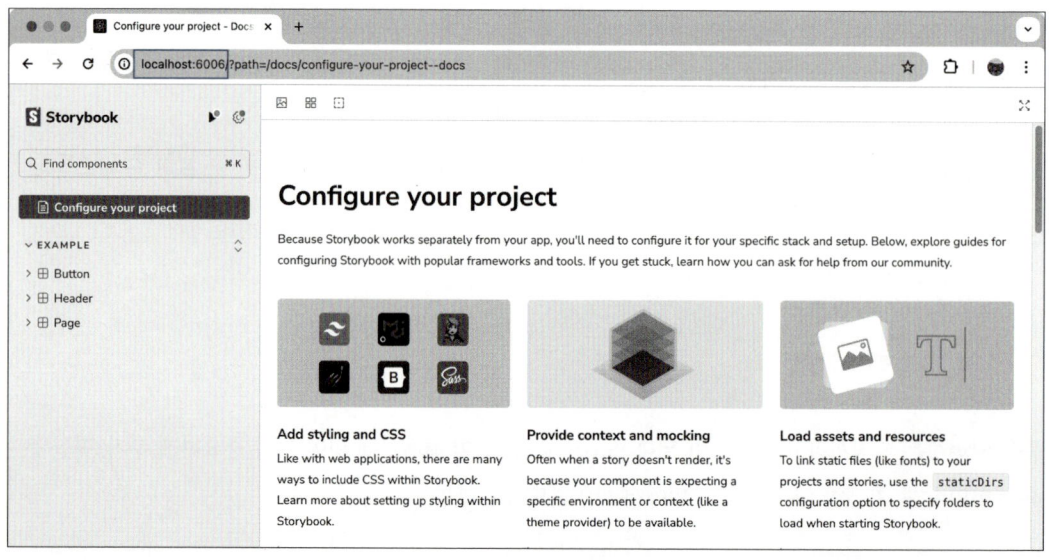

▲ Storybook 홈페이지

왼쪽 창은 Storybook에서 표시할 수 있는 컴포넌트 목록(메뉴)이며, 원하는 컴포넌트를 선택하면 오른쪽 창에 실행 결과가 표시된다. 오른쪽 하단의 [Controls], [Actions], [Visual Tests], [Interactions]는 컴포넌트를 조작하기 위한 애드온 패널이다(자세한 내용은 뒤에서 설명). 애드온 패널이 표시되지 않는 경우, Ⓐ 키(애드온 표시/숨기기 단축키)를 누르거나 페이지 오른쪽 상단의 툴바에서 (Show addons) 버튼을 클릭하라.

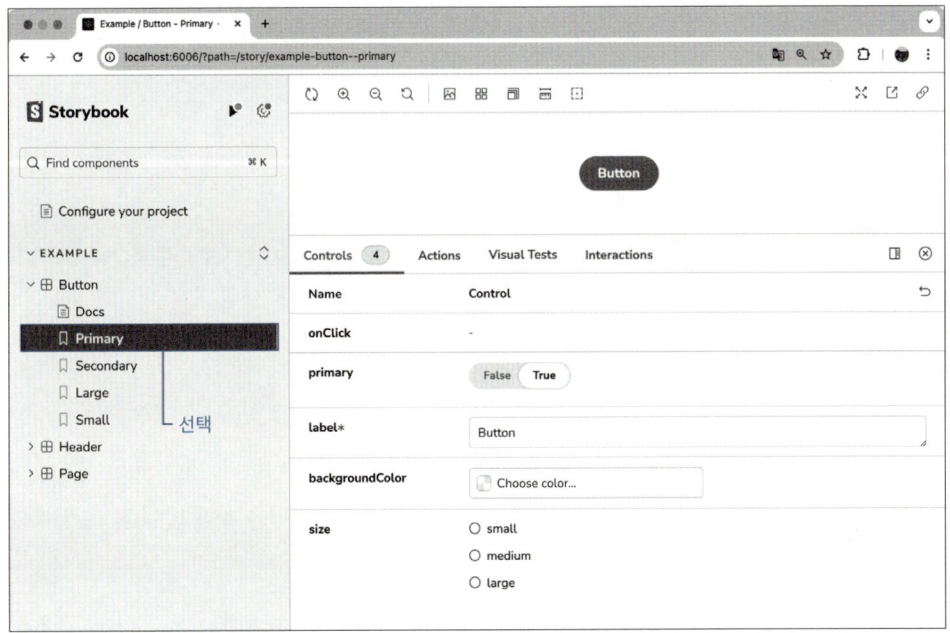

▲ 페이지 왼쪽 메뉴에서 [Example] – [Button] – [Primary]를 선택한 경우

6-2-2 스토리 확인

앞에서도 언급했듯이 Storybook의 세계에서는 다음과 같은 파일을 준비하는 것이 기본이다.

1. 컴포넌트 본체 (.js/.css 파일)
2. 컴포넌트 표시 방법 (.stories.js 파일)

2.의 파일을 스토리라고 부르며, Storybook에서는 앱이 가지고 있는 스토리를 불러와서 스토리북(앞의 그림)을 표시하는 것이다. 1.에 대해서는 앞에서 설명했으므로, 여기서는 2.를 중심으로 설명하겠다.

> 📄 **스토리 확장자**
>
> Storybook이 스토리로 인식하는 대상은 /.storybook/main.js에 정의되어 있다.
>
> | 예제 코드 6-2-1 main.js
> ```js
> /** @type { import('@storybook/react-webpack5').StorybookConfig } */
> const config = {
>   stories: ["../src/**/*.mdx", "../src/**/*.stories.@(js|jsx|mjs|ts|tsx)"],
>   ... 중략 ...
> };
> export default config;
> ```
>
> / src 폴더 아래 임의의 하위 폴더에서 .mdx, .stories.js, .stories.jsx, .stories.ts, .stories.tsx 등의 파일을 스토리로 검색한다는 의미다. 물론 이러한 조건은 변경해도 무방하다.
>
> 또한, 예제에서는 /src/stories 폴더에 컴포넌트 본체와 스토리가 함께 배치되어 있지만, 서로 다른 폴더에 배치해도 무방하다.

MyButton 컴포넌트 준비

Storybook의 동작을 확인하기 위해 기본적인 MyButton 컴포넌트를 준비한다. MyButton은 Storybook에서 기본으로 제공하는 Button 컴포넌트(/stories/Button.jsx)에서 설명을 위해 발췌 및 그 일부를 단순화했다.

| 예제 코드 6-2-2 MyButton.js
```js
import '../stories/button.css';

export default function MyButton ({
    primary = false,
    backgroundColor = null,
    size = 'medium',
    label = 'Button',
    ...props
}) {
    // primary 속성에 따라 스타일 클래스 결정
    const mode = primary ?
        'storybook-button--primary' : 'storybook-button--secondary';
    return (
        // Props를 기반으로 button 요소를 조립
```

```
    <button
      type="button"
      className={['storybook-button', `storybook-button--${size}`, mode].join(' ')}
      style={backgroundColor && { backgroundColor }}
      {...props}
    >
      {label}
    </button>
  );
};
```

복잡한 코드처럼 보이지만, 기본적으로 전달받은 Props를 기반으로 〈button〉 요소를 조립하는 코드다. 사용할 수 있는 Props는 다음 표와 같다.

▼ MyButton 컴포넌트에서 사용할 수 있는 Props

Props	개요
primary	Primary 컬러로 그리는가
backgroundColor	버튼 배경색
size	버튼 크기(small, medium, large)
label	버튼 캡션
onClick	클릭 시 호출되는 핸들러

MyButton 컴포넌트 스토리

컴포넌트 본체가 준비되었다면, 이제 해당 스토리(MyButton.stories.js)를 준비한다. 앞서 언급했듯이 스토리는 확장자를 .stories.js로 하고 /src 폴더 아래에 배치하는 것이 기본이다[11].

| 예제 코드 6-2-3 MyButton.stories.js

```
import MyButton from './MyButton';

// 기본 정보 선언
```

---

11 컴포넌트 본체와 스토리는 별도의 폴더에 배치해도 상관없다.

```
export default {
  title: 'MyApp/MyButton',
  component: MyButton
};                                                          ❶

// Index, White 스토리 추가
export const Index = {
  render: () => <MyButton primary size="medium" label="버튼"
    onClick={() => console.log('Hello, Storybook!!')}/>
};

export const White = {                                      ❷
  render: () => <MyButton size="small" label="버튼"
    backgroundColor="#fff" />
};
```

스토리의 기본 정보(메타데이터)를 나타내는 것이 ❶이다. 다음 표와 같은 프로퍼티를 포함한 객체를 기본 내보내기(export default)로 표현한다.

▼ 스토리 기본 정보 (프로퍼티)

프로퍼티	개요
title	표시 제목
component	대상 컴포넌트
args	Props 기본값
argTypes	Props 형 정보
decorators	스토리 표시를 수정하는 데코레이터
parameters	Storybook의 모양/동작을 설정하는 매개변수 정보

최소한 title/component 프로퍼티만 지정하면 충분하다. title 프로퍼티는 '/'로 구분하여 계층을 지정할 수도 있다. 이 예시의 경우, 나중에 실행하면 [MyApp]-[MyButton]이라는 메뉴가 추가된다.

기본 정보가 준비되면 이제 개별 스토리, 즉 컴포넌트를 어떻게 표시할 것인지 결정하는 정보를 추가하면 된다(❷).

| 구문 _ 스토리 선언

```
export const Name = { definitions }
```

Name   : 스토리 이름
Definitions : 컴포넌트 표시를 위한 정의 정보

Name은 메뉴에도 표시되는 이름이므로 가능한 한 내용을 유추할 수 있는 이름으로 지정하는 것이 좋다. 여기서는 Index, White 스토리를 지정했지만, 물론 스토리는 원하는 대로 나열할 수 있다.

definitions에는 '옵션명: 값, …' 형식으로 컴포넌트를 그리기 위한 정보를 전달한다. 지정할 수 있는 옵션은 여러 가지가 있지만, 우선 render 옵션으로 렌더링 코드를 지정하는 것이 간단하다.

render 옵션의 규칙은 JSX 식을 반환하는 함수여야 한다는 것뿐이다. 간단한 스토리라면 컴포넌트 호출을 위한 태그만 작성하면 충분하다.

스토리를 준비했으면 앞에서처럼 Storybook을 실행해 보자.

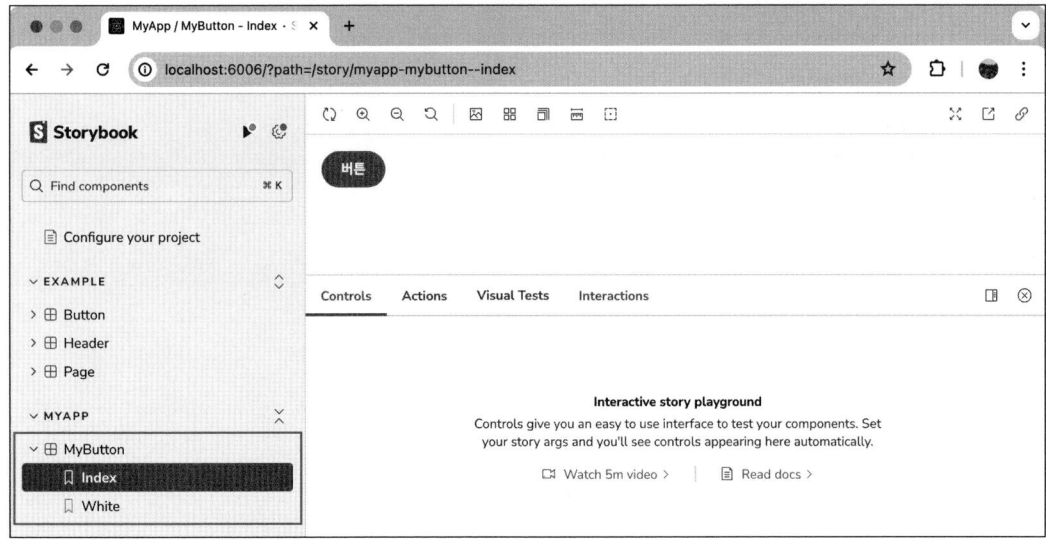

▲ [MyApp] - [MyButton] 메뉴가 추가되었다

[MyApp] - [MyButton] 아래에 Index/White 스토리가 추가된 것을 확인할 수 있나. 실제로 접속하여 각각 지정된 식에 따라 컴포넌트가 표시되는 것도 확인해 보자.

> **📄 title 프로퍼티는 폴더 계층에 따라 결정된다**
> title 프로퍼티 값은 .stories.js 파일의 /src 폴더 아래의 위치에 따라 자동 생성될 수도 있다. 예를 들어 /src/MyApp/MyButton.stories.js라면 그대로 [MyApp]-[MyButton]과 같은 메뉴가 추가된다. 일반적으로 /src 폴더의 하위는 의미 있는 그룹으로 컴포넌트를 구성해야 하므로 폴더 계층 구조에 따라 스토리가 정리되는 것이 합리적이다.

스토리를 객체 형식으로 구성하기

스토리는 args 옵션을 사용하여 선언할 수도 있다. 대상 컴포넌트에 대한 프로퍼티를 전달하기만 하면 되는 간단한 스토리라면 render 옵션을 사용하는 것보다 간단하게 스토리를 작성할 수 있다.

이제 앞서 살펴본 예제 코드 6-2-3을 args 옵션을 사용하여 다시 작성해 보자(푸른색으로 표시된 부분을 다시 작성).

예제 코드 6-2-4 MyButton.stories.js

```js
import MyButton from './MyButton';

// 기본 정보 선언
export default {
  title: 'MyApp/MyButton',
  component: MyButton
};

// Index, White 스토리 추가
export const Index = {
  args: {
    primary: true,
    size: 'medium',
    label: '버튼',
    onClick: () => console.log('Hello, Storybook!!')
  }
};                                                    ❶

export const White = {
  args: {
    size: 'small',
    label: '버튼',
    backgroundColor: '#fff'
  }
};
```

args 프로퍼티에는 컴포넌트에 전달할 Props(속성) 정보를 '속성명: 값, ...' 형식의 객체로 지정한다. 참고로 ❶은 다음과 같이 render 옵션과 조합하여 지정해도 무방하다.

```
export const Index = {
  render: args => <MyButton {...args} />,    ─────❷
  args: {
    primary: true,
    size: 'medium',
    label: '버튼',
    onClick: () => console.log('Hello, Storybook!!')
  }
};
```

다만, Storybook은 암묵적으로 생략된 render 옵션(=전달된 Props를 모두 전개하는 코드)을 생성해 주기 때문에[12], 우선은 ❷ 부분은 생략하는 것이 일반적이며, 또 그렇게 해야 한다.

이 상태에서 예제 코드를 실행해 보자.

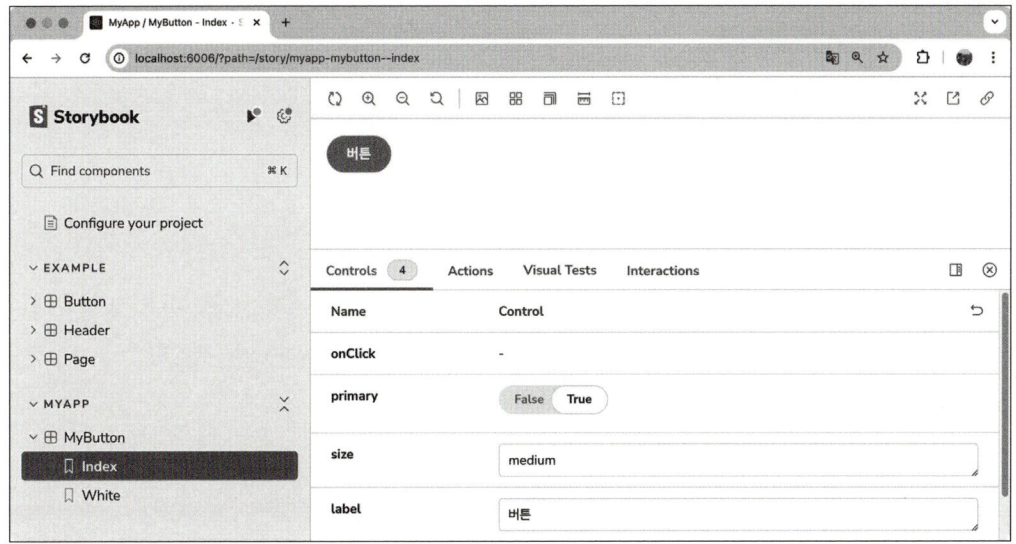

▲ args 옵션을 사용하여 다시 작성한 결과

---

12 {...args}는 1-3-4항에서도 언급했던 구문으로, 전달된 매개변수 정보를 모아 컴포넌트의 속성으로 확장하라는 의미다.

예제 코드 6-2-3과 거의 동일한 결과를 얻을 수 있지만, 오른쪽 하단의 [Controls] 탭의 표시가 달라진 것을 확인할 수 있다. args 프로퍼티를 설정하여 Storybook이 스토리에 전달한 매개변수를 인식하고 브라우저에서 변경할 수 있게 된 것이다.

Index 스토리를 열고 [Controls] 탭에서 예를 들어 size를 'large'로 바꿔보자. 확실히 버튼이 커지는 것을 확인할 수 있다. 이처럼 args를 이용하면 모든 Props 패턴을 별도의 스토리로 만들지 않고도 브라우저에서 인터랙티브하게 변경할 수 있는 스토리를 준비할 수 있다.

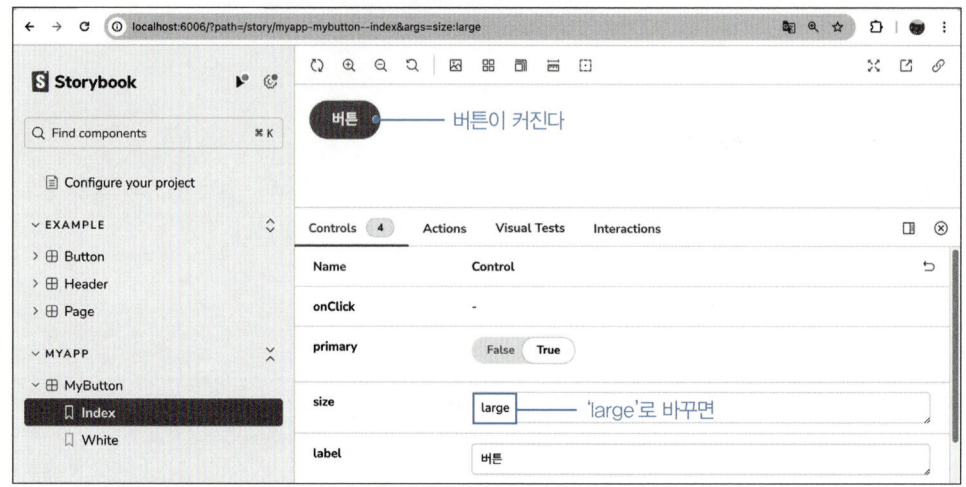

▲ 화면에서 size 속성 편집 시 즉시 반영

스토리 확장도 자유자재로

args 프로퍼티로 스토리를 준비하면 기존 스토리를 기반으로 스토리를 정의하는 것도 더 쉽게 할 수 있다. 예를 들어 예제 코드 6-2-4의 White 스토리를 기반으로 배경색만 lightyellow로 변경한 Yellow 스토리를 정의해 보자.

예제 코드 6-2-5 MyButton.stories.js

```js
export const Yellow = {
  args: {
    ...White.args,
    backgroundColor: 'lightyellow'
  }
}
```

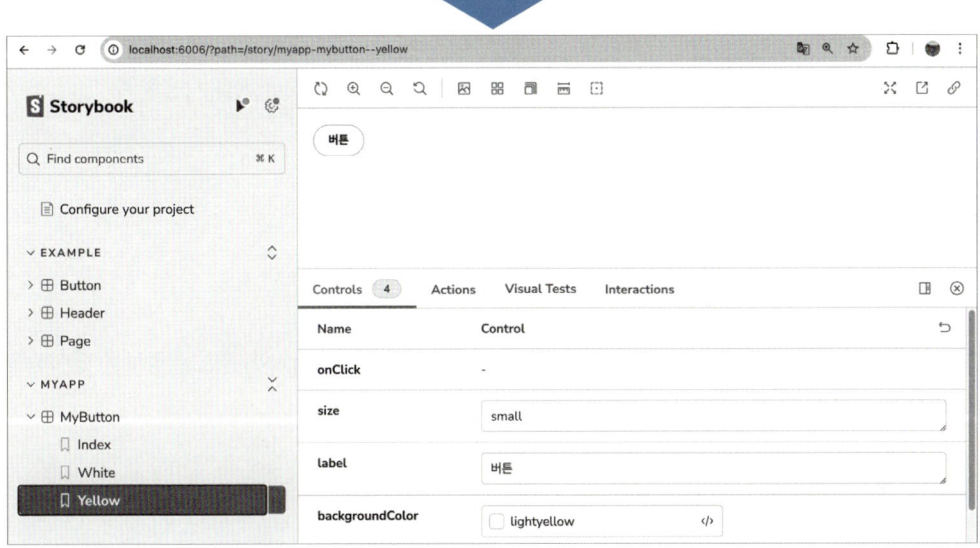

▲ 추가된 Yellow 스토리의 결과

푸른색 글씨 부분의 '...'는 익숙한 스프레드 구문이다(1-3-4항). 이는 White의 args 프로퍼티를 이어받으면서 새롭게 backgroundColor를 덮어쓰라는 의미다. White 스토리에서 선언된 size/label 등의 프로퍼티를 반복해서 작성하지 않아도 인식되는지 확인해 보자.

📄 Props의 기본값

개별 스토리를 상속하지 않고 .stories.js 파일 전체에 공통된 Props를 정하고 싶다면, 기본 내보내기에서 args 옵션을 추가하면 된다.

```
export default {
  title: 'MyApp/MyButton',
  component: MyButton,
  ... 중략 ...
  args: {
    label: 'Push!!',
  },
};
```

이제 모든 스토리에서 label 속성이 'Push!!'로 설정된다. 단, 개별 스토리에서 label 속성을 지정한 경우, 해당 속성을 우선적으로 적용한다.

6-2-3 [Controls] 탭의 제어

앞서 설명한 것처럼 args 프로퍼티를 직접 설정하는 것만으로도 [Controls] 탭을 사용할 수 있다. 하지만 다음과 같은 제약이 있다.

- args 프로퍼티에 지정되지 않은 속성은 무시된다
- size와 같이 지정할 수 있는 값이 제한된 속성도 처음부터 수작업으로 입력해야 한다

이러한 문제를 피하기 위해서는 PropTypes(3-3-4항)를 이용하여 Props와 관련된 정보를 명시해 놓는 것이 좋다.

예제 코드 6-2-6 MyButton.js

```js
import PropTypes from 'prop-types';
import '../stories/button.css';

/**
 * 속성 설정에 따라 다양한 버튼 생성
 */
export default function MyButton ({ ... }) {
  ... 중략 ...
};

// Props의 타입 정보 선언
MyButton.propTypes = {
  /**
   * Primary 색상 활성화 여부
   */
  primary: PropTypes.bool,
  /**
   * 배경색
   */
  backgroundColor: PropTypes.string,
  /**
   * 버튼 크기
   */
  size: PropTypes.oneOf(['small', 'medium', 'large']),
  /**
```

```
   * 버튼 캡션
   */
  label: PropTypes.string.isRequired,
  /**
   * 클릭 핸들러
   */
  onClick: PropTypes.func,
};
```

PropTypes의 용법에 대해서는 앞의(3-3-4항)의 설명을 참고하기 바란다. 여기서 주목해야 할 것은 푸른색 글씨 부분이다. /**~*/는 문서 주석으로, 개별 Props의 개요를 설명한다[13]. 문서 주석은 필수는 아니지만, 나중에 Storybook에서 자동 생성되는 문서에도 표시되는 정보이므로, PropTypes에서 타입 정보를 선언하는 경우 무조건 명시하는 것을 추천한다.

여기까지 지정했으면 Storybook을 다시 실행해 보자.

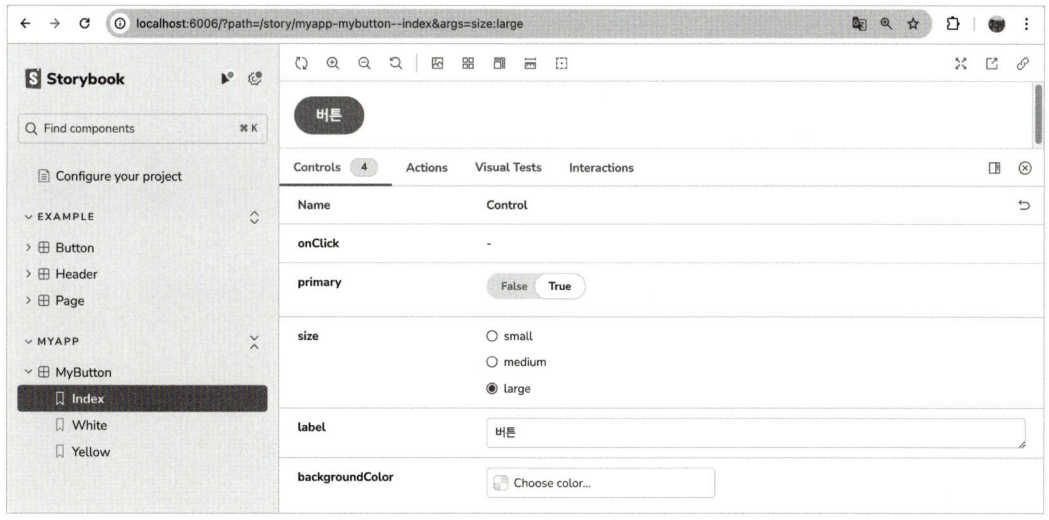

▲ PropTypes를 지정한 경우의 [Controls] 탭

PropTypes에서 지정한 Props가 [Controls] 탭에 목록으로 표시되는 것, size와 같은 선택 속성은 라디오 버튼으로 표시되는 것 등을 확인할 수 있다.

---

[13] 이와 함께 컴포넌트 본체에도 코멘트를 추가하고 있다. 이 역시 Props와 마찬가지로 나중에 Storybook에 표시되는 정보다.

보충: argTypes를 통한 타입 선언

이처럼 PropTypes를 이용하고 있다면 그 정보가 그대로 Storybook에 반영되지만, Storybook을 위해 PropTypes를 도입하는 것은 주객전도다. 애초에 자동 생성되는 컨트롤을 세밀하게 설정하고 싶다면 PropTypes만으로는 충분하지 않다. 그런 경우에는 스토리에 argTypes 프로퍼티를 추가해도 무방하다.

(1) PropTypes에서 지정할 수 없는 정보 추가하기

예를 들어, size 속성을 라디오 버튼이 아닌 선택 상자로 선택하고 싶다면, 스토리를 다음과 같이 변경한다.

예제 코드 6-2-7 MyButton.stories.js

```js
import MyButton from './MyButton';

// 기본 정보 선언
export default {
  title: 'MyApp/MyButton',
  component: MyButton,
  argTypes: {
    size: {
      control: { type: 'select' },
    },
  },
};
```

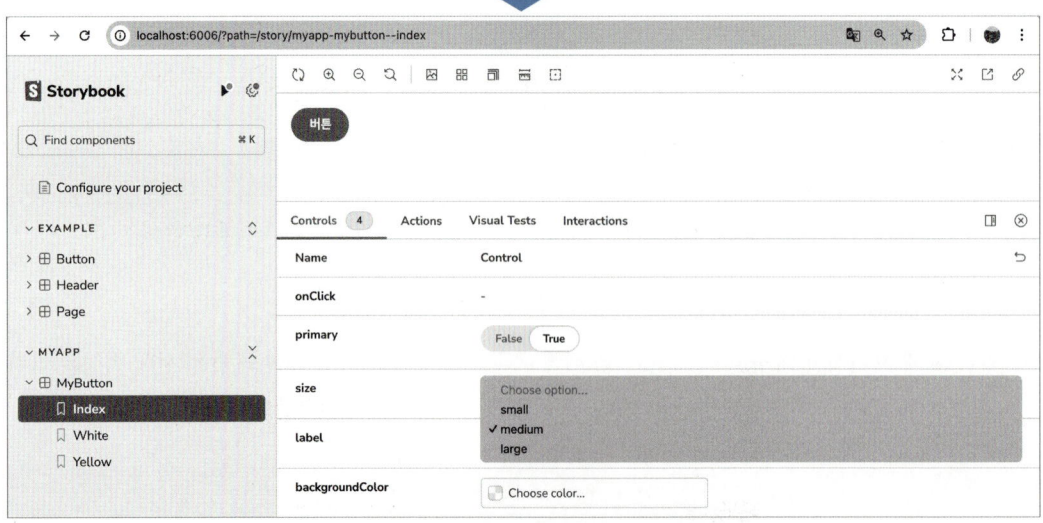

▲ size 속성을 선택 상자에서 선택할 수 있도록 함

(2) argTypes 프로퍼티만으로 타입 선언하기

(1)에서는 이미 PropTypes로 선택지 등을 선언한 것을 전제로 하므로 type 프로퍼티만으로 충분하지만, argTypes만으로 모든 것을 표현하고자 한다면 다음과 같이 해도 무방하다[14].

```
export default {
  title: 'MyApp/MyButton',
  component: MyButton,
  argTypes: {
    primary: {
      type: 'boolean',
      description: 'Primary 색상 활성화 여부',
    },
    backgroundColor: {
      type: 'string',
      description: '배경색'
    },
    size: {
      type: {
        name: 'enum',
        value: ['small', 'medium', 'large']
      },                                          ❶
      control: { type: 'select' },
      description: '버튼 크기'
    },
    label: {
      type: 'string',
      description: '버튼 캡션'
    },
    onClick: {
      type: 'function',
      description: 'click handler',
    }
  },
};
```

---

14 PropTypes와 argTypes를 모두 지정한 경우, argTypes를 우선한다.

argsType 프로퍼티에서는 type 프로퍼티로 타입 정보를, description 프로퍼티로 Props에 대한 설명을 각각 나타낸다. enum(열거형)과 같은 타입(❶)의 경우 value 프로퍼티로 선택된 값을 추가로 표현하는 점에도 주목해야 한다(이 경우 타입명은 name 프로퍼티로 표현한다).

그 외에도 지정할 수 있는 Props의 타입(type)과 그에 대응하는 컨트롤 타입(control-type)을 다음 표에 정리해 놓았다.

▼ 사용 가능한 컨트롤 타입(control-type [15])

데이터 타입	컨트롤	개요
boolean	boolean*	스위치
number	number*	숫자 입력 박스 (min, max, step)
	range	슬라이더 (min, max, step)
object	object*	JSON 편집기
	file	파일 입력 상자 (accept)
array	object*	JSON 편집기
enum	radio*	세로로 배치된 라디오 버튼 (options)
	inline-radio	가로로 배치된 라디오 버튼 (options)
	check	세로로 배치된 체크박스 (options)
enum	inline-check	가로로 배치된 체크박스 (options)
	select	선택 상자 (options)
	multi-select	다중 선택이 가능한 선택 상자 (options)
string	text*	텍스트 입력 박스
	color	색상 선택기 (presetColors)
	date	날짜 선택기

표의 [개요] 열에서 괄호 안에 작성한 내용은 사용할 수 있는 옵션 정보다. 각각의 개요는 다음 표와 같다.

---

15 표의 '*'는 Props 타입에 대해 기본적으로 적용되는 컨트롤 타입이다(PropsType에서도 동일한 규칙으로 자동 판정된다).

▼ 컨트롤 세부 옵션

옵션	개요
min	최솟값
max	최댓값
step	증분
accept	지정 가능한 콘텐츠 타입
options	선택 옵션(배열)
presetColors	기본적으로 선택할 수 있는 색상 후보(배열)

애초에 일부 Props는 [Controls] 탭에 표시해야 할 컨트롤을 이름에서 자동으로 추론해 준다. /.storybook/preview.js에 다음과 같은 코드가 설정되어 있는지 확인한다.

예제 코드 6-2-8 preview.js

```
/** @type { import('@storybook/react').Preview } */
const preview = {
  parameters: {
    controls: {
      matchers: {
        color: /(background|color)$/i,
        date: /Date$/i,
      },
    },
  },
};

export default preview;
```

이 경우,

- 접미사가 background/color인 Props에서는 색상 선택기(color)
- 접미사가 Date인 Props에서는 날짜 선택기(date)

를 각각 표시하라는 의미다. 앞서 살펴본 예제 실행 화면에서도 backgroundColor 속성에 대해 기본적으로 색상 선택기가 할당되어 있는 것을 확인할 수 있다.

추론 규칙은 matchers 프로퍼티 아래에 '컨트롤명: 정규 표현식' 형식으로 직접 추가할 수도 있다.

6-2-4 [Actions] 탭의 제어

[Actions] 탭은 이벤트가 정상적으로 처리되고 있는지, 핸들러에 전달된 이벤트 객체의 구체적인 내용 등을 확인할 수 있다. 예제 코드 6-2-6과 같이 PropTypes에서 다음과 같은 코드를 작성했다면 이미 사용 가능한 상태일 것이다.

예제 코드 6-2-9 MyButton.js

```
MyButton.propTypes = {
  ... 중략 ...
  onClick: PropTypes.func,
};
```

Storybook에서는 [Actions] 탭에서 함수(func) 타입의 onXxxxx 속성을 모니터링해주기 때문이다. Storybook을 실행하고 [MyButton] - [White] 스토리를 선택한 후 [Actions] 탭을 연 상태에서 버튼을 클릭해 보자. 다음 그림과 같이 이벤트 객체의 내용이 로깅되는 것을 확인할 수 있다.

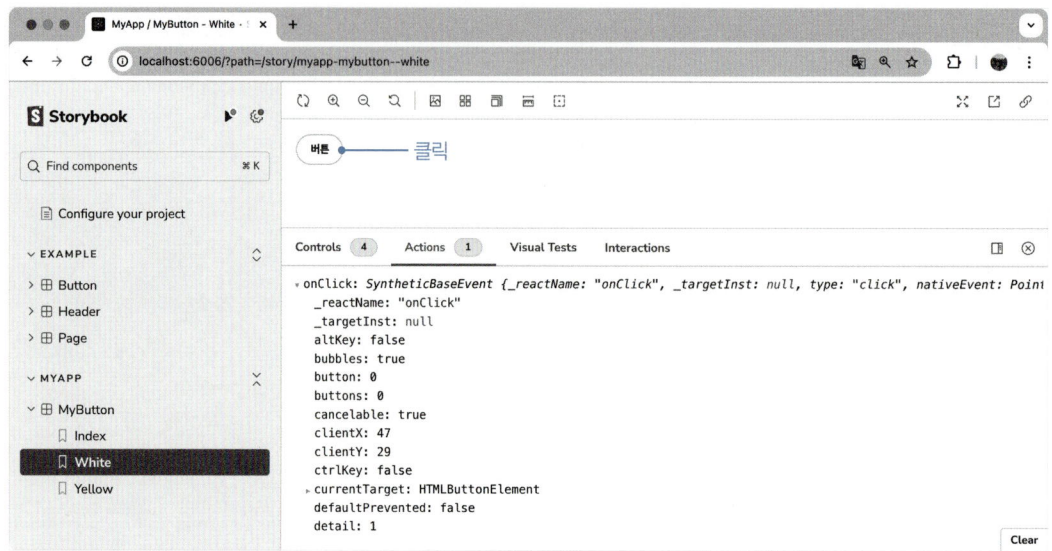

▲ [Actions] 이벤트 출력

참고로 [MyButton] – [Index] 스토리에서는 onClick 속성이 지정되어 있기 때문에 해당 처리 내용이 우선시되어[16], [Actions] 탭에는 아무것도 출력되지 않는다.

Actions의 대상 속성 변경하기

Storybook 기본 설정에서는 함수(func) 타입의 onXxxxx 속성을 Actions의 대상으로 설정한다. 하지만 이벤트 핸들러의 이름이 항상 onXxxxx일 필요는 없다. 예를 들어, 예제 코드 6-2-9의 onClick 속성을 handleClick 속성으로 변경해 보자(추가/변경 부분은 푸른색으로 표시한 부분).

예제 코드 6-2-10 MyButton.js

```
export default function MyButton ({
    primary = false,
    backgroundColor = null,
    size = 'medium',
    label = 'Button',
    handleClick,
    ...props
}) {
... 중략 ...
return (
  <button
    ... 중략 ...
    onClick={handleClick}
    {...props}
  >
    {label}
  </button>
 );
};

MyButton.propTypes = {
  ... 중략 ...
  handleClick: PropTypes.func,
};
```

---

16 이 예시에서는 개발자 도구의 콘솔 탭에 'Hello, Storybook!!'이라고 로깅된다.

이 상태에서 [MyButton] – [White] 스토리에 접속하여 버튼을 클릭해 보면, onXxxxx가 아니기 때문에 [Actions] 탭에 아무것도 표시되지 않는다.

handleXxxxx 속성도 Actions 감지 대상에 포함시키려면 다음 중 한 가지 방법으로 설정을 추가하라.

(1) 앱 전체에 handleXxxxx 속성 활성화하기

Actions 감지 대상은 앞서 소개한 /.storybook 폴더 아래 preview.js에 선언되어 있다.

예제 코드 6-2-11 preview.js

```
const preview = {
  parameters: {
    actions: { argTypesRegex: "^on[A-Z].*" },
    ... 중략 ...
  },
};
```

actions-argTypesRegex 프로퍼티(푸른색 글씨 부분)를 예를 들어 '^(on|handle)[A-Z].*'라고 하자. 이제 onXxxxx, handleXxxxx 속성이 Actions 감지 대상이 된다. 범위는 앱 전체다.

(2) .stories.js 파일 단위로 활성화하기

.stories.js 파일(컴포넌트) 단위로 handleClick 속성을 활성화할 수도 있다. 이를 위해서는 .stories.js 파일을 다음과 같이 편집하면 된다.

예제 코드 6-2-12 MyButton.stories.js

```
export default {
  title: 'MyApp/MyButton',
  component: MyButton,

  argTypes: {
    ... 중략 ...
    handleClick: { action: 'clicked' }
  },
};
```

이제 handleClick 속성을 통해 Actions에 출력할 수 있게 되었다. action 프로퍼티에 전달된 문자열은 Actions에 출력할 때도 맨 앞에 표시된다.

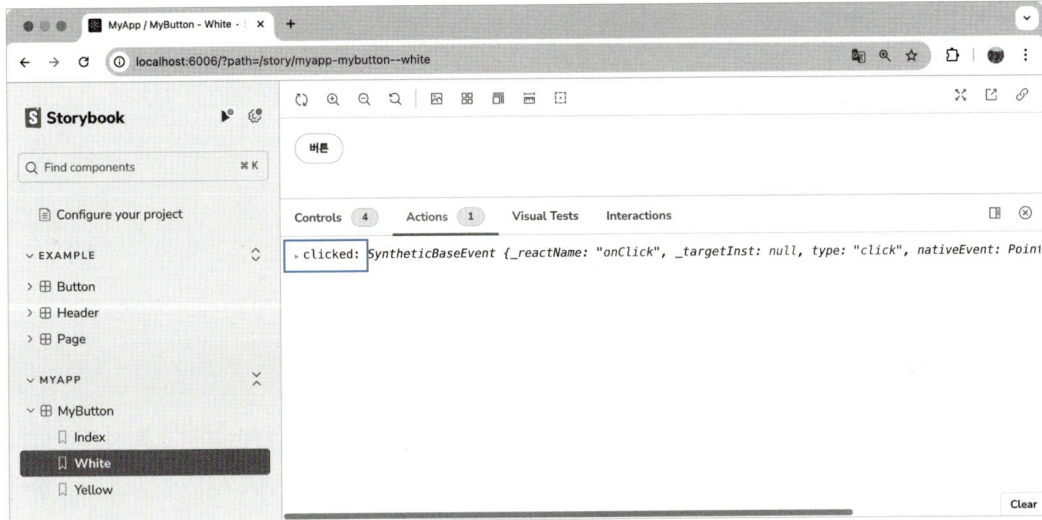

▲ action 프로퍼티의 값은 Actions의 출력에도 반영된다

action 프로퍼티를 true로 설정하면 원래의 함수 이름이 그대로 표시된다.

(3) 스토리 단위로 활성화하기

개별 스토리 단위로 Actions에 출력을 활성화하려면 다음과 같이 action 함수를 사용한다.

| 예제 코드 6-2-13 MyButton.stories.js

```
import { action } from '@storybook/addon-actions';
... 중략 ...
export const White = {
  args: {
    size: 'small',
    label: '버튼',
    backgroundColor: '#fff',
    handleClick: action('clicked'),
  }
};
```

참고로 action 함수의 반환값은 Actions에 출력하기 위한 함수다. 다음과 같이 이벤트 핸들러 안에서 호출할 수도 있다.

```
export const Index = {
  args: {
    primary: true,
    size: 'medium',
    label: '버튼',
    handleClick: e => {
      action('clicked')(e, new Date());
    },
  }
};
```

action 함수의 반환값은 함수이므로 그대로 () 연산자(푸른색 글씨)로 실행하는 것이다. 호출 시에는 임의의 인수를 전달할 수 있다. 이 예시에서는 이벤트 객체(e)와 날짜 객체를 전달했기 때문에 [Actions] 탭에도 해당 정보가 출력된다.

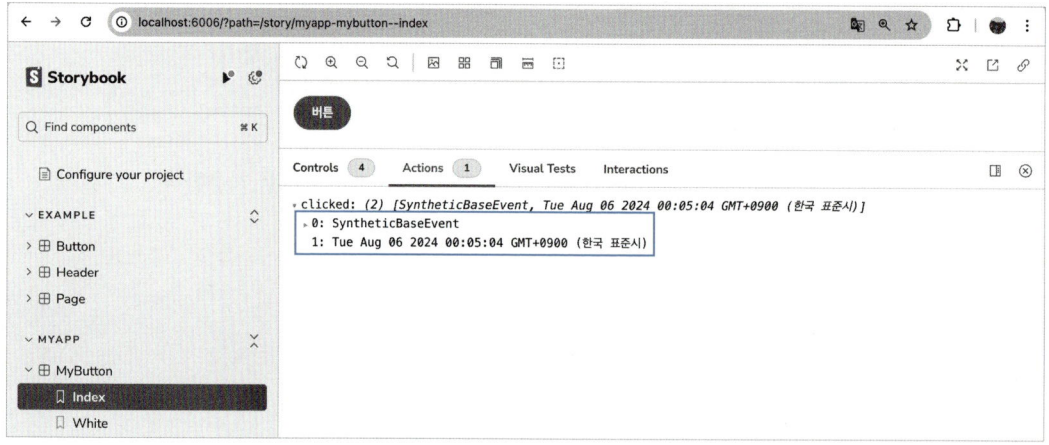

▲ 지정된 인수의 내용이 출력된다

6-2-5 [Interactions] 탭의 제어

Interactions는 스토리를 그릴 때 어떤 사용자 조작을 끼워 넣기 위한 구조다. 스토리(컴포넌트)도 복잡해지면 단순히 보여주기만 하는 것이 아니라 사용자의 조작이 수반되는 동작을 확인하고 싶을 때가 있다. 이럴 때도 인터랙션을 이용하면 사용자가 브라우저에서 일일이 수작업하지 않고도 확인 테스트를 자동화할 수 있다.

Interactions 준비

Interactions는 내부적으로 Jest + Testing Library(9-1절)를 이용하고 있다. 따라서 Jest와 연동하는 @storybook/jest와 @storybook/testing-library를 설치한다.

```
> npm install @storybook/jest
> npm install @storybook/testing-library
```

참고로 이 단원의 내용은 Jest+Testing Library에 대한 이해를 전제로 한다. 여기서는 play 메서드 자체와 코드의 의도에 대해서만 설명하므로, 자세한 내용은 9-1-2항을 학습한 후 다시 읽어보기를 권장한다.

Interactions의 기본

이제 구체적인 예제를 살펴보겠다. 다음은 MyButton 컴포넌트를 그릴 때 버튼을 두 번 클릭하면 onClick 속성(함수)도 두 번 호출되는지 확인하는 예제다.

예제 코드 6-2-14 MyButton.stories.js

```
import { userEvent, within } from '@storybook/testing-library';
import { expect } from '@storybook/jest';
... 중략 ...
// Index 스토리의 동작을 선언
export const Index = {
  args: {
    primary: true,
    size: 'medium',
    label: '버튼',
    // 이벤트 핸들러는 비활성화
    // handleClick: e => {
    //   action('clicked')(e, new Date());
    // },
  },
  play: async ({ args, canvasElement }) => {         ─────❶
    const canvas = within(canvasElement);             ─────❷
```

```
    const button = canvas.getByRole('button');        ──── ❸
    userEvent.click(button);        ──────────────────────────┐
    userEvent.click(button);        ──────────────────────────┘ ❹
    expect(args.onClick).toHaveBeenCalledTimes(2);    ──── ❺
  },
};
```

Interactions의 동작은 스토리에 play 옵션(메서드)을 추가하여 선언할 수 있다. play 메서드는 스토리와 관련된 정보(객체)를 인수로 받는다. 다음 표는 인수 객체에 포함되는 주요 프로퍼티다[17].

▼ play 메서드의 인수(주요 프로퍼티)

프로퍼티	개요
argTypes	인수형
args	인수 값
canvasElement	스토리를 그리는 캔버스 요소
componentId	컴포넌트의 id 값
initialArgs	초기 상태로 전달된 Props
title	스토리 제목
name	스토리 이름

❶(푸른색으로 표시된 부분)은 익숙한 분할 대입으로, 인수 객체에서 args/canvasElement 프로퍼티를 꺼내라는 의미다.

canvasElement 프로퍼티는 스토리의 실행 결과를 〈div id="storybook-root"〉 요소로 묶은 것(Element 객체)을 반환하며, within은 원시 요소 객체에 쿼리 메서드[18]를 연결(=직접 호출 가능)하기 위한 메서드다(❷). 우선 컴포넌트 조작을 위한 사전 준비와 함께 play 메서드의 첫머리에 주문처럼 쓰는 습관을 들이는 것이 좋다.

요소 객체가 준비되었으면 쿼리 메서드(getByRole)로 조작 대상 〈button〉 요소를 가져오고(❸), 두 번의 클릭 조작을 시뮬레이션해 보자(❹). 클릭 등 사용자 조작을 담당하는 것은 userEvent 객체의 역할이다.

---

17 대부분의 속성은 .stories.js 파일의 동명 프로퍼티에서 지정한 값을 반환한다.
18 하위 요소를 검색하기 위한 메서드군이다. 자세한 내용은 p.542의 표를 참고하라.

이제 ❺에서 작업 결과를 확인하기만 하면 된다. 이 예시에서는 args.onClick(이벤트 핸들러)이 2번 호출되었는지(toHaveBeenCalledTimes) 확인하고 있다.

위의 내용을 이해했다면, 예제를 다시 실행하고 [Interactions] 탭을 확인해 보자. 다음과 같은 결과가 나오면 play 메서드가 제대로 동작하고 있는 것이다.

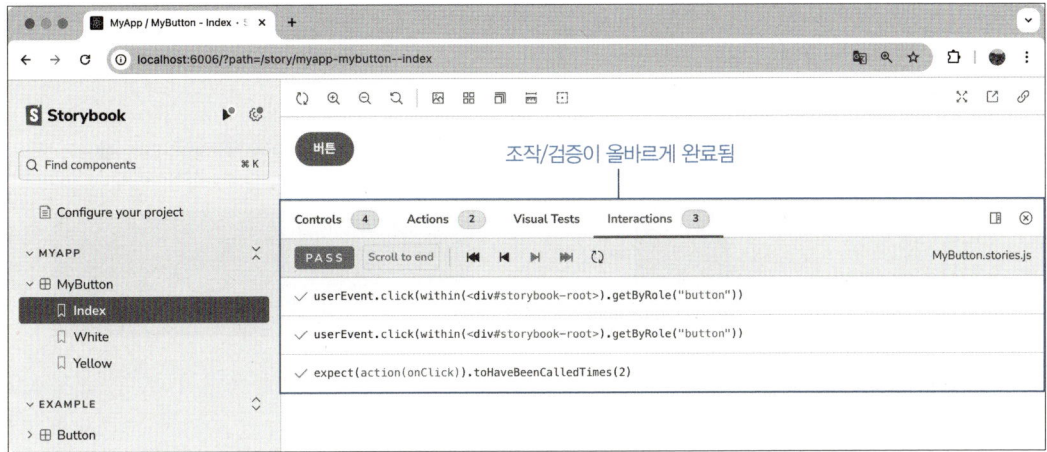

▲ [Interactions] 탭의 결과 (정상일 때)

예를 들어 ❺의 푸른색으로 표시된 글씨를 '5'로 바꿔서 확인 결과가 실패하도록 해보자. 예제를 다시 실행하면 toHaveBeenCalledTimes 메서드가 실패하는 것을 확인할 수 있다.

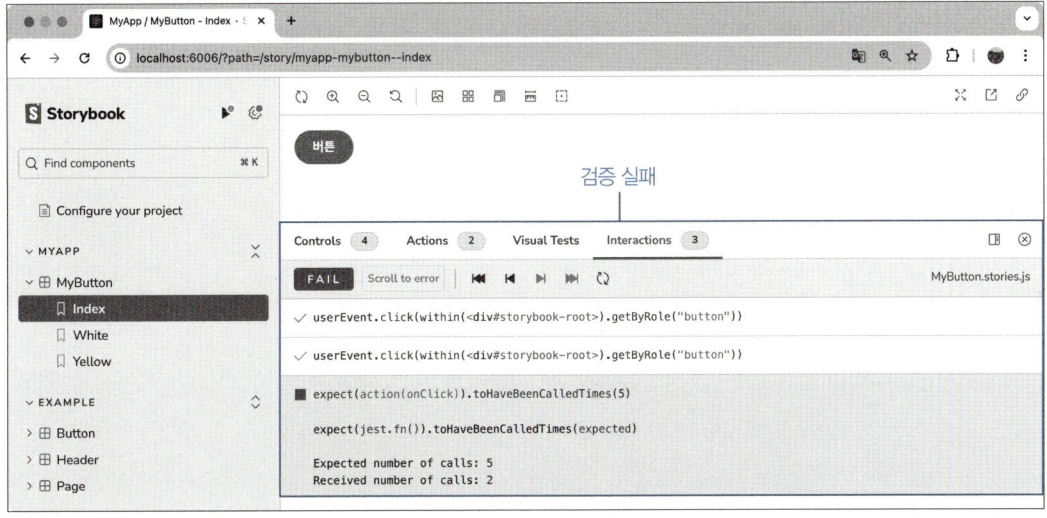

▲ [Interactions] 탭의 결과 (실패 시)

6-2-6 스토리 표시 사용자 지정하기

매개변수/데코레이터 등의 기능을 통해 스토리의 동작/표시를 커스터마이징할 수도 있다.

스토리 배경색 설정하기 - 매개변수

캔버스(=스토리 표시 영역)의 배경색은 기본적으로 light/dark 중에서 선택할 수 있다. 기본값은 light이므로 dark로 변경하여 결과의 변화를 확인해 보자.

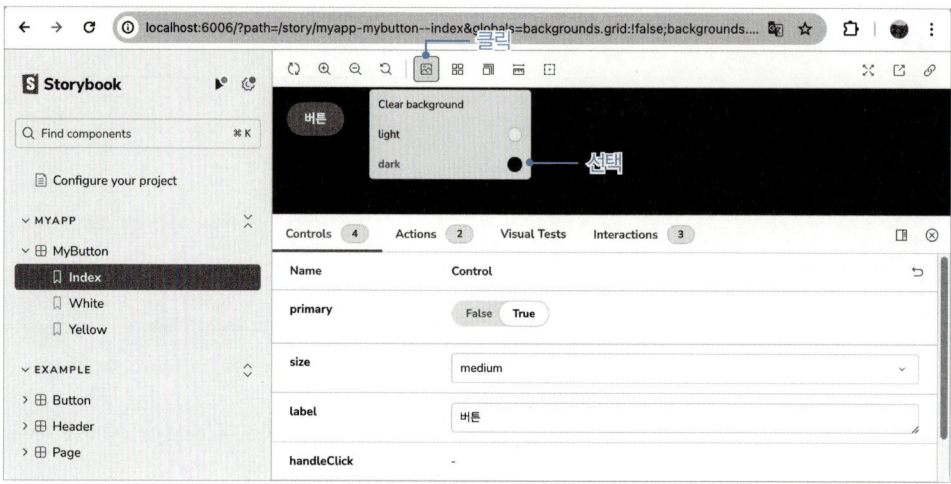

▲ 캔버스 배경색 변경

이 배경색을 light/dark 이외의 색상으로 지정하고 싶다면 parameters-backgrounds 프로퍼티를 선언한다. /.storybook/preview.js에 다음과 같은 코드를 설정한다.

예제 코드 6-2-15 preview.js

```
const preview = {
  parameters: {
    ... 중략 ...
    backgrounds: {
      values: [
        { name: 'ghostwhite', value: '#f8f8ff' },
        { name: 'aquamarine', value: '#7fffd4' },
        { name: 'coral', value: '#ff7f50' },
      ],
```

```
    }
  },
};
```

예제를 다시 실행하면 확실히 선택 항목이 지정된 배경색으로 대체된 것을 확인할 수 있다.

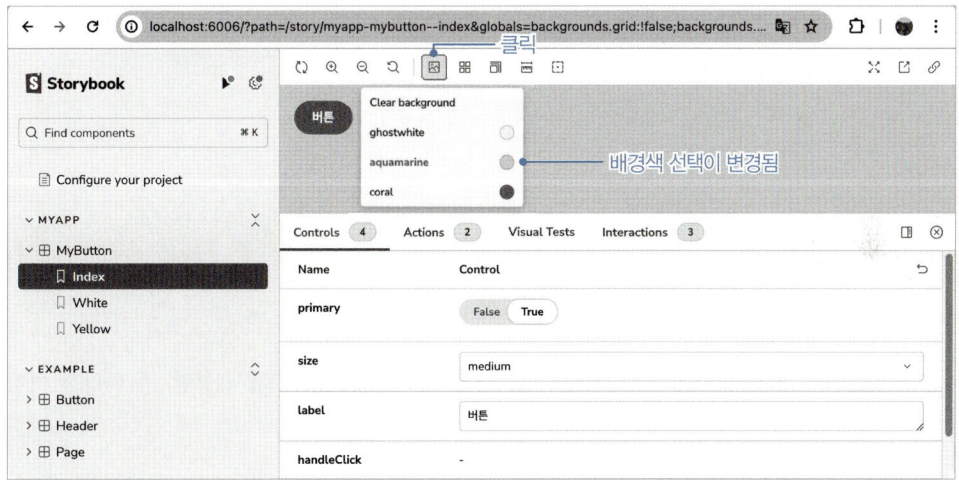

▲ 배경색 선택이 대체되었다

참고로 preview.js를 편집한 경우 그 적용 범위는 앱 전체다. 만약 컴포넌트 단위로만 설정하려면 .stories.js 파일을 다음과 같이 편집하면 된다.

| 예제 코드 6-2-16 MyButton.stories.js

```
export default {
  ... 중략 ...
  parameters: {
    backgrounds: {
      values: [
        { name: 'ghostwhite', value: '#f8f8ff' },
        { name: 'aquamarine', value: '#7fffd4' },
        { name: 'coral', value: '#ff7f50' },
      ],
    },
  }
};
```

또는 특정 스토리에만 적용하고 싶다면 마찬가지로 .stories.js 파일의 다음 부분을 수정하면 된다.

예제 코드 6-2-17 MyButton.stories.js

```js
export const Index = {
  ... 중략 ...
  parameters: {
    backgrounds: {
      values: [
        { name: 'ghostwhite', value: '#f8f8ff' },
        { name: 'aquamarine', value: '#7fffd4' },
        { name: 'coral', value: '#ff7f50' },
      ],
    },
  }
};
```

이외에도 actions(6-2-4항), controls(6-2-3항), layout, viewport(뒤에서 설명) 등 다양한 매개변수를 설정할 수 있지만, 적용 범위 규칙은 동일하다.

스토리 뷰포트 설정하기

Storybook에서는 ▦(Change the size of the preview)에서 뷰포트(표시 영역)의 크기를 변경할 수도 있다. 기본적으로 Small mobile/Large mobile/Tablet 중에서 선택할 수 있으니 실제로 변경해 보자.

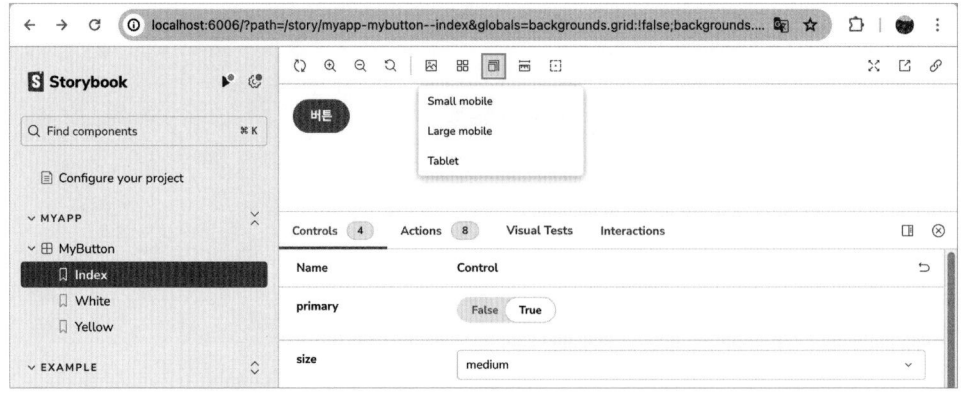

▲ 뷰포트 변경

뷰셋 목록을 변경하고 싶다면 다음과 같이 parameters-viewport-viewports 프로퍼티를 선언한다.

예제 코드 6-2-18 preview.js

```js
import { INITIAL_VIEWPORTS } from '@storybook/addon-viewport';
... 중략 ...
const preview = {
    ... 중략 ...
  viewport: {
    viewports: INITIAL_VIEWPORTS
  }
 },
};
```

INITIAL_VIEWPORTS는 기본적으로 제공되는 뷰포트 설정이다. 다음은[19] 그 일부를 발췌한 것이다.

```js
export const INITIAL_VIEWPORTS: ViewportMap = {
  iphone5: {             // 키 이름
    name: 'iPhone 5',  // 표시명
    styles: {
      height: '568px',
      width: '320px',
    },                   // 인라인 스타일(크기)
    type: 'mobile',    // 디바이스 유형(desktop/mobile/tablet)
  },
  iphone6: {
    name: 'iPhone 6',
    styles: {
      height: '667px',
      width: '375px',
    },
    type: 'mobile',
  },
  ... 중략 ...
};
```

[19] 전체 코드는 다음 페이지에서 확인할 수 있다: https://github.com/storybookjs/storybook/blob/master/addons/viewport/src/defaults.ts

INITIAL_VIEWPORTS를 적용한 상태에서 스토리를 참조하면 확실히 더 세밀한 뷰포트 목록이 활성화된 것을 확인할 수 있다.

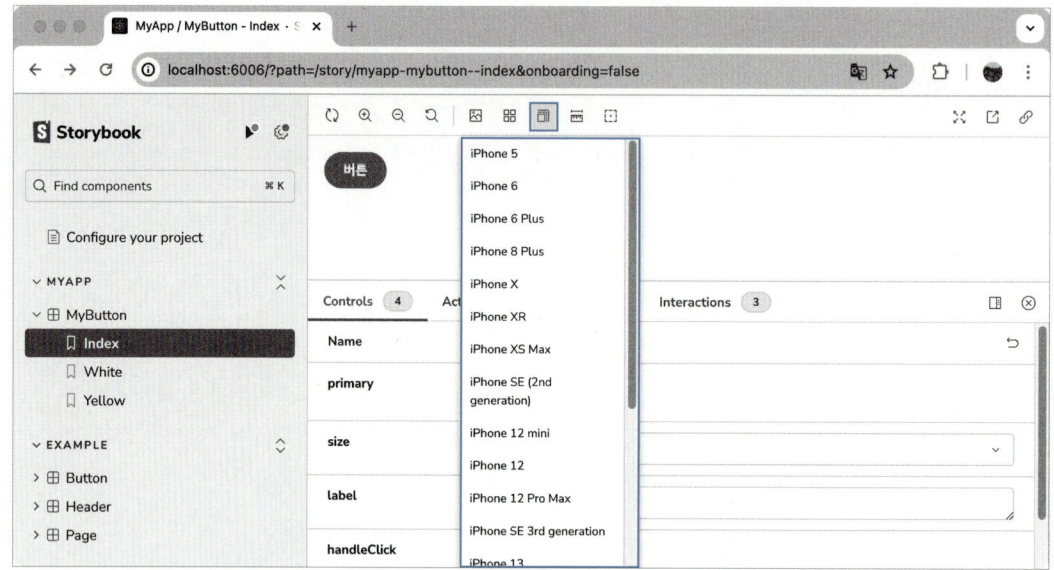

▲ INITIAL_VIEWPORTS를 적용한 경우

여기서는 기본 INITIAL_VIEWPORTS를 적용하는 것으로만 설명하지만, 자신만의 뷰포트(목록)를 설정하고 싶다면 INITIAL_VIEWPORTS와 동일한 방법으로 설정 목록을 정의하면 된다.

> 📄 **기본 뷰포트**
>
> 특정 뷰포트를 미리 적용하고 싶다면 다음과 같이 defaultViewport 프로퍼티를 설정한다. defaultViewport에는 뷰포트 정의의 키 이름을 지정한다(name 속성의 이름이 아님).
>
> ```
> viewport: {
>   viewports: INITIAL_VIEWPORTS,
>   defaultViewport: 'iphonex',
> }
> ```

스토리에 나만의 레이아웃을 부여하기 – 데코레이터

데코레이터는 이름에서 알 수 있듯이 스토리를 꾸미기 위한 기능이다. 스토리에서 그려지는 컴포넌트에 외곽선을 부여할 수 있다.

예를 들어 다음은 MyButton 컴포넌트를 스타일이 지정된 〈div〉 요소로 묶은 예시다.

예제 코드 6-2-19 MyButton.stories.js

```js
export default {
  ... 중략 ...
  decorators: [
    Story => (
      <div style={{
        height: 150,
        display: 'flex',
        justifyContent: 'center',
        alignItems: 'center',
        backgroundColor: '#ccc',
      }}>
        <Story />
      </div>
    ),
  ],
};
```

decorators 프로퍼티는 데코레이터 함수의 배열이다. 데코레이터 함수는,

- 인수로 스토리(Story)를 받는다
- 반환값으로 꾸민 결과를 반환한다

와 같이 정의한다. 인수 Story는 스토리의 렌더링 결과이므로 〈Story /〉로 꾸미기 결과에 반영할 수 있다 (코드의 푸른색으로 표시된 부분).

예제를 다시 실행하여 데코레이터 함수로 정의한 〈div〉 요소가 결과에도 반영되어 있는지 확인한다.

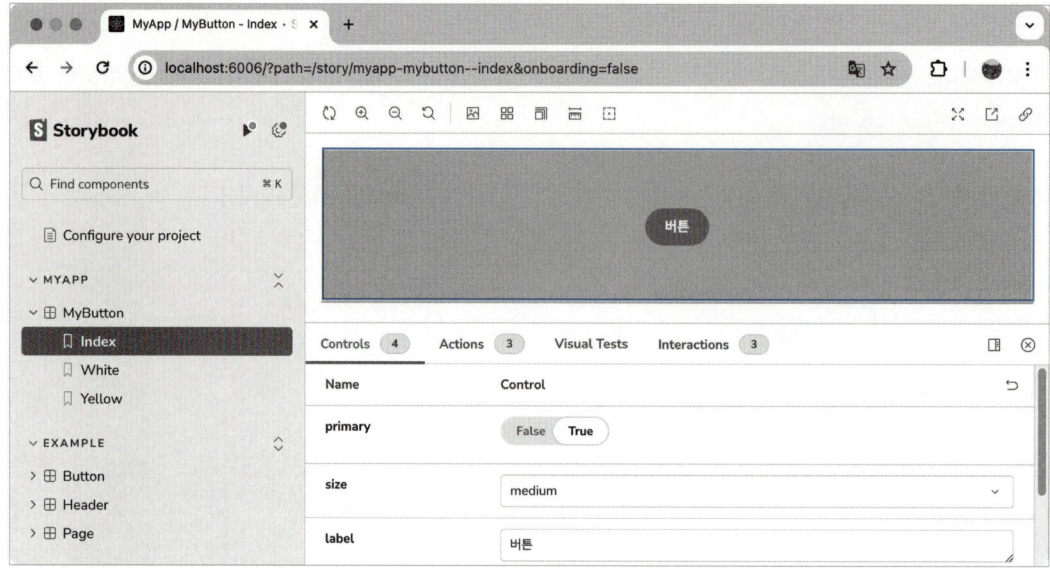

▲ 데코레이터 함수가 적용됐다

참고로, decorators 프로퍼티가 배열([…])로 지정되어 있는 것에서 알 수 있듯이 데코레이터 함수는 여러 개 지정할 수 있다. 데코레이터 함수를 여러 개 지정한 경우, 기술된 순서대로 안쪽부터 순차적으로 적용된다.

기본 레이아웃 적용하기 – 레이아웃

단순히 컴포넌트의 배치를 조정하고 싶다면 (데코레이터가 아닌) 레이아웃을 사용하면 더 쉽게 설정할 수 있다.[20]

예제 코드 6-2-20 MyButton.stories.js

```
export default {
  ... 중략 ...
  parameters: {
    layout: 'centered',
  },
};
```

---

20 여기서는 컴포넌트 레벨로 설정했지만, 예제 코드 6-2-15~6-2-17과 같이 앱/스토리 레벨로 설정하는 것도 가능하다.

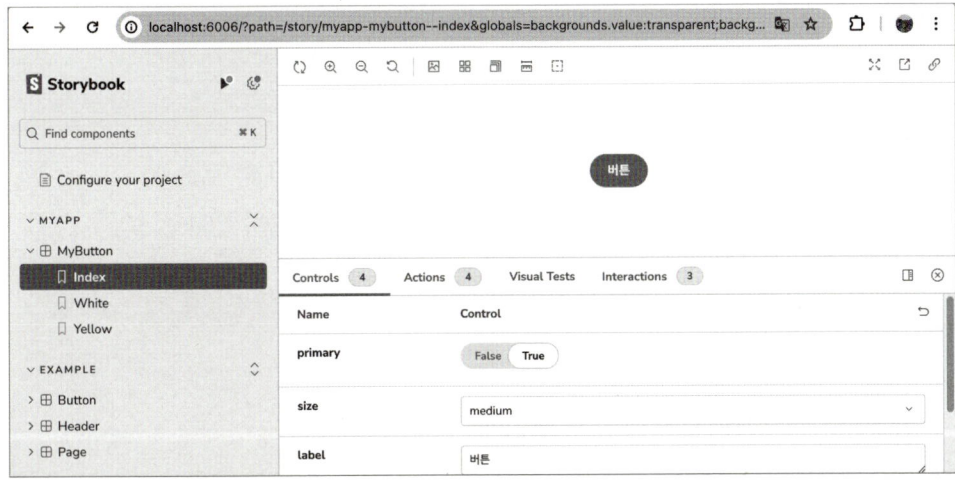

▲ 컴포넌트가 페이지 중앙에 표시됨

parameters-layout 프로퍼티에 설정할 수 있는 값은 다음 표와 같다.

▼ layout 프로퍼티 설정값

설정값	개요
padded(기본값)	컴포넌트 주변에 패딩(여백) 제공
centered	컴포넌트를 수평/수직으로 중앙에 배치
fullscreen	여백 없이 컴포넌트 그리기(캔버스 너비/높이를 가득 채울 수 있음)

6-2-7 Storybook에 문서 추가하기

컴포넌트를 준비할 때 사용자를 위한 매뉴얼, 즉 사용 가능한 Props를 비롯해 사용 예시 등을 보여주는 문서가 필수적이다. 이러한 문서(또는 문서 작성 방식)를 다시 준비하는 것은 의외로 번거로운 일이지만, Storybook을 이용하고 있고 지금까지의 절차를 거쳤다면 거의 제로 비용으로 문서를 준비할 수 있다.

다음과 같이 문서 보기를 활성화하기만 하면 된다.

| 예제 코드 6-2-21 MyButton.stories.js

```
export default {
  title: 'MyApp/MyButton',
  component: MyButton,
```

```
... 중략 ...
  tags: ['autodocs'],
};
```

이제 컴포넌트 본체인 스토리에서 문서가 자동 생성된다. Storybook에는 [MyButton] - [Docs]와 같은 메뉴가 추가되어 있으므로, 여기에 접속하면 다음 그림과 같은 결과를 얻을 수 있다.

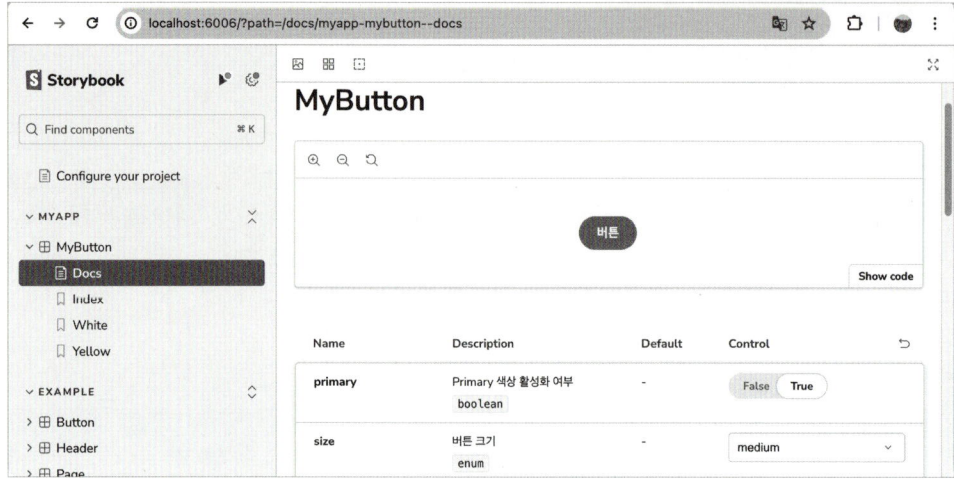

▲ 자동 생성된 문서

6-2-3항에서 추가한 문서 주석, Props 정보를 기반으로 문서가 생성되고 있는 것이다. 실행 결과의 오른쪽 하단에 있는 [Show code] 버튼을 누르면 호출 코드도 함께 표시되어 기본적인 사용법을 알려주기도 편리하다.

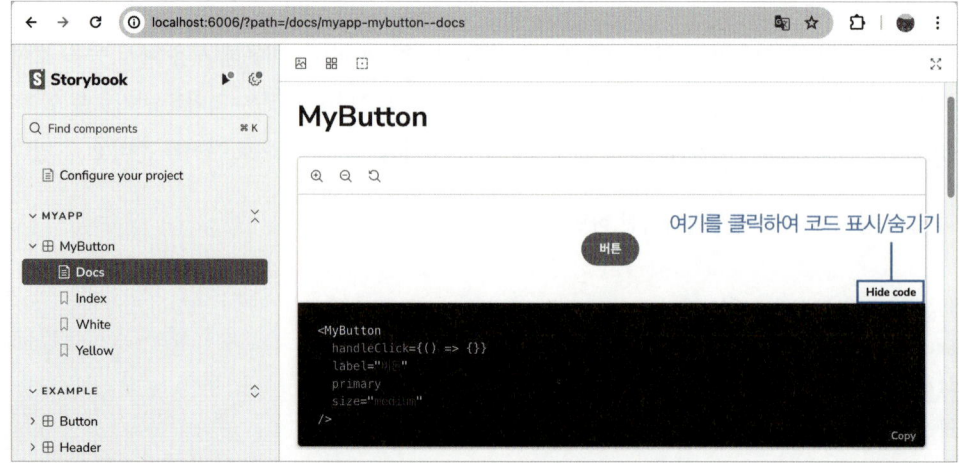

▲ 호출 코드도 자동 생성

페이지를 스크롤하면 관련 스토리도 나열되어 있어 용도에 맞는 코드 예제를 한눈에 볼 수 있다.

문서 사용자 정의하기

자동 생성되는 문서의 형식은 .mdx 파일을 이용하여 커스터마이징도 가능하다. .mdx는 Markdown+JSX 형식의 파일이다. .mdx 파일을 이용하면 Markdown 형식[21]으로 생성한 무료 문서에 미리 정의된 스토리, Props 목록, 문서 주석 등을 삽입할 수 있다.

그럼 지금부터 구체적인 예제를 살펴보자. 참고로 .mdx 파일을 이용하는 경우에는 예제 코드 6-2-21에서 추가한 tags 옵션을 주석 처리해야 한다.

▎예제 코드 6-2-22 MyButton.mdx

```
import {
  Meta,
  Title,
  Description,
  Primary,
  Controls,
  Story,
  Canvas,
} from "@storybook/blocks";
import * as MyButtonStories from "./MyButton.stories";

{/* 스토리 및 문서 연결 */}

<Meta of={MyButtonStories} />        ❷

<Title />

<Description />

<Primary />

<Controls />

***표의 외관을 변경하려면 표의 Control 열을 조작하세요***
```

---

[21] Markdown은 텍스트를 수정하기 위한 간단한 마크업 언어다. 블로그 등에서 글을 게시할 때의 포맷으로도 많이 활용되고 있다. 구체적인 표기법에 대해서는 다음 페이지를 참고하기 바란다: https://cloud.google.com/apigee/docs/api-platform/publish/portal/markdown-reference

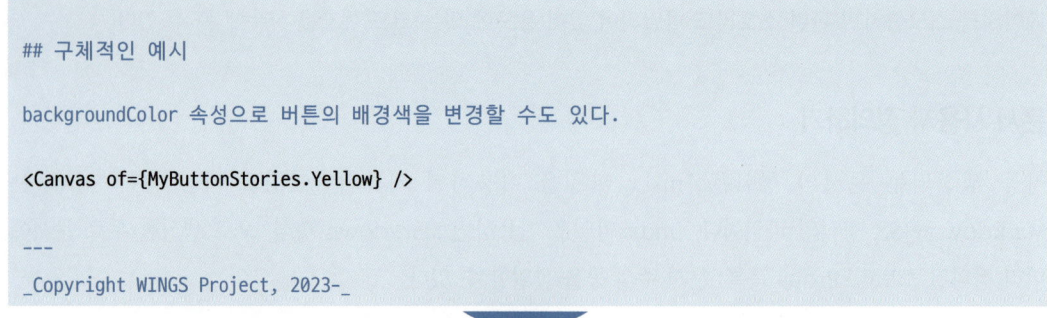

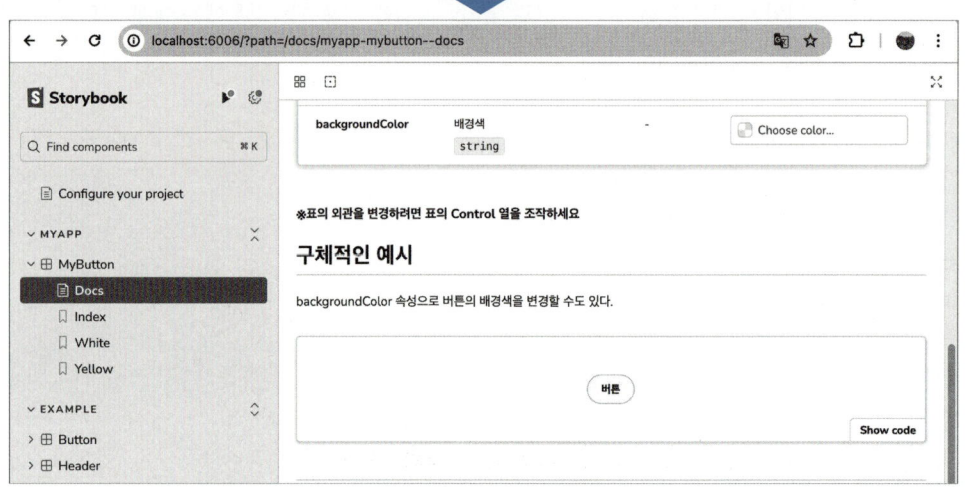

▲ .mdx 파일로 커스터마이즈된 문서

.mdx 파일에서 먼저 사용할 컴포넌트, 스토리를 가져오고(❶), 〈Meta〉 요소로 스토리와 문서를 연결한다(❷). 기본적으로 문서의 메뉴 이름은 [Docs]로 설정되어 있지만, 다음과 같이 name 속성으로 변경할 수 있다.

```
<Meta of={MyButtonStories} name="API Ref" />
```

여기까지가 .mdx 파일의 최소한의 사전 준비라고 생각하면 된다. 이제부터는 미리 준비된 컴포넌트(태그)를 이용하면서 문서를 조립해 나가면 된다. 사용할 수 있는 컴포넌트에는 다음 표와 같은 것들이 있다.

▼ .mdx 파일에서 사용할 수 있는 컴포넌트

컴포넌트	개요
Title	컴포넌트의 제목
Description	컴포넌트의 개요
Primary	최초 스토리 그리기
ArgTypes	Props 목록 (유형 정보)
Controls	Props 목록 (컨트롤 정보)
Canvas	of 속성으로 지정된 스토리를 캔버스에 그리기
Source	of 속성으로 지정한 스토리를 그리기 위한 소스 표시
Stories	이미 정의된 스토리 목록 표시

Markdown 형식으로 작성된 문서(=예제 코드 6-2-22의 푸른색으로 표시된 부분)에 동적으로 결정되는 정보(컴포넌트)를 삽입하는 것이다. 이렇게 하면 문서의 자유도를 유지하면서 자동화할 수 있는 부분은 Storybook에 맡길 수 있다.

6.3 외부 서비스에서 데이터 가져오기 – React Query

보다 본격적인 앱에서는 앱에서 외부 서비스에 접속하여 데이터를 가져오는 경우가 종종 있다. 이때 활용할 수 있는 것이 Request Query다. 이름 그대로 외부 서비스에 문의(Query)하여 데이터를 가져오기 위한 라이브러리다.

6-3-1 React Query를 사용하지 않는 예시

'데이터를 가져오기 위한 라이브러리'라고 해도 자바스크립트 표준의 fetch 함수와 무엇이 다른지 이해하기 어려울 수 있다. 그래서 React Query 자체에 대한 설명에 들어가기 전에 먼저 fetch 함수를 사용하여 데이터를 가져오는 예제를 살펴보겠다.

여기서는 OpenWeather API를 사용하여 현재 날씨를 표시하는 예제를 소개한다.

- OpenWeather API

  URL https://openweathermap.org/current

▲ 현재 서울의 날씨를 표시

OpenWeather API 예시

OpenWeather API를 이용하기 위해서는 미리 본사에서 API 키를 발급받아야 한다. 이를 위해 다음 그림의 페이지에서 계정을 생성한다.

- 회원가입 페이지

  URL https://home.openweathermap.org/users/sign_up

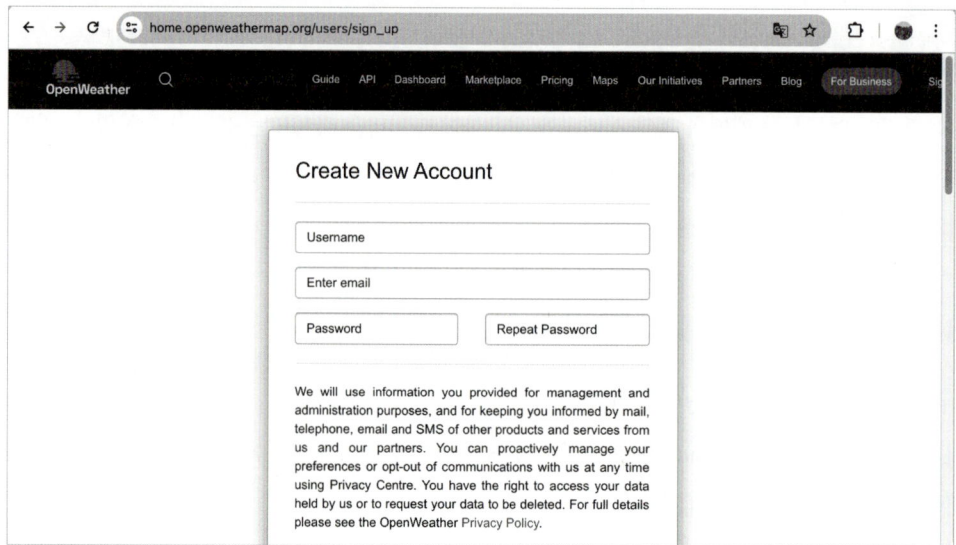

▲ 회원가입 페이지

이메일 주소, 비밀번호 등의 정보를 입력하고 [Create Account] 버튼을 클릭하기만 하면 된다. 계정 생성이 완료되면 로그인 후 [API keys] 링크에 접속해 보자.

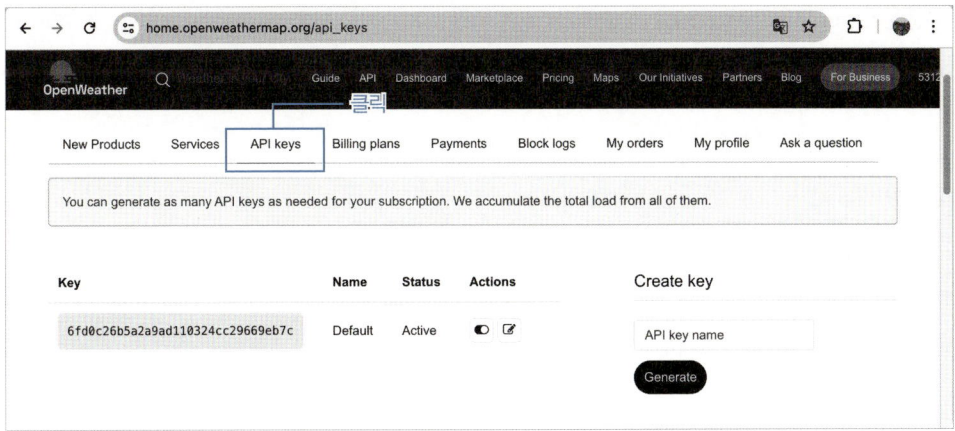

▲ 키 생성 페이지 (https://home.openweathermap.org/api_keys)

기본 키가 미리 준비되어 있으므로 [Key] 란에서 복사하여 보관해 둔다. 페이지 오른쪽의 [Create key] 란에서 원하는 이름을 입력하여 새로운 키를 생성할 수도 있다.

OpenWeather API의 기본

API 키를 발급받았다면, 이제 바로 날씨 정보에 접속해 보자. OpenWeather API를 사용하는 방법은 간단하다. 미리 정해진 URL에 데이터 수집에 필요한 매개변수(쿼리 정보)를 전달하기만 하면 된다. 다음 URL의 appid 값(xxxxxxx)을 자신의 API 키로 바꾸어 브라우저에서 접속해 보자.

```
https://api.openweathermap.org/data/2.5/weather?q=Seoul&appid=xxxxxxx
```

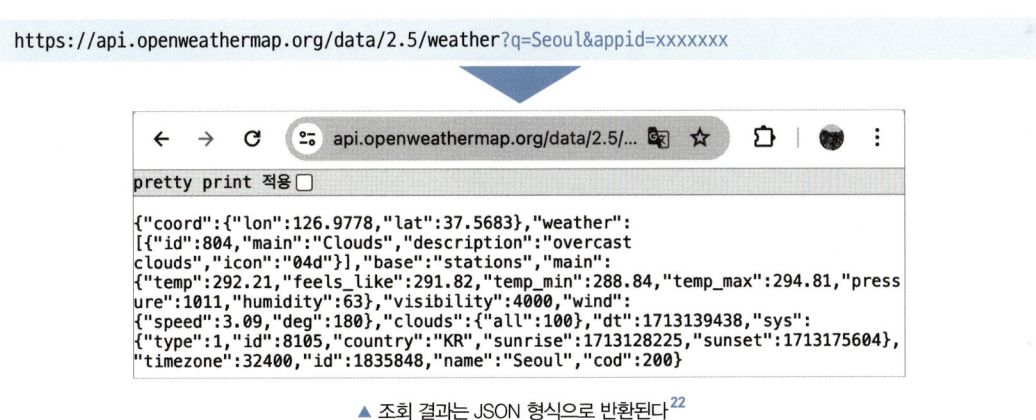

▲ 조회 결과는 JSON 형식으로 반환된다[22]

---

22 키를 생성한 후 실제로 키가 활성화되기까지 수십 분 정도의 시차가 있을 수 있다. 401(Invalid API Key) 오류가 발생하면 시간을 두고 다시 확인해 보라.

'?' 앞부분은 OpenWeather API를 이용하기 위한 고정 URL이며, 뒤쪽은 검색에 필요한 매개변수다. 지정할 수 있는 매개변수는 다음 표와 같다.

▼ OpenWeather API의 주요 검색 매개변수(*가 붙은 것은 필수)

매개변수	개요
*q	도시명[23]
*appid	API 키
mode	응답 형식(xml, html, 생략 시 json)
lang	사용 언어

접속 결과 위 그림과 같은 결과가 나오면 일단 성공이다. 결과의 구조는 다음 그림과 같다.

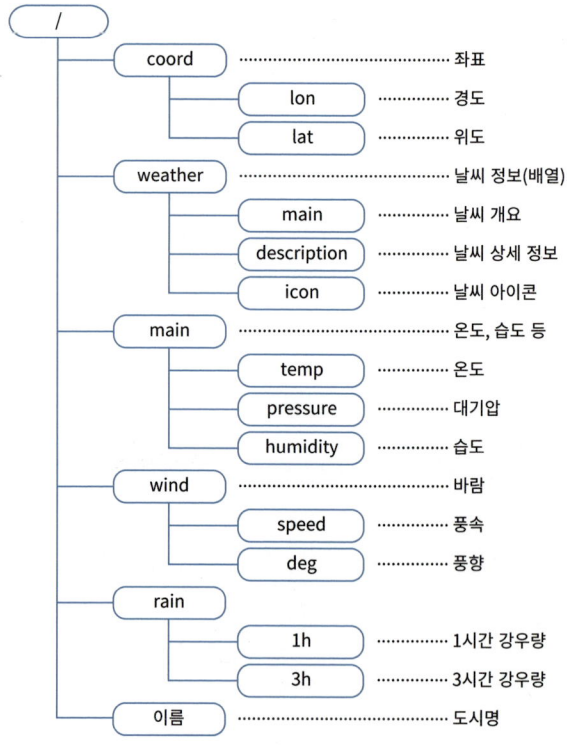

▲ OpenWeather API의 주요 결과 요소

---

[23] 이 책에서는 매개변수 변경을 쉽게 할 수 있도록 도시명 검색을 채택하고 있지만, 현재는 도시명 검색은 비추천으로 처리하고 있다. 실제 앱에서는 '~?lat=35.682838&lon=139.7594549&appid=xxxxxxx'와 같이 위도/경도로 검색하라.

일기예보 획득을 위한 코드

OpenWeather API의 동작을 확인했으니, 이제 컴포넌트에서 이를 호출하여 결과를 표시하는 코드를 살펴보자. 코드를 실행할 때 푸른색으로 표시된 부분을 방금 전에 받은 자신의 API 키로 대체하라[24].

예제 코드 6-3-1 QueryPre.js

```js
import { useEffect, useState } from 'react';

// delay 초 동안 처리를 일시 정지하는 sleep 함수
const sleep = delay => new Promise(resolve => setTimeout(resolve, delay));  ⬤⓾

// 날씨 정보를 얻기 위한 함수
const fetchWeather = async () => {
  // 처리 지연을 위한 더미 휴지 처리
  await sleep(2000);  ⬤⑨
  const res = await fetch(`https://api.openweathermap.org/data/2.5/weather?q=Seoul&lang=kr&appid=xxxxxxxxxxxxxx`);  ⬤⑪
  if (res.ok) { return res.json(); }
  // 오류 발생 시 해당 내용을 throw
  throw new Error(res.statusText);
};  ⬤❷

export default function QueryPre({ id }) {
  // 날씨 정보(info), loading(로딩 중인가?), error(오류 정보) 준비
  const [data, setData]     = useState(null);
  const [isLoading, setLoading] = useState(true);
  const [error, setError] = useState('');

  // 컴포넌트 실행 시 날씨 정보 획득
  useEffect(() => {
    setLoading(true);
    fetchWeather()
      // 성공 시 data 업데이트
      .then(result => setData(result))  ⬤❸
      // 실패 시 error 업데이트
      .catch(err => setError(err.message))  ⬤❹
```
⬤❶

---

[24] 다운로드한 샘플도 더미 키가 들어 있기 때문에 그대로는 작동하지 않는다!

```
      // 성공 여부와 상관없이 isLoading 업데이트
      .finally(() => setLoading(false));      ──❺
  }, []);

  // 로딩 중이라면 로딩 메시지 표시
  if (isLoading) {
    return <p>Loading...</p>;                              ❻
  }

  // 통신 오류 발생 시 오류 메시지 표시
  if (error) {
    return <p>Error: {error}</p>;                          ❼
  }

  // 로딩 중이거나 오류가 아닌 경우 결과 표시
  return (
    <figure>
      <img
        src={`https://openweathermap.org/img/wn/${data?.weather?.[0]?.icon}.png`}
        alt={data?.weather?.[0]?.main} />                  ❽
      <figcaption>{data?.weather?.[0]?.description}</figcaption>
    </figure>
  );
}
```

| 예제 코드 6-3-2 index.js

```
import QueryPre from './chap06/QueryPre';
... 중략 ...
root.render(
  <QueryPre />
);
```

▲ 로딩 메시지 후, 날씨 정보 표시

이 예제에서는 useEffect 함수를 이용하여(❶[25]) 컴포넌트 생성 시 날씨 정보를 취득하고 있다(실제 취득 코드는 fetchWeather 함수로 잘라냈다❷). fetchWeather 함수의 반환값은 Promise이므로 성공 여부에 따라 각각 State 값을 갱신하고 있는 점이 주목할 만하다.

▼ 데이터 취득 시 처리

타이밍	처리 내용
성공 시	data에 OpenWeather API의 반환값 설정 (❸)
실패 시	error에 통신 오류 설정 (❹)
완료 시	isLoading을 false로 설정 (로드 종료 ❺)

나머지는 State의 각 값에 따라 달라진다.

❻ isLoading이 true인 경우 로딩 메시지 표시

❼ error가 빈 문자열이 아닌 경우 오류 메시지 표시

❽ 위 중 어느 것도 아닌 경우 data의 값을 기준으로 결과 표시

와 같은 처리를 한다.

> **휴지 처리**
>
> 참고로 ❾는 대기 상태를 확인하기 위한 더미 코드다. 이대로라면 로딩 메시지가 순식간에 사라지기 때문에 2000밀리초의 지연을 발생시키고 있다(물론 원래 코드에서는 필요 없는 코드다).
>
> 자바스크립트 표준에는 휴지 메서드(여기서는 sleep)가 존재하지 않기 때문에 ❿과 같이 직접 준비한다. 미리 Promise(비동기 처리)를 생성해 놓고 setTimeout 함수로 지정한 시간이 지나면 resolve(완료)하는 코드는 관용구라고도 할 수 있는 코드이므로 꼭 기억해 두자.

오류를 발생시키려면 예를 들어 ⓫의 코드를 다음과 같이 존재하지 않는 도시로 다시 작성해 보자. 일정 시간이 지나면 오류가 표시되는 것을 확인할 수 있다.

---

[25] useEffect 함수에 대한 자세한 내용은 7-1절에서 다루도록 하겠다. 우선 여기서는 useEffect 함수 아래의 코드는 컴포넌트 시작 시점에 실행된다는 것만 알아두자.

```
const res = await fetch(`https://api.openweathermap.org/data/2.5/weather?q=foobar&lang=ko&appid=x
xxxxxxxxxxxxx`);
```

▲ 일정 시간이 지난 후 오류 메시지 표시

6-3-2 React Query를 이용한 예제

여기까지가 리액트 표준 기능만을 이용한 예제다. 이와 동일한 기능을 React Query를 사용하여 구현해 보자. React Query를 사용하기 위해서는 다음과 같은 명령어로 라이브러리를 준비해 두면 된다.

```
> npm install react-query ↵
```

이제 구체적인 구현 코드를 살펴보겠다.

| 예제 코드 6-3-3 QueryBasic.js [26]
```
import { useQuery } from 'react-query';

// delay 초 동안 처리를 일시 정지하는 sleep 함수
const sleep = delay => new Promise(resolve => setTimeout(resolve, delay));

// 날씨 정보를 얻기 위한 함수
const fetchWeather = async () => {
  // 처리 지연을 위한 더미 휴지 처리
  await sleep(2000);
  const res = await fetch(`https://api.openweathermap.org/data/2.5/weather?q=Seoul&lang=ko&appid=
xxxxxxxxxxxxx`);
  if (res.ok) { return res.json(); }
  throw new Error(res.statusText);
```

---

26 앞서와 마찬가지로 appid 매개변수는 직접 획득한 키로 대체하라.

```
};

export default function QuerBasic() {
  // fetchWeather 함수로 데이터 가져오기
  const { data, isLoading, isError, error } = useQuery('weather', fetchWeather);  ──────❸
  // 로딩 중일 경우 로딩 메시지 표시
  if (isLoading) {
    return <p>Loading...</p>;
  }
  // 통신 오류 발생 시 오류 메시지 표시
  if (isError) {
    return <p>Error: {error.message}</p>;
  }
  // 로딩 중이거나 오류가 아닌 경우 결과 표시
  return (
    <figure>
      <img
        src={`https://openweathermap.org/img/wn/${data?.weather?.[0]?.icon}.png`}
        alt={data?.weather?.[0]?.main} />
      <figcaption>{data?.weather?.[0]?.description}</figcaption>
    </figure>
  );
}
```

예제 코드 6-3-4 index.js

```
import { QueryClient, QueryClientProvider } from 'react-query';
import QueryBasic from './chap06/QueryBasic';
... 중략 ...
const cli = new QueryClient();  ──────❶
root.render(
  <QueryClientProvider client={cli}>
    <QueryBasic />                            ❷
  </QueryClientProvider>
);
```

❶~❷ React Query를 이용하기 위한 준비

React Query를 실행하기 위해서는 호출자 측에서 사용할 준비를 해야 한다. 구체적으로 QueryClient를 준비하고(❶), 〈QueryClientProvider〉 요소에 전달한다(❷). QueryClient는 쿼리 발행을 담당하는 객체로, 쿼리 발행을 위한 기본 설정 등을 관리한다.

구문 _ QueryClient 생성자

```
new QueryClient({
  defaultOptions: {
    queries: {
      options: value, ...
    },
  },
})

options    : 옵션명
value      : 옵션 값
```

defaultOptions-queries 옵션은 모든 하위 쿼리가 영향을 받는 기본 옵션이다(구체적인 옵션은 아래에서 설명한다). ❶은 특별히 옵션을 지정하지 않은 예다.

❸ 쿼리 발행하기

실제로 쿼리를 발행하는 것은 useQuery 함수의 역할이다.

구문 _ useQuery 함수

```
useQuery(key, query [, opts])

key     : 쿼리키
query   : 쿼리 함수
opts    : 동작 옵션 ('옵션명: 값, ...' 형식)
```

인수 key는 쿼리를 식별하기 위한 키이므로 고유한 값을 준비한다. 인수 query에는 예제 코드 6-3-1에서도 사용한 fetchWeather 함수를 지정한다.

인수 opts는 쿼리의 동작 옵션을 나타낸다.

▼ useQuery 함수의 주요 동작 옵션

분류	옵션	개요
기본	cacheTime	캐시 시간 (기본값은 5 * 60 * 1000밀리초)
	initialData	쿼리 캐시 초기 데이터
	select	쿼리 반환값을 변환하는 함수
재취득/시도	refetchInterval	재취득 간격(밀리초)
	refetchOnMount	마운트 시 재취득 여부(true이고 데이터가 오래된 경우 재취득)
	refetchOnWindowFocus	윈도우로 포커스 이동 시 재취득 여부(true이고 데이터가 오래된 경우 재취득)
	retry	실패 시 재시도 횟수(기본값은 3)
	retryDelay	재시도 시 지연 시간(기본값은 기하급수적으로 지연)
조작	onSettled	쿼리가 종료될 때 호출되는 처리
	onSuccess	쿼리가 성공했을 때 호출되는 처리
	onError	쿼리가 실패했을 때 호출되는 처리

이번 예제에서는 opts 인수를 생략했다. 또한, 여러 쿼리에서 비슷한 설정을 공유한다면 QueryClient 객체의 defaultOptions-queries 옵션으로 지정해도 무방하다. useQuery 함수의 반환 값은 다음 표의 프로퍼티를 포함하는 객체다.

▼ useQuery 함수의 반환값 (주요 프로퍼티)

분류	프로퍼티	개요
기본	data	획득한 데이터
	dataUpdatedAt	쿼리가 마지막으로 성공했을 때의 타임스탬프
	error	오류 정보
	errorUpdatedAt	쿼리가 마지막으로 실패했을 때의 타임스탬프
	failureCount	쿼리 실패 횟수
상태	status	쿼리 상태(idle, loading, success, error 등)
	isSuccess	취득에 성공했는지
	isError	데이터 수집에 실패했는지
	isIdle	유휴 상태인지
	isLoading	로드 상태인지
	isLoadingError	초기 취득 시 오류가 발생했는지
	isRefetchError	재취득에서 오류가 발생했는지

분류	프로퍼티	개요
조작	refetch	쿼리 재실행 함수
	remove	캐시를 삭제하는 함수

예제 코드 6-3-1의 예시에서는 isLoading, error 등의 State를 직접 관리했지만, React Query를 이용하면 쿼리의 상태를 모두 내부적으로 관리해주기 때문에 반환값의 프로퍼티를 참조하면 되는 것이다.

마찬가지로 데이터 취득 실패 시 재취득, 캐시 등을 특별한 코드를 작성하지 않고 구현할 수 있는 것도 React Query의 특징이다. 예를 들어 앞서와 마찬가지로 존재하지 않는 도시 이름을 지정하여 오류가 발생하도록 예제를 다시 실행해 보자.

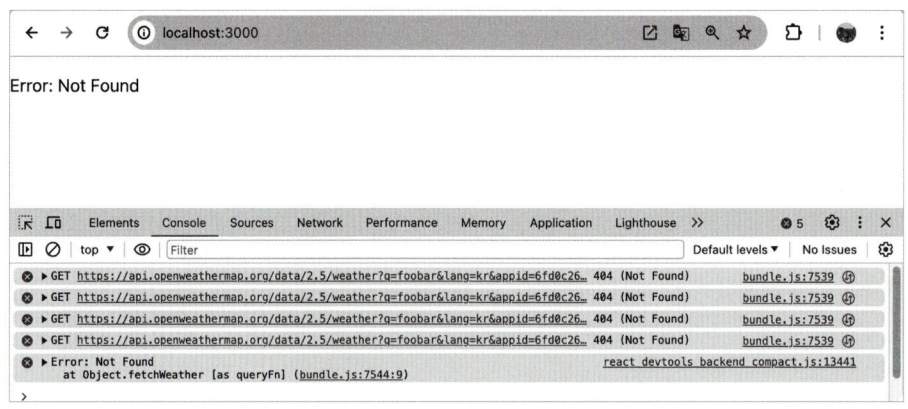

▲ 개발자 도구에 오류 메시지가 4번 표시되는 경우

위와 같이 개발자 도구에 오류 메시지가 4번 표시되어 데이터 수집을 다시 시도하는 것을 볼 수 있다(단, 이번 예시에서는 검색 조건이 잘못되어 몇 번을 시도해도 결국 오류 메시지가 표시되는 것을 볼 수 있다).

6-3-3 Suspense/Error Boundary와의 연동

Request Query로 데이터 수집 로직이 상당히 단순화되었지만, 컴포넌트 안에 대기 메시지, 에러 처리 등의 보일러 코드[27]가 포함되어 있는 것은 좋지 않다. 따라서 Suspense(5-1-1항), Error Boundary(5-3-2항)를 이용하여 이러한 구조를 컴포넌트에서 제거해 보자.

---

27 여러 곳에서 거의 변화 없이 반복되는 정형화된 코드를 말한다.

특히 React Query에서는 표준으로 Suspense 모드라는 모드를 제공하고 있어, 거의 코드를 작성하지 않고도 리액트 표준의 Suspense에 대응할 수 있다. 다음은 예제 코드 6-3-3과 예제 코드 6-3-4를 Suspense/Error Boundary에 대응하여 다시 작성한 것이다.

| 예제 코드 6-3-5 QuerySuspense.js

```
import { useQuery } from 'react-query';

// delay 밀리초 동안 처리를 일시 정지하는 sleep 함수
const sleep = delay => new Promise(resolve => setTimeout(resolve, delay));

const fetchWeather = async () => {
  // 더미 지연
  await sleep(2000);
  const res = await fetch(`https://api.openweathermap.org/data/2.5/weather?q=foobar&lang=kr&appid=6fd0c26b5a2a9ad110324cc29669eb7c`);
  if (res.ok) { return res.json(); }
  throw new Error(res.statusText);
};

export default function QuerySuspense() {
  const { data } = useQuery('weather', fetchWeather);       ❷

  return ( ... );
}                                                            ❹
```

| 예제 코드 6-3-6 index.js

```
import React, { Suspense } from 'react';
... 중략 ...
import { ErrorBoundary } from 'react-error-boundary';
import QuerySuspense from './chap06/QuerySuspense';
... 중략 ...
// Suspense 모드 활성화
const cli = new QueryClient({
  defaultOptions: {
    queries: {
      suspense: true,                                        ❶
    },
  },
});
```

```
root.render(
  <Suspense fallback={<p>Loading...</p>}>
    <ErrorBoundary fallback={<div>오류가 발생했습니다.</div>}>
      <QueryClientProvider client={cli}>
        <QuerySuspense />
      </QueryClientProvider>
    </ErrorBoundary>
  </Suspense>
);
```
❸

React Query에서 Suspense 모드를 활성화하려면 QueryClient 객체에서 defaultOptons-queries-suspense 옵션을 활성화(true)로 설정하면 된다(❶). 이제 〈QueryClientProvider〉 요소 아래의 모든 코드에서 Suspense 모드가 활성화된다. 만약 쿼리 단위로 Suspense 모드를 활성화하고 싶다면, useQuery 함수(❷)에서 다음과 같이 표현할 수 있다.

```
const { data } = useQuery('weather', fetchWeather, { suspense: true });
```

이제 앞에서도 언급했듯이 대상 컴포넌트를 〈Suspense〉/〈ErrorBoundary〉 요소로 묶어주기만 하면 된다(❸). ❹에서도 비동기 처리, 오류를 처리하는 isLoading, isError 등의 취득이 없어져 코드가 훨씬 간단해졌다.

기초편

chapter

7

훅 활용

7.1 컴포넌트 렌더링/파기 시 처리 실행하기 – 부작용 훅
7.2 다양한 값에 대한 참조 준비하기 – useRef 함수
7.3 상태와 처리를 한꺼번에 관리하기 – useReducer 함수
7.4 여러 계층의 컴포넌트에서 값 전달하기 – useContext 함수
7.5 상태 관리 라이브러리 – Recoil
7.6 함수 또는 그 결과를 메모하기 – memo/useMemo/useCallback 함수
7.7 우선순위가 낮은 State 업데이트 구분하기 – useTransition 함수
7.8 훅 자체 제작

> **이 장의 서문** 훅은 리액트 16.8에서 추가된 비교적 새로운 기능으로, 한 마디로 함수 컴포넌트에 다양한 기능을 부여하기 위한 메커니즘이다. 예를 들어, 이전에는 State는 클래스 컴포넌트에서만 사용할 수 있었다. 하지만 훅을 이용하면 함수 컴포넌트에도 State를 부여할 수 있다. 최근에는 다양한 구조가 훅으로 제공되고 있으며, 현대 리액트를 이해하는 데 있어 빼놓을 수 없는 주제다.

사실 훅에 대해서는 이미 설명한 적이 있는데, State를 생성하는 useState가 대표적인 훅이고, 4-1-3항의 useRef 함수도 마찬가지다. 이후에도 useXxxxx라는 이름의 함수가 등장하면 훅이라고 생각해도 무방하다[1].

다음 표는 리액트 표준에서 제공하는 훅을 정리한 것이다.

▼ 리액트 표준의 주요 훅

분류	훅	개요
상태	useState	State와 그 세터 생성 (3-1-4항)
	*useReducer	State와 그 Reducer를 생성
	*useContext	컴포넌트 트리에서 공유할 수 있는 컨텍스트 생성
효과	*useEffect	컴포넌트 (리)렌더링, 파기 타이밍에 맞춰 처리 수행
	useInsertionEffect	실행 시 스타일시트 반영
	*useLayoutEffect	컴포넌트 (리)렌더링 시 동기화 처리 수행
참조	*useRef	Ref 객체 생성 (4-1-3항)
	*useImperativeHandle	Ref로 공개할 내용 생성
메모	*useMemo	함수의 출력을 메모화
	*useCallback	함수 자체를 메모화
지연	*useTransition	State 업데이트 우선순위가 낮음을 알림
	*useDeferredValue	값의 지연 버전 생성
기타	useSyncExternalStore	외부 스토어 구독을 관리할 수 있는 구조 제공 (p.697 칼럼)
	*useDebugValue	커스텀 훅에 디버깅을 위한 값 추가
	useId	고유한 id 값 생성

훅이 도입되면서 클래스 컴포넌트여야만 하는 상황이 많이 줄어들었고, 2-2-6항에서도 언급했듯이 클래스 컴포넌트가 사용이 중단되는 것은 아니지만, 앞으로는 더 간단하게 작성할 수 있는 함수형 컴포넌트를 우선적으로 사용할 것을 강력히 권장한다.

---

[1] useXxxxx는 훅 명명 규칙이다. 엄밀히 말하면 다른 이름으로도 훅으로 동작하지만, 직접 정의하는 경우에도 그렇게 해서는 안 되며, 일반적인 라이브러리도 준용하고 있다고 보면 된다.

이 장에서는 이러한 훅 중 주요한 것들(표에 '*'가 붙은 것들)에 대해 설명한다. 기존 훅에 대해서는 참조처를 표시해 두었으니 해당 부분도 함께 확인하기 바란다.

7.1 컴포넌트 렌더링/파기 시 처리 수행하기 – 부작용 훅

useEffect 함수는 부작용 훅이라고도 불리며, 컴포넌트의 상태(Props 또는 State)가 변경되었을 때 실행해야 할 처리를 정의할 수 있다. 다만, 공식 사이트에서도 'You Might Not Need an Effect'(이펙트가 필요 없을 수 있다[2])라고 언급하고 있듯이, useEffect를 사용해야 하는 상황은 상당히 제한적이다. 구체적으로는 다음과 같은 '리액트의 외부'(step outside of React)와 연동하는 상황이다.

- 브라우저 API, 문서 트리에 대한 액세스를 수반하는 작업 (7-1-3항)
- 네트워크에서 데이터 취득(6-3-1항)
- 비 리액트 앱에서 관리되는 영역과 동기화

반대로 다른 상황에서 useEffect를 사용하고 싶다면, 다른 방법으로 대체할 수 있는 방법이 없는지 고려해 보자[3].

7-1-1 useEffect 함수의 기초

위의 내용을 전제로 이제부터 useEffect 함수의 기본적인 표기법을 알아보자. 다음은 예제 코드 3-1-8을 useEffect 함수를 사용하여 다시 작성한 예시다[4]. 함수 블록 바로 아래에 있는 console.log를 useEffect로 묶었다.

예제 코드 7-1-1 StateEffect.js

```
import { useEffect, useState } from 'react';

export default function StateEffect({ init }) {
```

---

2 https://react.dev/learn/you-might-not-need-an-effect
3 예를 들어 특정 State가 변경되었을 때 '무거운' 연산을 실행하고 싶은(=관련 없는 재실행은 원하지 않는) 상황이라면 뒤에서 설명하는 메모화(7-6절)를 이용해야 한다.
4 이 절의 예제는 useEffect의 동작을 확인하기 위한 예제다. 다시 한번 강조하지만, useEffect 함수의 사용은 리액트 외부와 연동할 때만 사용해야 한다.

```
  const [count, setCount] = useState(init);
  const [foo, setFoo] = useState('foo');                  ──❸

  // State 값(count)이 변경된 경우에만 로그를 표시한다.
  useEffect(() => {
    console.log(`count is ${count}.`);                                      ❶
  }, [count]);
  const handleClick = () => setCount(count + 1);

  return (
    <>
      {/* 버튼에 타임스탬프 값 반영 */}
      <button onClick={() => setFoo(Date.now())}>Foo ({foo})</button>  ──❷
      <button onClick={handleClick}>카운트</button>
      <p>{count}번 클릭되었습니다.</p>
    </>
  );
}
```

예제 코드 7-1-2 index.js

```
import StateEffect from './chap07/StateEffect';
... 중략 ...
root.render(
  <StateEffect init={0} />
);
```

useEffect 함수의 일반적인 구문은 다음과 같다(❶).

구문 _ useEffect 함수

```
useEffect(() => { statement }, deps)
```

statement : (리) 렌더링 시 수행해야 할 처리
deps   : 종속 변수 (배열)

인수 deps에는 useEffect 함수가 의존하는 변수를 배열로 표현한다. 인수 deps를 지정하면 useEffect 함수는 해당 변수(군)가 변경된 경우에만 처리를 실행한다. 이번 예제에서는 count가 변경된 경우에만 처리를 수행한다는 의미가 된다.

다만, 이대로는 변화하는 State가 count밖에 없어 동작의 변화를 알 수 없으므로, 코드를 추가한 것이 ❷ ❸이다. State(foo)를 추가하고 이를 [Foo] 버튼으로 업데이트하는 코드다.

이 상태에서 샘플을 실행하고 [Foo] 버튼을 클릭해 보자. 예제 코드 3-1-8과 달리 컴포넌트가 다시 그려지고 있음에도 불구하고 콘솔에 로그가 표시되지 않는 것을 확인할 수 있다. State 값 count가 변경되지 않아서 useEffect 함수의 내용이 실행되지 않았기 때문이다. 물론 [Count] 버튼을 클릭한 경우에는 count가 변경되므로 로그가 표시된다.

> **훅의 일반적인 규칙**
>
> useEffect, useState 모두 일반적인 함수로 대부분의 경우 훅이라는 것을 의식하지 않고 사용할 수 있다. 하지만 약간의 훅 전용 규칙이 있으니 주의해야 한다. 그 규칙은,
>
> 　함수 컴포넌트의 최상위 레벨에서 호출하는 것
>
> 이다. 예를 들어 조건부 분기/루프, 중첩된 함수의 하위에서 훅을 호출할 수 없다. 또한 함수 컴포넌트 이외의 일반 함수에서 호출하는 것도 금지되어 있다[5].

7-1-2 인수 deps의 의미

참고로 useEffect 함수의 인수 deps를 다음과 같이 다시 작성하면 결과도 달라진다.

(1) 인수 deps를 생략한 경우

인수 deps를 생략한 경우, useEffect 함수의 처리는 리렌더링 시 항상 실행된다.

```
useEffect(() => { ... });        ──── deps 인수를 생략
```

(2) 인수 deps를 빈 배열로 설정한 경우

인수 deps를 생략하는 것과 빈 배열로 하는 것은 의미가 다르다.

```
useEffect(() => { ... }, []);    ──── 인자 deps가 빈 배열
```

---

[5] 단, 예외적으로 자체 제작한 훅 함수에서 호출하는 것은 허용된다. 훅 자체 제작에 대해서는 7-8절에서 설명한다.

이 경우 실행을 트리거하는 변수가 없기 때문에 컴포넌트를 처음 렌더링할 때만 처리를 실행한다(다시 렌더링할 때는 처리가 실행되지 않는다).

그러나 (2)의 표기법은 useEffect 함수의 처리가 외부 변수에 의존하지 않는 것이 명확하지 않다면 바람직하지 않은 상태다. 이 예제라면 useEffect 함수는 count 변수의 값 변화에 따라 로그를 표시해야 하지만, (2)의 표기법에서는 처음 이후로는 로그를 표시하지 않는다.

이는 당연히 바람직한 동작이 아니므로 useEffect 함수에 빈 배열이 전달되면 다음 그림과 같은 경고가 표시된다[6].

▲ useEffect 함수에서 인수 deps가 적절하게 지정되지 않은 경우

'React Hook useEffect has a missing dependency: 'count'. Either include it or remove the dependency array' – 의존관계로 count가 반영되지 않았으므로 인수 deps에 포함시키거나 애초에 배열을 제거하라((1)의 작성법이다)는 것이다. 경고의 툴팁에서 [Quick fix] – [Update the dependencies~]를 선택하면 현재 의존관계에 따라 인수 deps를 업데이트해 준다.

일반적으로 ESLint의 이 기능을 활용하면 인수 deps에 무엇을 지정해야 할지 고민할 필요가 없다.

주의: 무한 루프에 주의

deps 인수를 지정하는 것은 useEffect 함수의 의도하지 않은 무한 루프를 방지하는 의미도 있다. 예를 들어 다음과 같은 코드를 생각해 보자.

---

[6] VSCode에서 ESLint 확장을 도입한 경우다. 확장 기능 도입에 대해서는 1-2-3항을 참고하기 바란다.

```
useEffect(() => {
  console.log(`count is ${count}.`);
  setFoo(Math.random());
});
```

인수 deps가 지정되지 않았기 때문에 부작용 함수는 항상 실행되는 상태다. 이 상태에서 State(foo)를 갱신하면 어떻게 될까? foo의 갱신으로 인해 useEffect 함수가 더 호출되므로 일종의 무한 루프가 만들어지게 된다.

하지만 이런 문제도 인수 deps를 올바르게 지정했다면(=count에 대한 종속성을 설정했다면) foo의 변경에 대해 재귀적으로 처리가 호출되는 일은 없을 것이다. 다시 한번 강조하지만, 특별한 이유가 없다면 인수 deps는 항상 명시적으로 지정해야 한다.

7-1-3 예시: 부작용 훅을 이용한 타이머 준비

useEffect 함수의 예시로 setInterval 함수를 이용한 간단한 타이머 앱을 만들어 보겠다. 미리 지정한 숫자가 1초마다 카운트다운을 하고, 0보다 작아지면 빨간색으로 표시된다.

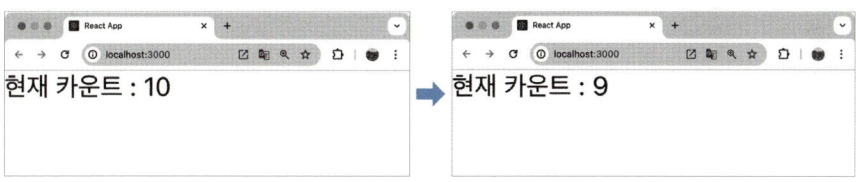

▲ 시간 경과에 따라 타이머가 카운트다운

구체적인 코드는 다음과 같다.

| 예제 코드 7-1-3 HookTimer.js

```
import { useEffect, useState } from 'react';
import './HookTimer.css';

export default function HookTimer({ init }) {
  const [count, setCount] = useState(init);

  useEffect(() => {
    // 타이머 준비
```

```
    const t = setInterval(() => {
      setCount(c => c - 1);                    ──②
    }, 1000);
    // 컴포넌트 폐기 시 타이머도 함께 폐기
    return () => {
      clearInterval(t);                                              ③
    };
  }, []);   ──①

  return (
    // 카운터가 0보다 작아지면 스타일 WARN 적용
    <div className={count < 0 ? 'warn' : ''}>
      현재 카운트 : {count}
    </div>
  );
}
```

예제 코드 7-1-4 HookTimer.css

```
.warn {
  color: Red;
  font-weight: bold;
}
```

예제 코드 7-1-5 index.js

```
import HookTimer from './chap07/HookTimer';
... 중략 ...
root.render(
  <HookTimer init={10} />
);
```

setInterval 함수는 컴포넌트 시작 시 한 번만 실행하면 되므로 useEffect 함수의 두 번째 인수에 빈 배열을 전달한다(①).

이제 하위 콜백 함수에서 State(count)를 감소시키기만 하면 된다. 이때 setXxxxx 함수의 두 번째 구문을 이용하는 점도 주목해야 한다(②). 다음과 같은 코드에서는 (최신 State 값이 아닌) 처음 읽은 count 값(여기서는 init 값인 10)을 기준으로 연산을 하기 때문에 카운트 값은 9가 되고 그대로 멈춰버린다.

```
✕ setCount(count - 1);
```

참고로 컴포넌트에서 사용한 리소스는 컴포넌트를 폐기할 때 제대로 해제해야 한다. 이 예시의 경우, setInterval 함수로 생성한 타이머는 기본적으로 컴포넌트가 폐기된 후에도 계속 동작하므로 명시적으로 폐기해야 한다.

이를 위해 부작용 함수의 반환값으로 함수를 반환하도록 한다(편의상 클린업 함수라고 부른다❸). 이제 컴포넌트 폐기 시 클린업 함수를 호출하게 된다.

마지막으로 useEffect 함수의 전체 구문을 정리해 보겠다.

```
useEffect(() => {
    시작 시, 리렌더링 시 실행되는 처리
    return () => {
        언마운트 시 실행되는 처리
    }
},[         의존하는 변수(군)         ]);
```

▲ useEffect 함수의 완전한 구문

언뜻 보면 복잡해 보이지만, 다시 한번 부분별 역할(실행 타이밍)을 재확인하며 머릿속을 정리해 보자.

7-1-4 렌더링 시 동기적으로 처리 수행하기

useEffect 함수와 유사한 함수로 useLayoutEffect 함수도 있다. 구문 자체는 useEffect와 다를 바 없지만, 실행 방식(타이밍)이 다르다. 구체적으로 useEffect 함수가 페이지를 렌더링한 후에 비동기적으로 실행되는 반면, useLayoutEffect 함수는

   페이지가 렌더링되기 전에 동기적으로 실행

된다.

이제 구체적인 코드를 통해 차이점을 확인해 보자. 다음은 예제 코드 3-1-6을 수정하여 Props(init)에서 지정한 초깃값을 useEffect 함수를 통해 State에 반영하도록 한 예제다[7].

---

[7] 물론 원래 코드에서는 useState 함수에 직접 초깃값을 전달하면 되므로 설명용 코드라고 생각하면 된다.

예제 코드 7-1-6 HookEffect.js

```js
import { useEffect, useLayoutEffect, useState } from 'react';

// delay 초 동안 처리를 일시 정지하는 sleep 함수
const sleep = delay => {
  const start = Date.now();
  // 현재 시간이 start(시작 시간)를 초과할 때까지 루프 지속
  while (true) {
    if (Date.now() - start > delay) { break; }
  }
};

export default function HookEffect({ init }) {
  const [count, setCount] = useState(0);               ──❶

  // 2000밀리초 후 State(count)를 설정한다.
  useEffect(() => {            ──❸
    sleep(2000);
    setCount(init);            ──❷
  }, []);
  ... 중략 ...
}
```

예제 코드 7-1-7 index.js

```js
import HookEffect from './chap07/HookEffect';
... 중략 ...
root.render(
  <HookEffect init={10} />
);
```

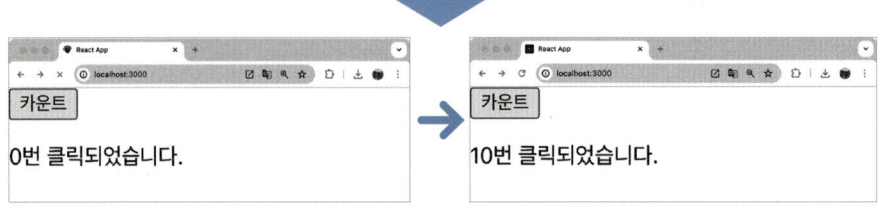

▲ useState의 초깃값이 표시되고, 2000밀리초 후 init 값으로 대체된다

이 예제에서는 동기/비동기 처리의 차이를 알 수 있도록 useEffect 함수에 2000밀리초의 지연을 추가했다. 이 상태에서 예제를 실행하면 먼저 useState 함수(❶)에서 설정한 초깃값(0)을 표시한 후, useEffect 함수에서 설정한 값(init 값 ❷)이 반영되는 것을 확인할 수 있다. 일단 페이지가 그려진 후, 자연스럽게 useEffect 함수가 실행되는 것이다.

그렇다면 ❸을 'useLayoutEffect(() => {'로 바꾸면 어떨까?

▲ useState의 초깃값은 표시되지 않고 처음부터 init 값이 표시된다

예제를 다시 실행하면 페이지가 표시되지 않는 상태가 몇 초간 지속되다가 처음부터 init 값이 표시된다. 이것이 렌더링 전에 동기적으로 실행된다는 의미다.

useEffect 함수와 useLayoutEffect 함수 사용 구분하기

그렇다면 어떤 함수를 우선적으로 사용할 것인가, 라는 질문인데, 기본은 useEffect 함수다. 오히려 useLayoutEffect 함수를 적극적으로 활용해야 하는 경우는 그리 많지 않다. 앞서 예시에서도 봤듯이 useLayoutEffect 함수는 동기적으로 실행되는 특성상 이후 렌더링을 멈춰버린다. 즉, 체감 속도가 느려지는 것이다.

그럼에도 불구하고 굳이 useLayoutEffect 함수를 사용해야 하는 경우는 브라우저 등에서 화면에 관련된 정보를 가져와야 하는 경우다.

예를 들어, 특정 요소를 클릭하면 왼쪽 상단에 컨텍스트 메뉴가 표시되는 컴포넌트를 생각해 보자. 이때 상단에 여백이 충분하다면 문제가 없지만, 그렇지 않다면 표시 위치를 하단으로 이동시켜야 한다. 이러한 위치 결정은 렌더링 전에 미리 해두어야 하는데, 바로 useLayoutEffect 함수를 사용해야 한다.

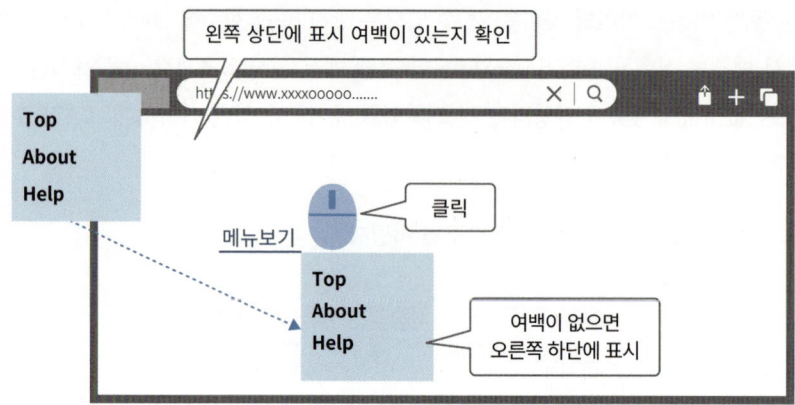

▲ useLayoutEffect 함수의 사용법

참고로 리액트 18에서 추가된 새로운 훅으로 useInsertionEffect 함수도 있다. 다만, 이 함수는 페이지 렌더링 전에 스타일을 삽입하는 것을 목적으로 하는 훅이며, 주로 CSS-in-JS 라이브러리 작성자가 이용하는 것을 전제로 하고 있다. 일반 앱 개발자가 이용할 기회는 거의 없을 것이므로[8] 일단 이런 것이 있다는 것만 알아두면 충분하다.

7.2 다양한 값에 대한 참조 준비하기 – useRef 함수

useRef 함수에 대해서는 4-1-3항을 시작으로 요소 객체에 접근하기 위한 예제로 이미 여러 번 언급했다. 이는 useRef 함수의 대표적인 용법이지만, 사용법의 전부는 아니다.

이번 절에서는 useRef 함수의 또 다른 용도를 알아보고, 함수 컴포넌트에 Ref(참조)를 설정하는 방법, 콜백 Ref와 같은 구조에 대해 설명한다.

> **useRef 함수는 남용하지 말 것**
>
> useRef 함수(및 관련 메커니즘)를 남용해서는 안 된다. useRef 속성을 사용한다는 것은 리액트의 기본 메커니즘에서 벗어나 요소나 값을 조작하는 것이기 때문이다. 대부분의 동작은 Props/State 등으로 대체할 수 있고, 그렇게 해야 한다.
>
> useRef 함수의 사용은 요소에 대한 포커스/스크롤 또는 애니메이션 조작과 같은 극히 제한적인 상황에서만 사용해야 한다.

---

8 애초에 스타일 런타임 삽입은 스타일 재계산 빈도가 높아질 수 있기 때문에 일반적으로 피하는 것이 좋다.

7-2-1 함수 컴포넌트에서 '인스턴스 변수' 정의하기

useRef 함수 – 그 반환 값인 Ref 객체의 본질은,

컴포넌트가 생성된 후 폐기될 때까지 유지되는 변경 가능한 객체

이다. Ref 객체를 사용하면 함수 컴포넌트에 클래스의 인스턴스 변수와 같은 구조를 내장할 수 있다. '인스턴스 변수가 뭐야?'라고 궁금해하는 분들을 위해 구체적인 예제를 살펴보겠다.

useRef 함수를 사용하지 않는 예

다음은 간단한 타이머 앱이다. [시작] 버튼으로 타이머를 시작하고 [종료] 버튼으로 일시 정지한다.

예제 코드 7-2-1 HookRefNg.js ❶

```js
import { useState } from 'react';

export default function HookRefNg() {
  // 타이머 켜기/끄기를 관리하기 위한 변수
  let id = null;                          ❸
  const [count, setCount] = useState(0);

  // [시작] 버튼으로 타이머 생성하기
  const handleStart = () => {
    // 타이머 작동 중일 때는 아무것도 하지 않음(두 번 누르기 방지)
    if (id === null) {
      id = setInterval(() => setCount(c => c + 1), 1000);    ❶
    }
  };
  // [종료] 버튼으로 타이머를 종료한다.
  const handleEnd = () => {
    clearInterval(id);                    ❷
    id = null;
  };

  return (
    <>
      <button onClick={handleStart}>시작</button>
      <button onClick={handleEnd}>종료</button>
      <p>{count}초 경과</p>
```

```
    </>
  );
}
```

예제 코드 7-2-2 index.js

```
import HookRefNg from './chap07/HookRefNg';
... 중략 ...
root.render(
  <HookRefNg />
);
```

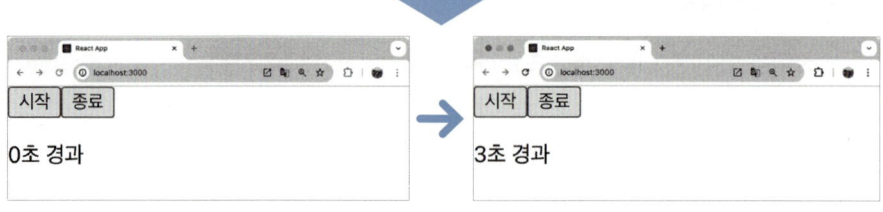

▲ 경과 시간을 계산하는 타이머 앱

[시작], [종료] 버튼에 대응하는 이벤트 핸들러(❶, ❷)로 타이머를 생성/파기하는 앱이다. 타이머에서는 역시 익숙한 콜백 함수 구문으로 State 값(count)을 증가시키고 있다.

핵심은 ❸이다. 이벤트 핸들러를 넘나들며 타이머를 관리해야 하므로 함수 바로 아래에 로컬 변수 id로 유지한다. 이제 제대로 동작하는 것처럼 보이지만, 예제를 다시 실행해 보면 다음과 같은 오류를 확인할 수 있다.

- [종료] 버튼을 눌러도 타이머가 멈추지 않는다.
- [시작] 버튼을 여러 번 누르면 불규칙하게 카운트 값이 진행된다.

결론부터 말하자면, 함수 컴포넌트 아래의 로컬 변수에서 타이머가 제대로 유지되지 않고 있다. 7-1절에서 언급했듯이 함수 컴포넌트는 다시 그려질 때마다(이 예제에서는 State 값이 갱신될 때마다) 재실행된다. 로컬 변수의 생존 기간은 함수가 종료될 때까지이므로 setInterval 함수가 실행될 때의 id와 clearInterval 함수가 실행될 때의 id는 서로 다른 것이 된다.

결과적으로 [종료] 버튼을 클릭해도 타이머가 멈추지 않고, 이전 타이머가 남아있는 상태에서 [시작] 버튼을 추가로 클릭하면 여러 타이머가 State 값(count)을 갱신하기 시작하므로 카운트 값이 불규칙하게 증가하게 된다.

useRef 함수를 통한 해결

이러한 상태를 useRef 함수를 사용하여 해결할 수 있다. 다음은 예제 코드 7-2-1을 수정한 코드다.

예제 코드 7-2-3 HookRef.js

```js
import { useState, useRef } from 'react';

export default function HookRef() {
  const id = useRef(null);
  const [count, setCount] = useState(0);

  const handleStart = () => {
    if (id.current === null) {
      id.current = setInterval(() => setCount(c => c + 1), 1000);
    }
  };
  const handleEnd = () => {
    clearInterval(id.current);
    id.current = null;
  };
  ... 중략 ...
```

예제 코드 7-2-4 index.js

```js
import HookRef from './chap07/HookRef';
... 중략 ...
root.render(
  <HookRef />
);
```

이 항의 시작 부분에서도 언급했듯이, useRef 함수의 반환 값은 지정된 값을 내부에 유지하는 Ref 객체이며, 컴포넌트가 폐기될 때까지 유지된다(함수가 종료될 때까지는 아니다!). Ref 객체로 래핑된 실제 값은 current 프로퍼티를 통해 접근할 수 있다.

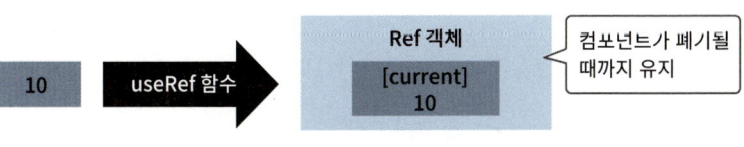

▲ useRef 함수

이 상태에서 다시 샘플에 접근하면 이번에는 [시작], [종료] 버튼으로 타이머가 켜지고 꺼지는 것과 [시작] 버튼을 반복해서 눌러도 카운터가 비정상적으로 움직이지 않는 것을 확인할 수 있다. 리렌더링 전후에도 id의 내용이 유지되고 있는 것이다.

> **State와 Ref 객체**
>
> '컴포넌트가 생존하는 동안 값이 유지된다'고 하면, 애초에 State와 같지 않느냐고 생각할 수 있다. 하지만 둘은 (물론) 별개의 개념이다.
>
> 3-1-4항에서 언급했듯이 State 값이 변경되면 리렌더링이 발생하지만, Ref 값이 변경되면 리렌더링이 발생하지 않기 때문이다. 이번 타이머처럼 렌더링 자체에는 영향을 주지 않는 내부적인, 그러나 컴포넌트의 생존 기간 동안 유지하고자 하는 값에 대해서는 Ref 객체를 사용해야 한다.

7-2-2 Ref를 컴포넌트 하위 요소로 전달(포워드)하기

다양한 컴포넌트를 만들다 보면, 컴포넌트 간(=자식 컴포넌트 하위의 요소)에 참조하고 싶은 경우가 발생한다.

예를 들어 다음은 부모 컴포넌트인 HookRefForward에서 자식 컴포넌트인 MyTextBox 아래 〈input〉 요소를 참조하고 포커스를 맞추는 예시다.

| 예제 코드 7-2-5 HookRefForward.js ❶

```
import { useEffect, useRef } from 'react';
import MyTextBox from './MyTextBox';

export default function HookRefForward() {
  const text = useRef(null);
  // 시작 시 텍스트 상자에 포커스 맞추기
  useEffect(() => {
    text.current?.focus();
  }, []);

  return (
    <MyTextBox label="name" ref={text} />         ❶
  );
}
```

예제 코드 7-2-6 MyTextBox.js

```js
export default function MyTextBox({ label, ref }) {
  return (
    <label>
      {label} :
      <input type="text" size="15" ref={ref} />  ──────── ❷
    </label>
  );
}
```

예제 코드 7-2-7 index.js

```js
import HookRefForward from './chap07/HookRefForward';
... 중략 ...
root.render(
  <HookRefForward />
);
```

ref 속성(❶)을 통해 MyTextBox 컴포넌트 아래의 〈input〉 요소(❷)를 참조하는 예제다. 매우 간단한 예제처럼 보이지만, 개발자 도구에서 확인해 보면 이런 코드는 'Function components cannot be given refs. Attempts to access this ref will fail~'(함수 컴포넌트에는 ref 속성을 전달할 수 없다)와 같은 에러가 발생한다. 당연한 이야기지만, 함수 컴포넌트는 인스턴스를 가지고 있지 않기 때문에 참조할 수도 없는 것이다.

이런 경우에는 forwardRef 함수를 이용하면 된다. 다음은 MyTextBox 컴포넌트를 다시 작성한 예제다.

예제 코드 7-2-8 MyTextBox.js

```js
import { forwardRef } from 'react';

const MyTextBox = forwardRef(({ label }, ref) => (
  <label>
    {label} :
    <input type="text" size="15" ref={ref} />
  </label>
));

export default MyTextBox;
```

forwardRef는 이름에서 알 수 있듯이 ref 속성에 전달된 Ref 객체를 하위 요소에 전달(=전송)하기 위한 함수다.

구문 _ forwardRef 함수

```
forwardRef((props, ref) => { statements })
```

```
props       : Props를 받기 위한 인수
ref         : ref 속성을 받기 위한 인수
statements  : 컴포넌트 본체
```

forwardRef 함수를 이용하여 원래의 함수 컴포넌트가 ref 속성을 받을 수 있도록 감싸는 것이다. 푸른색으로 표시된 부분은 여러 번 등장하는 분할 대입으로, 인수 props에서 label 속성만 가져오고 있다(인수의 일부를 분할하고 있어 약간 이해하기 어려울 수 있다).

이 상태에서 예제를 다시 실행하면 확실히 오류가 사라지고, 텍스트 상자에 포커스가 맞춰져 있는 것을 확인할 수 있다(즉, 참조를 제대로 전달하고 있는 것을 확인할 수 있다).

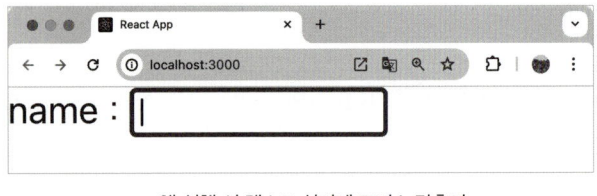

▲ 앱 실행 시 텍스트 상자에 포커스 맞추기

7-2-3 함수 컴포넌트 하위 메서드 참조하기

useImperativeHandle 함수를 이용하면 함수 컴포넌트 하위에서 정의한 메서드를 상위 컴포넌트에 공개할 수도 있다. 다소 생소한 기능이기 때문에 먼저 구체적인 예제를 통해 살펴보도록 하자.

예를 들어 다음은 예제 코드 7-2-8(MyTextBox 컴포넌트)을 useImperativeHandle 함수를 사용하여 다시 작성한 예제다.

예제 코드 7-2-9 MyTextBox.js

```javascript
// useImperativeHandle 함수를 사용하여 다시 작성한 경우
import { forwardRef, useImperativeHandle, useRef } from 'react';

const MyTextBox = forwardRef(({ label }, ref) => {
  // 텍스트 상자에 대한 참조 준비
  const input = useRef(null);
```

```
  // 부모 컴포넌트에 노출할 객체를 생성
  useImperativeHandle(ref, () => {
    return {
      focus() {
        input.current.focus();
      },
    };
  }, []);

  return (
    <label>
      {label} :
      <input type="text" size="15" ref={input} />
    </label>
  );
});

export default MyTextBox;
```

useImperativeHandle 함수의 구문은 다음과 같다.

구문 _ useImperativeHandle 함수

useImperativeHandle(*ref*, *handle* [, *deps*])	
ref	: ref 속성을 통해 받은 Ref 객체
handle	: ref를 통해 공개할 객체를 생성하는 함수
deps	: 의존하는 값(배열)

useImperativeHandle 함수는 'ref 속성을 통해 받은 참조'를 인수 ref로 받는다. 따라서 useImperativeHandle 함수를 사용할 때는 forwardRef 함수와 함께 사용해야 한다.

이제 인수 handle에서 Ref 객체를 통해 접근할 수 있는 객체를 생성하여 반환 값으로 반환하면 된다[9]. 이 예제에서는 텍스트 박스(input)에 포커스를 두기 위한 focus 메서드를 준비했다.

---

9 사실 handle이 반환하는 값의 타입은 자유롭다. 다만, 원래의 목적을 고려하면 일반적으로 객체를 반환한다고 생각하면 된다.

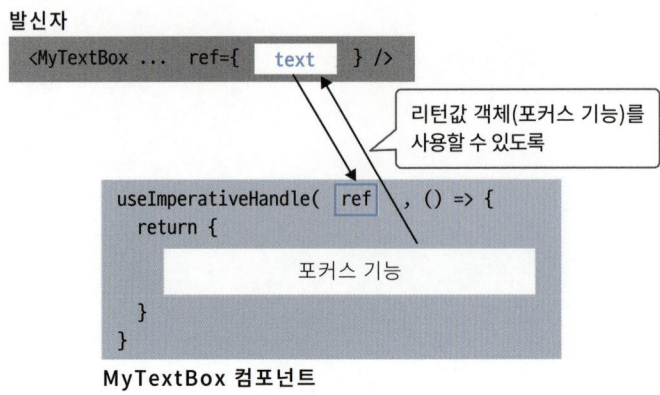

▲ useImperativeHandle 함수

인수 deps는 useEffect 함수와 마찬가지로 handle이 변경되면 handle을 재실행한다. handle이 Props/State 등 외부 정보에 의존하는 경우 이를 열거하지만, 이 예시에서는 비어 있어도 무방하다(즉, 처음 시작할 때만 handle이 실행된다).

위의 내용을 이해했다면 예제를 다시 실행해 보자. 이전 항목과 마찬가지로 앱 실행 시 텍스트 상자에 포커스가 설정되어 있다면 제대로 작동하고 있는 것이다.

useImperativeHandle 함수 사용법

동작이 이전 항목과 동일하다면 굳이 useImperativeHandle 함수와 같은 새로운 구조를 따로 만들지 않아도 되지 않느냐고 생각할 수 있지만, 이는 의미가 있다.

우선, 앞의 예시에서는 〈input〉 요소에 대한 참조를 공개했기 때문에 호출자는 이를 자유롭게 조작할 수 있다(예를 들어, 텍스트 상자의 배경색을 변경하거나 크기를 변경하거나 더 복잡한 조작을 가할 수 있다). 그리고 자유롭다는 것이 반드시 좋은 것만은 아니다. 호출자가 의도치 않게 원래의 컴포넌트 동작을 방해할 위험이 커지기 때문이다[10].

하지만 useImperativeHandle 함수를 통해 호출자에게 포커스라는 기능(텍스트 박스 자체가 아닌)만 공개한다. 즉, 의도치 않게 컴포넌트의 내용을 조작할 수 없다.

---

[10] 뒤집어 말하면, 컴포넌트 사용자는 내부 구현을 항상 의식해야 한다는 뜻이다. 이 절의 서두에서 ref 속성을 남용해서는 안 된다고 말한 것도 같은 이유에서다.

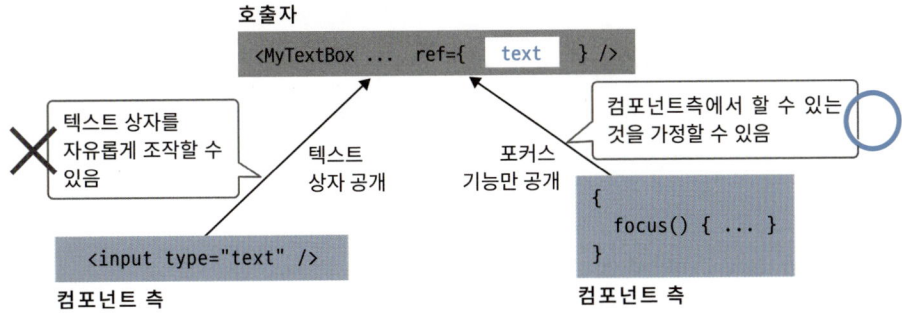

▲ useImperativeHandle 함수의 장점

또한, useImperativeHandle 함수를 사용하면 컴포넌트 하위 요소에 대한 복잡한 조작을 한 번에 할 수 있다는 장점도 있다(=부모 컴포넌트에서 개별적으로 구현할 필요가 없다).

7-2-4 콜백 함수를 ref 속성에 전달하기 – 콜백 Ref

다음은 [확장 표시] 버튼을 누르면 확장 항목(여기서는 [주소])을 표시하고 포커스를 이동하는 예시다.

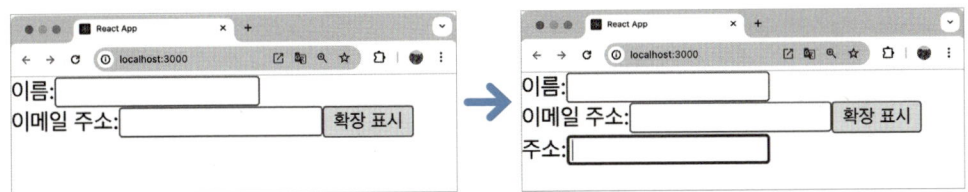

▲ 폼을 확장하여 표시하면 포커스 이동

이러한 코드를 구현하기 위해 다음과 같은 코드를 작성할 수 있다.

예제 코드 7-2-10 HookCallbackRef.js

```js
import { useEffect, useRef, useState } from 'react';

export default function HookCallbackRef() {
  const [show, setShow] = useState(false);
  // 버튼 클릭으로 표시/숨기기 반전
  const handleClick = () => setShow(!show);
  // [주소]란 참조
  const address = useRef(null);
  // [주소] 항목이 비어있지 않으면 포커스 이동
```

```
  useEffect(() => {
    if (address.current) {
      address.current.focus();
    }
  }, [show]);                                                    ❶

  return (
  <>
  <div>
      <label htmlFor="name">이름:</label>
      <input id="name" type="text" />
  </div>
  <div>
      <label htmlFor="email">이메일 주소:</label>
      <input id="email" type="text" />
      <button onClick={handleClick}>확장 표시</button>
  </div>
  {/* State(show) 값에 따라 [주소] 란을 표시 */}
  {show &&
    <div>
      <label htmlFor="address">주소:</label>
      <input id="address" type="text" ref={address} />
    </div>
  }
  </>
  );
}
```

예제 코드 7-2-11 index.js

```
import HookCallbackRef from './chap07/HookCallbackRef';
... 중략 ...
root.render(
  <HookCallbackRef />
);
```

❶에서 address.current가 비어있지 않은 경우(=표시 상태)에 포커스를 이동하는 것이다. 종속변수는 show로 설정했기 때문에 표시/숨기기 타이밍에 useEffect 함수가 실행된다[11].

---

11 푸른색으로 표시된 ❶ 부분을 address.current로 설정하면 안 되며, Ref 객체는 리렌더링 트리거가 되지 않으므로 종속변수로 설정하는 것은 의미가 없다.

하지만 이러한 구현을 표현하기 위해 current 프로퍼티를 판단하고 처리하는 코드를 작성해야 하는 번거로움도 있고, ref.current가 어디에서 변경되는지 알 수 없기 때문에 이를 제대로 추적하는 것이 번거롭다.

콜백 Ref를 통한 해결

여기서 콜백 Ref라는 구조를 이용해 보자. 다음은 예제 코드 7-2-10을 콜백 Ref로 다시 작성한 것이다.

| 예제 코드 7-2-12 HookCallbackRef.js

```js
import { useEffect, useRef, useState } from 'react';

export default function HookCallbackRef() {
  const [show, setShow] = useState(false);
  const handleClick = () => setShow(!show);

  // 콜백 Ref 준비
  const callbackRef = elem => elem?.focus();         ──❷

  return (
    <>
    ... 중략 ...
    {show &&
      <div>
        <label htmlFor="address">주소:</label>
        <input id="address" type="text" ref={callbackRef} />   ──❶
      </div>
    }
    </>
  );
}
```

콜백 Ref에서는 ref 속성에 대해 (Ref 객체가 아닌) 함수를 전달한다(❶). 이를 통해 연결된 요소 객체가 생성/파기되는 시점에 함수를 호출할 수 있다.

콜백 함수(❷)는 생성/파기된 요소를 인수로 받기 때문에 이를 그대로 조작하면 된다.

예제 코드 7-2-10에 비해 코드가 단순해졌고, 무엇보다 암묵적으로 요소의 존재 여부를 판단해 주기 때문에 처리 누락이 덜 발생한다.

7.3 상태와 처리를 한꺼번에 관리하기 - useReducer 함수

useReducer는 상태 관리를 위한 훅이다. 상태(State)라고 하면 useState 훅을 떠올릴 수 있는데, 사실 useState와 useReducer는 매우 유사한 훅이다. 다만, useState가 상태(값)만 관리하는 반면, useReducer는 상태와 상태를 조작하기 위한 수단(함수)을 모두 관리한다.

7-3-1 useState 훅의 문제점

useState 훅은 상태(값)만을 제공하는 특성상 업데이트 처리가 컴포넌트 곳곳에 흩어져 있는 경우가 많다.

▲ useState 함수와 useReducer 함수

특히 State 갱신에 따라 여러 가지 처리가 발생하거나 여러 State를 연동하여 갱신해야 하는 경우, 비슷한 코드를 묶어두면 코드의 가시성이 향상되고 무엇보다 코드 수정 시 누락을 방지할 수 있다.

이러한 이유로 일반적으로 간단한 State를 관리할 때는 useState를, 복잡한 State를 다루거나 State 조작에 복잡한 조작이 수반되는 경우에는 useReducer를 사용하는 것이 좋다.

7-3-2 useReducer 관련 키워드

useReducer 훅을 이해하기 위해서는 관련 키워드를 이해하는 것이 중요하다. 용어를 외우는 것이 본래의 목적은 아니지만, useReducer와 관련된 전체 구조, 관계를 이해하는 단서가 될 수 있다.

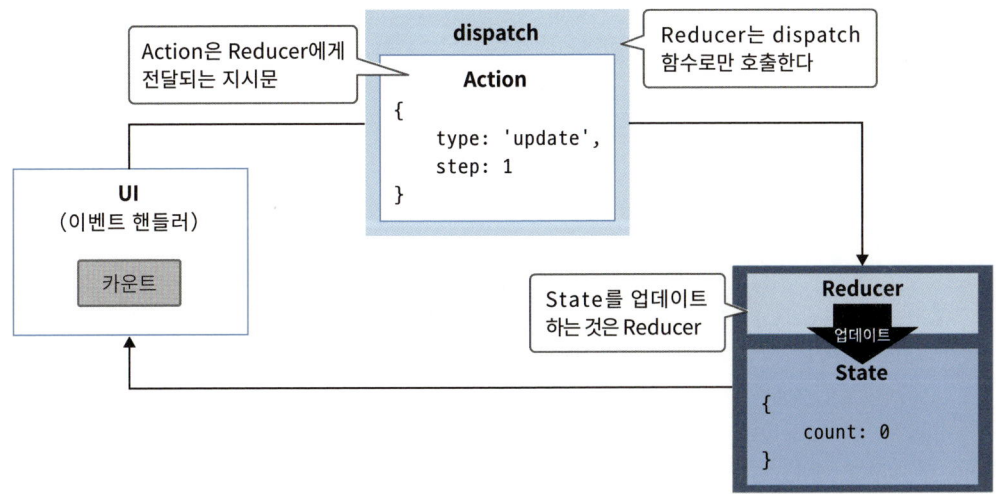

▲ useReducer 함수 관련 키워드

Reducer(리듀서)는 State 갱신에 사용하는 함수로, useReducer 훅에서는 State를 초기화할 때 Reducer도 함께 준비하며, State 갱신도 반드시 Reducer를 통해 하는 것이 규칙이다(이를 통해 State가 의도하지 않은 방식으로 갱신되는 것을 방지할 수 있다).

Reducer 자체는 매우 일반적인 함수이지만, 직접 호출할 수 없다. 미리 준비된 dispatch 함수에 Action(액션)을 전달하여 실행할 수 있다.

Action은 Reducer에게 전달하는 지시서 같은 것이라고 생각하면 된다. 일반적으로는,

- 업데이트 유형(type 프로퍼티)
- 업데이트 관련 매개변수(임의의 프로퍼티)

를 가진 객체로 나타낸다. Reducer에서는 Action의 내용을 받아 State를 소식한다.

복잡해 보이지만, useReducer 훅의 세계에서는 이러한 제약 조건을 설정함으로써 누가 작성하더라도 State의 업데이트 코드가 동일한 형식으로 정리되고, 동일한 형식으로 호출되도록 보장한다.

7-3-3 useReducer 훅의 기초

서론이 길어졌으니 이제 구체적인 예제를 살펴보자. 다음은 예제 코드 3-1-6을 useReducer 훅을 사용하여 다시 작성한 예시다.

예제 코드 7-3-1 HookReducer.js

```js
import { useReducer } from 'react';

export default function HookReducer({ init }) {
  // State+Reducer 준비
  const [state, dispatch] = useReducer(
    // 감속기 기능
    (state, action) => {
      switch (action.type) {
        case 'update':
          return { count: state.count + 1 };
        default:
          return state;
      }
    },
    // State의 초깃값
    {
      count: init
    }
  );

  // Reducer를 통해 State 업데이트
  const handleClick = () => {
    dispatch({ type: 'update' });
  };

  return (
    <>
      <button onClick={handleClick}>카운트</button>
      <p>{state.count}번 클릭되었습니다.</p>
    </>
  );
}
```

| 예제 코드 7-3-2 index.js

```
import HookReducer from './chap07/HookReducer';
... 중략 ...
root.render(
  <HookReducer init={0} />
);
```

useReducer 함수의 일반적인 구문은 다음과 같다(❶). State(상태)와 Reducer(업데이트 함수)를 함께 제공하는 점에 주목한다.

| 구문 _ useReducer 함수

```
useReducer(reducer, state)
```

reducer : State를 갱신하기 위한 함수
state   : State의 초깃값

Reducer(인수 reducer)가 되기 위한 조건은 다음과 같다.

- 인수로 현재 State와 Action을 받을 것
- 반환값으로 업데이트한 State를 반환할 것

이 예시에서는 Action의 타입(type 프로퍼티)이 update인 경우 카운터(state.count)를 증가시키고 있다(❷). switch에서 분기하는 이유는 일반적으로 Action의 타입에 따라 Reducer 내에서 처리를 분기하기 때문이다(구체적인 예는 나중에 설명하겠다). 또한, 의도하지 않은 타입(type)이 전송된 경우에는 현재 State를 그대로 반환한다(❸).

useReducer 함수의 반환값은,

- 생성된 State
- Reducer를 호출하기 위한 dispatch 함수

이다. 앞서 언급했듯이 Reducer는 직접 호출할 수는 없다(=dispatcher를 통해 호출)(❹). dispatch 함수에서 type 프로퍼티가 포함된 객체(Action)를 전달한다.

구문 _ dispatch 함수

```
dispatch({ type: name, ... })
```

name   : Action의 타입

위의 내용을 이해했다면 예제를 실행해 보자. 이 시점에서는 3-1-4항과 동일한 결과를 얻을 수 있을 것이다.

7-3-4 Reducer를 여러 Action 타입에 대응하기

예제 코드 7-3-1의 예제는 너무 단순해서 useReducer 함수를 사용하는 이점을 보기 어려웠을 수 있다. 그래서 예제 코드 7-3-1의 예제를 다음과 같이 개선해 보겠다.

- [카운트업], [카운트다운], [리셋] 버튼으로 카운터 값을 증가, 감소, 초기화할 수 있게 한다
- 각 버튼으로 증감, 초깃값을 지정할 수 있게 한다(증감분은 각각 +1, -1, 초깃값은 0)

다음은 그 구체적인 코드다.

예제 코드 7-3-3 HookReducerUp.js

```js
import { useReducer } from 'react';

export default function HookReducerUp({ init }) {
  const [state, dispatch] = useReducer(
    (state, action) => {
      switch (action.type) {
        // 카운트 값의 증감
        case 'update':
          return { count: state.count + action.step };        // ❷
        // 카운트 값 초기화
        case 'reset' :
          return { count: action.init };                       // ❸
        // 기본 동작(State를 그대로 반환)
        default:
          return state;
      }                                                        // ❶
    }
```

```
    },
    {
      count: init
    }
  );
  // 각 버튼에 대응하는 핸들러
  const handleUp = () => dispatch({ type: 'update', step: 1 });
  const handleDown = () => dispatch({ type: 'update', step: -1 });
  const handleReset = () => dispatch({ type: 'reset', init: 0 });

  return (
    <>
      <button onClick={handleUp}>카운트업</button>
      <button onClick={handleDown}>카운트다운</button>
      <button onClick={handleReset}>리셋</button>
      <p>{state.count}번 클릭되었습니다.</p>
    </>
  );
}
```
❹

| 예제 코드 7-3-4 index.js

```
import HookReducerUp from './chap07/HookReducerUp';
... 중략 ...
root.render(
  <HookReducerUp init={0} />
);
```

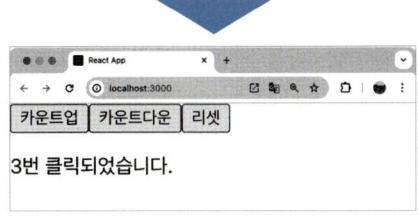

▲ 카운터 값 증감 및 초기화

앞서 언급했듯이 Action의 타입이 여러 개일 경우 Reducer로 분기하는 것이었다. ❶의 경우 update/reset 타입으로 처리를 분기하고 있다(예제 코드 7-3-1에서 switch 블록을 준비했으므로 reset 타입의 case 구문을 추가하면 된다).

또한, update 타입의 추가 매개변수로 증감분(step 프로퍼티), reset 타입으로 초깃값(init 프로퍼티)을 각각 지정할 수 있도록 했으며, Action의 추가 매개변수는 type 프로퍼티와 마찬가지로 'action.~'으로 접근이 가능하다(❷, ❸). 매개변수 추가에 따라 당연히 dispatch 함수(호출 측)에서도 step/init 프로퍼티를 추가해 둔다(❹).

7-3-5 State 초깃값 생성 시 주의 사항

State의 초깃값을 (고정값이 아닌) 런타임에 연산할 수도 있다. 단, 이 경우 다음과 같은 코드를 작성하는 것은 피해야 한다. 예를 들어, 예제 코드 7-3-1을 다음과 같이 다시 작성해 보자.

예제 코드 7-3-5 HookReducerInit.js ❶

```js
import { useReducer } from 'react';

// 인수에 따라 0~init 사이의 값을 생성
function initCounter(init) {
  console.log('initCounter is called!!');  ────❷
  return {
    count: Math.floor(Math.random() * (init + 1))
  };
}

export default function HookReducerInit({ init }) {
  const [state, dispatch] = useReducer(
    (state, action) => { ... },
    initCounter(init)
  );
  ... 중략 ...
}
```

예제 코드 7-3-6 index.js

```js
import HookReducerInit from './chap07/HookReducerInit';
... 중략 ...
root.render(
  <HookReducerInit init={0} />
);
```

인수 init에 따라 0~init의 난수를 구하고, 이를 State의 초깃값으로 설정하는 것이다. 이때 useReducer 함수의 두 번째 인수(푸른색 글씨 부분)에 초기화 함수(❶)를 직접 전달하는 것도 구문상으로는 가능하다. 다만, 이러한 코드는 앞서 언급했듯이 바람직하지 않다.

우선 이 상태에서 예제를 실행해 보자.

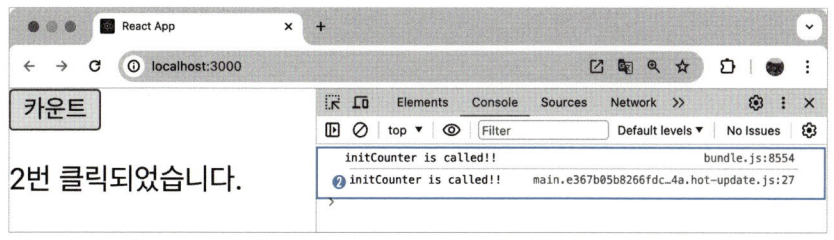

▲ 카운터 업데이트 시마다 로그가 출력된다

카운터 등 제반 기능은 문제 없이 동작한다. 하지만 로그를 확인해 보면 카운터를 갱신할 때마다 ❷의 메시지가 표시되는 것을 볼 수 있는데, 이를 통해 항상 initCounter 함수가 호출되고 있음을 알 수 있다.

함수가 매번 호출되더라도 초깃값 자체가 다시 쓰여지는 것은 아니므로 동작상으로는 문제가 없지만, 의미 없는 함수 호출은 그대로 쓸데없는 오버헤드다. 예제 코드 7-3-5와 같은 용도에서는 다음과 같이 표현해야 한다.

```
const [state, dispatch] = useReducer(
  (state, action) => { ... },
  init,
  initCounter
);
```

useReducer 함수의 세 번째 인수에 초깃값 생성을 위한 함수(함수 호출이 아니다!)를, 제2 인수로 초기화 함수에 전달할 값(init)을 각각 지정하는 것이다. 이 상태에서 예제를 다시 실행하면, 이번에는 initCounter 함수가 처음 한 번만 호출되는 것을 확인할 수 있다(= 불필요한 함수 호출을 건너뛰는 것을 확인할 수 있다).

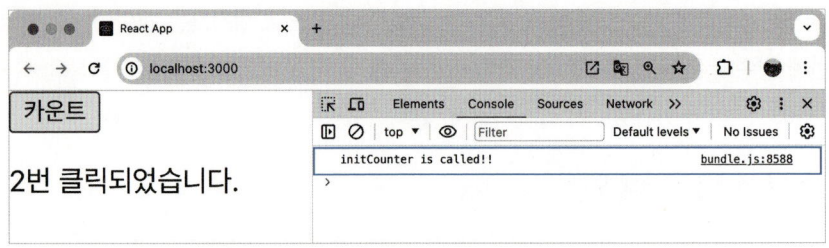

▲ 카운터를 몇 번 업데이트해도 로그는 한 번만 출력된다.

7.4 여러 계층의 컴포넌트에서 값 전달하기 – useContext 함수

3-1절에서도 언급했듯이, 리액트의 세계에서는 Props가 부모 컴포넌트 → 자식 컴포넌트의 정보 전달을 담당하는 것이 기본이다. 하지만 컴포넌트 계층이 깊어질수록 정보의 버킷 릴레이(Bucket Relay)가 발생한다.

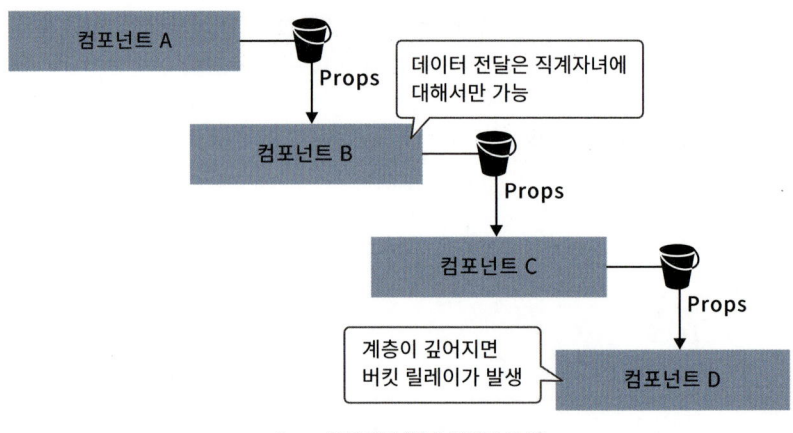

▲ Props의 문제점 (버킷 릴레이 발생)

이런 상황은 일반적으로 중복이 많고, 중복이 많다는 것은 어떤 식으로든 오류의 원인이 되기도 한다.

이럴 때 추천하는 방식이 바로 컨텍스트다. 컨텍스트를 이용하면 상위 컴포넌트에서 미리 준비된 값을 임의의 자손 컴포넌트에서 참조(consume)할 수 있다. 계층을 넘나들며 접근할 수 있는 글로벌 State라고 할 수 있다.

▲ 컨텍스트에 따른 해결

그러나 컨텍스트를 사용하면 컴포넌트의 재사용성이 떨어질 수 있다(상위 컴포넌트에서 컨텍스트 등록을 전제로 하기 때문이다). 컨텍스트에 쉽게 의존하지 말고, 단점을 이해한 후 필요 여부를 고려하기 바란다.[12]

7-4-1 컨텍스트의 기본

이제부터는 컨텍스트를 이용하여 여러 계층에 걸쳐 값을 전달해 보겠다. 다음에서는 HookContext → HookContextChild → HookContextChildGrand라는 관계의 컴포넌트 계층에서 title(제목), lang(로케일) 등의 정보를 전달해 본다.

예제 코드 7-4-1 HookContext.js

```js
import { createContext } from 'react';
import { HookContextChild } from './HookContextChild';

// 컨텍스트 초기화
export const MyAppContext = createContext(); ────①
// 컨텍스트에 전달할 객체 준비하기
const config = {
  title: 'React 입문',
  lang: 'ko-KR',
}; ────③
```

---

[12] 일반적으로 로케일, 시간대, 테마 등 앱 전체에서 사용하는 값들을 관리하는 데 활용한다.

```
export default function HookContext() {
  // 하위 요소에 대한 컨텍스트 적용
  return (
    <MyAppContext.Provider value={config}>
      <div id="c_main">
        <HookContextChild />
      </div>
    </MyAppContext.Provider>
  );
}
```
❷

| 예제 코드 7-4-2 HookContextChild.js

```
import { useContext } from 'react';
import { MyAppContext } from './HookContext';

export function HookContextChild() {
  return (
    <div id="c_child">
      <HookContextChildGrand />
    </div>
  );
}

export function HookContextChildGrand() {
  const { title, lang } = useContext(MyAppContext);         ❹
  return (
    <div id="c_child_grand">
      {title}({lang})          ❺
    </div>
  );
}
```

| 예제 코드 7-4-3 index.js

```
import HookContext from './chap07/HookContext';
... 중략 ...
root.render(
  <HookContext />
);
```

HookContextChild는 여러 계층에서 값을 전달할 수 있는지 확인하기 위한 편의상의 컴포넌트이며, 특별히 주목할 부분은 없다. 이하의 내용에서는 남은 부분에 대해 주목해 보겠다.

❶ 컨텍스트 준비하기

컨텍스트는 값을 공유해야 하는 최상위 컴포넌트(여기서는 HookContext)에서 준비한다. 컨텍스트를 생성하는 것은 createContext 함수의 역할이다.

구문 _ createContext 함수

```
createContext(default)
```

default : 컨텍스트의 기본값

단, 여기서 생성되는 것은 컨텍스트를 이용하기 위한 도구, 즉 Context 객체뿐이다. 구체적으로는

- 컨텍스트에 값을 전달하는 Context.Provider 컴포넌트
- 컨텍스트 변경을 수신하는 Context.Consumer 컴포넌트[13]

를 제공한다. 나중에 다른 컴포넌트에서도 사용할 수 있으므로 export 키워드로 한정해 둔다.

❷~❸ 컨텍스트에 값 설정하기

앞서 ❶에서도 언급했듯이, 컨텍스트에 구체적인 값을 전달하는 것은 〈MyAppContext.Provider〉 요소(컴포넌트)의 역할이다(❷). MyAppContext.Provider는 앞서 createContext 함수로 생성한 Context 객체 MyAppContext의 Provider 프로퍼티를 의미하므로 푸른색 글씨 부분도 컨텍스트 이름(❶)의 변수명)에 따라 변동된다.

컨텍스트에 값을 전달하는 것은 value 속성이다. 이 예시에서는 ❸에서 미리 준비해둔 객체 config를 전달한다. 이제 〈MyAppContext.Provider〉 아래에 있는 모든 컴포넌트에서 컨텍스트 값에 접근할 수 있게 된다.

---

[13] 현재는 useContext 함수(아래 설명)로 대체할 수 있기 때문에 Context.Consumer를 사용할 기회가 많지 않다.

> **📄 여러 컨텍스트를 다루려면**
>
> 컨텍스트는 목적에 따라 여러 개를 준비할 수도 있다(createContext 함수를 여러 번 호출하면 된다). 이 경우 〈XxxxxContext.Provider〉 요소도 중첩하여 설치해야 한다.
>
> ```
> <MyAppContext.Provider value={config}>
>   <MyRouterContext.Provider value={router}>
>     ... 모든 구성 요소...
>   </MyRouterContext.Provider>
> </MyAppContext.Provider>
> ```
>
> 이 예제에서는 MyAppContext(값은 config), MyRouterContext(값은 router)가 컨텍스트로 활성화된다.

❹~❺ 컨텍스트 참조하기

〈XxxxxContext.Provider〉 요소에 등록된 컨텍스트를 참조하는 것은 useContext 함수의 역할이다(❹).

▌구문 _ useContext 함수

```
useContext(context)
```

context : Context 객체

인수 context에는 createContext 함수로 생성한 컨텍스트를 전달하면 된다(Context.Provider가 아니다!). useContext 함수의 반환 값은 컨텍스트 값 자체(여기서는 ❷에서 전달된 객체 config)이므로 분할 대입 구문으로 title, lang 변수에 분산시켜 놓는다.

획득한 컨텍스트 값은 (당연히) 지금까지와 마찬가지로 템플릿 등에서 참조할 수 있다(❺).

7-4-2 예: 컨텍스트를 이용한 테마 전환 구현하기

6-1-6항에서는 버튼으로 MUI의 테마를 전환하는 방법에 대해 알아봤다. 예제 코드 6-1-11에서는 아주 간단한 예로 하나의 컴포넌트에서 테마 관리부터 전환 버튼까지 구현했지만, 일반적인 앱에서는 '최상위 컴포넌트에서 테마(와 그 모드)를 준비하고 실제로 테마를 전환하는 것은 여러 계층을 가로지르는 하위 컴포넌트에서'라고 할 수 있다.

예를 들어 다음 그림과 같은 페이지라면 테마는 최상위 App 컴포넌트에서, 테마 전환 버튼은 Header/Nav 등의 컴포넌트를 사이에 두고 SwitchTheme 컴포넌트에서 관리하는 것이 자연스럽다[14].

---

[14] 이는 가상의 예시일 뿐, 실제 리액트 사이트가 이러한 컴포넌트 계층으로 구성되어 있는 것은 아니다.

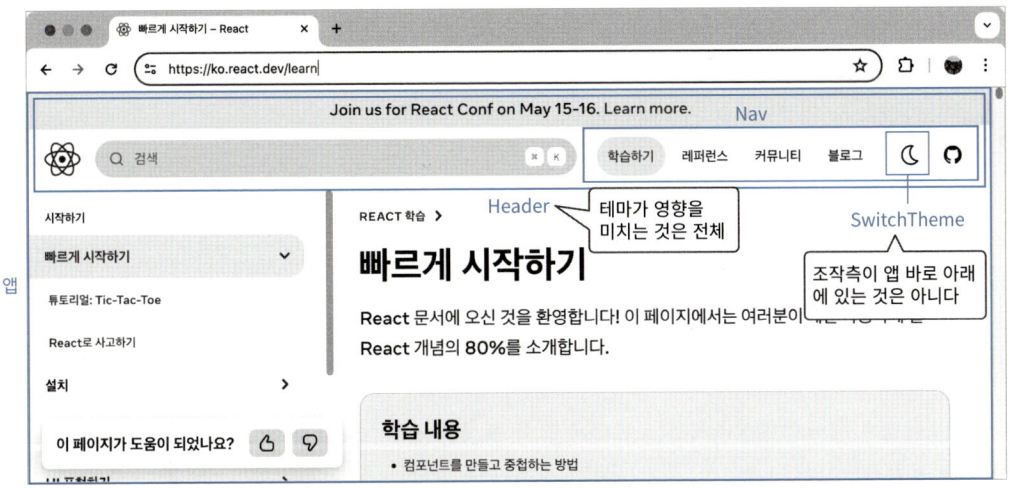

▲ 컨텍스트에 따른 테마 전환

이런 용도가 바로 컨텍스트의 역할이다. 그럼 지금부터 예제 코드 6-1-11을 컨텍스트에 맞게 바꿔서 작성해 보겠다. 등장하는 코드는 다음과 같다.

▼ 이 절에 등장하는 코드

파일명	개요
ThemeContext.js	컨텍스트 정의
MyThemeProvider.js	테마/컨텍스트 설정
HookThemeButton.js	테마 전환 버튼 준비

이제 이 코드들을 순서대로 살펴보겠다.

컨텍스트 준비

앞서 살펴본 것처럼 컨텍스트(Context 객체)는 참조 측에서도 사용한다. 일반적으로는 파일로도 독립적으로 준비해 두는 것이 바람직하다.

| 예제 코드 7-4-4 ThemeContext.js

```
import { createContext } from 'react';

export default createContext({
  mode: 'light',
  toggleMode: () => {}
});
```

createContext 함수의 인수는 컨텍스트의 기본값이다. 컨텍스트에 값이 전달되지 않은 경우(= ⟨XxxxxContext.Provider⟩ 요소가 생략된 경우[15])에 이용되는 값이다. 각 프로퍼티의 의미는 다음과 같다.

- **mode**: 현재 모드
- **toggleMode**: 모드 전환을 위한 핸들러

루트 컴포넌트 준비

루트 컴포넌트에서는 테마를 준비하는 동시에 앞서 생성한 컨텍스트에 대해 모드와 이를 전환하기 위한 핸들러를 등록한다.

예제 코드 7-4-5 MyThemeProvider.js

```js
import { useState } from 'react';
import { createTheme, ThemeProvider } from '@mui/material/styles';
import { amber, grey } from '@mui/material/colors';
import { CssBaseline } from '@mui/material';
import ThemeContext from './ThemeContext';

export default function MyThemeProvider({ children }) {
  const [mode, setMode] = useState('light');
  // 컨텍스트에 전달할 정보 준비하기
  const themeConfig = {
    mode,
    toggleMode: () => {
      setMode(prev =>
        prev === 'light' ? 'dark' : 'light'
      );
    }
  };                                              // ❶
  const theme = createTheme({
    ... 중략 (예제 코드 6-1-11 참조) ...
  return (
```

---

[15] ⟨XxxxxContext.Provider⟩ 요소 자체가 명시되지 않은 경우를 대비한 것으로, ⟨XxxxxContext.Provider⟩ 요소의 value 속성을 생략할 수 있는 것은 아니다.

```
    <ThemeContext.Provider value={themeConfig}>
      <ThemeProvider theme={theme}>
        <CssBaseline />
        {children}
      </ThemeProvider>
    </ThemeContext.Provider>
  );
}
```

예제 코드 7-4-6 index.js

```
import MyThemeProvider from './chap07/MyThemeProvider';
import HookThemeButton from './chap07/HookThemeButton';
... 중략 ...
root.render(
  <MyThemeProvider>
    <HookThemeButton />　　　　　　❷
  </MyThemeProvider>
);
```

컨텍스트에 전달할 값(mode, toggleMode)을 준비한다(❶). 컨텍스트에는 소위 값뿐만 아니라 함수(처리)를 전달할 수 있다는 점에 주목해야 한다. 컨텍스트 값을 하위 컴포넌트에서 조작할 때는 일반적으로 그 업데이트 함수까지 함께 전달하는 것이 바람직하다(결국 업데이트 코드가 여러 컴포넌트에 흩어지는 것을 방지하기 위함이다[16]).

컨텍스트 획득

이제 예제 코드 7-4-6-❷에 삽입할 하위 컴포넌트(HookThemeButton)를 준비하기만 하면 된다.

예제 코드 7-4-7 HookThemeButton.js

```
import { useContext } from 'react';
import { Button } from '@mui/material';
import ThemeContext from './ThemeContext';

export default function HookThemeButton() {
```

---

[16] 여기서는 State(useState)를 사용하고 있지만, 더 복잡한 값이라면 Reducer를 사용해도 상관없다. 이 경우 컨텍스트에는 useReducer에 의해 생성된 State와 dispatch 함수를 등록하게 될 것이다.

```
  const { mode, toggleMode } = useContext(ThemeContext);
  return (
    <Button variant="contained" onClick={toggleMode}>
      Mode {mode}
    </Button>
  );
}
```

이 예제는 예제 코드 7-4-2의 예제와 동일하므로 특별히 주목할 점은 없다. useContext 함수로 가져온 값은 그대로 컴포넌트 하위에서 사용할 수 있다(푸른색 글씨 부분[17]).

7.5 상태 관리 라이브러리 – Recoil

지금까지 살펴본 useContext + useReducer의 조합으로 앱 글로벌 State도 충분히 관리할 수 있을 것 같다. 하지만 실제 앱 개발 시에는 드로잉 최적화, 오류 처리, 캐시 등 고려할 사항이 많이 있다.

이러한 문제에 대한 해결책의 대부분은 이미 State 관리 라이브러리라는 선구자들이 이미 제공하고 있는 것들이다. 굳이 마르셀 뒤샹의 '바퀴의 재발명' 같은 비유를 들지 않더라도, 개발자가 독자적으로 개발한 State 관리를 채택하는 것은 좋은 방법이 아니다. 적어도 일정 규모 이상의 앱을 다루는 경우라면 이러한 전용 라이브러리의 도움을 받는 것이 좋다.

이 책을 쓰는 시점에 자주 사용되는 State 관리 라이브러리는 다음과 같다.

- Redux
  URL https://redux.js.org/

- Recoil
  URL https://recoiljs.org/

리덕스(Redux)는 2015년에 출시된 (리액트의 세계에서는) 오랜 전통을 자랑하는 존재다. 오랫동안 사실상의 표준으로 여겨져 왔고 현재도 널리 사용되고 있지만, 학습 비용이 높다는 점 때문에 훅의 등장 이후 존재감이 다소 줄어들기 시작했다.

---

[17] 이 예제에서는 단순화를 위해 최상위 컴포넌트 바로 아래에서 컨텍스트를 참조하고 있지만, 여러 계층을 건너뛰어도 코드는 동일하다.

반면 Recoil은 2020년에 출시된 비교적 새로운 라이브러리다. 처음부터 훅을 전제로 설계되어 보다 정교한 구현과 낮은 학습 비용이 특징이다. 이 글을 쓰는 시점에 아직 버전 1.0에 이르지 못한 것이 단점이지만, 그럼에도 불구하고 이미 핵심 사양은 안정화되어 가고 있으며, 이에 따라 실제 시스템 적용 사례도 늘어나고 있다. 무엇보다 본사인 Meta(구 페이스북)에서 개발하고 있는 라이브러리인 만큼 향후 지속적인 업데이트를 기대할 수 있다.

따라서 이번 절에서도 Recoil을 전제로 State 관리 라이브러리의 기본을 설명하겠다.

7-5-1 Recoil이란?

Recoil의 구체적인 사용법을 이해하기 전에 Recoil의 전체적인 모습과 관련 키워드를 Todo 앱을 예로 들어 정리해 보겠다.

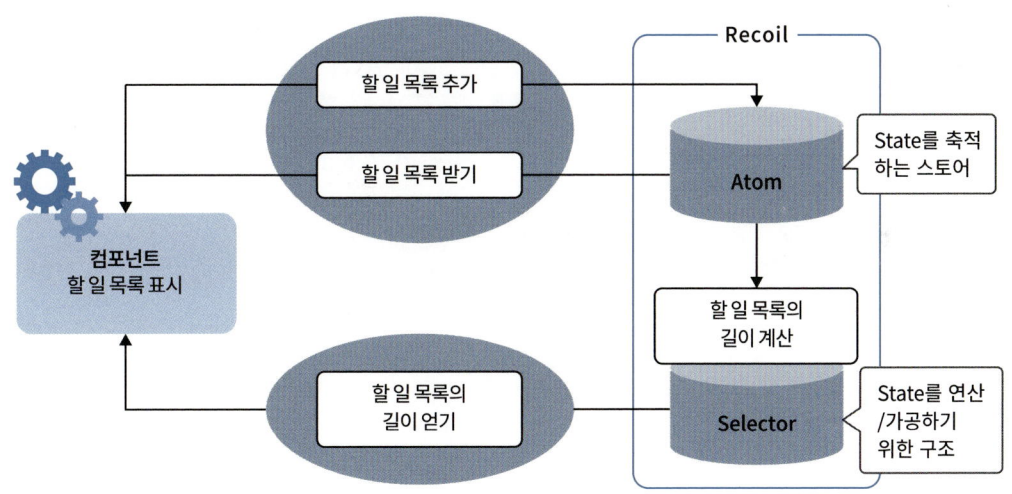

▲ Recoil 관련 키워드 (Todo 앱 예시)

Recoil의 핵심은 Atom이다. Atom은 State를 관리하는 스토어이며, 앱 고유 키로 관리하는 것이 기본이다. 미리 준비된 Atom은 Recoil이 관리하는 임의의 컴포넌트 계층에서 접근할 수 있다.

Atom에서 가져온 데이터를 연산/가공하여 그 결과를 반환하는 구조가 Selector다. Atom을 위한 Getter 함수라고 할 수 있다. Atom에서 직접 값을 가져올 수도 있지만, 연산을 수반하는 값은 Selector를 통해 가져와야 State에 관련된 처리가 컴포넌트에 산재되어 있는 것을 방지할 수 있다.

키워드만 보면 어려워 보이지만, Recoil을 이용하기 위해 기억해야 할 것은 스토어와 게터, 이 두 가지뿐이다. 아주 간단하다.

참고로 Recoil은 Create React App에 내장되어 있지 않으므로 사용하려면 다음 명령어를 통해 프로젝트에 추가해야 한다.

```
> npm install recoil ↵
```

7-5-2 Recoil의 기본

이 항에서 다루는 것은 7-3-5항에서도 언급했던 카운터 앱이다. 스토어에서 관리되는 카운터 값을 [카운트] 버튼으로 증가시켜 보겠다.

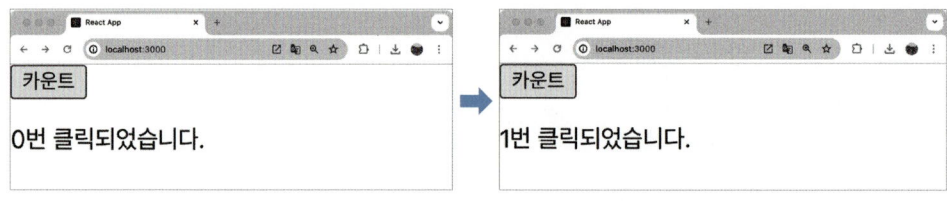

▲ 간이 카운터

이제 구체적인 구현을 살펴보자.

[1] Atom 준비하기

Recoil을 이용하기 위해서는 스토어(Atom)의 정의가 필수다. Atom의 정의 위치에 대한 표준적인 규칙은 없지만, 이 책에서는 /src/store/atom.js에 정리해 두기로 한다[18].

| 예제 코드 7-5-1 atom.js

```
import { atom } from 'recoil';

export const counterAtom = atom({
  key: 'counterAtom',
```

---

18 더 큰 앱의 경우, Atom의 내용에 따라 파일을 분리할 수도 있다.

```
  default: 0
});
```

Atom을 정의하기 위해서는 atom 함수에 저장소 정보(객체)를 전달하면 된다. 구체적으로는 최소한 다음과 같은 프로퍼티를 정의해두면 된다.

- **key**: 스토어를 고유하게 식별할 수 있는 키
- **default**: 스토어의 기본값

Recoil에서는 Atom의 크기를 가능한 한 작게 만드는 것이 예의다. 의존하는 Atom이 작을수록 Atom 변경에 따른 리렌더링 범위가 제한되기 때문이다. 즉, Recoil을 사용하는 앱에서는 Atom을 여러 개 설치하는 것이 일반적이며, key 값은 여러 Atom을 식별할 수 있도록 앱 내에서 고유해야 한다는 점에 유의해야 한다.

이번 예제에서는 default에 카운터 값(숫자)을 전달했지만, 문자열, 부울 값은 물론 객체/배열과 같은 구조형 값도 전달할 수 있다.

생성된 저장소 정보(atom 함수의 반환값)는 counterAtom 변수에 저장하고, 임의의 모듈에서 참조할 수 있도록 내보내기 해둔다. 변수의 이름은 정해져 있지 않지만, 이 책에서는 Atom을 식별할 수 있도록 xxxxxAtom과 같이 명명한다.

[2] Atom 참조하기

Atom을 준비했으니, 이제 실제로 컴포넌트부터 활용해 보자.

예제 코드 7-5-2 RecoilCounter.js

```
import { useRecoilState } from 'recoil';
import { counterAtom } from '../store/atom';

export default function RecoilCounter() {
  // Recoil 관리하에 값과 세터를 가져온다
  const [counter, setCounter] = useRecoilState(counterAtom);  ——————❶

  const handleClick = () => {
    setCounter(c => c + 1);  ——————❷
```

```
    };
    return (
      <>
        <button onClick={handleClick}>카운트</button>
        <p>{counter}번 클릭되었습니다. </p>
      </>
    );
}
```

스토어를 참조하는 것은 useRecoilState 함수의 역할이다(❶).

구문 _ useRecoilState 함수

useRecoilState(*state*)

state : atom 함수에서 생성된 State(스토어)

반환값은 현재 State 값과 State를 갱신하기 위한 세터다. useState 함수와 동일한 구조이므로 특별히 언급할 사항은 없다. 세터 호출에 대해서도 ❷에서는 화살표 함수를 전달하고 있지만, 다음과 같이 설정값 자체를 전달할 수도 있다[19].

```
setCounter(counter + 1);
```

또한, State 값 자체 또는 세터만 가져오는 useRecoilValue, useSetRecoilState 함수도 있다. 따라서 ❶은 다음과 같이 표현해도 같은 의미다[20].

```
import { useRecoilValue, useSetRecoilState } from 'recoil';
import { counterAtom } from '../store/atom';

export default function RecoilCounter() {
  const counter = useRecoilValue(counterAtom);
  const setCounter = useSetRecoilState(counterAtom);

  ... 중략 ...
```

---

[19] 단, 3-3-5항에서도 언급했듯이 특정 조건에서 오류가 발생한다. 현재 값을 기준으로 업데이트할 경우 화살표 함수를 이용해야 한다.
[20] 물론 이 예시에서는 굳이 구분할 필요가 없다. 어디까지나 참조만, 업데이트만 할 때 사용하는 함수다.

State를 초기화하기 위한 useResetRecoilState 함수

State 값을 초기화하기 위한 함수를 생성하는 useResetRecoilState 함수도 있다. 예를 들어 다음은 예제 코드 7-5-2에 카운터 초기화를 위한 [Reset] 버튼을 추가한 예제다.

```javascript
import { useRecoilState, useResetRecoilState } from 'recoil';
import { counterAtom } from '../store/atom';

export default function RecoilCounter() {
  const [counter, setCounter] = useRecoilState(counterAtom);
  const resetCounter = useResetRecoilState(counterAtom);
  ... 중략 ...
  return (
    <>
      <button onClick={handleClick}>카운트</button>
      <button onClick={() => resetCounter()}>리셋</button>
      <p>{counter}번 클릭되었습니다. </p>
    </>
  );
}
```

[3] 컴포넌트 호출하기

마지막으로 Recoil을 이용한 컴포넌트를 호출하는 코드다.

| 예제 코드 7-5-3 index.js

```javascript
import { RecoilRoot } from 'recoil';
import RecoilCounter from './chap07/RecoilCounter';
... 중략 ...
root.render(
  <RecoilRoot>
    <RecoilCounter />
  </RecoilRoot>
);
```

Recoil을 사용하는 최상위 컴포넌트를 〈RecoilRoot〉 요소로 묶는 것이다. 그러면 하위 컴포넌트에서 Recoil이 활성화된다.

7-5-3 Todo 목록을 Recoil 앱에 대응하기

조금 더 복잡한 예시를 통해 Recoil의 용법을 좀 더 확인해 보자. 여기서는 4-2-3항에서도 언급했던 Todo 목록을 Recoil에 대응시켜 보겠다[21].

[1] Atom/Selector 준비하기

앞에서와 마찬가지로 Recoil 측을 준비한다. Atom의 정의 위치는 /src/store/atom.js다.

예제 코드 7-5-4 atom.js

```
import { atom, selector } from 'recoil';
... 중략 ...

// 할 일 목록 정의
export const todoAtom = atom({
  key: 'todosAtom',
  default: [
    {
      id: 1,   // id 값
      title: '우진이 사료 주문하기',   // Todo 본체
      isDone: false,   // 실행 완료 여부
    },
    ... 중략 ...
  ],
});                                                    ❶

export const todoLastIdSelector = selector({
  key: 'todoLastIdSelector',
  get: ({ get }) => {
    // 할 일 목록 마지막 할 일 가져오기
    const todo = get(todoAtom);
    return todo.at(-1)?.id ?? 0;
  },                                                   ❷
});
```

---

[21] 단, 설명의 편의를 위해 정렬 기능을 제외하는 등 약간 단순화했다.

Atom으로 Todo 목록(객체 배열)을 준비하고 있는 ❶은 문제없을 것이다. 핵심은 ❷의 Selector다. 7-5-1항에서도 언급했듯이 Selector는 Atom의 값을 가공/연산한 값을 가져오는 게터다. 이 예시에서는 Todo 목록의 마지막 항목에서 id 값을 가져오는 todoLastIdSelector를 정의하고 있다(Todo 목록은 id 오름차순으로 정렬되어 있고, 마지막에 id 값의 최댓값이 있는 것으로 가정한다).

Selector를 정의하는 방법은 atom 함수와 매우 유사하며, selector 함수에 대한 구성 정보를 전달하기만 하면 된다. 최소한 다음과 같은 프로퍼티를 전달하면 된다.

- **key**: 스토어를 고유하게 식별할 수 있는 키
- **get**: 셀렉터의 본체

get 프로퍼티에는 다음과 같은 구조의 함수식을 전달한다.

구문 _ get 프로퍼티

```
get: ({ get }) => { statements }

statements      : Atom의 값을 가공/연산하는 코드
```

get 프로퍼티는 Selector 정의에 관련된 객체를 인수로 받는다. 다만, 가장 먼저 사용하는 것은 get 함수 정도일 것이다[22]. 이 예제에서도 받은 get 함수를 사용하여 Todo 목록(todoAtom)을 받고, 그 끝에 있는 Todo 항목의 id 프로퍼티를 가져온다[23]. 마지막 '??'는 Null 합집합 연산자(1-3-5항)로, 이 예시에서는 id 프로퍼티를 얻지 못한 경우(=Todo 목록이 하나도 없는 경우) 기본값으로 0을 반환하고 있다.

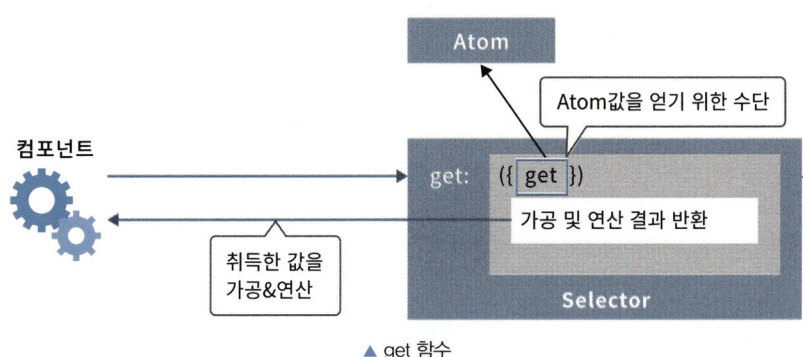

▲ get 함수

---

[22] 약간 이해하기 어렵지만, get 프로퍼티가 받는 함수식의 인수에 포함된 get 함수(구문의 푸른색으로 표시된 부분)다.
[23] Array#at은 ES2022에서 추가된 메서드로, 인수에 음수를 지정하면 배열의 뒤쪽부터 카운트한 요소를 반환한다.

[2] Recoil에 대응하도록 컴포넌트 수정하기

이제 Recoil에 대해 State를 주고받도록 코드를 수정하기만 하면 된다. 하지만 수정할 부분은 극히 일부분이며, 푸른색으로 표시된 부분만 변경하면 된다.

예제 코드 7-5-5 RecoilTodo.js

```js
import { useRecoilState, useRecoilValue } from 'recoil';
import { useState } from 'react';
import { todoAtom, todoLastIdSelector } from '../store/atom';
import '../chap04/StateTodo.css';

export default function RecoilTodo() {
  const [title, setTitle] = useState('');
  // 할 일 목록, 최대 id 값은 각각 Recoil에서 가져온다
  const [todo, setTodo] = useRecoilState(todoAtom);
  const maxId = useRecoilValue(todoLastIdSelector);  ──────❶

  const handleChangeTitle = e => setTitle(e.target.value);
  // [추가] 버튼으로 할 일 항목 추가하기
  const handleAdd = () => {
    setTodo([
      ...todo,
      {
        id: maxId + 1,
        title,
        isDone: false
      }
    ]);
  };
  // [완료] 버튼으로 할 일 항목을 작업 완료로 표시
  const handleDone = e => {
    setTodo(todo.map(item => {
      if (item.id === Number(e.target.dataset.id)) {
        return {
          ...item,
          isDone: true
        };
      } else {
```

```
      return item;
    }
  }));
};
// [삭제] 버튼으로 할 일 항목 삭제
const handleRemove = e => {
  setTodo(todo.filter(item =>
    item.id !== Number(e.target.dataset.id)
  ));
};

return (
  <div>
    <label>
      할 일:
      <input type="text" name="todo"
        value={title} onChange={handleChangeTitle} />
    </label>
    <button type="button"
      onClick={handleAdd}>추가하기</button>
    <hr />
    <ul>
      {/* 할 일 목록을 순서대로 출력 */}
      {todo.map(item => (
        <li key={item.id}
          className={item.isDone ? 'done' : ''}>
          {item.title}
          <button type="button"
            onClick={handleDone} data-id={item.id}>완료
          </button>
          <button type="button"
            onClick={handleRemove} data-id={item.id}>삭제
          </button>
        </li>
      ))}
    </ul>
  </div>
);
}
```

| 예제 코드 7-5-6 index.js

```
import RecoilTodo from './chap07/RecoilTodo';
... 중략 ...
root.render(
  <RecoilRoot>
    <RecoilTodo />
  </RecoilRoot>
);
```

useState 함수를 이용하던 부분을 useRecoilXxxxx 함수로 바꾼 것만으로 기존 코드를 거의 그대로 사용할 수 있는 것을 확인할 수 있다. Selector를 이용하는 경우에도 Atom과 동일한 방식으로 코드를 작성할 수 있다는 점이 주목할 만하다(❶).

7-5-4 Todo 목록 개선하기

우선 예제 코드 7-5-4에서 Recoil을 최소한으로 지원해 봤지만, 문제가 하나 있다. Todo 목록을 배열로 묶어 하나의 Atom으로 관리하고 있기 때문에 특정 항목을 추가/업데이트할 때도 배열을 일괄적으로 교체해야 한다는 것이다. 이는 코드상 번거로울 뿐만 아니라 처리량 측면에서도 바람직하지 않다.

그래서 Todo 항목을 각각 독립적인 Atom으로 분할해 보자. 이러한 구조를 제공하는 것이 atomFamily 함수다.

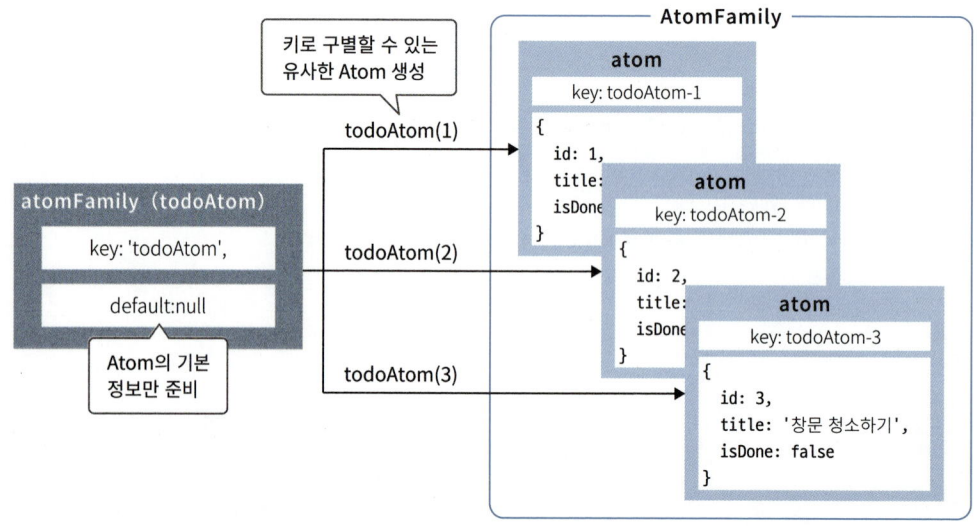

▲ atomFamily 함수

atomFamily 함수를 이용하면 특정 id로 개별적으로 관리되는 Atom 군(패밀리)을 생성할 수 있다. 또한, 이번 항에서는 Selector에 대해 Setter도 설정해 보겠다. 이제 구체적인 코드를 살펴보자.

[1] Atom/Selector 준비하기

먼저 분할한 Atom 군을 관리하기 위한 Atom/Selector를 준비한다. Atom의 정의 위치는 /src/store/atomUp.js로 설정한다.

예제 코드 7-5-7 atomUp.js

```
import { atom, atomFamily, selector } from 'recoil';

// id 값 관리를 위한 Atom
export const idsAtom = atom({                          ─┐
  key: 'idsAtom',                                       │ ❶
  default: []                                           │
});                                                    ─┘

// 개별 Todo 항목을 별도의 Atom으로 관리하기
export const todoAtom = atomFamily({                   ─┐
  key: 'todoAtom',                                      │ ❷
  default: null                                         │
});                                                    ─┘

// 할 일 항목을 목록으로 묶어 조작할 수 있는 선택기
export const todoListSelector = selector({             ─┐
  key: 'todoListSelector',                              │
  // 현재 할 일 목록 가져오기                              │
  get: ({ get }) => {                                   │─┐
    const ids = get(idsAtom);                           │ │ ❹
    return ids.map(id => get(todoAtom(id)));            │ │
  },                                                    │─┘
  // 할 일 목록에 추가 / 완료 / 삭제 작업                  │
  set: ({ set, reset }, { type, id, newItem }) => {     │    ❸
         ─────────── ❻  ───────────────── ❼             │
    switch (type) {                                     │
      // 새로운 Todo 항목(todoAtom)을 생성                 │
      case 'add' :                                      │─┐
        set(todoAtom(newItem.id), newItem);             │ │ ❺
        set(idsAtom, ids => [...ids, newItem.id]);      │ │
        break;                                          │
```

```
      // 기존 Todo 항목(id가 todoAtom인 Todo 항목)의 isDone 속성을 true로 설정
      case 'done' :
        set(todoAtom(id), todo => ({ ...todo, isDone: true }));
        break;
      // 기존 Todo 항목(id인 todoAtom) 삭제 및
      // id 군(idsAtom)에서 해당 id 값을 삭제
      case 'remove' :
        reset(todoAtom(id));
        set(idsAtom, ids => ids.filter(e => e !== id));
        break;
      default :
        throw new Error('Type is invalid.');
    }
  }
});
```

핵심 코드를 설명하겠다.

❶ Atom 군을 관리하는 것은 atomFamily 함수

서두에서 언급했듯이, Atom 군을 생성하는 것은 atomFamily 함수의 역할이다. 구문은 atom 함수와 유사하며, 먼저 key(키)/default(기본값)를 지정해 주면 된다. 겉보기에는 별 차이가 없지만, 개별 Atom에 접근하기 위해서는 'todoAtom(13)'과 같이 Atom 군에서 Atom을 식별할 수 있는 키를 지정해야 한다[24]. 이때 해당 Atom이 있으면 그 내용을 가져올 수 있고, 없으면 새로운 Atom을 확보하게 된다. 호출 측에 대한 자세한 내용은 뒤에서 설명한다.

❷ Todo 목록을 관리하기 위한 ID 군 정의

Todo 항목을 개별 Atom으로 분할한 상태에서는 몇 개의 Todo 항목이 존재하는지, 어떤 id 값이 사용되는지 등을 확인할 수 없다. 그래서 Todo 항목의 id 값만 모아놓은 배열을 별도의 Atom으로 관리해 두자.

❸~❼ Todo 항목을 목록으로 조작하기 위한 Selector

이제 id 군(idsAtom), Todo 항목(todoAtom)을 일괄적으로 관리하기 위한 Selector로 todoListSelector를 준비한다(❸).

---

24 앞서 설명한 key 프로퍼티와는 별개다. 이 프로퍼티는 Atom 군에서 특정 Atom을 식별하기 위한 키다.

Selector에 대해서는 이미 앞에서도 언급했지만, 게터(get)뿐만 아니라 세터(set)도 설치할 수 있다는 점이 주목할 만하다. getter(❹)에 대해서는 idsAtom을 스캔하여 개별 Todo 항목(todoAtom)을 가져오는 것일 뿐이므로 특별히 언급할 사항은 없다.

여기서는 setter에 주목해 보자(❺). set 옵션의 구문은 다음과 같다.

┃구문 _ set 옵션

```
set: ({ get, set, reset }, newValue) => { statements },

newValue        : 설정에 사용할 값
statements      : 설정을 위한 코드
```

set 프로퍼티도 세터 정의에 관련된 객체를 받는다. 인수 객체에는 다음과 같은 함수가 포함된다. 이번 예제에서는 익숙한 분할 대입으로 set/reset 함수를 가져왔다(❻).

▼ set 프로퍼티가 받는 인수 객체의 멤버

함수	개요
get(atom)	Atom을 얻는 게터
set(atom, value)	Atom에 설정하는 세터
reset(atom)	Atom의 값을 초기화하는 함수

인수 newValue는 호출자가 설정을 위해 전달한 값이다. 이번 예제에서는 처리 내용에 따라 다음과 같은 호출이 이루어질 것을 가정하고 있다[25].

▼ 예제 코드 7-5-7에서 정의한 세터의 호출 패턴

호출	개요
set({ type: 'add', newItem: item })	Todo 목록에 새 항목 item 추가
set({ type: 'done', id: id })	Todo 항목 id를 완료로 표시
set({ type: 'remove', id: id })	Todo 항목 id 삭제

---

[25] 'set' 부분은 호출 측에서 지정한 세터의 이름에 따라 달라진다. 자세한 내용은 뒷부분의 예제 코드 7-5-8을 참고하라.

type 프로퍼티에서 지정한 처리 내용에 따라 추가적인 정보(newItem, id)로 추가/제거 등의 처리를 수행하는 것이다. 인수를 받을 때 최소공배수적으로 받을 수 있는 프로퍼티를 분해하여 대입하고 있다(❼).

여기까지의 구조를 이해했다면, 이제 각 type에 따라 Atom을 설정/제거하기만 하면 된다. 앞서 언급했듯이, Atom 군을 나타내는 todoAtom에서는 고유 키(여기서는 Todo 항목의 id 값)를 통해

```
todoAtom(newItem.id)
```

와 같이 Atom을 참조하고 있다는 점에 주목해야 한다(존재하지 않는 경우 새로 생성된다).

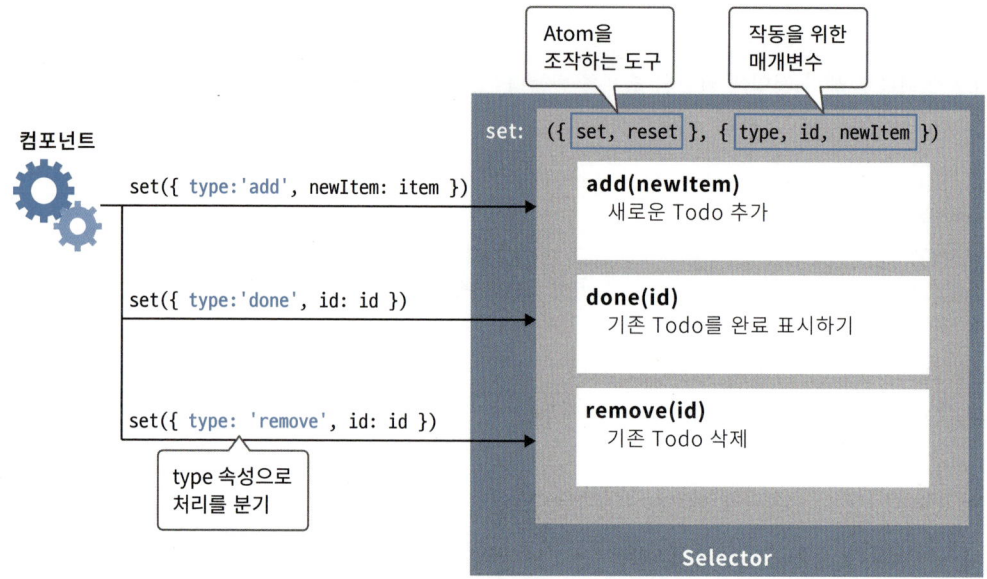

▲ Todo 앱에서 추가/업데이트 처리

[2] 컴포넌트 수정하기

이제 분할된 Atom에 대응하기 위해 컴포넌트 쪽도 수정한다.

| 예제 코드 7-5-8 RecoilTodoUp.js

```js
import { useRecoilState } from 'recoil';
import { useState } from 'react';
import { idsAtom, todoListSelector } from '../store/atomUp';
import '../chap04/StateTodo.css';
```

```
export default function RecoilTodoUp() {
  const [title, setTitle] = useState('');
  // Atom/Selector에서 값, 세터를 가져온다
  const [todo, setTodo] = useRecoilState(todoListSelector);
  const [ids, setIds] = useRecoilState(idsAtom);

  // 텍스트 상자에 입력한 내용을 State에 반영
  const handleChangeTitle = e => {setTitle(e.target.value)};

  // [추가] 버튼 클릭으로 할 일 항목 추가하기
  const handleAdd = () => {
    // id 군의 최댓값에서 다음 id값(+1)을 가져온다.
    const newId = Math.max(...(ids.length ? ids : [0])) + 1;         ──────❹
    setTodo({
      type: 'add',
      newItem: {
        id: newId,
        title,
        isDone: false
      }
    });                                                                        ❶
  };

  // [완료] 버튼 클릭으로 해당 ToDo 항목을 작업 완료로 표시
  const handleDone = e => {
    setTodo({
      type: 'done',
      id: Number(e.target.dataset.id)
    });                                                                        ❷
  };

  // [삭제] 버튼 클릭으로 해당 Todo 항목 삭제하기
  const handleRemove = e => {
    setTodo({
      type: 'remove',
      id: Number(e.target.dataset.id)
    });                                                                        ❸
  };
```

```
  return (
    ... 중략 ...
  );
}
```

예제 코드 7-5-9 index.js

```
import RecoilTodoUp from './chap07/RecoilTodoUp';
... 중략 ...
root.render(
  <RecoilRoot>
    <RecoilTodoUp />
  </RecoilRoot>
);
```

❶~❸에 대해서는 p.421의 표와 비교하면서 각 세터 호출의 관계를 확인해 보자.

이제 Recoil 자체와는 무관하지만, 신규 Todo 항목에 부여할 id 값(newId)을 생성하는 ❹에 대해서만 보충 설명하겠다. 변수 ids는 idsAtom에서 관리되는 id 값의 배열이다. 푸른색으로 표시된 부분은 배열 ids가 비어 있을 경우, 더미 배열로 [0]을 준비하라는 의미다. 이 부분만 단순화하면 어렵지 않다.

```
Math.max(...ids) + 1
```

배열 ids의 최댓값(max)을 구하고 그 값에 1을 더하면 된다. '...'는 스프레드 구문(1-3-4항)으로, max 메서드에는 배열을 그대로 전달할 수 없으므로 일단 분해한 것을 전달하고 있는 것이다.

위의 내용을 이해했다면 예제를 다시 실행하여 Todo 항목의 추가/완료/제거 등의 작업을 제대로 수행할 수 있는지 확인해 보자. 물론 본격적인 앱이라면 처리를 훅화하거나 컴포넌트를 분할하는 등 해야 할 일이 많지만, 그 내용은 주제를 넘어서는 것이므로 여기서는 Atom은 의미 있는 작은 단위로 관리해야 한다는 점을 먼저 짚고 넘어가도록 하자.

7.6 함수 또는 그 결과를 메모하기 – memo/useMemo/useCallback 함수

함수 호출의 결과를 캐시해 두었다가 나중에 재사용하는 것을 메모화(memoization)라고 한다. 함수가 어떤 무거운 연산을 수반하는 경우, 메모화로 반복 처리를 방지하여 성능을 개선할 수 있는 경우가 있다.

리액트에는 이러한 메모화를 위한 함수가 여러 개 준비되어 있다.

▼ 메모화를 위한 주요 기능

함수	개요
memo	컴포넌트 출력을 메모화
useMemo	함수 결과를 메모화
useCallback	함수 자체를 메모화

다음에서는 이러한 메모화를 위한 함수의 기본적인 용도와 구분에 대해 차례로 설명하겠다.

> 📄 **메모화는 적극적으로 해야 하는가?**
>
> 결론부터 말하자면, 메모화를 하지 않아도 된다면 하지 않는 것이 좋다. 메모화 자체의 오버헤드가 있기 때문에 메모화가 반드시 성능을 향상시켜주는 것은 아니며, 애초에 메모화로 인해 코드가 복잡해지기 때문이다. 메모화를 고려하는 것은 성능상의 문제가 발생했을 때 그때 가서 고민해도 충분하다.

7-6-1 메모화를 위한 샘플

다음은 소위 카운터 앱의 예시다. 비슷한 앱을 몇 번 소개한 적이 있는데, 이번에는 메모화 해설을 위해 버튼 기능, 카운터 표시 기능을 여러 컴포넌트로 분리하여 여러 개로 배치했다.

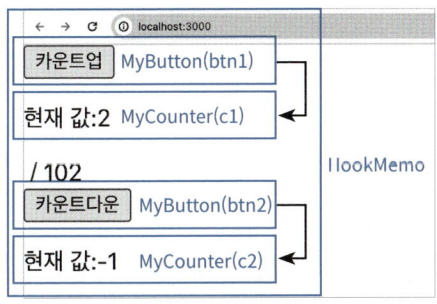

▲ 예제 컴포넌트의 구조

[카운트업], [카운트다운] 버튼으로 해당 카운터가 증감하며, 푸른색 글씨로 표시된 부분은 카운터 (count1) 값에 100을 더한 값을 표시한다.

예제 코드 7-6-1 HookMemo.js

```js
import { useMemo, useCallback, useState } from 'react';
import { MyButton, MyCounter } from './HookMemoChild';

// 인자 delay만 처리를 일시 정지하는 코드
const sleep = delay => {
  const start = Date.now();
  while (Date.now() - start < delay);
};

export default function HookMemo() {
  const [count1, setCount1] = useState(0);
  const [count2, setCount2] = useState(0);
  // MyButton에 넘겨주는 핸들러
  const increment = () => setCount1(c => c + 1);
  const decrement = () => setCount2(c => c - 1);

  // count1에 100을 더한 값을 계산하는 코드 (더미 헤비 처리)
  const heavyProcess = () => {
    sleep(1000);
    return count1 + 100;
  };

  return (
    <>
      {/* 값을 1씩 증가시키는 카운터 */}
      <div>
        <MyButton id="btn1" handleClick={increment}>카운트업</MyButton>
        <MyCounter id="c1" value={count1} />/
        {heavyProcess()}
        {/* {heavyProcess} */}
      </div>
      <div>
        {/* 값을 1씩 감소시키는 카운터 */}
        <MyButton id="btn2" handleClick={decrement}>카운트다운</MyButton>
```

```
      <MyCounter id="c2" value={count2} />
    </div>
   </>
  );
}
```

예제 코드 7-6-2 HookMemoChild.js

```
// 카운터를 늘리거나 줄이는 버튼
// id : id 값, handleClick : 버튼 핸들러, children : 버튼 캡션
export const MyButton = ({ id, handleClick, children }) => {
  // 리렌더링 시 로그
  console.log(`MyButton is called: ${id}`);
  return (
    <button onClick={handleClick}>{children}</button>
  );
};


// 카운터 값을 표시하기 위한 라벨
// id: id 값, value: 표시할 값
export const MyCounter = ({ id, value }) => {
  // 리렌더링 시 로그
  console.log(`MyCounter is called: ${id}`);
  return (
    <p>현재 값:{value}</p>
  );
};
```

예제 코드 7-6-3 index.js

```
import HookMemo from './chap07/HookMemo';
... 중략 ...
root.render(
  <HookMemo />
);
```

코드의 내용은 지금까지의 내용을 복습하는 것이므로 특별히 언급할 사항은 없다. 코드 내 코멘트를 참고하여 내용을 읽어보라.

한 가지, heavyProcess 함수는 State 값(count1)에서 결과를 구하는 '무거운' 처리를 가정한 더미 함수다 (sleep 함수로 처리를 일시 정지하는 것은 바로 이 때문이다). 여기서는 고정값으로 100을 더했을 뿐이지만, 일반적으로는 State 값을 바탕으로 복잡한 연산을 하거나 서버에 문의하는 등의 작업을 수행하게 될 것이다.

7-6-2 함수 결과 메모하기 – useMemo 함수

이제부터는 예제 코드 7-6-1의 코드를 메모화 함수를 이용하여 최적화해 보겠다[26]. 먼저 [카운트업], [카운트다운] 버튼을 클릭해 보자. 두 버튼을 클릭할 때마다 State가 변경되므로 HookMemo 컴포넌트도 다시 그려진다.

하지만 여기서 문제가 되는 것은 heavyProcess 함수인데, HookMemo 컴포넌트가 다시 그려질 때마다 heavyProcess 함수도 함께 실행되기 때문에 반응이 항상 지연된다. 게다가 heavyProcess 함수의 결과에 영향을 주지 않는 count2가 변경된 경우(=[카운트다운] 버튼이 클릭된 경우)에도 마찬가지다. 이렇게 되면 다시 렌더링하는 횟수가 늘어날 때 스트레스를 받게 되므로, 최소한 결과에 영향을 미치는 count1이 변경된 경우에만 heavyProcess 함수를 실행하도록 하고 싶다. 이때 이용하는 것이 useMemo 함수다.

예제 코드 7-6-4 HookMemo.js

```
const heavyProcess = useMemo(() => {
  sleep(1000);
  return count1 + 100;
}, [count1]);
... 중략 ...
{heavyProcess()}  ───①
```

useMemo 함수의 일반적인 구문은 다음과 같다.

구문 _ useMemo 함수

useMemo(*func*, *deps*)
func : 메모화할 함수
deps : 종속 변수(배열)

[26] 다시 한번 말하지만, 성능에 문제가 없다면 대책이 필요하지 않다. 어디까지나 메모화의 예시로만 생각하면 된다.

메모할 함수를 useMemo 함수로 묶기만 하면 된다. 인수 deps는 (useEffect 함수와 마찬가지로) 함수 func가 의존하는 변수를 의미한다. 이렇게 함으로써 함수 func는 인수 deps에 열거된 변수가 변경된 경우에만 재실행되고, 그 외에는 처음 실행된 결과를 반환하게 된다[27]. 이 예시에서는 State 값(count1)이 변경된 경우에만 heavyProcess 함수가 재실행되는 것을 알 수 있다.

useMemo 함수의 반환값은 (함수 자체가 아닌) 함수의 반환값이므로 호출 측에서도 변수로 참조한다. ❶에서 함수 호출의 둥근 괄호(())가 제거된 점을 주목할 필요가 있다.

이 상태에서 예제를 재실행하면 [카운트다운] 버튼을 클릭해도 count1에 영향을 주지 않으므로 결과가 즉시 반영된다[28]. heavyProcess 함수가 재실행되지 않고 메모화된 결과가 그대로 활용된 셈이다.

7-6-3 컴포넌트 리렌더링 억제하기 – memo 함수

지난 절에 이어 이번에는 버튼을 클릭했을 때 브라우저의 개발자 도구([콘솔] 탭)에 주목해 보자.

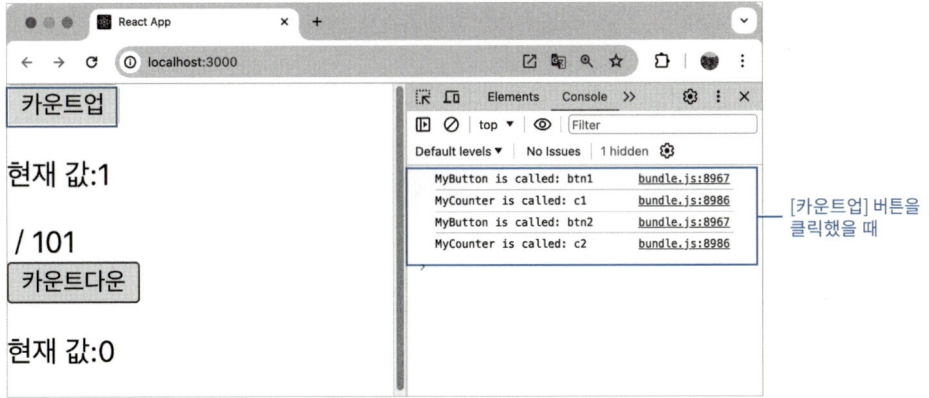

---

[27] 인자 deps를 비워두면 함수 func는 처음 실행된 후 다시는 실행되지 않는다(useEffect 함수와 동일하다).
[28] [카운트업] 버튼에서 반영에 지연이 발생하는 것은 변함없지만, 이에 대한 해결 방법은 7-7-2항에서 다시 설명한다.

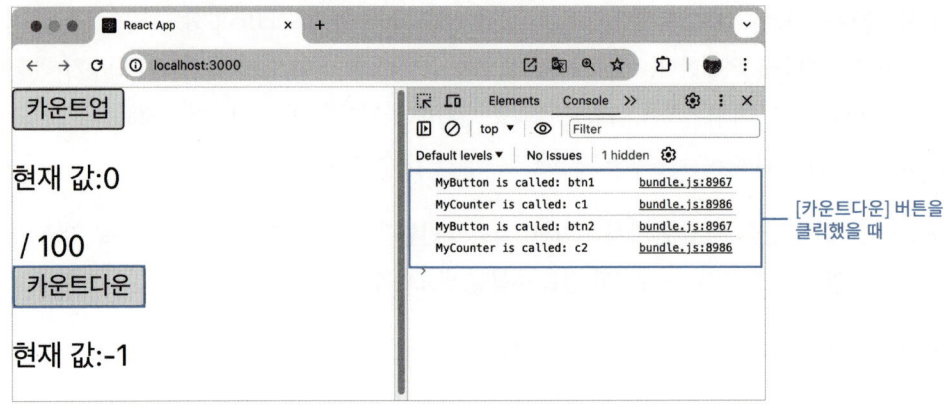

▲ 버튼 클릭 시 로그 출력

[카운트업], [카운트다운] 버튼을 클릭해도 MyButton×2, MyCounter×2, 총 4개의 로그가 출력된다. State(count1, count2)의 갱신으로 HookMemo 컴포넌트가 다시 렌더링되고, 하위 자식 컴포넌트도 모두 다시 렌더링되기 때문이다.

하지만 State(count1, count2)가 변하지 않았는데 반복적으로 다시 렌더링하는 것은 낭비다. 그래서 등장한 것이 memo 함수다.

| 예제 코드 7-6-5 HookMemoChild.js

```
import { memo } from 'react';

export const MyButton = memo(({ id, handleClick, children }) => { ... });
export const MyCounter = memo(({ id, value }) => { ... });
```

사용 방법은 함수 컴포넌트 전체를 memo 함수로 묶기만 하면 된다. useMemo 함수의 인수 deps(종속 변수)에 해당하는 것은 없다. memo 함수는 무조건 Props의 변화로 다시 그리기 여부를 판단하기 때문이다(새 Props와 기존 Props가 동등하지 않은 경우에만 다시 렌더링한다).

다음은 이 상태에서 예제를 재실행한 결과다.

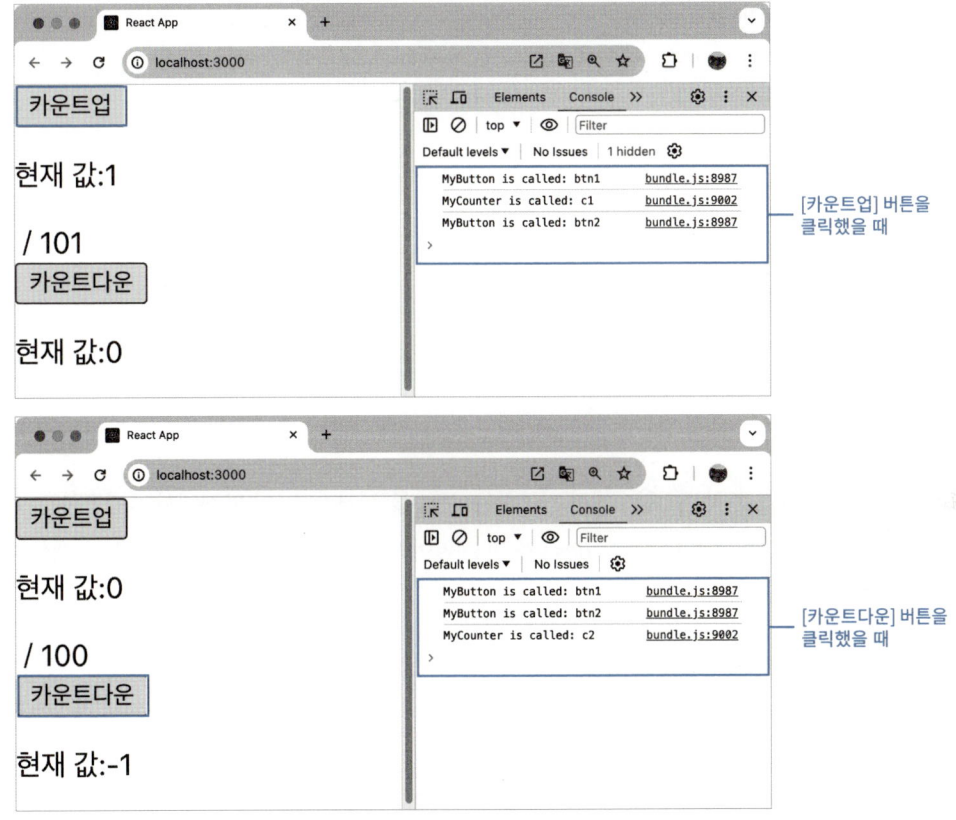

▲ 버튼 클릭 시 로그 출력 (useMemo 함수 적용 후)

MyButton×2, MyCounter×1로 로그가 3개로 줄어들어 컴포넌트 리렌더링이 억제된 것을 확인할 수 있다.

7-6-4 함수 정의 자체를 캐싱하기 – useCallback 함수

방금 전의 예제 실행 결과(그림)를 보고 의문을 품은 사람도 있을 것이다.

그렇다. Props 값의 변화가 없음에도 불구하고 MyButton 컴포넌트가 계속 렌더링되고 있다. 이는 상위 컴포넌트인 HookMemo가 다시 렌더링되면서 increment/decrement 함수가 재생성되고 있기 때문이다. 재생성된 함수는 이전과는 다른 함수이기 때문에 MyButton은 항상 다시 렌더링되는 것이다.

물론 이 또한 바람직하지 않은 상황이기 때문에 함수(increment, decrement) 자체를 메모화해버리고 싶을 수 있다. 이를 수행하는 것이 useCallback 함수다.

┃ 예제 코드 7-6-6 HookMemo.js
```
const increment = useCallback(() => setCount1(c => c + 1), []);
const decrement = useCallback(() => setCount2(c => c - 1), []);
```

useCallback 함수는 useMemo 함수와 동일하게 사용할 수 있다.

┃ 구문 _ useCallback 함수

```
useCallback(func, deps)
```

```
func : 메모화할 함수
deps : 종속 변수(배열)
```

인수 deps에는 함수가 의존하는(=함수에서 참조하는) 변수를 열거한다. 이 예제에서는 참조하는 변수가 없으므로 빈 배열을 전달하고 있다. 인수 deps가 빈 배열이라는 것은 한 번 생성되면 다시는 재생성되지 않는다는 뜻이다.

이제 이 상태에서 예제를 다시 실행해 보자.

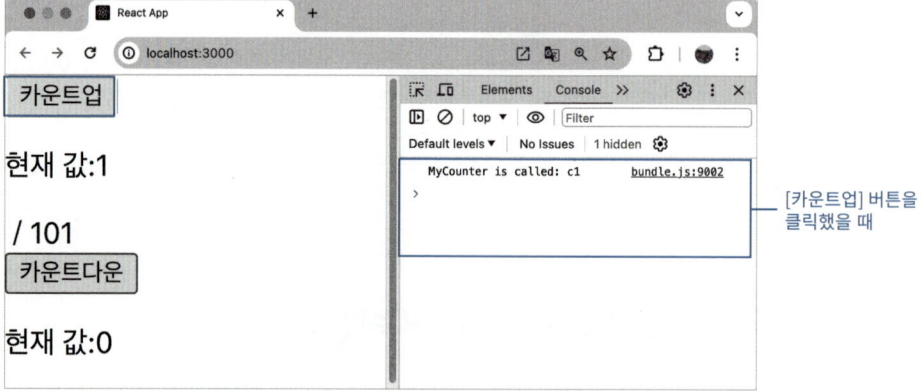

[카운트업] 버튼을 클릭했을 때

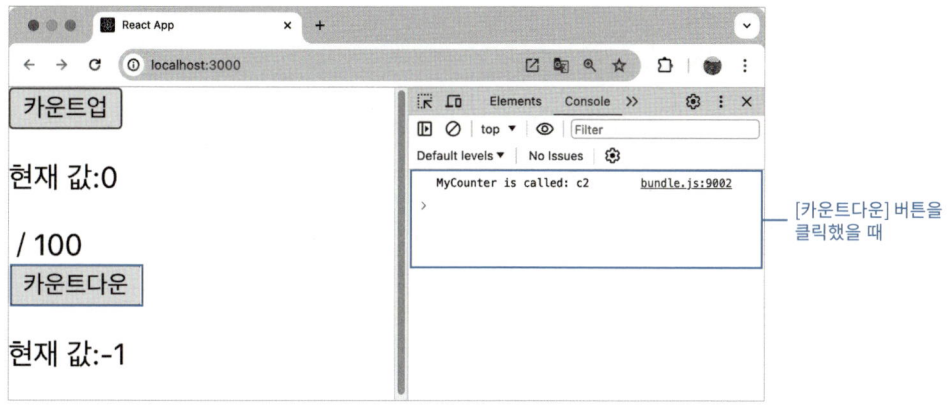

▲ 버튼 클릭 시 로그 출력 (useCallback 함수 적용 후)

이번에는 버튼 클릭에 따라 값이 변하는 MyCounter 컴포넌트만 다시 렌더링되는 것(=로그가 1개만 출력되는 것)을 확인할 수 있다.

이처럼 useCallback 함수는 핸들러를 메모한 컴포넌트에 전달할 때 의미가 있다. 그 자체로 사용하는 것, 예를 들어 핸들러 함수를 해당 컴포넌트 자체에서 사용하는 용도에서는 의미가 없으므로 주의해야 한다.

 우선순위가 낮은 State 업데이트 구분하기 – useTransition 함수

지금까지 살펴본 바와 같이 리액트는 State(상태)의 변화에 따라 페이지를 그리는데, State와 페이지를 동기화하기 위한 라이브러리라고 할 수 있다. 리액트의 기본이라고 할 수 있는 이 개념을 다시 한번 확인했으니, 이제 다음과 같은 코드를 확인해 보겠다.

7-7-1 여러 State에 따라 페이지를 제어하는 예시

다음은 선택 상자에서 책을 선택하면 책의 상세 정보와 그에 따른 코멘트를 표시하는 예시다. 선택한 도서(ISBN 코드)와 그에 따른 코멘트 목록을 State로 관리하고 있다[29].

---

29 지면상 원 데이터인 도서 정보(books.js), 코멘트 정보(comments.js)는 생략했다. 전체 코드는 배포된 예제를 참고하기 바란다.

| 예제 코드 7-7-1 HookTransition.js

```js
import { useState } from 'react';
import books from './books';
import commentList from './comments';
import { BookDetails, CommentList } from './HookTransitionChild';

export default function HookTransition() {
  // 선택한 도서(isbn)와 해당 코멘트(comments)
  const [isbn, setIsbn] = useState('');
  const [comments, setComments] = useState([]);

  // 선택 상자 변경에 따른 State 반영
  const handleChange = e => {
    const isbn = e.target.value;
    setIsbn(isbn);
    setComments(commentList.filter(c => c.isbn === isbn));
  };

  return (
    <>
      <select onChange={handleChange}>
        <option value="">선택해주세요.</option>
        {books.map(b => (
          <option key={b.isbn} value={b.isbn}>{b.title}</option>
        ))}
      </select>
      <BookDetails isbn={isbn} />
      <hr />
      <CommentList src={comments} />
    </>
  );
}
```

❶

| 예제 코드 7-7-2 HookTransitionChild.js

```js
import { memo } from 'react';
import books from './books';

// delay 밀리초만큼 처리를 지연시키는 코드
const sleep = (delay) => {
  const start = Date.now();
```

```
  while (Date.now() - start < delay);
};

export function BookDetails({ isbn }) {
  const book = books.find(b => b.isbn === isbn);
  return (
    <ul>
      <li>ISBN:{book?.isbn}</li>
      <li>도서명:{book?.title}</li>
      <li>가격:{book?.price}원</li>
      <li>개요:{book?.summary}</li>
      <li>예제 코드:{(book?.download) ? '있음': '없음'}</li>
    </ul>
  );
}

export const CommentList = memo(function({ src, isPending }){
  // isPending이 true인 경우 로딩 메시지 표시 (7-7-3항에서 사용)
  if (isPending) return <p>Now Loading...</p>;
  // 수신된 댓글 정보 목록 표시
  return (
    <ol>
      {src.map(c => <CommentItem key={c.id} src={c} />)}
    </ol>
  );
});

// 개별 코멘트 표시로 시간이 오래 걸리는 처리 시뮬레이션
function CommentItem({ src }) {
  sleep(1000);  ────────❷
  return <li>{src.body}({src.rank})</li>;
}
```

예제 코드 7-7-3 index.js

```
import HookTransition from './chap07/HookTransition';
... 중략 ...
root.render(
  <HookTransition />
);
```

앞에서 언급했듯이 예제 코드 7-7-1은 여러 State(isbn, comments)를 기반으로 화면을 생성하고 있다. ❶에서는 선택 박스를 변경한 시점에 isbn, comments를 업데이트하여 각각 도서 정보, 코멘트 목록을 생성하고 있다.

이때 리액트에서는 isbn의 업데이트로 도서 정보를 업데이트한 후 다시 comments의 업데이트를 코멘트 목록에 반영하는 것이 아니라, isbn, comments의 업데이트를 한꺼번에 페이지에 반영하고 있다는 점이 주목할 만하다.

그 특성상 ❷와 같이 comments 업데이트에 시간이 걸리는 경우, 도서 정보 반영도 지연될 수밖에 없다. 실제로 예제를 실행하면 선택 상자를 변경한 타이밍에 페이지 전체가 멈춰있는 것처럼 보일 것이다(지면 상으로는 잘 보이지 않으니 실제로 움직여보자).

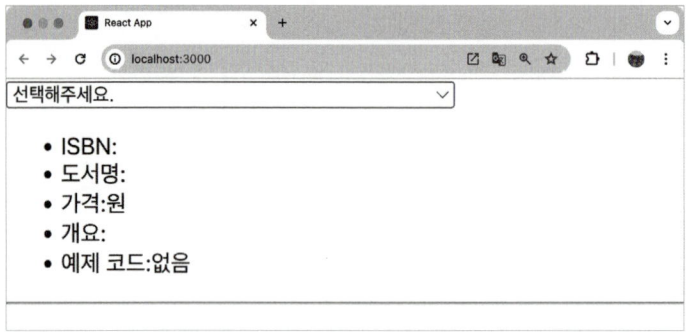

▲ comments의 지연을 기다리며 페이지 전체가 일시적으로 멈춰버린 것처럼 보임

이것이 바로 '여러 상태를 하나로 묶어 반영한다'는 의미다. 하지만 전체가 굳어 버리는 것은 일반적으로 좋지 않은 상태다(앱 전체를 사용할 수 없게 되기 때문이다). 이런 앱이라면 우선 주요 도서 정보만 표시하고, 부수적인 정보인 코멘트 목록은 대충 표시할 수 있다면 그것으로 충분하다.

7-7-2 useTransition 함수를 이용한 렌더링의 우선순위 지정

여기서 useTransition 함수가 등장한다. 트랜지션(transition)은 대략 우선순위가 낮은 업데이트를 말한다. 특정 State 업데이트(setXxxxx)를 트랜지션으로 표시해두면 우선순위가 높은 업데이트(이 경우 isbn)를 먼저 페이지에 반영하고, 우선순위가 낮은 업데이트(이 경우 comments)를 나중에 반영하는 것이 가능해진다.

그럼 바로 코드를 수정해 보겠다.

예제 코드 7-7-4 HookTransition.js

```js
import { useState, useTransition } from 'react';
... 중략 ...
export default function HookTransition() {
  const [isbn, setIsbn] = useState('');
  const [comments, setComments] = useState([]);
  // 트랜지션 활용을 위한 준비
  const [isPending, startTransition] = useTransition();         ──❷

  const handleChange = e => {
    const isbn = e.target.value;
    setIsbn(isbn);
    // 트랜지션의 명령으로 State 업데이트하기
    startTransition(() => {
      setComments(commentList.filter(c => c.isbn === isbn));    ❶
    });
  };
  ... 중략 ...
}
```

포인트는 ❶의 부분이다. 즉시 갱신하지 않아도 되는 State(=우선순위가 낮은 State 갱신)를 startTransition 함수로 묶는다.

구문 _ startTransition 함수

startTransition(() => { *statements* })
statements : 우선순위가 낮은 업데이트

이를 통해 리액트는 하위 State(여기서는 comments)가 처리될 때까지 기다리지 않고, 먼저 isbn의 업데이트를 페이지에 반영하게 된다.

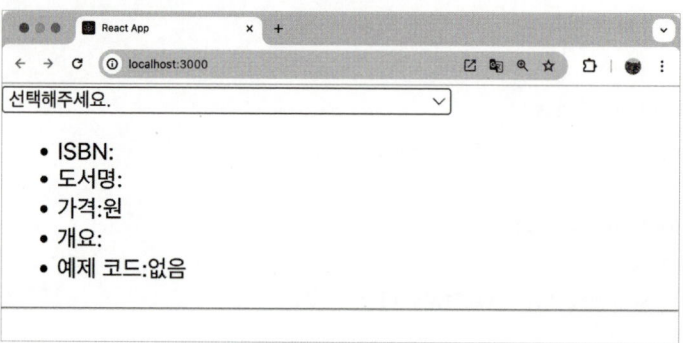

▲ 코멘트 목록을 기다릴 필요 없이 도서 정보만 표시

이를 통해 사용자는 주요 콘텐츠를 먼저 확인할 수 있어 체감 속도를 향상시킬 수 있다.

참고로 이 startTransition 함수를 생성하는 것이 useTransition 함수의 역할이다(❷). startTransition 함수는 return 값으로 startTransition 함수 외에 isPending이라는 변수를 반환한다. 이에 대해서는 잠시 후에 설명하겠다.

7-7-3 트랜지션 상태에 따라 처리 할당하기

이대로도 나름대로 문제를 해결하고 있지만, 선택을 변경했을 때 이전에 선택했던 책의 코멘트 정보가 남아있는 것은 좋지 않다.

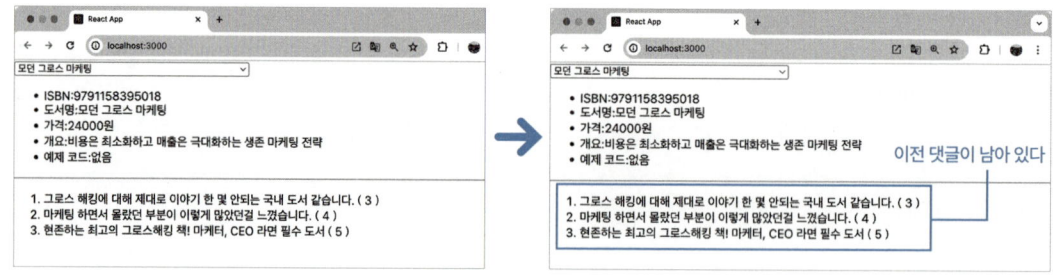

▲ 책 변경 시 이전 코멘트 정보가 남아있는 경우

오래된 정보는 트랜지션에 의한 변경을 기다리고 있다는 것을 명확하게 표시해야 한다. 이때 사용하는 것이 useTransition 함수의 또 다른 반환값인 isPending 변수다.

isPending은 트랜지션에 의한 반영이 보류(pending)되어 있는지를 나타내는 부울 값이다. 이 값을 사용하여 코멘트의 표시를 제어해 보자.

| 예제 코드 7-7-5 HookTransition.js

```js
export default function HookTransition() {
  ... 중략 ...
  return (
    <>
    ... 중략 ...
    <hr />
    <CommentList src={comments} isPending={isPending} />
    </>
  );
}
```

| 예제 코드 7-7-6 HookTransitionChild.js

```js
export const CommentList = memo(function({ src, isPending }){
  if (isPending) return <p>Now Loading...</p>;
  return (...);
});
```

CommentList 컴포넌트에 대해 Props를 통해 isPending 값을 전달하고, 그 값에 따라 로딩 메시지를 표시하고 있는 것이다. 이제 트랜지션에 의한 '대기 중'임을 명확하게 표현할 수 있다.

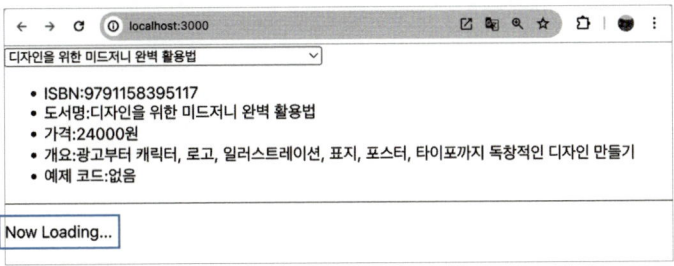

▲ 대기 상태일 때 로딩 메시지 표시

📄 startTransition 함수

startTransition 함수는 일반적으로 useTransition 함수를 통해 사용하는 것이 일반적이지만, react 모듈에서 직접 가져오는 것도 가능하다.

```js
import { startTransition } from 'react';
```

컴포넌트 배속이 아닌 다른 방식으로 트랜지션을 사용하고자 할 경우, 이 표기법을 사용하기 바란다. 단, 이 방법으로는 isPending을 사용할 수 없다.

7-7-4 특정 값의 '지연 버전' 생성하기 – useDeferredValue 함수

useTransition과 유사한 기능으로 useDeferredValue 함수가 있다. 이 함수는 특정 변수에 대해 지연된 버전을 생성하기 위한 훅이다.

'지연 버전이 뭐지?'라고 생각하는 사람들을 위해 먼저 기본적인 예제를 살펴보자.

예제 코드 7-7-7 HookDeferred.js

```js
import { useDeferredValue, useState } from 'react';

export default function HookDefered() {
  const [text, setText] = useState('');
  // 변수 text의 지연된 버전을 생성
  const deferText = useDeferredValue(text);           ───❶
  // 텍스트 상자 변경 시 text/deferText 모두 로그 표시
  const handleChange = e => {
    setText(e.target.value);
    console.log(text, deferText);                     ───❸
  };

  return (
    <>
      <input type="text" value={text} onChange={handleChange} />
      {[...Array(10000)].map((e, index) => <p key={index}>{deferText}</p>)} [30]  ───❷
    </>
  );
}
```

예제 코드 7-7-8 index.js

```js
import HookDeferred from './chap07/HookDeferred';
... 중략 ...
root.render(
  <HookDeferred />
);
```

---

[30] 여담이지만, 이 코드는 특정 횟수만큼 처리를 반복하기 위한 정석이다. 이 예시에서는 10000개의 요소를 가진 빈 배열을 생성하고 이를 map 메서드로 처리한다(따라서 인수 e를 참조하는 것은 의미가 없다).

특정 변수의 지연된 버전을 생성하려면 useDeferredValue 함수를 사용하면 된다.

구문 _ useDeferredValue 함수

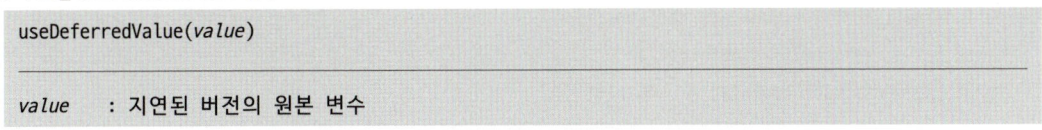

❶의 경우, State(text)에 대한 업데이트를 지연하여 반영하는 deferText가 생성된 것이다. 지연이란 변경 사항을 즉시 반영하지 않아도 된다는 의미다(=리액트에 여유가 있을 때만 반영한다).

이를 확인하기 위해 ❷와 같이 deferText의 내용을 10000번 나열하는 코드를 준비했다. 또한 text/deferText의 차이를 확인할 수 있도록 텍스트 박스 변경 시 양쪽 값을 모두 로그에 출력하도록 하고 있다 (❸).

이제 이 상태에서 예제를 실행해 보자.

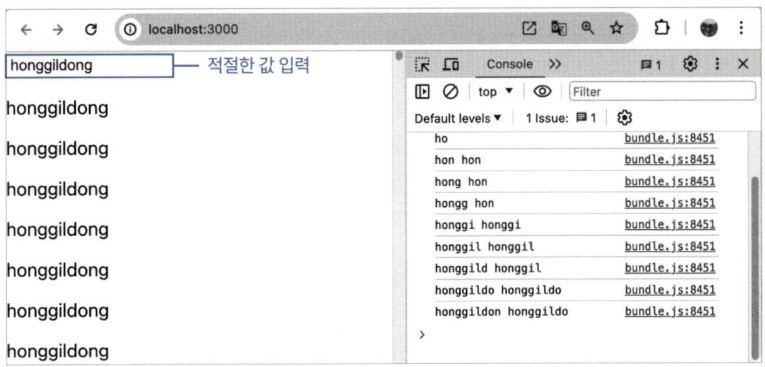

▲ text/deferText의 결과가 다르게 나온다

텍스트 상자에 적절한 값을 입력하면 text/deferText의 값이 서로 다른 것을 확인할 수 있다. 10000번의 출력으로 리액트에 부하가 걸려 deferText에 반영되는 것을 지연시키고 있는 것이다(이로 인해 ❷에 반영되는 것도 지연된다).

책/코멘트 샘플에 반영

좀 더 구체적인 용도를 상상하기 위해 앞서의 예시(예제 코드 7-7-5)를 useDeferredValue 함수를 사용하여 다시 작성해 보자.

| 예제 코드 7-7-9 HookDeferredTransition.js

```js
import { useDeferredValue, useState } from 'react';
... 중략 ...
export default function HookDeferredTransition() {
  const [isbn, setIsbn] = useState('');
  const [comments, setComments] = useState([]);
  const deferredComments = useDeferredValue(comments);  ──────❶
  const isPending = comments !== deferredComments;       ──────❷

  const handleChange = e => {
    const isbn = e.target.value;
    setIsbn(isbn);
    setComments(commentList.filter(c => c.isbn === isbn));
  };

  return (
    <>
      ... 중략 ...
      <CommentList src={deferredComments} isPending={isPending} />  ──────❸
    </>
  );
}
```

| 예제 코드 7-7-10 index.js

```js
import HookDeferredTransition from './chap07/HookDeferredTransition';
... 중략 ...
root.render(
  <HookDeferredTransition />
);
```

❶에서는 변수 comments의 지연 버전(deferredComments)을 생성한다. 하지만 useDeferredValue 함수는 useTransition 함수의 isPending에 해당하는 정보를 가지고 있지 않다. 따라서 비지연 버전 (comments)과 지연 버전(deferredComments)이 다른 경우, pending 상태인 것으로 간주한다(❷).

이제 CommentList 컴포넌트에 대해 원래 코멘트가 아닌 지연된 버전의 deferredComments를 전달하기만 하면 된다(❸).

> 📄 **useTransition 또는 useDeferredValue**
>
> 이처럼 useTransition 함수와 useDeferredValue 함수는 모두 업데이트의 우선순위를 정하는 방식이다. 다만, 우선순위를 부여하는 방식이 다르다. 전자는 State의 업데이트 프로세스 자체를 래핑하는 반면, 후자는 값 자체의 지연된 버전을 생성한다.
>
> 그 특성상 State의 업데이트 처리를 먼저 커밋할 수 있는 상황이라면 useTransition 함수를 사용하는 것이 좋다(이 경우 펜딩을 관리할 수 있다는 장점도 있다). 반면, 처리를 외부 라이브러리에 의존하는 등 결괏값만 볼 수 있는 상황이라면 useDeferredValue 함수를 사용해야 할 것이다.

7.8 훅 자체 제작

지금까지 리액트의 주요 표준 훅에 대해 살펴보았는데, 이번 장의 마지막 주제는 커스텀 훅(자체 제작 훅)이다. 훅이라고 하면 뭔가 특별한 것처럼 들리겠지만, 그 실체는

함수 컴포넌트에서 호출 가능한 자바스크립트 함수

다. '그게 다야?'라고 생각할 수도 있지만, 일단은 그게 전부다.

수많은 컴포넌트를 정의하다 보면, 컴포넌트를 넘나들며 재사용하고 싶은 코드가 나온다. 그런 코드를 훅으로 잘라내 한곳에 모아두자는 것이다(함수의 본래 목적이다).

물론 훅이라는 이름이 붙은 만큼 약간의 규칙이 있지만, 일단은 긴장을 풀고 기존 코드를 훅화하는 흐름을 확인해 보자.

7-8-1 커스텀 훅 정의

이 절에서는 기존 코드를 훅화하는 예시로 7-3-4항의 예제 코드 7-3-3을 예로 들어보겠다. 카운터 값(State)과 이를 처리하기 위한 이벤트 핸들러를 훅으로 잘라내 보자.

다음에서 작성하는 useCounter 훅은 다음과 같은 구문으로 호출할 수 있는 함수라고 가정한다.

구문 _ useCounter 함수

useCounter(*init*, *step*)

init : 카운터의 초깃값
step : 증감하는 값

구체적인 구현 코드는 다음과 같다.

예제 코드 7-8-1 UseCounter.js

```js
import { useReducer } from 'react';

export default function useCounter(init, step) {     ──❶
  // 카운터를 관리하기 위한 State/Reducer를 준비
  const [state, dispatch] = useReducer(              ──❷
    (state, action) => {
      switch (action.type) {
        case 'update':
          return { count: state.count + action.step };
        case 'reset' :
          return { count: action.init };
        default:
          return state;
      }
    },
    {
      count: init
    }
  );                                                      ❹
  // 각 버튼에 대응하는 핸들러
  const handleUp = () => dispatch({ type: 'update', step });
  const handleDown = () => dispatch({ type: 'update', step: -step });
  const handleReset = () => dispatch({ type: 'reset', init });
  return [state, handleUp, handleDown, handleReset];   ──❸
}
```

훅 함수가 되기 위한 조건은 다음과 같다.

❶ 함수 이름이 useXxxxxx 형식일 것

❷ 함수 내에서는 다른 훅을 이용하고 있을 것

❸ 컴포넌트에서 재사용하고자 하는 값/코드를 반환값으로 반환하는 것

실제로 훅 전용 코드는 없고, ❹ 부분은 예제 코드 7-3-3의 코드를 거의 그대로 사용하고 있음을 알 수 있다(푸른색으로 표시된 부분만 코드 재사용을 의식하여 변경했고 인자 init/step에서 값을 설정하고 있다[31]).

참고로 훅의 반환값은 ❸과 같이 배열로 묶어서 반환하는 것이 일반적이다. 이를 통해 useState/useReducer 등에서 여러 번 봤듯이 훅의 반환값을 분할 대입으로 받을 수 있게 된다.

7-8-2 커스텀 훅 사용

자체 제작이라고 해도 훅은 훅이다. 이미 정의된 커스텀 훅을 이용하는 방법은 기존과 동일하다.

예제 코드 7-8-2 HookCustom.js

```jsx
import useCounter from './UseCounter';

export default function HookCustom() {
  const [state, handleUp, handleDown, handleReset] = useCounter(0, 1);  ──❶
  return (
    <>
      <button onClick={handleUp}>카운트업</button>
      <button onClick={handleDown}>카운트다운</button>
      <button onClick={handleReset}>리셋</button>
      <p>{state.count}번 클릭됐습니다.</p>
    </>
  );
}
```

예제 코드 7-8-3 index.js

```jsx
import HookCustom from './chap07/HookCustom';
... 중략 ...
root.render(
  <HookCustom />
);
```

---

31 푸른색으로 표시된 부분은 객체의 생략 구문(1-3-2항)이며, step, init은 각각 'step: step', 'init: init'을 의미한다.

앞 항에서 설명한 구문과 같이 초깃값, 증분값을 지정하고 useCounter 훅에서 State와 핸들러를 가져오기만 하면 된다(❶). 이제 가져온 정보를 템플릿에 배치한다.

예제를 실행하면 7-3-4항과 동일한 결과를 얻을 수 있음을 확인할 수 있다.

보충: 커스텀 훅 내 값 모니터링하기

useDebugValue 함수를 이용하여 커스텀 훅 내의 값을 모니터링하고 React Developer Tools(3-1-5항)에 출력할 수 있다. 예를 들어 다음은 State 값(count)을 모니터링하여 10 이상이면 '10 Over', 그렇지 않으면 '10 Less'로 표시하는 예제다.

예제 코드 7-8-4 UseCounter.js

```js
import { useDebugValue } from 'react';
... 중략 ...
export default function useCounter(init, step) {
  const [state, dispatch] = useReducer( ... );
  useDebugValue(state.count >= 10 ? '10 Over' : '10 Less');
  ... 중략 ...
}
```

이 상태에서 React Developer Tools를 열고 예제를 다시 실행해 보자. [Components] 탭에서 UseCounter 훅을 사용하는 HookCustom 컴포넌트를 선택하면 오른쪽에서 'Counter: 10 Less'와 같은 표시를 확인할 수 있다. 'Counter'는 훅의 이름(앞의 use를 제외한 이름)이다.

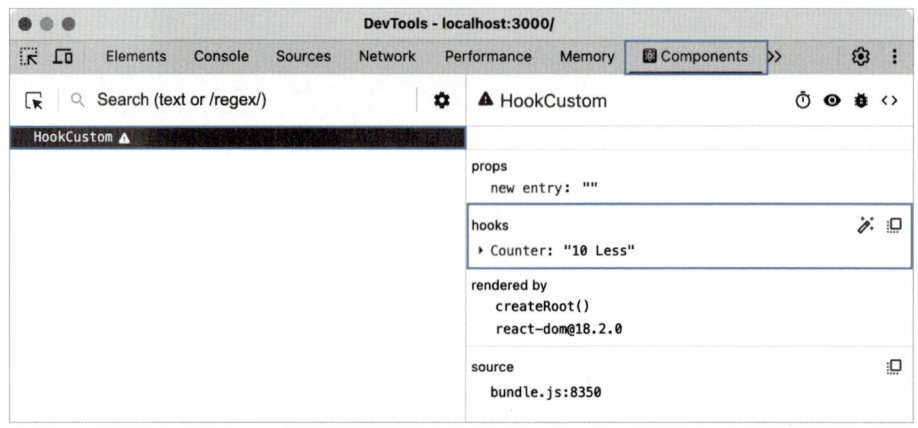

▲ React Developer Tools에서 디버깅 값 확인

> **칼럼** VSCode에서 긴 코드를 접는 방법은?
>
> VSCode를 이용하고 있다면, 코드를 블록(중첩) 단위로 접을 수 있다. 큰 함수/제어 블록, JSX 요소가 포함된 코드에서는 필요에 따라 블록 단위로 코드를 접어서 파일 전체를 조망하기 쉽게 만들 수 있다. 접기/펼치기는 에디터 왼쪽 끝에 있는 ⌄/› 을 클릭하면 된다.
>
> ▲ 코드 접기
>
> 또한, 블록을 포함하지 않는 긴 코드는 '//#region 라벨 ~//#endregion'으로 묶어 임의의 범위를 접을 수 있다. 라벨에는 임의의 문자열을 지정할 수 있다.
>
> ▲ #region 블록으로 접기
>
> 이 책의 메인 예제 프로젝트 my-react에서도 /src/index.js가 render 메서드를 나열한 긴 파일로 되어 있다. 장 단위로 render 메서드를 접을 수 있도록 되어 있으므로 배포된 예제를 사용할 때 꼭 활용해 보자.

따라하며 쉽게 배우는
모던 리액트
완벽 입문

응용편

chapter

8

라우팅

8.1 리액트 라우터의 기본
8.2 라우터 지원 링크 설치
8.3 라우터를 통해 정보를 전달하는 방식
8.4 Route 컴포넌트 속성
8.5 라우팅과 관련된 기타 기법

이 장의 서문 리액트를 이용한 앱은 최초 접속 시 전체 페이지를 가져오고, 이후 페이지 업데이트는 기본적으로 자바스크립트로 처리하는 것이 일반적이다. 이처럼 여러 기능을 하나의 페이지로 구성한 앱을 SPA(Single Page Application)라고 한다.

SPA가 아닌 앱에서는 페이지 전환을 브라우저에 맡겨야 했다. 링크 등을 통해 요청된 페이지는 서버에서 알아서 전송하고 브라우저가 그대로 렌더링해주기 때문에 URL도 새로운 URL로 바뀌고, 이력도 남아 있으므로 [뒤로 가기] 버튼으로 이전 페이지로 돌아가는 것도 자유롭다.

하지만 SPA의 세계에서는 페이지 전환도 앱의 책임이다. 요청된 기능을 적절한 컴포넌트에 할당하고, 그 처리 결과를 페이지의 정해진 영역에 반영해야 한다. 페이지 자체는 단일 페이지이기 때문에 이동 이력도 앱에서 브라우저에 명시적으로 보고해야 한다[1].

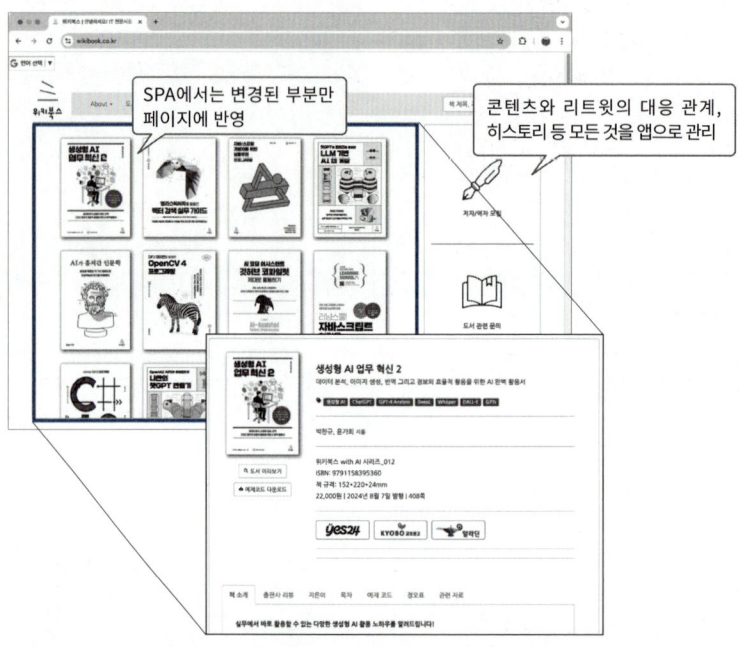

▲ SPA에서는 화면 전환도 앱의 책임이다

하지만 이러한 페이지 전환 메커니즘을 앱에서 처음부터 구현하는 것은 번거롭다. 그래서 리액트에서 자주 사용되는 것이 리액트 라우터(React Router)라는 라이브러리다.

- React Router

  URL https://reactrouter.com/

---

1 지금까지는 그런 처리를 의식하지 못했다. 따라서 예를 들어 버튼 클릭으로 변경된 후 이전 상태로 되돌릴 수 없다.

8.1 리액트 라우터의 기본

라우터(Router)는 라우팅 기능을 제공하는 라이브러리를 말한다. 라우팅은 클라이언트가 요청한 URL에 따라 처리를 전달할 대상(컴포넌트)을 결정하는 것, 또는 그 구조를 말한다.

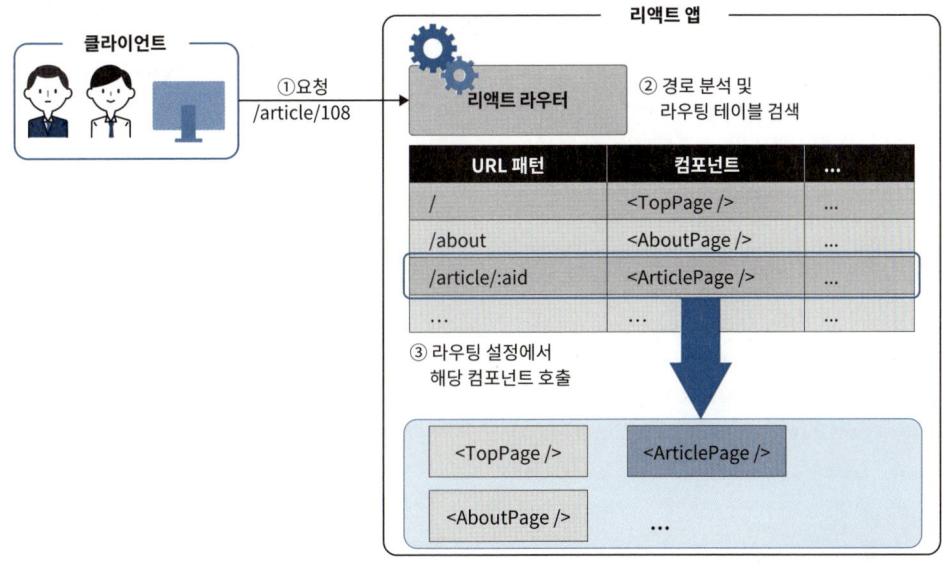

▲ 라우팅이란?

리액트 라우터는 미리 준비해둔 라우팅 정보(라우팅 테이블)를 기반으로 해당 컴포넌트를 호출하고, 그 처리 결과를 페이지에 반영하는 역할까지 담당한다. 라우팅 시 브라우저의 히스토리도 함께 관리해주기 때문에 SPA가 아닌 앱과 같은 느낌으로 SPA 앱을 이용할 수 있다[2]는 장점도 있다. 라우팅 기능은 본격적인 SPA를 개발하기 위해 꼭 필요한 구조다.

리액트 라우터는 Create React App 표준에는 내장되어 있지 않으므로 다음 명령어를 통해 미리 프로젝트에 내장해 둬야 한다.

```
> npm install react-router-dom
```

리액트 라우터를 설치했다면 이제 앱 전체와 관련된 라우터를 준비해 보자.

---

2 즉, 표시를 바꾸면 주소도 바뀌고, 브라우저의 [뒤로 가기] 기능도 사용할 수 있다.

8-1-1 라우팅 테이블 정의

라우터를 이용하기 위해서는 먼저 라우팅 설정, 즉 '어떤 URL에 어떤 컴포넌트를 연결할 것인지'를 정의해야 한다. 라우팅 설정은 index.js에 직접 작성해도 되지만, 이 책에서는 routesXxxxx.js[3]로 잘라내어 설명한다.

예제 코드 8-1-1 routesBasic.js

```javascript
// 리액트 라우터 본체 가져오기
import { Route, createBrowserRouter, createRoutesFromElements } from 'react-router-dom';
// 라우팅에 사용할 페이지 가져오기
import TopPage from './TopPage';
import ArticlePage from './ArticlePage';
import AboutPage from './AboutPage';

// 라우팅 테이블 정의
const routesBasic = createBrowserRouter([
  { path: '/', element: <TopPage /> },
  { path: '/article', element: <ArticlePage /> },
  { path: '/about', element: <AboutPage /> },
]);                                                          ❷

export default routesBasic;
```

예제 코드 8-1-2 index.js

```javascript
import { RouterProvider } from 'react-router-dom';
import routesBasic from './chap08/routesBasic';
... 중략 ...
// 리액트 라우터 활성화
root.render(
  <RouterProvider router={routesBasic} />                    ❶
);
```

앱에 라우터 기능을 부여하는 것은 RouterProvider 컴포넌트의 역할이다(❶). render 메서드에서 〈RouterProvider〉를 루트 컴포넌트로 전달한다. 이제 모든 하위 컴포넌트는 리액트 라우터의 관리 하에 들어가게 되며, 루트 정의에 따라 해당 컴포넌트가 표시될 것이다.

---

[3] 이 장에서는 설명 내용에 따라 여러 가지 라우팅 설정을 사용한다.

루트 정보는 〈RouterProvider〉 요소의 router 속성으로 전달한다. 루트 정보를 정의하는 방법은 여러 가지가 있지만[4], 웹앱을 개발한다면 우선 표준적인 createBrowserRouter 함수를 선택하면 된다(❷).

구문 _ createBrowserRouter 함수

```
createBrowserRouter(routes, opts)

routes  : 루트 정의
opts    : 동작 옵션 ('옵션명: 값, ...' 형식)
```

인수 routes는 루트 정의(Route 객체)의 배열이다. Route 객체로 지정할 수 있는 프로퍼티는 다음 표와 같다.

▼ 루트 정의의 구성 요소 (인수 routes에서 사용할 수 있는 주요 프로퍼티)

프로퍼티	개요
path	요청 경로
index	인덱스 루트(8-2-1항)인지
children	하부 루트 정의(8-2-1항)
caseSensitive	대문자/소문자 구분 여부
loader	데이터 수집을 위한 로더 함수(8-4-2항)
action	루트 배치를 제출할 때 호출되는 액션 함수(8-4-3항)
element	라우팅을 통해 그려지는 리액트 요소
errorElement	라우팅/로더에서 오류가 발생했을 때 그려지는 리액트 요소
handle	앱별 데이터(8-3-6항)
lazy	지연 로딩을 위한 함수(8-4-4항)

이번 예시에서는 다음과 같은 경로를 정의한 것이다.

- '/'로 TopPage 컴포넌트 호출하기
- '/article'로 ArticlePage 컴포넌트 호출하기
- '/about'으로 AboutPage 컴포넌트 호출하기

---

[4] 루트 경로를 해시(#~)로 관리하는 createHashRouter, 루트를 메모리상에서 관리하는 createMemoryRouter 등이 있다.

각 컴포넌트[5]는 '홈페이지입니다'와 같은 문자열을 표시하는 것일 뿐이므로 지면 관계상 생략한다. 전체 코드는 배포된 예제를 참고하기 바란다.

위의 내용을 이해했다면, 예제를 실행하여 다음 경로로 각각 접속해 보자.

- http://localhost:3000/
- http://localhost:3000/article
- http://localhost:3000/about

경로에 따라 다음과 같은 결과가 표시되는데, 경로에 따라 루트가 할당된 것을 확인할 수 있다.

▲ 경로에 따라 해당 컴포넌트 표시

8-1-2 보충: 라우터 동작 옵션

라우터(createBrowserRouter 함수의 인수 opts)에서 사용할 수 있는 옵션은 다음 표와 같다.

▼ 라우터의 주요 동작 옵션 (인수 opts)

옵션	개요
basename	베이스명
future	Future 플래그 활성화[6]
window	사용하는 window 객체(주로 테스트 용도)

---

[5] 라우터에 의해 제어되는 페이지라는 의미에서 페이지 컴포넌트라고 부르기도 한다.

[6] 향후 버전에서 도입될 시범 기능을 활성화하기 위한 플래그다. 자세한 내용은 다음 페이지를 참조하라: https://reactrouter.com/en/main/guides/api-development-strategy

몇 가지 옵션이 있지만, 초보자가 가장 먼저 알아야 할 것은 basename 옵션 정도다. basename 옵션은 앱을 도메인의 루트에 배치할 수 없는 경우 지정하는 옵션이다. 예를 들어 다음은 앱 루트가 'http://example.co.kr/myapp/'인 경우의 지정이다.

```
createBrowserRouter(routes, {
  basename: '/myapp',
});
```

이에 따라 예를 들어 '/article'에 대한 경로는 앱 루트를 고려한 '/myapp/article'로 간주된다. 이 책에서는 우선 basename 옵션이 '/'(도메인 최상위)에 앱을 배치하는 것을 전제로 진행하지만, 실제 실행 환경에서는 하위 폴더에 배치하는 상황도 있을 수 있다. 이때, basename 옵션을 잊지 말고 기억해두면 도움이 될 것이다.

8-1-3 루트 정의를 태그 형식으로 표현하기

예제 코드 8-1-1에서는 루트 정의(인수 routes)를 객체 배열로 정의했지만, 이후 중첩된 루트 등을 정의하게 되면 중복되는 부분이 많아진다. 그래서 리액트 라우터에서는 태그 형식으로 루트 정의를 표현할 수도 있다.

다음은 예제 코드 8-1-1을 태그 형식으로 다시 작성한 것이다.

| 예제 코드 8-1-3 routesBasic.js

```
import { Route, createBrowserRouter, createRoutesFromElements } from 'react-router-dom';

const routesBasic = createBrowserRouter(
  createRoutesFromElements(
    <>
      <Route path="/" element={<TopPage />} />
      <Route path="/article" element={<ArticlePage />} />
      <Route path="/about" element={<AboutPage />} />
    </>
  )
);
```

태그 형식으로 작성된 루트 정의는 그대로 createBrowserRouter 함수에 전달할 수 없으므로 createRoutesFromElements 함수로 객체 배열로 변환한다. 프로퍼티의 의미는 p.453의 표와도 대응 관계가 있으므로 특별히 언급할 사항은 없다.

일반적으로 객체 형식보다 태그 형식이 보기 편하기 때문에 이 책에서도 이후의 샘플은 태그 형식을 우선적으로 사용한다.

8.2 라우터 지원 링크 설치

앞 절에서 리액트 라우터의 기본을 설명했지만, 일반적인 앱에서 URL을 직접 입력하여 페이지를 이동하는 것은 매우 부자연스럽다. 그래서 앞서 살펴본 앱에 공통의 내비게이션 바(링크 리스트)를 설치하고, 콘텐츠 영역만 전환할 수 있게 해 보자.

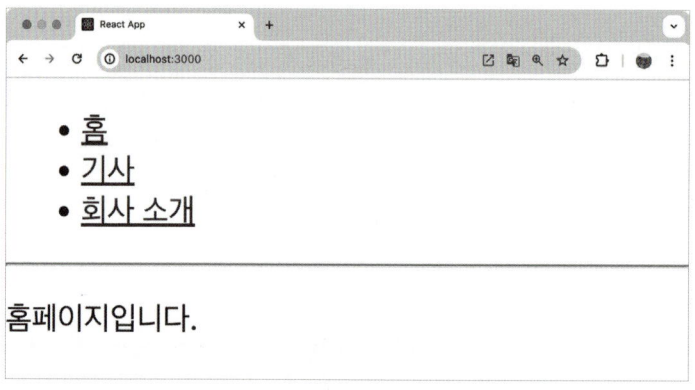

▲ 링크 목록을 설치하고 콘텐츠 영역만 전환

8-2-1 링크 설치의 기본

그럼 구체적인 절차를 살펴보겠다.

[1] 루트 컴포넌트 준비하기

우선 링크 목록을 제공하고 링크의 표시 영역을 확보하는 루트 컴포넌트부터 준비한다.

예제 코드 8-2-1 RouterApp.js

```js
import { Link, Outlet } from 'react-router-dom';

export default function RouterApp() {
  return (
    <>
      <ul>
        {/* 라우팅 지원 링크 생성 */}
        <li><Link to="/">홈</Link></li>
        <li><Link to="/article">기사</Link></li>
        <li><Link to="/about">회사 소개</Link></li>
      </ul>
      <hr />
      {/* 링크 표시 영역 확보 */}
      <Outlet />          ❷
    </>
  );
}
```

라우터를 통해 페이지를 전환하는 경우, 표준 앵커 태그(⟨a⟩) 대신 ⟨Link⟩ 요소를 사용한다(❶). 이렇게 하면 미리 준비해둔 ⟨Outlet⟩ 요소에 대한 링크가 표시된다(❷). ⟨Outlet⟩ 요소는 라우터를 이용하는 경우 사실상 필수 요소다.

표준 앵커 태그를 사용하면 대상 표시 영역(⟨Outlet⟩ 요소)뿐만 아니라 페이지 전체가 새로 고쳐지므로 주의해야 한다.

[2] 루트 정의 수정하기

[1]과 같이 페이지를 정의한 경우, RouterApp 컴포넌트 아래에 앞서 설명한 TopPage, ArticlePage, AboutPage 컴포넌트가 위치하는 관계가 된다. 이 계층 관계는 루트 테이블에도 반영되어 있어야 한다.

예제 코드 8-2-2 routesLink.js

```js
import { Route, createBrowserRouter, createRoutesFromElements } from 'react-router-dom';
import RouterApp from './RouterApp';
import TopPage from './TopPage';
import ArticlePage from './ArticlePage';
import AboutPage from './AboutPage';
```

```
const routesLink = createBrowserRouter(
  createRoutesFromElements(
    // 상위 경로 추가
    <Route path="/" element={<RouterApp />}>
      <Route path="" element={<TopPage />} />  ―――――❶
      <Route path="article" element={<ArticlePage />} />
      <Route path="about" element={<AboutPage />} />
    </Route>
  )
);

export default routesLink;
```

예제 코드 8-2-3 index.js

```
import routesLink from './chap08/routesLink';
... 중략 ...
root.render(
  <RouterProvider router={routesLink} />
);
```

계층 구조를 표현하는 것은 그리 어렵지 않으며, 〈Route〉 요소를 중첩하여 배치하면 된다. 단, 〈Route〉 요소를 중첩하면 요청 경로(path 속성)도 부모와 자식으로 정의된 경로를 합산한 것으로 간주된다. 즉, 이 예시에서는 다음과 같은 경로가 정의된 셈이다.

- '/' + ' ' = '/'로 App+TopPage 컴포넌트 표시
- '/' + 'article' = '/article'로 App+ArticlePage 컴포넌트 표시
- '/' + 'about' = '/about'으로 App+AboutPage 컴포넌트 표시

자식 루트(컴포넌트)의 결과는 [1]에서 언급했듯이 부모 루트의 〈Outlet〉 요소에 반영된다.

참고로 ❶의 TopPage 컴포넌트는 '/' – 부모 루트와 동일한 경로로 무조건 호출되는 기본 루트다. 이를 일일이 path=""로 표현하는 것도 중복되므로 다음과 같이 표현하는 것이 더 일반적이다.

```
<Route index element={<TopPage />} />
```

index 속성을 사용하면 기본 자식 루트임을 더 명확하게 알 수 있다.

위의 내용을 이해했다면 예제를 실행해 보자. 이번 단원의 첫 번째 그림과 같이 페이지 상단에 링크 목록이 표시되고, 링크를 클릭하면 페이지가 이동하는 것을 확인할 수 있다.

> **여러 계층의 중첩도 가능**
>
> 이번 예시에서는 '/' 루트 아래에 한 단계 더 계층을 설정했지만, ⟨Route⟩ 요소를 중첩하여 중첩된 루트를 표현할 수 있다.
>
> 참고로 예제 코드 8-2-2에서는 ⟨Route⟩ 요소 중첩으로 계층을 표현했지만, 객체 배열로 정의할 경우에는 children 프로퍼티로 자식 루트를 열거해야 한다.
>
> ```
> const routesLink = createBrowserRouter([
>   { path: '/', element: <RouterApp />,
>     children: [
>       { path: '', element: <TopPage /> },
>       { path: 'article', element: <ArticlePage /> },
>       { path: 'about', element: <AboutPage /> },
>     ]
>   }
> ]);
> ```

레이아웃 루트

사실 예제 코드 8-2-2의 루트 정의는 다음과 같이 표현해도 거의 같은 의미다(변경된 부분은 푸른색, 삭제된 부분은 회색으로 표현했다).

예제 코드 8-2-4 routesLink.js

```
const routesLink = createBrowserRouter(
  createRoutesFromElements(
    <Route path="/" element={<RouterApp />}>  ─────────❶
      <Route path="/" element={<TopPage />} />
      <Route path="/article" element={<ArticlePage />} />
      <Route path="/about" element={<AboutPage />} />
    </Route>
  )
);
```

부모 루트(❶)에서 path 속성이 제외되고, 각 자식 루트의 path 속성에 접두사 '/'가 붙은 형태이다. 이처럼 path 속성이 없는(=요청 경로에 영향을 미치지 않는) ❶과 같은 경로를 레이아웃 루트라고 한다. 바로,

> 자식 경로에 공통 레이아웃을 제공하기 위한 루트만 제공

한다는 것이다.

설명의 편의를 위해 예제 코드 8-2-2에서는 모든 경로에 path 속성을 명시했지만, 이 예제의 경우 원래는 레이아웃 경로로 표현하는 것이 더 자연스럽다.

8-2-2 내비게이션 메뉴에 특화된 〈NavLink〉 요소

(일반 링크가 아닌) 내비게이션 메뉴를 정의하는 경우에는 보다 목적에 특화된 〈NavLink〉 요소를 사용하는 것이 좋다. 〈NavLink〉 요소를 이용하면 링크가 현재 주소와 동일할 때(=활성 상태일 때) 특별한 스타일을 적용할 수 있다. 이렇게 하면 '현재 페이지를 명확하게 표현할 수 있다', '실수로 자기 자신으로 링크되는 것을 방지할 수 있다' 등의 장점이 있다.

〈NavLink〉 요소의 기본

〈NavLink〉 요소의 사용법은 〈Link〉 요소와 비슷하다. 그럼 바로 예제 코드 8-2-1을 〈NavLink〉 요소로 다시 작성해 보자.

예제 코드 8-2-5 RouterNav.js

```
import { NavLink, Outlet } from 'react-router-dom';
import './RouterNav.css';

export default function RouterNav() {
  return (
    <>
      <ul>
        <li><NavLink to="/">홈</NavLink></li>
        <li><NavLink to="/article">기사</NavLink></li>
        <li><NavLink to="/about">회사 소개</NavLink></li>
      </ul>
      <hr />
      <Outlet />
```

```
    </>
  );
}
```

■ 예제 코드 8-2-6 RouterNav.css

```css
.active {
  color: Red;
  font-weight: bold;
}
```

■ 예제 코드 8-2-7 routesLink.js

```js
import RouterNav from './RouterNav';
... 중략 ...
const routesLink = createBrowserRouter(
  createRoutesFromElements(
    <Route element={<RouterNav />}>
      ... 중략 ...
    </Route>
  )
);
```

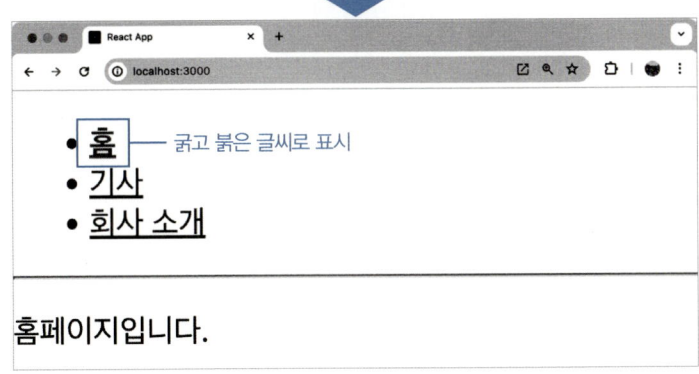

▲ 현재 페이지로 연결되는 링크 강조 표시

기본적으로 현재 페이지를 나타내는 링크에 대해 〈NavLink〉 요소는 active 스타일 클래스를 부여한다. 따라서 여기서도 해당 스타일을 .css 파일(예제 코드 8-2-6)로 준비해야 한다.

예제를 다시 실행하면 확실히 현재 페이지로 연결되는 링크가 빨간색으로 강조 표시되는 것을 확인할 수 있다.

적용해야 할 스타일 클래스 변경하기 (1) – className 속성

활성 시 적용할 스타일 클래스를 (active가 아닌) 직접 지정할 수도 있다. 이를 위해서는 〈NavLink〉 요소의 className 속성에 함수를 지정하면 된다.

다음은 예제 코드 8-2-5를 다시 작성한 코드다.

예제 코드 8-2-8 RouterNav.js

```js
const isCurrent = ({ isActive, isPending }) => isActive ? 'active' : '';  ❶

export default function RouterNav() {
  return (
    <>
      <ul>
        <li><NavLink className={isCurrent} to="/">홈</NavLink></li>
        <li><NavLink className={isCurrent} to="/article">기사</NavLink></li>
        <li><NavLink className={isCurrent} to="/about">회사 소개</NavLink></li>
      </ul>
      <hr />
      <Outlet />
    </>
  );
}
```

className 속성에 지정해야 하는 함수는 다음 조건을 따른다(❶).

- 링크 상태를 나타내는 객체[7]를 인수로 받는다
- 반환값으로 적용할 스타일 클래스를 반환한다

링크 상태 객체에 포함된 프로퍼티는 다음 표와 같다.

▼ 링크 상태 객체의 프로퍼티

프로퍼티	개요
isActive	링크가 현재 페이지와 일치하는지
isPending	링크가 보류 상태인지

---

[7] 편의상 '링크 상태 객체'라고 부른다.

인수 전체를 {…}로 묶은 것은 익숙한 분할 대입이다. 이 예제에서는 isPending을 사용하지 않으므로 코드에서 회색 글자로 된 부분은 삭제해도 무방하다.

이제 링크의 상태(isActive)에 따라 적용할 스타일 클래스를 결정하기만 하면 된다. 참고로 이 예제에서는 기본 active 스타일 클래스를 지정한 것이므로 className 속성을 생략해도 결과는 변하지 않는다.

적용해야 할 스타일 클래스 변경하기 (2) – style 속성

활성/보류 시 스타일을 style 속성으로 지정할 수도 있다. 단, style 속성의 경우 판단을 위한 함수는 스타일을 객체 형태로 반환해야 한다.

| 예제 코드 8-2-9 RouterNav.js

```
const isCurrent = ({ isActive }) => isActive ? {
  color: 'Red',
  fontWeight: 'bold'
} : {};

export default function RouterNav() {
  return (
    <>
      <ul>
        <li><NavLink style={isCurrent} to="/">홈</NavLink></li>
        <li><NavLink style={isCurrent} to="/article">기사</NavLink></li>
        <li><NavLink style={isCurrent} to="/about">회사 소개</NavLink></li>
      </ul>
      <hr />
      <Outlet />
    </>
  );
}
```

단, 2-3-4항에서도 언급한 이유로 style 속성의 사용은 권장하지 않다. 일시적으로만 사용하고, 일반적으로는 className 속성을 우선적으로 사용하기 바란다.

엄격한 매칭 판단하기 – end 속성

'엄격하다는 게 뭐야?'라고 생각한다면 다음과 같은 페이지를 가정해 보자[8]. '/book/979-1-1583-9517-9'로 도서 정보를, '/book'과 같이 키 값이 생략된 경우 기본 도서 정보를 표시하는, 경로가 계층 구조로 되어 있는 페이지다.

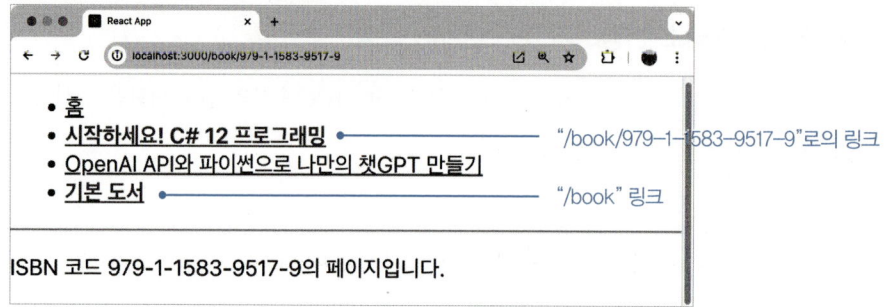

▲ 경로가 계층 구조로 된 링크 ('/book/979-1-1583-9517-9'로 접속한 경우)

이러한 페이지에서는 '/book/979-1-1583-9517-9'를 표시하는 경우에도 '/book'으로 연결되는 링크가 강조 표시된다.

'/book'은 '/book/xxxxxxxxxxxxxxxxxxx'와 부분적으로 일치하기 때문에 그 뒤의 경로와 상관없이 일치하는 것으로 간주되는 것이다. 당연히 이것은 바람직한 상태가 아니므로 수정해야 한다. 이를 위해서는 '/book'에 대한 링크에 end 속성을 부여하면 된다.

```
<li><NavLink to="/book" end>기본 도서</NavLink></li>
```

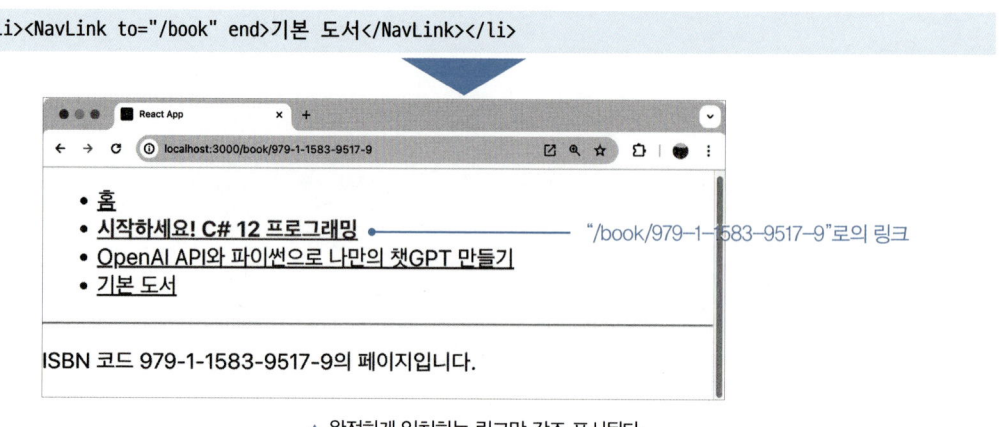

▲ 완전하게 일치하는 링크만 강조 표시된다

---

8 이 단원의 예제는 8-3-2항의 예제를 전제로 하고 있다. 자세한 내용은 8-3-2항을 함께 확인하기 바란다.

실제로 '/book/979-1-1583-9517-9' 페이지에서 '/book'으로 연결되는 링크가 더 이상 강조 표시되지 않는다. end 속성을 통해 〈NavLink〉 요소의 매칭 규칙이 완전히 일치하게 되었다.

8-2-3 〈Link〉 요소에서 사용할 수 있는 주요 속성

〈Link〉 요소에서도 to 속성 외에 다양한 속성을 제공하여 링크 시 동작을 세밀하게 제어할 수 있다. 이 속성들에 대해서도 주요 내용을 확인해 보자.[9]

브라우저에 히스토리를 추가하지 않는 링크 만들기 – replace 속성

기본적으로 라우터에 의한 페이지 이동은 브라우저 이력에도 기록된다(즉, [뒤로 가기] 버튼으로 이전 상태로 돌아갈 수 있다). 그러나 replace 속성을 부여한 경우, 링크에 의한 이동은 이력에 기록되지 않으며, [뒤로 가기] 버튼으로 돌아갈 수 없게 된다[10].

| 예제 코드 8-2-10 RouterApp.js

```
<li><Link to="/about" replace>회사 소개</Link></li>
```

상대 경로 생성하기 – relative 속성

React Router는 루트 정의의 계층 구조로 서로의 관계를 인식한다. 예를 들어 다음과 같은 루트 정의가 준비되어 있다고 가정해 보자.

| 예제 코드 8-2-11 RouterApp.js

```
import { Link, Outlet } from 'react-router-dom';

export default function RouterApp() {
  return (
    <>
      <ul>
        <li><Link to="/">홈</Link></li>
        <li><Link to="/article">기사</Link></li>
        <li><Link to="/about">회사 소개</Link></li>
```

---

[9] 〈Link〉 요소에서 사용할 수 있는 속성은 〈NavLink〉 요소에서도 동일하게 사용할 수 있다.
[10] 표준 자바스크립트라면 location.replace 메서드에 해당한다.

```
      <li><Link to="/article/info">정보</Link></li>
    </ul>
    <hr />
    <Outlet />
    </>
  );
}
```

예제 코드 8-2-12 routesLink.js

```
import InfoPage from './InfoPage';
... 중략 ...
const routesLink = createBrowserRouter(
  createRoutesFromElements(
    <Route element={<RouterApp />}>
      <Route path="/" element={<TopPage />} />
      <Route path="/article" element={<ArticlePage />} />
      <Route path="/article/info" element={<InfoPage />} />
      <Route path="/about" element={<AboutPage />} />
    </Route>
  )
);
```

/article, /article/info 루트는 경로 계층으로는 부모와 자식 관계이지만, 루트 계층으로는 형제 관계로 정의된다.

이런 경로에 대해 다음과 같은 페이지를 준비하면 어떨까?

예제 코드 8-2-13 InfoPage.js

```
import { Link } from 'react-router-dom';

export default function InfoPage() {
  return (
    <>
    <p>Info 페이지입니다.</p>
    <Link to="..">상위</Link>
    </>
  );
}
```

'..'(상위 계층)에 대한 링크를 나타내는 [top]은 어디를 가리키는 것일까? 현재 경로가 '~/article/info'이 므로 '~/article'로 연결될 것 같지만, 그렇지 않다. 서두에서도 언급했듯이 리액트 라우터는 기본적으로 루트 계층에서 서로 간의 관계를 인식한다. 즉, 상위 계층인 '/'에 링크하는 것이 정답이다.

하지만 경로 계층으로만 상대적인 경로를 표현하고 싶을 때가 있다. 이런 경우에 이용하는 것이 relative 속성이다. 예제 코드 8-2-13의 푸른색으로 표시된 부분을 다음과 같이 다시 작성해 보자.

```
<Link to=".." relative="path">상위</Link>
```

이제 상대 경로가 경로 계층 구조에서 인식되어 링크가 '~/article'을 가리키게 된다.

참고로 relative 속성에는 path 외에 route(루트 계층에 따라 상대 경로를 해석)를 지정할 수도 있다. 단, route는 relative 속성의 기본값이므로 일반적으로 생략하여 표현한다.

전체 페이지 새로 고침 – reloadDocument 속성

8-2-1항에서도 언급했듯이 〈Link〉 요소는 기본적으로 라우터에 따라 〈Outlet〉 요소의 영역만 지정된 컴포넌트로 대체한다. 하지만 예를 들어 앱 전체를 업그레이드하는 등의 목적으로 앱 전체를 새로 고침하 고 싶을 때가 있다.

이런 경우 reloadDocument 속성을 부여하여 전체 페이지를 새로 고침하는(=표준 앵커 태그와 같은) 링 크를 생성할 수 있다.

| 예제 코드 8-2-14 InfoPage.js

```
<Link to="/" reloadDocument>상위</Link>
```

8-2-4 보충: 프로그램 내 페이지 이동

정적 링크가 아닌 프로그램에서 루트 간 이동도 가능하다. 이를 위해 useNavigate 함수를 사용한다. 예를 들어 다음은 버튼 클릭 시 '/' 루트(홈페이지)로 이동하는 예제다.

| 예제 코드 8-2-15 AboutPage.js

```js
import { useNavigate } from 'react-router-dom';

export default function AboutPage() {
  // navigate 함수 가져오기
  const navigate = useNavigate();                    // ―――❶
  // 홈페이지로 이동
  const handleClick = () => navigate('/');           // ―――❷

  return (
    <>
      <p>About 페이지입니다.</p>
      <button type="button" onClick={handleClick}>
        홈으로 이동</button>
    </>
  );
}
```

useNavigate 함수는 라우터를 통해 페이지 이동을 가능하게 하는 함수를 반환한다(❶). 이름은 자유롭게 지정할 수 있지만, navigate, nav 등으로 지정하는 것이 자연스럽다.

navigate 함수의 일반적인 구문은 다음과 같다.

| 구문 _ navigate 함수

```
첫 번째 구문 navigate(to [, opts])
두 번째 구문 navigate(delta)
```

```
to     : 링크된 경로
opts   : 링크 옵션 (사용 가능한 옵션은 다음 표 참조)
delta  : 이동하는 양
```

▼ 주요 링크 옵션 (인수 옵션)

옵션	개요
replace	이력을 추가하지 않는 링크 생성 (8-2-3항)
state	링크에 대한 값 전달 (8-3-4항)
relative	상대 경로 처리 설정 (8-2-3항)
preventScrollReset	스크롤 복원 기능 비활성화 (8-5-2항)

❷에서 사용하고 있는 것은 navigate 함수의 첫 번째 구문이다. 자주 사용하는 것은 첫 번째 구문이다.

두 번째 구문은 지정된 수만큼 히스토리에서 앞뒤로 페이지를 이동한다.

```
navigate(-1);         이전 페이지로 돌아가기
```

표준 자바스크립트에서는 history.go에 해당하는 메서드다.

8.3 라우터를 통해 정보를 전달하는 방식

기본적인 루트 정의와 경로 간 이동(링크)에 대해 이해했다면, 이번 절에서는 라우터를 통해 하위 컴포넌트에 값을 전달하는 방법에 대해 설명한다.

8-3-1 경로의 일부를 매개변수로 전달하기 – 루트 매개변수

예를 들어 '~ /article/108', '~ /book/979-1-1583-9517-9'와 같은 경로에서 '108', '979-1-1583-9517-9'와 같은 값을 컴포넌트에 전달할 수 있다. 매개변수 값을 경로의 일부로 표현할 수 있기 때문에 가시성이 뛰어나며, 라우터를 통한 값 전달에 자주 사용되는 접근 방식이다. 이러한 매개변수를 루트 매개변수라고 한다.

구체적인 사례도 확인해 보자.

[1] 루트 추가하기

루트 매개변수를 받으려면 다음과 같이 루트를 정의한다.

| 예제 코드 8-3-1 routesParam.js

```js
import { Route, createBrowserRouter, createRoutesFromElements } from 'react-router-dom';
import RouterParam from './RouterParam';
import TopPage from './TopPage';
import BookPage from './BookPage';

const routesParam = createBrowserRouter(
```

```
  createRoutesFromElements(
    <Route element={<RouterParam />}>
      <Route path="/" element={<TopPage />} />
      <Route path="/book/:isbn" element={<BookPage />} />
    </Route>
  )
);

export default routesParam;
```

예제 코드 8-3-2 index.js

```
import routesParam from './chap08/routesParam';
... 중략 ...
root.render(
  <RouterProvider router={routesParam} />
);
```

핵심은 〈Route〉 요소의 path 속성에 포함된 ':이름'의 표기다. 이는 매개변수의 위치(플레이스홀더)로, ':이름' 부분에 '~/book/979-1-1583-9517-9', '~/book/xxxxxx'와 같이 임의의 값을 삽입할 수 있다는 의미다.

이번에는 :isbn 매개변수를 하나만 배치했지만, '/blog/:year/:month/:day'와 같이 여러 개의 매개변수를 삽입할 수도 있다.

[2] 루트 매개변수 수신하기

루트 매개변수를 수신하는 컴포넌트의 예는 다음과 같다.

예제 코드 8-3-3 BookPage.js

```
import { useParams } from 'react-router-dom';

export default function BookPage() {
  // 경로 매개변수 가져오기
  const params = useParams();  ──────────────①
  return <p>ISBN 코드 {params.isbn}의 페이지입니다.</p>;
}
```

useParams 함수는 수신한 루트 매개변수(군)를 가져온다(❶[11]). 반환값에서 객체에 접근하는 것과 같은 방식으로 접근하는데,

params.이름

또는

params['이름']

으로 접근이 가능하다.

> **다른 방법: 분할 대입도 가능**
>
> useParams 함수의 반환값은 내부적으로 '매개변수명: 값, ...' 형식의 객체다. 따라서 익숙한 분할 대입을 이용하여 매개변수 값에 직접 접근해도 무방하다.
>
> ```
> const { isbn } = useParams();
> return <p>ISBN 코드 {isbn}의 페이지입니다. </p>;
> ```

[3] 링크 문자열 생성하기

루트 컴포넌트(여기서는 RouterParam)의 링크도 준비해 둔다. 앞서 언급했듯이 링크 경로에는 '/book/979-1-1583-9517-9'와 같이 매개변수 값을 자유롭게 삽입할 수 있다.

| 예제 코드 8-3-4 RouterParam.js

```
import { NavLink, Outlet } from 'react-router-dom';
import './RouterNav.css';

export default function RouterParam() {
return (
    <>
      <ul>
        <li><NavLink to="/">홈</NavLink></li>
        <li><NavLink to="/book/979-1-1583-9517-9">
            시작하세요! C# 12 프로그래밍</NavLink></li>
```

---

[11] 중첩된 루트에서 부모 루트에 루트 매개변수가 있는 경우, 부모 루트의 매개변수도 포함된다.

```
        <li><NavLink to="/book/979-1-1583-9518-6">
            OpenAI API와 파이썬으로 나만의 챗GPT 만들기</NavLink></li>
      </ul>
      <hr />
      <Outlet />
    </>
  );
}
```

여기까지 확인했다면 이제 예제를 실행해 보자. 페이지 상단의 링크를 클릭하면 ISBN 코드를 감안한 페이지가 표시되며, 확실히 루트 매개변수를 가져온 것을 확인할 수 있다.

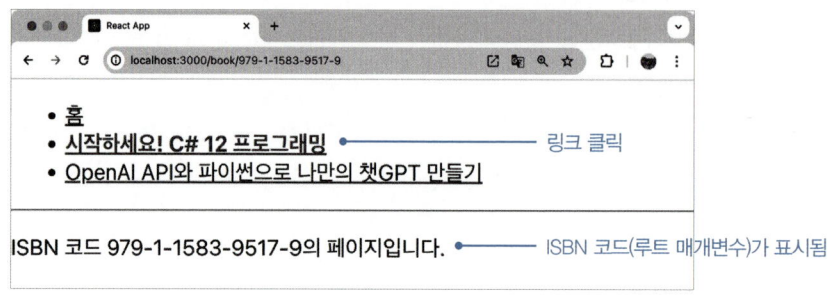

▲ 루트 매개변수를 통해 전달된 ISBN 코드 표시

8-3-2 루트 매개변수의 다양한 표현

루트 매개변수에 '?', '*' 등 다양한 기호를 함께 사용하면 보다 복잡한 경로를 표현할 수 있다.

생략 가능한 매개변수

매개변수 끝에 '?'를 붙여서 생략 가능한 매개변수를 표현할 수도 있다. 예를 들어, 다음은 예제 코드 8-3-1의 isbn 매개변수를 생략할 수 있는 예시다.

| 예제 코드 8-3-5 routesParam.js

```
const routesParam = createBrowserRouter(
  createRoutesFromElements(
    <Route element={<RouterParam />}>
      <Route path="/" element={<TopPage />} />
```

```
      <Route path="/book/:isbn?" element={<BookPage />} />    ──────①
    </Route>
  )
);
```

예제 코드 8-3-6 BookPage.js

```
import { useParams } from 'react-router-dom';

export default function BookPage() {
  // 경로 매개변수 가져오기
  const { isbn = '979-1-1583-9517-9' } = useParams();    ──────②
  return <p>ISBN 코드 {isbn}의 페이지입니다. </p>;
}
```

예제 코드 8-3-7 RouterParam.js

```
import { NavLink, Outlet } from 'react-router-dom';

export default function RouterParam() {
  return (
    <>
      <ul>
        ... 중략 ...
        <li><NavLink to="/book" end>기본 도서</NavLink></li>
      </ul>
      <hr />
      <Outlet />
    </>
  );
}
```

▲ [기본 도서] 링크에서 기본값 매개변수를 가져온다

❶은 :isbn 매개변수에 '?'를 붙였을 뿐이므로 특별히 언급할 사항은 없다.

핵심은 ❷다. 매개변수를 useParams 함수로 받는 것은 동일하지만, 이번에는 {…}로 익숙한 분할 대입을 이용하고 있다. 매개변수는 생략할 수 있지만, 일반적으로 후속 처리에서 어떤 값을 요구하는 경우가 대부분이다. 이런 경우에도 분할 대입을 이용하면 기본값을 함께 설정할 수 있어 편리하다[12].

가변 길이 매개변수

루트 매개변수로 '*'를 부여하여 '/'를 가로지르는 나머지 경로를 모두 가져오는 것도 가능하다. 캐치올 세그먼트 또는 스타 세그먼트라고도 한다.

| 예제 코드 8-3-8 routesParam.js

```
import SearchPage from './SearchPage';
... 중략 ...
const routesParam = createBrowserRouter(
  createRoutesFromElements(
    <Route element={<RouterParam />}>
      ... 중략 ...
      {/* 가변 길이 매개변수 정의 */}
      <Route path="/search/*" element={<SearchPage />} />  ───────❶
    </Route>
  )
);
```

| 예제 코드 8-3-9 SearchPage.js

```
import { useParams } from 'react-router-dom';

export default function SearchPage() {
  const { '*': keywords } = useParams();   ───────❷
  return <p>검색어 {keywords}의 페이지입니다.</p>;
}
```

---

12 물론 일반 매개변수를 분할 대입으로 가져와도 무방하다.

예제 코드 8-3-10 RouterParam.js

```
export default function RouterParam() {
  return (
    <>
      <ul>
        ... 중략 ...
        <li><NavLink to="/search/react/router/remix">검색 결과</NavLink></li>
      </ul>
      <hr />
      <Outlet />
    </>
  );
}
```

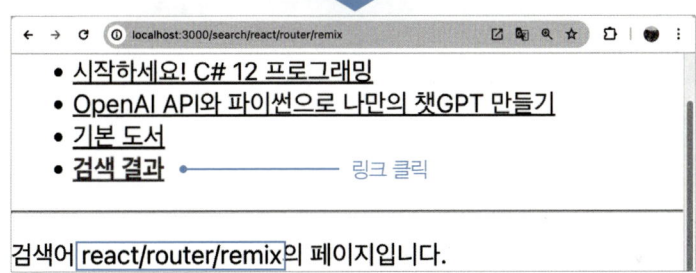

▲ '/'에 걸쳐 있는 매개변수를 일괄적으로 가져온다

루트 자체의 정의에 대해서는 경로 끝에 '*'를 붙였을 뿐, 특별히 언급할 사항은 없다(❶).

매개변수를 받는 쪽에서 약간의 아이디어가 필요하다. '*' 매개변수를 그대로 식별자로 사용할 수 없으므로 분할 대입을 통해 별칭을 부여하는 것이다(여기서는 keywords로 설정했다❷). 분할 대입을 사용하지 않는 경우,

`params.*`

와 같이 쓸 수는 없으므로

`params['*']`

와 같이 표현해야 한다.

참고로 '*'로 얻을 수 있는 매개변수는 (당연히) '/'가 포함된 하나의 문자열이다. 여기서는 반환값인 '/search/~' 이후의 경로(react/router/remix)를 그대로 표시하고 있지만, 일반적으로 String#split 메서드 등을 통해 '/'를 구분자로 분해한 후 사용하게 될 것이다.

임의의 경로

'*'를 이용하면 임의의 경로, 이른바 '기타 페이지'를 표현할 수도 있다.

지금까지의 예에서는 실제로 존재하지 않는 경로, 예를 들어 'http://localhost:3000/foo'와 같은 경로에 접속하면 표준 Not Found 페이지가 그대로 표시된다. 하지만 너무 단조롭고, 무엇보다 이해하기 어렵기 때문에 최소한 좀 더 알기 쉬운 오류 페이지를 제공하는 것이 무난하다.

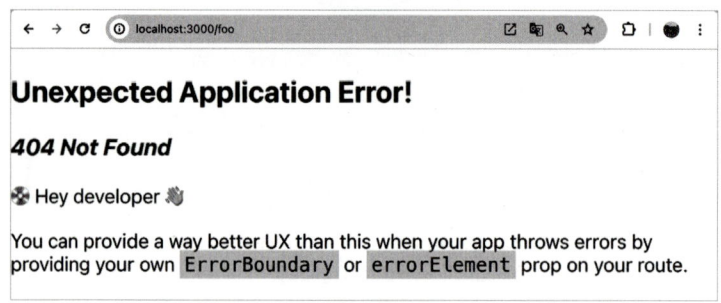

▲ 기본적으로 표시되는 오류 페이지

그래서 path="*"인 루트를 준비해 보자. 앞서 언급했듯이 '*'는 '/'를 가로질러 임의의 경로와 일치하기 때문에 의도하지 않은 경로에 대한 접근을 최종적으로 차단할 수 있다.

예제 코드 8-3-11 routesParam.js

```js
import NotFoundPage from './NotFoundPage';
... 중략 ...
const routesParam = createBrowserRouter(
  createRoutesFromElements(
    <Route element={<RouterParam />}>
      ... 중략 ...
      {/* 임의의 페이지에 해당하는 루트 */}
      <Route path="*" element={<NotFoundPage />} />
    </Route>
  )
);
```

| 예제 코드 8-3-12 NotFoundPage.js

```
import { useParams } from 'react-router-dom';

export default function NotFoundPage() {
  const { '*': paths } = useParams();            ─────❶
  return <p>지정된 경로 {paths}가 존재하지 않습니다.</p>;
}
```

| 예제 코드 8-3-13 RouterParam.js

```
export default function RouterParam() {
  return (
    <>
      <ul>
        ... 중략 ...
        <li><NavLink to="/nothing/foo/bar">존재하지 않는 페이지</NavLink></li>
      </ul>
      <hr />
      <Outlet />
    </>
  );
}
```

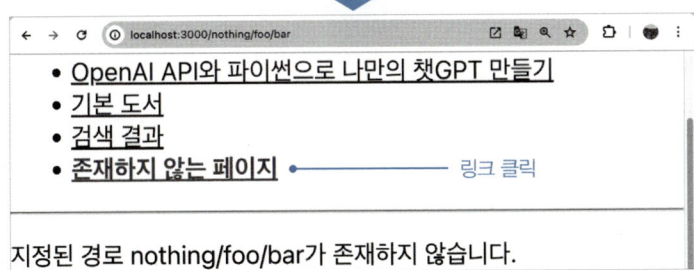

▲ 존재하지 않는 페이지에는 공통 오류 페이지 표시

'*' 매개변수에 대해 일명 paths를 전달하는 기법은 예제 코드 8-3-9에서 설명한 것과 동일하다.

참고로, 소위 '404 Not Found' 페이지를 커스터마이징하기 위해서는 errorElement 속성을 사용해도 된다. 자세한 내용은 8-4-1항을 참고하기 바란다.

주의: 부분적인 플레이스홀더는 불가

지금까지는 가능한 경로 표현을 소개했지만, 여기서는 쓸 수 없는 경로 표현을 소개한다. 예를 들어, 다음과 같이 '/~/' 사이에 ':이름'을 부분적으로 포함할 수 없다.

- /article-:id/
- /:year-:month/

부득이하게 ':이름'을 사용하고 싶다면

- /:article_id/
- /:date/

와 같이 플레이스홀더를 /.../ 단위로 묶은 다음, 문자열을 분해하는 것을 고려해 보라. 예를 들어 :date의 경우 다음과 같이 하면 원하는 정보를 추출할 수 있다.

```
const { date } = useParams();
const [year, month] = date.split('-');
```

📄 루트 정의 우선순위

루트 매개변수를 사용하게 되면 루트 자체의 우선순위도 신경이 쓰이기 시작한다. 하지만 리액트 라우터에서는 거의 신경 쓰지 않아도 된다. 왜냐하면 리액트 라우터에서는 path 속성에 포함되는

- 정적 세그먼트 (매개변수 없음 /.../)
- 동적 세그먼트 (매개변수 포함 /.../)
- 스플랫(splat, 가변 길이 매개변수)

의 개수를 계산하여 자동으로 루트의 순위를 매겨주기 때문이다.
예를 들어 다음과 같은 경로를 생각해 보자.

1. /:type/:grade
2. /books/:isbn

이 경우, 고정값이 포함된 2가 더 구체적인 경로를 표현하고 있기 때문에 1.보다 우선순위가 더 높다(기술 순서는 상관없다).

8-3-3 쿼리 정보 가져오기

루트 매개변수가 아닌 쿼리 정보[13]를 통해 정보를 전달할 수도 있다. 예를 들어 다음은 BookPage 컴포넌트(예제 코드 8-3-3)를 수정하여 ISBN 코드를 쿼리 정보를 통해 수신하도록 변경한 예다.

예제 코드 8-3-14 BookQueryPage.js

```js
import { useSearchParams } from 'react-router-dom';

export default function BookQueryPage() {
  // 쿼리 정보 가져오기
  const [ params, setParams ] = useSearchParams(
    { isbn: '979-1-1583-9517-9' }                                    ❶
  );
  return <p>ISBN 코드 {params.get('isbn')}의 페이지입니다.</p>;       ❷
}
```

예제 코드 8-3-15 routesParam.js

```js
import BookQueryPage from './BookQueryPage';
... 중략 ...
const routesParam = createBrowserRouter(
  createRoutesFromElements(
    <Route element={<RouterParam />}>
      ... 중략 ...
      <Route path="/book/:isbn?" element={<BookPage />} />
      <Route path="/bookQuery" element={<BookQueryPage />} />        ❸
      ... 중략 ...
    </Route>
  )
);
```

예제 코드 8-3-16 RouterParam.js

```js
import { NavLink, Outlet } from 'react-router-dom';

export default function RouterParam() {
  return (
    <>
```

---

13 '?key=value&...' 형식으로 경로 끝에 부여되는 정보다.

```
    <ul>
      ... 중략 ...
      <li><NavLink to="/book/979-1-1583-9518-6">
        OpenAI API와 파이썬으로 나만의 챗GPT 만들기</NavLink></li>
      <li><NavLink to="/bookQuery?isbn=979-1-1583-9512-4">
        게임 개발을 위한 미드저니, 스테이블 디퓨전 완벽 활용법(쿼리 버전)</NavLink></li>
      ... 중략 ...
    </ul>
    <hr />
    <Outlet />
  </>
);
}
```

▲ 쿼리 정보를 통해 값을 전달할 수 있다

쿼리 정보를 받으려면 useParams 함수 대신 useSearchParams 함수를 사용한다(❶).

구문 _ useSearchParams 함수

`useSearchParams([init])`

init : 초깃값

인수 init은 쿼리 정보가 전달되지 않은 경우의 초깃값을 나타낸다[14]. 반환값은,

- 쿼리 정보 집합(여기서는 params)
- 쿼리 정보를 갱신하기 위한 함수(여기서는 setParams)

---

14 여기서는 '키, 값' 형식의 객체로 초깃값을 표현했지만, 쿼리 문자열 그대로 [키, 값] 형식의 2차원 배열, 자바스크립트 표준의 URLSearch-Params 객체 등의 타입을 사용할 수도 있다.

로 구성된 배열이다(useState 함수와 비슷하다).

변수 parameters의 실체는 브라우저 표준 URLSearchParams 객체다. 따라서 개별 쿼리 정보는 get 메서드로 접근할 수 있다(❷). 주요 멤버는 다음 표에 정리되어 있다.

▼ URLSearchParams 객체의 주요 멤버

메서드	개요
get(name)	지정된 키에 해당하는 값을 가져온다
getAll(name)	지정된 키에 해당하는 모든 값을 가져온다
has(name)	지정된 키가 존재하는지 판단한다

쿼리 정보를 통해 값을 전달할 때는 루트 정의가 매우 간단하다(❸). 루트 매개변수와 달리 쿼리 정보에서는 경로 문자열에 ':isbn'과 같은 플레이스홀더가 필요하지 않기 때문이다.

보충: 루트 매개변수와 쿼리 정보 구분하기

루트 매개변수와 쿼리 정보 중 어떤 것을 사용해야 할 것인가에 대한 결론을 내리자면, 우선 루트 매개변수를 우선적으로 사용해야 한다. 그 이유는 다음과 같다.

- 루트 정의에서 이름을 명시하여 전달할 정보를 명확하게 전달할 수 있다
- 전달을 위한 코드도 useParams가 더 간단하다
- 일반적인 경로 표기법의 일부로 표현하기 때문에 경로 자체의 전망도 우수하다[15]

하지만 루트 매개변수를 활용하기 어려운 부분도 있다. 예를 들어 책의 목록 페이지를 나타내는 정렬 순서/표시 개수, 또는 라이트 모드/다크 모드 중 어느 모드로 표시할 것인지 등 불특정 매개변수를 루트 매개변수로 전달하는 것이 번거롭다. 이런 정보(=페이지를 고유하게 식별하기 위한 정보가 아닌 정보)는 쿼리 정보로 전달하는 것이 자연스럽다.

---

[15] 최근 SMO(Social Media Optimization) 등의 관점에서 사용자가 쉽게 볼 수 있는 URL을 선호하는 경향이 있다.

8-3-4 개별 링크에서 임의의 정보 전달하기 - state 속성

state 속성을 이용하여 링크 고유의 정보를 전달할 수도 있다. 예를 들어 다음은 BookPage 컴포넌트(8-3-3항)를 state 속성으로 다시 작성한 예시다[16].

예제 코드 8-3-17 BookStatePage.js

```js
import { useLocation } from 'react-router-dom';

export default function BookStatePage() {
  // Location 객체 가져오기
  const { state: isbn = '979-1-1583-9517-9' } = useLocation();   ──❸

  return (
    <>
    <p>ISBN 코드 {isbn}의 페이지입니다.</p>
    </>
  );
}
```

예제 코드 8-3-18 RouterParam.js

```js
export default function RouterParam() {
  ... 중략 ...
  return (
    <>
      <ul>
        ... 중략 ...
        <li><NavLink to="/bookQuery?isbn=979-1-1583-9512-4">
          게임 개발을 위한 미드저니, 스테이블 디퓨전 완벽 활용법(쿼리 버전)</NavLink></li>
        <li><NavLink to="/bookState" state="979-1-1583-9511-7">   ──❶
          디자인을 위한 미드저니 완벽 활용법(State 버전)</NavLink></li>
        ... 중략 ...
      </ul>
      <hr />
      <Outlet />
    </>
  );
}
```

---

[16] state라는 이름이 붙었지만, React의 State와는 별개의 것으로 History API에서 히스토리 단위의 상태를 관리하기 위한 정보다.

예제 코드 8-3-19 routesParam.js

```
import BookStatePage from './BookStatePage';
… 중략 …
const routesParam = createBrowserRouter(
  createRoutesFromElements(
    <Route element={<RouterParam />}>
      … 중략 …
      <Route path="/bookQuery" element={<BookQueryPage />} />
      <Route path="/bookState" element={<BookStatePage />} />  ❷
      … 중략 …
    </Route>
  )
);
```

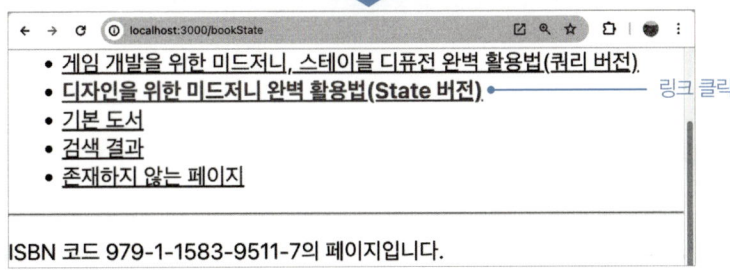

▲ state 속성에서 지정한 값을 기반으로 페이지 표시

링크에서 참조하고자 하는 정보(여기서는 ISBN 코드)를 state 속성에 전달한다(❶). 여기서는 state 속성에 문자열만 지정했지만, 사양상 직렬화 가능한 임의의 타입을 지정할 수 있다.

경로 이외의 정보이기 때문에 루트 정의에도 ':isbn' 등의 매개변수 정의가 필요하지 않다(❷).

이제 ❸은 링크에서 실제로 state 값을 가져오는 부분이다. useLocation 함수로 현재 위치와 관련된 정보(Location 객체)를 얻을 수 있으므로 해당 state 프로퍼티에 접근해 보자. Location 객체에서 사용하 수 있는 프로퍼티는 다음 표와 같다.

▼ Location 객체의 주요 프로퍼티

프로퍼티	개요
pathname	경로명
search	쿼리 문자열('?~' 이후의 문자열)

프로퍼티	개요
hash	해시 문자열 ('#~' 이후의 문자열)
state	이력 상태 정보
key	키 값

이렇게 state 속성을 활용하는 것은 어렵지 않지만, 적어도 이런 정적인 - 게다가 페이지의 내용을 좌우할 수 있는 핵심 정보를 전달하기 위해 사용해서는 안 된다. 어디까지나 예시를 위한 코드라고 생각하면 된다.

앞에서도 언급했듯이 페이지를 구분하려면 주소에도 반영해야 하는데, 이에 적합한 것이 루트 매개변수이기 때문에 state 속성을 사용하는 것은 나중에 화면을 복원하기 위해 이용하는 불특정 정보, 그중에서도 문자열로 표현할 수 없는 정보를 전달할 때로 한정해야 한다(불특정 정보라도 문자열로 표현할 수 있다면 쿼리 정보로 충분하다).

8-3-5 상위 루트에서 하위 루트로 값 전달하기 – Outlet Context

계층 구조로 되어 있는 루트에서 자식 루트의 정보를 부모 루트에서 일괄적으로 관리하고 싶은 경우가 종종 있다. 이런 경우 리액트 표준 컨텍스트(7-4절)를 사용해도 되지만, 리액트 라우터 환경에서는 Outlet Context를 사용하는 것이 더 편리하다.

예를 들어, 다음은 상위 컴포넌트인 RouterParam에서 관리하고 있는 카운트 값을 하위 루트에서 업데이트하여 앱 전체에 대한 접속 횟수를 관리하는 예시다.

예제 코드 8-3-20 RouterParam.js

```js
import { useState } from 'react';
import { NavLink, Outlet } from 'react-router-dom';

export default function RouterParam() {
  // 카운트 수를 관리하기 위한 State를 준비
  const [count, setCount] = useState(0);

  return (
    <>
      <p>접속자 수:{count}</p>
```

```
    ... 중략 ...
      {/* 컨텍스트에 count/setCount를 삽입 */}
      <Outlet context={[count, setCount]} />   ——————❶
    </>
  );
}
```

| 예제 코드 8-3-21 TopPage.js [17]

```
import { useEffect } from 'react';
import { useOutletContext } from 'react-router-dom';

export default function TopPage() {
  const [, setCount] = useOutletContext();           ——————❷
  useEffect(() => setCount(c => c + 1), [setCount]); ——————❸
  return <p>홈페이지입니다.</p>;
}
```

▲ 각 페이지의 접속자 수 총합을 계산

컨텍스트 값을 전달하려면 〈Outlet〉 요소에 context 속성을 지정하면 된다(❶). {[…]}에서 {…}는 임베디드 구문, […]는 배열 리터럴을 나타낸다(기호를 읽기 어려운 사람도 차차 익숙해져 가자). 이제 〈Outlet〉 요소로 표시되는 컴포넌트(하위 루트)에서 컨텍스트가 활성화된다.

---

17 이 예제에서는 TopPage.js의 코드만 보여주지만, 다른 페이지에도 마찬가지로 카운트업 코드를 넣는 것을 가정한다.

그리고 상위 루트에서 준비된 컨텍스트를 가져오는 것이 useOutletContext 함수의 역할이다(❷). 이 예제의 경우 ❶에서 [count, setCount](배열)를 받았는데, count를 잘라서 뒤쪽의 setCount만 가져온다.

그리고 ❸과 같이 일반 State(세터)로 호출할 수 있는지도 확인해야 한다.

8-3-6 루트별 정보 가져오기 – handle 속성

루트에 대한 정보라면 루트 정보(〈Route〉 요소)에 대해 handle 속성으로 임의의 정보를 준비하여 라우팅 대상(컴포넌트)에서 수신할 수도 있다. 예를 들어, 다음은 handle 속성으로 정의한 페이지 단위의 메타 정보(제목, 키워드, 상세 정보)를 각 페이지에서 가져와 〈title〉/〈meta〉 요소에 반영하는 예시다.

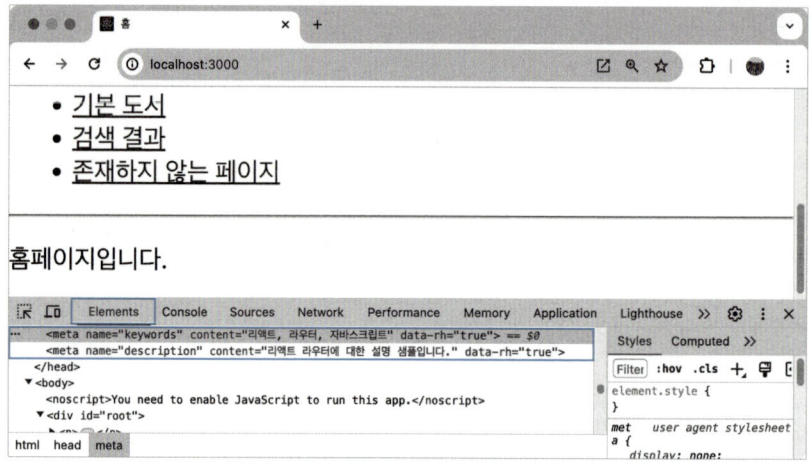

▲ 각 루트 정의에 따라 메타 정보 반영

참고로 이번 예제에서는 〈head〉 요소의 내용을 동적으로 재작성하기 위해 react-helmet-async라는 라이브러리를 사용한다. 다음 명령어를 통해 라이브러리를 설치한다.

```
> npm install react-helmet-async
```

이제 구체적인 구현 단계를 살펴보겠다.

[1] 메타 정보 정의하기

먼저 라우팅 테이블 측에서 handle 속성을 부여하여 루트 단위의 메타 정보를 정의해 둔다[18].

예제 코드 8-3-22 routesHandle.js

```js
import { Route, createBrowserRouter, createRoutesFromElements } from 'react-router-dom';
import TopPage from './TopPage';
import BookPage from './BookPage';
import RouterParam from './RouterParam';

// handle 속성으로 메타 정보 정의
const routesHandle = createBrowserRouter(
  createRoutesFromElements(
    <Route element={<RouterParam />}>
      <Route path="/" element={<TopPage />} handle={{         ❶
        title: '홈',
        keywords: '리액트, 라우터, 자바스크립트',
        description: '리액트 라우터에 대한 설명 샘플입니다.'
      }} />
      <Route path="/book/:isbn?" element={<BookPage />} handle={{     ❷
        title: '도서상세 - %s',
        keywords: '리액트, %s',
        description: '%s'
      }} />
    </Route>
  )
);

export default routesHandle;
```

예제 코드 8-3-23 index.js

```js
import routesHandle from './chap08/routesHandle';
import { HelmetProvider } from 'react-helmet-async';
... 중략 ...
// react-helmet-async를 활성화한다.
```

---

18 단, 동작 확인을 위해 '/', '/book/:isbn?' 루트만 정의한 설정 파일(routesHandle.js)을 새로 만들었다. 해당 링크 외에는 '404 Not Found'가 나오니 주의하기 바란다.

```
root.render(
  <HelmetProvider>
    <RouterProvider router={routesHandle} />            ❸
  </HelmetProvider>
);
```

handle 속성에는 임의의 타입을 지정할 수 있다. 이 예제에서는 title/keywords/description 프로퍼티를 가진 객체를 전달한다(❶). 이번 예제에서는 title/keywords/description 프로퍼티에 '%s' 형식으로 플레이스홀더를 삽입할 수 있다고 가정한다. '%s'는 개별 페이지에서 임의의 문자열을 전달하기 위한 위치다(❷[19]).

참고로 react-helmet-async를 사용하려면 루트 컴포넌트를 〈HelmetProvider〉 요소로 감싸줘야 한다. 이번 예제의 경우, ❸과 같이 작성하면 앱 전체에서 react-helmet-async 기능을 사용할 수 있다.

[2] 메타 정보 설정을 위한 컴포넌트 정의하기

메타 정보를 설정하기 위한 MyHeader 컴포넌트를 정의하며, MyHeader 컴포넌트는 개별 페이지 컴포넌트에서 호출될 것을 가정하고, title/keywords/description 속성을 지정할 수 있도록 한다. 이러한 속성은 handle을 통해 전달된 플레이스홀더(%s)에 반영되는 것을 가정한다.

예제 코드 8-3-24 MyHeader.js

```
import { Helmet } from 'react-helmet-async';
import { useMatches } from 'react-router-dom';

export default function MyHeader(props) {
  let {
    title = '리액트 입문',
    keywords = '리액트, 자바스크립트, 프레임워크',        ❸
    description = '리액트 입문용 샘플입니다.'
  } = useMatches().at(-1).handle ?? {};              ❷
  // Placeholder에 Props의 값을 반영한다.
  title = title.replace('%s', props.title);
  keywords = keywords.replace('%s', props.keywords);   ❹
  description = description.replace('%s', props.description);
```

---

[19] '%s'는 handle 속성이나 기타 react-helmet-async 등의 규칙이 아닌, 본 샘플의 규칙이다.

```
  return (
    // <head> 요소에 삽입할 요소 준비하기
    <Helmet>
      <title>{title}</title>
      <meta name="keywords" content={keywords} />
      <meta name="description" content={description} />
    </Helmet>
  );
}
```
❶

react-helmet-async 컴포넌트 사용법은 간단하며, 〈head〉 요소에 포함해야 할 〈title〉, 〈meta〉 등의 요소를 〈Helmet〉 요소로 묶기만 하면 된다(❶).

반대로 나머지 코드는 메타 정보를 생성하기 위한 로직을 나타낸다. 순서대로 살펴보겠다.

먼저 handle 속성의 값을 가져오는 것은 useMatches 함수의 역할이다(❷). useMatches는 매칭에 관련된 정보를 얻기 위한 함수로, 반환값으로 다음 표와 같은 프로퍼티를 가진 객체 배열을 반환한다.

▼ useMatches 함수의 반환값

프로퍼티	개요
id	루트를 식별하는 id 값
pathname	경로명
data	로더(8-4-2항)에서 취득한 데이터
params	매개변수 정보
handle	handle 속성에서 전달된 값

객체 배열은 루트 계층에 따라 상위 루트부터 하위 루트까지 각각의 매칭 정보를 반환한다는 의미다. 예를 들어 홈페이지의 경우 다음과 같은 매칭 정보를 얻을 수 있다.

```
[
  {
    "id": "0",
    "pathname": "/",
    "params": {}
  },
```

```
{
  "id": "0-0",
  "pathname": "/",
  "params": {},
  "handle": {
    "title": "홈",
    "keywords": "리액트, 라우터, 자바스크립트",
    "description": "리액트 라우터에 대한 설명 샘플입니다."
  }
}
]
```

따라서 ❷에서도 객체 배열에서 마지막 요소(at(-1)), 즉 루트 계층에서 경로의 마지막에 일치하는 루트를 가져와서 그 handle 속성에 접근하고 있는 것이다. '?? {}'로 설정한 것은 Null 합집합 연산자(1-3-5항)의 구문으로, handle 속성이 비어 있을 경우를 대비하여 빈 객체를 기본값으로 설정해 놓았다.

생성된 메타 정보는 익숙한 분할 대입(❸)을 통해 각각의 변수로 분할해 둔다.

이제 Props(title/keywords/description 속성)가 전달되면 이를 플레이스홀더(%s)에 반영(❹)하면 완성이다.

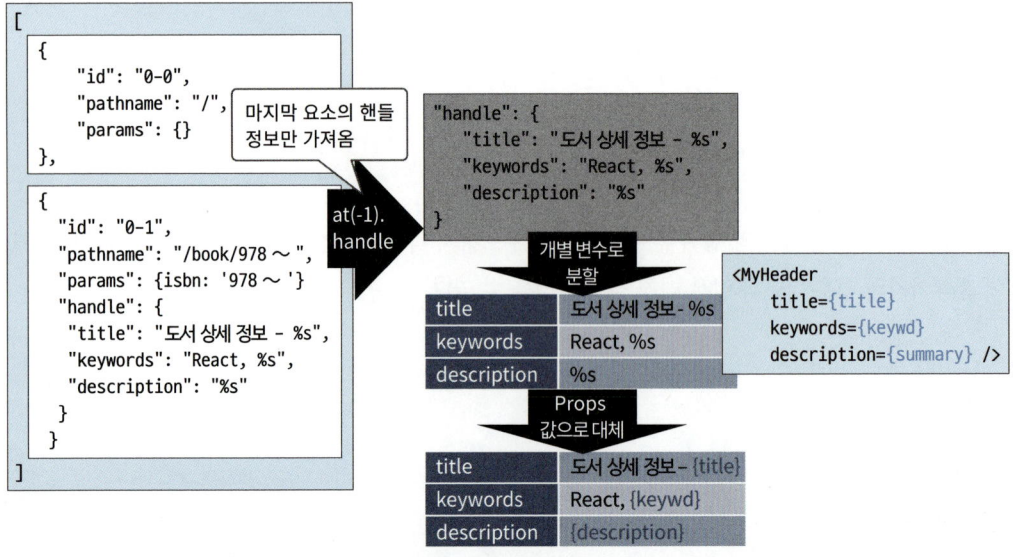

▲ 메타 정보의 전개

[3] MyHeader를 개별 컴포넌트에 적용하기

생성한 MyHeader 컴포넌트를 TopPage/BookPage 등 개별 컴포넌트에 적용해 보자.

▎예제 코드 8-3-25 TopPage.js

```
import MyHeader from './MyHeader';

export default function TopPage() {
  ... 중략 ...
  return (
    <>
      <MyHeader />                    ──❶
      <p>홈페이지입니다.</p>
    </>
  );
}
```

▎예제 코드 8-3-26 BookPage.js

```
import MyHeader from './MyHeader';
import books from '../chap07/books';

export default function BookPage() {
  const { isbn = '979-1-1583-9517-9' } = useParams();
  const { title, summary } = books.find(b => isbn === b.isbn);

  return (
    <>
      <MyHeader title={title} keywords={title}
        description={summary} />                              ❷
      <p>ISBN 코드 {isbn}의 페이지입니다. </p>
    </>
  );
}
```

먼저 간단한 것은 ❶이다. handle 속성에서 지정한 메타 정보를 그대로 반영하는 패턴이다.

단, ❷와 같이 컴포넌트 측에서 동적으로 생성한 값을 Props(title, keywords, description 속성)으로 전달할 수도 있다. 이번 예시에서는 지정된 ISBN 코드에 해당하는 도서 정보를 가져와 이를 title, keywords, description 속성으로 각각 할당하고 있다.

다음은 '/', '/book/979-1-1583-9517-9'에 접속했을 때 〈head〉 요소에 출력되는 내용이다(불필요한 요소는 생략).

```
<title>홈</title>
<meta name="keywords" content="리액트, 라우터, 자바스크립트" data-rh="true">
<meta name="description" content="리액트 라우터에 대한 설명 샘플입니다." data-rh="true">

<title>도서상세 - 시작하세요! C# 12 프로그래밍</title>
<meta name="keywords" content="리액트, 시작하세요! C# 12 프로그래밍" data-rh="true">
<meta name="description" content="기본 문법부터 실전 예제까지" data-rh="true">
```

8.4 Route 컴포넌트 속성

〈Route〉 요소의 속성에 대해서는 8-2-1항에서도 언급했지만, 루트로 표현할 수 있는 정보는 그 외에도 다양하다. 이번 절에서는 지금까지 다루지 않은 errorElement, loader, action, lazy 등의 속성에 대해 설명한다.

8-4-1 루트 랜더링 시 예외 포착하기 - errorElement 속성

errorElement 속성은 라우팅 시 예외가 발생했을 때 표시해야 할 콘텐츠(오류 컴포넌트)를 나타낸다.

예를 들어 다음은 '/book/:isbn' 루트(BookPage 컴포넌트)에서 루트 매개변수 :isbn이 잘못된 형식일 때 예외를 발생시키는 예시다[20]. 이때 BookPage 컴포넌트 대신 InvalidParamsPage 컴포넌트를 표시해 보자.

[1] BookPage 컴포넌트 수정하기

:isbn 매개변수의 값을 판단하고, 범위를 벗어난 값일 경우 예외(여기서는 RangeError)를 발생시키도록 한다.

---

[20] 일반적으로 isbn 값을 키로 데이터베이스를 검색하고 해당 데이터가 존재하지 않는 경우 예외를 발생시킨다.

| 예제 코드 8-4-1 BookPage.js

```
export default function BookPage() {
  const { isbn = '979-1-1583-9517-9' } = useParams();
  // ISBN 코드의 형식을 따르지 않으면 오류
  if (!/979-1-[0-9]{2,7}-[0-9]{2,7}-[0-9X]/.test(isbn)) {
    throw new RangeError('ISBN is invalid!!');
  }

  return (<p>ISBN 코드 {isbn}의 페이지입니다.</p>);
}
```

[2] 루트 정의 수정하기

'/book/:isbn' 루트에 errorElement 속성을 추가한다. 값은 element 속성과 마찬가지로 React 요소(컴포넌트 호출)를 지정하기만 하면 되므로 특별히 주의할 점은 없다.

| 예제 코드 8-4-2 routesParam.js [21]

```
import InvalidParamsPage from './InvalidParamsPage';
... 중략 ...
const routesParam = createBrowserRouter(
  createRoutesFromElements(
    <Route element={<RouterParam />}>
      <Route path="/" element={<TopPage />} />
      <Route path="/book/:isbn?" element={<BookPage />}
        errorElement={<InvalidParamsPage />} />
      ... 중략 ...
    </Route>
  )
);
```

[3] InvalidParamsPage 컴포넌트 생성하기

마지막으로 errorElement 속성에서 지정한 InvalidParamsPage 컴포넌트를 생성한다.

---

[21] 이전 항목에서 index.js를 편집했다면 예제 코드 8-3-2에 따라 index.js를 편집한다(라우팅 정보로 routesParam을 가리키게 한다).

예제 코드 8-4-3 InvalidParamsPage.js

```
import { useRouteError } from 'react-router-dom';

export default function InvalidParamsPage() {
  // 루트에서 발생한 오류를 가져온다.
  const error = useRouteError();             ──────❶
  return (
    <p style={{ color: 'Red' }}>{error.message}</p>
  );
}
```

루트에서 발생한 예외를 가져오려면 useRouteError 함수를 사용한다(❶). 반환 값은 발생 원인에 따라 다르지만, 이 예시에서는 RangeError 객체를 반환한다. 여기서는 해당 message 프로퍼티로 오류 메시지를 표시하고 있다.

위의 내용을 이해했다면, 예제를 실행하고 예를 들어 '~/book/foo'에 접속해 보자. 다음 그림과 같이 커스텀 오류 페이지가 표시되는 것을 확인할 수 있다.

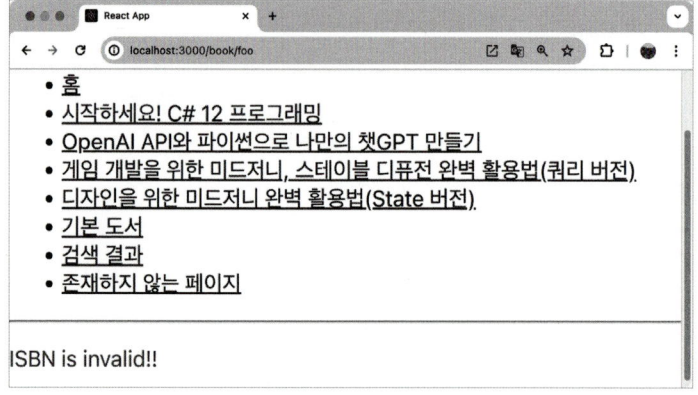

▲ 잘못된 주소 '~/book/foo'는 오류 페이지를 표시[22]

---

[22] 개발 모드에서는 처음에 p.275의 왼쪽 그림과 같은 오류 트레이스가 표시될 수 있다. 이 경우 오른쪽 상단의 [×]로 닫고 결과를 확인한다(이후에도 마찬가지다).

보충: 예외 버블링하기

참고로 루트에서 발생한 예외는 처리되지 않는 한 루트 계층을 따라 버블링[23], 즉 부모 루트로 전달된다. 따라서 예외 처리가 앱 공통이라면 루트 컴포넌트(이 예시에서는 RouterParam)에서 errorElement 속성을 지정해도 무방하다.

| 예제 코드 8-4-4 routesParam.js

```
const routesParam = createBrowserRouter(
  createRoutesFromElements(
    <Route element={<RouterParam />}
      errorElement={<InvalidParamsPage />} >
      <Route path="/" element={<TopPage />} />
      <Route path="/book/:isbn?" element={<BookPage />}
        errorElement={<InvalidParamsPage />} />
      … 중략 …
    </Route>
  )
);
```

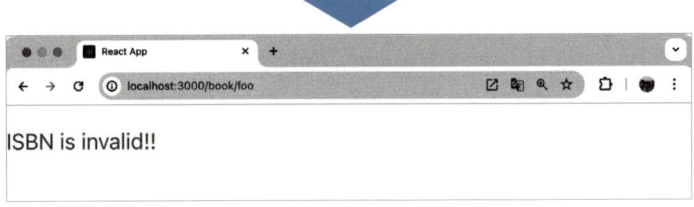

▲ 예외 발생 시 표시

이제 '/book/:isbn' 경로에서 발생한 예외가 그 자리에서 처리되지 않고 상위 경로(RouterParam)에서 처리된다. 앞서와 마찬가지로 '~/book/foo'에 접속하면 이번에는 오류 페이지가 RouteParam의 대체 콘텐츠로 표시되기 때문에 페이지 전체가 오류 페이지로 대체되는 점도 주목할 만하다.

---

23 예외가 계층 트리를 타고 올라가는 모습이 마치 거품(bubble)이 떠오르는 모습과 비슷하다고 해서 붙여진 이름이다. 이벤트 처리에서도 익숙한 용어다.

> **📄 예외 다시 던지기**
>
> 그 자리에서 처리할 수 없는 예외는 오류 페이지(errorElement 속성)에서 예외를 다시 던져도 무방하다(예를 들어, RangeError를 예상했는데 다른 예외가 발생했을 때 등).
>
> ```
> throw error;
> ```
>
> 본문에서도 언급했듯이 예외는 루트 계층을 따라 버블링되므로 하위 루트에서 다시 던진 예외는 상위 루트에서 다시 처리하게 된다.

8-4-2 컴포넌트에서 사용할 데이터 준비하기 – loader 속성

loader 속성에는 로더를 지정한다. 로더는 컴포넌트에서 사용할 데이터를 준비하기 위한 함수를 말한다. 로더를 이용하면 컴포넌트 본체와 데이터 수집을 위한 코드를 명확하게 분리할 수 있어 코드의 가시성을 높일 수 있다.

예를 들어 다음은 '~/weather/〈도시명〉'에 접속하여 지정된 도시의 날씨 정보를 표시하는 예제다[24]. 날씨 정보 취득 코드를 로더로 잘라내 보겠다.

[1] 로더 준비하기

'/weather/:city' 경로에 대해 로더를 추가해 둔다. 여기서는 단순화를 위해 loader 속성에 직접 함수를 전달했지만, 물론 함수만 잘라내도 상관없다.

예제 코드 8-4-5 routesParam.js [25]

```
import WeatherPage from './WeatherPage';
... 중략 ...
const routesParam = createBrowserRouter(
  createRoutesFromElements(
    <Route element={<RouterParam />} >
      ... 중략 ...
      <Route path="/search/*" element={<SearchPage />} />
      <Route path="/weather/:city" element={<WeatherPage />}
```

---

24 날씨 정보 취득은 OpenWeather API를 이용한다. 자세한 내용은 6–3–1항도 참고하기 바란다.
25 코드에서 푸른색으로 표시된 부분은 OpenWeather API에 접근하기 위한 애플리케이션 ID이며, 6–3–1항의 절차에 따라 획득한 ID로 대체한다.

```
      loader={({ params }) =>
        fetch(`https://api.openweathermap.org/data/2.5/weather?q=${params.city}&lang=
kr&appid=xxxxxxxxxx`)
      }/>
      ... 중략 ...
    </Route>
  )
);
```
❶

로더가 되기 위한 조건은 다음과 같다(❶).

- 요청 정보를 인수로 받는 것
- 반환값으로 취득한 데이터 또는 그 Promise를 반환하는 것

요청 정보는 다음 표의 프로퍼티를 가진 객체다.

▼ 로더 함수가 수신하는 요청 정보

프로퍼티	개요
params	루트 매개변수군
request	요청 정보

이 예제에서는 params 속성을 통해 루트 매개변수인 city를 가져와 그 값을 기반으로 OpenWeather API에 접근하고 있다. fetch 함수(then 메서드)의 반환값은 Promise이므로, 그대로 로더의 반환값으로 반환해도 무방하다.

> 📄 **Request 객체**
>
> request 프로퍼티를 통해 얻을 수 있는 것은 Fetch API 표준의 Request 객체다. 구체적으로 다음 표와 같은 멤버를 제공한다.
>
> ▼ Request 객체의 주요 멤버
>
> | 멤버 | 개요 |
> | --- | --- |
> | body | 요청 본문(ReadableStream 객체) |
> | cache | 캐시 모드 |
> | headers | 요청 헤더(Headers 객체) |

멤버	개요
method	요청 메서드
mode	요청 모드(cors, no-cors, same-origin 등)
referrer	요청자 주소
url	요청한 곳의 URL

예를 들어, 쿼리 정보 등은 직접적으로 조회할 수 있는 수단이 없기 때문에 원본 URL(url)에서 URLSearchParams 객체를 통해 조회하게 된다(다음은 쿼리 정보 id를 조회하는 예시다).

```
const url = new URL(request.url);
const id = url.searchParams.get('id');
```

[2] 컴포넌트 본체 준비하기

로더가 준비되면 WeatherPage 컴포넌트를 생성한다.

| 예제 코드 8-4-6 WeatherPage.js

```
import { useLoaderData } from 'react-router-dom';

export default function WeatherPage() {
  // 로더를 통해 획득한 데이터를 가져온다
  const data = useLoaderData();  ──❶
  return (
    <figure>
      <img src={`https://openweathermap.org/img/wn/${data?.weather?.[0]?.icon}.png`}
        alt={data?.weather?.[0]?.main} />
      <figcaption>{data?.weather?.[0]?.description}</figcaption>
    </figure>
  );
}
```

로더에서 가져온 데이터를 가져오는 것은 useLoaderData 함수다(❶). 로더의 직접적인 반환값은 Promise이지만, 리액트 라우터가 내부적으로 해결부터 Response#json 메서드를 통한 분석까지 처리해 주기 때문에 이 예제의 경우 날씨 정보[26]에 직접 접근할 수 있다는 점이 주목할 만하다.

---

[26] 객체의 구조에 대해서는 6-3-1항도 함께 참고하기 바란다.

[3] 링크 추가하기

마지막으로 '/weather/:city' 루트에 대한 링크를 추가한다. :city 매개변수에 여기서는 'Seoul'을 전달한다.

예제 코드 8-4-7 RouterParam.js

```
export default function RouterParam() {
  ... 중략 ...
  return (
    <>
      <ul>
        ... 중략 ...
        <li><NavLink to="/search/react/router/remix">검색 결과</NavLink></li>
        <li><NavLink to="/weather/Seoul">서울 날씨</NavLink></li>
        ... 중략 ...
      </ul>
      <hr />
      <Outlet context={[count, setCount]} />
    </>
  );
}
```

위의 준비가 완료되었다면, 예제를 실행하고 [서울 날씨] 링크를 클릭해 보자. 다음 그림과 같이 OpenWeather API를 통해 얻은 서울의 날씨를 얻을 수 있다면 로더가 제대로 작동하고 있는 것이다.

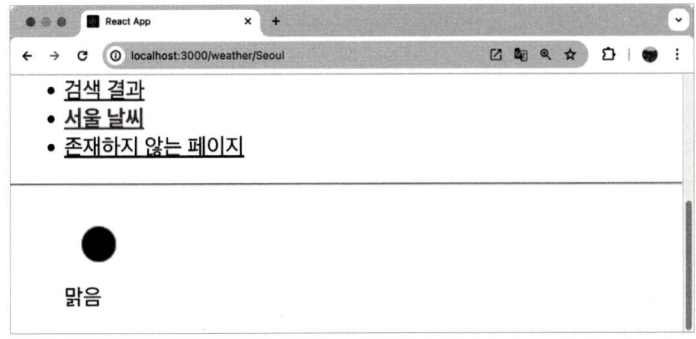

▲ 서울의 날씨 정보 표시[27]

---

27 물론 그때그때마다 얻을 수 있는 날씨 정보는 다르다.

응답을 직접 작성하기

fetch 함수뿐만 아니라 직접 만든 객체를 로더의 반환 값으로 반환할 수도 있다. 이를 위해 리액트 라우터 표준의 json 함수를 사용하는 것을 추천한다.

예를 들어, 다음은 앞서 설명한 '/weather/:city' 루트에서 날씨 정보를 얻지 못했을 때 '알 수 없음'을 반환하는 예시다. 이때, 응답을 독자적인 형식으로 만드는 것은 바람직하지 않다(오류 정보를 완전히 별개의 것으로 취급해야 하기 때문이다). 그래서 JSON 형식으로 정리하는 것이다.

이제 구체적인 코드를 살펴보겠다. 앞에서는 loader 속성에 직접 로더 함수를 전달했지만, 내용도 많아졌기 때문에 따로 잘라내기로 한다.

예제 코드 8-4-8 routesParam.js

```js
import { createBrowserRouter, createRoutesFromElements,
  json, Route } from 'react-router-dom';
... 중략 ...
const fetchWeather = async ({ params }) => {
  const res = await fetch(`https://api.openweathermap.org/data/2.5/weather?q=${params.city}&lang=kr&appid=xxxxxxxxxx`);
  // 응답이 성공하면 결과 데이터를 그대로 반환한다
  if (res.ok) { return res; }
  // 성공 이외의 결과에서는 오류 데이터 생성
  return json({
    "weather":[
      {"id":803,"main":"Unknown","description":"알 수 없음","icon":"50d"}
    ],
    "name":"알 수 없음"
  });
}

const routesParam = createBrowserRouter(
  createRoutesFromElements(
      ... 중략 ...
      <Route path="/weather/:city" element={<WeatherPage />}
        loader={fetchWeather}/>
      ... 중략 ...
    </Route>
  )
);
```

❶

응답 데이터는 OpenWeather API의 응답 데이터에 맞춰서 컴포넌트 코드를 수정할 필요가 없도록 한다 (구체적인 형식은 6-3-1항 참조❶).

응답 데이터(객체)가 준비되었다면, 이제 json 함수로 JSON 형식으로 변환하기만 하면 된다.

| 구문 _ json 함수

```
json(data [, init])
```

data : 변환 대상 객체
init : 응답 초기화 옵션 ('이름: 값,...' 형식의 헤더 정보)

하지만 json 함수는 단순히 변환만 하는 것이 아니다. 객체를 JSON 형식으로 변환한 후 Fetch API 표준 Response 객체로 래핑한 것을 반환한다. 따라서 ❶은 다음과 같이 표현해도 거의 같은 의미다.

```
return new Response(
  JSON.stringify({
    "weather":[
      {"id":803,"main":"Unknown","description":"알 수 없음","icon":"50d"}
    ],
    "name":"알 수 없음 "
  }),
  {
    status: 200,
    headers: {
      'Content-Type': 'application/json; UTF-8',
    },
  }
);
```

물론 json 함수에서도 init 인수로 상태, 응답 헤더 등을 지정할 수 있기 때문에 굳이 Response 객체를 생성해야 하는 경우는 많지 않을 것이다.

▼ Response 객체의 주요 옵션

옵션	개요
headers	응답 헤더
status	상태 번호
statusText	상태 메시지

json 함수(Response 객체) 던지기

응답을 json 함수(Response 객체)로 정렬하는 것은 오류 처리 시에도 도움이 된다. 왜냐하면 useRouteError 함수(8-4-1항)는 Response 객체를 받으면 이를 암묵적으로 다루기 쉬운 형식으로 해석해 주기 때문이다. 형식이 통일되어 있으면 오류를 처리할 때도 루트 컴포넌트에서 처리를 묶기 쉬워진다.

구체적인 예시도 살펴보자. 다음은 '/weather/:city' 루트에서 문제가 발생했을 때 json 함수에서 오류를 발생시키는 예시다. 던져진 오류는 '/' 루트의 errorElement 속성에 의해 포착된다.

[1] '/weather/:city' 루트의 로더 수정하기

예제 코드 8-4-8의 로더를 수정하여 오류 정보를 던지도록 수정해 보자.

예제 코드 8-4-9 routesParam.js

```js
const fetchWeather = async ({ params }) => {
  const res = await fetch(`https://api.openweathermap.org/data/2.5/weather?q=${params.city}&lang=kr&appid=xxxxxxxxxx`);
  if (res.ok) { return res; }
  // 응답 상태에 따라 다른 오류 정보를 던진다
  switch (res.status) {
    case 404:
      throw json({ message: 'city is invalid!!' }, { status: 404 });
    case 401:
      throw json({ message: 'api key is invalid!!' }, { status: 401 });
    default:
      throw json({ message: 'api server is in trouble...' }, { status: 501 });
  }
}
```

❶

앞서 언급한 코드와 다른 점은 다음과 같다(❶).

- json 함수를 (반환값이 아닌) throw 명령으로 던지고 있다
- 두 번째 인수로 상태 코드를 명시하고 있다

첫 번째 인수는 물론 용도에 따라 임의의 정보를 부여할 수 있다. 두 번째 인수로 지정하는 status 프로퍼티는 나중에 오류를 분류하기 위한 목적이다. 일반적인 Error 객체(및 그 파생 객체)를 던졌을 경우 해당 타입으로 예외 처리를 분기하는 경우가 많은데, 그와 비슷하다.

[2] '/' 루트의 공통 오류 처리 준비하기

이제 스타터 코드에 따라 오류 처리(errorElement 속성)를 준비하기만 하면 된다. 여기서는 '/weather/:city' 루트의 오류만 받지만, '/' 루트에 오류 처리를 구현하면 모든 루트의 오류 처리를 일원화할 수 있다.

| 예제 코드 8-4-10 CommonErrorPage.js

```js
import { isRouteErrorResponse, useRouteError } from 'react-router-dom';

export default function CommonErrorPage() {
  // 루트에서 발생한 오류를 가져온다
  const error = useRouteError();
  // Response 형식의 오류인지 여부
  if (isRouteErrorResponse(error)) {  ────────❸
    // 상태 코드에 따라 오류 페이지 생성
    switch (error.status) {
      case 404:
        return <p>원하는 페이지를 찾을 수 없습니다.</p>;
      case 401:
        return <p>인증에 실패했습니다.</p>;
      case 501:
        return <p>서비스가 일시적으로 중단되었습니다.</p>;
      default:
        return <p>알 수 없는 오류: {error.data.message}</p>;  ────❷
    }
  }
  // 비응답형(Error형)의 경우의 오류 메시지
  return (
    <div>
      <h3>문제가 발생했습니다.</h3>
      <p>상세한 문제: {error.message}</p>
    </div>
  );
}
```
❶ ❹

| 예제 코드 8-4-11 routesParam.js

```js
import CommonErrorPage from './CommonErrorPage';
... 중략 ...
```

```
const routesParam = createBrowserRouter(
  createRoutesFromElements(
    <Route element={<RouterParam />}
      errorElement={<CommonErrorPage />} >
      ... 중략 ...
    </Route>
  )
);
```

useRouteError 함수는 획득한 예외가 Response 객체인 경우 이를 ErrorResponse 객체로 처리한다. ErrorResponse 객체에서 사용할 수 있는 프로퍼티는 다음 표와 같다.

▼ ErrorResponse 객체의 주요 프로퍼티

프로퍼티	개요
status	상태 코드
statusText	상태 텍스트
data	json 함수에서 전달된 메시지 본문

따라서 ❶에서도 status 프로퍼티에 따라 오류 페이지의 출력을 구분하고 있다. json 함수에서 전달받은 메시지를 가져오려면 ❷와 같이 data 프로퍼티를 참조하면 된다.

또한, 개별 루트에서 전달되는 예외 정보가 항상 Response(ErrorResponse) 타입인 것은 아니다. 그래서 ❸에서는 isRouteErrorResponse 함수로 먼저 타입을 판단하고[28], 비Response 타입인 경우 Error 타입으로 간주하여 해당 오류 메시지를 출력하도록 한다(❹).

로딩 중 메시지 표시하기

로더에서는 시간이 오래 걸리는 처리를 구현하는 것이 일반적이다. 이때 아무것도 표시하지 않고 페이지 전환을 계속 기다리게 하는 것은 좋지 않으므로 간단한 로딩 메시지를 구현해 보자.

---

[28] 올바른 status/statusText/data 등의 프로퍼티를 가진 객체인지 확인한다.

| 예제 코드 8-4-12 RouterParam.js

```
import { NavLink, Outlet, useNavigation } from 'react-router-dom';
... 중략 ...
export default function RouterParam() {
  // 내비게이션 정보 획득
  const navigation = useNavigation();        ─────────❶
  ... 중략 ...
  return (
    <>
      ... 중략 ...
      <hr />
      {
        // 트랜지션 상태에 따라 출력을 분기
        navigation.state === 'loading' ?
          <p>Loading...</p> :                                    ❷
          <Outlet />
      }
    </>
  );
}
```

| 예제 코드 8-4-13 routesParam.js

```
const sleep = ms => new Promise(res => setTimeout(res, ms));

const fetchWeather = async ({ params }) => {
  // 로딩 메시지를 표시하기 위해 처리 지연
  await sleep(2000);
  ... 중략 ...
}
```

라우터의 상태를 가져오는 것은 useNavigation 함수의 역할이다(❶). useNavigation 함수의 반환 값은 Navigation 객체이며, 다음 표와 같은 프로퍼티로 구성된다.

▼ Navigation 객체의 주요 프로퍼티

프로퍼티	개요	
state	라우터 상태	
	값	개요
	idle	보류 중인 전환 없음
	submitting	액션 처리 중
	loading	로더로 처리 중
location	전환 대상 페이지(Location 객체)	
formData	액션으로 전송된 데이터	
formAction	액션 전송 대상	
formMethod	HTTP 메서드(POST, PUT 등)	

이 예시에서는 state 프로퍼티를 이용하여 페이지 전환 상태를 판단하여 loading인 경우 로딩 메시지를 표시하고, 그 외의 상태인 경우 원래의 콘텐츠를 표시한다(❷).

참고로 로더, 액션(7-3-2항)에 의한 처리 시 다음과 같이 state가 변경된다.

- **로더**: idle → loading → idle
- **액션**: idle → submitting → loading → idle

물론 액션에 따른 처리를 구현한다면, submitting도 고려해야 할 것이다.

이 외에도 formData 프로퍼티를 이용하면 미확정 입력을 전제로 잠정적으로(=처리가 완료되기 전에) 업데이트된 정보를 표시하는 것도 가능하다.

8-4-3 루트에서 발생한 액션 처리하기 – action 속성

루트(컴포넌트)를 표시할 때 이용하는 것이 로더라면, 루트가 폼 제출 등의 처리를 할 때 실제 처리를 담당하는 것이 액션이다. action 속성을 이용해 함수로 표현한다.

예를 들어, 다음은 도서 정보를 등록하기 위한 BookFormPage 컴포넌트의 예시다.

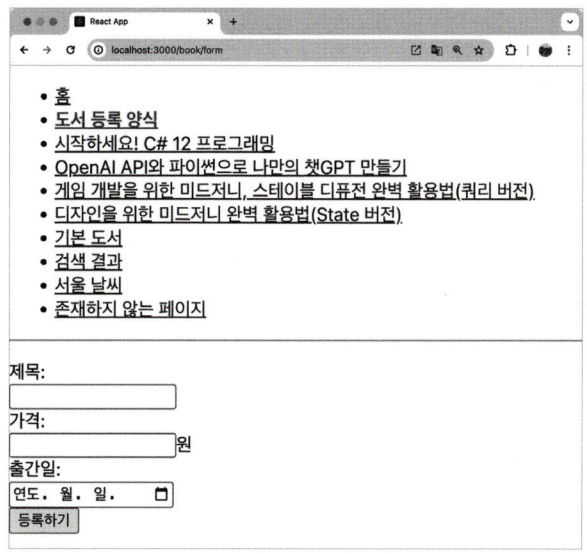

▲ 도서 정보 등록을 위한 폼

[등록하기] 버튼을 클릭하면 입력된 값을 검증하여 문제가 있는 경우 오류 메시지를 표시하고, 문제가 없으면 입력된 값을 로그에 출력한다.[29]

그럼 구체적인 절차를 따라가 보자.

[1] 컴포넌트 준비하기

먼저 등록 폼을 생성하는 BookFormPage 컴포넌트부터 살펴보겠다.

예제 코드 8-4-14 BookFormPage.js

```
import { Form } from 'react-router-dom';

export default function BookFormPage() {
  return (
    <Form method="POST" noValidate>
      <div>
        <label htmlFor="title">제목:</label><br/>
        <input id="title" name="title" type="text" size="20" />
      </div>
```

---

29 원래는 데이터베이스 등에 등록하는 부분이지만, 본론에서 벗어나는 부분이라 간소화했다.

```
      <div>
        <label htmlFor="price">가격:</label><br/>
        <input id="price" name="price" type="number" />원
      </div>
      <div>
        <label htmlFor="published">출간일:</label><br/>
        <input id="published" name="published" type="date" />
      </div>
      <div>
        <button type="submit">등록하기</button>
      </div>
    </Form>
  );
}
```

표준 입력 폼이기 때문에 한 가지만 짚고 넘어가야 할 것이 있는데,

양식을 정의하는 것은 〈Form〉 요소(F는 대문자)

라는 점이다. HTML 표준의 〈form〉 태그와 혼동하기 쉬운데, 〈Form〉은 리액트 라우터가 제공하는 컴포넌트로서 제출 시 처리를 액션에 맡기는 컴포넌트다. 〈form〉(f가 소문자)을 사용할 경우, 뒤에서 설명할 액션이 제대로 호출되지 않으므로 주의해야 한다.

이 예제에서는 자신('/book/form' 루트)에게 처리를 던지고 있지만, 다른 루트로 보낼 수도 있다. 그럴 경우 〈Form〉 요소에 action 속성을 지정하면 된다(일반적인 〈form〉 요소와 동일).

[2] 액션 준비하기

'/book/form' 루트에 BookFormPage 컴포넌트를 연결하고 액션 함수를 정의한다. 이 단원에서는 루트 정의의 가독성을 위해 액션 함수를 따로 떼어냈지만, 액션이 간단한 내용이라면 action 속성에 직접 함수를 전달해도 무방하다(loader 속성과 동일).

예제 코드 8-4-15 routesParam.js

```
import { Route, createBrowserRouter, createRoutesFromElements,
  json, redirect } from 'react-router-dom';
... 중략 ...
import BookFormPage from './BookFormPage';
```

```
import yup from '../chap04/yup.kr';
import { date, number, string } from 'yup';


... 중략 ...
const bookAction = async ({ request }) => {         ────────❶
  const form = await request.formData();     ────────❸
  // 스키마 정의
  const bookSchema = yup.object({
    title: string().label('도서명').required().max(100),
    price: number().label('가격').integer().positive(),                        ❺
    published: date().label('출간일').required().max(new Date(2100, 0, 1))
  });
  let info;
  // 검증을 실행하고 오류 발생 시 메시지를 반환한다.
  try {
    info = await bookSchema.validate({
      title: form.get('title'),
      price: form.get('price') || 0,                      ❹
      published: new Date(form.get('published') || Date.now()),                ❻
    }, {
      abortEarly: false
    });
    console.log(info);                                                         ❼
    return redirect('/');
  } catch (e) {
    return e.errors;        ────────❷
  }
};

const routesParam = createBrowserRouter(
  createRoutesFromElements(
    <Route element={<RouterParam />} >
      <Route path="/" element={<TopPage />} />
      <Route path="/book/form" element={<BookFormPage />}
        action={bookAction} />
      ... 중략 ...
    </Route>
  )
);
```

액션이 되기 위한 조건은 다음과 같다.

❶ 요청 정보를 인수로 받는 것

❷ 액션의 결과를 반환값으로 (필요한 경우) 반환하는 것

요청 정보가 나타내는 정보는 로더와 동일하므로 8-4-2항도 함께 참고하기 바란다. ❸에서는 Request 객체(request 프로퍼티)의 formData 프로퍼티에서 폼 정보(FormData 객체[30])를 가져온다. 개별 폼 값은 get 메서드를 통해 얻을 수 있다(❹).

폼 값을 가져왔다면 입력값의 유효성을 검증한다. 입력값 검증은 4-3-4항에서도 언급했던 Yup을 사용한다. 이번에는 React Hook Form과 연동하지 않기 때문에 작성 방식은 약간 다르지만, 미리 정의한 스키마(❺)를 바탕으로 입력값을 검증한다는 흐름은 동일하다. 다만 이번에는 검증 실행 자체를 React Hook Form에 맡길 수 없기 때문에 명시적으로 validate 메서드를 통해 검증을 수행한다(❻).

| 구문 _ validate 메서드

```
validate(value [, opts])

value  : 검증을 위한 값
opts   : 검증 옵션 (사용 가능한 옵션은 다음 표 참조)
```

▼ 주요 검증 옵션 (인수 opts의 키)

옵션	개요
strict	trim/lowercase 등의 변환을 수행하지 않고 검증만 수행
abortEarly	첫 번째 오류만 가져올지
stripUnknown	인수 value에서 스키마에 없는 키를 파기할지
recursive	재귀적으로 '심층' 검증을 수행할지

validate 메서드는 변환 & 검증을 수행하여 성공하면 변환된 객체를, 실패하면 예외를 발생시킨다. 따라서 이 예제에서도 예외가 발생하면(catch 블록) 예외 객체의 erros 프로퍼티(오류 메시지 배열)를 반환하도록 되어 있다(❷). 참고로 검증에 성공한 경우에는 입력값을 로그에 출력한 후[31] redirect 함수를 통해 홈페이지로 리디렉션한다(❼).

---

[30] 사용 가능한 메서드는 URLSearchParams 객체의 메서드와 동일하므로 8-3-3항도 참조하라.
[31] 물론 원래는 데이터베이스 등에 등록을 해야 하는 것이 맞다.

[3] 컴포넌트에서 오류 정보 수신하기

[1]에서 생성한 BookFormPage 컴포넌트가 오류 정보를 수신할 수 있도록 코드를 수정해 보자. 추가한 부분은 푸른색으로 표시되어 있다.

| 예제 코드 8-4-16 BookFormPage.js

```
import { Form, useActionData } from 'react-router-dom';

export default function BookFormPage() {
  const errors = useActionData();                    ──❶

  return (
    <Form method="POST" noValidate>
      <ul>
        {errors?.map(msg => <li key={msg}>{msg}</li>)}         ❷
      </ul>
      ... 중략 ...
    </Form>
  );
}
```

액션의 반환값을 가져오는 것은 useActionData 함수의 역할이다(❶). 이 예시에서는 [2]에서 오류 정보를 담은 배열을 반환하므로 해당 map 메서드에서 오류 메시지 목록을 목록으로 정형화하면 된다(❷).

[4] 링크 준비하기

마지막으로 '/book/form' 루트에 대한 링크를 추가한다.

| 예제 코드 8-4-17 RouterParam.js

```
export default function RouterParam() {
  ... 중략 ...
  return (
    <>
      ... 중략 ...
      <ul>
        <li><NavLink to="/">홈</NavLink></li>
        <li><NavLink to="/book/form">도서 등록 양식</NavLink></li>
```

```
      ... 중략 ...
    </ul>
    <hr />
    <Outlet />
  </>
);
}
```

위와 같은 준비가 끝나면 '~/book/form'에 액세스하여 다음 사항을 확인한다.

- 올바른 값을 입력하면 입력값을 로그로 출력 + 홈페이지로 이동
- 잘못된 값을 입력하면 폼에 오류 메시지를 표시

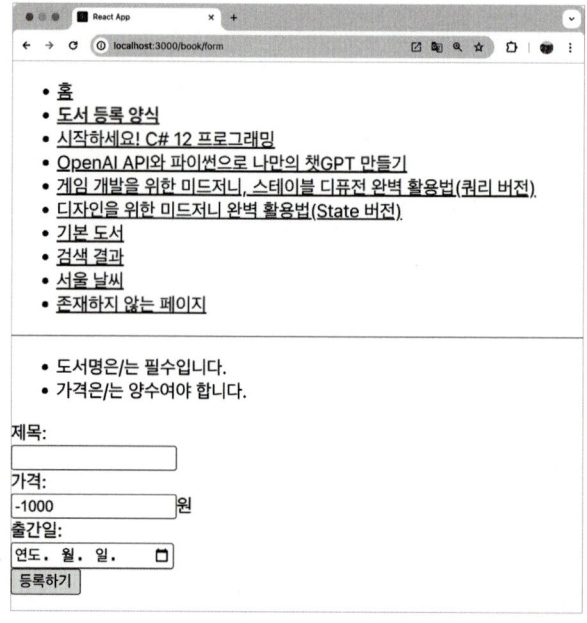

▲ 잘못된 값을 입력하면 오류 메시지 표시

8-4-4 컴포넌트 지연 로드하기 – lazy 속성

Create React App을 비롯한 리액트 앱에서는 하위 앱을 번들로 묶는 것이 일반적이다. 번들이란 임포트를 통해 모듈의 관계를 추적하여 앱을 구성하는 파일들을 하나로 묶는 작업을 말한다. 번들을 통해 앱을 한꺼번에 불러올 수 있는 것이다.

하지만 번들 역시 만병통치약은 아니다. 앱이 커지면 .js 파일도 비대해지고, 그에 비례해 실행 시간도 증가한다. 앱이 커졌다면 접근 빈도나 모듈 크기에 따라 앱을 적절히 분할하고, 번들 크기를 작게 유지하는 것을 의식해야 한다.

이러한 구조를 제공하는 것이 lazy 속성인데, lazy 속성으로 지정된 컴포넌트는 별도의 번들로 잘라내어 시작 후 동적으로 로드(지연 로드)할 수 있다.

예를 들어, 다음은 8-4-2항의 '/weather/:city' 루트를 지연 로드에 대응하는 예시다.

예제 코드 8-4-18 WeatherLazyPage.js

```js
import { isRouteErrorResponse, json,
  useLoaderData, useRouteError } from 'react-router-dom';

const sleep = ms => new Promise(res => setTimeout(res, ms));

// 로더 함수 정의
export async function loader({ params }) {
  await sleep(2000);
  const res = await fetch(`https://api.openweathermap.org/data/2.5/weather?q=${params.city}&lang=kr&appid=xxxxxxxxxx`);
  ... 중략 ...
};

// 컴포넌트 함수 정의
export function Component() {
  const data = useLoaderData();
  return (
    <figure>
      ... 중략 ...
    </figure>
  );
}
Component.displayName = 'WeatherLazyPage';   ──❷

// 오류 페이지 정의
export function ErrorBoundary() {
  ... 중략 ...
  return (
```

```
      <div>
        <h3>문제가 발생했습니다.</h3>
        <p>상세한 문제: {error.message}</p>
      </div>
    );
  }
}
ErrorBoundary.displayName = 'WeatherLazyErrorPage';  ──③
```

| 예제 코드 8-4-19 routesParam.js

```
const routesParam = createBrowserRouter(
  createRoutesFromElements(
    <Route element={<RouterParam />} >
      ... 중략 ...
      <Route path="/weather/:city"
        lazy={() => import('./WeatherLazyPage')} />  ──①
      ... 중략 ...
    </Route>
  )
);
```

lazy 속성(①)에서는 루트 정보를 가져오기 위한 함수를 전달한다. import 명령어 자체를 전달하는 것이 아니라 import 명령어를 호출하기 위한 함수라는 점에 유의해야 한다.

지연 로드되는 모듈(여기서는 WeatherLazyPage.js)에서는 각 속성에 따른 함수를 내보낸다. 함수의 내용은 기존과 동일하지만, 다음과 같은 점에 유의해야 한다.

- element/errorElement 속성은 각각 Component/ErrorBoundary 함수로 정의한다(loader/action은 그대로 loader/action 함수로 정의).
- path/index/children/caseSensitive 속성은 지연 로드할 수 없다(〈Route〉 요소의 속성에 정적으로 지정한다).
- 〈Route〉 요소에서 정적으로 정의한 정보를 지연 로딩으로 덮어쓸 수 없다.

②, ③의 displayName 프로퍼티는 컴포넌트의 표시 이름을 나타낸다. 지정은 임의적이지만, React Developer Tools의 표시 등에 활용되므로 가급적 이해하기 쉬운 이름을 부여하는 것을 추천한다.

여러 경로를 묶는 것도 가능

일반적으로 루트와 지연 로드하는 모듈은 1:1 관계이지만, (예를 들어) 중첩된 루트에서 부모 루트와 자식 루트의 정의를 별도의 모듈로 잘라내는 것은 쓸모가 없다. 대부분 동시에 로드될 것이 확실하다면 하나의 모듈로 묶는 것이 좋다.

예를 들어 다음은 '/books'(도서 목록), '/books/:isbn'(도서 상세 정보)과 같이 부모와 자식 관계에 있는 루트를 한꺼번에 지연 로드하는 예시다.

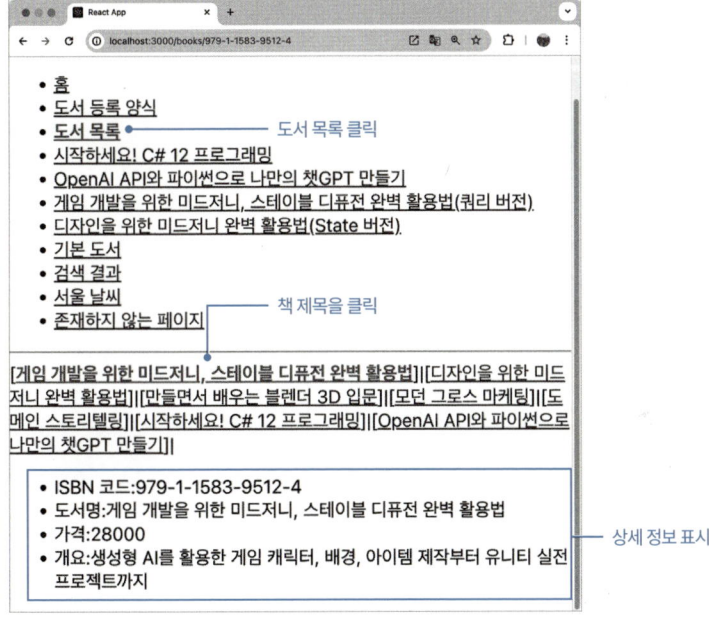

▲ 도서 목록 / 상세 정보 표시

[1] 부모-자식 관계의 컴포넌트 정의하기

먼저 '/books' 루트에 대응하는 BookListPage 컴포넌트와 그 하위의 '/books/:isbn' 루트에 대응하는 BookDetailsPage 컴포넌트를 준비한다.

| 예제 코드 8-4-20 BookNest.js

```
import React from 'react';
import { NavLink, Outlet, useParams } from 'react-router-dom';
import books from '../chap07/books';
```

```
export function BookListPage() {        ——————①
  return (
    <>
      {/* 책 제목 목록 보기 (키는 ISBN 코드) */}
      {books.map(b => (
        <React.Fragment key={b.isbn}>
          [<NavLink to={`/books/${b.isbn}`}>
            {b.title}</NavLink>]¦
        </React.Fragment>
      ))}
      {/* 자식 경로를 표시하기 위한 영역 준비 */}
      <Outlet />              ——————③
    </>
  );
}

export function BookDetailsPage() {     ——————②
  const { isbn='979-1-1583-9517-9' } = useParams();
  // 루트 매개변수: isbn을 키로 도서 검색
  const book = books.find(b => isbn === b.isbn);

  return (
    <ul>
      <li>ISBN 코드:{book.isbn}</li>
      <li>도서명:{book.title}</li>
      <li>가격:{book.price}</li>
      <li>개요:{book.summary}</li>
    </ul>
  );
}
```

하나의 모듈(.js 파일)에 여러 컴포넌트가 포함되어 있으므로 Component, ErrorBoundary 등의 이름은 사용할 수 없다. 식별하기 쉬운 이름을 붙여야 한다(①, ②).

컴포넌트의 내용은 기존 지식으로 거의 이해할 수 있는 내용이지만 컴포넌트를 중첩하는 경우,

> ⟨Outlet⟩ 요소로 하위 컴포넌트를 표시할 수 있는 공간을 확보한다

는 점에 주목해야 한다(지금까지 여러 번 써온 내용이다③).

[2] 루트 정의 준비하기

이제 lazy 속성으로 루트 정의를 준비하고 링크를 설치하기만 하면 된다.

예제 코드 8-4-21 routesParam.js

```js
const routesParam = createBrowserRouter(
  createRoutesFromElements(
    <Route element={<RouterParam />} >
      <Route path="/" element={<TopPage />} />
      <Route path="/books" lazy={async ()=> {
        const { BookListPage } = await import('./BookNest');
        return { Component: BookListPage };
      }}>
        <Route path=":isbn" lazy={async ()=> {
          const { BookDetailsPage } = await import('./BookNest');
          return { Component: BookDetailsPage };
        }} />
      </Route>
      ... 중략 ...
    </Route>
  )
);
```
❶

예제 코드 8-4-22 RouterParam.js

```js
export default function RouterParam() {
  ... 중략 ...
  return (
    <>
      <ul>
        <li><NavLink to="/">홈</NavLink></li>
        <li><NavLink to="/book/form">도서 등록 양식</NavLink></li>
        <li><NavLink to="/books">도서 목록</NavLink></li>
        ... 중략 ...
      </ul>
      ... 중략 ...
    </>
  );
}
```

이번에는 컴포넌트 측에서 Component, ErrorBoundary 등 정해진 이름을 가지고 있지 않기 때문에 단순히 import만으로는 리액트 라우터가 인식하지 못한다. lazy 함수에서 다시 한번 '속성명: 가져온 함수, ...' 형식으로 객체를 조립한다는 점에 주목하자(❶[32]). 이 예제에서는 Component 프로퍼티만 가진 객체를 생성했지만, 물론 loader, action 등의 프로퍼티를 추가할 수도 있다.

8.5 라우팅과 관련된 기타 기법

이 장의 마지막에는 지금까지 다루지 못한 라우팅의 다른 주제들을 살펴보겠다.

8-5-1 현재 페이지의 링크 해제하기

현재 경로에 대해 다른 스타일을 적용하는 구조로 8-2-2항에서 〈NavLink〉 요소에 대해 설명했다. 하지만 현재 페이지에 굳이 링크를 걸 필요가 없다고 생각한다면, 애초에 링크가 아닌 그냥 텍스트로 표시하고 싶을 수도 있다. 그런 용도로는 useMatch 함수를 이용한 간단한 컴포넌트를 직접 만들어 보자. useMatch는 〈NavLink〉 요소의 기능을 훅화한 함수다.

다음은 그 구체적인 예제다.

예제 코드 8-5-1 MyLink.js

```
import { Link, useMatch, useResolvedPath } from 'react-router-dom';
import './RouterNav.css';

export function MyLink({ to, children, ...props }) {
  // 현재 경로와 링크가 일치하는지를 판단
  const resolvedPath = useResolvedPath(to);
  const isMatch = !!useMatch({
    path: resolvedPath.pathname, end: true });
  // 일치 여부에 따라 링크 또는 평문 텍스트를 반환
```
❶

---

[32] import 함수(동적 가져오기)의 반환 값은 '요소명: 요소, ...' 형식의 객체다. 목록 8-4-18의 예시에서는 요소명이 그대로 속성명이기 때문에 특별히 객체를 다시 채울 필요가 없었던 것이다.

```
  return isMatch ?
    <span className="active">{children}</span> :                    ❷
    <Link to={to} {...props}>{children}</Link>;         ❸
}
```

예제 코드 8-5-2 RouterCustom.js

```
import { Outlet } from 'react-router-dom';
import { MyLink } from './MyLink';

export default function RouterCustom() {
  return (
    <>
      {/* 자체 제작 링크로 메뉴 부분 대체 */}
      <ul>
        <li><MyLink to="/">홈</MyLink></li>
        <li><MyLink to="/article">기사</MyLink></li>
        <li><MyLink to="/about">회사 소개</MyLink></li>
      </ul>
      <hr />
      <Outlet />
    </>
  );
}
```

예제 코드 8-5-3 routesMyLink.js

```
import { Route, createBrowserRouter, createRoutesFromElements } from 'react-router-dom';
import RouterCustom from './RouterCustom';
import TopPage from './TopPage';
import ArticlePage from './ArticlePage';
import AboutPage from './AboutPage';

const routesMyLink = createBrowserRouter(
  createRoutesFromElements(
    <Route element={<RouterCustom />}>
      <Route path="/" element={<TopPage />} />
      <Route path="/article" element={<ArticlePage />} />
      <Route path="/about" element={<AboutPage />} />
    </Route>
```

```
  )
);

export default routesMyLink;
```

예제 코드 8-5-4 index.js
```
import routesMyLink from './chap08/routesMyLink';
... 중략 ...
root.render(
  <RouterProvider router={routesMyLink} />
);
```

현재 경로가 링크와 일치하는지 확인하려면 useResolvedPath/useMatch 함수를 사용한다(❶). useResolvedPath는 지정된 경로를 정규화하기 위한 함수고, useMatch는 주어진 경로와 현재 경로가 일치하는지 판단하기 위한 함수다.

구문 _ useResolvedPath / useMatch 함수

```
useResolvedPath(to [,opts])
useMatch(pattern)
```

```
to      : 변환 대상 경로
opts    : 분석 옵션 (지정할 수 있는 옵션은 다음 표 참조)
pattern : 비교 조건 (지정할 수 있는 옵션은 다음 표 참조)
```

▼ useResolvedPath/useMatch 함수의 동작 옵션

함수	옵션	개요
useResolvedPath	relative	상대 경로 분석 방법 (8-2-3항 참조)
useMatch	path	비교하는 경로 (:이름, *와 같은 표기 가능, 8-3-2항 참조)
	caseSensitive	대문자/소문자 구분 여부
	end	패스를 엄격하게 판단할 것인지

useResolvedPath/useMatch 함수의 반환 값은 각각 Path/PathMatch 객체다. 다음 표에는 각각의 주요 멤버도 정리해 놓았다.

▼ useResolvedPath / useMatch 함수의 반환값

객체	멤버	개요
Path	pathname	'/'로 시작하는 경로
	search	쿼리 문자열(?~로 시작하는 정보)
	hash	해시값(#~로 시작하는 정보)
PathMatch	params	동적 매개변수 값('이름: 값, ...' 형식, 8-3-1항)
	pathname	일치하는 경로 문자열
	pathnameBase	자식 루트 이전에 일치하는 경로 문자열
	pattern	매치에 사용한 패턴 정보

지정된 경로와 현재 경로가 일치하지 않으면 useMatch 함수는 null을 반환한다. ❶의 예시에서는 useMatch 함수의 반환값이 null(false)인지 여부에만 관심이 있으므로 useMatch 함수를 부울 값으로 변환한 것을[33] 변수 isMatch에 저장하고 있다.

이제 일치하면 그냥 텍스트를 반환하고, 일치하지 않으면 원래의 링크를 반환하면 된다(❷). ⟨Link⟩ 요소에 대해서는 to 속성 외에 전달된 임의의 Props를 함께 전달하고 있다(코드의 푸른색으로 표시된 부분).

예제를 실행하면 확실히 현재 페이지가 (링크가 아닌) 그냥 텍스트로 표시되는 것을 확인할 수 있다.

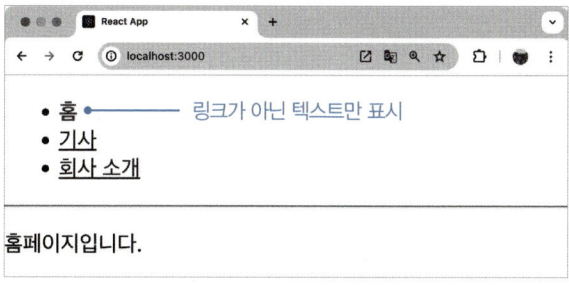

▲ 현재 페이지에 텍스트만 표시

여기서는 단순히 ⟨MyLink⟩ 요소에 to 속성을 전달하고 있을 뿐이지만, ❸에서 봤듯이 to 이외의 속성 정보는 그대로 ⟨Link⟩ 요소에 전달하고 있다. 따라서 ⟨Link⟩ 요소에서 사용할 수 있는 임의의 속성을 ⟨MyLink⟩ 요소에서도 사용할 수 있다.

---

33 '!!'는 임의의 값을 부울 값으로 변환하기 위한 자바스크립트 관용구다.

8-5-2 스크롤 위치 복원하기 - ⟨ScrollRestoration⟩ 요소

SPA(Single Page Application)와 여러 페이지로 구성된 기존 앱은 화면 전환 시 스크롤 위치 처리 방식이 다르다. 먼저 리액트 라우터의 기본 동작을 확인해 보자.

예제 코드 8-5-5 RouterScroll.js

```js
import { Outlet } from 'react-router-dom';

export default function RouterScroll() {
  return (
    <>
      <Outlet />
    </>
  );
}
```

예제 코드 8-5-6 routesScroll.js

```js
import { Route, createBrowserRouter, createRoutesFromElements } from 'react-router-dom';
import RouterScroll from './RouterScroll';
import FirstPage from './FirstPage';
import SecondPage from './SecondPage';

const routesScroll = createBrowserRouter(
  createRoutesFromElements(
    <Route path="/" element={<RouterScroll />}>
      <Route index element={<FirstPage />} />
      <Route path="/second" element={<SecondPage />} />
    </Route>
  )
);

export default routesScroll;
```

예제 코드 8-5-7 FirstPage.js [34]

```js
import { Link } from 'react-router-dom';

export default function FirstPage() {
  return (
    <>
      <h2>FirstPage</h2>
      <hr />
      <p style={{ height: 800 }}></p>
      <p><Link to="/second">두 번째 페이지로 이동</Link></p>
    </>
  );
}
```

예제 코드 8-5-8 index.js

```js
import routesScroll from './chap08/routesScroll';
... 중략 ...
root.render(
  <RouterProvider router={routesScroll} />
);
```

세로로 긴 페이지를 준비하는 코드다. 이 상태에서 '/'에 접속하여 페이지 하단에서 [두 번째 페이지로 이동] 링크를 클릭해 보자.

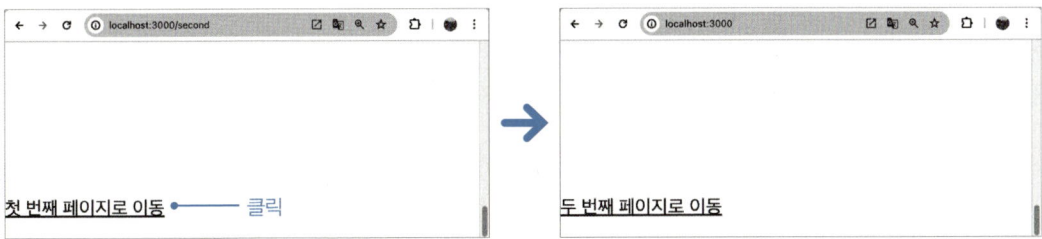

▲ 스크롤 위치는 어디까지나 그 시점의 위치가 유지된다

그 시점에서 스크롤 위치는 변하지 않고 페이지만 바뀌는 것을 확인할 수 있다. 이는 일반적으로 부자연스러운 동작이며, 새로운 페이지라면 페이지 맨 위로 이동하는 것이 예상했던 동작일 것이다.

---

34 SecondPage.js는 FirstPage.js와 마찬가지로 상대방에 대한 링크를 설치한 컴포넌트다. 지면상 생략하므로 전체 코드는 배포된 샘플을 참고하기 바란다.

〈ScrollRestoration〉 요소의 기초

이러한 작업을 담당하는 것이 〈ScrollRestoration〉 요소다. 〈ScrollRestoration〉 요소는 컴포넌트의 어느 곳에나 배치할 수 있지만, 앱 전체의 스크롤을 관리하는 것이므로 루트 컴포넌트(여기서는 RouterScroll)에 배치하는 것이 일반적이며, 권장된다.

예제 코드 8-5-9 RouterScroll.js
```js
import { Outlet, ScrollRestoration } from 'react-router-dom';

export default function RouterScroll() {
  return (
    <>
      <ScrollRestoration />
      <Outlet />
    </>
  );
}
```

이 상태에서 예제를 재실행하고 방금 전의 작업을 진행해 보자. 확실히 페이지 이동 시 스크롤 위치가 페이지 상단으로 이동(=리셋)되는 것을 확인할 수 있다.

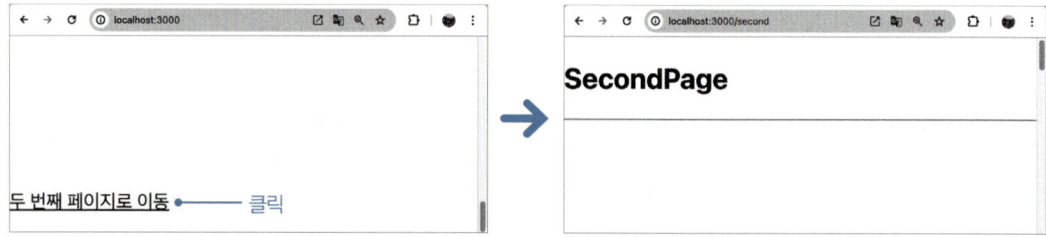

▲ 기존 앱과 같이 새로운 페이지에서는 처음 위치로 이동한다.

스크롤 복원 기능 비활성화하기

다만, 링크 시 스크롤 위치가 페이지의 맨 위로 돌아가는 것이 좋지 않은 경우가 있다. 예를 들어, 다음 그림과 같이 스크롤 중간에 탭 패널이 있는 페이지가 그렇다.

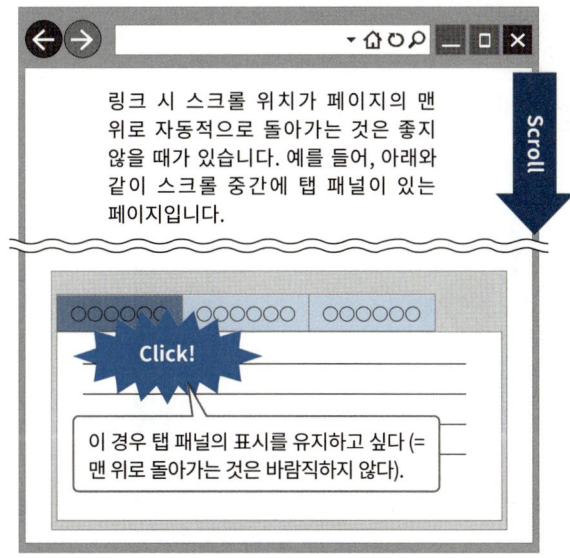

▲ 스크롤 기능 비활성화

이런 페이지에서 탭을 전환할 때는 스크롤 위치를 유지하고 싶을 것이다. 그런 경우에는 〈Link〉 요소에 preventScrollReset 속성을 부여한다.

```
<p><Link to="/second" preventScrollReset>Second 페이지로 이동</Link></p>
```

이제 〈ScrollRestoration〉 요소에 의한 스크롤 위치 조정을 일시적으로 비활성화할 수 있다(물론 〈ScrollRestoration〉 요소를 사용하지 않는 경우에는 필요 없음).

스크롤 복원 규칙 변경하기

〈ScrollRestoration〉 요소는 기본적으로 스크롤 위치를 히스토리 단위로 유지한다. 예를 들어 다음 그림과 같은 흐름으로 페이지를 이동했다고 가정해 보자.

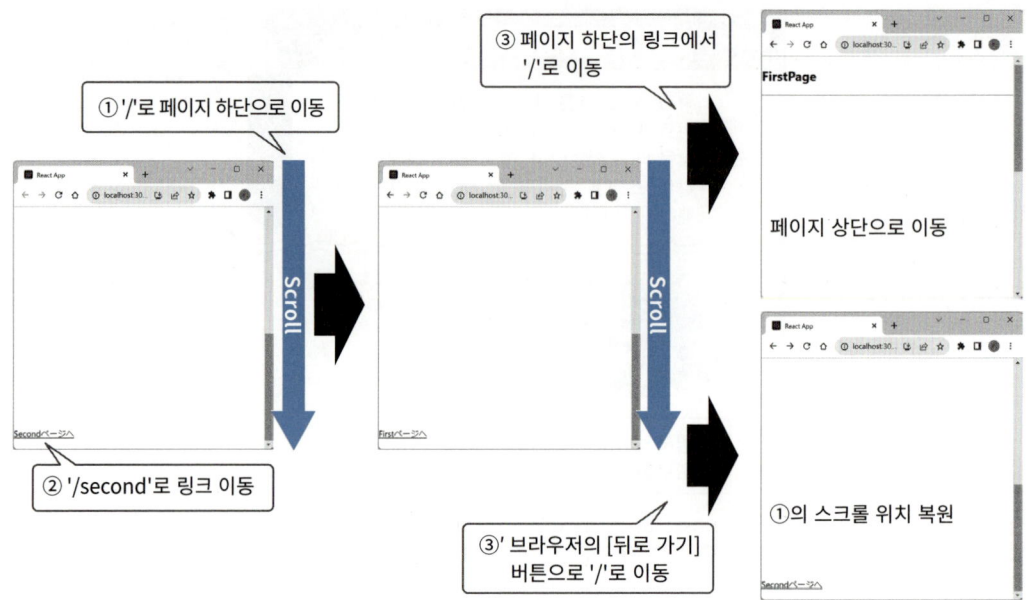

▲ 링크와 [뒤로가기] 버튼을 통한 페이지 이동 예시

히스토리 단위, 즉 ①, ③의 '/'는 접속처는 같지만, 유지되는 스크롤 위치는 다르다. 따라서 링크에 의한 '/' 이동(③)과 [뒤로 가기] 버튼에 의한 이동(③')은 스크롤 위치도 달라지게 된다.

하지만 같은 '/'에 대한 접근이라면 항상 원래 위치로 복원하는 것이 자연스러운 경우도 있을 것이다. 그런 경우에는 〈ScrollRestoration〉 요소에 getKey 속성을 부여한다.

getKey는 스크롤 위치를 관리하기 위한 키 정보를 나타내는 속성으로, 다음 규칙에 따라 함수식을 지정한다.

- 인수로 location(Location 객체), matches(UseMatchesMatch 배열, 8-3-6항)를 받는다.
- 반환 값으로 키 정보를 반환한다.

예를 들어 이 예시에서는 다음과 같이 getKey 속성을 부여한다.

```
<ScrollRestoration getKey={(location, matches) => location.pathname} />
```

이제 현재 경로(pathname)가 키가 되므로 같은 경로에 여러 번 접속해도 이전 스크롤 위치가 복원된다. 즉, 위와 같은 조작한 경우에는 ③, ③' 모두 동일한 스크롤 위치가 복원된다.

📄 기본 getKey 속성

참고로 기본 getKey 속성은 다음과 같은 형태로 되어 있다.

`<ScrollRestoration getKey={(location, matches) => location.key} />`

key 속성은 히스토리 단위로 고유한 키 값을 반환하므로 본문에서도 언급했듯이 스크롤 위치도 히스토리 단위로 관리하게 된다.

필요하다면 현재 경로(pathname)에 따라 key/pathname 중 어느 것을 스크롤 관리의 키로 할 것인지도 설정할 수 있을 것이다.

칼럼 리액트 라우터 앱을 프로덕션 환경으로 이전할 경우

리액트 앱을 프로덕션 환경으로 전환하는 절차는 2-1-2항에서 설명한 것과 같다. 하지만 리액트 라우터를 이용하는 경우, 그냥 빌드만 해서는 의도한 대로 동작하지 않는다.

가령 'http://example.com/about'과 같은 루트 경로에 직접 접속하면 어떻게 될까? 서버에 /about이라는 폴더/파일이 존재하지 않기 때문에 404 Not Found 오류를 반환한다.

이러한 문제를 피하기 위해서는 추가적인 설정이 필요하다. 다음은 Apache HTTP Server(이하 Apache)에서의 예다. /public 폴더 아래에 다음과 같은 파일을 준비한다.

예제 코드 8-5-10 .htaccess

```
RewriteEngine On
RewriteCond %{REQUEST_FILENAME} !-f
RewriteCond %{REQUEST_FILENAME} !-d
RewriteRule ^ index.html [QSA,L] [QSA,L]
```

자세한 지시어(명령어)의 의미는 생략하고, 지정한 리소스가 존재하지 않는 경우 index.html로 리다이렉션하라는 뜻으로 해석할 수 있다. 앱을 아파치로 이전할 때 사용하는 관용구다.

따라하며 쉽게 배우는
모던 리액트
완벽 입문

응용편

chapter

9

테스트

9.1 단위 테스트
9.2 E2E 테스트

> **이 장의 서문** 앱의 품질을 보장하기 위해 테스트는 필수적인 과정이다. 물론 한마디로 테스트라고 해도 그 접근 방식은 다양하다. 예를 들어, 완성된 앱을 직접 실행해 결과를 눈으로 확인하는 것도 일종의 테스트다. 앱의 상태(변수)를 확인하기 위해 브라우저의 개발자 도구를 활용할 수도 있다.

하지만 이런 방식은 소규모 앱에서는 통용될 수 있지만, 어느 정도 규모가 커지면 '문제가 되는 부분을 파악하기 어렵다', '문제 자체를 간과하기 쉽다', '수정할 때마다 확인하다 보면 작업 량이 늘어나기 쉽다' 등의 문제점이 발생한다.

그래서 요즘 개발에서는 테스트를 위한 코드를 준비하고 테스트 자체를 자동화하는 것이 일반적이다. 물론 자동화했다고 해서 사람이 전혀 테스트하지 않아도 되는 것은 아니지만, 적어도 그 범위를 제한할 수 있다.

이 책에서도 단순히 테스트라고 할 때는 자동화된 테스트를 지칭하는 것으로 한다. 테스트에는 대략 다음 표와 같은 종류가 있다.

▼ 테스트 종류

테스트의 종류	개요
단위 테스트	컴포넌트, 자바스크립트 객체(메서드) 등 앱을 구성하는 요소 하나하나의 동작을 확인하기 위한 테스트. 유닛 테스트라고도 한다.
E2E(End to End) 테스트	여러 구성 요소에 걸쳐 최종 사용자의 실제 조작에 따른 동작을 테스트한다. 시나리오 테스트, 통합 테스트라고도 한다.

이 장의 전반부에서는 단위 테스트에 대해, 후반부에서는 E2E 테스트에 대해 각각 구체적인 준비부터 테스트 코드를 작성하는 법까지 설명한다.

9.1 단위 테스트

먼저 보다 기본적인 단위 테스트부터 시작하겠다. 리액트(Create React App)에서는 단위 테스트를 위한 라이브러리로 다음 표의 라이브러리를 권장하고 있으며, 프로젝트 기본 구성으로(=추가 설정 없이) 사용할 수 있다.

▼ 단위 테스트에서 사용하는 라이브러리

라이브러리	개요
Jest	자바스크립트의 대표적인 테스팅 프레임워크. 표준 값 검증부터 테스트 실행까지 테스트에 관련된 기본적인 기능을 제공한다.
Testing Library	컴포넌트 렌더링, 문서 트리 액세스, 이벤트 관리 등 주로 컴포넌트 테스트에 특화된 메커니즘을 제공한다.

모두 리액트에 특화된 라이브러리는 아니며[1], 기본적인 사고방식은 다른 테스트 프레임워크와 공통된 점이 있다. 이 장에서 배운 내용은 다른 프레임워크를 사용할 때도 분명 도움이 될 것이다.

9-1-1 Jest의 기본

우선 테스트 코드의 기본, 실행 흐름을 이해할 목적으로 Jest 단위로 간단한 테스트 코드를 작성해 보자. 컴포넌트를 사용하지 않기 때문에 Testing Library는 아직 사용하지 않는다.

[1] 테스트 대상 코드 준비하기

먼저 테스트할 코드를 준비한다. 준비할 것은 밑변(base), 높이(height)를 주어 해당 삼각형의 면적을 구하는 getTriangleArea 함수다.

예제 코드 9-1-1 MyUtil.js

```javascript
export function getTriangleArea(base, height) {
  return base * height / 2;
}
```

나중에 테스트 코드에서 참조할 수 있도록 export 키워드를 부여한 것 외에는 특별히 언급할 사항은 없다.

[2] 테스트 코드 준비하기

테스트 코드는 MyUtil.test.js와 같은 이름으로 저장한다. 'MyUtil' 부분은 일반적으로 테스트 대상 파일 이름으로 하는 것이 보기에도 편하다[2].

---

1 예를 들어 Testing Library를 Angular나 Vue의 테스트에 활용할 수도 있다.
2 테스트 코드의 확장자는 .test.js 외에 .spec.js로 써도 상관없다. 또한, 테스트 코드를 다른 코드와 구분하기 위해 /src/__tests__ 폴더에 정리하기도 한다. 이러한 규칙을 따르는 파일은 Jest가 암묵적으로 테스트 코드로 인식하기 때문이다.

예제 코드 9-1-2 MyUtil.test.js

```
import { getTriangleArea } from './MyUtil';

describe('getTriangleArea 함수', () => {
  beforeEach(() => {
    console.log(new Date().toLocaleString());
  });

  test('정상 패턴', () => {
    expect(getTriangleArea(10, 2)).toBe(10);
  });
});
```

❶ ❷ ❸ ❹

Jest의 테스트 코드에서는 describe/test 메서드로 테스트를 표현하는 것이 기본이다. test 메서드는 실제 테스트 코드, describe 메서드는 테스트 코드를 묶기 위한 그룹을 나타낸다.

구문 _ describe 메서드

describe(name, specs)
name : 그룹 이름 *specs* : 테스트 케이스(군)

예를 들어 ❶의 경우 getTriangleArea 함수의 테스트들을 묶어서 'getTriangleArea 함수'라는 이름으로 그룹을 정의하고 있다. 그룹(describe 메서드)은 꼭 필요한 것은 아니지만, 테스트의 개수가 늘어날 경우를 대비하여 처음부터 준비해 두는 것이 좋으며, describe 메서드를 중첩하여 사용할 수도 있다.

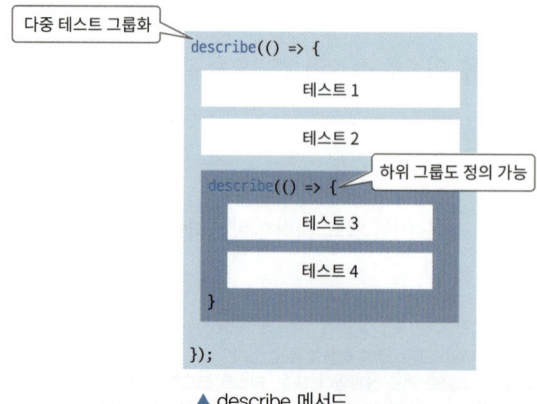

▲ describe 메서드

구체적인 테스트(=테스트 케이스)는 인수 specs(함수 객체) 아래에 선언한다.

❷의 beforeEach 메서드는 개별 테스트 케이스가 실행되기 전에 호출해야 하는 초기화 처리를 나타낸다. 이번 예제에서는 단순히 현재 시각을 표시하고 있지만, 일반적으로는 테스트에 사용할 리소스(예: 테스트 대상 객체)를 준비하는 데 이용한다. 초기화할 것이 없는 경우에는 생략해도 무방하다. 종료 처리도 마찬가지로 afterEach 메서드를 사용한다.[3]

❸의 test 메서드가 개별 테스트 케이스다[4].

┃구문 _ test 메서드

```
test(name, func [,timeout])

name    :테스트 케이스 이름
func    :테스트 내용
timeout :타임아웃 시간 (기본값은 5초)
```

이번에는 '정상 패턴'이라는 이름으로 테스트 케이스를 하나만 정의했지만, 물론 필요에 따라 여러 개의 테스트를 나열해도 무방하다. 이 경우 test 메서드도 여러 개 작성한다.

인수 func 안에서는 다음과 같은 구문으로 코드의 결과를 검증한다(❹).

┃구문 _ 테스트 검증

```
expect(resultValue).matcher(expectValue)

resultValue :테스트 대상 코드(식)
matcher     :검증 방법
expectValue :기댓값
```

예제 코드 9-1-2에서 'getTriangleArea(10, 2)'의 결과가 10과 같다(toBe)는 것을 확인할 수 있다.

toBe는 Matcher라고도 불리며, expect 메서드에 명시된 결괏값(resultValue)이 기대한 결괏값인지 확인하기 위한 메서드다[5]. Jest에서는 표준으로 다음 표와 같은 Matcher를 제공한다.

---

[3] beforeEach/afterEach가 개별 테스트 전후에 매번 실행되는 처리를 나타내는 반면, beforeAll/afterAll 메서드는 모든 테스트가 실행되기 전후에 한 번만 실행되는 처리를 나타내는 메서드도 있다.
[4] 에일리어스(별칭)로 it 메서드를 사용해도 되지만, Create React App 기본 예제 코드에서는 test를 우선적으로 사용한다.
[5] 테스트 프레임워크에 따라서는 어설션 메서드(Assertion Method)라고 부르기도 한다.

▼ Jest 표준으로 준비된 주요 Matcher

분류	Matcher	개요
일반	toBe(value)	값이 value와 같은지
	toEqual(value)	값이 value와 같은지 (배열, 객체 하위 요소도 재귀적으로 판단)
진위	toBeNull()	값이 null인지
	toBeUndefined()	값이 undefined인지
	toBeNaN()	값이 NaN인지
	toBeDefined()	값이 어떤 값을 가지고 있는지(=undefined가 아닌지)
	toBeTruthy()	값이 true로 평가될 수 있는가
	toBeFalsy()	값이 false로 평가될 수 있는지
수치	toBeCloseTo(value, digits)	값이 value와 같은지(소수점 이하 digit 자리까지 비교)
	toBeGreaterThan(value)	값이 value보다 큰지
	toBeGreaterThanOrEqual(value)	값이 value 이상인지
	toBeLessThan(value)	값이 value보다 작은지
	toBeLessThanOrEqual(value)	값이 value 이하인지
문자열	toMatch(reg)	값이 정규식 reg와 매치하는지
배열	toContain(value)	값에 후보값 value가 포함되는지
예외	toThrow([err])	지정된 코드가 예외를 발생시키는지(인수 err은 예외 객체, 문자열, 정규 표현식 중 하나인지. 문자열/정규 표현식은 오류 메시지와 일치하는지)

또한 부정, 예를 들어 '같지 않다'를 표현할 때는 다음과 같이 not 메서드를 활용하면 된다. 마치 영문처럼 표현할 수 있는 것이 Jest의 장점이다.

```
expect(getTriangleArea(10, 2)).not.toBe(10);
```

[3] 테스트 실행하기

준비한 테스트 코드를 실행하려면 프로젝트 루트에서 npm run test 명령어를 실행한다. 다음에서는 MyUtil.test.js를 인수로 지정하여 MyUtil.test.js만 실행하지만, 인수 없이 모든 테스트를 일괄적으로 실행할 수도 있다.

```
> npm run test MyUtil.test.js ↵
console.log
    4/19/2024, 2:52:01 PM           ───────❷

      at Object.<anonymous> (src/chap09/MyUtil.test.js:5:13)


 PASS  src/chap09/MyUtil.test.js
  getTriangleArea 함수
    ✓ 정상 패턴 (96 ms)

Test Suites: 1 passed, 1 total    ─────────────────────────┐
Tests:       1 passed, 1 total    ─────────────────────────┤❶
Snapshots:   0 total                                       ┘
Time:        2.144 s
Ran all test suites matching /MyUtil.test.js/i.

Active Filters: filename /MyUtil.test.js/
 › Press c to clear filters.

Watch Usage
 › Press a to run all tests.
 › Press f to run only failed tests.
 › Press o to only run tests related to changed files.
 › Press q to quit watch mode.
 › Press p to filter by a filename regex pattern.
 › Press t to filter by a test name regex pattern.
 › Press Enter to trigger a test run.
      at Object.<anonymous> (src/chap09/MyUtil.test.js:5:13)
```

테스트 스위트(.test.js 파일)와 테스트 케이스 모두 하나 중 하나가 성공(=1 passed, 1 total)했는지 확인한다(❶). beforeEach 메서드에서 출력된 로그는 ❷에서 확인할 수 있다.

시험 삼아 앞서 언급한 예제 코드 9-1-2를 다음과 같이 수정하여 테스트가 실패하도록 수정해 보자.

```
expect(getTriangleArea(10, 2)).toBe(20);
```

.test.js 파일을 업데이트하면 테스트가 자동으로 재실행된다.

```
console.log
    4/19/2024, 2:53:51 PM

      at Object.<anonymous> (src/chap09/MyUtil.test.js:5:13)

 FAIL  src/chap09/MyUtil.test.js
  getTriangleArea 함수
    ✕ 정상 패턴 (41 ms)

  ● getTriangleArea 함수 › 정상 패턴

    expect(received).toBe(expected) // Object.is equality

    Expected: 20
    Received: 10

       7 |
       8 |    test('정상 패턴', () => {
    >  9 |      expect(getTriangleArea(10, 2)).toBe(20);
         |                                     ^
      10 |    });
      11 | });

      at Object.<anonymous> (src/chap09/MyUtil.test.js:9:36)

A worker process has failed to exit gracefully and has been force exited. This is likely caused
by tests leaking due to improper teardown. Try running with --detectOpenHandles to find leaks.
Active timers can also cause this, ensure that .unref() was called on them.
Test Suites: 1 failed, 1 total
Tests:       1 failed, 1 total
Snapshots:   0 total
Time:        1.976 s, estimated 2 s
Ran all test suites matching /MyUtil.test.js/i.

Watch Usage: Press w to show more.
```

20을 기대했는데, 받은 결과는 10이라고 알려준다(푸른색으로 표시된 부분). 테스트(watch 모드)를 벗어나려면 q 키를 누른다.

📄 watch 모드

테스트 코드의 변경 사항을 모니터링하여 업데이트 시점에 자동으로 테스트가 재실행되는 모드를 watch 모드라고 한다. 본문에서 .test.js 파일을 수정하자마자 바로 결과를 확인할 수 있었던 것도 기본적으로 watch 모드가 활성화되어 있었기 때문이다.

만약 watch 모드를 비활성화하고 싶다면 다음과 같이 하면 된다.

```
> npm run test -- --watchAll=false
```

'--'는 npm 명령에 추가 옵션을 줄 때 사용하는 구분 기호다. '--'로 구분한 후 원래의 옵션(푸른색 글씨)을 전달한다.

보충: 코드 커버리지 분석 결과 보고하기

코드 커버리지(code coverage) 분석은 테스트 코드가 앱의 몇 퍼센트를 확인하고 있는지 확인하는 방식이다. 코드 커버리지 분석을 통해 테스트가 편향되지 않고 앱 전체를 확인하고 있는지 쉽게 파악할 수 있다.

코드 커버리지 분석을 실행하려면 다음 명령어로 테스트를 실행한다.

```
> npm run test -- --coverage --watchAll=false
```[6]

콘솔에는 원래의 테스트 결과와 함께 다음과 같은 커버리지 분석 결과가 표시된다.

```
----------------|---------|---------|---------|---------|
All files       |   87.17 |    62.5 |   83.33 |   88.23 |
 chap06         |   86.95 |   66.66 |    87.5 |      85 |
  QueryPre.js   |   86.95 |   66.66 |    87.5 |      85 | 9,21,30
 chap07         |     100 |      50 |     100 |     100 |
  HookTimer.js  |     100 |      50 |     100 |     100 | 17
 chap08         |      75 |     100 |      60 |   85.71 |
  AboutPage.js  |      75 |     100 |      50 |     100 |
  ArticlePage.js|     100 |     100 |     100 |     100 |
  RouterApp.js  |     100 |     100 |     100 |     100 |
  TopPage.js    |       0 |     100 |       0 |       0 | 8
----------------|---------|---------|---------|---------|

Test Suites: 1 failed, 4 passed, 5 total
Tests:       4 passed, 4 total
Snapshots:   0 total
Time:        5.772 s
Ran all test suites related to changed files.
```

▲ 커버리지 분석 결과 (콘솔)

---

[6] 사용 중인 버전에 따라 커버리지 건수가 0건이 될 수 있다. 이 경우 본문과 같이 명시적으로 watch mode를 비활성화하기 바란다(사용하는 환경에 따라서는 필요하지 않을 수도 있다).

더 자세한 정보를 확인하려면 프로젝트 루트에서 /coverage/lcov-report/index.html을 열어 본다.

▲ 커버리지 분석 결과 (브라우저)

브라우저에 표시된 목록에서 파일을 클릭하면 더 자세한 정보, 즉 어떤 부분이 테스트되지 않았는지 확인할 수 있다.

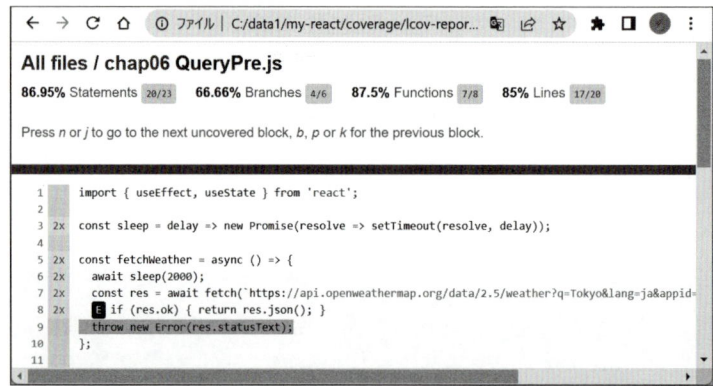

▲ 테스트가 커버하지 못한 부분을 하이라이트 표시

9-1-2 컴포넌트 테스트

Jest의 기본을 확인했다면, 이제부터는 Testing Library를 사용하여 리액트 앱을 구성하는 요소(컴포넌트)를 테스트하는 방법에 대해서 알아보자. 다음은 Create React App 표준에서 제공하는 App 컴포넌트를 테스트하기 위한 App.test.js이다. App.test.js도 프로젝트 기본값으로 제공되므로 코드를 확인해 보자.[7]

---

[7] 2-2-4항에서 원본 App.js를 다시 작성한 경우, 테스트를 실행하기 전에 원래대로 되돌려야 한다(그렇지 않으면 테스트가 실패할 수 있다).

예제 코드 9-1-3 App.test.js

```js
import { render, screen } from '@testing-library/react';
import App from './App';

// 테스트케이스 정의
test('renders learn react link', () => {
  // 컴포넌트 렌더링
  render(<App />);                                              ❶
  // 테스트 대상 요소 검색 및 획득
  const linkElement = screen.getByText(/learn react/i);         ❷
  // 렌더링 결과의 정확성 검증
  expect(linkElement).toBeInTheDocument();                      ❸
});
```

참고로 App.test.js는 9-1-1항에서 소개한 describe 메서드를 생략한 패턴이다. 앞서 언급했듯이 본격적인 테스트 코드에서는 목적 단위로 그룹화하는 것을 권장하지만, 이 예제와 같이 .test.js 파일에 테스트케이스가 하나밖에 없는 간단한 테스트 코드에서는 describe 메서드를 생략해도 무방하다.

그럼 이제 test 메서드(renders learn react link 테스트)의 내용을 순서대로 확인해 보겠다. 컴포넌트 테스트는 대략 다음과 같은 절차를 따르는 것이 일반적이다.

- 컴포넌트 렌더링
- 원하는 요소 획득 & 조작하기
- Matcher에서 렌더링/조작 결과 확인하기

❶ 컴포넌트 렌더링

테스트 코드에서 컴포넌트를 렌더링하려면 render 함수를 사용한다.

구문 _ render 함수

```
render(elem [, opts])
```

elem	: 렌더링할 리액트 요소
opts	: 렌더링 옵션 (사용 가능한 옵션은 다음 표 참조)

▼ 주요 렌더링 옵션 (인수 opts의 키)

옵션	개요	기본값
container	컴포넌트를 담는 컨테이너가 되는 요소	⟨div⟩
baseElement	렌더링의 기본 요소	document.body
lagacyRoot	리액트 17 이전 버전의 ReactDOM.render로 그리는 방법	false
wrapper	컴포넌트 렌더링 래퍼	-

render 함수의 반환 값은 다음 표와 같은 프로퍼티를 가진 객체다.

▼ render 함수의 반환 값

프로퍼티	개요
container	컴포넌트의 컨테이너가 되는 요소(기본적으로 ⟨div⟩ 요소)
baseElement	렌더링의 기본 요소(기본적으로 document.body)
debug	리액트 요소를 로그로 출력하기 위한 헬퍼 함수
rerender	컴포넌트를 다시 렌더링하기 위한 헬퍼 함수
unmount	컴포넌트 마운트 해제를 위한 헬퍼 함수
asFragment	컴포넌트의 출력을 DocumentFragment 객체로 가져오는 헬퍼 함수

앞의 코드에서는 render 함수의 반환 값을 이용하지 않았지만, 만약 렌더링 결과를 콘솔에서 확인하고 싶다면 App.test.js를 다음과 같이 수정한다.[8]

예제 코드 9-1-4 App.test.js

```
test('renders learn react link', () => {
  const { debug, baseElement } = render(<App />);
  debug(baseElement);
  ... 중략 ...
});
```

```
<body>
  <div>
```

---

[8] VSCode+ESLint를 사용하는 경우 'Unexpected debug statement eslint(testing-library/no-debugging-utils)'(의도하지 않은 디버깅용 명령어가 있다)와 같은 경고가 발생한다. 하지만 이는 의도적인 문장이므로 무시해도 무방하다.

```
      <div class="App">
        ... App의 내용 ...
      </div>
    </div>
</body>
```

〈body〉-〈div〉 요소 아래에 App 컴포넌트(푸른색으로 표시된 부분)가 그려져 있는지 확인한다. 이것은 테스트 환경의 기본 문서 트리다.

참고로 기본 문서 트리를 다른 요소로 대체하고 싶다면 render 함수의 container 옵션을 이용하면 된다.

```
const para = document.createElement('p');
const { debug, baseElement } = render(<App />, {
  container: document.body.appendChild(para)
})
```

```
<p>
  <div class="App">
    ... App의 내용 ...
  </div>
</p>
```

대부분 기본값 그대로 사용해도 무방하지만, 컴포넌트의 출력이 〈div〉 요소의 하위에 있는 것이 바람직하지 않은 경우[9], 이와 같이 container 옵션으로 대체해야 한다.

❷ 원하는 요소 획득하기

컴포넌트를 렌더링할 수 있게 되었다면, 이제 테스트할 요소를 가져와 보자. 이번 예제에서는 screen.getByText 메서드를 통해 /learn react/i(정규 표현)와 일치하는 텍스트를 검색하여 해당 요소를 가져온다.

이러한 요소 획득을 위한 함수(메서드)를 쿼리 메서드라고 한다. 쿼리 메서드에는 크게 다음 표와 같은 것들이 있다.

---

[9] 예를 들어 테이블 열(〈tr〉 요소)을 출력하는 것과 같은 컴포넌트를 〈div〉 요소 아래에 출력할 수 없다. 이 경우 〈table〉 요소 등을 컨테이너로 사용해야 한다.

▼ 쿼리 메서드의 분류

대상	쿼리 메서드	언매치 시	여러 요소가 매치할 때	재시도 유무
단일	getByXxxxx	오류	오류	없음
	queryByXxxxx	null을 반환	오류	없음
	findByXxxxx	오류	오류	있음
복수	getAllByXxxxx	오류	배열 반환	없음
	queryAllByXxxxx	빈 배열 반환	배열 반환	없음
	findAllByXxxxx	오류	배열 반환	있음

Xxxxx 부분은 공통적으로 다음 표와 같은 키워드를 지정할 수 있다.

▼ 쿼리 메서드의 종류

키워드	개요
Role	역할(role)로 검색
LabelText	첨부된 라벨 텍스트로 검색
PlaceholderText	플레이스홀더(placeholder 속성)로 검색
Text	하위 텍스트로 검색
DisplayValue	폼 요소의 현재 값으로 검색
AltText	대체 텍스트(alt 속성)로 검색
Title	제목(title 속성)으로 검색
TestId	테스트 ID(data-test-id)로 검색

역할(role)은 개별 HTML 요소의 역할을 나타내는 정보를 말한다. 예를 들어 ⟨ol⟩, ⟨ul⟩ 등의 요소라면 '목록(list)' 역할, ⟨h1⟩~⟨h6⟩ 요소라면 '제목(heading)' 역할과 같이 기본 역할이 할당된 요소도 있고[10], 특정 의미를 부여하고 싶다면 다음과 같이 role 속성을 통해 명시적으로 역할을 지정할 수도 있다.

```
<ul role="tablist">
  <li role="tab">...</li>
</ul>
```

---

10 구체적인 배정 내용은 다음 페이지를 참고하기 바란다: https://developer.mozilla.org/ko/docs/Web/HTML/Element

역할(role)이라는 주제는 이 책의 범위에서 벗어나므로, 자세한 내용은 다음 페이지를 읽어보길 권한다.

- **ARIA 사용: role, state, property**
    URL https://developer.mozilla.org/en/docs/Web/Accessibility/ARIA/ARIA_Techniques

여기서는 '대부분의 요소는 의미론적 역할을 가지고 있으며, 마크업 시에도 본래의 역할에 충실해야 한다'는 점만 짚고 넘어가겠다.

같은 역할의 요소가 여러 개 존재할 경우, name 옵션을 사용하여 하위 텍스트를 키로 좁힐 수도 있다. ❷의 경우 getByRole 메서드를 사용하여 다음과 같이 표현해도 거의 같은 의미다.

```
const linkElement = screen.getByRole('link', { name : /learn react/i });
```

이것으로

link role에서 하위에 'learn react'라는 텍스트가 포함된 요소

를 검색하게 된다. 물론 원본 코드에 있는 getByText 메서드를 사용해도 상관없지만, Testing Library에서는 앞 페이지 표의 우선순위(위에 있는 것일수록 우선순위)에 따라 쿼리 메서드를 선택하는 것이 좋다고 한다[11]. 물론 절대적인 규칙은 아니지만, 의도를 파악하기 쉽고 원 코드의 변경에 영향을 덜 받도록 하기 위해 유효하다. 쿼리 메서드를 선택할 때 조금만 의식하면 좋을 것 같다.

❸ Matcher에서 렌더링/조작 결과 확인하기

원하는 요소들을 얻었다면 이제 Matcher를 통해 결과의 옳고 그름을 확인한다. Matcher에 대해서는 9-1-1항에서도 언급했지만, Jest 표준의 Matcher에 더해 Testing Library에는 보다 목적에 특화된 Matcher가 추가되어 있으므로 함께 활용하면 좋다.

---

11 테스트 코드는 사용자 관점에 가까운 형태로 작성하는 것이 좋다는 방침 때문이다. 그런 관점에서 보면 역할로 요소를 식별하는 것이 합리적이다.

▼ Testing Library에 의한 주요 확장 Matcher

분류	Matcher	개요
텍스트	toBeEmptyDOMElement()	요소 하위가 비어 있는지
	toContainElement(elem)	현재 요소에 지정된 요소 elem이 포함되어 있는지
	toContainHTML(html)	현재 요소에 지정된 HTML 문자열 html이 포함되어 있는지
	toHaveTextContent(text)	요소가 지정된 텍스트 text를 가지고 있는지 (정규 표현도 가능)
	toHaveDisplayValue(text)	요소가 지정된 표시 텍스트 text를 가지고 있는지 (정규 표현도 가능)
속성	toHaveAttribute(name)	요소가 속성 name을 가지고 있는지
	toHaveAttribute(name, value)	요소의 속성 name이 값 value인지
	toHaveClass(...clazz)	요소가 스타일 클래스 clazz를 가지고 있는지
	toHaveStyle({ name: value, ...})	요소가 '스타일명: 값, ...'과 일치하는 스타일을 가지고 있는지
폼	toHaveFormValues({ name: value, ...})	폼이 '요소명: 값, ...'과 일치하는 값을 가지고 있는지
	toHaveValue(value)	폼 요소가 지정된 값을 갖는지
	toBeChecked()	요소가 체크 상태인지
상태	toBeDisabled()	요소가 유효하지 않은지
	toBeEnabled()	요소의 유효한지
	toBeVisible()	요소가 표시 상태인지
	toHaveFocus()	요소에 포커스가 맞춰져 있는지
	toBeInTheDocument()	요소가 문서 내에 존재하는지

쿼리 메서드의 주요 동작 옵션

예제 코드 9-1-3의 ❷ 설명에서도 봤듯이, 쿼리 메서드에서는 두 번째 인수에서 쿼리의 보다 세밀한 동작을 지정하기 위해 '옵션명: 값, ...' 형식으로 옵션 정보를 지정할 수 있다.

사용할 수 있는 옵션은 쿼리 메서드의 종류(p.542의 표)에 따라 달라지는데, 다음 표에 주요 옵션을 정리해 두었다.

▼ 쿼리 메서드의 주요 옵션

종류	옵션	개요
공통[12]	exact	완전 일치로 검색
Role	hidden	숨김 상태(aria-hidden/hidden 속성이 true)인 요소도 포함해서 검색(기본값은 숨김 요소 제외)
	selected	선택 상태(aria-selected/selected 속성이 true)인 요소 찾기
	checked	체크 상태(aria-checked/checked 속성이 true)인 요소 찾기
	current	aria-current 속성이 true인 것을 검색
	pressed	aria-pressed 속성이 true인 것을 검색
	expanded	aria-expanded 속성이 true인 것을 검색
	level	검색할 heading 롤의 헤딩 레벨을 지정(3이면 〈h3〉에 해당)
LabelText	selector	획득할 요소를 식별하기 위한 셀렉터
Text	selector	획득할 요소를 식별하기 위한 셀렉터
	ignore	검색에서 제외할 요소(셀렉터 식)

9-1-3 이벤트가 포함된 테스트

Testing Library에서는 사용자 조작(이벤트)을 수반하는 테스트도 가능하다. 예를 들어, 다음에서는 3-1-4항에서도 언급한 StateBasic 컴포넌트를 테스트하기 위한 코드를 작성해 보겠다.

@testing-library/user-event의 준비

이 단원의 예제에서는 사용자 조작을 시뮬레이션하기 위해 @testing-library/user-event(이하 user-event)라는 라이브러리를 이용한다. user-event는 프로젝트 생성 시점에 내장되어 있고, 이 책의 집필 시점의 버전이 13.5다. 하지만 13.5 버전은 심각한 버그가 보고되어 이미 유지보수가 중단된 상태다. 따라서 여기서는 프로젝트 폴더 바로 아래에 있는 package.json을 편집하여 버전 14로 변경한다.

---

[12] Role을 제외한 모든 쿼리 메서드에서 사용할 수 있다. '공통'을 제외하고 명시하지 않은 쿼리 메서드에 대해서는 고유한 옵션을 갖지 않는다.

예제 코드 9-1-5 package.json

```json
{
  ... 중략 ...
  "dependencies": {
    ... 중략 ...
    "@testing-library/user-event": "^14.0.0",
    ... 중략 ...
  },
  ... 중략 ...
}
```

업데이트가 완료되면 다음 명령어로 라이브러리를 업데이트할 수 있다.

```
> npm install
```

user-event를 통한 이벤트 시뮬레이션

user-event 라이브러리를 준비했으니 이제 실제로 테스트 코드를 작성해 보자.

예제 코드 9-1-6 StateBasic.test.js

```js
import { render, screen, waitFor } from '@testing-library/react';
import userEvent from '@testing-library/user-event';
import StateBasic from '../chap03/StateBasic';

test('StateBasic Test', async () => {   // ③
  // userEvent 객체 생성
  const ev = userEvent.setup();   // ①
  render(<StateBasic init={0} />);
  // 조작 대상 요소 획득
  const btn = screen.getByRole('button', { name: '카운트' });
  const cnt = screen.getByText(/클릭/);
  // 버튼 클릭
  ev.click(btn);
  await waitFor(() => { expect(cnt).toHaveTextContent('1번'); });   // ②
});
```

user-event 라이브러리의 핵심은 바로 userEvent 객체다. userEvent 객체는 setup 메서드를 통해 생성할 수 있다(①).

구문 _ setup 메서드

```
setup([config])
```

config : 설정 옵션 (사용 가능한 옵션은 다음 표 참조)

▼ user-event 라이브러리의 주요 동작 옵션 (인수 config의 키)

옵션	개요	기본값
applyAccept	upload 메서드에서 accept 속성이 매치하지 않는 파일을 파기	true
delay	목록의 입력 작업 사이에 발생하는 지연 시간(초)	0
skipAutoClose	type 메서드에서 키 해제 비활성화	false
skipClick	type 메서드에서 클릭 조작 비활성화	false
skipHover	click 메서드에서 커서 이동 비활성화	false

userEvent 객체를 생성했다면, 이제 해당 메서드를 호출하여 페이지의 요소를 조작하면 된다.

이번 예제에서는 click 메서드를 통해 버튼을 클릭하고 카운터 값의 변화를 확인하고 있다. 이외에도 userEvent 객체에는 사용자 조작을 시뮬레이션하기 위한 다양한 메서드가 있는데, 다음 표에 정리해 두었다.

▼ userEvent 객체의 주요 메서드

분류	메서드	개요
마우스	click(el)	요소 el을 클릭
	dblClick(el)	요소 el을 더블 클릭
	tripleClick(el)	요소 el을 세 번 클릭
	hover(el)	요소 el을 호버
	unhover(el)	요소 el에서 호버를 제거
	selectOptions(el, v)	선택 상자 el의 옵션 v를 선택
	deselectOptions(el, v)	선택 상자 el에서 옵션 v를 선택 해제
키보드	type(el, text)	폼 요소 el에 값 text를 입력
	tab([shift])	탭 이동 (인수 shift를 true로 설정한 경우 백탭)
	clear(el)	지정된 요소의 내용 지우기
기타	upload(el, fl)	파일 선택 상자 el에 파일 fl을 지정[13]

---

[13] accept 속성에 지정된 형식에 맞지 않는 파일은 파기된다.

보다 자세한 조작을 위해 사용하는 pointer/keyboard 메서드

위 표에 제시된 메서드의 대부분은 Convenience APIs라고 불리는 것으로, 다음 표의 보다 원시적인 메서드의 숏컷이라고 할 수 있다.

▼ 마우스/키보드 관련 메서드

메서드	개요
pointer(input)	지정된 요소/위치에서 포인터를 이동하고 마우스 버튼 누르기
keyboard(input)	지정된 키 누르기

각 메서드는 pointer/keyboard 메서드를 이용하여 다음 표와 같이 다시 작성할 수 있다.

▼ pointer/keyboard 메서드로 대체하는 예시

No.	메서드	pointer/keyboard 메서드로 대체
❶	click	pointer([{target: element}, {keys: '[MouseLeft]', target: element}])
❷	dblClick	pointer([{target: element}, {keys: '[MouseLeft][MouseLeft]', target: element}])
❸	tripleClick	pointer([{target: element}, {keys: '[MouseLeft][MouseLeft][MouseLeft]', target: element}])
❹	hover	pointer({target: element})
❺	unhover	pointer({target: element.ownerDocument.body})
❻	tab	keyboard('{Tab}')
❼	tab(shift=true)	keyboard('{Shift>}{Tab}{/Shift}')

pointer/keyboard 메서드에 대한 이해도 겸해서 주요 코드를 가볍게 보충 설명한다.

(a) pointer 메서드의 인수 input은 조작의 배열

pointer 메서드의 인수 input에는 마우스 조작의 1 액션을 하나의 객체로 표현할 수 있는 배열로 지정한다. 예를 들어 표의 ❶이라면,

> 요소 element에 마우스를 가져다 대고 그대로 요소 element를 왼쪽 버튼으로 클릭한다

라는 의미가 된다. 참고로 버튼의 종류는 [...] 형식으로 다음 표와 같은 값을 지정할 수 있다.

▼ 포인터의 종류

버튼의 종류	개요
MouseLeft	왼쪽 클릭
MouseRight	오른쪽 클릭
MouseMiddle	중앙 클릭
TouchA~C	터치 A~C

표의 ❷~❸과 같이 [MouseLeft], [MouseLeft]를 연달아 누르는 식으로 지정할 수도 있다.

(b) keyboard 메서드의 인수 input은 키의 유형

keyboard 메서드에는 누른 키의 종류를 문자열로 전달한다. 영숫자 등 일반적인 문자라면 그대로 문자열로 전달해도 무방하다.

```
ev.keyboard('React');
```

Tab 키와 같은 특수 문자를 지정할 때는 표 ❻과 같이 {...} 형식으로 표현한다. {...} 안에는 키 코드[14]를 지정한다. 표 ❼과 같이 여러 개의 {...}를 붙여도 상관없다.

(c) 키 누르기/놓기를 나타내는 특수문자 '}'와 '/'

Shift, Ctrl 등 키를 계속 누르고 싶은 경우가 있다. 이럴 때는 특수문자 '}', '/'를 부여한다.

표의 ❼의 예시라면 {Shift}로 Shift 키를 계속 누르고 있는 것을 나타내고 {/Shift}로 키를 놓는 것을 나타낸다. 따라서 ❼ 전체적으로는 Shift + Tab 을 의미하는 것이다.

일반적으로 pointer/keyboard 메서드보다 단축키 메서드를 사용하는 것이 의도는 명확하지만, 보다 세밀한 마우스/키 조작을 시뮬레이션하고 싶을 때를 대비하여 기본만이라도 숙지해 두는 것이 좋다.

---

[14] 이벤트 객체(KeyboardEvent)의 key 속성으로 표현되는 코드를 말한다. 구체적인 값에 대해서는 다음 페이지를 참고하라: https://developer.mozilla.org/en-US/docs/Web/API/KeyboardEvent/key

보충: State 업데이트 대기 중

본문의 주제와는 조금 벗어난 내용이지만 예제 코드 9-1-6에서 ❷의 waitFor 함수에 대해 보충 설명을 하겠다. 3-3-5항에서도 언급했듯이 State 업데이트[15]는 비동기식이기 때문에 바로 Matcher를 호출할 수 없다. State가 업데이트될 때까지 기다렸다가 값을 검증하기 위해 기다려야 한다. 이것이 waitFor 함수의 역할이다.

구문 _ waitFor 함수

```
waitFor(callback [, opts])

callback  :실행하는 Matcher
opts      :대기 옵션 (사용 가능한 옵션은 다음 표 참조)
```

▼ waitFor 함수의 대기 옵션

옵션	개요
timeout	타임아웃 시간 (1000밀리초)
interval	재시도 간격 (50밀리초)
onTimeout	타임아웃 시 실행하는 처리

여기서는 Matcher 호출을 waitFor 함수로 감싸고 있을 뿐이지만, 인수 opts로 타임아웃 시간이나 실패 시 재시도 간격 등을 지정할 수도 있다.

또한 waitFor 함수의 호출에는 await 연산자를 사용하므로 테스트 케이스(함수) 자체도 async로 한정해 두자(예제 코드 9-1-6-❸).

9-1-4 자식 컴포넌트 모의화

컴포넌트가 중첩된 경우, 기본적으로 하위 자손 컴포넌트까지 실행된다. 하지만 부모 컴포넌트를 테스트 하는 데 있어 자손 컴포넌트의 실행이 반드시 필요한 것은 아니다. 자손 컴포넌트가 다른 서비스에 의존하는 경우에는 오히려 다음과 같은 문제가 발생할 수 있다.

- 실행을 위한 준비로 테스트 코드가 중복된다.
- 테스트를 위한 처리 시간이 길어진다.

---

[15] 여기서는 클릭 이벤트에 따라 State 값(count)을 업데이트하고 있다.

컴포넌트 간 연동을 목적으로 하지 않는다면 자손 컴포넌트를 모의(mock) 모듈로 대체하여 테스트를 간소화할 수 있다.

이제 구체적인 코드를 살펴보자. 예를 들어, 다음은 3-2-1항의 ForNest 컴포넌트를 테스트하는 예제다. 이때 하위의 ForItem 컴포넌트 이후를 Mock으로 대체한다.

예제 코드 9-1-7 ForNest.test.js

```
import { render, screen } from '@testing-library/react';
import books from '../chap03/books';
import ForNest from '../chap03/ForNest';

// ForItem 컴포넌트 모의 정의
jest.mock('../chap03/ForItem', () => {
  return function ForItemMock({ book }) {
    return (
      <>
        <dt>{book.title}</dt>
        <dd>{book.summary.substring(0, 10)}...</dd>
      </>
    );
  };
});                                                              ❶

// 테스트 코드 정의
test('ForNest Test', () => {
  const { debug, baseElement } = render(<ForNest src={books} />);
  const dt = screen.getAllByRole('term');  [16]
  // ForNest 컴포넌트 출력 확인
  debug(baseElement);  ─────── ❷
  // <dt> 요소가 5개가 있고, 첫 번째 <dt> 요소에 '스테이블 디퓨전'이 포함된 것을 확인
  expect(dt).toHaveLength(5);
  expect(dt[0]).toHaveTextContent('스테이블 디퓨전');  ─── ❸
});
```

mock을 정의하는 것은 jest.mock 메서드의 역할이다(❶).

---

[16] term 롤은 어떤 대응하는 정의를 수반하는 단어/어구를 나타내기 위해 이용된다. ⟨dt⟩, ⟨dfn⟩ 등의 요소가 대응한다.

구문 _ jest.mock 메서드

```
jest.mock(module, factory)

module   :모듈명
factory  :mock을 생성하는 함수
```

이 예시에서는 ForItem 모듈을 푸른색으로 표시된 부분의 코드로 재정의하고 있다(book 속성을 기반으로 title/summary 목록을 생성한다.) FormItem을 임포트할 때 실제로는 푸른색으로 표시된 부분의 코드를 임포트한다고 말할 수 있다.

mock이 적용된 것을 debug 함수에서도 확인한다(❷). 테스트 실행 시 다음과 같은 출력을 확인할 수 있다.

```
<body>
  <div>
    <dl>
      <dt>
        게임 개발을 위한 미드저니, 스테이블 디퓨전 완벽 활용법
      </dt>
      <dd>
        생성형 AI를 활용...
      </dd>
      ... 중략 ...
    </dl>
  </div>
</body>
```

출력이 원래의 ForItem 컴포넌트가 아닌 모의 출력으로 대체된 것을 확인할 수 있다.

Mock을 이용하는 경우에도 현재 컴포넌트의 출력을 Matcher에서 확인하는 흐름은 지금까지와 동일하다. 이 예시에서는,

- 5개의 ⟨dt⟩ 요소가 생성되어 있을 것
- 첫 번째 ⟨dt⟩ 요소에 '스테이블 디퓨전'을 포함할 것

을 확인한다.

9-1-5 타이머를 이용한 테스트

setTimeout/setInterval 등 코드 내에서 타이머를 사용하는 경우가 많다. 이러한 컴포넌트를 지금까지의 방법으로 그대로 테스트하면 의도한 결과를 얻을 수 없다.

이제 구체적인 예제를 살펴보자. 다음은 HookTimer.js(7-1-3항)를 테스트하기 위한 코드다.

예제 코드 9-1-8 HookTimer.test.js ❶

```
import { act, render, screen } from '@testing-library/react';
import HookTimer from '../chap07/HookTimer';

describe('HookTimer', () => {
  test('setInterval', async () => {
    const { debug } = render(<HookTimer init={10} />);
    // 카운터 부분 가져오기
    const counter = screen.getByText(/현재 카운트/);
    // 카운터가 감소된 결과 확인
    debug(counter);                          ❷
    expect(counter).toHaveTextContent('9');  ❶
  });
});
```

우선 이 코드는 실패한다. 타이머가 ❶의 시점에서 작동하지 않기 때문이다. debug 함수(❷)의 출력을 보면 확실히 카운터가 초기 상태에서 변하지 않았음을 확인할 수 있다.

```
<div
  class=""
>
  현재 카운트 :
  10
</div>
```

Jest에는 이러한 타이머에 의한 시간 경과를 시뮬레이션할 수 있는 기능이 있다. 다음과 같다.

예제 코드 9-1-9 HookTimer.test.js

```
import { act, render, screen } from '@testing-library/react';
import HookTimer from '../chap07/HookTimer';
```

```
describe('HookTimer', () => {
  // 테스트 전 의사 타이머 활성화
  beforeEach(() => {
    jest.useFakeTimers();         ─────❶
  });

  afterEach(() => {
    // 테스트 후 실제 타이머로 복귀
    jest.useRealTimers();         ─────❸
  });

  test('setInterval', async () => {
    const { debug } = render(<HookTimer init={10} />);
    act(() => {
      jest.advanceTimersByTime(1000);    ❷
    });
    const counter = screen.getByText(/현재 카운트/);
    debug(counter);
    expect(counter).toHaveTextContent('9');
  });
});
```

Jest에서 제공하는 타이머 관련 메서드는 다음 표와 같다.

▼ 타이머 관련 메서드

메서드	개요
useFakeTimers()	의사 타이머 활성화
advanceTimersByTime(ms)	지정된 밀리초 동안 타이머를 진행
runAllTimers()	모든 타이머를 실행
setSystemTime(now)	의사 타이머의 시스템 시계를 지정된 시간으로 설정
runOnlyPendingTimers()	보류 중인 타이머를 실행
useRealTimers()	원래의 타이머 복원

크게 다음과 같은 흐름으로 활용한다.

1. 테스트 전(beforeEach)에 useFakeTimers 메서드로 가짜 타이머 활성화
2. 테스트 케이스에서 가짜 타이머 조작
3. 테스트 후(afterEach) useRealTimers 메서드로 원래의 타이머를 복원

여기서 2의 advanceTimersByTime 메서드에 주목해야 한다. HookTimer.js(7-1-3항)에서는 1000밀리초 단위로 카운터를 디크리멘테이션하고 있었다. 따라서 여기에서도 1000밀리초 단위로 타이머를 진행하여 카운터의 변화를 확인하는 것이다.

하지만 advanceTimersByTime 메서드를 그대로 사용해도 테스트는 실패한다. 왜냐하면 원래 코드에서는 setInterval 함수에서 State 값을 갱신하고 있는데, State 값은 비동기적으로 반영되기 때문이다. 따라서 타이머의 결과를 반영하는 상태를 확인하려면 비동기 업데이트를 완료해야 한다.

이러한 비동기 반영을 수행하는 것이 act 함수다. act 함수를 사용하면 State 등의 결과가 문서 트리에 반영되는 것이 보장된다고 말할 수 있다[17].

act 함수를 제외하면 역시 현재 카운트 값이 10에서 변하지 않고 테스트가 실패하는 것을 확인할 수 있다.

9-1-6 비동기 통신을 수반하는 테스트

비동기 통신을 수반하는 테스트의 예로 fetch 함수를 이용한 QueryPre.js(6-3-1항)를 테스트해 보자.

예제 코드 9-1-10 QueryPre.test.js

```js
import { render, screen } from '@testing-library/react';
import QueryPre from '../chap06/QueryPre';

describe('QueryPre', () => {
  test('fetch 함수를 포함하는 테스트', async () => {
    render(<QueryPre />);
    // <img> 요소 가져오기
    const img = await screen.findByRole('img', {}, { timeout: 3000 });  ──❶
    // alt 속성 값이 Clouds(흐림)인 것을 확인
    expect(img).toHaveAttribute('alt', 'Clouds');  ──❷
  });
});
```

---

[17] 지금까지 act 함수를 의식할 필요가 없었던 이유는 React Testing Library의 메서드가 내부적으로 act 함수를 호출했기 때문이다.

QueryPre 컴포넌트에서는 비동기적으로 날씨 정보를 검색하고, 검색이 완료되면 그 결과를 〈img〉 요소로 출력한다. 이러한 요소를 가져오기 위해서는 비동기 쿼리 함수인 findByXxxxx 함수를 사용한다(❶). findByXxxxx는 요소를 가져올 수 있거나 타임아웃이 될 때까지 검색을 재시도하는 함수다.

| 구문 _ findByXxxxx 함수

```
findByXxxxx(query [, q_opts [, w_opts]])

query   : 검색 문자열 (Xxxxx에 따라 다름)
q_opts  : 쿼리 옵션 (p.545의 표 참조)
w_opts  : 비동기 옵션 (다음 표 참조)
```

findByXxxxx 함수에서는 getByXxxxx/queryByXxxxx 함수에서 사용할 수 있는 인수 query/q_opts 외에 비동기 옵션(인수 w_opts)을 지정할 수 있다는 점이 주목할 만하다. 예제 코드 9-1-10에서는 타임아웃 시간을 지정하고 있지만, 그 외에도 다음 표와 같은 옵션을 지정할 수 있다.

▼ 주요 비동기 옵션 (인수 w_opts의 키)

옵션	개요	기본값
timeout	타임아웃 시간	1000(밀리초)
interval	재시도 간격	50(밀리초)
onTimeout	타임아웃 시 실행하는 콜백 함수(인수는 Error 객체)	–

인수 w_opts만 지정하는 경우에는 쿼리 옵션(인수 q_opts)에 빈 객체를 전달해야 한다(null은 불가).

요소들을 획득했다면 이제 익숙한 Matcher에서 결과를 확인하기만 하면 된다(❷).

9-1-7 비동기 통신을 모의해보기 – msw

앞의 예제 코드 9-1-10의 테스트를 실제로 실행하면 성공할 수도 있고 실패할 수도 있다. 왜냐하면 예제 코드 9-1-10-❷를 보면 알 수 있듯이 'alt 속성(날씨)'이 Clouds(흐림)일 것'을 정해놓고 지정했기 때문이다. 물론 실제 날씨는 실행 시점에 따라 달라질 수 있기 때문에 테스트의 성패가 일정하지 않다.

또한, 테스트가 외부 서비스에 의존하고 있기 때문에,

- 테스트는 서비스 가동에 따라 달라진다
- 실행을 위한 오버헤드도 증가한다

등의 단점도 있다.

이러한 문제들은 테스트 자동화를 어렵게 만들기 때문에 일반적으로 비동기 통신을 수반하는 컴포넌트를 테스트할 때는 fetch 메서드가 더미 데이터를 반환하도록(즉, 실제로 통신이 일어나지 않도록) 모의(mock) 테스트를 준비하는 것이 일반적이다.

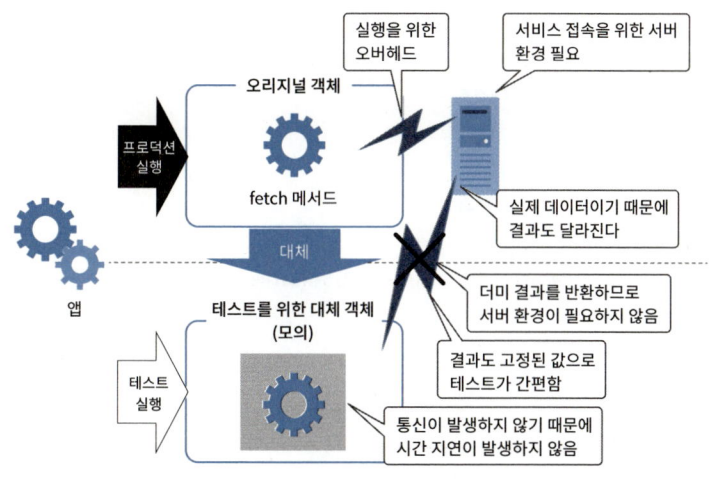

▲ 모의의 필요성

Jest 표준 기능(9-1-4항)을 이용해도 되지만, Mock Service Worker(이하 msw)를 이용하는 것이 더 간단하다. msw는 이름에서 알 수 있듯이 서비스 워커로 분류되는 라이브러리로 브라우저와 서버 사이를 중개한다. 말하자면 프락시 서버와 같은 역할을 한다. 네트워크 수준에서 요청을 가로채고 자체 응답을 생성한다. 즉, 모의 실험을 통해 대체할 범위를 국지화할 수 있다는 뜻이다[18]. 또한, 네트워크 레벨(=테스트 환경에 의존하지 않는)이기 때문에 테스트에 국한되지 않고, 예를 들어 개발 환경, Storybook(6-2절) 등의 환경에서도 msw에 의한 모의 실험을 재사용할 수 있다.

msw는 표준 Create React App에 내장되어 있지 않으므로 사용하려면 다음 명령어를 사용하여 프로젝트에 추가해야 한다.

---

[18] 모의는 말 그대로 '테스트하기 좋은 코드'다. 모의로 대체할 범위가 많아지면 그만큼 테스트할 수 있는 범위가 제한되고, 반대로 프로덕션 환경에서 문제가 발생할 가능성이 높아진다. 모의를 준비할 때는 그 범위를 필요 최소한으로 줄이는 것이 기본이다.

```
> npm install msw
```

MSW를 이용한 테스트

그럼 바로 구체적인 테스트 코드를 확인해 보자. 다음은 예제 코드 9-1-10을 msw를 사용하여 다시 작성한 예시다.

예제 코드 9-1-11 QueryPreMsw.test.js

```
import { render, screen } from '@testing-library/react';
import { rest } from 'msw';
import { setupServer } from 'msw/node';
import QueryPre from '../chap06/QueryPre';

describe('QuryPre (Mock)', () => {
  // 모의 서버 준비
  const server = setupServer(                                  ─┐
    rest.get('https://api.openweathermap.org/data/2.5/weather', │
      async (req, res, context) =>                           ─┐ │
        res(                                                  │ │
          context.status(200),                                │ │ ❶
          context.json({                                      │ │
            weather: [                                        │ │
              { icon: '4n', main: 'Clouds', description: '흐림' }  ❸ ❷
            ]                                                 │ │
          })                                                  │ │
        )                                                    ─┘ │
    )                                                           │
  );                                                          ──┘

  // 모의 서버 시작/종료
  beforeAll(() => server.listen());         ── ❹
  afterEach(() => server.resetHandlers());  ── ❺
  afterAll(() => server.close());           ── ❻

  // 모의를 이용한 컴포넌트 렌더링 및 테스트
  test('mock을 이용한 테스트', async () => {
    const {debug, baseElement} = await render(<QueryPre />);           ❼
```

```
    const img = await screen.findByRole('img', {}, { timeout: 3000 });
    expect(img).toHaveAttribute('alt', 'Clouds');
    debug(baseElement);
  });
})
```
❼

다소 긴 코드지만, 순서대로 핵심을 짚고 넘어가겠다.

❶~❸ 모의 서버 준비하기

msw를 이용하려면 먼저 모의 서버를 정의해야 한다. 모의 서버는 특정 요청에 대해 미리 정해진 응답이 준비된 더미 서버다. 이를 생성하기 위해 setupServer 함수를 사용한다(❶).

| 구문 _ setupServer 함수

setupServer(handlers)
handlers   :핸들러

핸들러는 요청을 조작하기 위한 함수를 말한다. 좀 더 구체적으로 말하면, 어떤 '요청 경로에 대해 반환해야 할 응답을 나타내는 함수'를 말한다.

핸들러 자체를 생성하는 것은 rest.get 메서드의 역할이다.

| 구문 _ rest.get 메서드

rest.get(*path*, *handler*)
path   :요청 경로
handler   :핸들러 함수

❷의 경우 HTTP GET으로 'https://api.openweathermap.org/data/2.5/weather'에 요청이 왔을 때 다음과 같은 응답을 생성하라는 의미다.

```
{
  weather: [
    { icon: '4n', main: 'Clouds', description: '흐림' }
  ]
}
```

HTTP GET이 아닌 HTTP POST, HTTP PUT 등을 표현하고 싶다면 get 메서드 대신 다음과 같은 메서드도 각각 사용할 수 있다. 구문은 모두 비슷하다.

- post
- put
- patch
- delete
- options

핸들러 함수가 되기 위한 조건은 다음과 같다.

- 인수로 req(요청), res(응답), context(컨텍스트)를 받을 수 있을 것
- 반환 값으로 응답 객체를 반환할 것

req는 요청 정보를 나타내는 객체로 다음 표와 같은 멤버를 가지고 있다.

▼ req 객체의 주요 멤버

멤버	개요
url	URL
method	HTTP 메서드
url	요청 URL
headers	요청 헤더 집합
cookies	쿠키 집합
text()	요청 본문 (문자열)
json()	요청 본문 (객체)

예를 들어, 요청 본문/쿼리 정보에 따라 응답을 구성하고 싶다면 req 객체의 프로퍼티를 참조하게 될 것이다.

그러나 예제 코드 9-1-11에서는 req 객체를 사용하지 않고, 요청의 내용과 상관없이 고정된 응답을 생성하고 있다. 응답을 생성하는 것은 인수 handler(핸들러 함수)에 전달된 res 함수의 역할이다(❸). res 함수에는 응답을 구성하는 상태 코드, 헤더, 응답 본문 등을 차례로 전달하여 올바른 응답을 생성해 준다.

응답을 구성하는 여러 요소는 인수 context(컨텍스트) 메서드를 통해 생성할 수 있다.

▼ context 객체의 주요 메서드

메서드	설정 대상
status(code [, text])	상태 코드
set(name, value)	응답 헤더
body(data)	응답 본문 (임의형)
text(data)	응답 본문 (문자열)
json(data)	응답 본문 (JSON 형식)
xml(data)	응답 본문 (XML 형식)

이 예시의 경우, 상태 코드 200(Success)으로 JSON 형식의 응답을 생성하라는 의미다(내용은 앞서 설명한 바와 같다).

이것으로 핸들러가 완성되었다. 여기서는 setupServer 함수에 핸들러를 하나만 전달했지만, 물론 여러 요청에 대응하고 싶다면 필요한 만큼의 핸들러(rest.xxxxx 메서드)를 열거하면 된다.

❹~❻ 모의 서버 시작/종료하기

모의 서버를 정의했으면 테스트 케이스에서 사용할 수 있도록 테스트 전후에 각각 시작/종료해 둔다.

▼ 모의 서버 활용을 위한 전/후 처리

No.	타이밍	개요
❹	모든 테스트 전	요청 처리 시작
❺	각 테스트 후	핸들러 재설정
❻	모든 테스트 후	모의 서버 종료

이러한 처리는 MSW를 이용할 때의 관용구라고 생각하면 된다.

❼ 모의 서버 이용하기

이제 지금까지와 마찬가지로 fetch 함수를 이용해 컴포넌트를 그리기만 하면 된다. 테스트가 성공하고, 모의에서 반환된 응답을 바탕으로 다음과 같은 출력이 제대로 생성되는지 확인한다.

```
<body>
  <div>
    <figure>
      <img
        alt="Clouds"
        src="https://openweathermap.org/img/wn/4n.png"
      />
      <figcaption>
        흐림
      </figcaption>
    </figure>
  </div>
</body>
```

9-1-8 컨텍스트를 동반한 테스트

컨텍스트가 있는 컴포넌트에서는 컨텍스트 제공자(〈Xxxxx.Provider〉 요소)에 대한 값 정의만 따로 떼어내는 것이 일반적이다. 이렇게 하면 컨텍스트가 여러 개이거나 적용 범위가 변경된 경우에도 영향을 국지화할 수 있고, 코드의 가시성을 높일 수 있다.

구체적으로는 7-4-2항에서도 언급했던 MyThemeProvider가 바로 그것이다. 예제 코드 7-4-5를 보면 알 수 있듯이 MyThemeProvider에는 하위 컴포넌트에서 사용할 테마와 이를 조작하기 위한 핸들러가 제공된다. 이를 염두에 두고 HookThemeButton 컴포넌트(예제 코드 7-4-7)를 테스트해 보자.

예제 코드 9-1-12 HookThemeButton.test.js

```js
import HookThemeButton from '../chap07/HookThemeButton';
import MyThemeProvider from '../chap07/MyThemeProvider';
import { render, screen, waitFor } from '@testing-library/react';
import userEvent from '@testing-library/user-event';

test('HookThemeButton Test', async () => {
  const ev = userEvent.setup();
  // MyThemeProvider를 사용하여 HookThemeButton 렌더링
  render(<HookThemeButton />, { wrapper: MyThemeProvider }); ──────❶
  // 버튼 클릭 시뮬레이션
  const btn = screen.getByRole('button');
```

```
    ev.click(btn);
    // 버튼 캡션이 dark로 변경된 것을 확인
    await waitFor(() => expect(btn).toHaveTextContent('dark'));   ————❷
});
```

핵심은 먼저 ❶의 푸른색 표시 부분인 wrapper 옵션이다. 그러면 지정된 컨텍스트 공급자(여기서는 MyThemeProvider)가 하위 요소(여기서는 HookThemeButton)를 감싸도록 렌더링된다.

9.2 E2E 테스트

E2E(End to End) 테스트는 여러 컴포넌트에 걸쳐 최종 사용자의 실제 동작을 시뮬레이션하는 용도로 활용한다. 단위 테스트에서 개별 컴포넌트의 동작을 확인한 후, 보다 프로덕션에 가까운 환경, 즉 클라이언트에서 서버 사이드까지(=End to End) 앱을 통해 최종적인 동작을 확인한다. 통합 테스트, 시나리오 테스트라고도 하며, 출시 전 마지막 단계의 테스트다.

9-2-1 E2E 테스트 준비

Create React App 표준 프로젝트에는 E2E 라이브러리가 포함되어 있지 않으며, 한마디로 E2E 라이브러리라고 해도 다양한 제품이 있지만, 이 책에서는 Cypress를 채택한다. Cypress는

- 마법사도 충실하여 초기 도입이 용이
- 크롬, 엣지를 비롯한 주요 브라우저에서 사용 가능
- E2E 테스트, 컴포넌트 테스트를 비롯해 다양한 테스트에 대응

등의 기능을 갖춘 올인원 테스팅 프레임워크다. Jest+React Testing Library와도 유사한 기법으로 테스트 코드를 표현할 수 있기 때문에 지금까지 배운 지식이 헛되이 쓰이지 않을 것이다. 그 반대의 경우도 마찬가지로, Cypress에서 얻은 지식은 다른 테스트 프레임워크를 배울 때도 도움이 된다.

- Cypress
  URL https://www.cypress.io/

그럼 이제부터 이용하기 위한 준비를 해보자.

[1] Cypress 설치하기

Cypress를 이용하려면 터미널에서 다음 명령어를 실행하면 된다.

```
> npm install cypress --save-dev
```

Cypress를 설치하면 Cypress를 조작하기 위한 cypress 명령어를 사용할 수 있다. npx 명령어[19]를 통해 그대로

```
> npm cypress open
```

과 같이 호출해도 상관없지만, 옵션을 포함할 경우 매번 일일이 손으로 입력하는 것은 실수의 소지가 있다. 프로젝트 폴더 바로 아래에 있는 package.json에 바로가기 명령어로 등록해 두는 것이 바람직하다.

예제 코드 9-2-1 package.json

```
{
  ... 중략 ...
  "scripts": {
    ... 중략 ...
    "cy:open": "cypress open",
    "cy:run": "cypress run --browser chrome"
  },
  ... 중략 ...
}
```

cy:open은 Cypress의 런처를 실행하기 위한 명령어이고, cy:run은 구글 크롬을 이용해 E2E 테스트를 실행하기 위한 명령어다.

[2] Cypress 런처에서 테스트 준비하기

그럼 지금부터 Cypress 런처를 실행하여 E2E 테스트를 준비해 보겠다[20]. [1]에서 언급했듯이 런처는 다음 명령어로 실행할 수 있다.

---

19 npx는 Node Package eXecutor의 약자로 Node.js에서 제공하는 도구(명령어)를 실행하기 위한 도구다.
20 배포된 샘플 환경을 그대로 실행할 경우, 미리 npm start 명령어로 앱 본문을 실행해 두어야 한다.

```
> npm run cy:open ⏎
...중략...
DevTools listening on ws://127.0.0.1:60556/devtools/browser/2644c78b-79c0-4613-bb86-ef93d117f579
tsconfig.json을 찾을 수 없다. tsconfig-paths는 건너뛴다.
```

Cypress 런처가 실행되면 다음 그림의 순서대로 조작한다[21]. 'What's New' 화면이 표시되면 [Continue] 버튼을 클릭하여 진행한다(❶).

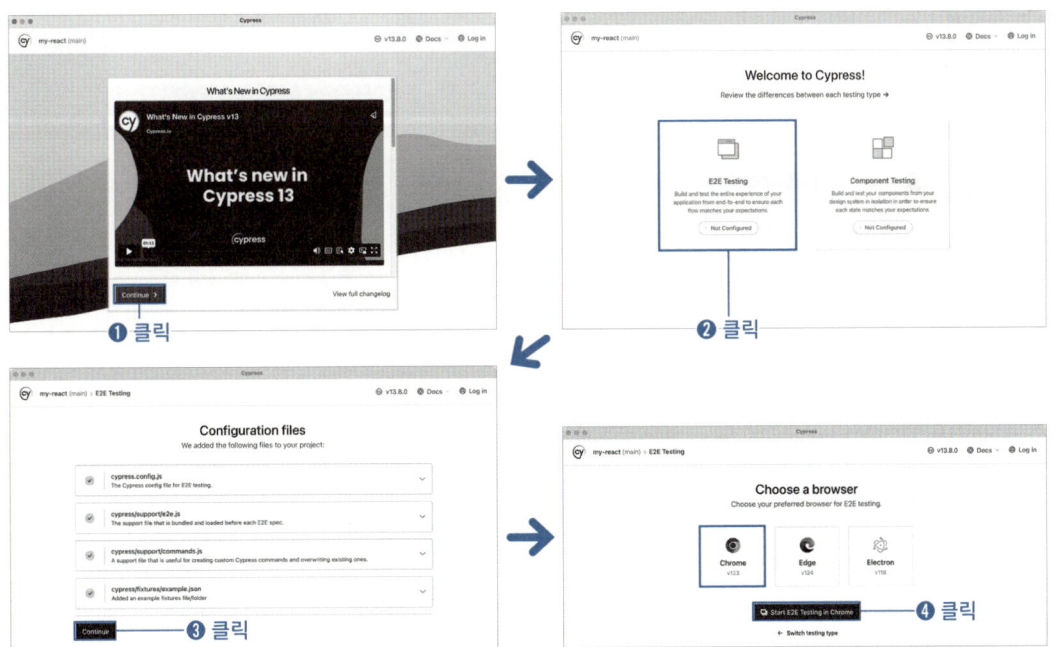

▲ Cypress 런처의 마법사

[Welcome to Cypress!]화면에서는 준비할 테스트 종류를 선택한다. 이 단원의 서두에서도 언급했듯이 Cypress는 E2E 테스트뿐만 아니라 단위 테스트도 지원하는 프레임워크지만, 여기서는 E2E 테스트를 목적으로 하므로 [E2E Testing]을 선택한다(❷).

E2E 테스트에서 준비해야 할 파일이 나열되는데, 확인 후 [Continue] 버튼을 클릭한다(❸). 그러면 지정된 설정 파일이 현재 프로젝트에 추가된다.

---

21 마법사가 실행되기 전에 방화벽 경고 화면이 표시될 수 있다. 이 경우 [접근 허용] 버튼을 클릭하여 계속 진행하기 바란다.

마지막으로 현재 환경에서 사용할 수 있는 브라우저가 나열되는데, 여기서는 [Chrome]을 선택하고[22], [Start E2E Testing in Chrome] 버튼을 클릭한다(❹).

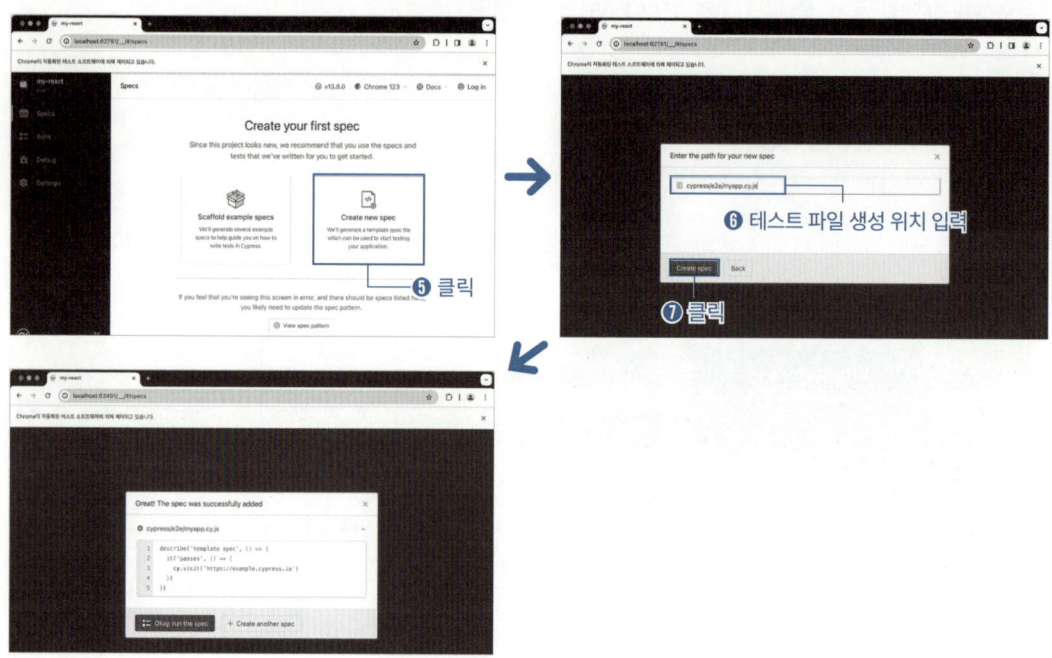

▲ E2E 테스트 생성

Cypress의 메인 화면이 열리면 [Create new spec] 버튼을 눌러 새로운 테스트를 생성한다(❺). 테스트 파일 생성 위치를 묻는 메시지가 표시되는데, 폴더(cypressWe2e)는 그대로 두고 파일 이름을 myapp.cy.js로 지정한다(❻). [Create spec] 버튼을 누르면 생성된다(❼).

새로운 테스트 파일이 생성되면 VSCode에서 내용을 확인한다.

| 예제 코드 9-2-2 myapp.cy.js

```
describe('template spec', () => {
  it('passes', () => {
    cy.visit('https://example.cypress.io')
  })
})
```

---

[22] Safari는 선택할 수 없으니 다른 브라우저를 사용하라.

테스트 코드의 외곽 프레임(describe, it 등)은 기존과 동일하므로 주목해야 할 것은 푸른색으로 표시된 코드뿐이다. cy.visit에서 지정된 주소로 접속하라는 의미이며, E2E 테스트에서는 일반적으로 대상 페이지에 접속하여 표시되는 결과, 혹은 더 나아가 조작한 결과를 검증하는 흐름으로 진행되기 때문에 visit 메서드는 E2E 테스트의 기점이라고 할 수 있다.

코드를 확인했다면 [Okay, run the spec] 버튼을 클릭해 보자. 테스트가 실행되고 오른쪽 창에는 실제 페이지가, 왼쪽 창에는 테스트 결과가 각각 표시된다.

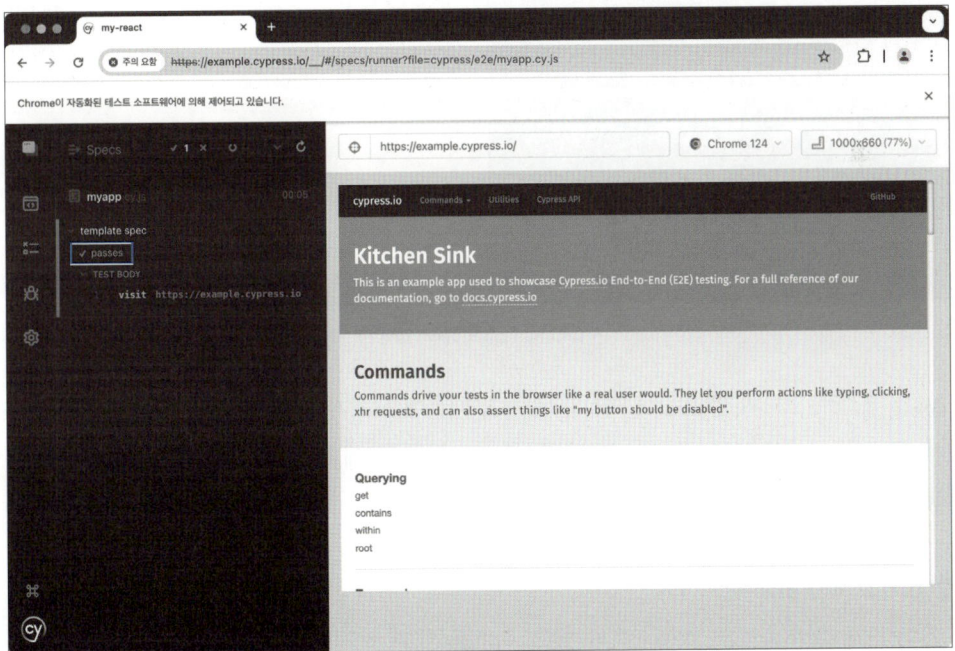

▲ passes 테스트 결과 (성공 시)

passes 테스트는 Matcher(어설션 메서드)를 포함하지 않기 때문에 테스트 이름 왼쪽 옆에 √가 붙고 무조건 테스트가 성공한다. 시험 삼아 자동 생성된 코드를 수정하여 실패하는 테스트를 만들어 보자.

| 예제 코드 9-2-3 myapp.cy.js

```
it('passes', () => {
  cy.visit('https://example.cypress.io')
  expect(1 + 1).to.equal(3)
})
```

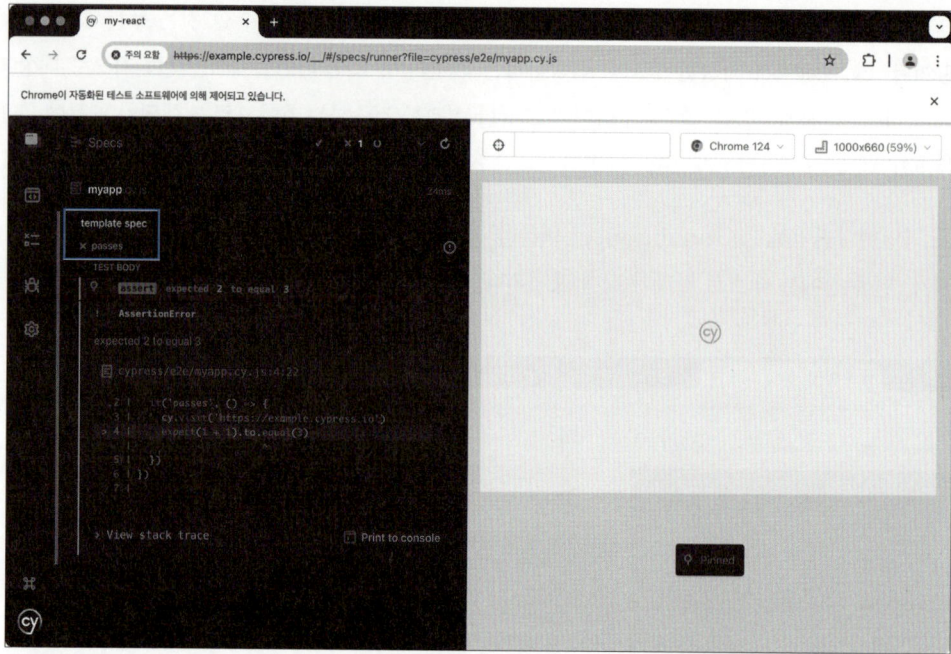

▲ passes 테스트 결과 (실패 시)

Cypress는 테스트 코드의 업데이트를 모니터링하기 때문에 코드가 업데이트되면 테스트가 재실행된다. 이 예시에서는 '1 + 1'의 연산 결과가 '3'인지 확인하고 있기 때문에 'expected 2 to equal 3'과 같은 오류가 발생한다.

명령줄에서 실행

p.564의 단계[1]에서 설명한 것처럼 단축키 명령도 이미 등록되어 있으므로 명령줄에서 테스트를 실행해도 무방하다.

```
> npm run cy:run
```

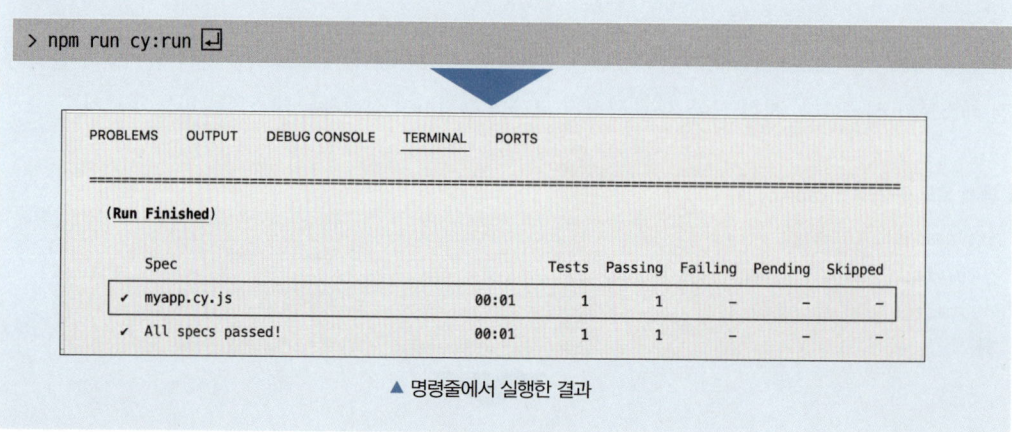

▲ 명령줄에서 실행한 결과

또한 /cypress/videos 폴더에는 'test name.mp4'라는 이름으로 실행 과정이 동영상 형식으로 저장되어 있다. 함께 확인해 보자.

9-2-2 E2E 테스트 작성

Cypress의 기본적인 사용법을 이해했다면, 8-4-3항에서 작성한 도서 등록 양식을 대상으로 E2E 테스트를 작성하고 실행해 보자[23].

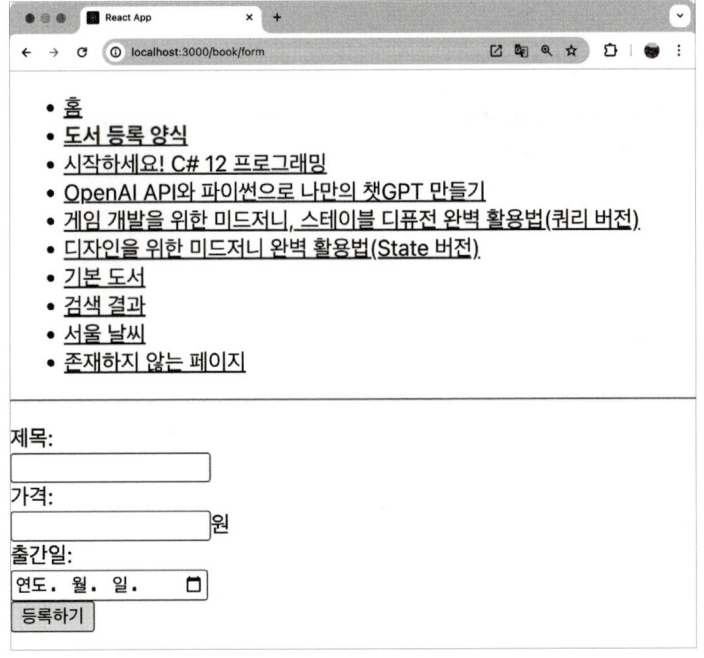

▲ 테스트 대상 도서 등록 폼

테스트에서는 다음과 같은 절차를 확인한다.

- 홈페이지 '/'에 접속

- [도서 등록 양식] 링크로 페이지 이동

- 아무것도 입력하지 않고 [등록하기] 버튼을 클릭 (오류 개수 확인)

---

23 이 절의 테스트를 실행할 때는 8-4-3항의 예제를 미리 활성화한 후 npm start 명령어로 앱을 실행해야 하며, VSCode의 터미널에서 명령을 실행하는 경우 ■(새 터미널) 버튼으로 새 터미널을 실행할 수 있다. 더 이상 필요하지 않은 터미널은 ■(강제 종료) 버튼으로 종료할 수 있다.

- [가격] 란에 잘못된 값을 입력한 후 [등록하기] 버튼을 클릭 (오류 메시지 내용 확인)

- 모든 입력을 올바르게 입력한 후 [등록하기] 버튼을 클릭 (홈페이지로 이동하는 것을 확인)

이제 구체적인 코드를 살펴보자.

예제 코드 9-2-4 myReact.cy.js

```
describe('Cypress Sample', () => {
  it('MyReact App Test', () => {
    // 홈페이지 바로가기
    cy.visit('/');                                          ─❶

    // 도서 등록 양식으로 이동하여 아무것도 입력하지 않고 [등록하기] 버튼을 클릭한다.
    cy.get('a[href="/book/form"]').click();                 ─❸
    cy.get('[type="submit"]').click();                      ─❹
    cy.get('ul').should('have.length', 2);                  ─❼

    // 도서명, 가격(잘못된 값)을 입력한 상태에서 [등록하기] 버튼을 클릭한다.
    cy.get('#title').type('모험의 서');
    cy.get('#price').type('-18000');
    cy.get('[type="submit"]').click();                      ─❺
    cy.get('form li:eq(0)').should('contain', '양수');      ─❽

    // 모든 항목에 올바른 값을 입력한 후 [등록하기] 버튼을 클릭한다.
    cy.get('#price').clear().type('18000');
    cy.get('#published').type('2024-02-29');
    cy.get('[type="submit"]').click();                      ─❻
    cy.url().should('equal', 'http://localhost:3000/');     ─❾
  });
});
```

예제 코드 9-2-5 cypress.config.js

```
const { defineConfig } = require("cypress");

module.exports = defineConfig({
  e2e: {
    // 기본 경로 정의
```

```
    baseUrl: 'http://localhost:3000',  ─────❷
    setupNodeEvents(on, config) {
      // implement node event listeners here
    },
  },
});
```

코드의 중요 부분을 순서대로 살펴보자.

❶~❷ 목적 페이지로 이동하기

9-2-1항에서도 언급했듯이, E2E 테스트의 기점은 페이지 접근, 즉 visit 메서드다(❶). 앞서 visit 메서드에 전체 주소를 전달했지만, 일반적으로 테스트 대상 앱은 동일한 원점에서 동작하는 것이 일반적이기 때문에 매번 이를 기재하는 것은 번거롭다(환경을 변경한 경우 모든 테스트에 적용하는 것도 오류의 원인이 된다).

그래서 Cypress의 설정 파일인 cypress.config.js에서 앱의 기본 주소를 등록해 둬야 한다. e2e-baseUrl 매개변수가 바로 그것이다(❷). 이제 visit 메서드에서도 상대 경로를 지정할 수 있다.

📄 visit 메서드 옵션

visit 메서드에는 다음과 같이 '옵션명: 값, ...' 형식으로 옵션 정보를 지정할 수도 있다.

```
cy.visit('/', { method: 'GET' });
```

사용 가능한 옵션은 다음 표와 같다.

▼ visit 메서드의 주요 옵션

옵션	개요
method	HTTP 메서드(GET, POST)
headers	요청 헤더 ('헤더명: 값, ...' 형식)
qs	쿼리 문자열
body	요청 본문 (POST의 경우에만 해당)
retryOnStatusCodeFailure	오류 상태에서 재실행할지 (true인 경우 최대 4회 재시도)
retryOnNetworkFailure	네트워크 오류로 재실행할지 (true로 최대 4번 재시도)
timeout	타임아웃 시간 (기본값은 60초)

❸ 페이지 내 요소에 접근하기

페이지에 접속했으면 조작하고자 하는 요소를 가져온다. 이를 위해 다양한 검색 메서드가 있지만, 가장 기본적인 것은 get이다.

구문 _ get 메서드

```
cy.get(selector)
```

selector   :선택식

자바스크립트 표준의 querySelector 메서드와 비슷하다고 생각하면 된다. 지정된 선택자 표현식에 따라 원하는 요소(그룹)를 가져온다. 검색된 요소에서 (예를 들어) 부모와 자식 관계에 있는 요소를 가져오거나 요소 그룹에서 특정 조건에 맞는 요소를 좁혀 나가기 위해 다음 표와 같은 메서드도 준비되어 있다.

▼ Cypress에서 사용할 수 있는 주요 메서드

분류	메서드	개요
기본	contains(content)	지정된 콘텐츠가 포함된 요소를 가져옴
상대적 위치	children([selector])	하위 자식 요소를 가져옴 (인수 selector로 필터링도 가능)
	parent([selector])	부모 요소를 가져옴 (인수 selector로 필터링 가능)
	closest(selector)	지정된 선택자 식에 가장 먼저 일치하는 조상 요소를 가져옴
	prev([selector])	현재 요소의 형 요소를 가져옴 (인수 selector로 필터링도 가능)
	prevAll([selector])	현재 요소의 형 요소군을 가져옴 (인수 selector로 필터링도 가능)
	next([selector])	현재 요소의 동생 요소를 가져옴 (인수 selector로 필터링도 가능)
	nextAll([selector])	현재 요소의 동생 요소군을 가져옴 (인수 selector로 필터링도 가능)
	siblings([selector])	현재 요소의 형제 요소를 가져옴 (인수 selector로 필터링도 가능)
필터	eq(index)	요소군에서 지정된 위치의 요소를 가져옴
	filter(selector)	요소군으로부터 선택자 식에 부합하는 요소를 가져옴
	find(selector)	요소 하위의 자손 요소에서 선택자 식에 부합하는 요소를 가져옴
	first()	요소군에서 첫 번째 요소를 가져옴
	last()	요소군에서 마지막 요소를 가져옴

분류	메서드	개요
기타	title()	페이지 제목을 가져옴
	focused()	포커스된 요소를 가져옴
	url()	현재 URL을 가져옴

예를 들어, 'id="list"인 요소를 가져오고, 그 하위에서 class 속성이 "my"인 자식 요소 그룹을 가져온다' 라고 하면 다음과 같이 표현할 수 있다[24].

```
cy.get('#list').children('.my')
```

❹~❻ 요소 조작하기

요소를 가져왔다면 실제로 입력 & 클릭을 해 보자. 여기서는 입력(type 메서드), 클릭(click), clear(입력 삭제) 정도만 사용했지만, 그 외에도 다음 표와 같은 조작 메서드가 준비되어 있다.

▼ Cypress에서 사용할 수 있는 주요 조작 메서드

메서드	메서드	개요
클릭	click()	요소 클릭
	dblclick()	요소 더블 클릭
	rightclick()	요소 우클릭
입력	type(text)	텍스트 입력
	check([value])	라디오 버튼/체크박스 체크
	uncheck([value])	라디오 버튼/체크박스 체크 해제
	select(value)	선택 상자에서 지정된 옵션 선택
	selectFile(file)	파일 선택 상자에 파일 지정
	submit()	폼 제출
	clear()	텍스트 박스 등 지우기
선택	focus()	요소에 포커스
	blur()	요소에 대한 포커스 해제

---

[24] get 메서드로 한숨에 접근하는 것도 가능하므로, 여기서는 범위를 좁히기 위한 예시로서 살펴보기로 한다.

메서드	메서드	개요
기타	scrollIntoView()	현재 요소까지 스크롤
	visit(url)	지정된 주소로 이동
	reload()	현재 페이지 새로고침

❼~❾ 작업 결과 검증하기

검색 메서드에서 획득한 요소의 내용을 검증한다면 다음과 같이 표현할 수 있다.

구문 _ 결과 검증

```
elem.should(chainer [,value])
```

```
elem    : 대상 요소 (get 메서드 등으로 획득한 요소)
chainer : 검증의 종류
value   : 비교 값
```

이번 예제에서는 have.length(배열의 길이), contain(문자열이 포함되었는지), equal(동일한지)[25] 등을 확인하고 있지만, 이 외에도 다음 표와 같은 검증 종류가 있다.

▼ Cypress에서 이용할 수 있는 주요 검증 유형(* 표시는 인수 value를 수반하는 검증)

분류	검증	개요
기본	equal/eq*	같은지
	greaterThan/gt*	초과인지
	Least/GTE*	이상인지
	lessThan/lt*	미만인지
	most/LTE*	이하인지
	True	true인지
	False	false인지
	Null	null인지
	undefined	undefined인지

---

25 ❾의 예시와 같이 요소의 내용뿐만 아니라 획득한 주소도 확인할 수 있다.

분류	검증	개요
기본	exist	존재하는지
	빈	비어있는지
	match*	지정한 정규 표현과 일치하는지
	include*	배열에 지정된 값이 포함되어 있는지
	length*	배열이 지정된 길이인지
	empty	배열이 비어 있는지
속성	attr*	속성이 존재하는지 (value가 있다면 그 값을 가지고 있는지)
	prop*	프로퍼티가 존재하는지 (value가 있다면 그 값을 가지고 있는지)
	css*	스타일 프로퍼티가 존재하는지 (value가 있다면 그 값을 가지고 있는지)
	class*	스타일 클래스가 존재하는지
	value*	지정된 값(value)을 가지고 있는지
	id*	지정된 id 값인지
콘텐츠	html*	아래에 지정된 HTML을 가지고 있는지
	text*	아래에 지정된 텍스트를 가지고 있는지
	contain*	지정된 텍스트가 포함되어 있는지
상태	visible	표시 상태인지
	hidden	숨겨져 있는 상태인지
	selected	선택 상태인지
	checked	체크 상태인지
	focus	포커스가 맞춰진 상태인지
	enabled	유효한 상태인지
	disabled	비활성화 상태인지
	exist	비어있지 않은지

여기서 언급한 것 외에도 Cypress에는 다양한 어설션이 준비되어 있다. 자세한 내용은 다음 페이지에서 참고하기 바란다.

- Cypress Documentation

  URL https://docs.cypress.io/guides/references/assertions

참고로 인수 Chainer에는 테스트 코드의 가독성(영문처럼 읽기 위한 목적)을 위해서만 제공되는 다음과 같은 키워드도 있다. 이것들은 특별히 기능에 영향을 주지 않으며, 작성 순서도 중요하지 않다.

- to
- be
- been
- is
- that
- which
- and
- has
- have
- with
- at
- of
- same
- but
- does
- still
- also

E2E 테스트 실행

Cypress 런처에서 Cypress 관리 화면을 열고 있다면, [Specs] 메뉴를 연다. cypress/e2e 폴더에 저장되어 있는 테스트가 나열되어 있다. 여기서 myReact.cy.js를 선택하면 테스트를 실행할 수 있다.

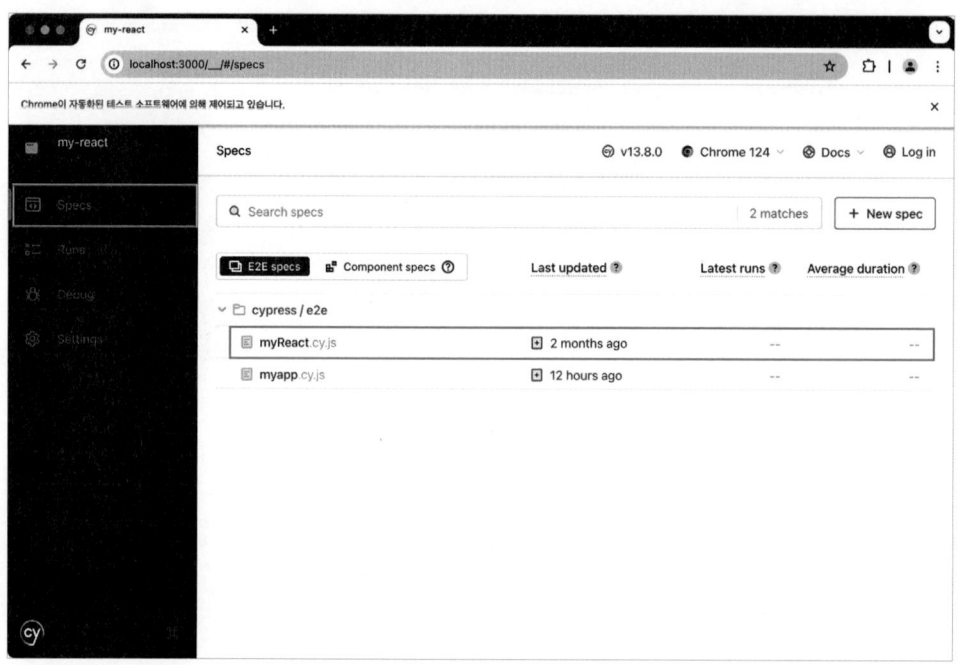

▲ Cypress 관리 화면에서 실행

물론 p.568에서 언급한 npm run cy:run 명령을 사용해도 된다.

> 칼럼 **npm의 서브 명령어**

npm은 Node Package Manager의 약자로 Node.js의 패키지 관리 도구다. 본문에서도 라이브러리를 설치하는 npm install을 비롯해 npm start/run 등의 명령어를 많이 사용했을 것이다.

다음은 npm을 본격적으로 사용하기 위해 알아두면 좋은 서브 명령어들을 정리한 것이다.

▼ npm 명령의 주요 서브 명령어

No.	명령어	개요
❶	npm init	package.json 생성
❷	npm install	package.json에 기록된 패키지를 일괄적으로 설치
❸	npm install package	지정된 패키지 package 설치
❹	npm install --save-dev package	지정된 패키지 package 설치(개발용)
❺	npm update package	지정된 패키지 package 업데이트
❻	npm uninstall package	지정된 패키지 package 제거
❼	npm list package...	설치된 패키지 목록 보기
❽	npm search keyword	keyword로 패키지 검색
❾	npm info package	지정된 패키지 package의 정보 표시
❿	npm install -g npm	npm 본문 업데이트

인수 지정이 있는 npm install(❸)로 설치한 패키지는 package.json에도 기록되며, 나중에 인수 지정이 없는 npm install(❷)로 일괄적으로 복원할 수 있다. 일반적으로 앱을 배포할 때 /node_modules 폴더(라이브러리 자체)는 제외하지만, 이 경우에도 npm install 하나로 의도한 라이브러리를 설치할 수 있다.

❹의 --save-dev 옵션은 해당 패키지가 개발용임을 나타낸다. 만약 사용자가 앱을 실행만 하는(=개발 도구 등이 필요 없는) 경우에는 'npm install --production'을 사용하면 개발용 패키지를 제외한 패키지만 일괄적으로 설치할 수 있다. 사용자가 불필요한 패키지를 굳이 설치하게 하는 것은 의미가 없으므로 직접 패키지를 설치할 때도 적절히 --save-dev 옵션을 부여하는 것을 추천한다.

❿은 npm 자체를 업데이트하기 위한 명령어다. 패키지를 설치할 때 등 npm을 업데이트하라는 메시지가 표시될 수 있으므로 이 명령어를 통해 npm도 적절히 최신 상태로 유지하도록 한다.

따라하며 쉽게 배우는
모던 리액트
완벽 입문

응용편

chapter

10

타입스크립트 활용

10.1 타입스트립트의 기본
10.2 리액트 앱에 타입스크립트 도입하기

> **이 장의 서문**
>
> 타입스크립트(TypeScript)는 소위 altJS(자바스크립트 대체 언어)의 일종이다. 기존에는 '특유의 단점이 있다(=쓰기 어렵다)'는 평가를 받았던 자바스크립트도 ES2015 이후 다른 언어와도 친화적으로 작성할 수 있게 되었다[1]. 하지만 여전히 Java나 C#과 같은 성숙한 객체지향 언어에 비하면 그 구문은 미숙하다. 또한 자바스크립트에서는 그 특성상 타입을 엄격하게 의식한 코딩을 할 수 없다. 어느 정도 규모가 큰 앱에서 타입의 모호함은 잠재적인 버그의 원인이 되기도 한다.
>
> 이러한 자바스크립트의 부족한 부분을 채워주는 것이 altJS의 역할이다. altJS는 자바스크립트에 얇은 껍질(언어)을 씌워 자바스크립트의 약점을 보완해 주자는 것이다. altJS는 일반적으로 트랜스파일러에 의해 자바스크립트로 변환된 후 실행되므로 동작 환경을 가리지 않는다.

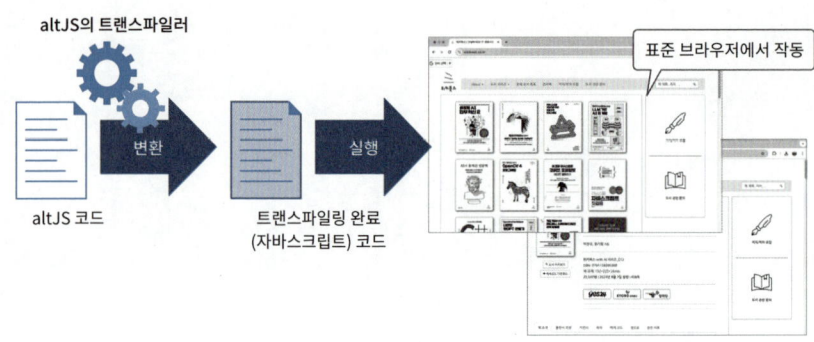

▲ altJS의 작동 원리

altJS로 분류되는 언어로는 커피스크립트(CoffeeScript, https://coffeescript.org/), Dart(https://www.dartlang.org/) 등이 있는데, 그중 최근에는 타입스크립트가 인기다. 리액트의 세계에서도 본격적인 개발에서 타입스크립트가 채택되는 경우가 많아지고 있기 때문에 이 책에서도 리액트 + 타입스크립트의 조합에 대해 언급한다.

이 절에서는 먼저 타입스크립트의 기본에 대해 알아본 후, 리액트 개발에서의 타입스크립트에 대해 설명한다.

> **타입스크립트 플레이그라운드**
>
> 우선 타입스크립트를 접해보고 싶거나 간단한 동작을 확인하고 싶다면 브라우저에서 동작하는 인터프리터 '타입스크립트 플레이그라운드'(이하 플레이그라운드)를 이용하는 것을 추천한다. 특별한 준비도 필요 없고, 바로 최신 버전의 동작을 확인할 수 있다는 장점이 있다[2].

---

[1] 특히 class 구문의 도입은 자바스크립트 코딩을 획기적으로 단순화시켰다.
[2] 물론 이전 버전의 동작을 확인할 수도 있다.

■ 타입스크립트 플레이그라운드

URL https://www.typescriptlang.org/play

▲ 타입스크립트 플레이그라운드

플레이그라운드에서는 왼쪽 상단에 타입스크립트 코드를 입력하면 오른쪽 상단에 실시간으로 트랜스파일링된 자바스크립트 코드가 표시된다. 왼쪽 상단의 [Run] 버튼을 클릭하면 그 자리에서 코드를 실행할 수 있고, 오른쪽 상단의 [Errors]를 통해 오류를 확인할 수도 있다. 자바스크립트에 익숙한 사람이라면 타입스크립트 코드와 자바스크립트 코드를 대조하면서 학습을 진행하면 이해가 더 쉬울 것이다.

이 장의 전반부 10-1절의 예제는 플레이그라운드에서 실행한 결과를 보여준다.

10.1 타입스크립트의 기본

우선 타입스크립트의 기초부터 시작하겠다. 물론 그렇게 어렵게 생각할 필요는 없다. 타입스크립트는 이름에서 알 수 있듯이 자바스크립트에 타입 정의를 추가한, 말하자면 자바스크립트의 슈퍼셋이기 때문이다. 기존 자바스크립트 코드를 거의 그대로 사용해도 동작하며, 타입스크립트 구문으로 재작성하는 것도 비교적 간단하다.

애초에 타입스크립트 전체를 이야기하려면 책 한 권이 필요하므로 그것은 전문 서적에 맡기기로 하고, 여기서는 타입스크립트의 핵심이라고 할 수 있는 타입(Type)에 대한 설명으로 한정하겠다. 언어로서의 자세한 내용은 필자의 저서 『速習 TypeScript 第2版(속성 학습 타입스크립트 제2판)』(Amazon Kindle) 등의 전문 서적을 참고하기 바란다.

10-1-1 타입 어노테이션의 기본

타입스크립트에서는 '변수 : 타입명' 형식으로 타입 어노테이션을 부여하는 것이 기본이다. 어노테이션(annotation)은 '주석'이라는 뜻으로, 이 경우 타입스크립트에 변수의 타입을 알려주기 위한 구조다.

주요 문법 요소에 대한 구체적인 타입 주석의 예시를 확인해 보자. 플레이그라운드에 직접 입력해 보기를 권한다[3].

```typescript
// 변수
let age: number = 30;

// 상수
const DEBUG: boolean = true;

// 함수
function getTriangleArea(base: number, height: number) : number {
  return base * height / 2;
}

// 클래스
class Person {
  name: string = '';
  age: number = 0;
  toString(): string {
    return `Person: ${this.name} (${this.age}세) `;
  }
}
```

푸른색으로 표시된 부분이 타입 어노테이션이다. 반대로 푸른색 글씨를 제외한 부분은 네이티브 자바스크립트와 동일하기 때문에 타입 어노테이션을 추가하는 것은 간단하다.

```
age = '20세'          ─────── 문자열 대입
```

와 같은 코드를 작성하면 'Type 'string' is not assignable to type 'number''(number 타입에 string 타입을 대입할 수 없음)와 같은 오류가 발생한다. 마찬가지로,

---

[3] 이 절에서 다루는 예제는 배포 샘플(my-react-ts 프로젝트)의 sample.ts에 저장되어 있다. 필요에 따라 Playground에 복사 및 붙여넣기하여 사용하기 바란다.

```
console.log(age.trim());
```

와 같은 메서드 호출도 'Property 'trim' does not exist on type 'number''(number 타입에 trim 메서드가 존재하지 않음)와 같이 문제를 감지해준다(trim은 string 타입의 메서드다).

함수(메서드)의 정의가 다소 생소할 수 있지만, (...) 안의 타입은 인수 타입을, 시그니처 뒤의 타입은 함수의 반환값 타입을 각각 나타낸다.

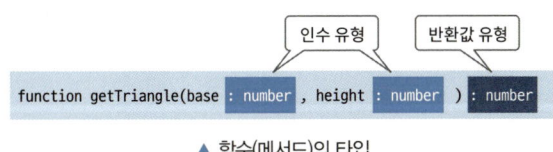

▲ 함수(메서드)의 타입

참고로 타입스크립트라고 해서 모든 것에 타입 어노테이션을 부여해야 하는 것은 아니다. 예를 들어,

```
let age = 30;
```

라면 변수 age는 숫자인 것이 분명하므로 'age : number'라고 한 것과 동일하다고 볼 수 있다(앞서 문자열을 대입하는 것도 오류로 간주된다).

다음과 같이 함수의 반환값 타입을 생략한 경우에도 마찬가지다.

```
function getTriangleArea(base: number, height: number) {...}
```
— 반환 값의 타입은 생략한다.

함수의 실제 반환값을 보고 수치라고 판단하는 것이다. 이를 타입 추론이라고 한다. 타입 추론을 통해 코드가 상당히 깔끔해지기 때문에 가독성을 해치지 않는 범위 내에서 활용하는 것을 추천한다[4].

10-1-2 타입스크립트의 데이터 유형

타입스크립트에서 사용할 수 있는 표준 타입은 다음과 같다.

```
// 논리형
let flag: boolean = false;
```

---

4   반대로 타입 추론을 활용하기 위해서는 선언할 때 변수에 초깃값을 전달하는 습관을 들이는 것이 좋다.

```
// 수치형
let pi: number = 3.14159265359;

// 문자열형
let title: string = '모험의 서';

// 배열형
let languages: string[] = ['JavaScript', 'PHP', 'Python', 'Ruby'];

// 튜플형
let person: [string, number, boolean] = ['홍길동', 50, false];  ──────❶

// 연관 배열형
let addresses: {[index: string]: string;} = {  ──────❷
  '홍길동': '충남 태안군 원북면',
  '신사임당': '경기도 파주시 문발로',
  '이순신': '경기도 고양시 진밭로'
};

// 객체형
let member: {
  name: string,
  age: number,              ❸
  married?: boolean
} = {                       ❹
  name: '홍길동',
  age: 50,
  married: false
};
```

대부분 직관적으로 이해할 수 있는 내용이라 배열, 튜플, 객체/연관 배열에 대해서만 보충 설명을 하겠다.

배열 타입

배열 타입은 '타입명 []'처럼 요소 타입 뒤에 빈 괄호([])를 붙여서 표현한다. 다차원 배열을 표현하려면 차원 수만큼 괄호를 이어 붙이면 된다.

```
let data: number[][] = [
  [10, 11, 12],
  [20, 21, 22],
  [30, 31, 32]
];
```

튜플 타입

배열 타입이 특정 타입의 집합인 반면, 여러 타입이 혼합된 값의 집합을 튜플 타입이라고 하는데, 타입스크립트 고유의 타입으로 자바스크립트에서는 배열의 일종일 뿐이다.

❶과 같이 [타입명, ...] 형식으로 요소 단위로 타입을 선언한다. 참고로 리액트에서 익숙한 useState 함수의 반환값은 일종의 튜플 타입이다(State 값 자체와 State를 갱신하기 위한 세터를 함께 반환했음을 기억하자).

연관 배열/객체 타입

타입스크립트(혹은 자바스크립트)의 세계에서는 객체와 연관 배열은 같은 개념이다. 단, 타입 정의 단계에서는

- 키/값의 타입을 통일하고 싶다
- 정의 시 키 이름을 정할 수 없다 (불특정 키를 가짐)

같은 상황이 있다(예를 들어, ❷의 주소 정보 등은 핵심이 되는 이름은 미리 정해져 있지 않다).

이런 경우, 소위 '연관 배열' 타입으로 ❷와 같이 표현한다.

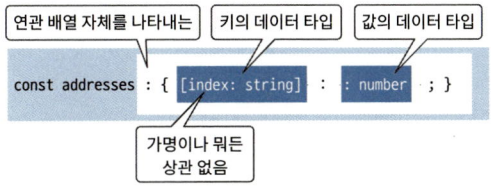

▲ 연관 배열의 타입 어노테이션

타입스크립트에서는 ❷의 기호를 인덱스 시그니처, ❸의 기호를 객체형 리터럴이라고 부르며 각각을 구분하고 있다.

객체형 리터럴

연관 배열과 달리 '속성명: 타입, ...'과 같이 개별 멤버를 명시한 타입이다(❸). 물론 개별 프로퍼티 단위의 타입이 달라도 상관없다.

표기법 자체는 객체 리터럴과 비슷하기 때문에 크게 헷갈릴 부분은 없지만, 한 가지 주목할 점은 프로퍼티 이름 끝에 '?'가 있다는 것이다(푸른색 글씨 부분). 이는 married 프로퍼티가 생략 가능하다는 것을 의미한다.

따라서 ❹의 코드는 다음과 같이 작성해도 올바르게 인식된다.

```
let member: { ... } = {
  name: '홍길동',
  age: 50,
            ──── married 프로퍼티를 생략
};
```

참고로 이러한 생략 가능한 '?'는 함수의 임시 인수로도 사용할 수 있다. 예를 들어 다음은 원의 면적을 구하는 circle 함수의 예다. 단, 인수 radius(반지름)는 생략할 수 있는 것으로 가정한다.

```
function circle(radius?: number) {
  return ((radius ?? 1) ** 2) * Math.PI;
}
```

푸른색으로 표시된 부분은 인수 radius가 생략된(=undefined인) 경우 1을 설정하라는 의미다. 그러나 일반적으로는 인수를 생략해도 이 예제와 같이 기본값을 요구하는 경우가 대부분이므로 보다 간단하게 다음과 같이 기본값을 선언하는 것이 일반적이다.[5]

```
function circle(radius: number = 1) {
  return (radius ** 2) * Math.PI;
}
```

기본값 구문을 사용하는 경우, 임시 인수에 '?'는 필요하지 않다.

---

[5] 푸른색으로 표시된 예시는 설명을 위한 예시라고 생각하면 된다.

10-1-3 타입스크립트 고유의 특수한 타입

여기까지는 구체적인 값을 수반하는 타입이고, 대부분 자바스크립트에서도 흔히 볼 수 있는 타입이었기 때문에 거의 문제가 없을 것이다. 하지만 타입스크립트에는 위와 같은 타입 외에도 타입 정의를 위한 편의적인 타입(타입 표현)이 존재한다. 여기서는 그중 주요한 것들에 대해 설명하겠다.

void 타입

값이 없음을 나타내는 타입으로, 일반적으로 함수의 반환값 타입으로(=반환값이 없다는 의미로) 사용한다. 예를 들어 다음은 주어진 이름(name)에 따라 인사말 메시지를 생성 & 로그 출력하기 위한 greet 함수의 예시다.

```
function greet(name: string): void {
  console.log(`안녕하세요, ${name}님! `);
}
```

any 타입

모든 값을 나타내는 '무엇이든' 타입이다. 예를 들어 다음과 같은 예시를 생각해 보자.

```
let age;
```

앞서 타입스크립트는 타입 선언이 없는 경우에도 초깃값으로 타입을 유추한다고 설명했다. 하지만 이 예시에서는 유추의 단서인 초깃값도 없으므로 타입을 결정할 수 없는 상태다. 이 경우 변수는 any 타입으로 간주되며, any 타입은 아무 타입으로 간주된다.

```
let age: any;
```

와 같이 명시적으로 지정할 수도 있다.

'무엇이든 가능'하므로 다음과 같은 대입도 가능하다.

```
age = 30;
age = '나이'
```

당연히 타입스크립트를 이용하는 의미가 퇴색되므로 any 타입의 사용은 가급적 피해야 하며, 타입 선언 없이 변수를 선언할 때는 초깃값을 명시하는 것이 좋다.

never 타입

'절대로 있을 수 없다'는 의미의 타입으로, 반환값 타입으로 활용을 가정한다. 언뜻 보면 void와 비슷하지만, '값을 반환하지 않는다'가 아니라, 예를 들어

- 함수가 항상 예외를 발생시킨다
- 무한 루프다

등의 요인으로 인해 함수의 종단에 도달할 수 없는 상태를 의미한다. 다음은 그 예시다(throw되므로 함수는 항상 중단된다).

```
function myFunc(): never {
  throw new Error('Error is occurred!!');
}
```

unknown 타입

'타입을 알 수 없다'는 의미의 타입이다. 타입을 알 수 없으므로, unknown 타입의 변수에는 어떤 타입의 값도 대입할 수 있다.

```
let age: unknown;
age = 30;
age = '나이';
age = true;
```

언뜻 보면 any 타입과 동일하게 보일 수 있지만, 그렇지 않다. 또한, 다음 코드를 살펴보자.

```
age = '나이'
console.log(age.substring(1));
```

값을 보면 문자열이므로 문자열 타입의 substring 메서드를 호출하려고 하면 "'age' is of type 'unknown'"과 같은 오류가 발생한다. 어디까지나 타입은 unknown(알 수 없음)이므로 문자열 타입을 전제로 한 substring 메서드를 호출할 수 없는 것이다.

물론 아무것도 할 수 없다면 의미가 없으므로 다음과 같이 한다.

```
if (typeof age === 'string') {
  console.log(age.substring(1));
}
```

typeof 연산자로 타입이 string인지 확인한다. 이제 age의 실체가 문자열임을 보장하므로 substring 메서드에 접근할 수 있다[6].

unknown 타입은 타입 안전한 any 타입이라고도 할 수 있다. 예를 들어 외부 서비스에서 임의의 값을 받아들이는 경우에도 쉽게 any 타입을 사용하는 것이 아니라, 먼저 unknown 타입으로 받아서 타입을 검사한 후 사용함으로써 범위가 좁아지지 않고 타입 안전성을 유지할 수 있다.

10-1-4 여러 개의 타입을 결합한 '복합 타입'

타입스크립트에서는 지금까지 살펴본 표준 타입을 조합하여 보다 복잡한 타입을 표현할 수 있다. 그중에서도 초보적인 타입스크립트 코드에서 자주 볼 수 있는 표현은 다음과 같다.

공용 타입(Union Types)

'여러 타입 중 하나'를 나타내는 타입이다. 타입을 파이프 문자(|)로 구분하여 표현한다.

```
let age: string | number;
age = '삼십세';
age = 30;
```

이 예시의 경우 변수 age는 string, number 중 하나라는 것을 의미한다. 문자열, 숫자 모두 대입할 수 있고, 부울 값을 대입하면 오류가 발생한다.

---

[6] 이런 구조를 타입 가드라고 한다.

배열이라면 다음과 같이 표현할 수도 있다(변수 list는 문자열, 숫자 중 하나를 허용하는 배열이다).

```
let list: (string|number)[] = ['홍길동', 50, 'male'];
```

주로 함수 등에서 여러 개의 타입을 받거나 반환할 가능성이 있는 경우에 사용한다.

예를 들어 다음 circle은 주어진 인수 radius(반지름)에 따라 원의 면적(number 타입)을 반환하는 함수다. 단, 인수 radius가 음수인 경우 부울 값(false)을 반환한다. 이런 경우에 이용하는 것이 공용 타입으로서의 number | boolean이다.

```
function circle(radius: number): number | boolean {
  // 음수인 경우 false
  if (radius < 0) return false;
  // 원래의 반환값은 number
  return (radius ** 2) * Math.PI;
}
```

null 허용 타입

타입스크립트(자바스크립트)에서는 기본적으로 모든 타입에 대해 null/undefined를 대입할 수 있다. 하지만 일반적으로 변수가 null/undefined를 가질 수 있는 상황은 코드를 복잡하게 만들 뿐만 아니라 버그의 원인이 되기도 한다(객체가 존재한다고 가정하고 메서드를 호출했는데, 객체가 null이었다는 것은 흔한 버그다).

따라서 타입스크립트에서는 설정 파일(10-2-1항)에서 strict 또는 strictNullChecks 옵션에 true를 설정하여 모든 타입에서 null/undefined를 금지할 수 있다. 이를 null 비허용 타입이라고 한다.

예를 들어 다음 코드는 strictNullChecks 옵션을 활성화한 상태에서 'Type 'null' is not assignable to type 'string''과 같은 오류가 발생한다[7].

```
let msg: string = null;
```

---

[7] Playground의 경우 화면 상단 메뉴에서 [TS Config] – [strictNullChecks]에 체크한다(기본값은 체크 상태여야 한다).

strictNullChecks 옵션이 활성화된 상태에서 null, undefined를 허용하려면 다음과 같이 명시적으로 공용 체형을 선언해야 한다.

```
let msg: string | null = null;
```

이제 변수 msg는 문자열 또는 null을 허용하게 된다. 이러한 타입을 편의상 null 허용 타입이라고 부른다.

제네릭

제네릭은 범용적인 클래스/메서드에 대해 특정 타입을 묶어주는 구조다. 굉장히 추상적인 표현이지만, 구체적인 코드를 보면 그리 어려운 개념은 아니다.

```
let list: Array<string> = ['React', 'Vue', 'Angular'];
```

배열(Array) 자체는 원래 모든 타입을 수용할 수 있는 범용적인 타입이지만, 실제 사용에서는 문자열, 숫자 등으로 내용물의 타입을 제한할 수 있는 것이 편리하다. 그래서 Array〈string〉과 같이 표기하면 '문자열만 저장할 수 있는 배열'을 표현할 수 있다.

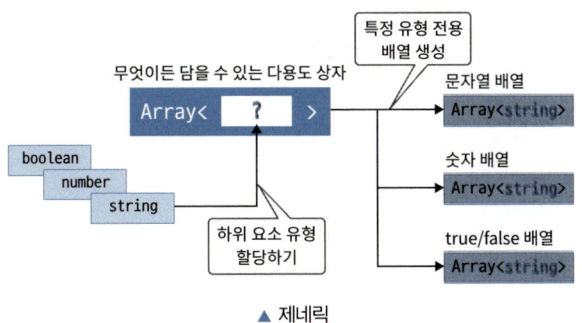

▲ 제네릭

〈...〉 부분이 제네릭의 기본이다[8]. 제네릭을 수반하는 타입을 직접 정의하는 것도 가능하지만, 이 부분은 이 책의 범위를 벗어나므로 필자의 저서 『速習TypeScript 第2版』(Amazon Kindle) 등의 전문 서적을 참고하기 바란다.

---

[8] 단, 배열의 경우 비슷한 타입을 'string[]'으로 표현할 수 있다. 이쪽이 더 간단하므로 우선은 이쪽을 사용하면 충분하다.

배열 외에도 자주 사용하는 제네릭 타입으로는 Map, Set 등이 있다.

```
let s = new Set<number>([1, 2, 3]);
let m = new Map<string, number>([
  ['React', 50],
  ['Vue', 30],
  ['Angular', 10]
]);
```

<...>에서 여러 개의 타입을 열거할 수도 있다. 예를 들어 Map의 경우, 키/값 각각의 타입을 지정한다. 이 예시에서는 '키가 문자열, 값이 숫자인 맵'을 의미한다.

타입 별칭

타입 별칭(type)은 타입에 별칭(에일리어스)을 설정하기 위한 구조다. 공용 타입, 객체형 리터럴 등 복합적인 타입을 정의하게 되면 이를 매번 표현하는 것이 번거로워진다. 그래서 짧은 이름으로 대체해 주자는 것이다.

타입 별칭은 다음과 같은 구문으로 설정할 수 있다.

구문 _ 타입 별칭

```
type 타입 명 = 타입 정의
```

```
type BookType = {
  title: string,
  price: number,
  download: boolean
};

let b: BookType = {
  title: '모험의 서',
  price: 18000,
  download: true
};
```

정의한 타입 별칭은 표준 타입과 동일한 방식으로 사용할 수 있다(새로운 타입을 정의했다는 이미지다).

인터페이스

유형 별칭(type)과 비슷한 구조로 인터페이스도 있다. Java나 C#과 같은 객체지향 언어를 알고 있는 사람이라면 오히려 이쪽이 더 친숙할 수도 있다.

예를 들어 앞서 type 명령어로 정의한 BookType 타입을 인터페이스로 재작성하면 다음과 같다.

```
interface BookType {
  title: string;
  price: number;
  download: boolean;
};
```

type/interface 모두 비슷한 형태로 타입을 선언할 수 있음을 알 수 있지만, interface에서는 선언할 수 있는 타입에 제한이 있다는 점에 유의해야 한다. 구체적으로는 객체/클래스 등의 타입만 선언할 수 있고, 공용 타입 등은 선언할 수 없다(type을 이용해야 한다). 이 책에서는 양자의 구분에 대해서는 자세히 설명하지 않겠지만, 표현의 범위를 고려하면 '고민이 되면 우선은 타입 별칭(type)을 사용하자'고 생각하면 좋을 것이다.

10.2 리액트 앱에 타입스크립트 도입하기

지금까지 타입스크립트의 기본이 되는 핵심을 이해했는가? 물론 앞 절에서 살펴본 것은 타입스크립트 중에서도 타입 정의에 특화된 주제, 그것도 일부에 불과하지만, 리액트 프로젝트에서 활용하기 위해서는 이를 핵심으로 하여 점차 표현의 폭을 넓혀가면 된다.

그럼 이제부터 Create React App 환경에서 타입스크립트를 도입하는 절차, 컴포넌트 정의, State/Context 준비 등 주요 리액트 구문에 타입스크립트를 추가하는 방법에 대해 알아보겠다.

10-2-1 타입스크립트 템플릿 활성화

Create React App 프로젝트에 타입스크립트를 도입하는 것은 간단하며, 다음 명령어를 실행하기만 하면 된다.

```
> npx create-react-app my-react-ts --template typescript ⏎
```

--template 옵션으로 typescript 템플릿을 지정하기만 하면 된다. 그러면 타입스크립트 기반의 my-react-ts 프로젝트가 생성된다.

📄 Create React App 템플릿

npm에는 Create React App에 대응하는 많은 템플릿이 준비되어 있다. 관심이 있는 사람은 해당 사이트에서 'cra-template-*'로 검색해 보라.

- npm의 사이트

  URL https://www.npmjs.com/

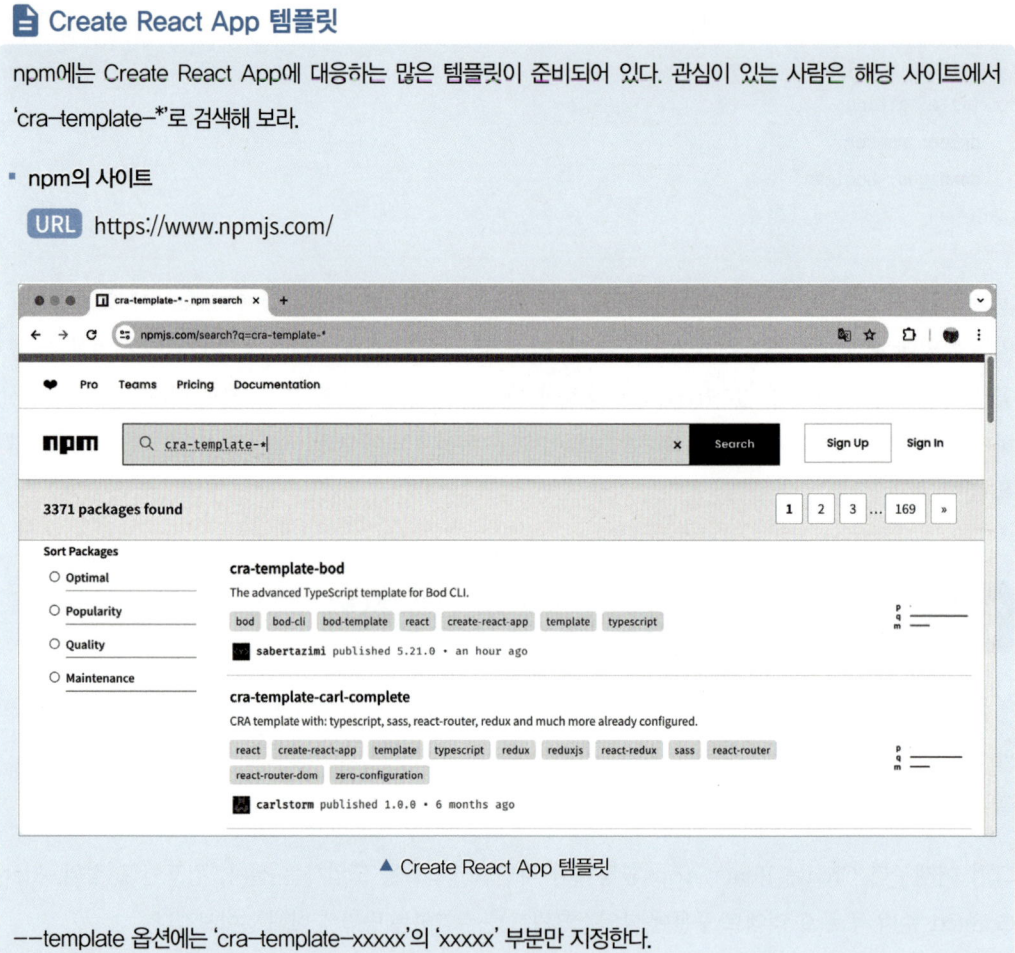

▲ Create React App 템플릿

--template 옵션에는 'cra-template-xxxxx'의 'xxxxx' 부분만 지정한다.

프로젝트 생성에 성공하면 다음 그림과 같은 폴더가 생성된다.

▲ 생성된 타입스크립트 프로젝트

폴더 구조, 파일 모두 표준과 거의 동일하기 때문에 주목할 만한 점만 설명하겠다.

(1) 타입스크립트의 확장자는 '.ts', '.tsx'

타입스크립트의 확장자는 '.ts' 또는 '.tsx'다. 대략 코드에 JSX(2-3절)를 포함하느냐, 포함하지 않느냐에 따라 두 가지를 구분한다. 포함하지 않으면 전자, 포함하면 후자다.

.ts 파일로는 JSX를 해석할 수 없으므로 최소한 JSX가 포함된 파일에는 확장자로 '.tsx'를 지정해야 한다. JSX가 있든 없든 모든 확장자를 .tsx로 지정하는 것도 잘못은 아니지만 바람직하지 않다. 확장자를 명확하게 구분하는 것은 '.ts 파일에는 JSX를 기술해서는 안 된다'는 의사 표시이기도 하기 때문이다. 이러한 구분은 잠재적인 버그를 줄이는 데도 도움이 된다.

(2) 타입 어설션에 주의

자동 생성된 코드에 대해서도 확인해 보자. 다만, 자동 생성 코드의 범위는 대부분 자바스크립트와 의미적으로 동등하므로 크게 주목할 만한 점은 없다. 타입 추론에 의존하면 타입 어노테이션도 상당 부분 생략할 수 있고, 그 외의 구문은 자바스크립트와 거의 호환성을 유지하고 있기 때문이다(타입스크립트가 자바스크립트의 슈퍼셋이라고 말한 이유가 바로 여기에 있다).

기존 .js 파일과 의미적으로 다른 점은 다음과 같은 부분뿐이다.

예제 코드 10-2-1 index.tsx

```
const root = ReactDOM.createRoot(
  document.getElementById('root') as HTMLElement
);
```

as는 타입 어설션(type assertion)이라는 구문으로 변수/식 타입을 명시적으로 변환하는 구문이다[9]. 이 예제에서 getElementById 메서드의 반환 값은 null 허용 타입인 'Element | null'이며, 그대로 createRoot 메서드에 전달할 수 없다(createRoot 메서드는 'Element | DocumentFragment' 타입을 요청한다).

그래서 명시적으로 'Element | null' 타입을 HTMLElement 타입으로 변환하는 것인데, HTMLElement는 Element의 파생 타입이다. 이 예시에서는 실체가 HTMLElement(HTML 요소)이고 null이 아니라는 것을 전제로 해도 무방하다.

> 📄 **타입 변환하기?**
>
> 본문에서는 이해를 돕기 위해 '타입 어설션 = 타입 변환'이라고 설명했지만, 정확히 말하면 타입 자체를 변환할 수 있는 것은 아니다. 예를 들어, number 타입의 변수 num에 대해 'num as string'이라고 했을 때 'Conversion of type 'number' to type 'string' may be a mistake because neither type is sufficiently overlaps with the other'(숫자/문자열이 서로 호환되지 않아 변환할 수 없음)과 같은 오류가 발생한다.
>
> 오히려 타입 어설션은 '타입스크립트에게 정확한 타입을 알려주기 위한 구조'라고 생각하면 된다. 본문 예제의 경우 getElementById 메서드의 정의에서 'Element 타입, null 중 하나를 반환한다'는 것만 알 수 있지만, 'as HTMLElement'의 경우,

---

[9] 푸른색으로 표시된 부분을 잘라내면 'HTMLElement | null' 타입의 인수를 'Element | DocumentFragment' 타입의 매개변수에 할당할 수 없습니다. 'null' 타입을 'Element | DocumentFragment' 타입에 할당할 수 없습니다와 같은 오류가 발생한다.

> - null은 반환하지 않음
> - 단순한 Element가 아니라 HTMLElement임
>
> 을 타입스크립트가 파악할 수 있게 된 것이다. 물론 'Element | null' 타입이 HTMLElement 타입이 되었다고 해서 값 자체가 뭔가 달라지는 것은 아니다.

참고로 타입 어설션의 구문은 두 가지가 있다. 하나는 as 구문이고, 다른 하나는 angle bracket 구문이다.

```
document.getElementById('root') as HTMLElement          ──── as 구문
<HTMLElement>document.getElementById('root')            ──── 앵글 브라켓 구문
```

둘 다 의미적으로는 동일하지만, .tsx 파일에서는 앵글 브라켓 구문을 사용할 수 없다는 점에 주의해야 한다(JSX 구문과 구별할 수 없기 때문이다). .ts/.tsx 파일에서 표기법을 구분하여 사용해도 상관없지만, 이는 오히려 오류의 원인이 될 수 있으므로, 우선은 타입 어설션은 as 구문으로 표현한다는 것을 기억해 두면 간단하다.

(3) 타입스크립트 설정 파일

타입스크립트 지원 프로젝트에는 자바스크립트 기반 프로젝트에는 없었던 tsconfig.json이 제공된다는 점이 주목할 만하다. tscofig.json은 타입스크립트 표준 설정 파일로 컴파일 대상, 동작 옵션 등의 정의에 이용한다.

예제 코드 10-2-2 tsconfig.json

```json
{
  // 트랜스파일 시 동작 옵션
  "compilerOptions": {
    "target": "es5",
    "lib": [
      "dom",
      "dom.iterable",
      "esnext"
    ],
    "allowJs": true,
    "skipLibCheck": true,
    "esModuleInterop": true,
    "allowSyntheticDefaultImports": true,
```

```json
    "strict": true,
    "forceConsistentCasingInFileNames": true,
    "noFallthroughCasesInSwitch": true,
    "module": "esnext",
    "moduleResolution": "node",
    "resolveJsonModule": true,
    "isolatedModules": true,
    "noEmit": true,
    "jsx": "react-jsx"
  },
  // 트랜스파일 대상 지정
  "include": [
    "src"
  ]
}
```

tsconfig.json의 최상위 레벨에서 지정할 수 있는 옵션은 다음 표의 옵션이다.

▼ tsconfig.json의 설정 항목

옵션	개요
files	트랜스파일 대상 파일군
include	트랜스파일 대상 파일 패턴
exclude	트랜스파일 대상에서 제외되는 파일 패턴
compilerOptions	트랜스파일러의 작동 옵션

files 옵션이 절대/상대 경로로 변환 대상 파일을 지정하는 반면, include/exclude 옵션은 glob와 같은 표기법으로 대상을 지정할 수 있다는 점이 다르다. 구체적으로 다음 표와 같은 와일드카드를 사용할 수 있다.

▼ 와일드카드 패턴

와일드카드	개요
*	0개 이상의 문자와 매치
?	1개 이상의 문자와 매치
**/	임의의 서브 폴더에 재귀적으로 매치

예제 코드 10-2-2의 예시에서는 간단하게 /src 폴더 아래에 있는 모든 .ts/.tsx 파일이 트랜스파일링 대상이 된다는 것을 의미한다.

그리고 남은 compilerOptions 옵션이 트랜스파일러의 동작 옵션이다. 설정 가능한 옵션은 매우 다양하기 때문에 기본적으로 설정된 항목 +α에 한정하여 주요 설정 내용만 정리해 보겠다[10].

▼ compilerOptions 옵션 설정 항목

분류	옵션	개요
기본	target	변환 결과의 자바스크립트 버전 (es3, es5, es2015~2022, esnext 등)
	lib	트랜스파일 시 이용하는 라이브러리 (es2015~2020, esnext, dom 등)
	allowJs	.js 파일 가져오기 허용 여부
	noEmit	true로 컴파일 결과를 출력하지 않음
	jsx	.tsx 파일을 컴파일할 때 출력 형식 (preserve, react, react-jsx 등)
모듈	paths	모듈 검색 대상
	module	자바스크립트 모듈 형식 (none, commonjs, amd, system, umd, esnext, nodenext 등)
	moduleResolution	모듈 해결 방법 (node, nodenext, classic 등)
	resolveJsonModule	.json 파일 가져오기 허용하는지
	isolatedModules	모듈을 개별적으로 처리할 때 해석할 수 없는 경우 경고를 발생시키는지
해석	skipLibCheck	타입 정의 파일 검사를 건너뛸지
	esModuleInterop	ECMAScript 모듈과 CommonJS 모듈[11]의 상호 운용을 가능하게 하는지
	allowSyntheticDefaultImports	기본 내보내기(export) 없이도 기본 가져오기(import) 설명을 허용할 것인지
	forceConsistentCasingInFileNames	파일 경로의 대/소문자 구분 여부

---

10 전체 목록은 다음 페이지를 참조하라: https://www.typescriptlang.org/tsconfig
11 ECMAScript 모듈은 자바스크립트 표준 모듈 형식, CommonJS 모듈은 Node.js에서 사용되는 모듈 형식이다.

분류	옵션	개요
체크	strict	엄격한 검사 활성화 여부
	noImplicitAny	암묵적 Any 타입을 오류로 만들 것인지
	strictNullChecks	null/undefined를 금지할 것인지
	noFallthroughCasesInSwitch	switch 문장에서 break를 잊어버린 것을 감지하는지

10-2-2 Props의 유형 정의

타입스크립트 프로젝트의 큰 틀을 확인했다면 이제부터는 타입스크립트의 타입 어노테이션을 리액트 앱에서 구체적으로 표현하는 방법을 살펴보자.

먼저 리액트 컴포넌트의 창구라고 할 수 있는 Props부터 살펴보자. 3-3-4항에서는 PropTypes를 이용하여 Props의 타입 정보를 표현했지만, 타입스크립트를 사용하고 있다면 타입스크립트의 타입 어노테이션으로 타입을 표현할 수 있다(당연!).

Props 타입의 기본

예를 들어 다음은 3-1-4항의 StateBasic.js를 타입스크립트 지원으로 다시 작성한 예시다.

예제 코드 10-2-3 StateBasic.tsx

```
import { useState } from 'react';

// Props 타입 선언
type StateBasicProps = {
  init: number
};                                                          ❶

export default function StateBasic({ init }: StateBasicProps) { ... }  ❷
```

Props의 타입을 type 키워드(타입 별칭)로 정의해 둔다(❶). 규칙은 아니지만, 타입명은 '컴포넌트명 + Props'와 같은 형식으로 지정해두면 대응 관계가 명확해지기 때문에 권장한다.

이 예시에서 StateBasicProps 타입은 'number 타입의 init 프로퍼티'를 가지게 된다. 물론 여러 개의 Props를 받을 경우, 마찬가지로 열거하면 된다.

자식 요소군(children) 타입

리액트의 세계에서는 컴포넌트 하위의 자식 요소(그룹)도 Props의 일부로 표현한다(3-3-1항). 그 타입 정의의 예를 살펴보자. 다음은 StyledPanel.js(3-3-1항)를 타입스크립트로 다시 작성한 예다.

예제 코드 10-2-4 StyledPanel.tsx

```tsx
import { ReactNode } from 'react';

// Props 타입 선언
type StyledPanelProps = {
  children: ReactNode  ———————❶
};

export default function StyledPanel({ children }: StyledPanelProps) {
  return (
    <div style={{
      margin: 50,
      padding: 20,
      border: '1px solid #000',
      width: 'fit-content',
      boxShadow: '10px 5px 5px #999',
      backgroundColor: '#fff'
    }}>
      {children}
    </div>
  );
}
```

children의 실체는 ReactNode로 표현하는 것이 기본이다(❶). 자식 요소가 임의적이라면 'children? : ReactNode'로 표현해도 무방하다.

보충: ReactNode의 정체

다른 사람들이 작성한 코드를 보면 children의 타입 정의로 ReactChild, ReactElement와 같은 표기법을 접할 수 있다. 하지만 결론부터 말하자면, 특별한 의도가 없다면 ReactNode로 통일하면 문제 없다.

그 이유를 ReactNode의 타입 정의 측면에서 설명하겠다. ReactNode의 타입 정의는 다음과 같다.

```
type ReactNode = ReactChild | ReactFragment | ReactPortal |
  boolean | null | undefined;
```

복수 타입의 조합(공용 타입)으로 정의되어 있다. 이제 복수 타입 중에서 원시 타입을 제외한 타입에 대해 좀 더 자세히 정의해 보겠다.

(1) ReactChild 타입

리액트 요소와 콘텐츠로 구성된 소위 리액트 컴포넌트의 하위를 구성할 수 있는 값 타입이다.

```
interface ReactElement<P = any, T extends string | JSXElementConstructor<any> = string |
JSXElementConstructor<any>> {
  type: T;
  props: P;
  key: Key | null;
}
type ReactText = string | number;
type ReactChild = ReactElement | ReactText;
```

마지막 ReactChild부터 순서대로 거슬러 올라가 보자. 먼저 ReactChild 타입은 ReactElement(React 요소), ReactText(콘텐츠) 중 하나를, ReactText 타입은 문자열, 숫자 중 하나를 나타내는 타입이다.

ReactElement가 다소 복잡해 보이지만, 푸른색으로 표시된 부분을 보면 2-3-5항에서도 언급한 createElement 메서드의 인수 정보임을 알 수 있다. 즉, 기본적인 리액트 요소를 나타내는 타입이다.

(2) ReactFragment 타입

요컨대 ReactNode 타입의 배열이다.

```
interface ReactNodeArray extends Array<ReactNode> {}
type ReactFragment = {} | ReactNodeArray;
```

(3) ReactPortal 타입

포털(5-3-1항)에서 사용하는 타입으로, createPortal 메서드의 반환값이기도 한다.

```
interface ReactPortal extends ReactElement {
  key: Key | null;
  children: ReactNode;
}
```

위의 내용을 종합하면, 서로의 타입은 다음과 같은 관계를 가지고 있음을 알 수 있다.

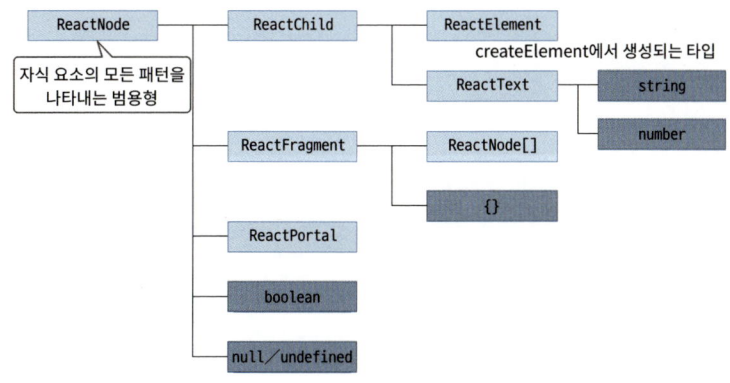

▲ ReactNode의 정체

ReactNode는 컴포넌트 아래에서 표현할 수 있는 요소를 폭넓게 표현할 수 있는 범용적인 타입이라는 뜻이다. 이것이 바로 ReactNode 타입으로 표현하면 충분하다고 말한 이유다.

단, ReactNode 타입으로 방어 범위가 너무 넓은 경우(=타입의 의미가 모호한 경우) ReactChild, ReactText 등 좀 더 한정적인 타입을 사용해도 좋다.

예를 들어 직접 텍스트를 허용하지 않는(=리액트 요소만 허용하는) 경우 'children: ReactElement'로, 반대로 텍스트만 허용하는 경우 'children: ReactText'로 지정해야 한다.

함수를 자식 요소로 넘겨주는 경우

3-3-3항에서는 매개변수를 전달하기 위해 자식 요소를 함수화하는 예제를 소개했다. 이런 경우의 타입 선언 방법에 대해서도 보충 설명한다.

| 예제 코드 10-2-5 ListTemplate.tsx

```
import React, { FC, ReactNode } from 'react';
import type { Book } from './Book';         ──❸
```

```
// Props 타입 선언
type ListTemplateProps = {
  src: Array<Book>,          ──────❷
  children: (b: Book) => ReactNode   ──────❶
};

export default function ListTemplate({ src, children }: ListTemplateProps) {
  return (
    <dl>
      {
        src.map((elem, index) => (
          <React.Fragment key={elem.isbn}>
            {children(elem)}
          </React.Fragment>
        ))
      }
    </dl>
  );
}
```

| 예제 코드 10-2-6 Book.ts

```
export type Book = {
  isbn: string,
  title: string,
  price: number,
  summary: string,
  download: boolean
};
```

| 예제 코드 10-2-7 index.tsx

```
import ListTemplate from './ListTemplate';
import books from './books';
import type { Book } from './Book';         ──────❹
... 중략 ...
root.render(
  <ListTemplate src={books}>
    {(elem: Book) => (
```

```
    <>
    <dt>
      <a href={`https://wikibook.co.kr/images/cover/s/${elem.isbn}.jpg`}>
          {elem.title} ({elem.price}원)
      </a>
    </dt>
    <dd>{elem.summary}</dd>
    </>
  )}
  </ListTemplate>
);
```

〈ListTemplate〉 요소의 본체는 함수이므로 children도 함수 타입으로 선언한 점이 눈에 띈다(❶). Book 타입을 인수로 받고, 반환값으로 리액트 요소(ReactNode 타입)를 반환하는 것이다.

참고로 src 속성은 Book 타입의 배열이다(❷). 다음과 같이 타입 정의를 중첩해도 상관없지만, 깔끔하게 구분하여 정의하면 타입의 의미도 쉽게 파악할 수 있다.

```
src: Array<{
  isbn: string,
  title: string,
  price: number,
  summary: string,
  download: boolean
}>,
```

애초에 다른 파일(여기서는 index.tsx)에서도 비슷한 타입을 참조한다면 타입 정의 자체를 별도의 파일(여기서는 Book.ts)로 잘라내는 것이 현명하다. 잘라낸 타입 정의를 가져오기 위해 (import가 아닌) import type 명령어를 사용하는 점에 주목하자(❸, ❹). 지금까지 사용하던 import 명령어로도 작동하지만, 특정 조건에서 오류가 발생할 수 있다[12]. 그래서 트랜스파일러에게 임포트할 대상이 타입 정보라는 것을 알려주는 것이다. 일반적인 용도에서는 거의 신경 쓰지 않아도 되지만, 가져오기 대상을 명확히 한다는 의미에서도 import type으로 명확하게 구분해 두는 것이 좋다.

---

[12] 이 책에서는 자세한 설명은 생략하지만, isolatedModules, transpileModule API 또는 Babel에서 문제가 발생하면 타입 임포트와 관련된 문제일 수 있다.

10-2-3 State/Context/Reducer의 타입 정보

State(3-1-4항), Context(7-4-1항), Reducer(7-3-2항) 등에 대해서도 타입을 부여할 수 있다. 다음에서는 이미 살펴본 예제를 예로 들어 리액트의 전형적인 코드를 타입스크립트화(=타입 정보를 부여)해 보자.

State 타입 정의

State에 대한 타입을 정의하려면 useState 메서드에 제네릭으로 타입을 부여하면 된다. 다음은 StateBasic.js(3-1-4항)[13]를 타입스크립트 기반으로 다시 작성한 예다.

| 예제 코드 10-2-8 StateBasic.tsx

```
export default function StateBasic({ init }: StateBasicProps) {
  const [count, setCount] = useState<number>(init);
  ... 중략 ...
}
```

useState 함수의 반환값은,

  [number, Dispatch〈SetStateAction〈number〉〉]

이다[14]. 업데이트 함수의 타입은 약간 복잡하지만, 예제를 통해 각각의 타입을 확인해 보자.

```
type SetStateAction<S> = S | ((prevState: S) => S);
type Dispatch<A> = (value: A) => void;
```

Dispatch형 ...인수를 받아 처리한다
(value: ?) => void

S → setValue(10);
(prevState: S) => S → setValue(c => c + 1);

SetStateAction 타입 ..
받을 수 있는 인수 패턴 표현

▲ Dispatch 타입의 구조

---

13 중간 부분의 코드는 .js 버전의 코드와 동일하다. 전체 코드는 해당 항목을 참고하기 바란다.
14 number 부분은 State의 타입에 따라 달라진다.

Dispatch는 '어떤 값을 받아서 처리하는 함수(반환값 없음)'라는 의미의 범용적인 타입이므로, 주목해야 할 것은 State 업데이트의 인수를 나타내는 SetStateAction 타입이다. 이 타입은 '어떤 값 자체' 또는 '어떤 값을 받아서 처리한 결과를 같은 타입으로 반환하는 함수'라는 의미다. 바로 3-1-4항, 3-1-5항에서 소개한 State 업데이트를 위한 구문이다.

평소에는 잘 의식하지 않지만, State 업데이트 함수 자체를 Props나 컨텍스트에 전달할 때 이 타입을 지정하게 되므로 '이런 타입도 있구나'라는 정도로 머릿속 한구석에 넣어두면 좋을 것 같다.

컨텍스트의 타입 정의

컨텍스트의 타입 정의도 useState와 마찬가지로 useCotext 메서드에 제네릭으로 타입을 부여하기만 하면 된다. 예를 들어 다음은 ThemeContext.js(7-4-2항)를 타입스크립트화한 것이다.

예제 코드 10-2-9 ThemeContext.tsx

```tsx
import { PaletteMode } from '@mui/material';
import { createContext } from 'react';

export type ThemeContextType = {        ❶
  mode: PaletteMode,
  toggleMode: () => void
};

export default createContext<ThemeContextType>({
  mode: 'light',                        ❷
  toggleMode: () => {}
});
```

예제 코드 10-2-10 MyThemeProvider.tsx

```tsx
import { ReactNode, useState } from 'react';
import { createTheme, ThemeProvider } from '@mui/material/styles';
import { amber, grey } from '@mui/material/colors';
import { CssBaseline, PaletteMode } from '@mui/material';
import ThemeContext, { ThemeContextType } from './ThemeContext';

// Props 타입 선언
type MyThemeProviderProps = {
```

```
  children: ReactNode
};

export default function MyThemeProvider({ children }: MyThemeProviderProps) {
  const [mode, setMode] = useState<PaletteMode>('light');
  const themeConfig: ThemeContextType = {
    mode,
    toggleMode: () => {
      setMode(prev =>
      prev === 'light' ? 'dark' : 'light'
    )}
  };
  ... 중략 ...
}
```

예제 코드 10-2-11 HookThemeButton.tsx

```
import { useContext } from 'react';
import { Button } from '@mui/material';
import ThemeContext, { ThemeContextType } from './ThemeContext';

export default function HookThemeButton() {
  const { mode, toggleMode } = useContext<ThemeContextType>(ThemeContext);  ────❸
  return (
    <Button variant="contained" onClick={toggleMode}>
      Mode {mode}
    </Button>
  );
}
```

'PaletteMode 타입[15]의 mode 프로퍼티, 인수/반환값이 모두 없는 함수형 toggleMode 프로퍼티'로 구성된 ThemeContext 타입을 정의하고 있는 것이다(❶). 그리고 createContext 함수(❷), useContext 함수(❸)에 〈...〉를 부여하는 것은 useState 메서드의 경우와 동일하며, 특별히 언급할 사항은 없다.

하지만 이렇게 작성하는 방법에는 약간의 문제가 있다. 이 예제에서는 기본값을 제대로 전달하고 있기 때문에 문제가 없지만, 의미 있는 기본값이 없기 때문에 일단 빈 객체를 전달하고 싶은 경우가 있을 수 있다.

---

15 PaletteMode는 MUI에서 제공하는 유형으로 light/dark 중 하나를 나타낸다.

```
export default createContext<ThemeContext>({});
```

하지만 이는 ThemeContext 타입에 맞지 않기 때문에 '{} 타입의 인수를 'ThemeContext' 타입의 매개 변수에 할당할 수 없다'와 같은 오류가 발생한다. 그렇다고 ThemeContext 타입의 모든 프로퍼티를 임의의 타입으로 설정하는 것도 바람직하지 않다.

```
type ThemeContext = {
  mode?: string,
  toggleMode?: () => void
};
```

ThemeContextType과 같은 타입은 나중에 Provider(7-4-1항)에 값을 준비할 때도 사용할 것이다. 이때 프로퍼티 누출을 방지하기 위해서라도 (의미상 필수라면) 무제한으로 임의 타입으로 만드는 것은 바람직하지 않다. 그렇다고 기본값이나 실제 설정값을 위해 필수/임의의, 예를 들어 ThemeContextType, OptionalThemeContextType과 같은 타입을 준비하는 것도 번거롭다.

그래서 ❷, ❸을 각각 다음과 같이 수정해 보겠다.

```
export default createContext<Partial<ThemeContextType>>({});
const { mode, toggleMode } = useContext<Partial<ThemeContextType>>(ThemeContext);
```

Partial은 타입스크립트에서 제공하는 타입 함수의 일종으로, 타입을 변환하는 메커니즘을 제공한다. Partial은 전달된 타입의 모든 프로퍼티를 임의의 타입으로 변환해준다. 이제 OptionalThemeContextType과 같은 타입을 별도로 준비하지 않아도 요구사항을 충족시킬 수 있다.

📄 타입 함수

Partial 외에도 타입스크립트에는 다양한 타입 함수가 준비되어 있다. 다음에 주요한 것들을 정리했다. 본문의 예시처럼 비슷한 타입, 규칙적으로 생성할 수 있는 타입을 필요로 할 때 간결하게 표현할 수 있는 유용한 구조이므로, 차근차근 익혀두면 좋을 것 같다.

주요 타입 함수

타입 함수	개요
Partial<T>	원본 타입 T의 모든 속성을 임의의 타입으로 변환한다
Readonly<T>	원본 타입 T의 모든 속성을 읽기 전용으로 변환한다

타입 함수	개요
Record<K,T>	K 타입으로 지정된 속성을 가진 객체를 생성한다 (T는 값의 타입)
Exclude<T, U>	공용 타입 T에서 U형을 제외한 타입을 생성한다
Extract<T, U>	공용 타입 T, U에 공통적으로 적용되는 타입을 추출한다
NonNullable<T>	공용 타입 T에서 null, undefined를 제외한다
Parameters<T>	함수 타입 T에서 인수 유형 정의를 추출한다
ReturnType<T>	함수 타입 T에서 반환값 유형 정의를 추출한다

Reducer 타입 정의

Reducer 타입의 예로 HookReducerUp.js(7-3-4항)를 타입스크립트 지원으로 다시 작성해 보자.

예제 코드 10-2-12 HookReducerUp.tsx

```tsx
import { useReducer } from 'react';

// Props 유형 정의
type HookReducerUpProps = {
  init: number
};

// State 타입 정의
type StateType = {
  count: number;
};                          ❷

// Action의 타입 정의
type ActionType = {
  type: 'update',
  step: number
} | {                       ❸
  type: 'reset',
  init: number
};

// Reducer 유형 정의
```

```
type CountReducerType = (state: StateType, action: ActionType) => StateType;    ──①

export default function HookReducerUp({ init }: HookReducerUpProps) {{
  // Reducer 타입 정의
  const [state, dispatch] = useReducer<CountReducerType>(    ──④
    // Reducer의 실체
    (state, action) => {
      switch (action.type) {
        case 'update':
          return { count: state.count + action.step };
        case 'reset' :
          return { count: action.init };
        default:
          return state;
      }
    },
    // State의 초깃값
    {
      count: init
    }
  );
  ... 중략 ...
}
```

먼저 Reducer는 다음과 같은 인수/반환값으로 구성된 함수 타입이다(①).

```
(state: State 유형, action: Action 유형) => State 유형
```

현재 State, Action(업데이트를 위한 정보)을 받아서 업데이트된 State를 반환하는 것이다. 그래서 State와 Action의 타입을 정의하고 있는 것이 ②, ③이다. State에 대해서는 특별히 언급할 것이 없으므로 Action에 주목하자. Action은

- type 프로퍼티 (Action의 종류)
- 인의의 프로퍼티 (업데이트를 위한 추가 정보)

로 구성된 객체다. 여러 개의 Action이 지정될 수 있으므로 이를 공용 타입으로 정리한다.

type 프로퍼티의 'update', 'reset'과 같은 표기가 이상하게 보일 수 있지만, 이것도 엄연한 타입 정의다. 문자열 리터럴로 표현되기 때문에 그대로 문자열 리터럴 타입이라고 부르며, string이 아닌 'update', 'reset'이므로 각각

'update', 'reset'만을 허용하는 타입

이라는 뜻이 된다. Action의 예처럼 특정 값만 받고 싶은 컨텍스트에서 유용한 타입이다. ''update' | 'reset''과 같이 공용 타입으로 하면 'update, 또는 reset'과 같은 표현도 가능하다.

> 📄 **문자열이 아닌 리터럴 타입**
>
> 문자열 외에도 number, boolean, enum 등의 타입을 리터럴 타입으로 선언할 수 있다. 이를 이용하면 예를 들어 Falsy 값을 다음과 같이 표현할 수도 있다.
>
> ```
> type FalsyType = '' | 0 | false | null | undefined; type FalsyType = '' | 0 | false | null | undefined;
> ```

이제 Reducer와 관련된 타입이 완성되었으므로, 완성된 타입을 useReducer 함수에 익숙한 〈...〉 형식으로 전달하면 타입을 인식할 수 있게 된다(❹).

useRef의 타입 정의

useRef 함수에 대해서도 지금까지와 마찬가지로 〈...〉 형식으로 참조 값의 타입을 전달하면 된다. 예제에 따라 기존 코드를 타입스크립트화하여 구체적인 표기법을 확인해 보자. 살펴볼 내용은 StateFormUC.js(4-1-3항)다.

예제 코드 10-2-13 StateFormUC.tsx

```tsx
import { useRef } from 'react';

export default function StateFormUC() {
  const name = useRef<HTMLInputElement>(null);  ──┐
  const age = useRef<HTMLInputElement>(null);   ──┘ ❶
  const show = () => {
    console.log(`안녕하세요, ${name.current?.value} (${age.current?.value}세) 님!`); ── ❷
  };
  ... 중략 ...
}
```

예제와 같이 ref 속성으로 Element 타입을 할당할 때 useRef 함수는 다음의 규칙을 따라야 한다(①).

- 인수는 null을 지정한다.
- ⟨...⟩에는 요소의 구체적인 타입을 지정한다.

이 예시의 경우 ⟨input⟩ 요소와 연결되어 있으므로 해당 타입은 HTMLInputElement다. 적절한 타입이 할당되지 않으면 해당 멤버를 찾을 수 없는데, 이 예시에서는 value 프로퍼티에 접근할 수 없어 오류가 발생한다.

useRef 함수의 반환 값은 (이 예제에서는) RefObject⟨HTMLInputElement⟩ 타입이며, RefObject에서 참조 값을 가져오는 것은 current 프로퍼티의 역할이었다. 하지만 current의 반환값은 null일 수 있다. 그래서 타입스크립트에서는 '?.' 연산자로 null 검사를 해야 한다[16].

보충: useRef 함수의 반환 값 타입

useRef 함수의 반환 값은 사실 인수와 그 타입에 따라 달라진다. 먼저 각각의 타입 정의를 확인해 보자.

```
① function useRef<T>(initialValue: T): MutableRefObject<T>;
② function useRef<T>(initialValue: T|null): RefObject<T>;
③ function useRef<T = undefined>(): MutableRefObject<T | undefined>;
```

또한, 반환 값 타입인 RefObject/MutableRefObject의 타입 정의를 확인해 보겠다.

```
interface RefObject<T> {
  readonly current: T | null;
}

interface MutableRefObject<T> {
  current: T;
}
```

정의를 보면 알 수 있듯이, 큰 차이는 참조 값을 나타내는 current 속성이 '읽기 전용'인지 아닌지 여부다 (이름에서도 MutableRefObject는 변경 가능(mutable)한 – 변경을 의도한 RefObject임을 알 수 있다).

---

[16] 자바스크립트에서도 '?.'를 사용할 수 있지만, TypeScript와 달리 엄격하게 타입을 검사하지 않기 때문에 '.'를 그대로 사용해도 오류가 발생하지 않는다.

앞서 여러 번 언급했듯이, useRef 함수는 우선 문서 트리의 요소를 가져오는 용도로 사용하는 것이 일반적이다. 이 용도에서 참조 값(요소)은 ref 속성으로 묶인 후에는 읽기 전용으로 충분하며, 그렇게 해야 한다. 앞서 useRef 함수에 null을 전달해야 한다고 말한 것은 useRef 함수의 ②를 이용하기 위해서였다 (〈...〉에서 지정한 타입과 별개로, 인수로 null 타입을 받는 ②에서만 useRef 함수는 RefObject 타입을 반환한다).

한편, 7-2-1항에서 소개한 '인스턴스 변수로의 용도'는 당연히 값을 재작성할 수 없으면 의미가 없으므로 ①, ③을 따라야 한다.

```
// 초깃값을 전달한 패턴(반환값은 MutableRefObject<number>형)
const ref1 = useRef(10);
// 제네릭으로 타입을 명시한 패턴(반환값은 MutableRefObject<number> 타입)
const ref2 = useRef<number>();
// 제네릭 타입과 초깃값을 모두 전달한 패턴(반환값은 MutableRefObject<string> 타입)
const ref3 = useRef<string>('');
// 초깃값이 null이므로 null 허용형을 제네릭 타입으로 선언(반환값은 MutableRefObject<string | null>
타입)
const ref4 = useRef<string | null>(null);
```

약간 복잡하지만, 대략 다음과 같은 규칙을 따르는 것이 좋다.

- 초깃값은 명시적으로 선언한다.
- 초깃값으로 타입 추론이 충분한 경우 타입 매개변수 선언은 필수적이지 않다.
- 초깃값으로 null을 전달한 경우, 타입 매개변수도 null 허용 타입으로 선언한다(인스턴스 변수로 사용하는 경우[17]).
- 초깃값은 고정으로 null을 전달하되, 타입 매개변수는 요소 그대로의 타입으로 하고 null 허용 타입으로 하지 않는다(요소 객체에 접근하는 경우).

📄 타입 정의 확인 방법

타입스크립트로 코드를 작성하다 보면, 이 책에서 소개한 함수 외에도 인수/반환값의 타입을 확인하고 싶은 경우가 종종 있다. 이럴 때도 VSCode를 이용하면 쉽게 타입 정의를 확인할 수 있다.

---

[17] 다시 한번 말하지만, 그렇지 않으면 ①과 ②를 구분할 수 없기 때문이다.

에디터에서 원하는 함수를 마우스 오른쪽 버튼으로 클릭한 후, 나타나는 컨텍스트 메뉴에서 [Go to Definition]을 선택한다. 그러면 리액트의 함수라면 대부분 index.d.ts와 같은 타입 정의 파일이 열린다[18].

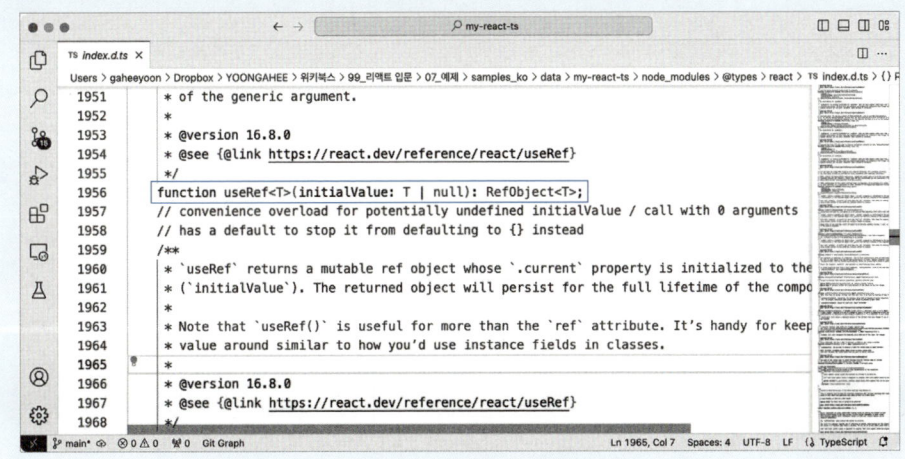

▲ useRef 함수의 타입 정의를 확인한 결과

이제 함수의 인수/반환값과 관련된 타입을 확인할 수 있다. 더 자세한 인수/반환값 타입을 알고 싶다면 마찬가지로 [Go to Definition]을 선택하면 해당 타입 정보로 이동할 수 있다.

타입스크립트의 어려운 점을 꼽으라면 대부분 타입 어노테이션을 어떻게 표현할 것인가 하는 점일 것이다. 인터넷 검색을 통해 유사한 코드를 찾아보는 것도 물론 좋지만, 스스로 타입을 추적할 수 있게 되면 막혔을 때 훨씬 쉽게 대처할 수 있을 것이다.

10-2-4 fetch 데이터에 대한 타입 정의

리액트 앱에서 Fetch API(또는 Fetch API에 의존하는 라이브러리)를 통해 외부 데이터에 접근하는 경우가 많다. 하지만 Fetch API에서 가져오는 데이터는 기본적으로 any 타입으로, 타입 안전하지 않다(멤버의 철자 오류를 감지할 수 없다). 사용 시에는 가져오는 데이터의 타입을 명확하게 선언하는 것을 권장한다.

예를 들어 다음은 6-3-1항의 QueryPre.js를 타입스크립트화한 예다.

---

[18] .d.ts 파일은 타입 정보를 정의한 파일이다.

예제 코드 10-2-14 QueryPre.tsx

```tsx
import { useEffect, useState } from 'react';

// fetch를 통해 취득한 날씨 정보 유형 정의
type WeatherType = {
  weather: Array<{
    id: number
    main: string
    description: string
    icon: string
  }>
}                                           ❶

// 날씨 정보를 얻기 위한 함수
const fetchWeather = async () => {
  const res = await fetch(`https://api.openweathermap.org/data/2.5/weather?q=Seoul&lang=kr&appid=xxxxxxxxxx`);
  if (res.ok) {
    return  await res.json() as WeatherType;        ❷
  }
  throw new Error(res.statusText);
};

export default function QueryPre() {
  // State 선언
  const [data, setData]    = useState<WeatherType>();
  const [isLoading, setLoading] = useState<boolean>(true);
  const [error, setError] = useState<string>('');
  ... 중략 ...
}
```

OpenWeather API를 통해 얻은 날씨 정보를 타입 정의하고(❶) json 메서드에 적용하기만 하면 된다(❷). 앞서 언급했듯이 json 메서드의 반환값은 any 타입으로 제네릭 표현이 불가능하므로 as 구문으로 타입 어설션을 한다.

이상으로 끝이라고 해도 무방하지만, 타입스크립트의 타입스크립트 타입 선언과 관련하여 조금 더 보충하자면, p.358의 그림을 보면 알 수 있듯이 OpenWeather API의 반환값은 날씨와 관련된 다양한 정보를 포함하는 복잡한 구조를 가지고 있다.

하지만 ❶의 타입 선언은 매우 단순한 구조다. 예를 들어 반환값에 포함된 main, wind와 같은 프로퍼티는 타입 선언에 포함되지 않는데, 이런 대입이 허용될 수 있을까?

결론부터 말하자면, 허용된다. 왜냐하면 타입스크립트에서는 타입 선언에 포함되지 않은 프로퍼티(잉여 프로퍼티)는 무시하는 규칙이 있기 때문이다. 따라서 최소한 타입 선언된 프로퍼티가 포함되어 있으면 타입으로서의 호환성은 유지된다. 엄격한 타입 안전성보다는 값의 처리(편의성)를 우선시한 사양이라고 할 수 있다.

다시 한 번 정리하면, 타입스크립트의 세계에서는

> *fetch 데이터를 가져오기 위해 사용할 멤버만 선언하면 된다*

라는 것이다. 모든 멤버에 대해 타입 선언하지 않아도 된다.

📄 잉여 프로퍼티 체크가 작동하는 경우

단, 잉여 프로퍼티 체크 제외에는 예외가 있다.

```
type PlainType = { x: number, y: number };

const data1 = { x: 10, y: 5, z: 3 };
const data2: PlainType = data1;          ❶
const data3: PlainType = { x: 10, y: 5, z: 3 };   ❷
```

먼저 ❶에 대해 설명하겠다. 대입된 변수 data1은 PlainType 타입에 없는 불필요한 속성 z가 있지만, 요구되는 속성 x, y를 만족하므로 대입이 성공한다.

반면 ❷는 어떨까? ❶과의 차이점은 변수로 전달하던 객체를 리터럴화했다는 것뿐이다. 하지만 이 대입은 'Type '{ x: number; y: number; z: number; }' is not assignable to type 'PlainType''(리터럴을 PlainType 타입에 대입할 수 없음)과 같은 오류가 발생한다.

이것도 이상한 행동으로 보일 수 있지만, 리터럴은 그 자리에서만 사용돼야 한다. 그럼에도 불구하고 PlainType 타입에 정의되지 않은 z 프로퍼티가 있는 것은 '아마도 실수일 것이다'라고 타입스크립트가 판단하고 있는 것이다.

혼동하기 쉬운 구조이기 때문에 잉여 프로퍼티라는 키워드와 함께 머릿속 한구석에 넣어두는 것을 추천한다.

보충: React Query 대응

React Query(6-3절)를 이용한 코드에서도 취득한 데이터를 타입스크립트화할 수 있다. 6-3-2항에서 살펴본 QueryBasic.js를 타입스크립트화해 보자.

예제 코드 10-2-15 QueryBasic.tsx

```tsx
import { useQuery } from 'react-query';

type WeatherType = {
  weather: Array<{
    id: number
    main: string
    description: string
    icon: string
  }>
}

// 날씨 정보를 얻기 위한 함수
const fetchWeather = async () => { ... };

export default function QuerBasic() {
  // fetchWeather 함수로 데이터 가져오기
  const { data, isLoading, isError, error } = useQuery<WeatherType, Error>('weather',
fetchWeather); ――――――❶
  ... 중략 ...
  return (
    <figure>
      <img
      src={`https://openweathermap.org/img/wn/${data?.weather?.[0]?.icon}.png`}
      alt={data?.weather?.[0]?.main} />
      <figcaption>{data?.weather?.[0]?.description}</figcaption>  ――――――❷
    </figure>
  );
}
```

포인트가 되는 것은 ❶ 부분뿐이다. 단, 지정하는 타입은 2개다. 첫 번째는 data 프로퍼티(취득한 데이터)의 타입, 두 번째는 오류의 타입을 나타낸다.

이제 취득한 데이터의 타입을 인식하게 되었으므로 (예를 들어) ❷의 푸른색으로 표시된 부분을 descript 와 같이 잘못된 이름으로 설정하면 타입 오류가 발생하는 것을 확인할 수 있다.

▲ 잘못된 이름에 대해서는 오류 감지

10-2-5 보충: 함수 컴포넌트의 타입 정의

리액트에서는 함수 컴포넌트 자체의 타입으로 FC(Function Component) 타입도 표준으로 제공한다. 예를 들어 다음은 ListTemplate.tsx(예제 코드 10-2-5)를 FC 타입으로 다시 작성한 예다.

| 예제 코드 10-2-16 ListTemplate.tsx

```
import React, { FC, ReactNode } from 'react';
import type { Book } from './Book';
... 중략 ...
const ListTemplate: FC<ListTemplateProps> = ({ src, children }) => {
  ... 중략 ...
};

export default ListTemplate;
```

FC 타입의 타입 매개변수로 Props의 타입 정의를 전달할 뿐이다. Props의 타입 정의에 대해서는 10-2-2항에서 언급했으므로 특별히 언급할 사항은 없다.

> **Void Function Component**
>
> 또한, VFC(Void Function Component)라는 타입도 존재한다. FC와의 차이점은 타입 정의에 암묵적으로 children을 포함하는지 여부(리액트 17의 경우)다. children을 포함하면 FC, 포함하지 않으면 VFC로 구분한다.
>
> 하지만 리액트 18 이상에서는 children도 명시적으로 선언해야 한다는 생각에 따라 FC 타입에서 암묵적인 children이 제거되었다. 결과적으로 FC와 VFC는 같은 타입이 되었기 때문에 리액트 18 이상에서 VFC는 더 이상 사용하지 않는 것이 좋으며, 간혹 VFC를 사용하는 코드를 볼 수 있지만, 기본적으로는 과거의 유물이라고 생각해도 무방하다.

보충: FC 타입을 이용해야 하는가?

결론부터 말하자면, 굳이 이용하지 않아도 괜찮다. 그 이유를 FC의 타입 정의를 인용하면서 확인해 보겠다.

```
type FC<P = {}> = FunctionComponent<P>;
interface FunctionComponent<P = {}> {
  (props: P, context?: any): ReactElement<any, any> | null;  ——❶
  propTypes?: WeakValidationMap<P> | undefined;
  contextTypes?: ValidationMap<any> | undefined;
  defaultProps?: Partial<P> | undefined;                        ❷
  displayName?: string | undefined;
}
```

❶은 원래의 컴포넌트(함수) 정의다. 인자로 Props를 받고, 반환값으로 컴포넌트의 처리 결과(리액트 요소)를 반환하는 것으로, 10-2-2항에서 언급한 것과 같은 타입 정의로 대체할 수 있으며, FC 타입으로 인해 코드가 크게 단순화되는 것은 아니다.

주목해야 할 것은 ❷, FC 고유의 속성이다. 각각 다음 표와 같은 역할을 담당한다.

▼ FC 타입의 프로퍼티

프로퍼티	개요
propTypes	Props 타입 정의
contextTypes	컨텍스트 타입 정의
defaultProps	Props 기본값
displayName	컴포넌트 표시명

propTypes에 대해서는 3-3-4항에서도 언급하고 있다. 하지만 타입스크립트를 사용하고 있다면 (다시 말하지만) propTypes는 10-2-2항의 방법으로 대체할 수 있고, defaultProps도 타입스크립트(자바스크립트) 표준의 기본값 구문으로 대체할 수 있다. contextTypes도 10-2-3항에서 설명한 방법으로 대체할 수 있다.

유일하게 displayName을 사용할 것 같지만, 이 역시 디버깅 도구라면 표준으로 함수 이름이 표시되므로 따로 지정하지 않아도 된다.

위와 같은 이유로 굳이 FC 타입을 지정할 메리트가 없다. 실제로 타입스크립트 지원 프로젝트에서도 이미 FC 타입 지정이 제외되고 있으며, FC 타입은 점차 활용되지 않는 방향으로 기울어지고 있는 것으로 본다. 현재로서는,

> 컴포넌트 타입 자체는 타입 추론에 맡기고, *Props*의 타입을 개별적으로 선언한다

라고 이해해야 한다.

따라하며 쉽게 배우는
**모던 리액트
완벽 입문**

응용편

chapter

11

Next.js 활용하기

11.1 Next.js의 기본
11.2 App Router의 기본 이해하기
11.3 애플리케이션 'Reading Recorder' 만들기
11.4 앱의 구현을 읽어보기
11.5 Vercel에 배포

이 장의 서문 이 책의 마지막 주제는 리액트 기반 애플리케이션 프레임워크인 Next.js다. 리액트는 그 자체로도 앱 개발을 효율화시켜 주지만, UI 부분만 담당하기 때문에 본격적인 앱을 개발하기 위해서는 다른 주변 영역을 담당할 수 있는 지원군이 필요하다.

리액트 사이트에서도 현재는 'If you want to build a new app or a new website fully with React, we recommend picking one of the React-powered frameworks popular in the community'(본격적인 앱을 개발하고 싶다면 리액트 기반 프레임워크 중 하나를 선택하는 것을 추천한다[1])라고 적혀 있어 앱의 틀, 즉 기본 기능을 제공하는 프레임워크의 도움은 필수 불가결한 요소로 자리 잡고 있다. 그리고 리액트 기반 프레임워크로서 사실상의 표준이라고 할 수 있는 존재가 Next.js다.

이 책에서는 우선 간단한 리액트의 세계를 이해할 목적으로 지금까지 원시 React-Create React App을 이용했지만, 이후 리액트의 세계를 더 확장하고 싶다면 Next.js를 학습하는 것을 추천한다. 이 장에서는 리액트에서 Next.js로 학습을 진행하기 위한 첫걸음으로 간단한 예제 'Reading Recorder'를 만들면서 학습을 진행한다.

11.1 Next.js의 기본

그렇다면 Next.js는 어떤 프레임워크일까? 이 절에서는 Next.js의 기능을 개괄적으로 살펴본 후, 실제 프로젝트를 실행해 보고 Next.js의 기본 기능을 짚어보겠다.

11-1-1 Next.js란?

Next.js는 2016년 10월에 초기 버전이 출시된 비교적 젊은 프레임워크다. 젊다고는 하지만, 이 글을 쓰는 시점의 버전은 이미 13.4로, 짧은 기간 동안 여러 가지 개선이 이뤄진 결과, 어느 정도 완성도 있는 제품으로 성장했다.

리액트 기반 프레임워크로는 사실상의 표준으로 여겨지는 점, 2023년 차세대 라우터인 App Router가 Stable(안정 버전)이 되었다는 점 등을 고려할 때, Next.js는 리액트를 학습한 여러분이 다음 단계로 학습해야 할 최적의 주제라고 할 수 있다.

---

1 https://react.dev/learn/start-a-new-react-project

Next.js의 주요 라이브러리

Next.js에는 앱 개발을 위한 다음과 같은 구조가 내장되어 있다.

① 파일 시스템 기반의 설정이 필요 없는 라우터 (11-2-2항)

② 서버에서 처리되는 서버 컴포넌트 (11-4-3항)

③ 데이터 캐시/재취득 등에 대응하는 fetch 메서드 (11-4-4항)

④ 이미지, 폰트 등 리소스 내장 자동 최적화 (11-4-2항)

⑤ SEO(Search Engine Optimization) 관리를 효율화하는 Metadata API 제공 (11-4-1항)

⑥ CSS 프레임워크 'Tailwind CSS' 표준 대응 (11-3-2항)

다양한 구조를 볼 수 있지만, 특히 주목할 만한 것은 ②의 서버 컴포넌트다[2].

지금까지 배운 리액트의 세계는 소위 브라우저에서 처리되는 '클라이언트 컴포넌트'의 세계였지만, 그 성능은 사용자가 사용하는 디바이스, 네트워크 환경에 따라 달라진다(당연히 앱 개발자가 개입할 수 없는 영역이다). 하지만 서버 환경이라면 앱 개발자가 튜닝하거나 강화하는 등의 작업이 가능하다. Next.js는 클라이언트/서버의 적절한 역할 분담을 통해 앱에 보다 안정적인 성능을 제공하는 프레임워크라고 할 수 있다.

나중에 다시 언급하겠지만, Next.js에서는 앱의 뼈대를 표현하는 라우터(①), 그리고 동작의 전제가 되는 서버 컴포넌트(②), 이 두 가지를 의식하고 학습하면 큰 틀을 쉽게 파악할 수 있다.

11-1-2 Next.js 앱 만들기

여기까지 Next.js에 대한 개요를 이해했다면 이제 실제로 앱을 만들어 브라우저에서 실행해 보자.

[1] 프로젝트 만들기

Next.js 프로젝트 생성 절차는 Create React App과 매우 유사하다. 그럼 지금부터 생성해 보자.

```
> CD C:\DATA ⏎          ──── 현재 폴더 이동
> npx create-next-app@latest ⏎   ──── 프로젝트 만들기
Need to install the following packages:
```

---

[2] 정확히 말하면 서버 컴포넌트는 React 자체의 기능이지만, 현실적으로 React 단독으로 서버 컴포넌트를 다루기 어렵기 때문에 Next.js에서는 서버 컴포넌트를 의식하지 않고도 사용할 수 있도록 래핑하고 있다.

```
create-next-app@14.2.2
  Ok to proceed? (y)
```

처음 실행 시 create-next-app의 최신 버전을 설치할 것인지 묻는데, Yes(기본값)로 설정하고 계속 진행한다. 이후에도 다음과 같은 질문이 표시되는데 차례대로 답변한다. Yes/No는 ← →로 선택할 수 있다.

```
✓ What is your project named? … my-next            ─── 프로젝트 이름
✓ Would you like to use TypeScript? … No / Yes     ─── TypeScript 사용 여부
✓ Would you like to use ESLint? … No / Yes         ─── ESLint 사용 여부
✓ Would you like to use Tailwind CSS? … No / Yes   ─── Tailwind CSS 사용 여부
✓ Would you like to use `src/` directory? … No / Yes  ─── /src 폴더 생성 여부
✓ Would you like to use App Router? (recommended) … No / Yes  ─── App Router 사용 여부
✓ Would you like to customize the default import alias (@/*)? … No / Yes  ─── import 별칭 사용자 정의 여부
Creating a new Next.js app in C:\data\my-next
… 중략 …
Run `npm audit` for details
Initialized a git repository.

Success! Created my-next at C:\data\my-next
```

위와 같은 결과가 나타나면 프로젝트가 올바르게 설정된 것이다.

[2] 프로젝트 폴더의 내용 확인

/my-next 폴더 아래에 생성되는 폴더/파일의 구조도 확인해 보자(주요 내용 발췌).

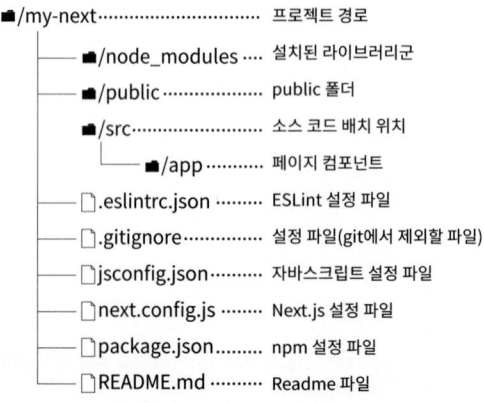

▲ create-next-app에 의해 자동 생성된 주요 폴더/파일

Create React App과 비슷한 폴더 구조라서 비교적 친숙하게 느껴질 수도 있다. 지금까지 그랬던 것처럼 Next.js에서도 /src 폴더(특히 /src/app 폴더)를 중심으로 설명해 나가겠다.

[3] 앱 실행하기

프로젝트 구조를 이해했다면 이제 Next.js 앱을 실제로 실행해 보자. 앱을 실행하는 것은 npm run dev 명령의 역할이다(npm start가 아니다!).

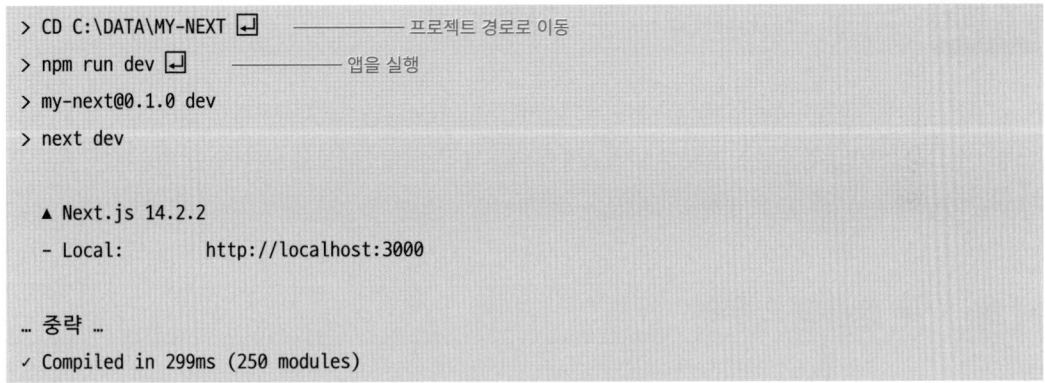

위와 같은 결과가 나오면 앱을 실행할 수 있는 개발 서버가 실행된 것이다. 브라우저를 실행하여 'http://localhost:3000'에 접속해 보자.

다음 그림과 같은 페이지가 표시되면 앱이 제대로 동작하는 것이다. 개발 서버는 Ctrl+c로 종료할 수 있다.

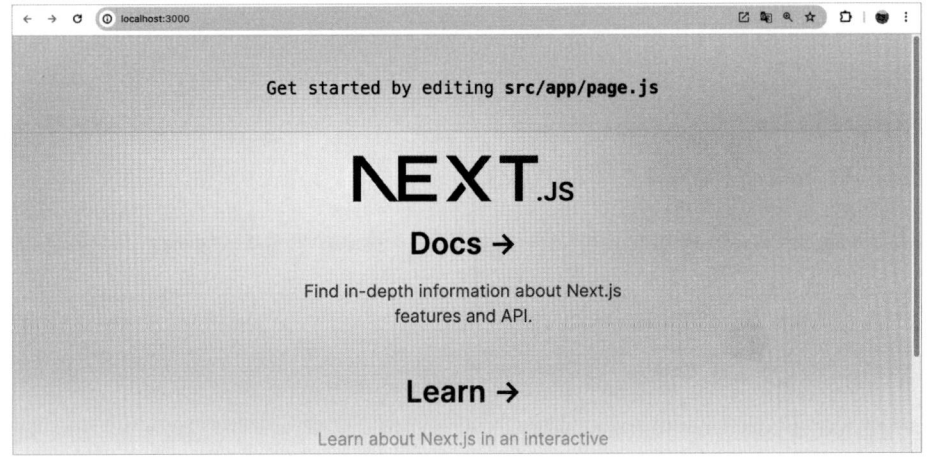

▲ Next.js 기본 홈페이지

참고로 npm run dev 명령은 dev라는 말에서 알 수 있듯이 개발 시 실행하는 명령이다. 프로덕션 환경용 파일을 빌드하고, 이를 직접 실행하려면 다음 명령어를 사용한다.

```
> npm run build          ─────── 빌드
> npm start              ─────── 앱을 실행
```

11.2 App Router의 기본 이해하기

Next.js에서는 앱(페이지)을 관리하기 위해 리액트 라우터와는 다른 자체 라우터를 표준으로 제공한다. 뒤에서 언급하겠지만, 컴포넌트 자체는 리액트에서 배운 구문 그대로이므로 Next.js를 배운다는 것은 우선 '라우터를 배우는 것'이라고 말해도 무방하다.

11-2-1 두 종류의 라우터

Next.js에서는 앱의 경로를 관리하기 위해 리액트 라우터와는 다른 자체 라우터를 제공한다.

- Pages Router
- App Router

전자는 기존에 제공되던 라우터, 후자는 Next.js 13부터 도입된 새로운 라우터다. 어느 쪽을 이용해야 할지 고민이 되겠지만, 새로 Next.js를 배우는 사람이라면 무조건 App Router를 선택해야 한다.

등장한 지 얼마되지 않아 App Router는 '아직 노하우가 축적되지 않은' 측면이 있지만, 그만큼 App Router에는 Next.js(React)의 첨단 노하우가 담겨 있다(그렇게 의식하지 않아도 새로운 기술의 혜택을 누릴 수 있다). 앞으로의 개발도 App Router가 중심이 될 것으로 보이며[3], 무엇보다도 해당 사이트 문서에서도 App Router를 권장한다고 명시하고 있다.

이 책에서도 이후부터는 특별한 언급이 없는 한 App Router 환경을 전제로 설명한다.

---

[3] 하지만 기존에 Next.js를 사용하던 사람들도 걱정하지 않아도 된다. App Router와 Pages Router를 함께 사용할 수 있기 때문에 부분적으로 무리 없이 새로운 라우터로 전환할 수 있다.

11-2-2 App Router란?

App Router는 폴더 기반 라우터다. 리액트 라우터처럼 루트 정의가 필요 없고 /app 아래 폴더 계층에 따라 요청 경로와 컴포넌트(.js 파일)의 대응 관계가 결정된다.

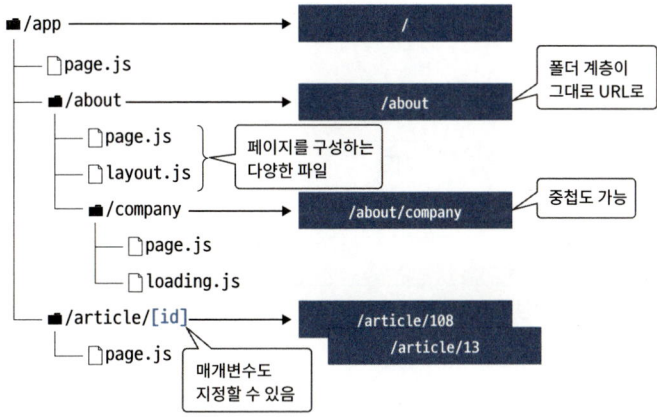

▲ App Router의 작동 원리

예를 들어 위 그림의 예에서 /app 폴더 바로 아래에 있는 page.js는 '/'로 호출할 수 있고, /app/about 폴더 아래에 있는 page.js는 '/about'으로 호출할 수 있는 것이다. 페이지 컴포넌트를 나타내는 page.js는 파일명도 고정되어 있고, 폴더 구조에 따라 요청 경로가 결정된다.

> 📄 **Pages Router에서는?**
>
> 기존 Pages Router에서는 파일까지 포함한 계층 구조에 따라 요청 경로가 결정된다. 다음 그림에서 그 차이를 확인해 보자.
>
> ▲ Pages Router의 작동 원리

App Router의 예약 파일

App Router에서 개별 루트 세그먼트[4]를 구성하는 것이 폴더라면, 해당 페이지를 구성하는 것은 파일이다. '그럼 page.js가 아니야?'라고 생각했다면, 반은 맞고 반은 틀렸다. 왜냐하면 page.js는 페이지를 구성하는 핵심 파일이지만 유일한 파일은 아니기 때문이다.

Next.js에서는 사실 다음과 같은 파일들의 조합으로 하나의 페이지를 생성한다.

▼ App Router의 주요 예약 파일

파일명	개요
layout.js	레이아웃(페이지의 틀) 생성
page.js	페이지의 핵심
loading.js	로딩 UI 생성
error.js	오류 페이지 생성
not-found.js	오류 페이지 생성(Not Found 시)

다음은 매우 단순화된 컴포넌트 계층의 이미지다.

```
<Layout>
  <ErrorBoundary fallback={<Error />}>
    <Suspense fallback={<Loading />}>
      <ErrorBoundary fallback={<NotFound />}>
        <Page />
      </ErrorBoundary>
    </Suspense>
  </ErrorBoundary>
</Layout>
```

위 표의 파일들이 각각의 역할에 따라 컴포넌트 계층을 구성하고 있는 것이다. 해당 파일이 없는 경우 상위 폴더(세그먼트)의 파일이 활용된다.

---

[4] '/'(슬래시)로 구분된 경로의 개별 부분을 그렇게 부른다. 하나 이상의 세그먼트로 구성된 것을 경로라고 해도 무방하다.

11-2-3 프로젝트 기본 샘플 확인

위에서 설명한 내용의 이해를 전제로 프로젝트 기본 예제를 개괄적으로 살펴보자. /app 폴더 아래에 있는 layout.js, page.js다.

예제 코드 11-2-1 src/app/layout.js [5]

```js
import { Inter } from "next/font/google";
import "./globals.css";

// 폰트 정보 설정
const inter = Inter({ subsets: ["latin"] });

// 메타 정보 준비
export const metadata = {
  title: "Create Next App",
  description: "Generated by create next app",
};                                                              ❸

// 루트 레이아웃 준비
export default function RootLayout({ children }) {
  return (
    <html lang="en">
      <body className={inter.className}>{children}</body>       ❷ ❶
    </html>
  );
}
```

예제 코드 11-2-2 src/app/page.js

```js
import Image from "next/image";

export default function Home() {
  return (
    <main className="flex min-h-screen flex-col items-center ... ">
      ... 중략 ...
    </main>
  );
}
```

---

[5] 이 장에서는 폴더 계층이 여러 곳으로 나뉘어져 있고, 라우팅상의 의미도 있기 때문에 파일명도 프로젝트 루트에서 경로로 표시한다.

페이지 컴포넌트(page.js)는 지금까지 여러 번 봤던 표준 컴포넌트 구문 그대로이기 때문에 특별히 주목할 점은 없다. 마크업의 복잡함에 현혹되지 말고, 우선 〈main〉 요소가 루트로 되어 있다는 것만 확인하면 된다. 즉, page.js에는 페이지 전용 코드만 작성되어 있다는 뜻이다.

그렇다면 앱 공통의 외곽 프레임은 어디에 기술되어 있을까? 앞서 언급했듯이 레이아웃(layout.js)의 역할이 바로 그것이다.

레이아웃이 되기 위한 조건은 다음과 같다.

❶ 〈html〉, 〈body〉 요소가 존재할 것[6]
❷ 개별 페이지를 임베드하기 위해 children 프로퍼티를 인용할 것

❶에서는 최소한의 〈html〉/〈body〉 요소만 작성하고 있지만, 물론 앱 공통의 헤더/사이드 메뉴 등을 추가할 수도 있다. 페이지 제목, 메타 정보를 〈head〉 요소에 추가할 수도 있지만, 우선 metadata 객체(❸)로 정리하는 것이 Next.js다운 모습이다. metadata 객체에 대해서는 11-4-1항에서 다시 설명하겠다.

11-2-4 App Router의 루트 매개변수

리액트 라우터와 마찬가지로 루트 매개변수(8-3-1항)도 지원한다. 이를 위해 다음과 같이 폴더 이름을 설정한다.

▼ 루트 매개변수의 예

폴더 계층 (예)	대응 요청	매개변수
/app/notes/[id]/page.js	/notes/108	{ id: '108' }
/app/search/[...keywords]/page.js	/search/react/next	{ keywords: ['react','next'] }
/app/search/[[...keywords]]/page.js	/search	{}
	/search/react/next	{ 키워드: ['react','next'] }

폴더 이름에 [...]와 같은 기호를 추가하는 것에 대해 거부감을 느낄 수 있지만, Next.js에서는 이것이 규칙이다. [이름]이라면 단일 매개변수이고 [...이름]이 캐치올 세그먼트(8-3-2항), [[...이름]]은 생략 가능한 캐치올 세그먼트를 의미한다.

---

[6] 정확히는 최상위 루트 레이아웃의 경우다. 나중에 다시 언급하겠지만, 레이아웃은 여러 개의 레이아웃을 중첩할 수도 있다.

개념 자체는 리액트 라우터와 비슷하므로, 실제로 페이지 컴포넌트에서 루트 매개변수를 가져와 보자.

예제 코드 11-2-3 src/app/edit/[id]/page.js

```
export default function EditPage({ params }) {
  return <p>No. {params.id}의 리뷰를 표시하고 있다.</p>;
}
```

▲ '~/edit/108'로 접속한 경우

Next.js에서는 컴포넌트의 Props로 매개변수(params)를 받는 것이다. 참고로 여기서는 Props만 받고 있지만, 다음과 같이 searchParams를 통해 쿼리 정보를 받을 수도 있다.

```
export default function EditPage({ params, searchParams }) { ... }
```

이제 'searchParams.〈이름〉'으로 개별 쿼리 정보에 접근할 수 있다.

11.3 애플리케이션 'Reading Recorder' 만들기

Next.js의 기본을 이해했다면 이제부터는 구체적인 앱을 만들면서 이해를 높여보자. 이번 장에서 만들 앱은 Reading Recorder라는 독서 감상이나 독서 완료 날짜를 기록하는 앱이다[7]. 책을 많이 읽는 분들은 이런 앱으로 읽은 책을 기록해두면 나중에 독서 이력을 되짚어볼 때 유용하게 사용할 수 있다.

---

[7] 유명한 서비스인 '독서량 측정기'(https://bookmeter.com/)의 초간단 버전이라고 생각하면 이해하기 쉬울 것이다.

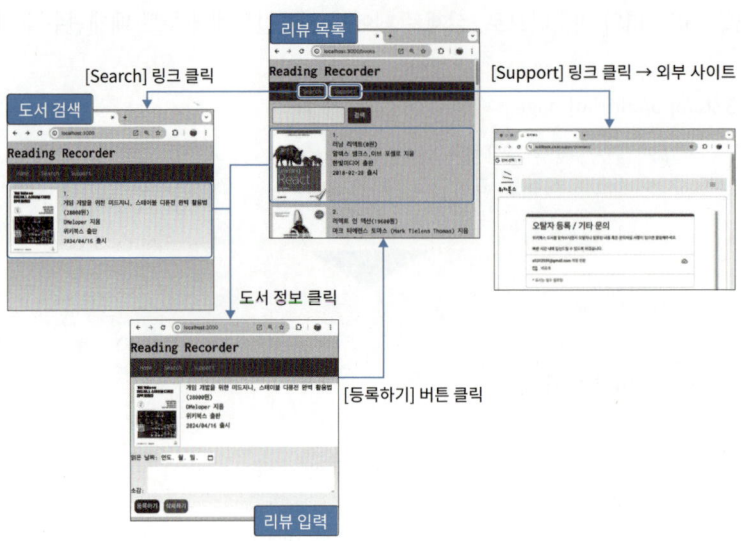

▲ Reading Recorder 화면 전환도

11-3-1 앱의 구조 개관하기

지난 장까지 소개한 예제와 달리 이번 장에서 만들 Reading Recorder는 여러 개의 파일로 구성된 복잡한 앱이다. 갑자기 개별 코드에 들어가도 전체가 보이지 않으면 이해하기 어려운 부분이 많을 것이다.

먼저 앱을 구성하는 파일, 외부 서비스에 대한 전체적인 그림을 파악해 보자. 또한, 코드의 세부적인 부분으로 들어가기 전에 일단 앱을 실제로 구동해 보는 것도 좋은 방법이다. 처음에는 대략적으로, 그리고 점차 세부적으로 분해하는 것이 조금 큰 앱을 이해하기 위한 요령이다. 앱을 실행하려면 배포 샘플의 /my-next 폴더를 복사하고 npm install한 후 npm run dev 명령으로 앱을 실행하고 나서 브라우저에서 'http://localhost:3000'에 접속한다.

파일 관계도

Reading Recorder는 다음 그림과 같은 파일로 구성되어 있다. 지금까지 살펴본 예제와 비교했을 때, 관련 파일 개수가 훨씬 더 많아졌다. 지금 보고 있는 코드가 앱의 어떤 부분을 구성하고 있는지, 현재 위치를 의식하면서 읽는 것이 중요하다(불안하다면 다시 돌아와서 읽어보는 것도 좋다).

여기서는 이전 장에서 배운 내용을 바탕으로 각 장의 내용을 참조하면서 이 장만의 포인트를 중심으로 설명하겠다.

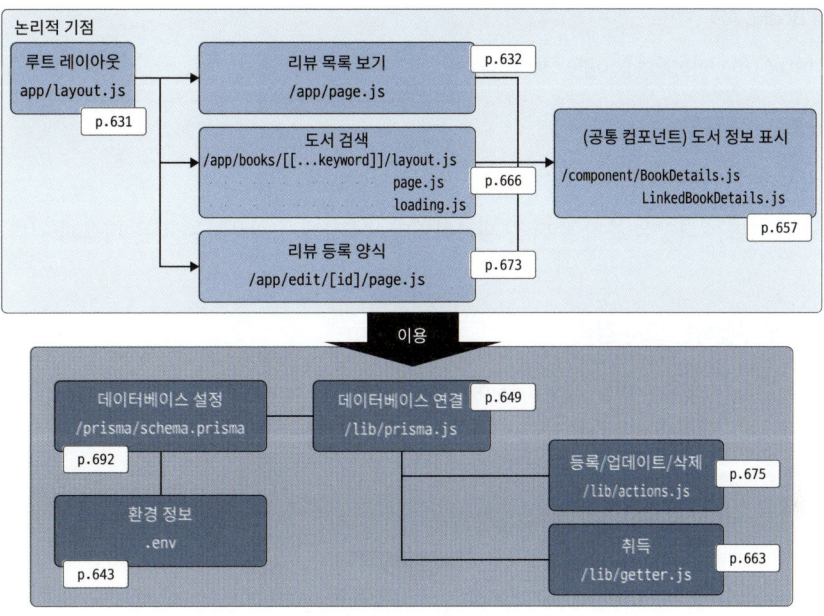

▲ Reading Recorder의 파일 구성

11-3-2 이용하는 서비스/라이브러리

Reading Recorder는 Next.js 자체 외에도 다음과 같은 라이브러리/서비스를 이용한다.

- Google Books API
- Prisma
- Bootstrap

Google Books API

Google Books API는 Google 도서[8]에서 제공하는 서비스의 일종으로, 이를 이용하면 Google 도서에서 제공하는 도서 검색 엔진을 마치 내 앱의 일부인 것처럼 이용할 수 있다(6-3-1항에서 언급한 OpenWeather API와 동일).

---

[8] 구글이 제공하는 도서 전문 검색 서비스. 책 속 전문을 검색 대상으로 할 수 있으며, 검색 결과에는 책의 일부분까지 표시할 수 있다.

- Google Books API

  URL https://developers.google.com/books/

- Google 도서

  URL https://books.google.com/

Google Books API는 다양한 조작 수단을 제공하지만, 이 장에서 사용하는 것은 다음과 같다.

(1) 검색 키워드에 부합하는 도서 검색

먼저 검색 키워드로 일치하는 책을 검색하는 예시다. 우선 시험 삼아 브라우저를 통해 다음 주소로 접속해 보자.

```
https://www.googleapis.com/books/v1/volumes?q=react
```

▲ 검색 키워드에 맞는 도서 정보 획득

OpenWeather API와 마찬가지로 검색 매개변수는 쿼리 정보로 전송한다. 주요 매개변수는 다음 표에 정리되어 있다.

▼ Google Books API의 주요 매개변수

매개변수	개요
q	검색 키워드 (필수)
langRestrict	도서의 언어

매개변수	개요
startIndex	취득 시작 위치 (맨 앞은 0)
maxResults	결과 수 제한 (0~40, 기본값은 10)
orderBy	정렬 순서 (newest: 신간 순 / relevance: 키워드와의 연관성. 기본값은 relevance)
printType	도서 종류 (all/books/magazines)

결과 데이터에는 다음과 같은 정보가 포함되어 있다[9].

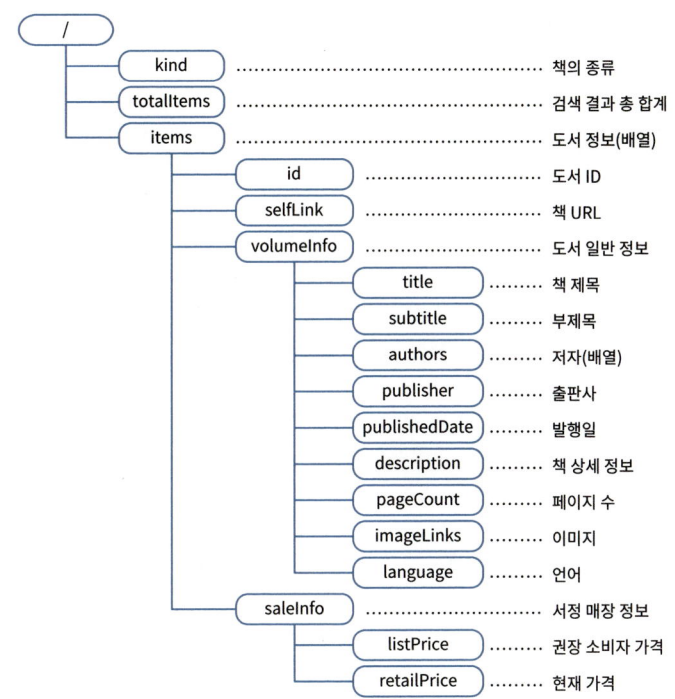

▲ Google Books API가 반환하는 주요 정보

(2) 특정 도서 정보 획득

마찬가지로 id 값을 키로 하여 도서 정보를 얻고 싶다면 다음과 같이 조회한다.

---

[9] 이는 극히 일부에 불과하다. 실제로는 방대한 정보가 포함되어 있으므로 자세한 내용은 다음 페이지를 참고하기 바란다: https://developers. google.com/books/docs/v1/reference/volumes

```
https://www.googleapis.com/books/v1/volumes/wxPgzwEACAAJ
```

```
← → C    www.googleapis.com/books/v1/volumes/wxPgzwEACAAJ
pretty print 적용
{
  "kind": "books#volume",
  "id": "wxPgzwEACAAJ",
  "etag": "Ku3v5j7rS28",
  "selfLink": "https://www.googleapis.com/books/v1/volumes/wxPgzwEACAAJ",
  "volumeInfo": {
    "title": "진짜 챗 GPT 활용법",
    "subtitle": "엑셀 활용법 부터 블로그 자동화, 유튜브 콘텐츠 생성, 미드저니 와 ChatGPT API 사용법 까지",
    "authors": [
      "김준성",
      "유원준",
      "안상준"
    ],
    "publisher": "위키북스",
    "publishedDate": "2023",
    "industryIdentifiers": [
      {
        "type": "ISBN_13",
        "identifier": "9791158394264"
      }
    ],
    "readingModes": {
      "text": false,
      "image": false
```

▲ 개별 도서 정보 획득

URL의 푸른색으로 표시된 부분은 (1)에서 얻은 items[n]-id 키의 값을 나타낸다(items[n]은 n번째 요소다). 반환값은 앞서 설명한 결과 트리의 items[n]에 해당하는 부분이 되므로 앞 페이지의 그림을 참고하면 된다.

Reading Recorder 앱은 이러한 구조를 이용해 Google 도서의 도서 정보를 인용하고, 이에 대한 리뷰를 연결해 주는 역할을 한다.

Prisma

이 장의 서두에서도 언급했듯이 Next.js에서는 서버에서 실행되는 서버 컴포넌트를 사용할 수 있다. 서버에서 동작한다는 것은 앱에서 발생한 콘텐츠를 서버의 데이터베이스에 저장하는 것도 간단하다는 뜻이다.

그리고 자바스크립트 앱에서 데이터베이스[10]에 대한 조작을 담당하는 라이브러리가 프리즈마(Prisma)다. 프리즈마를 이용하면 자바스크립트 객체를 주고받는 방식으로 데이터베이스를 읽고 쓸 수 있게 된다.

참고로 Prisma와 같은 라이브러리를 O/R(Object-Relational) 매퍼라고도 한다. 객체 형식의 데이터와 테이블 형식(Relational)의 데이터베이스를 연결해주는 가교 역할을 하는 것이다.

- Prisma
  URL https://www.prisma.io/

---

[10] 데이터베이스 자체에 대한 설명은 이 책의 범위를 벗어나므로 생략한다. 자세한 내용은 필자의 저서 《3단계로 확실히 배우는 MySQL 입문 [개정 2판]》(기술평론사)과 같은 전문 서적을 참고하기 바란다.

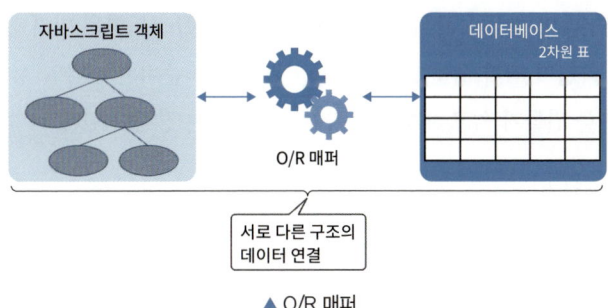

▲ O/R 매퍼

Prisma를 이용하기 위해서는 데이터베이스 설정부터 연결까지 미리 준비해야 할 작업이 있는데, 자세한 내용은 11-3-3항에서 설명한다.

Tailwind CSS

Tailwind CSS는 유틸리티 퍼스트(Utility First)를 콘셉트로 개발된 CSS 프레임워크다.

- Tailwind CSS

  URL https://tailwindcss.com/

CSS 프레임워크라고 하면 먼저 부트스트랩(Bootstrap), Bulma 등을 떠올리는 사람도 많을 것이다. 하지만 부트스트랩이나 Bulma가 미리 준비된 버튼, 테이블 등의 컴포넌트를 적용하여 디자인을 조립하는 반면, Tailwind CSS는 유틸리티[11]를 조합하여 디자인을 만들어 가는 것이 특징이다. 예를 들어 다음은 비슷한 모양의 버튼을 Tailwind CSS(위), 부트스트랩(아래)으로 구현한 예시다.

```
<button className="bg-blue-600 text-white rounded px-4 py-2">
  등록</button>
```

```
<button className="btn btn-primary">
  등록</button>
```

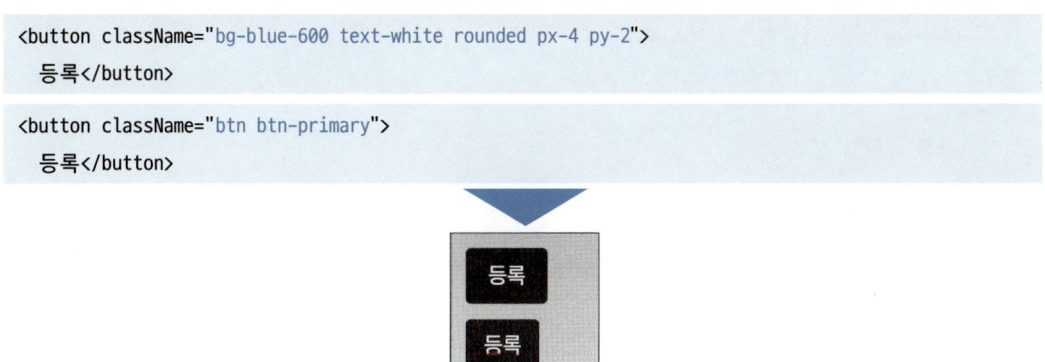

▲ Tailwind CSS(위)와 부트스트랩(아래)으로 제작한 버튼

---

11 여백, 배경색, 각진 원 등 개별적으로 준비된 스타일 정의를 말한다.

이것만 보면 부트스트랩이 더 깔끔해 보일 수도 있다. 하지만 부트스트랩은 미리 만들어진 스타일을 이용하기 때문에 비슷한 스타일이 되기 쉬운 반면, Tailwind CSS는 준비된 스타일 정의를 조합해 나가기 때문에[12] 자신만의 스타일을 만들기 쉽고 세세한 조정이 용이하다는 장점이 있다.

물론 서로의 장단점은 서로가 서로를 보완하는 측면도 있기 때문에 어느 쪽이 더 우월하다는 것은 아니다. 앱의 성격, 스타일 관리 방법 등에 따라 적절히 활용해야 할 것이다.

참고로 Next.js에서는 (프로젝트 생성 시에도 봤듯이) Tailwind CSS를 표준으로 지원한다. 별도의 설정 등을 추가하지 않고 사용할 수 있기 때문에 Reading Recorder에서도 Tailwind CSS를 채택하고 있다. 다음에는 기본적으로 제공되는 설정 코드만 게시해 놓았다.

예제 코드 11-3-1 src/app/globals.css

```css
/* Tailwind CSS에서 사용하는 스타일 정의 활성화[13] */
@tailwind base;
@tailwind components;
@tailwind utilities;
```

예제 코드 11-3-2 tailwind.config.js

```js
/** @type {import('tailwindcss').Config} */
module.exports = {
  // Tailwind CSS를 적용하는 파일군
  content: [
    "./src/pages/**/*.{js,ts,jsx,tsx,mdx}",
    "./src/components/**/*.{js,ts,jsx,tsx,mdx}",
    "./src/app/**/*.{js,ts,jsx,tsx,mdx}",
  ],
  theme: {
    // 공통 스타일 정의
    extend: {
      backgroundImage: {
        "gradient-radial": "radial-gradient(var(--tw-gradient-stops))",
        "gradient-conic":
          "conic-gradient(from 180deg at 50% 50%, var(--tw-gradient-stops))",
```

---

[12] 하지만 표준 사이즈, 색상 등이 준비되어 있기 때문에 세세한 값 설정에 신경 쓰지 않아도 된다.
[13] globals.css에 있는 다른 스타일은 필요하지 않기 때문에(= Reading Recorder에서는 사용하지 않기 때문에) 나중에 다른 부분에 악영향을 미치지 않도록 배포된 샘플에서는 주석 처리되어 있다.

```
      },
    },
  },
  plugins: [],
};
```

서버 액션

서버 액션은 외부 라이브러리/서비스가 아닌 Next.js에 내장된 구조지만, 약간의 사전 준비가 필요하기 때문에 여기에서 설명한다.

서버 액션은 페이지 컴포넌트 – 이벤트 핸들러, ⟨form⟩ 요소의 action 속성 등에서 서버에서 동작하는 코드를 호출하는 구조로 Next.js 13.4에서 새롭게 추가되었다. 서버와 통신할 때 fetch와 같은 비동기 통신 코드가 필요 없어져 (예를 들어) 컴포넌트에서 데이터베이스를 조작하는 코드도 직관적으로 작성할 수 있게 된다.

이 책을 쓰는 시점에는 아직 알파 버전이므로 사양이 변경될 가능성이 있지만, 사용성이 좋고 향후 Next.js의 대표적인 기능이 될 것으로 예상되므로 이 책에서도 소개하고자 한다. 서버 액션을 이용하려면 설정 파일을 다음과 같이 수정하여 서버 액션을 활성화한다.

예제 코드 11-3-3 next.config.js

```js
/** @type {import('next').NextConfig} */
const nextConfig = {
  experimental: {
    serverActions: true,
  },
};
```

실험적 기능(Experimental)이기 때문에 명시적으로 사용 가능하다고 선언한 것이다. 물론 향후 정식 버전(Stable)이 되면 next.config.js의 설정은 불필요하게 된다.

11-3-3 Prisma 준비

이제 앞서 보류했던 Prisma를 이미 생성된 my-next 프로젝트에 통합해 보겠다.

[1] Prisma 설치하기

먼저 Prisma를 프로젝트에 설치하고 데이터베이스에 연결할 수 있도록 초기화한다. Prisma는 PostgreSQL, MySQL, SQL Server, SQLite, MongoDB 등 주요 데이터베이스를 지원하지만, 우선은 별도의 준비 없이 사용할 수 있는 간이 데이터베이스인 SQLite(https://www.sqlite.org/)를 채택하고 있다.

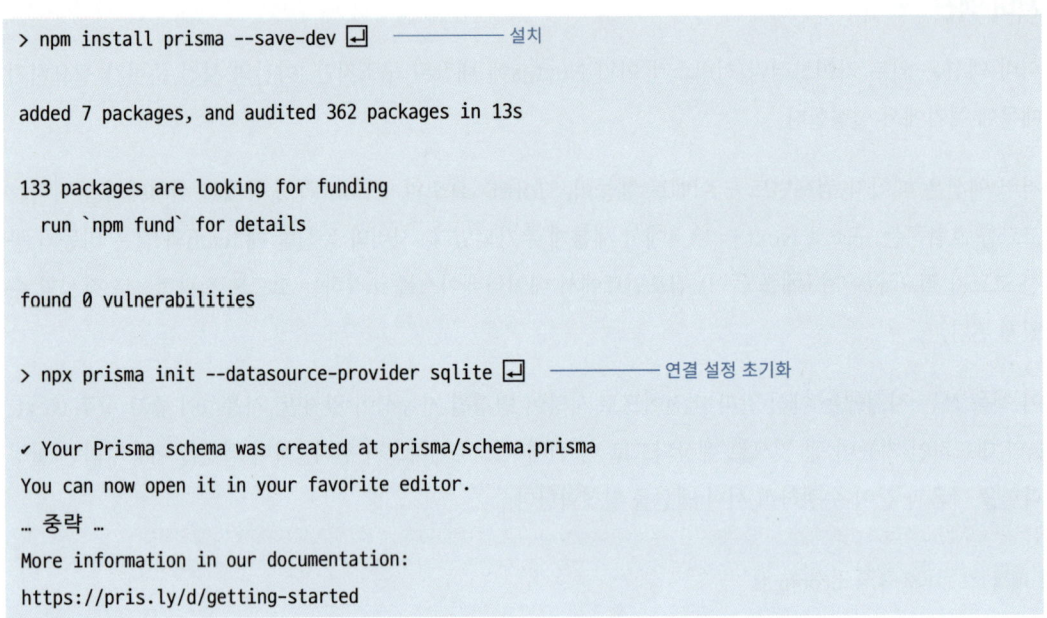

초기화(npx prisma init)에 성공하면 프로젝트에는 다음과 같은 파일이 생성되어 있을 것이다.

▼ npx prisma init 명령으로 생성되는 파일

파일	개요
.env	환경 변수 파일
prisma/schema.prisma	Prisma 스키마 파일

[2] 자동 생성된 파일 확인하기

npx prisma init 명령으로 자동 생성된 파일을 확인해 보자(주석 등 불필요한 부분은 생략했다).

예제 코드 11-3-4 prisma/schema.prisma

```
generator client {
  provider = "prisma-client-js"         ❶
}

datasource db {
  provider = "sqlite"
  url      = env("DATABASE_URL")        ❷
}
```

예제 코드 11-3-5 .env

```
DATABASE_URL="file:./dev.db"            ❹
```

schema.prisma는 Prisma 전용 정의 파일로 다음과 같은 정보를 설정한다.

- ❶ Prisma 클라이언트 설정
- ❷ 데이터 소스(접속처) 설정
- ❸ 모델 설정 (뒤에서 설명)

Prisma에서는 데이터베이스 스키마에 따라 클라이언트 객체를 자동 생성한다. ❶(generator)는 그 설정이지만, 일단은 고정이라고 생각해도 무방하다. 그리고 ❸ 모델에 대해서는 기본적으로 생략되어 있으므로 여기서는 ❷ 데이터 소스 연결 설정에 대해 보충 설명한다. datasource(url)의 설정은 사용하는 데이터베이스에 따라 다르며, 다음 표에 주요 내용을 정리했다.

▼ 접속 정보(url)의 주요 표기법

데이터베이스	url(예)
MySQL	mysql://usr:paasswd@localhost:9999/mydb?connect_timeout=10
PostgreSQL	postgresql://usr:passwd@localhost:9999/mydb?connect_timeout=10
SQL Server	sqlserver://localhost:9999;database=mydb;user=usr;password=passwd;encrypt=true
SQLite	file:./dev.db
MongoDB	mongodb://usr:passwd@localhost/mydb?ssl=true&connectTimeoutMS=5000

SQLite의 경우 간단해서 데이터베이스 파일(.db 파일)의 위치만 표시해두면 된다. 다만, 접속 정보는 기밀 정보에 해당하고, 환경에 따라 전환하고 싶은 경우가 대부분이므로 (하드코딩하는 대신) 환경 변수 파일로 잘라내어 두는 것이 일반적이다(❹). 환경 변수 파일인 .env에서 값을 가져오려면,

   env(이름)

만 있으면 된다(❷의 푸른색 글씨 부분).

[3] 데이터 모델 정의하기

Prisma와 같은 O/R 매퍼는 데이터베이스(테이블)의 각 열과 객체(프로퍼티)를 서로 연결하고 데이터를 변환하는 것까지 담당한다. 이 연결을 위해 먼저 데이터 모델(모델)을 정의하는 것이 기본이다.

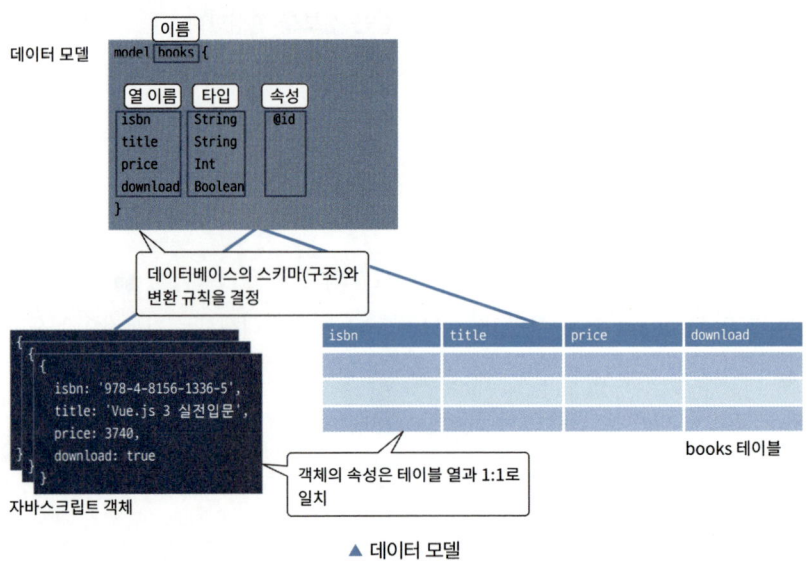

▲ 데이터 모델

Prisma에서는 미리 준비한 모델을 바탕으로 데이터베이스(테이블)를 생성하거나 데이터베이스에서 가져온 값을 객체로 변환해 준다.

예를 들어, 다음은 이후 Reading Recorder 앱에서 사용할 reviews 모델의 예시다(도서 정보와 해당 리뷰[14]를 표시하는 것으로 가정한다). 기본적으로 작성된 코드를 지우지 않도록 schema.prisma의 마지막에 다음과 같이 추가해 보자.

---

14 원래는 도서 정보를 books 모델, 리뷰 정보를 reviews 모델로 분리하는 것이 타당하지만, 여기서는 단순화를 위해 하나로 묶었다.

예제 코드 11-3-6 prisma/schema.prisma

```
generator client { ... }
datasource db { ... }

model reviews {
    id         String      @id              ──────── 리뷰 아이디
    title      String                       ──────── 도서명
    author     String                       ──────── 저자
    price      Int                          ──────── 가격
    publisher  String                       ──────── 출판사
    published  String                       ──────── 발행일
    image      String                       ──────── 도서 이미지
    read       DateTime    @default(now())  ──────── 리뷰 날짜 및 시각 ──❶
    memo       String                       ──────── 리뷰
}
```

모델의 각 항목(프로퍼티)은 다음과 같이 공백으로 구분된 형식으로 표현한다. 공백의 개수는 정해져 있지 않지만, 세로로 정렬하는 것이 보기에 좋다.

이름 데이터 타입 속성

속성은 데이터 타입만으로는 표현할 수 없는 타입의 성질을 나타내는 정보다. 기본적인 데이터 타입, 속성에 대해서는 다음 표에 정리했다.

▼ Prisma에서 사용할 수 있는 주요 데이터 타입

데이터 타입	개요
String	문자열 타입
Boolean	논리 타입
Int	정수 타입
BigInt	큰 정수 타입
Float	부동소수점 타입
Decimal	고정소수점 타입
DateTime	날짜 타입
Json	JSON 타입 (SQLite는 미지원)
Bytes	바이너리 타입

▼ Prisma에서 사용할 수 있는 주요 속성

속성	개요
@id	주요 키
@default	기본값
@unique	고유 값
@relation	관계 정의
@updatedAt	업데이트 날짜 자동 반영
@ignore	제외할 열

속성은 여러 개를 열거할 수도 있다. 예를 들어 다음은 주 키의 자동 일련 번호(오토 인크리먼트)를 나타낸 예시다.

```
id INT @id @default(autoincrement())
```

autoincrement는 Prisma에 내장된 함수로 자동으로 일련 번호를 생성한다. 마찬가지로 ❶에서도 기본값으로 now 함수를 전달하고 있는데, 이는 현재 시각을 기본값으로 설정하라는 의미다.

[4] 데이터베이스 생성하기

앞서 언급했듯이 Prisma에서는 데이터 모델에서 테이블을 자동 생성할 수 있다. 모델과 데이터베이스를 동기화하기 위해서는 마이그레이션이라는 방식이 기본이지만[15], 여기서는 좀 더 간편하게 모델을 직접 데이터베이스에 반영한다. 스키마가 아직 확정되지 않고 자주 변경되는 상황에서는 이 방법을 이용하는 것이 편리하다.

```
> npx prisma db push ↵
Environment variables loaded from .env
Prisma schema loaded from prisma/schema.prisma
Datasource "db": SQLite database "dev.db" at "file:./dev.db"

SQLite database dev.db created at file:./dev.db
… 중략 …
```

---

15 일단 데이터베이스 업데이트를 위한 .sql 파일을 생성하고, 이를 데이터베이스에 반영하는 방식이다. 스키마 변경을 관리하고 싶을 때 사용한다.

```
Run `npm audit` for details

✔ Generated Prisma Client (v5.12.1) to ./node_modules/@prisma/client in 74ms
```

/prisma 폴더 아래에 schema.prisma(.env)로 정의된 데이터베이스 dev.db가 생성되어 있다면 일단 Prisma가 제대로 동작하고 있는 것이다.

[5] 데이터베이스 내용 확인

데이터베이스의 내용을 확인하기 위해서는 데이터베이스 전용 클라이언트 툴을 사용해도 되지만, Prisma 에도 전용 브라우저 툴인 Prisma Studio가 제공되므로 이를 활용해 보자.

Prisma Studio는 다음 명령어로 실행할 수 있다.

```
> npx prisma studio ⏎
Environment variables loaded from .env
Prisma schema loaded from prisma/schema.prisma
Prisma Studio is up on http://localhost:5555
```

위와 같은 결과가 표시된 후, 브라우저에 다음 그림과 같은 화면이 표시될 것이다.

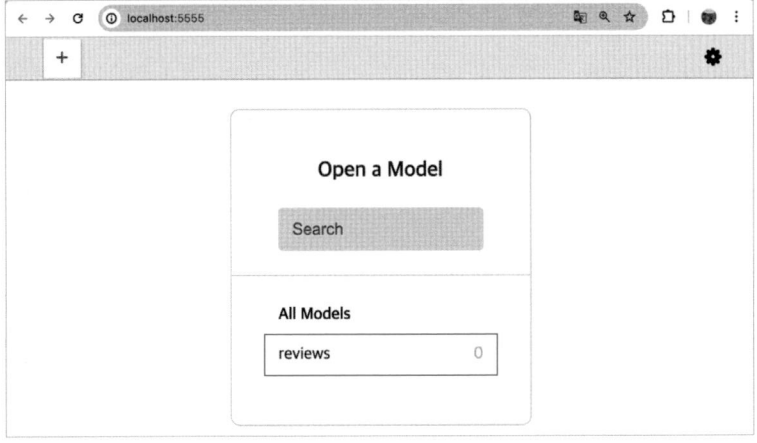

▲ Prisma Studio 초기 화면

스키마 파일에서 정의한 모델에 따라 reviews 테이블이 생성되어 있다. [All Models] 내의 [reviews]를 클릭하면 그 내용이 그리드로 표시된다(물론 처음에는 빈 그리드다).

그리드 화면에서 새로운 레코드를 추가할 수도 있다. [Add record] 버튼으로 행을 추가할 수 있으므로 그대로 데이터를 입력해 보자. 입력 후에는 [Save 1 change] 버튼으로 데이터를 확정한다.

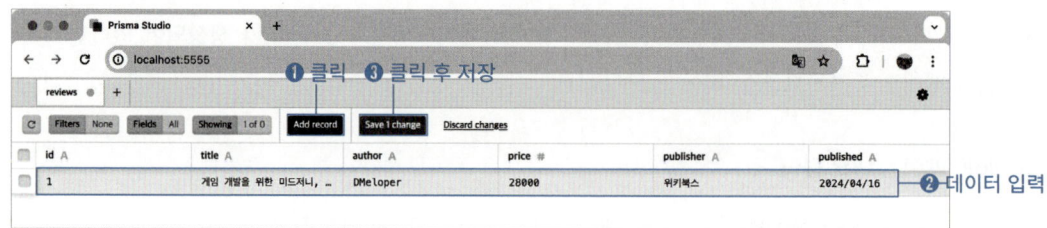

▲ 신규 데이터 입력

같은 방법으로 그리드의 데이터를 수정하고 [Save n change] 버튼(n은 데이터 개수)으로 데이터를 업데이트할 수도 있다. 또한, 맨 왼쪽의 체크박스에 체크하고 [Delete n record] 버튼으로 기존 레코드를 삭제할 수 있다.

[6] 클라이언트 객체 준비하기

Prisma를 통해 데이터베이스에 접근하려면 PrismaClient 객체를 사용한다. 앱 전체에서 사용하므로 미리 객체 생성 코드를 준비해 둔다.

페이지 컴포넌트와는 별개이므로 /src/app 폴더 아래가 아닌 /src/lib 폴더[16]에 저장한다.

예제 코드 11-3-7 src/lib/prisma.js

```js
import { PrismaClient } from '@prisma/client';

// global.prisma에 Prisma 클라이언트가 존재할 경우 재사용
const prisma = global.prisma ??
  new PrismaClient({ log: ['query'] });       ──❶
// Non-Production 환경에서는 global.prisma에 객체를 저장
if (process.env.NODE_ENV !== 'production') global.prisma = prisma;   ──❷

export default prisma;
```

PrismaClient 생성자 구문은 다음과 같다(❶).

---

16 기본적으로 존재하지 않으므로 새로 만들어야 한다.

구문 _ PrismaClient 생성자

```
PrismaClient(options)
```

options : 동작 옵션 ('옵션명: 값, ...' 형식. 사용 가능한 옵션은 다음 표 참조)

▼ PrismaClient의 주요 옵션 (인수 options의 키)

옵션	개요	
log	표시할 로그의 종류 (배열 형식. 지정 가능한 값은 query, info, warn, error)	
errorFormat	오류 출력 형식	
	설정값	개요
	pretty	Pretty 형식
	colorless	컬러리스 형식
	minimal	최소한의 오류

학습을 진행하기 위해서는 Prisma가 실제로 생성하는 SQL을 확인할 수 있는 것이 편리하기 때문에 log 옵션에서 query만 활성화해 둔다.

생성한 PrismaClient 객체를 global 객체에 저장하고 재사용하는 이유(❷)는 개발 환경에서 코드를 다시 작성하여 핫로딩할 때마다 PrismaClient가 다시 생성되는 것을 피하기 위함이다. 그렇지 않으면 PrismaClient는 인스턴스 단위로 접속을 확보하게 되고, 결과적으로 접속 리소스가 부족하게 된다. 다소 복잡해 보이지만, 일단 Next.js+Prisma의 관용구로 기억해두자.

11.4 앱의 구현 읽어보기

지금까지 Reading Recorder 앱의 개요에 대해 설명했다. 이제부터는 구체적인 코드를 확인하면서 Next.js와 그 주변 기술에 대해 이해해 보겠다. 기존 장에서 설명한 내용은 생략할 것이므로 대략적인 코드의 흐름은 코드 내 주석을 참조하면서 파악하기 바란다.

11-4-1 루트 레이아웃(공통 메뉴)

먼저, 앱 전체의 외곽을 정의하는 루트 레이아웃부터 시작하겠다.

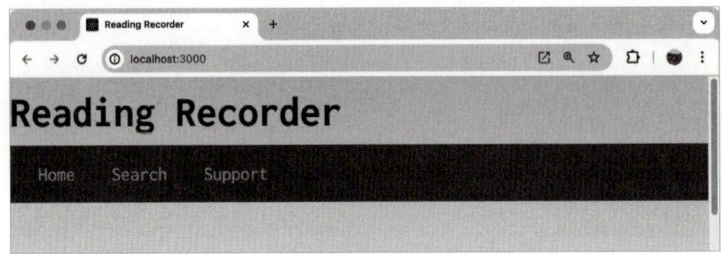

▲ 앱 전체의 공통 메뉴 등을 정의

레이아웃 자체에 대해서는 11-2-3항에서 이미 설명했으므로, 그 이해를 전제로 앞에서 설명하지 못한 테마, 앱별 고유 사항을 설명하겠다.

| 예제 코드 11-4-1 src/app/layout.js

```js
import Link from 'next/link';
// Tailwind.css 설정 가져오기
import './globals.css';                    ─❺
import { Inconsolata } from 'next/font/google';

// 구글 폰트 활성화
const fnt = Inconsolata({ subsets: ['latin'] })    ─❸

// 메타데이터 정의
export const metadata = {
  title: 'Reading Recorder',
  description: '내가 읽은 책을 기록하는 앱',        ❷
};

export default function RootLayout({ children }) {
  return (
    <html lang="ko">
      <body className={fnt.className}>           ─❹
        <h1 className="text-4xl text-indigo-800 font-bold my-2">
          Reading Recorder</h1>
        {/* 공통 메뉴 준비 */}
```

```
        <ul className="flex bg-blue-600 mb-4 pl-2">
          <li className="block px-4 py-2 my-1 hover:bg-gray-100 rounded">  ─────❻
            <Link className="no-underline text-blue-300" href="/">  ─────❶
              Home</Link></li>
          <li className="block text-blue-300 px-4 py-2 my-1 hover:bg-gray-100 rounded">
            <Link className="no-underline text-blue-300" href="/books">
              Search</Link></li>
          <li className="block text-blue-300 px-4 py-2 my-1 hover:bg-gray-100 rounded">
            <a className="no-underline text-blue-300"
              href="https://wikibook.co.kr/support/contact/" target="_blank">Support</a></li>
        </ul>
        {/* 페이지 구성 요소를 반영하는 영역 */}
        <div className="ml-2">
          {children}
        </div>
      </body>
    </html>
  );
}
```

대부분 마크업으로 구성된 코드지만, 알아둬야 할 포인트가 많다.

❶ 앱 내 링크는 Link 컴포넌트 사용

Next.js는 기본적으로 다음과 같은 컴포넌트를 제공하여 앱에서 사용하는 리소스를 보다 효율적으로 처리할 수 있도록 도와준다.

▼ Next.js에서 제공하는 주요 컴포넌트

컴포넌트	개요
〈Link〉	링크 생성
〈Script〉	스크립트 불러오기
〈Image〉	이미지 표시

예를 들어 〈Link〉 요소의 경우, 링크 대상의 프리페치(=링크 대상의 사전 로딩)를 지원하여 페이지 전환의 체감 속도를 개선할 수 있다. 특별한 의도가 없다면, 앱 내 링크는 표준 앵커 태그가 아닌 〈Link〉 요소를 사용하는 것이 좋다. 〈Link〉 요소에서 사용할 수 있는 주요 속성은 다음 표와 같다.

▼ ⟨Link⟩ 요소의 주요 속성

이름	개요	기본값
href	링크 위치	–
replace	페이지를 교체할 것인지 (8-2-3항)	false
prefetch	프리페치 기능을 활성화할지	true

❷ 메타데이터 설정하기

11-2-3항에서도 언급했듯이 레이아웃(layout.js), 페이지(page.js)에서 메타데이터(metadata 객체)를 정의해 두면 개별 페이지에 적절한 헤더(⟨title⟩, ⟨meta⟩ 요소 등)를 삽입할 수 있다.

metadata는 '키명: 값, ...' 형식의 객체이며, 이름도 고정되어 있다. 지정할 수 있는 키에 대한 주요 내용은 다음 표에 정리되어 있다.

▼ metadata 객체에서 사용할 수 있는 주요 키

키 이름	개요
title	페이지 제목
description	페이지 설명
generator	페이지 생성에 사용한 소프트웨어
applicationName	앱 이름
keywords	페이지 관련 키워드 (배열)
authors	페이지 작성자
creator	문서 제작자
publisher	문서 발행자
referrer	리퍼러의 내용 (same-origin, strict-origin, unsafe-URL 등)
colorScheme	호환 가능한 색 구성표 (normal, light, dark, only light 등)
formatDetection	이메일 주소/전화번호 연동 여부[17]
viewport	뷰포트 관련 설정
openGraph	Open Graph Protocol 설정

---

[17] { email: false, telephone: false }와 같은 객체를 전달하면 브라우저가 이메일 주소/전화번호 형식의 문자열을 자동으로 링크하는 것을 방지할 수 있다.

키 이름	개요
robots	검색 엔진 크롤러에 대한 설정
icons	파비콘 등 설정
twitter	X(구 트위터) 카드 관련 설정
alternates	대체 콘텐츠

다양한 정보를 설정할 수 있다. 단, 여기서 나열한 키가 전부가 아니며 formatDetection 이후의 키는 각각이 더 복합적인 키를 가진 정보다. 자세한 내용은 다음 페이지를 함께 참고하는 것을 추천한다.

- Metadata Object and generateMetadata Options

    URL https://nextjs.org/docs/app/api-reference/functions/generate-metadata

참고로 layout.js, page.js와 여러 곳에서 metadata가 선언된 경우, 객체는 얕게 병합된다. 즉, layout.js, page.js 모두에서 title 프로퍼티를 지정한 경우 page.js의 설정으로 덮어쓰게 되며, openGraph처럼 객체 키를 덮어쓰는 경우에도 객체 전체가 대체된다[18].

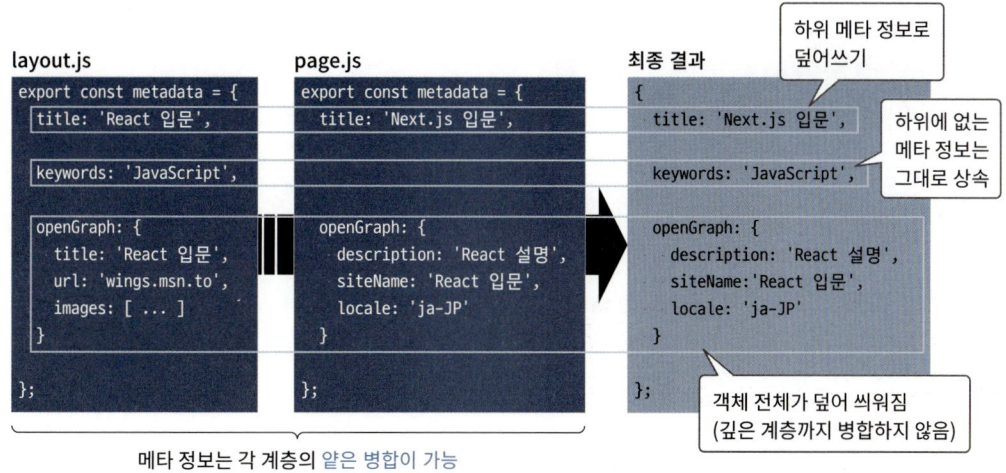

▲ metadata의 규칙

---

18 단순화한 예시다. 뒤에서 설명하겠지만, 레이아웃을 중첩할 수도 있다.

📄 메타데이터의 동적 생성

메타데이터는 정적으로 선언하는 것 외에도 데이터베이스 등에서 가져온 결과를 기반으로 동적으로 생성할 수도 있다. 이를 위해서는 (상수 metadata 대신) generateMetadata 함수를 선언하면 된다.

```
export async function generateMetadata({ params, searchParams }) {
  ... 중략 ...                     루트 파라미터, 쿼리 정보를 수신한다.
  return {
    title: result.title,
    keywords: [result.author, result.publisher]
  }; // metadata 객체가 반환되는 값
}
```

❸~❹ 폰트 파일 적용하기

next/font/google 모듈을 이용하면 Google 폰트[19]를 Next.js 앱에 쉽게 도입할 수 있다. 다음은 일반적인 구문이다(❸).

구문 _ Google 폰트 활성화

```
font(opts)

font  : 폰트 이름
opts  : 폰트 옵션 (주요 옵션은 다음 표 참조)
```

▼ 주요 폰트 옵션

옵션		개요
subsets		로드할 폰트의 하위 집합 (배열)
display		폰트 미로드 시 처리 (기본값은 swap)
	설정값	개요
	auto	브라우저의 행동에 맡긴다
	block	로딩 대기 후 대체 글꼴 표시 (로딩이 완료되면 원래 글꼴을 표시)
	swap	대체 글꼴을 즉시 표시 (로드되는 즉시 원래 글꼴을 표시)
	fallback	즉시 대체 글꼴 표시 (단시간 동안만 원래 글꼴을 기다림)
preload		폰트 파일을 미리 로드할 것인지 (기본값은 true)
fallback		폰트를 구할 수 없을 때 사용하는 폰트

---

[19] 무료로 사용할 수 있는 폰트를 모아놓은 디렉터리 서비스다. 현재 1,500여 개의 폰트가 제공되고 있다. https://fonts.google.com/

구체적인 폰트는 Google 폰트에서 자유롭게 선택해도 되지만, 일반적으로 가변 폰트[20]에서 선택하는 것이 좋다(여기서는 Inconsolata). 또한, subsets 옵션에서 사용할 문자(서브셋)만을 추출해 두어야 한다. 폰트 파일은 대부분 크기도 크기 때문에 서브셋화하여 필요한 문자만 잘라내야 한다(이 예시에서는 라틴 문자만).

폰트를 불러오면 fnt.className과 같이 class(className) 속성에 할당하면 폰트가 적용된다(❹).

❺~❻ Tailwind CSS로 스타일 적용하기

11-3-2항에서도 언급했듯이 Tailwind CSS는 유틸리티 우선의 CSS 프레임워크로, 개별 스타일(유틸리티)을 조합하여 스타일링하는 것이 기본이다. 이용 시에는 미리 준비된 globals.css를 임포트하는 것을 잊지 말아야 한다(❺).

이제 className 속성에 유틸리티 클래스를 할당하기만 하면 된다. 예를 들어 ❻의 경우 다음 표와 같은 스타일을 적용한 것이다.

▼ ❻에서 적용된 스타일의 의미

유틸리티	개요
block	블록 요소
px-4	수평 패딩 (1rem)
py-2	수직 패딩 (0.5rem)
my-1	수직 마진 (0.25rem)
hover:bg-gray-100	호버 시 배경색 (회색)
rounded	사각 원형 (0.25rem)

Tailwind CSS에서는 이렇게 세밀하게 준비된 유틸리티 클래스를 조합하여 스타일을 정의하게 되는데, hover:~, focus:~ 등으로 호버/포커스 시에만 적용하는 스타일을 표현할 수도 있다.

유틸리티 클래스는 여러 가지가 있지만, 이름이 규칙적이기 때문에 사용하다 보면 자연스럽게 주요 클래스를 파악할 수 있을 것이다. 물론 모든 것을 다 외울 필요는 없으며, 실제로는 다음과 같은 참고 표를 함께 사용하는 것이 좋다.

---

20 여러 폭과 무게를 가진 글꼴을 하나의 파일로 묶은 것. 파일 크기가 작다는 장점이 있다. Google 폰트 페이지의 경우 [Show only variable fonts]에 체크하여 범위를 좁힐 수 있다.

- Tailwind CSS Cheat Sheet
  URL https://tailwindcomponents.com/cheatsheet/

11-4-2 도서 정보 표시

다음은 도서 정보를 표시하기 위한 BookDetails/LinkedBookDetails 컴포넌트다. 도서 정보를 표시하기 위한 기본 기능을 정의하는 전자에 링크 기능을 부여(랩)하는 것이 후자다. 리뷰 목록(/), 도서 검색(/books/keyword), 리뷰 입력(/edit/id)의 각 페이지에서 공통적으로 사용되는 컴포넌트다.

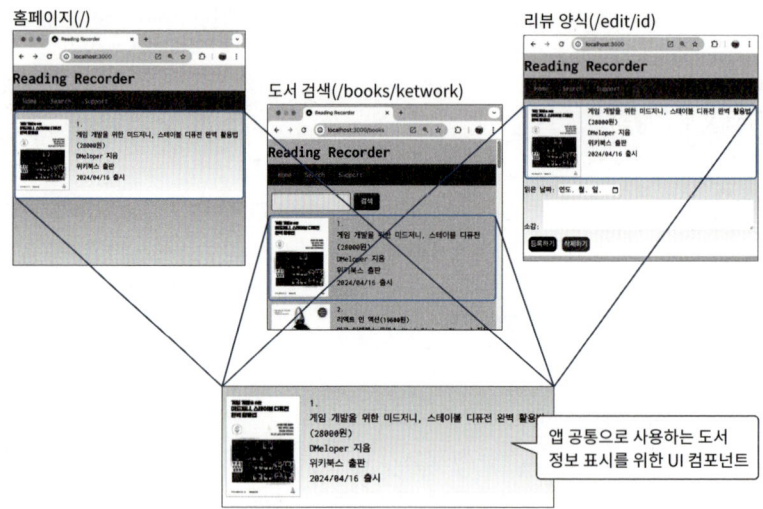

▲ BookDetails/LinkedBookDetails 컴포넌트

또한, BookDetails/LinkedBookDetails 컴포넌트에서는 다음 표의 속성(Props)을 사용할 수 있다.

▼ BookDetails/LinkedBookDetails 컴포넌트의 주요 속성

속성	개요
index	인덱스 번호
book	표시할 도서 정보

구체적인 코드는 다음과 같다. 공통 컴포넌트는 원래 루트와 관련된 /src/app 폴더와는 별도로 /src/components 폴더[21]에서 관리한다.

---

21 기본적으로 존재하지 않으므로 새로 만들어야 한다.

예제 코드 11-4-2 src/components/BookDetails.js

```
import Image from 'next/image';

export default function BookDetails({ index, book }) {
  return (
  <div className="flex w-full mb-4">
    <div>
      {/* 책 그림자 표시 */}
      <Image src={book.image} alt="" width={140} height={180} />    ❶
    </div>
    <div>
      {/* 도서 정보 목록 표시 (index 속성이 지정되면 연속 번호도 표시) */}
      <ul className="list-none text-black ml-4">
        <li>{index && index + '.'}</li>
        <li>{book.title}({book.price}원)</li>
        <li>{book.author} 지음</li>
        <li>{book.publisher} 출판</li>
        <li>{book.published} 출시</li>
      </ul>
    </div>
  </div>
  );
}
```

예제 코드 11-4-3 src/components/LinkedBookDetails.js

```
import Link from 'next/link';
import BookDetails from './BookDetails';

export default function LinkedBookDetails({ index, book }) {
    // BookDetails 컴포넌트에 링크 부여
    return (
    <Link href={`/edit/${book.id}`}>
        <div className="hover:bg-green-50">
            <BookDetails index={index} book={book} />
        </div>
    </Link>
    );
}
```

다만, BookDetails/LinkedBookDetails 컴포넌트에서 주목할 만한 점은 별로 없다(LinkedBookDetails는 BookDetails를 기반으로 링크 기능을 부여, 즉 〈Link〉 요소로 묶은 컴포넌트일 뿐이다).

여기서는 ❶의 Image 컴포넌트(〈Image〉 요소)에 집중해 보겠다. 〈Image〉 요소는 이름 그대로 이미지를 표시하는 〈img〉 요소를 생성하기 위한 내장 컴포넌트다. 하지만 단순한 이미지 출력에 그치지 않고 내부적으로는 다음과 같은 기능을 제공한다.

(1) 내부적으로 이미지 포맷/크기 최적화

먼저 서버 측에서 브라우저 측에서 지원하는 이미지 형식을 판단하여 적절한 이미지 형식으로 변환해준다(예를 들어, 크롬 환경이라면 .jpg 이미지는 .webp 이미지[22]로 출력된다). 또한, height/width에 따라 이미지의 크기를 조정해주기 때문에 아무런 조치를 취하지 않았을 때보다 다운로드 크기를 줄일 수 있다.

단순히 다운로드 크기를 줄이는 것만이 아니다. 고해상도 디스플레이에서는 이미지를 예쁘게 표시하기 위해 height/width 속성에서 지정한 값보다 더 큰 이미지를 가져오는 경우도 있다. 보기와 속도 사이의 균형을 최적화하고 있는 것이다.

> **📄 레이아웃 시프트**
>
> 페이지가 로딩될 때 이미지의 표시 영역이 확보되지 않고, 이후 이미지가 표시되는 시점에 레이아웃이 어긋나는 것을 레이아웃 시프트(Layout Shift)라고 한다. 레이아웃 시프트가 발생하면 보기에도 좋지 않고, 무엇보다 조작 중이던 콘텐츠를 일시적으로 놓치는 등 조작성을 떨어뜨리기 때문에 최대한 피해야 할 행동으로 여긴다.
>
> 레이아웃 시프트를 피하는 방법은 간단한데, 이미지에 width/height 속성을 부여하면 된다. 참고로 〈Image〉 요소에서는 width/height 속성 지정이 필수로 되어 있기 때문에[23] 자연스럽게 레이아웃 시프트를 피할 수 있다.

(2) 지연 로드에 대응

지연 로드는 현재 화면에 표시되는 이미지만 로드하고 이후에는 스크롤에 따라 순차적으로 로드하는 방식이다. 여러 장의 이미지가 대량으로 나열된 페이지에서는 페이지 시작 시 동작이 느려지거나 네트워크가 일시적으로 무거워지는 등의 문제가 발생하는데, 지연 로드를 활성화하면 이미지 다운로드의 부하를 분산시켜 체감 성능을 향상시킬 수 있다.

---

[22] 구글이 개발 중인 이미지 포맷으로 기존 포맷에 비해 이미지 크기를 줄일 수 있다는 특징이 있다.
[23] 단, width/height 속성을 자동으로 계산할 수 있는 경우(뒤에서 설명)는 제외한다.

(3) 이미지 데이터 캐시도 자동으로 관리

최적화된 이미지 데이터는 기본적으로 /.next/cache/images 폴더 아래에 캐시된다. 또한, 이미지 검색 방법에 따라 적절한 캐시 헤더를 부여해 주는 것도 장점이다.

구체적으로 import 명령어로 정적으로 가져온 이미지에 대해서는 (아마도 변경이 없는 것이므로) 최대 캐시 기간을 설정하여 불변 데이터로 처리하고, 그 외의 이미지에 대해서는 ETag[24]를 통해 변경 사항을 모니터링하고 변경 시 캐시 교체를 시도한다.

다음 표에는 〈Image〉 요소에서 사용할 수 있는 주요 속성도 정리되어 있다.

▼ 〈Image〉 요소에서 사용할 수 있는 주요 속성 (*는 필수)

속성	개요
*src	이미지 경로
*width	이미지 폭
*height	이미지 높이
*alt	대체 문자
loader	이미지 로딩 시 사용되는 로더 함수
fill	부모 요소에 따라 이미지 크기를 결정할 것인지[25]
quality	이미지 품질 (0~100, 기본값은 75)
priority	우선적으로 불러오기
placeholder	이미지 로딩 시 사용하는 플레이스홀더 (blur, empty)
blurDataURL	이미지 로딩 중 표시할 플레이스홀더 이미지 ('placeholder="blur"'일 때만)

〈Image〉 요소는 다양한 기능을 제공하지만 기본적인 동작은 암묵적으로 처리해 주므로 첫 단계에서 신경 써야 할 것은 src 속성 정도다. src 속성에서는 대략 다음과 같은 방법으로 이미지를 지정할 수 있다.

(1) /pubic 폴더 아래 이미지 가져오기

기본 페이지 컴포넌트(예제 코드 11-2-2)에서도 사용되는 패턴으로, '/'로 시작하는 경로를 지정한다. 예를 들어 '/vercel.svg'에서 /public/vercel.svg를 참조한다.

---

[24] 파일을 식별하기 위해 내부적으로 생성된 고유 키를 말한다. 엔티티 태그라고도 한다.
[25] true인 경우 width/height 속성은 생략할 수 있다.

(2) 정적으로 가져오기

/src 폴더 아래에 배치한 이미지 파일을 import 명령어로 정적으로 가져오는 패턴이다. 예를 들어 다음은 /src/image/logo.png를 가져오는 예다.

```
import logo from '../image/logo.png';
... 중략 ...
<Image src={logo} alt="모험의 서" />
```

이 패턴에서는 이미지 정보도 미리 얻을 수 있기 때문에 height/width 속성을 생략할 수 있다.

(3) 원격 서버에서 이미지 가져오기

다른 도메인에서 이미지를 가져오는 패턴이다(예제 코드 11-4-2도 이 패턴이다).

```
<Image src="https://wings.msn.to/image/wings.jpg"
    alt="WINGS 프로젝트" width={520} height={80} />
```

별것 아닌 코드처럼 보이지만, 이대로라면 'Error: Invalid src prop ~ on `next/image`, hostname "wings.msn.to" is not configured under images in your `next.config.js`'(이미지의 호스트명이 허용되지 않음)라는 메시지가 표시된다. 보안상의 이유로 〈Image〉 요소에서 원격 호스트의 이미지를 가져오려면 미리 next.config.js에서 선언해 두어야 한다.

그럼 지금부터 바로 설정을 추가해 보겠다.

예제 코드 11-4-4 next.config.js

```
/** @type {import('next').NextConfig} */
const nextConfig = {
  ... 중략 ...
  images: {
    remotePatterns: [
      {
        hostname: 'books.google.com'
      },
    ]
  },
};

export default nextConfig;
```

이번 앱의 경우 Google Books API에서 가져온 이미지를 표시하고 싶기 때문에 호스트 이름으로 books.google.com을 지정한다. 이외에도 protocol(프로토콜), port(포트 번호), pathname(경로명) 등을 키로 제한할 수 있다.

11-4-3 리뷰 정보 목록 표시

앱의 공통적인 부분을 확인했으니 이제 개별 페이지에 대해 살펴볼 차례다. 먼저 홈페이지다. 리뷰 등록이 완료된 도서 정보를 목록으로 표시한다. 해당 도서를 클릭하면 리뷰 등록 양식으로 이동할 수 있다.

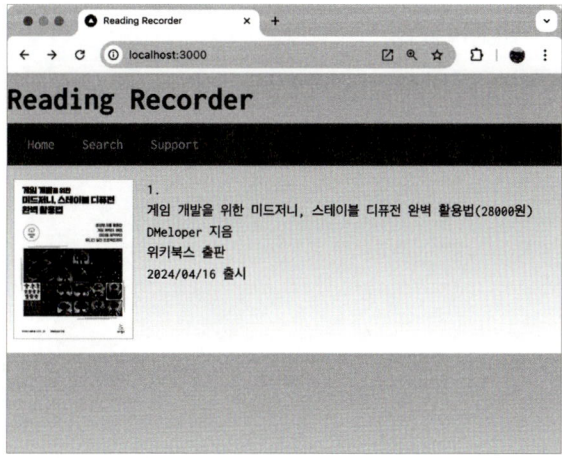

▲ 리뷰 등록이 완료된 도서 목록 표시

구체적인 코드는 다음과 같다.

| 예제 코드 11-4-5 src/app/page.js

```
import { getAllReviews } from '@/lib/getter';
import LinkedBookDetails from '@/components/LinkedBookDetails';

// 항상 최신 정보 얻기
export const dynamic = 'force-dynamic';            ─────❶
export default async function Home() {
  // 모든 리뷰 정보 얻기
  const reviews = await getAllReviews();
  return (
    <>
```

```
      {/* 획득한 리뷰 정보를 바탕으로 리스트 생성 */}
      {reviews.map((b, i) => (
        <LinkedBookDetails book={b} index={i + 1} key={b.id} />
      ))}
    </>
  );
}
```

예제 코드 11-4-6 src/lib/getter.js

```
import prisma from './prisma';
... 중략 ...
export async function getAllReviews() {
  // 읽은 날짜(read) 내림차순으로 검색
  return await prisma.reviews.findMany({
    orderBy: {
      read: 'desc'
    }
  });
}
```

리뷰 정보는 SQLite의 reviews 테이블에서 관리하고 있다. 테이블 내의 데이터에 접근하려면,

  prisma.reviews.메서드(...)

와 같이 나타내는 것이 기본이다. prisma는 11-3-3항에서 준비한 Prisma 클라이언트, reviews는 테이블 이름이다. 사용할 수 있는 메서드는 다양하지만, 우선 기본적으로는 다음과 같은 것들을 기억해두면 좋다.

▼ 데이터 수집을 위한 주요 메서드

메서드	개요
findMany	지정된 조건에 부합하는 모든 레코드를 가져온다
findUnique	주키/고유키로 단일 레코드를 가져온다 (존재하지 않는 경우 null)
findUniqueOrThrow	주키/고유키로 단일 레코드를 가져온다 (존재하지 않는 경우 오류)
findFirst	조건식과 일치하는 첫 번째 레코드를 가져온다 (존재하지 않는 경우 null)
findFirstOrThrow	조건식과 일치하는 첫 번째 레코드를 가져온다 (존재하지 않는 경우 오류)
count	조건에 부합하는 레코드 개수를 가져온다

이 메서드는 다음 표와 같은 옵션의 조합을 통해 수집하는 데이터 범위를 좁히는 것이 기본이다[26].

▼ 사용 가능한 옵션

옵션	개요
where	조건식('열명: 값, ...' 형식)
select	조회할 열 ('열명: true/false, ...' 형식)
orderBy	정렬 순서 ('열명: asc/desc, ...' 형식[27])
distinct	중복 제거 열 (배열)

where 옵션은 등가 비교 외에도 'title : { contains: 'React' }'와 같은 비교도 가능하다. 다음 표는 주요 비교 연산자를 정리한 것이다.

▼ 조건식에서 사용할 수 있는 연산자

연산자	개요	연산자	개요
equals	같다	gte	이상
not	같지 않다	contains	포함
in	목록 중 하나인지	startsWith	지정 문자열로 시작
notIn	목록 중 어느 것에도 속하지 않음	endsWith	지정 문자열로 끝남
lt	미만	AND	여러 조건을 AND 연결
lte	이하	OR	여러 조건을 OR 연결
gt	초과		

서버 측에서 처리되는 컴포넌트

이제 리액트의 세계에 흠뻑 빠진 사람이라면, 컴포넌트 하부(즉, 브라우저에서 동작하는 앱)에서 데이터베이스에 접근할 수 있다는 것이 신기하게 느껴질 수도 있다. 여기서 Next.js(정확히는 리액트)의 새로운 개념을 이해해야 한다. 바로 서버 컴포넌트다.

---

26 사용할 수 있는 옵션은 메서드에 따라 달라진다. 예를 들어 단일 레코드를 가져오는 findUnique 메서드에서는 orderBy를 지정할 수 없다.
27 asc는 오름차순, desc는 내림차순을 의미한다.

Next.js(App Router)의 기본은 서버 컴포넌트다. 즉, 컴포넌트가 서버 측에서 처리된다. 이를 실제로 확인하기 위해 app/page.js를 다음과 같이 편집하고 실행해 보자.

예제 코드 11-4-7 src/app/page.js

```
export default async function Home() {
  const reviews = await getAllReviews();
  console.log(reviews);
  ... 중략 ...
}
```

브라우저의 개발자 도구에서 콘솔 탭을 확인한 사람은 로그가 어디에도 표시되지 않아 당황했을 수도 있다. 서버에서 실행되고 있기 때문에 로그도 서버 측, 즉 개발 서버를 실행한 콘솔에 표시된다.

실제로 다음 그림과 같은 결과를 얻을 수 있는 것을 확인할 수 있다. 서버 측에서 컴포넌트가 처리되고 있다는 증거다.

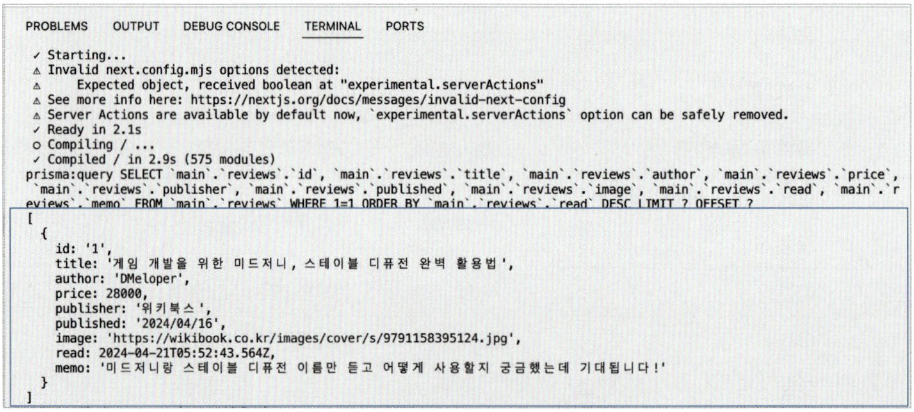
```
PROBLEMS    OUTPUT    DEBUG CONSOLE    TERMINAL    PORTS
 ✓ Starting...
 ⚠ Invalid next.config.mjs options detected:
 ⚠     Expected object, received boolean at "experimental.serverActions"
 ⚠ See more info here: https://nextjs.org/docs/messages/invalid-next-config
 ⚠ Server Actions are available by default now, `experimental.serverActions` option can be safely removed.
 ✓ Ready in 2.1s
 ○ Compiling / ...
 ✓ Compiled / in 2.9s (575 modules)
prisma:query SELECT `main`.`reviews`.`id`, `main`.`reviews`.`title`, `main`.`reviews`.`author`, `main`.`reviews`.`price`,
 `main`.`reviews`.`publisher`, `main`.`reviews`.`published`, `main`.`reviews`.`image`, `main`.`reviews`.`read`, `main`.`r
eviews`.`memo` FROM `main`.`reviews` WHERE 1=1 ORDER BY `main`.`reviews`.`read` DESC LIMIT ? OFFSET ?
[
  {
    id: '1',
    title: '게임 개발을 위한 미드저니, 스테이블 디퓨전 완벽 활용법',
    author: 'DMeloper',
    price: 28000,
    publisher: '위키북스',
    published: '2024/04/16',
    image: 'https://wikibook.co.kr/images/cover/s/9791158395124.jpg',
    read: 2024-04-21T05:52:43.564Z,
    memo: '미드저니랑 스테이블 디퓨전 이름만 듣고 어떻게 사용할지 궁금했는데 기대됩니다!'
  }
]
```

▲ 개발 서버 측 콘솔에 로그가 표시된다

이처럼 Next.js에서는 처리의 주축을 서버로 옮김으로써 더 빠르고, 서버 리소스와도 쉽게 연동할 수 있는 앱을 쉽게 만들 수 있다.

참고로 원래 로그 상단에 표시되는 'prisma:query'로 시작하는 로그는 Prisma에서 내부적으로 생성하고 있는 SQL 명령어를 나타낸다. 실제로 reviews 테이블에서 데이터를 가져오기 위한 SELECT 명령어가 발행되고 있는 것을 확인할 수 있다.

> 📄 **'export const dynamic = 'force-dynamic''의 의미**
>
> 예제 코드 11-4-5의 ❶에 있는 'export const dynamic = 'force-dynamic''이라는 표기가 의아하게 느껴질 수 있는데, 이는 루트 세그먼트 설정이라고 불리는 레이아웃/페이지 단위의 설정이다. 미리 정해진 이름의 변수를 layout.js/page.js에서 내보내기 함으로써 레이아웃/페이지별 설정을 할 수 있다.
>
> 변수 dynamic은 페이지를 동적으로 처리할 것인지를 나타내는 정보로, 'force-dynamic'으로 설정하면 캐시를 최대한 비활성화하고 페이지를 동적으로 그리려고 한다. 홈페이지에는 항상 최신 리뷰 정보를 표시하고 싶기 때문에 이렇게 설정해 둔다.
>
> 참고로 비슷한 설정 변수로는 revalidate(재검증 간격), fetchCache(fetch의 캐시 동작), runtime(런타임) 등이 있다. 자세한 내용은 다음 사이트를 참고하라.
>
> - Route Segment Config
>
>   `URL` https://nextjs.org/docs/app/api-reference/file-conventions/route-segment-config

11-4-4 Google 도서를 통한 도서 검색

다음은 도서 검색 페이지이다. [Search] 메뉴에서 이동할 수 있으며, 입력한 키워드에 따라 일치하는 도서 목록을 표시한다. '/books/keyword'로 접근할 수 있도록 레이아웃/페이지 컴포넌트 모두 /app/books/[[...keyword]] 폴더에 배치하고 있다[28].

| 예제 코드 11-4-8 src/app/books/[[...keyword]]/layout.js

```js
'use client'; ─────── ❷

import { useRouter } from 'next/navigation';
import { useRef } from 'react';

// "/books/keyword" 아래에 적용되는 레이아웃
export default function BooksLayout({ children }) { ─────── ❶
  const router = useRouter(); ─────── ❹
  const txtKeyword = useRef(null);
  // [검색] 버튼 클릭 시 '/books/keyword'로 리디렉션
  const handleSearch = () => {
```

---

[28] [[...keyword]]로 생략 가능한 가변 길이의 파라미터를 나타내는 것이었다. 잊어버렸다면 11-2-4항을 참고하기 바란다.

```
    router.push(`/books/${txtKeyword.current.value}`);  ──────❺
  };

  return (
    <>
    <form className="mt-2 mb-4">
      <input type="text" ref={txtKeyword}
        className="bg-gray-100 text-black border border-gray-600 rounded mr-2 px-2 py-2 focus:bg-white focus:outline-none focus:border-red-500" />
      <button type="button" onClick={handleSearch}
        className="bg-blue-600 text-white rounded px-4 py-2 hover:bg-blue-500">
        검색</button>
    </form>
    <hr />
    {children}
    </>
  );
}
```

예제 코드 11-4-9 src/app/books/[[....keyword]]/page.js

```
import LinkedBookDetails from '@/components/LinkedBookDetails';
import { getBooksByKeyword } from '@/lib/getter';

// 루트 매개변수 키워드 가져오기(기본값은 리액트)
export default async function BookResult({ params: { keyword = '리액트' } }) {
  // 주어진 키워드로 도서 정보 검색
  const books = await getBooksByKeyword(keyword);
  return (
    <>
    {/* 획득한 도서 목록 보기 */}
    {books.map((b,i) => (
      <LinkedBookDetails book={b} index={i + 1} key={b.id} />
    ))}
    </>
  );
}
```

예제 코드 11-4-10 src/lib/getter.js

```js
import prisma from './prisma';

// API를 통해 얻은 도서 정보에서 필요한 정보만을 객체로 재구성
export function createBook(book) {
  const authors = book.volumeInfo.authors;
  const price = book.saleInfo.listPrice;
  const img = book.volumeInfo.imageLinks;
  return {
    id: book.id,
    title: book.volumeInfo.title,
    author: authors ? authors.join(',') : '',
    price: price ? price.amount : 0,
    publisher: book.volumeInfo.publisher,
    published: book.volumeInfo.publishedDate,
    image: img ? img.smallThumbnail : '/vercel.svg',
  };
}

// 인수 keyword를 키워드로 Google Books API에서 책 검색
export async function getBooksByKeyword(keyword) {
  const res = await fetch(`https://www.googleapis.com/books/v1/volumes?q=${keyword}&langRestrict=ko&maxResults=20&printType=books`);  ──❸
  const result = await res.json();
  const books = [];
  // 응답 내용을 객체 배열로 리필
  for (const b of result.items) {
    books.push(createBook(b));
  }
  return books;
}
```

복잡해졌지만, 핵심은 다음 네 가지 사항이다.

❶ 레이아웃은 중첩도 가능하다

레이아웃(layout.js)은 /app 폴더 아래에 하나(앱에 하나)만 배치할 수 있는 것이 아니다. 세그먼트 개별(= /app 폴더 아래의 임의의 하위 폴더)에 layout.js를 배치할 수 있다. 그리고 이 경우 레이아웃은 중첩으로 해석된다.

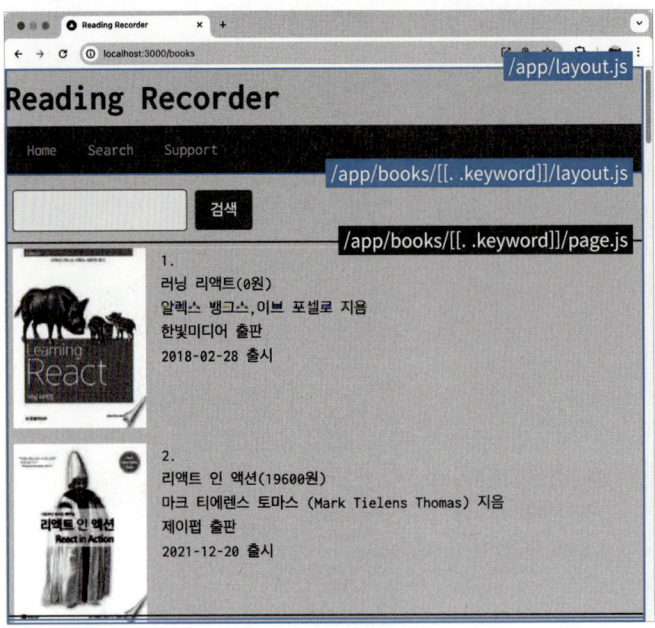

▲ 중첩된 레이아웃

이 예시라면 '~/books/keyword'에 접근하면 상위 레이아웃부터 순서대로 해석되어 가장 안쪽 레이아웃에 페이지가 삽입된다.

❷ 클라이언트 측에서 컴포넌트 실행

앞서 언급했듯이 Next.js에서는 서버 컴포넌트에 의한 동작이 기본이다. 애초에 Next.js에서 컴포넌트(앱)를 서버에서 실행하면 다음과 같은 장점이 있다[29].

- 서버의 리소스 활용이 쉬워진다
- 다운로드해야 하는 코드 크기를 최소화할 수 있다
- 기밀 정보(액세스 토큰, API 키)를 쉽게 관리할 수 있다

단, 클라이언트에 의존하는 다음과 같은 작업은 서버 컴포넌트에서 지원하지 않는다는 점에 유의해야 한다.

- State와 관련된 조작 (useState, useReducer, useEffect 등)
- 이벤트 리스너(onXxxxx)를 동반한 조작

---

29 Next.js의 장점이라기보다는 기존 서버 기술(PHP, Rails 등)을 이용했을 때의 장점 그대로다.

- 브라우저 API 액세스

- 위와 함께 커스텀 훅 사용

- 클래스 컴포넌트(2-2-6항) 사용

Next.js에서는 .js 파일의 시작 부분에

'use client'

라는 지시어[30]를 부여하여 컴포넌트를 클라이언트 측에서 실행할 수 있다. 이러한 컴포넌트를 클라이언트 컴포넌트라고 하는데, Next.js에서는 서버 컴포넌트를 중심으로 필요한 곳에 클라이언트 컴포넌트를 끼워 넣는 방식이 기본이다.

📄 서버 컴포넌트 vs 클라이언트 컴포넌트

그렇다면 '서버 컴포넌트와 클라이언트 컴포넌트 중 어떤 것을 사용해야 하는가'에 대한 결론은 다음과 같다.

가급적 서버 컴포넌트를 활용한다

가 정답이다(솔직히 App Router의 기본값을 따르기만 하면 된다). 본문에서도 언급했듯이 서버 컴포넌트에는 클라이언트 컴포넌트에서 얻을 수 없는 여러 가지 장점이 있기 때문이다.

지금까지 클라이언트 컴포넌트를 사용해본 사람이라면 '문제가 생기지 않을까?'라고 걱정할 수도 있다. 하지만 구체적인 앱(페이지)을 생각해 보자. 다음 그림은 저자 지원 사이트를 예로 들어 컴포넌트 구조를 나타낸 것이다.

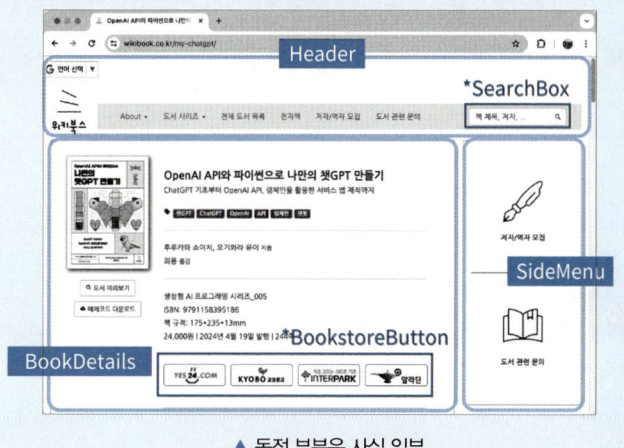

▲ 동적 부분은 사실 일부

---

30 Next.js에 대한 지시문과 같은 것으로, 자바스크립트 표준에서도 Strict 모드를 활성화하는 'use strict' 지시문이 유명하다.

> 언뜻 보기에 동적으로 보이는 앱도 페이지 전체를 살펴보면 대부분 정적이며, 인터랙티브한 조작이 필요한 부분은 제한적임을 알 수 있다(위 그림에서 '*'로 표시된 부분만 동적으로 처리해야 하는 부분이다). Next.js에서는 컴포넌트를 최대한 세분화하여[31] 클라이언트 컴포넌트는 컴포넌트 계층의 하위 계층으로 밀어내는 것이 예의다.

❸ 외부 서비스에서 데이터 가져오기

Google Books API와 같은 외부 서비스에서 데이터를 가져오는 것은 fetch 메서드의 역할이다. 표준 자바스크립트에 익숙한 사람이라면 fetch는 익숙한 메서드라고 할 수 있는데, Next.js에서는 더욱 편리하게 확장되었다.

> a. 함수 컴포넌트를 비동기(async)로 설정하여 컴포넌트 하위에서 fetch 메서드를 실행할 수 있다
>
> b. 개별 fetch 호출 시 캐시/재취득 규칙을 지정할 수 있다
>
> c. 컴포넌트 계층 간에 동일한 데이터를 가져와야 하는 경우 중복된 요청을 제거한다

예를 들어 b.의 경우 다음과 같이 캐시/재취득 규칙을 설정할 수 있다.

```
fetch('https://…', { cache: 'force-cache' });        ── 무제한 캐싱
fetch('https://…');                                   ── 위와 동일. 무제한 캐시
fetch('https://…', { cache: 'no-store' });           ── 항상 데이터를 가져온다.
fetch('https://…', { next: { revalidate: 10 } });    ── 10초 이상 데이터를 다시 가져온다.
```

또한, 데이터 수집이 수반되는 페이지에서는 데이터 수집 시간 지연을 고려하여 대기 표시를 준비하는 것이 바람직하다. Reading Recorder에서는 다음과 같은 loading.js를 /app/books/[[...keyword]] 폴더 아래에 배치한다.

예제 코드 11-4-11 src/app/books/[[...keyword]]/loading.js

```
export default function ApiLoading() {
  return (
  <div className="flex justify-center" aria-label="Now Loading...">
    <div className="animate-spin h-20 w-20 mt-5 border-8 border-blue-500 rounded-full border-b-transparent"></div>
  </div>
  );
}
```

---

[31] 그 자체는 리액트 자체도 마찬가지다.

이제 통신 시 대기 중인 스피너가 표시될 것이다.

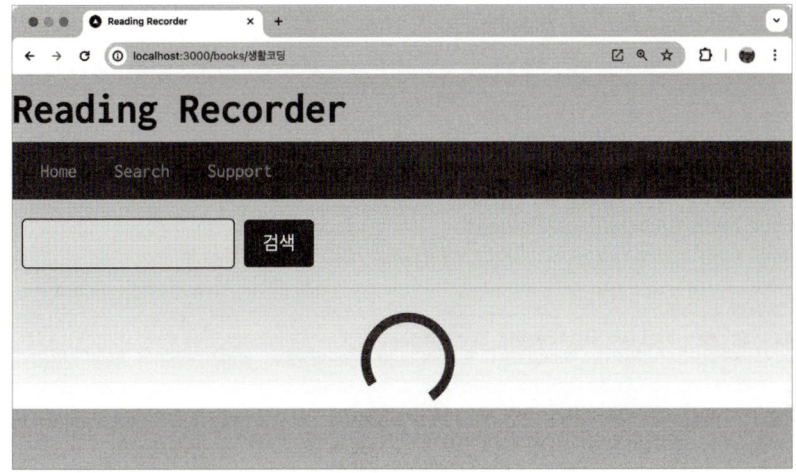

▲ 대기 시 표시되는 스피너

❹~❺ 라우터를 프로그래밍 방식으로 조작하기

App Router에서도 React Router와 마찬가지로 라우터를 프로그래밍 방식으로 조작할 수 있다. 이를 위해서는 useRouter 함수로 Router 객체를 가져와야 한다. Router 객체에서 호출할 수 있는 주요 메서드는 다음 표와 같다.

▼ Router 객체의 주요 메서드

메서드	개요
push(href)	지정된 주소로 이동 (이력도 추가)
replace(href)	지정된 주소로 이동 (이력 추가 안 함)
refresh()	현재 경로 업데이트
prefetch(href)	지정한 주소를 미리 불러오기
back()	이전 페이지로 이동
forward()	다음 페이지로 이동

❺에서는 버튼 클릭 시 push 메서드로 '/books/keyword'로 이동하고 있다.

11-4-5 리뷰 등록 양식

마지막으로 도서 목록에서 이동하여 해당 도서에 해당하는 리뷰를 열람/편집할 수 있는 폼 화면을 살펴본다. '/edit/id'로 접근할 수 있도록 레이아웃/페이지 컴포넌트 모두 /app/edit/[id] 폴더에 배치한다.

예제 코드 11-4-12 src/app/edit/[id]/page.js

```js
import BookDetails from '@/components/BookDetails';
import FormEdit from '@/components/FormEdit';
import { getBookById, getReviewById } from '@/lib/getter';

export default async function EditPage({ params }) {
  const book = await getBookById(params.id);
  const review = await getReviewById(params.id);
  // 'YYYY-MM-DD' 형식의 날짜 생성
  const read = (review?.read || new Date()).toLocaleDateString('sv-SE');    ――❾

  return (
    <div id="form">
      <BookDetails book={book} />
      <hr />
      {/* 편집 양식 생성 */}
      <FormEdit src={{ id: book.id, read, memo: review?.memo }} />
    </div>
  );
}
```

예제 코드 11-4-13 src/components/FormEdit.js

```js
'use client';

import { addReview, removeReview } from '@/lib/actions';

export default function FormEdit({ src: { id, read, memo } }) {
  return (
    // 제출 시 addReview 메서드를 호출
    <form action={addReview}>    ――❷
      <input type="hidden" name="id" defaultValue={id} />
      <div className="mb-3">
        <label className="font-bold" htmlFor="read">읽은 날짜:</label>
```

```jsx
      <input type="date" id="read" name="read"
        className="block bg-gray-100 border-2 border-gray-600 rounded focus:bg-white focus:outline-none focus:border-red-500"
        defaultValue={read}/>
    </div>
    <div className="mb-3">
      <label className="font-bold" htmlFor="memo">소감:</label>
      <textarea id="memo" name="memo" rows="3"
        className="block bg-gray-100 border-2 border-gray-600 w-full rounded focus:bg-white focus:outline-none focus:border-red-500"
        defaultValue={memo}></textarea>
    </div>
    <button type="submit"
      className="bg-blue-600 text-white rounded px-4 py-2 mr-2 hover:bg-blue-500">
      등록하기</button>
    {/* [삭제하기] 버튼으로 removeReview 함수를 호출 */}
    <button type="submit"
      className="bg-red-600 text-white rounded px-4 py-2 hover:bg-red-500"
      formAction={removeReview}>　　　　　　❸
      삭제하기</button>
    </form>
  );
}
```

예제 코드 11-4-14 src/lib/getter.js

```js
// id값을 키로 하여 도서 정보 가져오기
export async function getBookById(id) {
  const res = await fetch(`https://www.googleapis.com/books/v1/volumes/${id}`);
  const result = await res.json();
  return createBook(result);
}

// id값을 키로 리뷰 정보 가져오기
export async function getReviewById(id) {
  return await prisma.reviews.findUnique({
    where: {
      id: id
    }
```

```
  });
}
```

예제 코드 11-4-15 src/lib/actions.js

```
'use server';  ─────────── ❶

import { redirect } from 'next/navigation';

import prisma from './prisma';
import { getBookById } from './getter';

// 폼에서 입력한 값을 데이터베이스에 등록
export async function addReview(data) {
  const book = await getBookById(data.get('id'));
  const input = {
    title: book.title,
    author: book.author,
    price: Number(book.price),
    publisher: book.publisher,
    published: book.published,
    image: book.image,
    read: new Date(data.get('read')), ─┐
    memo: data.get('memo')             ├─ ❹
  };

  // 신규 데이터라면 등록, 기존 데이터라면 업데이트
  await prisma.reviews.upsert({  ─┐
    update: input,
    create: Object.assign({}, input, { id: data.get('id') }),
    where: {                        ├─ ❻
      id: data.get('id')
    }
  });                             ─┘
  // 처리 성공 후 홈페이지로 리디렉션
  redirect('/'); ─────────── ❽
}

// 삭제 버튼으로 지정된 리뷰 정보 삭제
```

```
export async function removeReview(data) {
  await prisma.reviews.delete({ ─────────┐
    where: {                              │
      id: data.get('id')  ───── ❺         │ ❼
    }                                     │
  }); ────────────────────────────────────┘
  // 처리 성공 후 홈페이지로 리디렉션
  redirect('/');
}
```

여기서 주의해야 할 점은 다음과 같다.

❶ 서밋, 클릭 등의 처리를 서버에 맡긴다

Next 13.4에서는 폼의 액션, 혹은 이벤트 처리 등을 서버 측에 맡기는 서버 액션이라는 구조가 추가됐다. 이 글을 작성하는 시점에는 알파 버전이기 때문에 이후 사양이 변경될 가능성이 있지만, 서버 컴포넌트와 함께 Next.js에서 코드를 작성하는 방식이 크게 달라질 수 있는 구조이기 때문에 소개하고자 한다.

서버 액션을 정의하려면 처리를 모듈로 나누고, 파일 시작 부분에 'use server' 지시문을 추가하면 된다[32]. 그다음에는 각각 데이터 가져오기, 데이터베이스 접근 등의 처리를 수반하는 비동기(async) 함수를 정의하면 된다.

서버에서 실행돼야 하는 처리지만, (서버 컴포넌트뿐만 아니라) 클라이언트 컴포넌트에서도 호출할 수 있다.

❷~❺ 서버 액션을 호출하는 방법

미리 정의된 서버 액션을 호출하는 방법은 다음과 같다.

a. ⟨form⟩ 요소의 action 속성에 지정하기 (❷)

b. ⟨button⟩ 요소 등의 formAction 속성에 지정하기 (❸)

c. startTransaction 함수에서 명시적으로 호출하기 (뒤에서 설명)

---

[32] 서버 컴포넌트라면 동일한 파일로 표현할 수도 있지만, 우선은 액션만 별도의 파일로 정리하는 것이 바람직하다.

물론 a., b.에 대해서는 본 그대로이므로 거의 문제가 없을 것이다. formAction 속성은 하나의 폼에서 버튼에 따라 처리를 분리하고 싶을 때 사용하는 속성이다(이 예시에서는 [등록] 버튼의 addReview 액션과 [삭제] 버튼의 removeReview 액션의 호출을 구분하고 있다).

참고로 이러한 방식으로 호출된 액션은 폼 정보(FormData 객체)를 인수로 받으며, FormData 객체에서 개별 입력값에 접근하려면 get 메서드를 이용해야 한다(❹, ❺).

❻~❽ 데이터베이스 데이터 등록/삭제하기

Prisma를 통해서는 당연히 데이터 취득뿐만 아니라 데이터 등록/갱신/삭제도 가능하다. 다음 표에 주요 내용을 소개한다.

▼ Prisma에서 사용할 수 있는 업데이트 메서드 (괄호 안은 사용 가능한 옵션)

메서드	개요
create	지정된 데이터 등록 (data)
update	지정된 데이터 업데이트 (data, where)
upsert	지정된 데이터 등록 또는 업데이트 (create, update, where)
delete	지정된 데이터 삭제 (where)
createMany	지정된 여러 데이터 등록 (data)
updateMany	지정된 여러 데이터 업데이트 (data, where)
deleteMany	지정된 여러 데이터 삭제 (where)

이들 메서드에서는 data 옵션에 '열명: 값, ...' 형식으로 업데이트 데이터를(xxxxxMany 메서드에서는 데이터 배열), where 옵션으로 원하는 데이터를 지정하는 것이 기본이다.

다만, ❻의 upsert 메서드(❻)가 조금 특별한데, upsert 메서드에서는 where 옵션으로 데이터를 가져올 수 있는 경우 해당 데이터를 갱신하고, 그렇지 않은 경우 새로 등록한다. 데이터 내용은 각각 create(등록), update(갱신) 옵션으로 표현한다.

데이터 변경이 완료되면 마지막으로 redirect 함수(❽)를 통해 홈페이지(/)로 리디렉션하면 끝이다.

> 📄 **'YYYY-MM-DD' 형식의 날짜 문자열**
>
> 예제 코드 11-4-12-❾의 코드는 주어진 날짜 객체를 'YYYY-MM-DD' 형식으로 변환하는 기법이다. sv-SE는 스웨덴 로케일이며 표준으로 'YYYY-MM-DD' 형식을 채택하고 있어 이를 사용한다. 처음 보면 의미를 파악하기 어려운 코드이므로, 사용 시에는 주석 등으로 보완하는 것을 권장한다.
>
> 참고로 의미론적인 정확성을 원한다면 다음과 같이 toLocaleDateString 메서드에 포맷 옵션(푸른색 글씨 부분)을 지정하여 정형화하면 된다(코드의 의미는 쉽게 이해할 수 있지만, 아무래도 중복되는 부분이 많다).
>
> ```js
> const read = (review?.read || new Date()).toLocaleDateString('ko-KR',
>   { year: 'numeric', month: '2-digit', day: '2-digit' }
> ).replaceAll('/', '-')
> ```

보충: 이벤트 핸들러에서 서버 액션을 호출하는 방법

앞서 보류했던 c. 접근 방식에 대해 보충 설명한다. 이 패턴은 주로 이벤트 핸들러에서 서버 액션을 호출할 때 사용하는 패턴이다.

구체적인 예제도 살펴보겠다. 다음은 앞서 설명한 [삭제] 버튼을 c. 패턴으로 수정한 예시다(기존 코드에서 수정된 부분은 푸른색으로 표시).

| 예제 코드 11-4-16 src/components/FormEdit.js

```js
import { useTransition } from 'react';
import { addReview, removeReview } from '@/lib/actions';

export default function FormEdit({ src: { id, read, memo } }) {
  const [isPending, startTransition] = useTransition();

  // 이벤트 핸들러를 통해 서버 액션을 호출
  return (
    <form action={addReview}>
      ... 중략 ...
      <button type="submit"
          className="bg-blue-600 text-white rounded px-4 py-2 mr-2 hover:bg-blue-500">
          등록하기</button>
      <button type="button"
        className="bg-red-600 text-white rounded px-4 py-2 hover:bg-red-500"
        formAction={removeReview}          ──────── 삭제
        onClick={() => {
```

```
      startTransition(() => removeReview(id));                    ──①
    }}>
      삭제하기</button>
    </form>
  );
}
```

예제 코드 11-4-17 src/lib/actions.js

```
export async function removeReview(data) {
  await prisma.reviews.delete({
    // 직접 id 값을 받기 때문에 수정
    where: {
      id: data
    }
  });
  // 처리 성공 후 홈페이지로 리디렉션
  redirect('/');
}
```

이벤트 핸들러에서 서버 액션을 호출한다고 해도 사용법은 간단하다. useTransition 함수 아래의 콜백 함수에서 액션 함수를 호출하면 된다(useTransition 함수에 대해서는 7-7-2항을 참고하라①).

11.5 Vercel에 배포

Vercel은 Next.js를 개발한 Vercel사가 운영하는 호스팅 서비스로, Next.js의 개발사답게 Next.js와의 친화력이 뛰어나며, 개인 학습용이라면 무료로 이용할 수 있다는 점이 장점이다.

이 책의 마무리로 이 절에서는 프로덕션 환경으로의 전환을 위한 지침으로, 작성한 앱을 Vercel에 배포(deploy)하여 인터넷에 공개해 보자.

11-5-1 GitHub 저장소 준비

Vercel을 이용하기 위해서는 우선 GitHub를 이용할 수 있는 환경을 갖추는 것이 좋다. GitHub는

> 버전 관리 시스템인 Git을 지원하는 호스팅 서비스

다. 앱 등을 개발할 때 이를 구성하는 파일 그룹의 업데이트 이력을 관리할 수 있고, 여러 사람이 공유할 수 있기 때문에 실제 개발 프로젝트에서 사용해 본 적이 있는 사람도 많을 것이다.

Vercel에서는 GitHub에서 관리되는 앱을 버튼 하나로 배포(디플로이)할 수 있기 때문에 실제 개발은 GitHub에서 진행하고, 프로덕션 환경에서의 배포는 Vercel에서 하는 조합이 많이 사용된다.

참고로 GitHub(Git)는 그 자체로 한 권의 책을 쓸 수 있는 서비스이므로 이 책에서는 자세히 다루지 않으며, Git의 준비 과정을 포함한 자세한 내용은 다음 책을 함께 참고하기 바란다.

- 《팀 개발을 위한 Git, GitHub 시작하기》(한빛미디어)
- 《얄코의 TOO MUCH 친절한 깃 & 깃허브》(리코멘드)

이제 구체적인 절차를 살펴보겠다.

[1] GitHub에 계정 만들기

GitHub를 이용하기 위해서는 먼저 계정을 만들어야 한다. 사이트에 접속한 후 [Sign up] 버튼을 눌러 계정 생성 화면으로 이동한 후 사용자 이름과 이메일 주소 등을 입력하면 된다.

- GitHub 사이트

  URL https://github.com/

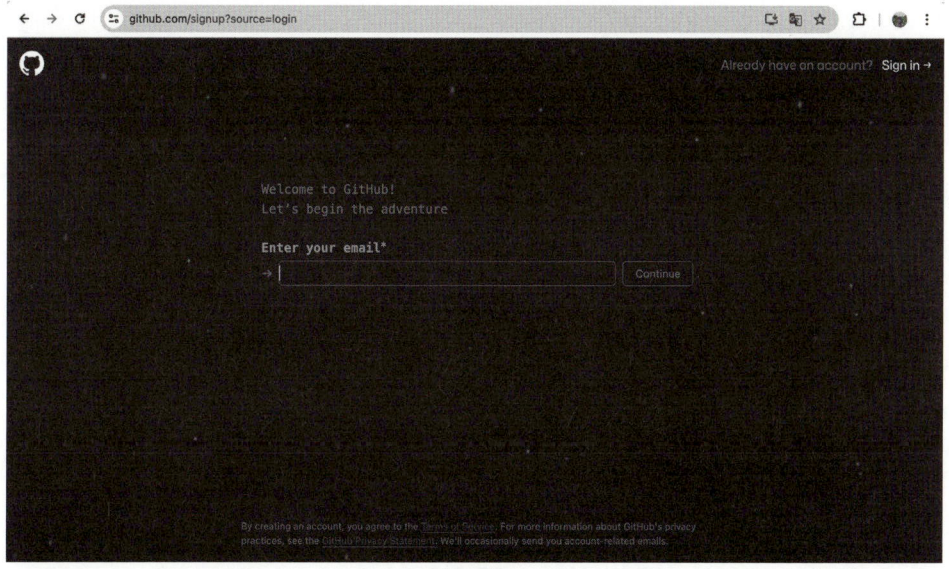

▲ 계정 생성

계정 정보를 입력하면 코드 입력 화면이 나타난다. 코드가 방금 입력한 이메일 주소로 전송되므로 실수 없이 입력하자. 계정이 생성되고 대시보드가 표시되면 계정이 제대로 생성된 것이다.

[2] GitHub에 저장소 준비하기

계정을 만들었으면 GitHub에 리포지토리를 만들자. 리포지토리는 GitHub에서 앱을 저장하는 장소다. 이를 위해 화면 왼쪽 상단의 Create repository 버튼을 클릭한다[33].

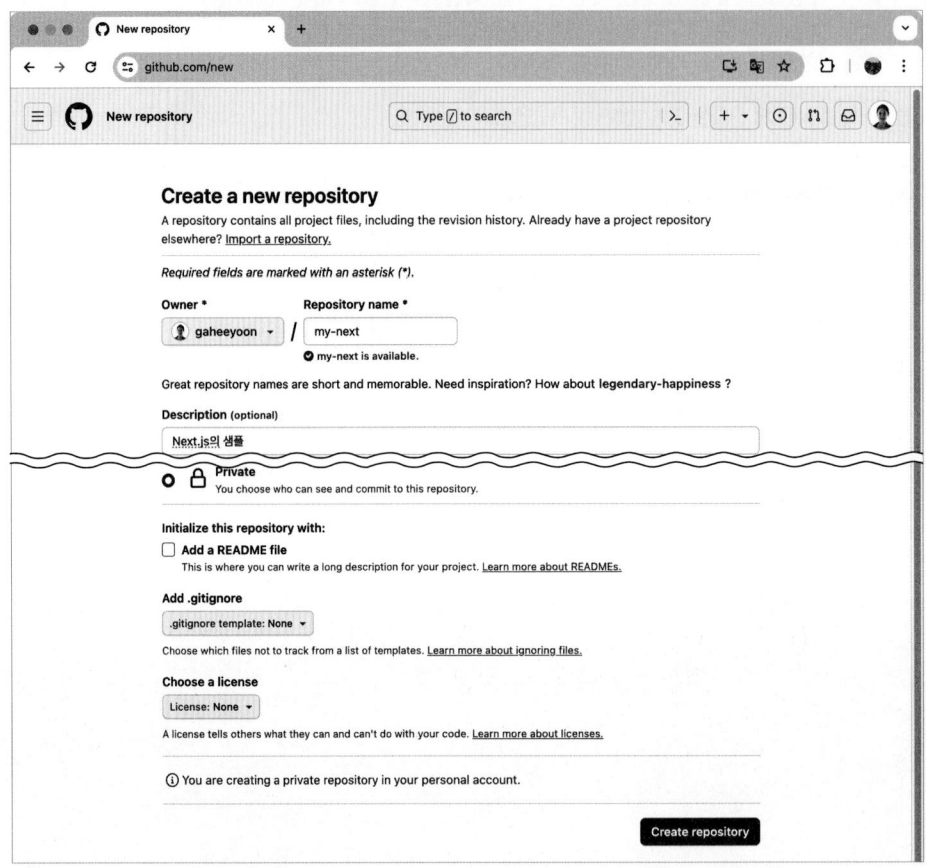

▲ [Create a new repository] 화면

[Create a new repository] 화면이 열리면 다음 표의 순서대로 기본 정보를 입력한다.

---

33 이미 리포지토리를 생성한 경우, 대시보드 왼쪽 상단의 [New] 버튼을 클릭한다.

▼ [Create a new repository] 화면의 입력 예시

항목	개요	이 책에서의 입력 예시
Owner	리포지토리 소유자	—[34]
Repository name	리포지토리 이름	my-next
Description	리포지토리 설명	Next.js의 샘플
Public/Private	리포지토리를 공개할 것인지	Private
Add a README file	Readme 파일을 추가할지	(체크하지 않음)
Add .gitinore	추가할 .gitinore 파일	None
Choose a license	리포지토리 콘텐츠에 적용하는 라이선스	None

모든 항목을 입력했다면 [Create repository] 버튼을 클릭한다. 리포지토리가 정상적으로 생성되면 다음 그림의 화면과 같이 로컬에서 리포지토리와 연동하기 위한 명령이 표시된다.

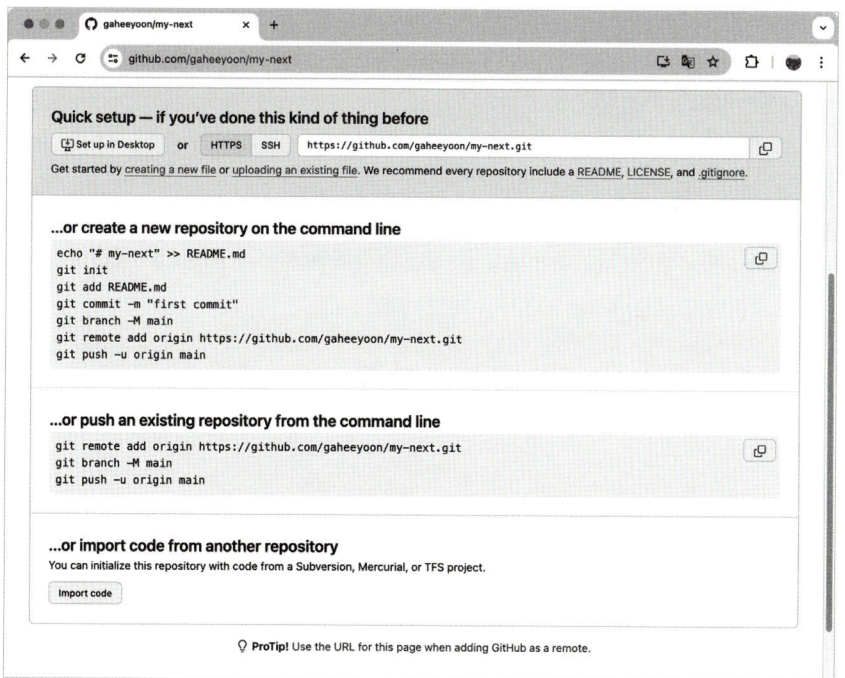

▲ 리포지토리 생성에 성공한 경우

---

34 기본적으로 현재 로그인한 사용자로 설정되어 있다. 변경할 필요가 없다.

[3] 프로젝트 저장소에 프로젝트 반영하기

이 책에서는 이미 Next.js 프로젝트를 생성해 놓았으므로 이를 리포지토리에 업로드하고 동기화한다.

이를 위해 먼저 다음 명령어로 앱 폴더를 Git의 관리 대상으로 설정한다.

```
> git init ⏎           ──────── 리포지토리 초기화
> git add . ⏎          ──────── 폴더 하위의 모든 파일을 Git 관리에 추가
> git commit -m "React-Next Init" ⏎    ──────── 일련의 파일들을 커밋
```

'Please tell me who you are.'와 같은 메시지가 나오면 다음과 같이 이메일 주소와 사용자 이름을 지정하고 다시 명령어를 실행한다.

```
> git config --global user.email "{이메일 주소}" ⏎
> git config --global user.name "{사용자 이름}" ⏎
```

그런 다음, 다음 명령어를 사용하여 프로젝트를 리포지토리에 반영한다.

```
> git remote add origin https://github.com/{사용자명}/my-next.git ⏎   ──────── 저장소 추가
> git branch -M main ⏎         ──────── main 브랜치 만들기
> git push -u origin main ⏎    ──────── main 브랜치에 푸시하기
```

이 명령어들은 p.682의 그림에서 [...or push an existing repository from the command line](명령 줄에서 기존 리포지토리 업로드) 아래에 표시된 명령이다.

명령을 실행한 후 GitHub에서 리포지토리를 확인하면 확실히 프로젝트 내용이 반영된 것을 확인할 수 있다.

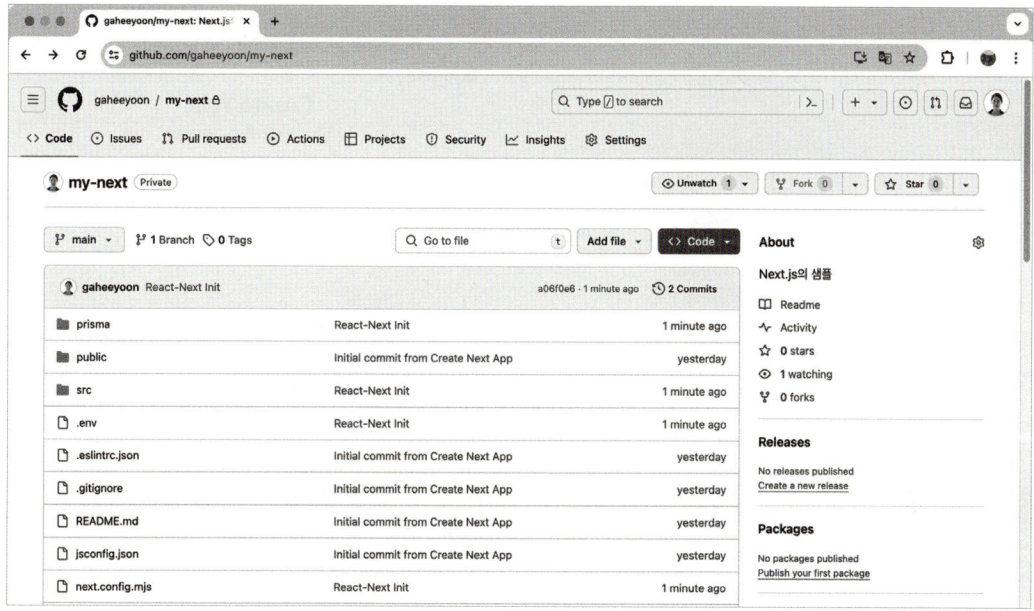

▲ 프로젝트 내용이 반영됨

11-5-2 Vercel 측의 준비

GitHub에 프로젝트를 관리할 수 있는 리포지토리를 준비했으니, 이제 Vercel과 GitHub를 연동할 차례다.

[1] Vercel에서 계정 만들기

Vercel에 접속하여 화면 오른쪽 상단의 [SignUp] 버튼을 클릭한다.

- Vercel

  URL https://vercel.com/

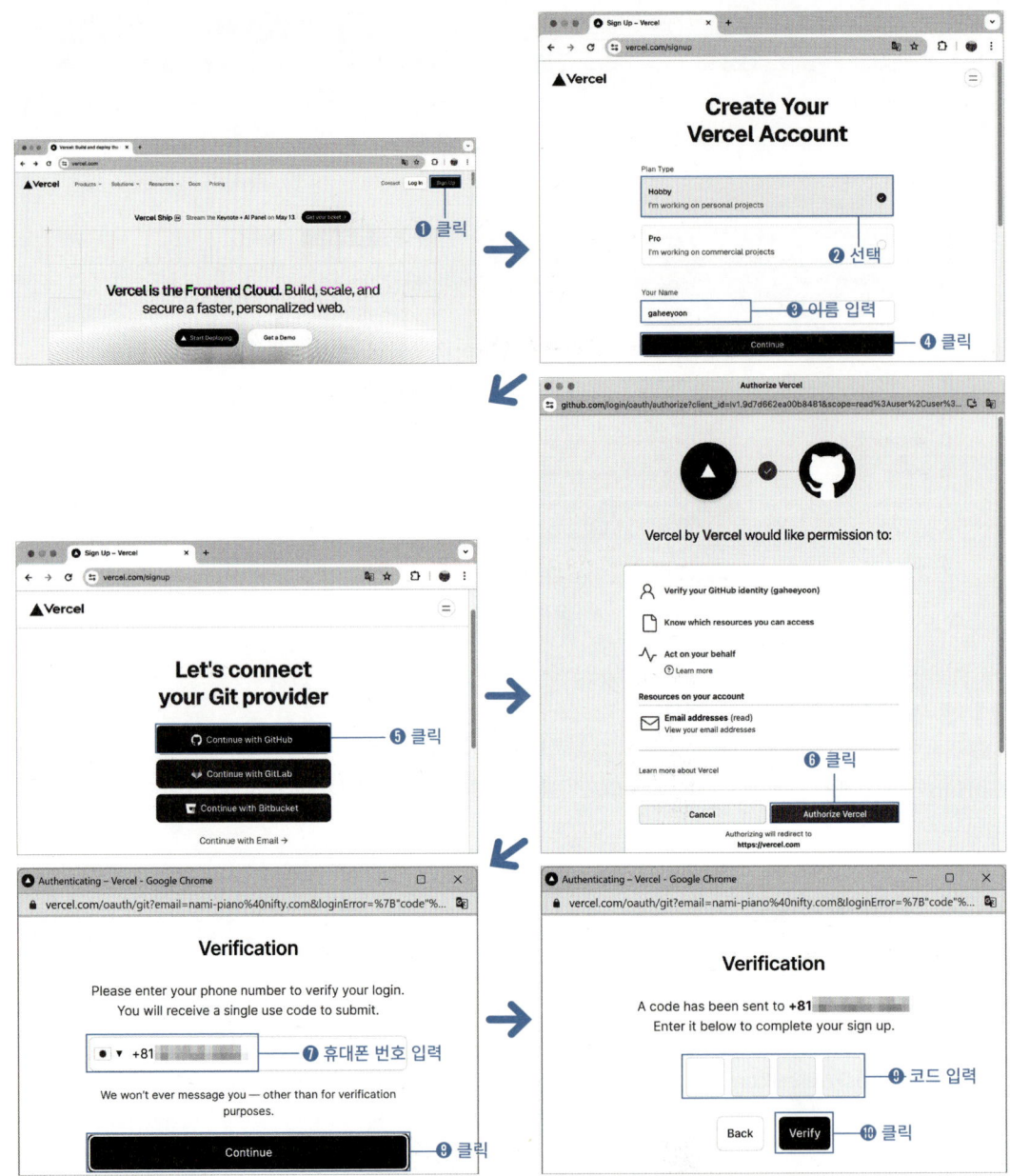

▲ Vercel 사이트

먼저 계정 종류를 묻는 메시지가 뜨는데, 우선 [Hobby](개인용)를 선택한다. 또한, [Your Name] 란에 적절한 이름을 입력한다.

[Let's connect your Git provider] 화면이 나타나면, Vercel과 연동할 Git 호스팅 서비스를 선택한다. 여기서는 [Continue with GitHub]다.

이어서 [Authorize Vercel] 화면이 나타나면 [Authorize Vercel] 버튼을 클릭하여 진행한다.

[2] 연동할 리포지토리 선택하기

[Let's build something new] 화면이 표시되면 [Import Git Repository] 란의 [Install] 버튼을 클릭한다. [Install Vercel] 화면이 표시되는데, 여기서 [All repositories]를 선택하면 계정에 연결된 리포지토리를 무제한으로 연동할 수 있지만, 여기서는 [Only select repositories]로 지정한 리포지토리만 대상으로 한다. [Select repositories] 선택 상자에서 이미 생성한 '〈사용자명〉/my-next'를 선택하고 화면 하단의 [Install] 버튼을 클릭한다.

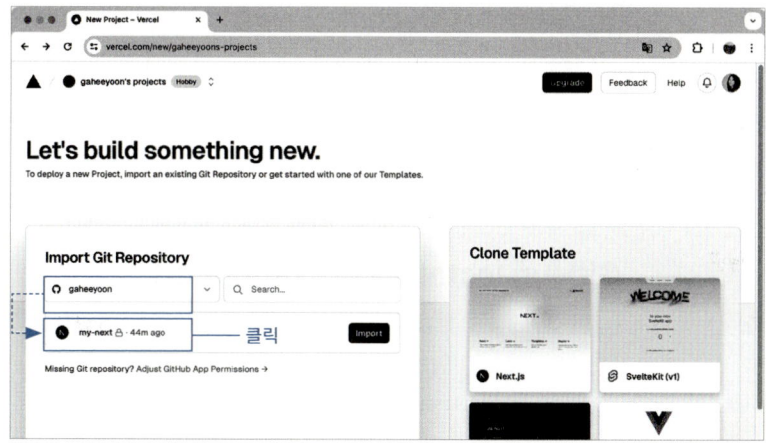

▲ [Install Vercel] 화면

[Import Git Repository] 화면으로 돌아가서 my-next가 추가되어 있는지 확인한 후 [Import] 버튼을 클릭한다.

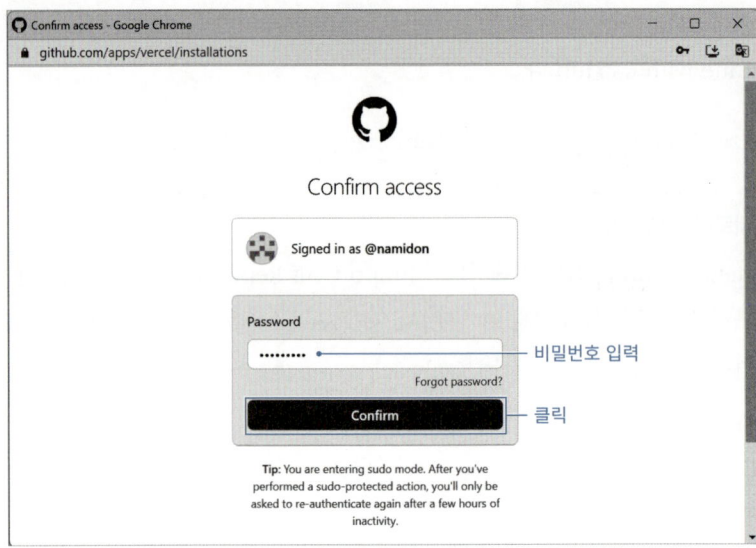

▲ [Confirm access] 화면

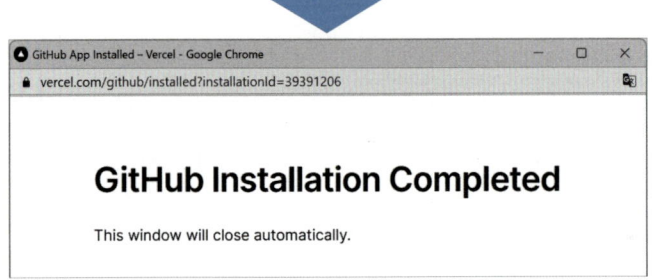

▲ [GitHub Installation Completed] 화면

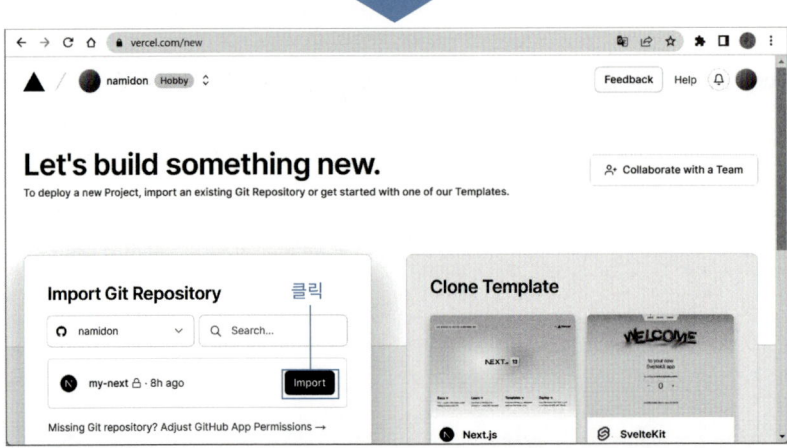

▲ [Let's build something new] 화면

프로젝트 설정 화면에서 프로젝트 이름, 사용 중인 프레임워크 등을 묻는데, 기본값으로 설정해도 무방하다. [Deploy] 버튼을 누르면 앱 배포가 시작된다.

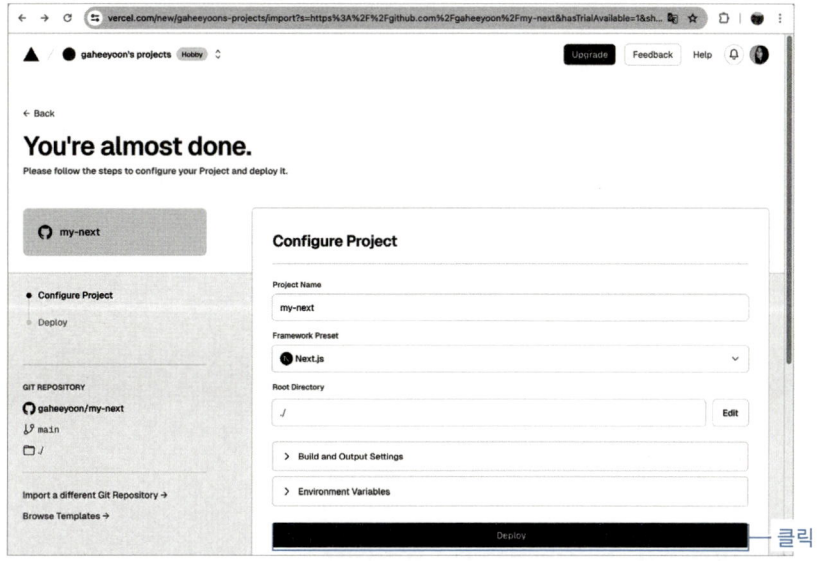

▲ [Configure Project] 화면

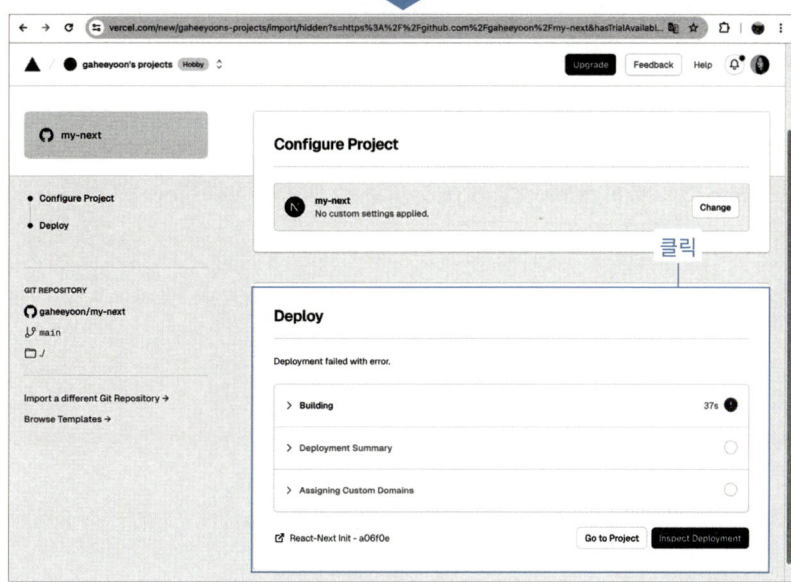

▲ 배포 결과 (최초)

성공이라고 생각했는데, 이 시점에서는 Application Error가 발생하고 있다. 화면 왼쪽의 섬네일을 클릭해 보자.

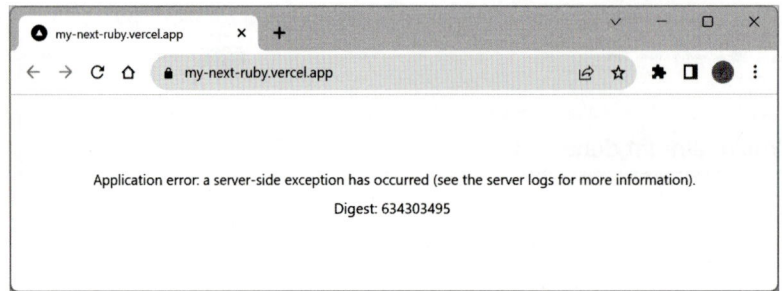

▲ Application Error 발생

이는 Vercel 측에서 Prisma의 설정이 이루어지지 않았고, Vercel에서는 애초에 SQLite를 사용할 수 없는 등의 제약이 있기 때문이다[35].

11-5-3 PostgreSQL 데이터베이스 준비하기

Vercel에서는 표준 데이터베이스 환경으로 Vercel Postgres를 제공한다[36]. 지금까지 사용해왔던 SQLite는 단순 데이터베이스에 불과하며, 애초에 프로덕션 환경에서 사용하기에는 적합하지 않으므로 Vercel로의 배포와 함께 Vercel Postgres로 전환해 보자.

[1] 신규 데이터베이스 생성하기

Vercel 대시보드(https://vercel.com/dashboard) 오른쪽 상단의 [Add New...] 버튼을 클릭한다. 버튼 오른쪽의 [▼]를 클릭하고, 펼쳐진 메뉴에서 [Storage]를 클릭한다.

---

35 자세한 내용은 다음 페이지도 참조하라: https://vercel.com/guides/is-sqlite-supported-in-vercel
36 Vercel 환경에서 사용할 수 있는 PostgreSQL이다. 단, 작성 시점에서는 베타 버전이므로 향후 사양 등은 변경될 수 있다.

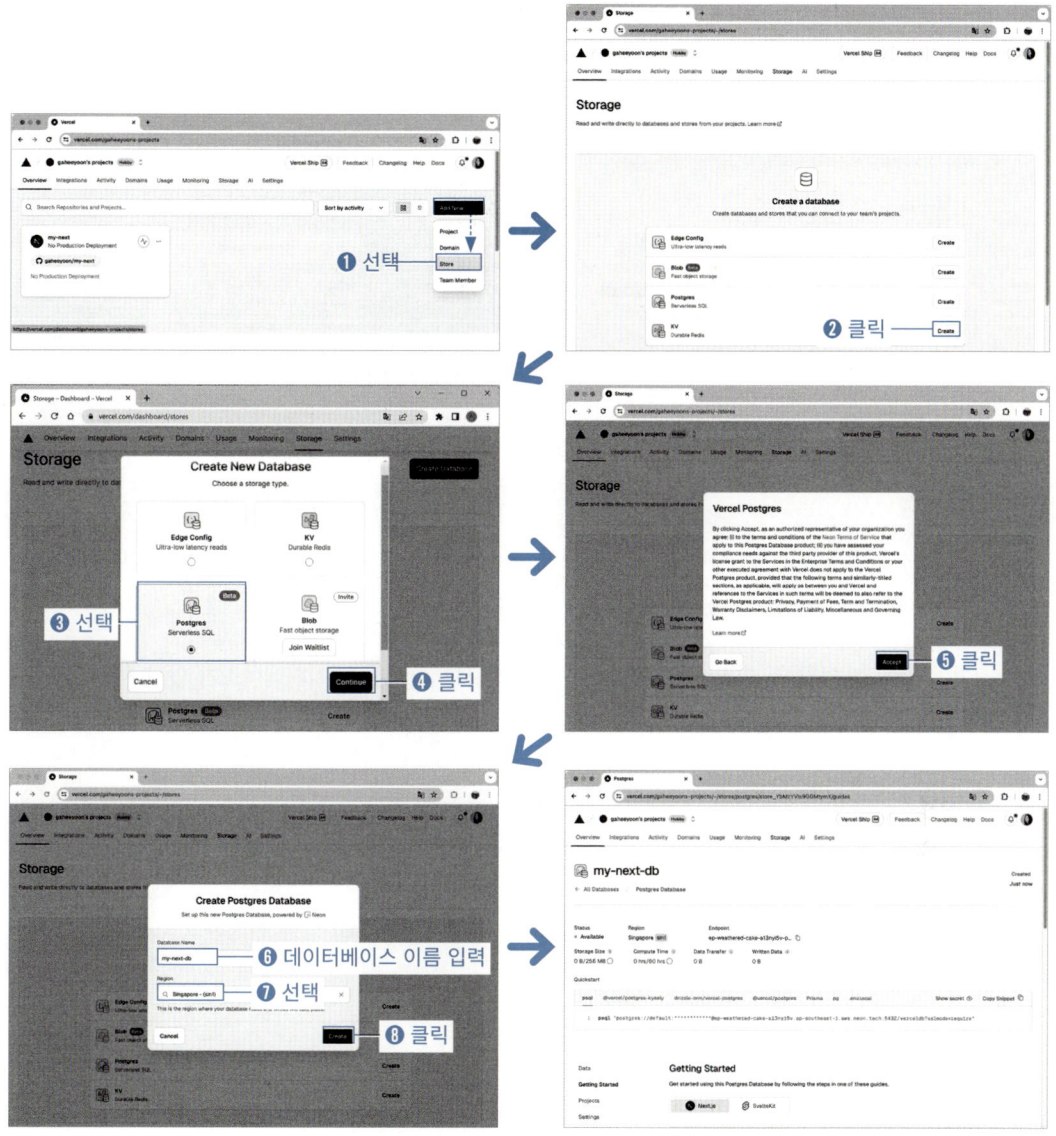

▲ Vercel Postgres 데이터베이스 만들기

데이터베이스 생성 마법사가 실행되면 위 그림의 순서대로 작업을 진행한다. 데이터베이스 이름은 'my-next-db', 리전(위치)은 'Singapore - (sin1)'(싱가포르)로 설정한다[37]. my-next-db 데이터베이스의 상태 화면이 표시되면 데이터베이스가 제대로 생성된 것이다.

---

[37] 한국 리전이 없기 때문에 비교적 가까운 지역을 선택했다.

[2] Vercel 프로젝트에 데이터베이스 연결하기

페이지 중간에서 [Connect Project] 버튼을 클릭한다.

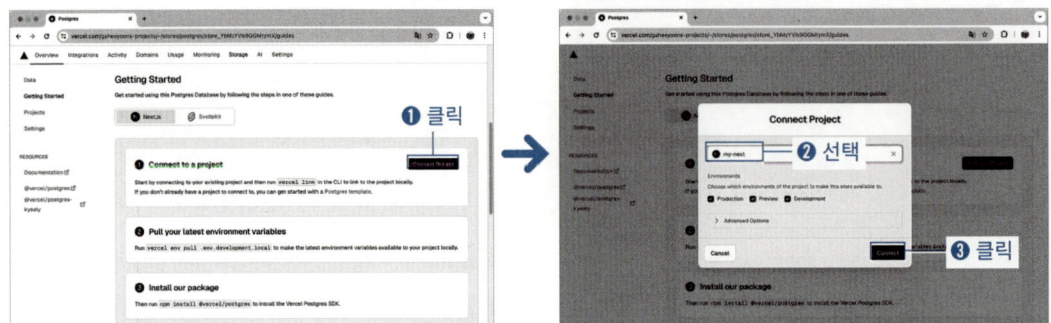

▲ 데이터베이스와 프로젝트 연결

[Connect Project] 대화 상자가 나타나면 방금 생성한 my-next 프로젝트를 선택한다. 연결 대상 환경이 모두 체크되어 있는지 확인하고 [Connect] 버튼을 클릭한다.

대화 상자가 닫히고 연결 성공 토스트가 표시되면 Vercel Postgres 데이터베이스가 앞 절에서 생성한 Vercel 프로젝트에 연결이 완료된 것이다.

[3] 연결 설정 준비하기

로컬 프로젝트에 대해서도 수정을 진행한다. 먼저 연결 정보 전환부터 시작하겠다.

이를 위해서는 먼저 앞서 데이터베이스 상태 화면 상단에서 [.env.local] 탭을 선택하고 [Copy Snippet] 버튼으로 접속 정보를 복사한다[38].

---

38 화면상에서는 기밀 정보가 가나다순으로 표시되어 있다. 그 자리에서 내용을 확인하려면 [Show secret] 버튼을 클릭하라.

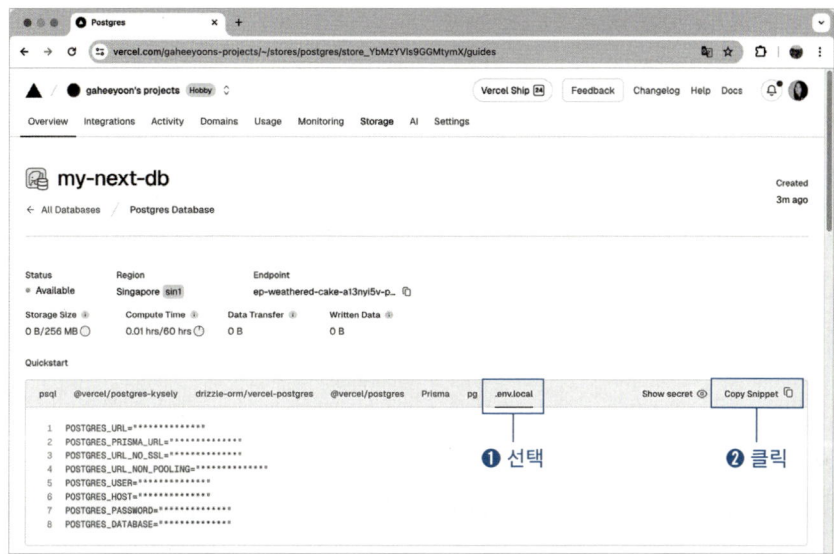

▲ 연결 정보를 클립보드에 복사

복사한 정보는 my-next 프로젝트의 .env 파일에 복사해 둔다(원래 있던 정보는 주석 처리하여 빼놓는다).

[4] 스키마 정보 업데이트하기

스키마 정보도 Vercel Postgre용으로 수정해 둔다. datasource db 블록을 다음과 같이 수정한다.

예제 코드 11-5-1 /prisma/schema.prisma

```
datasource db {
  provider  = "postgresql"
  url       = env("POSTGRES_PRISMA_URL")
  directUrl = env("POSTGRES_URL_NON_POOLING")
}
```

[5] 라이브러리 설치하기

Vercel Postgres 데이터베이스를 조작하기 위한 라이브러리를 설치한다.

```
> npm install @vercel/postgres ⏎
```

[6] 데이터베이스에 테이블 설정하기

이상으로 Vercel Postgres 데이터베이스에 접속할 준비가 완료되었다. 이 상태에서 다시 한번 다음 명령어를 실행하면 Vercel Postgres 측에 reviews 테이블이 생성된다.

```
> npx prisma db push
```

로컬에서 앱을 실행하고, 지금까지와 마찬가지로 앱이 작동하는지 확인한다(새로운 데이터베이스로 이동했기 때문에 [Home]에 있던 리뷰 정보는 비어 있을 것이다).

📄 Vercel Postgres 확인

Vercel Postgres에 생성된 reviews 테이블은 데이터베이스 상태 화면(앞 페이지 그림)에서 확인할 수 있다. 페이지 하단의 [Data] 란에서 [Choose a table]을 클릭한 후 [reviews]를 선택한다. 처음에는 빈 그리드(데이터가 저장되어 있는 경우 그 내용)가 표시된다.

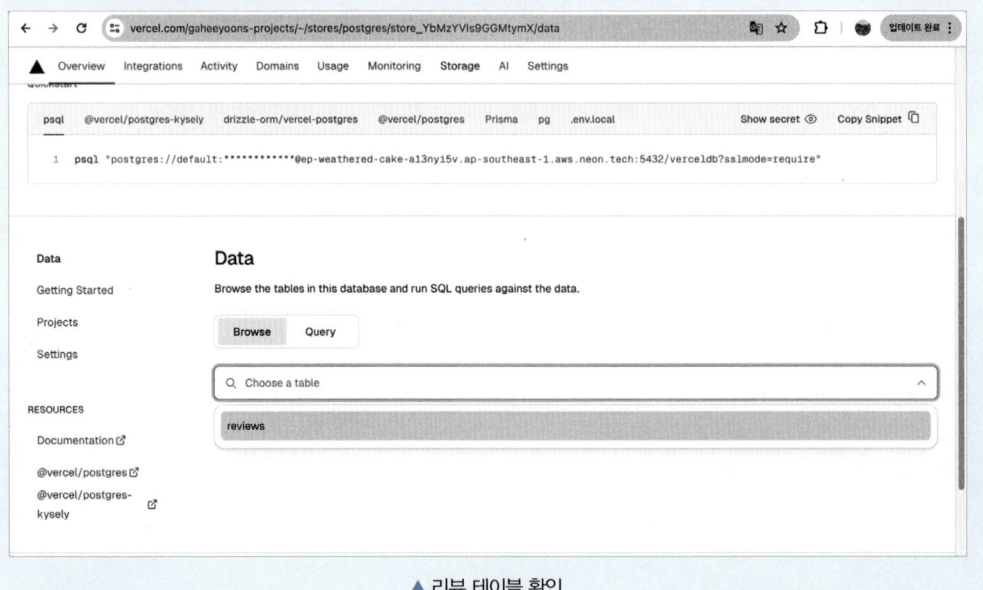

▲ 리뷰 테이블 확인

📄 SQLite로 되돌리려면?

다시 접속처를 SQLite로 돌리려면 [3][4]에서 추가한 코드를 주석 처리하여 원래의 SQLite 설정을 되살린다. 그런 다음 다음 명령어를 실행한다.

```
> npx prisma db push
```

11-5-4 실제 환경에서 동작 확인하기

이제 Vercel 배포도 막바지에 이르렀다. 로컬 프로젝트를 준비하고 동작을 확인한다.

[1] 빌드 설정 추가하기

Prisma를 Vercel에서 이용하기 위해서는 Vercel에 배포할 때, Vercel 측에도 Prisma 클라이언트를 준비해야 한다. 이를 위해 package.json에 다음과 같은 명령어를 준비해 둔다.

예제 코드 11-5-2 package.json

```json
{
  ... 중략 ...
  "scripts": {
    "dev": "next dev",
    "vercel-build": "prisma generate && next build",
    ... 중략 ...
  },
  ... 중략 ...
}
```

vercel-build는 이름 그대로 Vercel 빌드 시 실행되는 명령어로, Prisma에만 국한된 명령어가 아니라 빌드 시 추가 처리가 필요한 경우 사용할 수 있으며, Prisma를 사용할 때는 위의 명령어를 무조건 추가해 두면 된다.

[2] 소스 코드 푸시하기

위의 작업을 완료했다면 VSCode의 [Source Control] 창을 열어보자. 지금까지 수정한 파일들이 나열되어 있을 것이다.

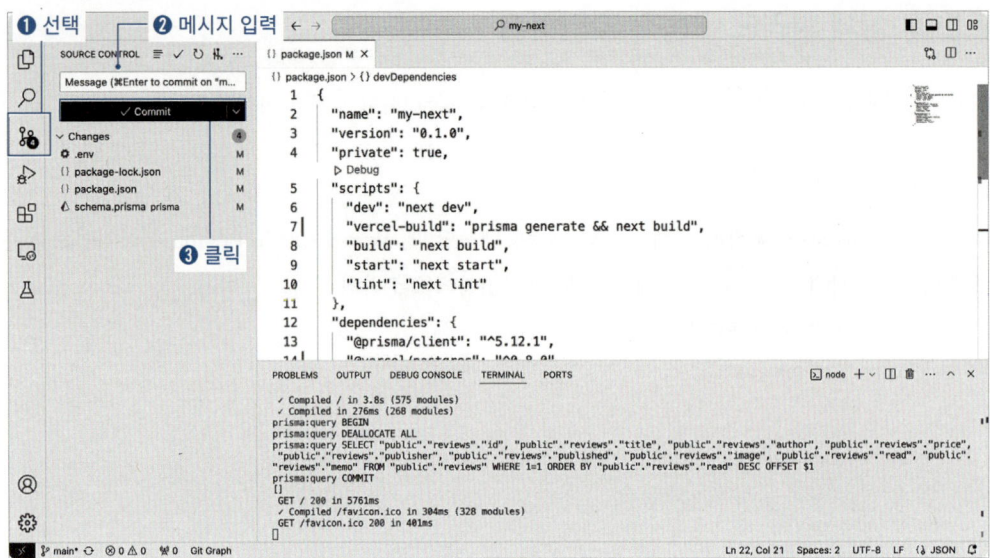

▲ [소스 관리] 창

이제 [Source Control] 창 상단에 커밋 메시지[39]를 입력하고 [Commit] 버튼을 클릭한다. 하지만 이것만으로는 로컬 리포지토리에 커밋한 것일 뿐이다. [Sync Changes] 버튼을 눌러 GitHub(중앙 저장소)에 반영한다[40].

[3] 앱 작동 확인하기

Vercel 대시보드에서 [my-next] 프로젝트 상태 화면을 열면 GitHub와 동기화되어 배포가 재실행되고 있음을 확인할 수 있다. 다소 시간이 걸릴 수 있지만, 최종적으로 다음과 같은 화면이 표시되면 성공적으로 배포가 완료된 것이다.

---

[39] 변경 내용을 나타내는 간단한 메모다. 일반적으로 변경 내용을 한 줄 정도로 작성하고, 이후 변경 이유 등을 표시하는 것이 일반적이다.

[40] [커밋] 버튼, [변경사항 동기화] 버튼 클릭 시 대화창이 표시될 수 있다. 각각 '스테이징을 할 것인지', '풀 및 푸시할 것인지'를 묻는 메시지가 표시되므로 [예], [확인] 버튼을 눌러 진행한다.

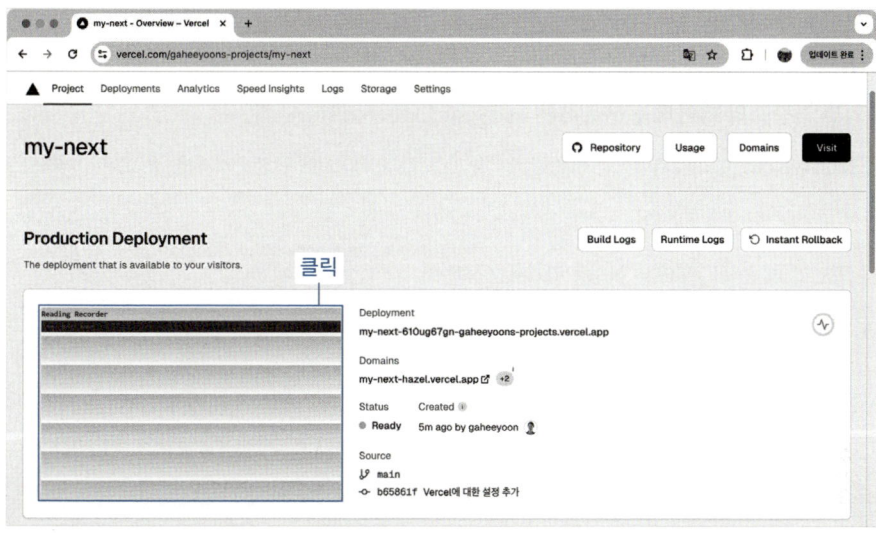

▲ [Deployment Details] 화면

페이지 상단에 앱 화면의 섬네일이 표시되어 있으므로 이를 클릭하여 앱이 표시되는지 확인한다. 기본적으로 'https://my-next-ruby.vercel.app/'과 같은 주소가 할당되어 있지만, 물론 자체 도메인을 재할당할 수도 있다.

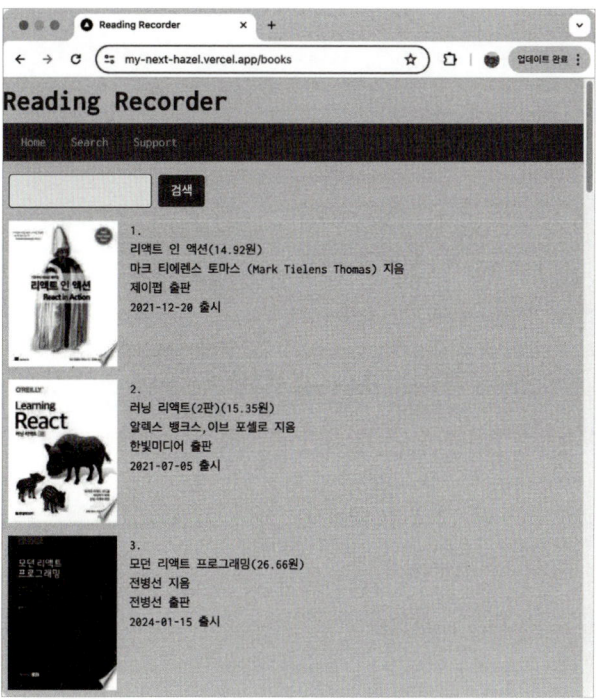

▲ 배포한 앱을 실행할 수 있다

이후에도 코드를 수정하면 [2]~[3]의 단계를 반복하여 Vercel에 최신 상태를 반영할 수 있다.

> **칼럼** 외부 저장소의 데이터를 구독하는 useSyncExternalStore 훅
>
> useSyncExternalStore는 외부 저장소의 변화를 감지하고 그 값을 페이지에 반영하기 위한 훅이다. 구체적으로는 다음과 같다.
>
> - 비 리액트의 세계에서 관리되는 상태를 감지하고 싶을 때
> - 스토리지, 온라인 상태 등 브라우저 측의 상태를 확인하고 싶을 때
>
> 등에 활용한다[41]. 예를 들어 다음은 브라우저에 탑재된 Web Storage(이하 스토리지)의 변화에 따라 그 내용을 페이지에 표시하는 예제다.
>
> 예제 코드 11-5-3 MyStore.js
> ```
> import { useSyncExternalStore } from 'react';
>
> export default function MyStore() {
>   const data = useSyncExternalStore(
>     callback => {
>       window.addEventListener('storage', callback);
>       return () => window.removeEventListener('storage', callback);
>     },                                                                    ❶
>     () => localStorage.getItem('MY_REACT')        ❷
>   );
>   return (
>     <p>localStorage:{data}</p>
>   );
> }
> ```
>
> useSyncExternalStore 훅에는 외부 저장소 구독을 시작/해제하기 위한 처리(❶)와 외부 저장소 변경 시 수행해야 할 처리(❷)를 각각 함수식으로 전달하는 것이 기본이다. 이 예시에서는 ❶에서 storage 이벤트(=스토리지에 변화가 있을 때 호출되는)에 대한 리스너 등록/해제 코드를, ❷에서 리스너에 전달해야 할 처리(=MY_REACT 키에서 값 가져오기)를 각각 지정한다.

---

[41] 비슷한 기능으로 useState/useReducer, 혹은 이들에 의존하는 라이브러리가 있다. 물론 이들로 관리할 수 있는 상태는 우선적으로 사용해야 한다.

이 상태에서 예제를 실행하면 다음 그림과 같은 결과(그림 위)가 표시된다. 이 상태에서 브라우저의 개발자 도구(애플리케이션 탭) 등에서 스토리지를 열고 MY_REACT 키를 새로 추가하면(값은 무엇이든 상관없다) 해당 값이 즉시 페이지에 반영되는 것을 확인할 수 있을 것이다(그림 아래). 이후에도 값을 변경하여 페이지와 동기화되는 것을 확인해 보자.

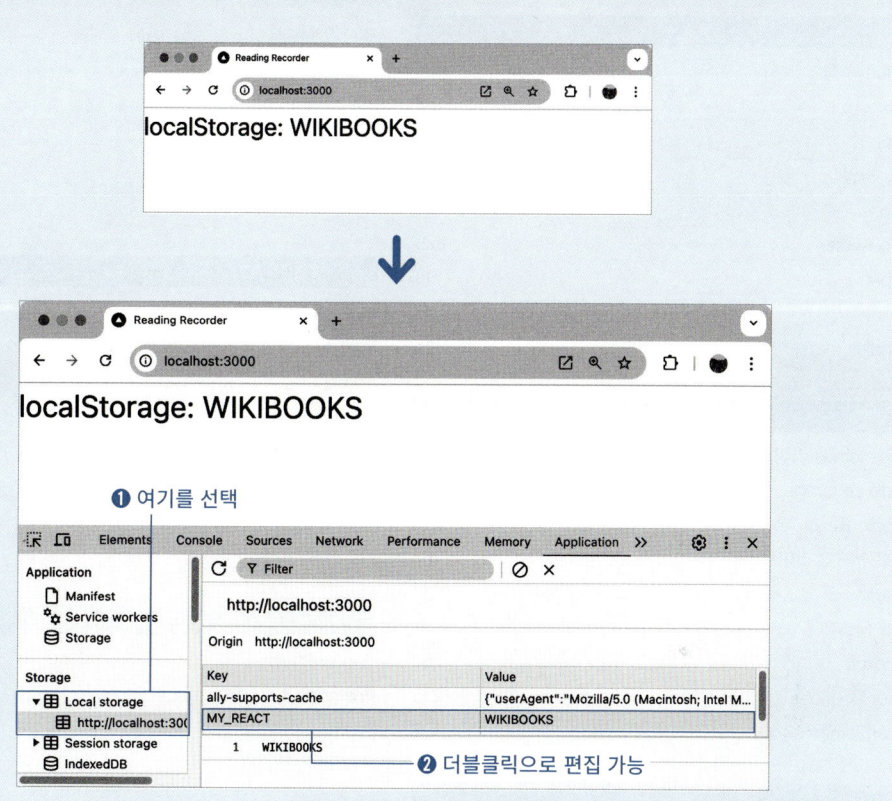

▲ 스토리지의 변화를 즉각적으로 반영

저장소는 그리드 끝의 빈 열을 두 번 클릭하면 편집할 수 있다. 또한, 기존 열을 마우스 오른쪽 버튼으로 클릭하고 나타나는 컨텍스트 메뉴에서 [삭제]를 선택하면 기존 키를 삭제할 수도 있다.

찾아보기

기호

〈NavLink〉 요소	460
〈ScrollRestoration〉 요소	522

A – B

action 속성	506
Ajax	3
altJS	580
any 타입	587
App.js	63
App Router	628
Babel	15
bundle	16
bundler	16

C – E

classnames 라이브러리	121
code coverage	537
Create React App	14
CSS-in-JS 라이브러리	267
digest	17
E2E 테스트	563
Emotion	267
Error Boundary	275
errorElement 속성	492

F – H

fetch 데이터	615
GitHub	678
Google Books API	635
handle 속성	486
HTML5	4
HTTP 서버	17

I – J

Immer 라이브러리	198
index.html	58
index.js	59
Jest	531
jQuery	6
JSX	71

K – M

key 속성	107, 109
lazy 속성	512
loader 속성	496
manifest.json	54
Material UI	288
memo 함수	429
minification	16
msw	556
MUI	288

N

never 타입	588
Next.js	2, 624
Node.js	17
Non-Passive	167
npm run build	57
npm run eject	57
Npm Scripts	56
null 허용 타입	590

P

Pages Router	629
PostgreSQL	688
Prisma	638
Profiler 컴포넌트	246
Props	88, 89
Props 데이터 유형	91
Props 분할 대입	92
Props 타입	600
PropTypes	131

R

React	2
React Developer Tools	98
React Hook Form	210
ReactNode	601
React Query	355
Recoil	408
Reducer 타입	610
Render Props	130
Route 컴포넌트	492

S – T

Single Page Application	5
SPA	5
SQLite	692
State	88, 95
State 타입	606
Storybook	318
Strict 모드	62
style 속성	82
Styled Components	260
Styled JSX	250
Suspense 컴포넌트	236
Tailwind CSS	639

U

Union Types	589
unknown 타입	588
useCallback 함수	431
useContext 함수	400
useEffect 함수	371
useMemo 함수	428
useReducer 함수	392
useRef 함수	380
user-event	545
useSyncExternalStore 훅	696
useTransition 함수	433

V – Y

Vercel	678, 683
Vite	16
void 타입	587
VSCode	19
Vue.js	8
webpack	16
Yup	227

ㄱ – ㄴ

가변 인자 함수	39
검증 규칙	218
검증 라이브러리	222
공용 타입	589
구조 분해 할당	35
그리드 레이아웃	300
노번들 툴	16

ㄷ – ㄹ

다이얼로그	273
다이제스트	17
단위 테스트	530
단축 평가	117
데이터베이스	688
데이터 유형	583
드로워 메뉴	295
라우터	451
라이브러리	9
렌더링의 우선순위	436
렌더 프롭	130
리액트	2
리액트 네이티브	2
리액트 라우터	451
리터럴	30
리포지토리	685

ㅁ – ㅂ

매개변수 기본값	39
모던 자바스크립트	24
모듈	43
목록 필터링	110
문자열 리터럴	76
미니피케이션	16
바벨	15
반복 처리	103
배열	103
번들	16
번들러	16
변수	27
복합 타입	589

찾아보기

부작용 훅	371	조건 분기	103
비제어 컴포넌트	176	중첩된 State	194
비주얼 스튜디오 코드	19	지연 로드	512
비 패시브	167		
빌드 설정	693		

ㅅ

상태 관리 라이브러리	408
서버	17
서버 액션	641, 677
스크롤 위치 복원	522
스타일시트	82
스토리	321
스프레드 구문	193
스프레드 문법	40
식별자	170

ㅇ

앱 리렌더링	67
앵귤러	8
오류 처리	275
옵셔널 체이닝 연산자	41
웹팩	16
이벤트	144
이벤트 처리	93
이벤트 핸들러	677
이스케이프	76
인터페이스	593
임베디드 컴포넌트	236

ㅈ

자바스크립트	2
자바스크립트 라이브러리	2
자식 컴포넌트 모의화	550
저장소	680
정렬	110
제네릭	591
제어 컴포넌트	175
제이쿼리	6
조건부 분기	113

ㅋ

카탈로그	318
커스텀 훅	443
컨버터	75
컨텍스트의 타입 정의	607
컴포넌트	88
컴포넌트 렌더링	539
컴포넌트 테스트	538
코드 커버리지 분석	537
코드 편집기	19
콜백 Ref	389
쿼리 메서드	544
클래스 컴포넌트	68

ㅌ

타입 변환	596
타입 별칭	592
타입스크립트	580
타입 어노테이션	582
타입 어설션	596
타입 체크	132
타입 함수	609
테마	305
툴체인	14
트랜스파일러	15

ㅍ - ㅎ

포털	272
폼	172
표현식	75
프레임워크	9
프로퍼티 타입 검증	131
함수 컴포넌트	68
화살표 함수	32
훅	370